U0709980

中國國家圖書館編

國家圖書館藏敦煌遺書

第一百三十四册　北敦一四八〇一號——北敦一四八六九號

北京圖書館出版社

圖書在版編目(CIP)數據

國家圖書館藏敦煌遺書・第一百三十四册/中國國家圖書館編;任繼愈主編. —北京:北京圖書館出版社,2010. 8

ISBN 978 -7 -5013 -3696 -8

Ⅰ. 國…　Ⅱ. ①中…②任…　Ⅲ. 敦煌學—文獻　Ⅳ. K870. 6

中國版本圖書館 CIP 數據核字(2010)第 029267 號

書　　名　國家圖書館藏敦煌遺書・第一百三十四册
著　　者　中國國家圖書館編　任繼愈主編
責任編輯　徐　蜀　孫　彦
封面設計　李　璀

出　　版　北京圖書館出版社　(100034　北京西城區文津街 7 號)
發　　行　010 -66139745　66151313　66175620　66126153
66174391(傳真)　66126156(門市部)
E-mail　btsfxb@ nlc. gov. cn(郵購)
Website　www. nlcpress. com → 投稿中心
經　　銷　新華書店
印　　刷　北京文津閣印務有限責任公司

開　　本　八開
印　　張　58. 75
版　　次　2010 年 8 月第 1 版第 1 次印刷
印　　數　1 -250 册(套)

書　　號　ISBN 978 -7 -5013 -3696 -8/K・1659
定　　價　990. 00 圓

編輯委員會

主　　編　任繼愈
常務副主編　方廣錩
副 主 編　李際寧　張志清
編委（按姓氏筆畫排列）　王克芬　王姿怡　吴玉梅　周春華　陳　穎　黄　霞（常務）　黄　建　程佳羽　劉玉芬

出版委員會

主　任　詹福瑞
副主任　陳　力
委　員（按姓氏筆畫排列）　李　健　姜　紅　郭又陵　徐　蜀　孫　彦

攝製人員（按姓氏筆畫排列）

于向洋　王富生　王遂新　谷韶軍　張　軍　張紅兵　張　陽　曹　宏　郭春紅　楊　勇　嚴　平

原件修整人員（按姓氏筆畫排列）

朱振彬　杜偉生　李　英　胡玉清　胡秀菊　張　平　劉建明

目錄

北敦一四八〇一號 同光二年（九二四）都司金剛銳牒（擬）……一
北敦一四八〇一號背 論第八識（擬）……三
北敦一四八〇二號 佛性觀修善法……五
北敦一四八〇三號 藥師瑠璃光如來本願功德經……二八
北敦一四八〇四號一 救諸衆生苦難經……三二
北敦一四八〇四號二 齋法清淨經……三三
北敦一四八〇五號 加句靈驗佛頂尊勝陀羅尼……三四
北敦一四八〇六號一 辛酉年（九六一）三月廿二日於倉欠物人名抄錄數目……三五
北敦一四八〇六號二 渠人轉帖（擬）……三六
北敦一四八〇六號三 庚午年（九七〇？）至壬申年（九七二？）歸義軍破除歷（擬）……三六
北敦一四八〇六號背 戊寅年（九七八？）二月十九日義進押衙身故祭□人名目（擬）……三六
北敦一四八〇七號 父母恩重經……三七
北敦一四八〇八號 十地經論卷六……四〇

北敦一四八〇八號背一　十法行十地三十二相名數鈔（擬）……四三
北敦一四八〇八號背二　論真俗二諦（擬）……四三
北敦一四八〇九號　瑜伽師地論手記卷一四……四四
北敦一四八一〇號　瑜伽師地論手記卷一四……五七
北敦一四八一一號A　妙法蓮華經卷三……六五
北敦一四八一一號B　孔雀王咒經……六七
北敦一四八一一號C　大般涅槃經（北本）卷七……六九
北敦一四八一一號D　合部金光明經卷二……七〇
北敦一四八一一號E　七階佛名經……七二
北敦一四八一一號F　維摩詰所說經卷上……七三
北敦一四八一一號G　陀羅尼集經卷二……七四
北敦一四八一一號H　妙法蓮華經卷一……七五
北敦一四八一二號　大般若波羅蜜多經卷一八九……七六
北敦一四八一三號　天請問經……七七
北敦一四八一四號　大般若波羅蜜多經卷五二九……八一
北敦一四八一五號　大般若波羅蜜多經卷四三三……八三
北敦一四八一六號　妙法蓮華經卷七……八五
北敦一四八一七號　維摩詰所說經卷中……八九
北敦一四八一八號　般若波羅蜜多心經……九〇
北敦一四八一九號　金剛般若波羅蜜經……九一

北敦一四八二〇號 大般若波羅蜜多經卷五三〇……九二
北敦一四八二一號 妙法蓮華經卷七……九三
北敦一四八二二號 阿彌陀經……九四
北敦一四八二三號 金剛般若波羅蜜經……九五
北敦一四八二四號 灌頂章句拔除過罪生死得度經……九九
北敦一四八二五號AA 四分律疏（擬）……一〇七
北敦一四八二五號AB 賢愚經卷九……一〇九
北敦一四八二五號AC 賢愚經卷九……一一一
北敦一四八二五號AD 大般涅槃經（北本）卷一五……一一二
北敦一四八二五號AE 大般涅槃經（北本）卷一四……一一四
北敦一四八二五號BA 大方等大集經卷四……一一六
北敦一四八二五號BB 大般涅槃經（北本）卷一六……一一八
北敦一四八二五號BC 大般涅槃經（北本 宮本）卷二……一一九
北敦一四八二五號BD 大般涅槃經（北本 宮本）卷二……一二一
北敦一四八二五號BE 放光般若經卷一七……一二三
北敦一四八二五號BF 大般涅槃經（北本）卷三二……一二四
北敦一四八二五號BG 小品般若波羅蜜經卷二……一二五
北敦一四八二五號BH 大方等大集經（聖本）卷三……一二六
北敦一四八二五號CA 大般涅槃經（北本）卷二一……一二七
北敦一四八二五號CB 大般涅槃經（北本）卷二四……一二九

北敦一四八二五號CC　大方廣佛華嚴經（晉譯）卷四九……一三一
北敦一四八二五號CD　大方廣佛華嚴經（晉譯）卷二三……一三二
北敦一四八二五號CE　大般涅槃經（北本）卷二六……一三三
北敦一四八二五號CF　大方等大集經卷三……一三三
北敦一四八二五號CG　大智度論（宮本）卷八……一三四
北敦一四八二五號CH　大方等大集經卷四……一三四
北敦一四八二五號CI　大方廣佛華嚴經（晉譯）卷二〇……一三五
北敦一四八二五號CJ　大智度論卷九……一三五
北敦一四八二五號CK　摩訶般若波羅蜜經卷二……一三六
北敦一四八二五號CL　無量壽經義記（擬）……一三六
北敦一四八二五號CM　摩訶般若波羅蜜經卷一四……一三七
北敦一四八二五號CN　大方廣佛華嚴經（晉譯）卷二〇……一三七
北敦一四八二五號DA　曇無德律部雜羯磨……一三八
北敦一四八二五號DB　大般涅槃經（北本）卷二六……一四〇
北敦一四八二五號DC　妙法蓮華經卷七……一四四
北敦一四八二五號DD　賢愚經卷一一……一四六
北敦一四八二五號DE　大智度論卷八……一四八
北敦一四八二六號　藏文（無量壽宗要經乙本）……一四九
北敦一四八二七號　妙法蓮華經卷三……一五三
北敦一四八二八號　放光般若經（異卷）卷一五……一六一

北敦一四八二九號　大般若波羅蜜多經卷一六一……一七一
北敦一四八三〇號　大般若波羅蜜多經卷二七八……一七九
北敦一四八三一號　藏文（無量壽宗要經乙本）……一八〇
北敦一四八三二號　藥師瑠璃光如來本願功德經……一八五
北敦一四八三三號　大般若波羅蜜多經卷二三……一八七
北敦一四八三四號　金光明最勝王經卷三……一九九
北敦一四八三五號　大佛頂如來密因修證了義諸菩薩萬行首楞嚴經卷一……二〇二
北敦一四八三六號一　大寶積經卷一〇六……二〇六
北敦一四八三六號二　大寶積經卷一一二……二〇七
北敦一四八三六號背一　大寶積經卷九〇……二〇八
北敦一四八三六號背二　大寶積經卷一一一……二〇八
北敦一四八三七號　金光明最勝王經卷四……二〇九
北敦一四八三八號　大方廣佛華嚴經（晉譯五十卷本）卷四五……二一七
北敦一四八三九號　摩訶般若波羅蜜經（異本）卷七……二二七
北敦一四八四〇號AA　光讚般若波羅蜜經（兌廢稿）卷四……二三六
北敦一四八四〇號AB　解百生怨家陀羅尼經（兌廢稿）……二三六
北敦一四八四〇號AC　觀世音經……二三七
北敦一四八四〇號B　妙法蓮華經卷三……二三七
北敦一四八四〇號CA　小品般若波羅蜜經卷九……二三八
北敦一四八四〇號CB　十月末東歸書啓（擬）……二三九

北敦一四八四〇號D　妙法蓮華經（兌廢稿）卷二……二三九
北敦一四八四〇號EA　大方等大集經卷一一……二四一
北敦一四八四〇號EB　妙法蓮華經卷七……二四一
北敦一四八四〇號EC　金剛般若波羅蜜經……二四一
北敦一四八四〇號F　妙法蓮華經卷七……二四二
北敦一四八四〇號G　妙法蓮華經卷三……二四三
北敦一四八四〇號H　灌頂章句拔除過罪生死得度經……二四四
北敦一四八四〇號I　妙法蓮華經卷七……二四五
北敦一四八四〇號J　四分律比丘戒本……二四五
北敦一四八四〇號KA　大般涅槃經（北本）卷二〇……二四六
北敦一四八四〇號KB　十方佛名經（擬）……二四七
北敦一四八四〇號LA　觀佛三昧海經卷一……二四七
北敦一四八四〇號LB　菩薩瓔珞本業經卷上……二四七
北敦一四八四〇號MA　摩訶般若波羅蜜經卷二一……二四八
北敦一四八四〇號MB　摩訶般若波羅蜜經卷二一……二四九
北敦一四八四〇號N　大方廣佛華嚴經（晉譯）卷三一……二四九
北敦一四八四〇號O　金剛般若波羅蜜經……二五〇
北敦一四八四〇號P　大般若波羅蜜多經卷六四……二五一
北敦一四八四〇號Q　金剛般若波羅蜜經……二五二
北敦一四八四〇號RA　金光明經卷四……二五三

北敦一四八四〇號RB　菩薩地持經卷五……二五三
北敦一四八四〇號SA　摩訶般若波羅蜜經卷九……二五三
北敦一四八四〇號SB　像法決疑經……二五四
北敦一四八四〇號T　大般若波羅蜜多經卷四六四……二五四
北敦一四八四〇號U　素紙（存目）……
北敦一四八四一號A　太上洞玄靈寶智慧上品大戒……二五六
北敦一四八四一號B　太玄真一本際經卷三……二五九
北敦一四八四一號C　太玄真一本際經卷七……二六一
北敦一四八四一號D　太上洞玄靈寶業報因緣經卷五……二六三
北敦一四八四一號E　太玄真一本際經卷二……二六四
北敦一四八四一號F　大唐開元立成投龍章醮威儀法則（擬）……二六五
北敦一四八四一號G　太玄真一本際經卷四……二六六
北敦一四八四一號H　太上洞玄靈寶業報因緣經卷五……二六八
北敦一四八四一號I　失題道教類書（擬）……二六九
北敦一四八四一號J　太玄真一本際經卷四……二七〇
北敦一四八四一號K　洞玄靈寶下元黃籙簡文威儀經（擬）……二七一
北敦一四八四一號L　洞玄靈寶下元黃籙簡文威儀經（擬）……二七二
北敦一四八四一號M　道要靈祇神鬼品經……二七三
北敦一四八四一號N　太玄真一本際經卷二……二七四
北敦一四八四二號　大般涅槃經（北本　思溪本）卷一五……二七五

北敦一四八四三號A　妙法蓮華經卷三……二八二
北敦一四八四三號B一　正法念處經卷一四……二八四
北敦一四八四三號B二　正法念處經卷一四……二八四
北敦一四八四三號C　妙法蓮華經卷一……二八四
北敦一四八四三號D　大般涅槃經後分卷下……二八四
北敦一四八四三號E　大方等大集經卷二八……二八五
北敦一四八四三號F　妙法蓮華經卷五……二八五
北敦一四八四四號　維摩詰所説經卷下……二八九
北敦一四八四五號　妙法蓮華經卷三……二九九
北敦一四八四六號　大般若波羅蜜多經卷五二一……三〇六
北敦一四八四七號　大般若波羅蜜多經卷二三九……三一八
北敦一四八四八號　大般涅槃經（北本　宫本）卷三四……三二六
北敦一四八四九號　妙法蓮華經卷三……三三七
北敦一四八五〇號　七俱胝佛母准提大明陀羅尼經……三四二
北敦一四八五一號　大方廣佛華嚴經（晉譯五十卷本）卷三一……三五一
北敦一四八五二號　大般涅槃經（北本）卷二六……三六一
北敦一四八五三號　妙法蓮華經卷二……三七四
北敦一四八五四號　大方廣佛華嚴經（晉譯六十卷本　異卷）卷五九……三七六
北敦一四八五五號　無垢淨光大陀羅尼經鈔（擬）……三八二
北敦一四八五五號背　僧衆學經歷（擬）……三八五

北敦一四八五六號　四分律比丘戒本……三八八
北敦一四八五七號　金剛般若波羅蜜經……三九三
北敦一四八五八號　大般若波羅蜜多經卷七七……三九五
北敦一四八五九號　大般涅槃經（北本）卷四……三九七
北敦一四八六〇號　維摩詰所説經卷下……四〇一
北敦一四八六〇號背　待考藏文（擬）……四〇五
北敦一四八六一號　妙法蓮華經卷七……四〇六
北敦一四八六一號背　金剛般若波羅蜜經……四〇七
北敦一四八六二號　大般涅槃經（北本）卷一〇……四〇八
北敦一四八六三號　妙法蓮華經卷四……四〇八
北敦一四八六四號　究竟大悲經卷三……四一〇
北敦一四八六五號　大般涅槃經（北本）卷一四……四一三
北敦一四八六六號　摩訶般若波羅蜜經（四十卷本）卷二九……四一五
北敦一四八六七號　彌勒下生成佛經（義淨本）……四一六
北敦一四八六八號　説罪要行法……四一九
北敦一四八六九號　大智度論卷二一……四二〇
著録凡例……一
條記目録……三
新舊編號對照表……三五

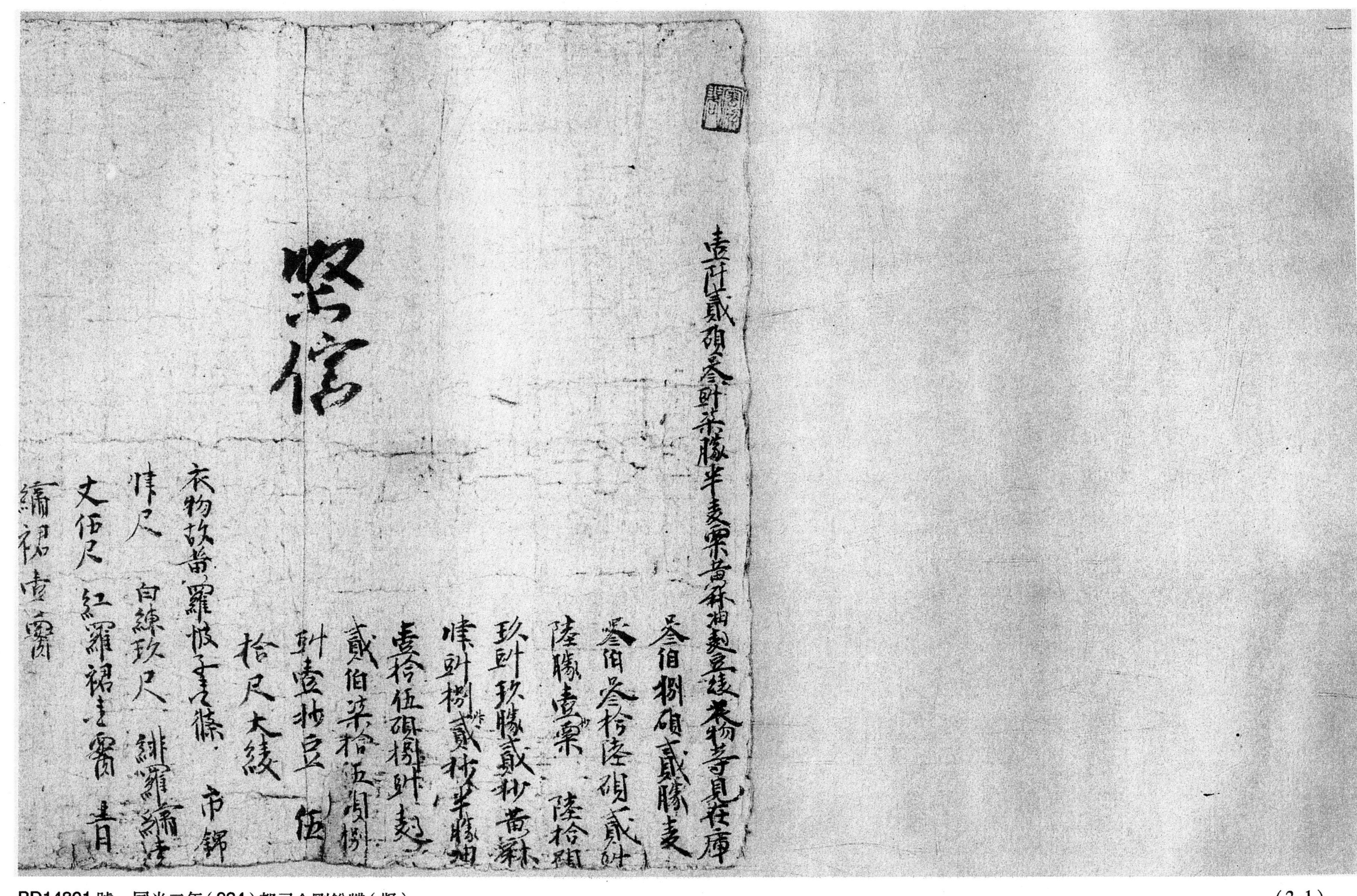

BD14801號　同光二年(924)都司金剛鋭牒(擬)　　(2–1)

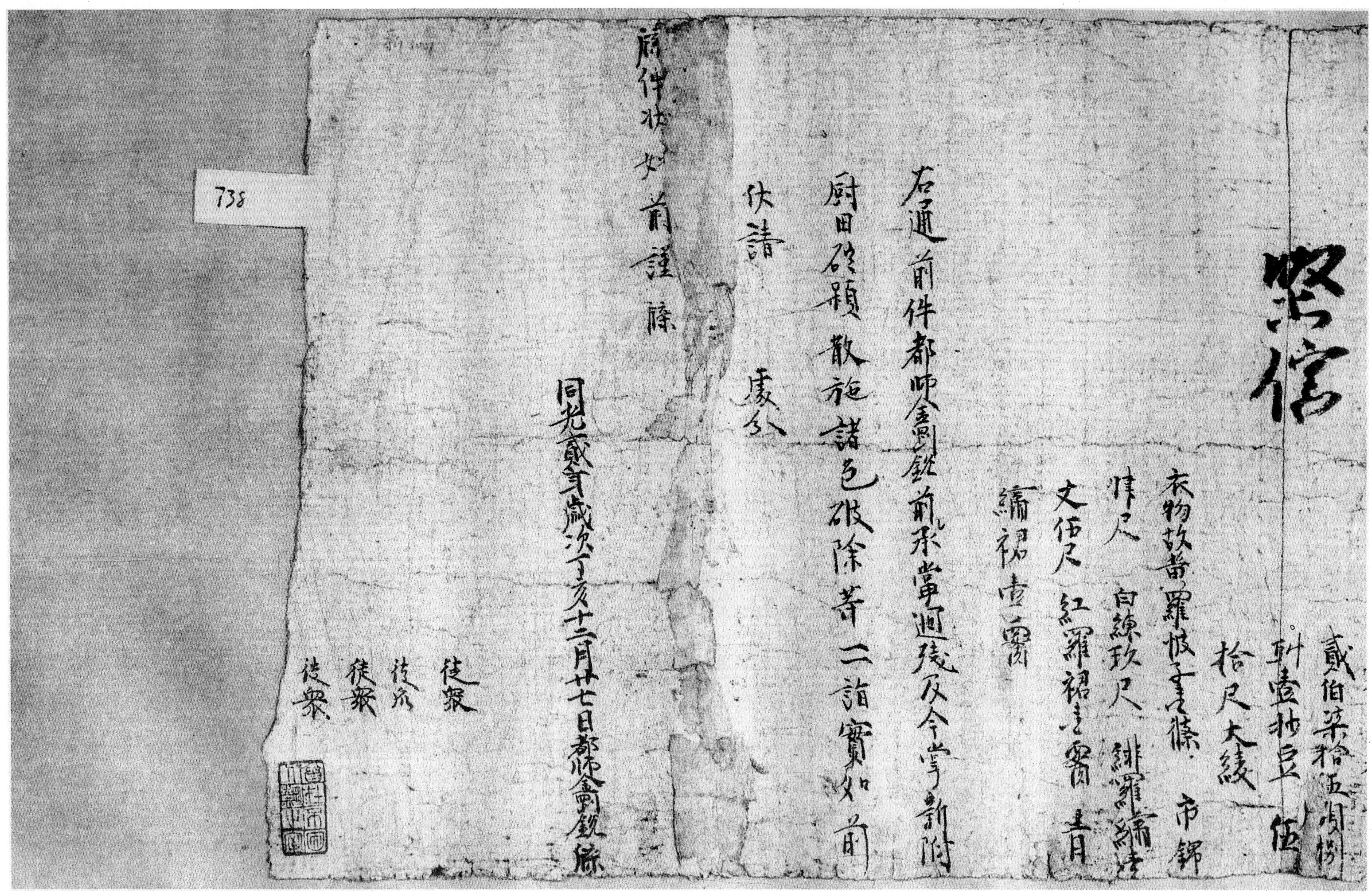

BD14801 號　同光二年（924）都司金剛銳牒（擬）　　（2–2）

BD14801 號背　論第八識（擬）

（2–1）

BD14801號背　論第八識（擬）　　　　（2–2）

自是非負……

□兩人以无知而消息淨依七處

俱仏歸德謝過悔昔不旨

如來愛子悲泣不能自勝愧

本見面萬見求荷諸仏大慈

不寧實痛肝脾坐不安處

□亦而自斷破服遮示穢身而自使思惟如此深

存窮子荷長者之因心愧方便施救子之方疲斯庸作昔法

華窮子是受雇之見唯願如來垂光影使今日窮見酬賈之不

為氏驅使今屬心屬力作受雇之見唯願如來垂光使聞諸仏慈

悲度物法尒應然何假學人如此啼聲愧恥譬如長者唯有

見犯法行王繫於牢獄尒時其父憂慼無療聲淺俱悲至

愍民馳使令厲心厲力作受雇之見唯願如來垂光借問諸仏慈
悲度物法尒應然何假學人如此啼聲愧恥譬如長者唯有
見犯法忏王繫於牢獄尒時其父憂悲無極聲淚俱悲至
於繫所形容燋悴不孝子不犯罪時衣服不鮮改於常日精
神怯弱實如迫怖之人羸瘦膚呻吟歎其形皇唱言子子汝今
何故犯法忏王使我憂愁致令如此思其得失罪是子愆量審
根源非關父過此則冝應子慙父罪愧謝不仁自責自悲歸愆
愧父思量此理我亦如然作是觀時我應合尒諸仏捨卅二相之上
餙着六道名相之衣如來脫八万四千種子好衆被四趣之破服彩
容燋悴同前懈子之翁羸瘦呻吟不異衆見之父我今豈
得不法不悲重更思此之恩恨不碎身而自死由我未勉生
老病死故應身不般涅槃六道受生無不為我諸仏實無六
道業之而受是身為度衆生故生此也疑心聞此更益悲歎之
情分意從今常啼常愧欲斷新業以自觀截而不生欲懺
故愆對躬懺陳而發露斯則新業不起舊罪漆消故仏言
不造新業能懷故業此之謂也　仏性觀脩善法
但信行聲聞衆生仏性是諸仏樹功德之源思此真如實并納
善根之藏所以諸仏同時餘故積功德於仏性之源并多能財善
根於真如之藏故知躬誠審緣所以諸仏託之性藏堅牢并於

但信行靄聞衆生仏性是諸仏樹功德之𧄍思此真如寶并納
善根之藏所以諸仏因時餘故積功德於仏性之𧄍并多饒財善
根於真如之藏故知野賊窃縱所以諸仏託之性藏堅守并於
中賊納此賊居藏主乃是本覺法王自古迄今無能取奪香
塗刀斫無愛無憎譽毀二言色無變異斯由得心自在得法
無為塗斫譽毀緣中致能荷負是使貪嗔力士息偷盜之方
諸見是非無由抄劫七情逢達不努七𧾷直顯不貪六賊息百
端於色塵七識癡工巧於詐偽此由稱祢元名之婁佃平等
之田種不雜之苗收不燋之實復使弟八龍王行雨旱澇時宜
切不虛施是獲不空之果諸仏因時如是乘此報而證理槃并
亦然𤁋生死於三界此由因時寄付委雄猛之丈夫交託得人之
於生死以斯况並悲恥傷懷引此比方可謂身而骨失愧音稍
元明之婁佃名相之田種燋種於坵荒植爛牙於醎鹵三龍果
毒唯行霜雹之災元始留難至今疲損致使秋收之日困乏首隨
之饑春農之時復遭調牛之力再思是理由寄名相老公故託失
人致令若此迴還歸取債索無於當知名相乾賊多饒賊盗故知
其賊肥朽不可時財善根今捨名相之老公歸猛雄之大士周猛雄之
大士者是如来之所師我欲歸憑并如何可見答約緣亦亦得見所
由汝好精誠心布願仏以有情無情相對則凡夫見仏性不虛又

其胘肶朽不可時財善根今捨名相之者公歸猛雄之
大士者是如來之所師我欲歸憑如何可見㪅約緣亦得見所
由汝好精誠心布願仏以有情無情相對則凡夫見仏性不虛又
以人生人死人比方則了了見如妙德（有情無情之喻說在涅槃之文 生之死人比方猶在勝鬘之曲八）所以生者
有餘与死不同死者無情与生有異用斯況並則眼下分明又
以愚心亦謂如來說竟所謂迷時將仏性名相舉體作名相衆生
悟時則名相衆生舉體即是真仏性既是仏性理無昔日名相衆生
可除既無昔日名相衆生可除則昔日名相衆生是今仏性仏爲闡
提不信因果說仏性是衆生（是妄想是畜生 是餓鬼是循羅）爲其皆生死之依說衆生仏
是性（是如來藏仏是仏性仏 是當來仏是仏相仏）故仏云若言衆生身中別有仏性者是義不然
（故知仏性之中別有 衆生者亦無是理）尋仏此語耳見如妙德比五了了分明如觀掌中阿
摩勒菓四大雖偽假偽而顯真名雖是虛藉虛名而呼喚聦慚
元始迷故轉仏性爲衆生今既悟時還衆生是仏性迷時迷真作
妄悟時悟妄還真迷悟本由自心妄真實無二境所以然以幹權相
無別名相除以相權如理元別真可立故知相耳是幹故無別妄
可除幹耳從緣理無別真可立由心倒迷於仏性上妄見衆生迷
既悟時耳衆生上見於仏性既見仏性無別衆生既元衆生還
無別真可立既無別真可立幹耳從緣幹若從緣六根還依

可除躰昇從緣理一無別真可立由心倒迷於仏性上妄見衆生迷
既悟時昇衆生上見於仏性既見仏性一無別衆生既无衆生還
無別真可立既一無別真可立躰昇從緣躰若從緣六根還依
塵境此則約緣抱見仍未及不到自次已後緣正雙推得及不
過始終不改乃至成仏初則應緣以求真性　第一依持
躰能依持四大不破不傷攬捉卅六物諸緣不離不脫喻如珠
發塵与水相互依持若也不持水塵流散此由金剛本覺持
縛使然連合坐水火風團成色陰色則真如實色陰相則仏性
業行形容色則与躰生死相隨陰相則壹時不住所以喻如
金人初作二色色相分明斯乃色相趣然不得不言不異斅之
從質人相昇一無色与真金湛然常住故知相之与色三世有殊
色則隨躰旋環相陰昇從斷脫而厌謝譬杇材工巧治木為
床析床還木之時床相与名二俱安在木之与色如影隨身
以此比方用為有異善哉躰性奇異奇能隱四大之中浮沉難
惻貫穿諸骨棱縫相又皮宍髮毛外遮補納縫不用繼割不須
刀自性能為巧於巧婦可身稱躰不穪不穰寬迮任情不稗不慈
從緣大小恰稱身裁元始迄今渾成被善隨身引縮不由工匠鍛
褁性自捉持不假梓材撲斲依於四大由如仙乳難分住在陰
中實難離析同而不共而不同觸骨觸皮徹骨間而覺了而
是覺性無相無形非短非長難方難比躰無別躰不可言無

從緣大小恰稱身裁元始迄今渾成披善隨身引鮹不由工匠飭
褫性自提持不假梓材揲斲依於四大由如水乳難分住在陰
中實難離析同而不共而不同觸骨觸皮徹骨間而覺了而
是覺性無相無形非短非長難方難比躰無別躰不可言無
若色若心元處不遍只可而元尺樣離緣見之從依別躰報身以
還妙覺為躰將知此覺即是仏性大大色上六根則真如用具眼
中觀視二色之相了了分明耳裏聽聞隨其類辯口能嘗味甘苦皆
知身被觸時無不曉覺心聞憶想善惡俱緣鼻對香臭之時
善能分別斯則六根窮不見窠窟皆空与色並觀睇睆似見
不知若為依怙而於內陰窈絕無蹤竟無寸尺可尋如太虛無
質依持未謝約色而還真離脫之時陰如塵而星散躰無相臭不
知何以能然法性不自露形隱六根而常大動雖無形像不可言
無觀生死而兩兩人求不見而不得　第二建立　此言過去諸
仏菩皆因仏性而生未來大聖群賢亦從真如流出現在濩龕
素像悉是果德聖容以未窮根乃衆生是本故知一乘三乘之仏皆
以仏性作之六道四生悉用真如為躰由元明迷理縛在三界凡夫
以智慧達迷飜生一乘三乘淨土名雖有別相從有殊以躰往校
一心無二斯為元明緣妄能樹立三界雖類之衆身迹淨識歸
真建成一乘三乘之仏嗚呼本覺染淨隨緣凡聖界中受身量
元涯溺名相妄相之界号曰衆生八識超六七心則稱之為仏是故
一乘三乘仏土依報並是仏性能行莊嚴三界六道養性資生
悉是真如智情雕飾裹哉體性巧隱陰入界中故者法身無

真建及一乘三乘之仏鳴吁本覺済淨隨緣凡聖界中受身量
无涯溺名相妄相之界号曰衆生八識起六七二心則稱之為仏是故
一乘三乘仏王依報並是仏性能行莊嚴三界六道養性資生
悉是真如智情雕飾衰裁體性巧隱陰入界中故者法身無
形無餒從凡至聖若个不然約四大之身造作恒沙万行故知
含露有識皆具足二種莊嚴以此言之故云建立　第三五陰
此明五陰抱陰是歸自性隱藏潛於陰入雖不可見而気不無一物
伎能皆因四大恒沙万德無非抱陰造作施為受想行識无相
无形依陰想而為主　第四六識　此明眼耳鼻舌身意惟是
一心錯心緣境之時則名六識喻如一室致一狝猴四壁迴旋而安六牖
愚圖喚於此六牖見六狝猴智者推求一而無二以斯喻況故知
六識唯是一心人喻色塵六牖狝猴譬於六識息人呼喚六牖之內
唯一狝猴室喻四大之身六牖比於六穴塵緣別用呼作六根卷六
唯心无別无二故仏言心如猨猴騰踴跳躑　第五生滅色身
內外十時差別故号生滅色身此由第七生滅色心使第六內不生滅
色身輪迴不住　第六不生滅色身　此由不生滅色身體不壞
故續生滅色身續此斷常無始至今而不休息此不生滅色身
雖無相皇性至桑忍不為生老病死所殘體實堅剛不被三塗
阻懷是以能續三世如綖穿珠此死彼生如經持緯
第七生滅色心　生由无明不覺稱言生滅色心於七元常使
第八內不生滅色心而不輒歇由生滅色心故使第六內不生滅色
身受生死之身從昔至今輒無安暇不其如來藏體自性元
能隨六七二心而緣名相任貪瞋妄執不自由從元始至今為斯

苐八内不生㓕色心而不離歇由生㓕色心故使苐六内不生㓕色
身受生死之身從昔至今離無安暇不具如來藏躰自性元
能隨六七二心而緣名相任貪瞋𢘿挖不自由從元始至今爲斯
馳涉妄想𢗠境名相易心八識漂墮苐七生㓕之心輪迴不住
苐八不生㓕色心　此言不生㓕色心躰常故續生㓕色心如拖大
之輪故知不生㓕色心續生㓕色心而不住息前苐七内不生㓕色
心從生㓕故使不生㓕色心同生死元常今苐八内中以真奴妄則真
家之妄則生死同法身故仏言生死涅槃一也㓕不常㓕雖㓕其生
生不常生雖生則㓕能續生㓕色心故轉元始生㓕色心而至于今
今生㓕二心由如眼目　苐九始覺　此明始覺從近迹生三世元
常緣緣無記故一枝二猿戲花林從愛見而起心若風飄水之蕩散
始覺隨老小而昏愚生㓕無能逆嬰童而懸利威爭慷慨奮迅
師子之雄威向半秋蹔停而羸弱含生悉尒有識皆然過去之
事莫知未來之生亦尒現在無記念念如流三世無常昔無一醒但
能造作生死之因使本覺流離退菩提之路隨名隨相好醜而
易其心有始元終故名始覺　苐十本覺　此本能爲萬物之主
是凡聖法王無始迄今如大麥陽限能生一切雖在苦空元常之界
不爲生老病死斷傷縱在常樂我浄界中不爲菩提涅槃增長
躰自明了猶若寶珠照曜心神而無闇冥斯則已前九事從此本生
有始有終故名本覺　間如前十種觀行本覺元明相元刑我
欲求心不知何重妄隱　答若以依持而奴本覺則本覺而是
依持又以本覺而奴依持則依持而是本覺衷哉真如無貿似
女似男似性元形似人似畜何期男名女相籠縛真如畜相人名衆

有如有終故名本覺　問如前十種觀行本覺元明元所有
欲衰心不知何重安隱　答若以依持而杈本覺則本覺而是
依持又以本覺而杈依持則依持而是本覺哀哉真如無質似
女似男仏性元形似人似畜何期男名女相龍縛真如畜相人名衆
經仏性嗚呼名相乃斬斛餘之刀六七二心是懐思惟之劍喽喽名相
旨元量衆生痛歎嗚呼斫破凡夫眼目致使旨聾瘖瘂流轉
十二緣河提環八苦之中栖遑若是悲如之道失斛餘之途乘名相之涯
秋所之娑今慶二千歲内忽得見其眼根分見如來難見之性既見
如來難見之性誓死持捉觀斛（辭）之心無令暫間斷則不免名相劍
懐六根若欲境智鈎鏁連珠唯藉思惟綴接若不以觧續體界
仏性没名相之中又不以體續心則八識漂溺無明大夜一時不寤
體觧之觧無以可成一念不思見體之心難續所以衆生仏性相似不
殊或仏性似衆生或衆生似仏性是以學人得失莫若由斯聞者不
勤持由體同物類奇哉聖性若能隱密其形居凡聖男中辟元影
像處聖人身内似仏如來在凡夫隊中似衆生男女難辨難但體相
混沌無源表裏無殊和而一揆是以内元別體取者皆迷外無别相
可除捨而難捨取相為體作見觧續之用覺了杈緣得而不得斯
由人而諱貴賤不分保則體相俱真迷則妄真俱妄故知如來藏
體從器方圓是使一鏡而覩四心若器隨其見觧取各不同故知體
界元質元形相界唯名唯色是以從四心圓倒不自名言任取者義
量隱真從意故使一乘體觧䆊生淨土之人二乘觀五陰緣空得
辟支仏道二乘觀色无常惡見苦離因以淨戒脩身猴四禅
果人而迷名迷相所以受生死之身三惡提環案丸不住此由性無
別體聲聞緣覺息求覓之心證無別真感人而起斷常之見是

量隱真從意故使一乘雖能離生淨土之人二乘觀五陰緣空得
辟支仏道二乘觀色无常見惡見苦離因以淨戒脩身猴四洲
果人而迷名迷相所以受生死之身三惡趣探業丸不住此由性無
別雖聲聞緣覺息求覓之心理一無別真成人而起斷常之見是
使比丘法忍不念父母宗親我所資生悉皆捨盡秉三業於如如之
境注心眼續之人并不遇邑中以監境智二千年內不覺晝夜昏明
意專緣以心續雖所以長時困苦只由易壞難成積惑累垂滯切
二万此由凡心罪垢聖境難尋況汝末代凡人風聞兩潤嗚呼見雖
之心不續則境智斷常境知智斷常六七二心則群行攻劫貪瞋力
土龍怒英雄名相妄想相征由如亂世此由六七謀臣無道教八識
慈善法王使本覺漂流遏於生死斯由見隨名相譬劫火焚而
雖不續真常行力用心碩究冷謂毒無傷三世毀之而不覺瘡以
斯照察過於寶鏡之監用此比方可不自知得至涅槃生死駕御今
身三惡之後難期地獄之前努力无常之將卷秋果霜司命元
慈毒過毒藥入人胃雖如鋼錐之瘡楚心胖如刀穿切聞身康健
努力勤行急尒羅此之時悔將何及所以作十重既邪欲使學者
樹三世見解之甚若也不然既被斷常而繫縛既離心續見知法雖
如然無始以來至今常尒非關學人斷理致使若斯從昔迄今
雖當如是今欲心境相既十重之內依倚何重除七附三始終不二觀
依持建立知斷脫者非觀五陰如　　如知有情者是尒須剔雖
而見約相而詮真必須以見解分張雖相之殊四大真如不可超然離
析何者雖則以覺了知情為體了了與相有殊相則四大為之逆然與
豈有剔之用[illegible]

依持建立知斷脫者非觀五陰如　如知有情者是亦須別體
而見約相而詮真必須以見解分張體相之殊四大真如不可趣然離
析何者體則以覺了知情為幹了了与相有殊相則四大為之迹然与
體有別更相依怙權濕實難故仏言幹相如如二而不二亦如水氷
同體取捨甚難復似寶像內在瑠璃欲將有異二同鑄金為仏體相
俱真又以米在糠中可趣春可趣則說颺治糠糩恨無智慧取其
又非是善春之人子心息意且合糠而喰兔作餓死之人儻逢過而
值慈父釋迦要徐請決嗚呼何期體相生存斷脫離合共居况
乃永重後分張是其常哉斯乃衆生幹相元始常然離合同而不
同迄今若此斯由元明緣行迷色陰貪瞋感使本覺栖遅隨
斷常而離合尒能會是可恒見解於聖法之中若也不時無由
履踐如如之境故知衆生仏性在五陰之中會陰名空則五陰名為仏
性既是仏性即是五分法身資者如此解時體行真如自然方現
當來果性依教稱揚體行由性真如則不輕恭敬　體性行性約色見而證真果性元形
非凡夫心而可及依教仰信欺付當來本覺色心法不離而教礼　分見衆生仏性斯是見仏之人不違法性真
如縱值別聖亦陷猶為不見　是以優波相解錯礼神魔所取是耶名為不見須菩提觀仏亦与優波不殊仏慈誘歸引輪轉聖王為喻之
於是須菩提解仏所說捨凡聖相而體歸三藏然羅漢之時迷法
身而由相攝　此由以相取體不見真如隨教解聞名為不見違情則然不生衰慢之心又復不認肯人黏香山羅漢之也　以體投相證理
悟聞依性分知是名為見者風必須依樹樹動斯則見風欲不見法
性真如理須觀相　此明風無相皇自性無形動樹揚塵摧林乃見　相則非相相即是如樹內無
風則風桂其樹　故知色動幹使其然也觸相有而覺元相其耶不可別見手持若不約相取之如何可得也　又精白
骨耳是仏性棟樑毋四皮勸是則真如住室　此明凡夫仏性父母亦白三精三界有身得斯而住法
身元相隱居四大之中並水火風雖殊悲有真如覺性　如是本覺元相元形隱五陰之

風搖則風其樹 故知色動驗使其然也體相有知覺元相其耶覺元相皇 不可別見手持若不約相取之如何可得也、乂精白
骨耳是仏性棟樑毋血皮肉是則真如住室 此明凡夫仏性父母赤白二精三界有身潯斯而住法
身元相隱居四大之中妄水火風雖殊悉有真如覺性 如々本覺元相元刹隱五陰之
中如室入器元皇元質不可捉持入陰界中寂然無似唯見色陰陰㧞妙精華
浮究是人無能可迹不知為若依持四大不破不傷陰色輝々与非人懸異内外明朗
狀如影藏之龍此由本覺大人使之然也善哉希有
不可思議恥元始矣造愧今聞而太晚、髑髏卑上号名承露之槃四
大服肱稱曰浮圖精舍 此明聖凡七孔並寄在頭閏卷見聞無不聞首四大色陰真如是浮圖故号髑髏為承露槃也驗不獨立
性不孤存借此妄火水風喻浮圖精室所以疊塼作塔稱曰浮圖凡屋薑豪
猶名仏捨舍斯乃以真攝偽塼得浮圖塔層之名何況驗相一如而不得稱
以斯頦並髑髏得作承露之槃用此比方四大得言浮圖堂也斯則驗緣扁驗耳
以驗收緣、既驗緣是故得稱如前言也悚懾齊慓敢肆誠言信此耶智之
情作如是難之秖洹堂裏晏坐數娛五陰林間熾然無變 秖洹者是喻四大之身法性於中寂然安靜稍
此四大喻若秖洹行住坐卧於中故稱堂也色受想
行識譬五陰之林仏性遊五相陰之間逍遥自在 世尊於内寂寞無形法性元
生故名常住 此言聖人凡人脩道悉依此性而證菩提既為凡聖所師故稱此性為世尊也由仏性常故凡聖依之既為凡聖所依故号名常住也
無為染淨不住其中生死涅槃從緣來去 不守自性染淨隨緣驗覺雖守生死乎而不及此由元
明七識使報生受生域之身以本覺驗常為主域身而依怙也
有能斯誰敢見而不敬 是以常輕被打不改敬心菩薩尊之如來大事於常稱也
但使眾生有覺者若箇不是真如若挺斯府仰色身存
皆是性能憂喜悲無悲非仏性 無情之物一切無能有識離心一切能作也
在體相一如四大須色則相根殊體異 不異之性是凡夫所學之門不一真如是聖人所觀之處斯則如々
無刑無色喻若空谷之音散在青木絲絃之間寂然無似眾生仏
性亦復如是然隱四大空谷之中無名無相是以智臣善鼓能敢万種之
聲大王拙謀點其青木 智臣善鼓喻八識之心大王拙謀譬元明六七六七識妄成真則權身而受苦是以不能八識耳生轉系之心八識
務四報妄獲之身增上慢心唯
行方罵也 此性幽微寂寞無跡無蹤尋陰入界推求無
形無質十三物不知在何物之中皮肉骨血之間未悉住之何處

性亦復如是然四大空假之中無名無相是以智臣善巧飲敢万種之
聲大王枉謀毀其青木
智臣善巧喻八識之心大王枉謀譬元明六七六七識真成妄
界生煩然之心八識魏妄成真則推身而受苑是以不推八識
發四衆迷障之身增上慢心在
行 打 罵
此性幽微寂寞無跡無蹤尋陰入界推求無
形無質十三之物不知在何物之中皮肉骨血之間亦無住之何處斷
則然其四大如屠肆之家狼藉破著寒心不忍分作四分圍屠推窮
不睹視之覔而難見青黃赤白一色全無大小短長然無寸尺若麻
若豆芥子等刑若豚若毛而無策職亦齊上下惟有兩儀蓄囊
或在目中白黑二精如水或言頭內惟有白腦如濃或乃心求唯肉
一聽或言在耳惟見結聹滿中虛虛被求而無名色不知姓字何等
名諱是誰出過百非之言迹奈四句之迹外是以十方聖者稱曰如如
元相元名寂然無似身如芥子不責不寬身等須彌不寬不
愽大小相稱長短飲裁傍側任情方圓從意難求難覔自
性隱藏三十六物之中寄言無所生來死去由如夢見之身如
趣脆皮空留四大此陰入界性實元所可方十八界中而無一相
名而則無名可字字而則無字可名欲觀則無相可觀欲觀
則無刑可觀如虛空故而得空名此性非有非無離有無而得
字樓求訪而覔難阿那律見空中鳥跡之難本覺元相元名如如
義美之酢味香美鼻口元躰可求四大真如忽復如是滿中覺了而
遍六根取則而無捨之界有於是煩惱心醉迷悶傷魂良久澄神
少時蘊息含相慰悲歎交懷合不衰之啼落無聲之淚於則
逊神出陰靜默端居攝念思惟身心摩攬
次以前推色求躰
無有一似可擬心也
於是
還合四大熊色推尋陰內龍中似將有異狀如影戲思實可觀種
種色身於中顯現斯則似於所似可字可名從器方圓可竟觀可覗
此性體非凡非聖似聖似凡非畜非人似人似畜非神非鬼似鬼似神

迯神出陰靜嘿端居繫念思惟身心靡爛（故以前指色求身無有一似可以擬心也）於是
還合四大總色推尋陰內龍中似將有異扶如影觀思實可觀種
種色身於中顯現斯則似於所似可字可名從器方圓可羨觀可覩
此性體非凡非聖似聖似凡非畜非人似人似畜非神非鬼似鬼似神
非道非魔似魔似道無形無質能於種種形容無相無名能為多
種名色非黃非白能作黃白之軀非智非愚之行（能為智愚）如論色陰恒沙
万類之舉一性斯中寂然空靜而能容受千同万異之形性淨界中
顯化塵沙万像色雖差別喻若於牛一性雖心由如乳味善哉體
性工巧譬彼畫師九七印作三界之畜盡出四生之類以五戒十善作
剋人天之身十惡五逆之愆聽出三塗之罪品類隨其貧富彫飾六
道之形八識丈夫安置恒沙淨土用三十七品畫作八十種好之大人
以六波羅位分十地昔集二諦摹出聲聞十二因緣像題緣覺以九
畫師慈故惟以自去鑄作人天淨土之身六七工二近拙謀惟以黑法狂
巖四趣是以隨其生處長夫本名如來供須從緣立字若仏在世
覺性不殊（与今无別）若仏涅槃雖心不二（与昔不殊）相性常住猶若虛空
不守自性故染淨隨緣凡聖界中受身无量故經云從无住本立一切法色无自性
從四大生非有非无善其能取故經云色是空非色名
壞空喻如虛空無自性故從緣轉褒得无是 能斷能常隨斷常
而出沒 由斯常故續生死而住不自性无為隨生死輪而 故知聖凡陰色悉是
不住息是以三世流轉不息不住六趣往還不絕不斷
故智者言相是斯故知色
陰是仏性形容斯是從緣
仏性悉容眉眼口鼻耳身則是真如相皇
故知眼耳鼻舌諸 四大雖鶩覺性遍中受想行識之心依於色陰（性不獨立真為）
根悉是真如相皇
相持和合共成 帝觀四大實如鏡裏之形欲取捉持復似水中之月
達暢諸法
以真為斯是表裏俱真 未審与學人取證見雖不同但某愚情以斯
藥相求如無同水月
為見嗚呼八九之心羈零六七二心緣沿辜流淨識湮沒生死之河

根悉是真如相皇相持和合共成四大雜寬覺性遍中受想行識之心依於色陰立真為
建揚諸法：帝觀四大實如鏡裏之形欲取捉持復似水中之月、
以真為體用表裏俱真棄相求如無同水月未審与學人取證見體不同但某愚情以斯
為見嗚呼八九之心羅人零六七二心緣沿奔流淨識湮沒生死之河
致使真如妄真俱妄浩浩名相若海沸而揚波六識七心逾山溪而
府仰水流逢轉隨擾身而從緣珠淨心溺名相波而漂沒是以
菩薩善取以仏性澄六道名相之波凡夫拙謀以名相波濁真如乱
沸是以不軽善取以體收相捨身命而歸依直心體謀而揚體
善仏稱弟子八大善人取相度六百四万億名相衆生身懷死時墮
於坐獄三藏謀拙熟羅漢於說戒之辰以此校量體學相歸非
凡夫心而可靈是以一一境界則不軽體續之蒸氣吐言法直心
而揚體善已罪悔過於師同學不敢覆藏第八識心自然清
淨六七行而不得无明惑之不逆能觀之心持加持勵用如來之教
試勅无明欽諸仏之言捨除我所名相妄相是轉生死之繩諸
是見非實繫身之獄索令以體收相斬縛生死之繩以聖摘凡割
繫身之獄索斯則按真如實覚劍斫破生死名相網羅持應聖
之刀劍壞三塗惡果脩无名相善供養八種仏陁如過去諸仏歸
依願生淨土勿使无明惑乱能觀之心境智相扶無令玷缺念恥則心
玷缺花妄相境界則名相覆真境智乘違六七忘則淨菩提之心故知妄相如火名相若風風火相燃誰堪
當處如來之藏難得見聞況復脩行誠言不易若道聞難
行易仏不應說退菩薩提之心故知難行又若聞易行難緣覺聲
勸聞不應如聾如醉此明難聞三乘被破果橾始迴歷劫積切尚猶

當處如來之藏難得見聞況復脩行誠言不易若道聞難
行易仏不應說退菩薩提之心（故知難行）又若聞易行難緣覺聲
聞不應如聾如啞（此明難聞）三乘被破畏捨始迴歷劫積功尚猶
勸捨斯等共仏鬪諍執理不歸仏自說云何見毀各其得
失又謗如來將非魔作仏惚亂我心耶仏乃揚言白十方世界
中唯有一仏乘二乘猶自无何況有三乘（斯則破三從一捨末歸真故仏言一乘道一行一緣是）仏如
是棄三乘人之見能如活剝生牛摟与一乘如服沙礫（執見不融）於是如
來說毒塗乳顯慈母養食子之方更唱楊柳之文嬰咳啼泣（心）
（三乘學者聲被嬰咳緣覺聲聞人當其位故經云三子之由名治第二不孝之見楊柳之文喻於漸教也）故知難聞難見難信難行
況復薄福凡夫胞聞而孚得（必須加功槃力荷慶希逢无想已來未曾聞見今生值遇難山紅而盛到擊出得聞越旨）
（龜御木孔也）是以堅持八識如護浮囊秤體歸依如持油鉢（行住坐卧如盲人杖而隨身見聞覺知）
（如人海而執帷）今既聞聲聞難聞之法復得緣覺不信根悲懷交懷磨
臨刀田而會赦何期燋種今日重生析石久離忽然還合復慶
盲人得眼見昔日不見真如无始冥沫至今謂呼失士（不期貪嗔力士蔭）
（翳見隱溺之珠寶藏久埋貧女忽然會悬既得珠家寶昂應息盜衆生識謝无始取棄之事而愧无上無害）此明既得見已則須ゝゝ
如見脩行境智相扶如持油鉢亦如渡者堅護浮囊離此死危
截流而去（觀如脚脩行之）汝帶生盲之甲戰諸見之兵（无慧因故宍眼見之悉而盲於行善行惡之人不敬）
（而生分別十善十惡之教是凡夫斷惡脩善之経已教脩行宍眼必須分別是教可捨是教可依此則慧眼宍眼衰行善教希有ゝ）持應聖之刀劍
是非之賊（由不識凡聖故不救是非打我殺我之人教為仏餘称随塗藏任意作之逢杖逢刀甘心受語決定刀下受死杖下受殊我心從心不為凡餘但能作如對治）
（則不處死滾生見餘不空捨是出有功而死也）按真如實劍鬪亂名相乾城勅第八之丈夫勦無
明賊主（以斡杖相昂魏破无始无明六七心無依生處貪嗔憎受淩餘雲消故勝賜言我以第八識心魏破名相則通我生已盡梵行以立所作已辦不受後有降伏四）
（魔則師子吼）是以生盲之觀非法忍而常為應聖感機非眼開而須作
（凡夫之眼等牛羊見而無知雖是人心辯畜情而無別差不遠期法忍恐今宍眼壞之是以深防无由轉用既聖凡不辯愚識無知不待眼開如何救棄ゝ）如來藏
觀離衆生見而安心過去普觀況別生養而知報（以斡杖相則聖凡悉是真如以勝覺）

揄是出有四而死也於真如實餘圍皆名和草路初暴八之丈夫那一無
明瞭主 以體狀相是雖破无始无明六七二心無依生處貪嗔憎愛淺餘雲消故勝勝言 我以第八識心雖破名相則通我生已盡梵行以立所作已辦不受後有降伏四
魔則 師子吼
是以生盲之觀非法忍而常為應聖感機非眼開而須作
凡夫之眼等牛羊見而無知雖是人心聯畜情而無別若不遠期法忍恐令其
眼壞之是以源防无由轉用既聖凡不辨愚識無知不待眼開如何故棄
觀雜衆生見而安心過去善觀況別生養而知報 以體狀相則聖凡 善是真如以體覺 如來藏
本來六七二心是善惡无記斯皆仏性但能作如是餘說錯不墮三塗縱不遠結菩提在此
不生邊地既不生邊地復不墮三塗以此思量何處不生淨土蓮花之舌應 不
虛言金口所
誠至誠無二 前既得見聞信復得脩行 次以已後明无常忽至
及橫報來忓於生死兩人若為對治 无常取使或而人或是神或羅剎像或 或馬獸身或獄卒形或魔仏或真仏或
共形或聲聞像唯以體狀相唯以聖稱凡无始已來打我無我不同
前餘安心捨受以體狀相用債宿事以聖稱凡所感是如~ 此盲應體觀渡
凡夫出生死大關縱被閻羅委曲以斯辯吞閻真如實印板硯
閻羅奉應聖之府以為公驗斯則東園凡夫過所是盲者淨
土行文報至之時乘斯而去大丈夫開如來藏庫握仏性妙刀用盲
觀為傍排以應聖為矛戟穿持信根之前 深信此觀 堅固其心 帶精進之
弓 繫念思惟如聞 奉行無時懈墮 駕大乘之寶車 以體狀相 伐戰鼓而聲彼 念彌陀 念爭藏 勒正念
臣為總管 使第八識心 剪除六七 生死苦用斯捨受此則凡夫降魔之寶印伏
外道金剛之神符生死輪王自然息數故經云如人得王印去處
无障导既奉如來寶印握諸仏神符此死彼生必号蓮華仏子
當之此觀非今渡一个兩个凡夫十方淨土聲人皆由此送娃頗羅
墮者非恒沙并而得窮同字擇迦析大埊草木數至十三數
難知數共名彌陀之仏豈虛空譬而得知十位并住埊之人非百
千万阿僧秖而能惻悲者哉仏性送尒許凡夫出生死之園布
有真如運三世衆生越於火宅之外何期仏性无始渡人從昔至
今未嘗閑暇鳴呼仏性乃餘生死絙繩挽拔无量凡夫而生淨
土安今逢遇努力提持一失此絙何生再值暨慈顧痛怨尒眉生

知

莫知數共名發陀之位豈虛空廢而得知十位平伯數之人非百
千万阿僧祇而能惻悲善哉仏性遂尒許凡夫出生死之園希
有真如運三世衆生越外大宅之外何期仏性元始渡人從昔至
今未嘗開眼嗚呼仏性乃觧生死𦆯繩挽拔无量凡夫而生淨
土安今逢遇努力提持一失此經何生再值嗟顧病怨尒看生
癡歎無始久盲忽然見道
自此已下引仏證成同如來迴向明
知四仏不離衆生今古聖人皆從凡出故知衆生仏性則是三世諸
仏道場一味真如並是聖凡出經之路以將投相則無仏不歸以果投田
昇無凡不敬故經云聯觧大道則凡聖一如越出聲聞名无上意
既歸凡聖理必盡源通聖及凡始終體觧境無名相則受取自
三三毒權傾則生死斷羈以將投相斯則梵行之人以果投因、
昇我生已盡歎光日愚痴無智謂十二部經內而有真如今曰
方知乃於衆生身中而見故知衆生仏性不在素紙竹帛之中
无相法身隱在衆生之內何期仏性隨器立名一味真如則失
其本字隨名隨相而為名相衆生元始飄零淪於名相譬与
諸仏無前無後受識同時彼則觧脫出經余則皆留五燒之世
迷於元始之際悟於像末之秋生無恭主之辰闕無決疑之口
是以義見俱破喻如法剩生牛煩惱是非其瘡極大所如來
拱手諸仏不治大聖捨於涅槃苻分於異類所以來流浪只
為不過仏性浮囊不慎羅剎索求名相墳沉沒流生死是
以十方仏諸不救故知是生死難渡之人今於糠𥝌遺法之中忽
然還活如因得命荷慶仏性奮婆元如逆狂賴值真如
妙藥何期元明大夜忽遇明燈三毒林中乃生仏子貪瞋境裏
悲有真如凡聖人中乃有法身之仏如來藏體与聖齊切、

以十方仏諸不救故知是定死難渡之人今於釋迦遺法之中忽
然還活如因得命苛慶仏性普洽元如逆狂顛恒真如
妙藥何期元明大夜忽遇明燈三毒林中乃生仏子貪瞋境裏
悉有真如凡聖人中乃有法身之仏如来藏體与聖齊切
果得菩提無生不倚故大聖稱言如来藏仏若悟染而則淡
仏是衆生（以因收果）迷不悟淡而則染衆生是仏（以果收因）斯則水中見水
誰道此人而言妄語（斯則依木求木橫火木中無有人能識識得失）斯則貪瞋不起塵早
不生毒三既元名爲解脱既出貪瞋三界生老病死何是可傾
境無憎愛可貪是則名爲晏坐（故維摩言不於三界見身口意是名晏坐也）智人斷惡
脩善道人已過數陳息道人不善不輕悔罪約法性而陳懸
生死色觀藏體而除謝斯則脩善盡聖凡之際斷惡理
及因果真如名超聲聞之階行越三乘之位以體收相則是淨
土之人以果收因是則名爲正見仏道以相收體是邊塞之人處
體從緣故名流轉生死昔三世諸仏因時脩善悉人性仏道場
凡欲陳懺則對真如懺謝晝則尊行恭敬夜則明燃心燈周
則行道道眠之則生觀如来藏仏諦觀法性則無始罪
業自四目覩真如則未来生死永息（識斯舊罪如秋葉辭林悔過善根復似春花發樹）
一時一念定勝千劫名相脩禪一念一時過越恒沙文字持戒救生中
道是則得渡回緣貴聖敬凡則是名爲淨身口意而脩仏
事（學）大丈夫之調御出提婆之惡心滑旨觀而獨存入聖乘而
慈伏非如来印而不語非見仏不出頭非得眼不人師非識根
而不授藥自次以後明體學相歸一倍顛倒（引此兩人以爲軌則榮勵身心知相學是耶）
體歸是正用斯見並添生信怖 所以昔三藏鳩羅漢於今說戒之夜由不得盲觀
入心中王目起燃於蘭若比丘爲不[illegible]而破善星緣行不修爲

事大丈夫之調御出提婆之惡心滑盲覩而獨存人聖乘而
慈伏非如來印而不語非見仏不出頭非得眼不人師非識根
而不授藥自次以後明辯學相歸一倍顛倒 引此兩人以為軌則藥 勵身心知相學是耶
辯歸是正用斯兇 並添生信怖 所以昔三藏無羅漢於今說式之夜由不得盲覩
入心牛王目起嬈於蘭若比丘為不忍而皷善星餘行不務為
不稱實而知有見由識為不依仏慧 斯等為別餘別行而趣集 回分別是非自招苦果也 是
以多聞三藏有漏學之經善星餘行超群返造三塗惡業未知前
人凡聖得教䖏義應然我既是生盲之人理須依彼一人具八大之
善傳惡嚮於三塗空數教內文字真如棄衆生仏性此持文
字之義不是非於人不了法性真如不受人謗毀故經教內似得
文外耶無此之謂也不輕并懃三業於衆生三藏之留栖懃於經
論教非耶鉄錯取者有以有過文義相乖令懃學而無益
以辯杖相故是有餘丈夫乘辯依緣故非君子攢矣所以發
則聖過像凡詐智師賢求愚弟 賢求愚弟則以辯杖緣 凡詐師和昂以相杖辯 慧廣令
智退所謂善星餘多令心盲謂之三藏故經言寧當少聞多
餘義味千金買藥不愈癡風賤價之醫能除方病 不輕菩 蘭提四
衆故稱賤價之醫免生死而證涅槃令号釋迦之仏善星覩事元上法王不免三
塗空歸元益千金之藥耳喻如來賤價之醫喻如四衆 也 十惡
王精懃求仏返受羅剎之身貧女無求到生而上 牛王著文字循道檢 辯惠兩人雖誦三衆
法輪而不能救匱迹諸見為名相而破眼根又不認盲謗於蘭若縱持法乘是元衛偶之
人為此目緣而為羅剎故仏言雖復誦經禪口中刀劍出耳牛王是也貧女者是破戒持
見之人終日恩懲常慚常愧見人過各不敢議論於已罪尊身心惶懼懷任一子寄產他方還
國值河漂流而死為怜子故併命貪慚淺不以生而共見受死故仏言無求倒生而上是
故安今名淺如是守護見餘及善提心逢杖逢刀而併命如彼貧女愛念其見之喻善
提之心女喻汝身事須努力他方喻於名相本國耳
喻真如黃河喻彼違緣併命喻斯受死也 斯等三人為餘多慧廣返
或真知語制寧聚大衆生仏性終歸悟理少解如聞不精審知

故汝今如是守護見眸及菩提心逆於逆刀而併命如彼貧女愛念其兒喻菩
提之心女喻汝身事須努力他方喻於名相本國界
喻真如黄河喻彼逆緣併命喻斯受死也　斯等三人為眸多慧廣遠
或真如語開辞繁失衆生仏性終歸悟理少解如聞不稍廣知、
執在用之無失（不輕斯餘傳受觸於十方三藏文示傳鬼名於代）若人起教俱棄求世凡夫我宋
若順不行三業耳同前鬭諍（以斯況並教知元始常行村罵聖人據菁觀今耳是知不益學）是以生盲
之觀非法恳而常為慈聖感機非眼開而須作法身之觀以
斯取相而安心并大慈於愛憎而平等普觀之觀況別生養而
知恩不淨无常去愛憐而除捨械塵巾觀斯則不輕而敬四
生慙愧之衣非滅仏而披者以聖備凡悔過則惡名不到三塗
以斯取相而歸依則美名流於淨土飾則聖凡周流万像卷則
凡聖一味一如文有凡聖二名義無聖凡別斯（以因取果則無聖不從凡而來以果因取無凡不當成聖）
時差別故因果異名證有先後差殊則立聖凡二字（三臣佐史皆是之諸仏菩衆生終無）
異　斯所以身不證者只為迷故滅凡會理有元餘故所以稱之為聖
（此由人迷理[illegible]聖則別立二名捏顯人道義內則凡聖二從）何期一泡之水妄立八字之名一味真如分君十一
之位（此由餘心不等取施不同遁見餘而事生致如斯）是以諸仏觀生若已讓下於漏徒菩觀己
若生則恭卑於備禮香塗刀斫會理無怨餘苐身投達迷飲
恳了衆生元相則相是如（悟己無人則身無過）所以捨身屬彼棄我所而事之此性諸仏所
師不可輕也（故仏言一切衆生皆有性淨是故於彼勿生下劣想應當尊重彼耳我師如法恭敬也）捻香燃火礼空衷
之如來坐上真如信凡心而謗罵空中無仏尚盡身命而歸依
眼見如仏性聖容逐生輕害素紙竹帛猶合掌面前境
真如全無敬意因文敬義則是衆生因義敬文則是經卷
因文敬義因義敬文文義相從豈非是理將刀斫影豈可開身
以是識字讀經可開罪事若言文字是道不見廣眸者猶

BD14802號　佛性觀修善法　　（23–21）

之如来、無上真如信凡心而謗罵空中無仏尚盡身命而歸依
眼見如仏性聖容返生輕害素紙竹帛猶合掌面元前境
真如金無敬意因文敬義、則是衆生因義敬文則是經卷
因文敬義因義敬文文義相從豈非是理愕刀砍影豈可開身
只是識字讀經何關罪事若言文字是道不見廣解者莫
墮三塗復習三藏解知不見無為緣聖人之罪斯等不敬衆生
仏性唯學教内文字真如復輕聖内之凡又慢凡中之聖衆生仏性非今始得
諸仏應身昔非不有三藏講說豈不見斯信有而不行知有而不作是以見違情罪
漢類凡夫而慈之由不說盲人乃逢斯事加復隨名隨相不辯解衆生念戀心神聖凡
俱宜謂名文是道慢得定之人信口是非賤敬衆生之行故經云憎
上慢慢人此之謂也不專讀誦枝教内文字真如口毀身恭敬
衆生仏性當根稱理空悟偈言臨欲終時更增受命其罪滅
已顧過消除三毒既已六根淨清今當作仏号曰釋迦以果收
因耳不輕是也憎上慢衆千劫阿鼻歷代經傳豈虛談也
先師既亦弟子應欽步涉師蹤則如舊跡以幹枝相故号不輕歷幹從緣名為憎上
若愚學耳不及若慧學耳太過得及不過謂真學也
是以不輕慈智慧之賊存福行而恭敬歎三性而讚言汝當作
仏誦一十九字故曰少聞以幹枝相而妄心是名多解多聞三藏經
說無知火解不輕令稱爾人師仏隨文取義相執是非學者
根基反憎生死故仏言如返人得兵劫大過風突此之謂也是以聖人
常住以光明為宗六道死生以是非為本大丈夫辯恐親於平等
別生死於自他防牙刀息於藍唇斷是非於憎愛呵五陰淨
六根出真爽離於心曠遠諸見於无知積善提於無我謂解脫
之丈夫故曰出纏之大士又非破漏之才故曰金賢之像上来盲聽仏

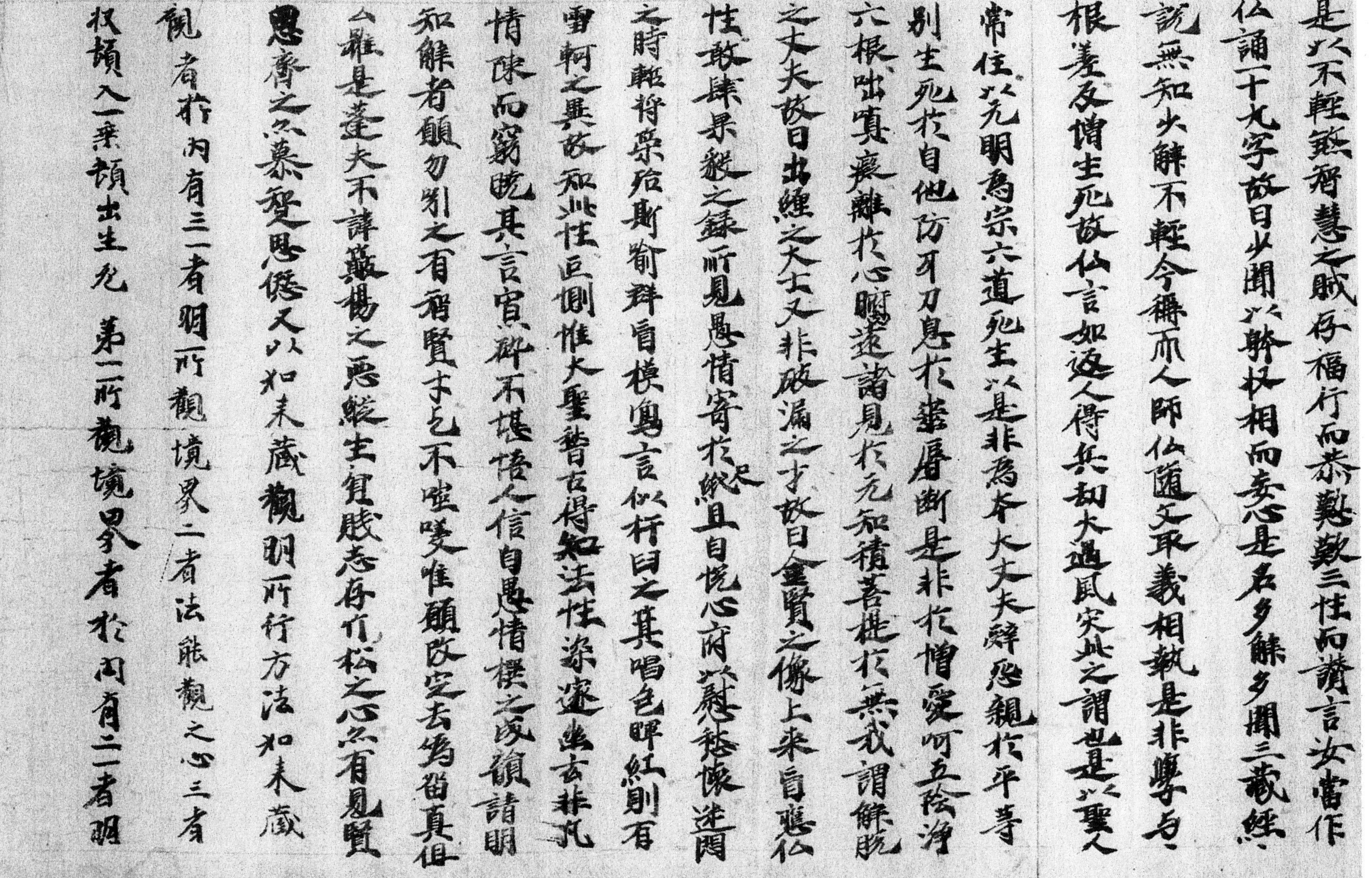
是以不輕鈍智慧之賊存福行而恭敬歎三性而讚言汝當作
仏誦一十九字故曰少聞以幹杖相而妄心是名多餘多聞三藏經
說無知少解不輕今稱爾人師仏隨文取義相執是非學与
根差及增生死故仏言如返人得兵刼大過風灾此之謂也是以聖人
常住以无明為宗六道死生以是非為本大丈夫辭愍親於平等
別生死於自他防牙刀息於蓋層斷是非於憎愛呵五陰淨
六根出真癡離於心聰遠諸見於无知積善樹於無我謂解脫
之丈夫故曰出纏之大士又非破漏之才故曰金貿之像上來旨應仏
性敢肆界穀之錄所見愚情寄於紙上且自悅心府以慰愁懷迷闇
之時輒將枲殆斯嗔聾旨模鳴言似析曰之其唱色暉紅則有
雪軻之異故知此性叵測惟大聖普古得知法性深邃幽玄非凡
情陳而窮曉其言宜聊不堪悟人信自愚情標之成韻請明
知解者顧勿引之有智賢才乞不嗤嗟唯願改定去僞留真但
厶雖是蓬夫不諱藐揚之惡縱生宜賤志存百松之心為有見賢
思齊之念慕愚變愚儲又以如來藏觀明所行方法如來藏
觀者於內有三一者明所觀境界二者法能觀之心三者
杖頓入一乘頓出生死　第二所觀境界者於內有二一者明

BD14802 號　佛性觀修善法　　（23–23）

佛告曼殊室利東方去此過十殑伽沙等佛
土有世界名淨瑠璃佛号藥師瑠璃光如來
應正等覺明行圓滿善逝世間解无上丈夫
調御士天人師佛薄伽梵曼殊室利彼世尊
藥師瑠璃光如來本行菩薩道時發十二大
願令諸有情所求皆得
第一大願願我來世得阿耨多羅三藐三菩
提時自身光明熾然照曜无量无數无邊世
界以三十二大丈夫相八十隨好莊嚴其身
令一切有情如我无異
第二大願願我來世得菩提時身如瑠璃內
外明徹淨无瑕穢光明廣大功德巍巍身善
安住燄網莊嚴過於日月幽冥衆生悉蒙開
曉隨意所趣作諸事業
第三大願願我來世得菩提時以无量无邊
智慧方便令諸有情皆得无盡所受用物莫

BD14803號　藥師瑠璃光如來本願功德經　（9–1）

外明徹淨无瑕穢光明廣大功德巍巍身善
安住燄網莊嚴過於日月幽冥衆生悉蒙開
曉隨意所趣作諸事業
第三大願願我來世得菩提時以无量无邊
智慧方便令諸有情皆得无盡所受用物莫
令衆生有所乏少
第四大願願我來世得菩提時若諸有情行
邪道者悉令安住菩提道中若行聲聞獨覺
乘者皆以大乘而安立之
第五大願願我來世得菩提時若有无量无
邊有情於我法中脩行梵行一切皆令得不
缺戒具三聚戒設有毀犯聞我名已還得清
淨不墮惡趣
第六大願願我來世得菩提時若諸有情其
身下劣諸根不具醜陋頑愚盲聾瘖瘂攣躄
背僂白癩癲狂種種病苦聞我名已一切皆
得端政黠慧諸根完具无諸疾苦
第七大願願我來世得菩提時若諸有情衆病
逼切无救无歸无醫无藥无親无家貧窮多
苦我之名号一經其耳衆病悉除身心安樂
家屬資具悉皆豐足乃至證得无上菩提
第八大願願我來世得菩提時若有女人為
女百惡之所逼惱極生猒離願捨女身聞我
名已一切皆得轉女成男具丈夫相乃至證

BD14803號　藥師瑠璃光如來本願功德經　（9–2）

第八大願願我來世得菩提時若有女人為
女百惡之所逼惱極生猒離願捨女身聞我
名已一切皆得轉女成男具丈夫相乃至證
得无上菩提
第九大願願我來世得菩提時令諸有情出
魔羂網解脫一切外道纏縛若墮種種惡見
稠林皆當引攝置於正見漸令修習諸菩薩
行速證无上正等菩提
第十大願願我來世得菩提時若諸有情王
法所繩縛錄鞭撻繫閉牢獄或當刑戮及餘
无量災難淩辱悲愁煎迫身心受苦若聞我
名以我福德威神力故皆得解脫一切憂苦
第十一大願願我來世得菩提時若諸有情
飢渴所惱為求食故造諸惡業得聞我名專
念受持我當先以上妙飲食飽足其身後以
法味畢竟安樂而建立之
第十二大願願我來世得菩提時若諸有情
貧无衣服蚊䖟寒熱晝夜逼惱若聞我名專
念受持如其所好即得種種上妙衣服亦得
一切寶莊嚴具華鬘塗香鼓樂衆伎隨心所
翫皆令滿足
曼殊室利是為彼世尊藥師瑠璃光如來應
正等覺行菩薩道時所發十二微妙上願
復次曼殊室利彼世尊藥師瑠璃光如來行

BD14803號　藥師瑠璃光如來本願功德經　（9–3）

翫皆令滿足
曼殊室利是為彼世尊藥師瑠璃光如來應
正等覺行菩薩道時所發十二微妙上願
復次曼殊室利彼世尊藥師瑠璃光如來行
菩薩道時所發大願及彼佛土功德莊嚴我
若一劫若一劫餘說不能盡然彼佛土一向
清淨无有女人亦无惡趣及苦音聲瑠璃為
地金繩界道城闕宮閣軒窓羅網皆七寶成亦
如西方極樂世界功德莊嚴等无差別於其
國中有二菩薩摩訶薩一名日光遍照二名
月光遍照是彼无量无數菩薩衆之上首悉
能持彼世尊藥師瑠璃光如來正法寶藏是
故曼殊室利諸有信心善男子善女人等應
當願生彼佛世界
尒時世尊復告曼殊室利童子言曼殊室利
有諸衆生不識善惡唯懷貪悋不知布施及
施果報愚癡无智闕於信根多聚財寶勤加
守護見乞者來其心不憙設不獲已而行施
時如割身肉深生痛惜復有无量慳貪有情
積集資財於其自身尚不受用何況能與父
母妻子奴婢作使及來乞者彼諸有情從此
命終生餓鬼界或傍生趣由昔人間曾得蹔
聞藥師瑠璃光如來名故今在惡趣蹔得憶
念彼如來名即於念時從彼處沒還生人中

BD14803號　藥師瑠璃光如來本願功德經　（9–4）

妻子奴婢作使及來乞者彼諸有情從此
命終生餓鬼界或傍生趣由昔人間曾得蹔
聞藥師瑠璃光如来名故今在惡趣蹔得憶
念彼如来名即於念時從彼處沒還生人中
得宿命念畏惡趣苦不樂欲樂好行惠施讚
歎施者一切所有悉无貪惜漸次尚能以頭
目手足血肉身分施来求者況餘財物
復次曼殊室利若諸有情雖於如来受諸學
處而破尸羅有雖不破尸羅而破軌則有於
尸羅軌則雖得不壞然毀正見有雖不毀正
見而棄多聞於佛所說契經深義不能解了
有雖多聞而增上慢由增上慢覆蔽心故自
是非他嫌謗正法為魔伴黨如是愚人自行
邪見復令无量俱胝有情墮大險坑此諸有
情應於地獄傍生鬼趣流轉无窮若得聞此
藥師瑠璃光如来名号便捨惡行脩諸善法
不墮惡趣設有不能捨諸惡行脩行善法墮
惡趣者以彼如来本願威力令其現前蹔聞
名号從彼命終還生人趣得正見精進善調
意樂便能捨家趣於非家如来法中受持學
處无有毀犯正見多聞解甚深義離增上慢
不謗正法不為魔伴漸次脩行諸菩薩行速
得圓滿
復次曼殊室利若諸有情慳貪嫉妬自讚毀
他當墮三惡趣中无量千歲受諸劇苦受劇

BD14803 號　藥師瑠璃光如來本願功德經　（9–5）

處无有毀犯正見多聞解甚深義離增上慢
不謗正法不為魔伴漸次脩行諸菩薩行速
得圓滿
復次曼殊室利若諸有情慳貪嫉妬自讚毀
他當墮三惡趣中无量千歲受諸劇苦受劇
苦已從彼命終来生人間作牛馬駝驢恒被
鞭撻飢渴逼惱又常負重隨路而行或得為
人生居下賤作人奴婢受他駈役恒不自在
若昔人中曾聞世尊藥師瑠璃光如来名号
由此善因今復憶念至心歸依以佛神力衆
苦解脫諸根聰利智慧多聞恒求勝法常遇
善友永斷魔羂破无明鷇竭煩惱河解脫一
切生老病死憂悲苦惱
復次曼殊室利若諸有情好憙乖離更相鬪
訟惱亂自他以身語意造作增長種種惡業
展轉常為不饒益事互相謀害告召山林樹
塚等神煞諸衆生取其血肉祭祀藥叉邏刹
婆等書怨人名作其形像以惡呪術而呪咀
之厭媚蠱道呪起屍鬼令斷彼命及壞其身
是諸有情若得聞此藥師瑠璃光如来名号
彼諸惡事悉不能害一切展轉皆起慈心利
益安樂无損惱意及嫌恨心各各歡悅於自
所受生於喜足不相侵凌互為饒益
復次曼殊室利若有四衆苾芻苾芻尼鄔波

BD14803 號　藥師瑠璃光如來本願功德經　（9–6）

彼諸惡事悉不能害一切展轉皆起慈心利
益安樂无損惱意及嫌恨心各各歡悅於自
所受生於喜足不相侵凌互為饒益
復次曼殊室利若有四衆苾芻苾芻尼鄔波
索迦鄔波斯迦及餘淨信善男子善女人等
有能受持八分齋戒或經一年或復三月受持
學處以此善根願生西方極樂世界无量壽
佛所聽聞正法而未定者若聞世尊藥師瑠
璃光如来名号臨命終時有八菩薩乘神通
来示其道路即於彼界種種雜色衆寶華中
自然化生或有因此生於天上雖生天中而
本善根亦未窮盡不復更生諸餘惡趣天上
壽盡還生人間或為輪王統攝四洲威德自
在安立无量百千有情於十善道或生剎帝
利婆羅門居士大家多饒財寶倉庫盈溢
形相端嚴眷屬具足聡明智慧勇健威猛如
大力士若是女人得聞世尊藥師如来名号
至心受持於後不復更受女身
尒時曼殊室利童子白佛言世尊我當誓於
像法轉時以種種方便令諸淨信善男子善
女人等得聞世尊藥師瑠璃光如来名号乃
至睡中亦以佛名覺悟其耳世尊若於此經
受持讀誦或復為他演說開示若自書若教
人書恭敬尊重以種種華香塗香末香燒香

BD14803 號　藥師瑠璃光如來本願功德經　（9–7）

女人等得聞世尊藥師瑠璃光如来名号乃
至睡中亦以佛名覺悟其耳世尊若於此經
受持讀誦或復為他演說開示若自書若教
人書恭敬尊重以種種華香塗香末香燒香
花鬘瓔珞幡蓋伎樂而為供養以五色綵作
囊盛之掃灑淨處敷設高座而用安處尒時
四大天王與其眷屬及餘无量百千天衆皆
詣其所供養守護世尊若此經寶流行之處
有能受持以彼世尊藥師瑠璃光如来本願
功德及聞名号當知是處无復橫死亦復不
為諸惡鬼神奪其精氣設已奪者還得如故
身心安樂
佛告曼殊室利如是如是如汝所說曼殊室
利若有淨信善男子善女人等欲供養彼世
尊藥師瑠璃光如来者應先造立彼佛形像
敷清淨座而安處之散種種花燒種種香以
種種幢幡莊嚴其處七日七夜受八分齋戒
食清淨食澡浴香潔著新淨衣應生无垢濁
心无怒害心於一切有情起利益安樂慈悲
喜捨平等之心鼓樂歌讚右遶佛像復應念
彼如来本願功德讀誦此經思惟其義演說
開示隨所樂願一切皆遂求長壽得長壽求
富饒得富饒求官位得官位求男女得男女
若復有人忽得惡夢見諸惡相或怪鳥来集

BD14803 號　藥師瑠璃光如來本願功德經　（9–8）

喜捨平等之心鼓樂歌讚右遶佛像復應念
彼如來本願功德讀誦此經思惟其義演說
開示隨所樂願一切皆遂求長壽得長壽求
富饒得富饒求官位得官位求男女得男女
若復有人忽得惡夢見諸惡相或怪鳥來集
或於住處百怪出現此人若以衆妙資具恭
敬供養彼世尊藥師瑠璃光如來者惡夢惡
相諸不吉祥皆悉隱沒不能爲患或有水火
刀毒懸嶮惡象師子虎狼熊羆毒虵惡蠍
蜈蚣蚰蜒蚊虻等怖若能至心憶念彼佛恭
敬供養一切怖畏皆得解脫若他國侵擾盜
賊反亂憶念恭敬彼如來者亦皆解脫
復次曼殊室利若有淨信善男子善女人等
乃至盡形不事餘天唯當一心歸佛法僧受
持禁戒若五戒十戒菩薩四百戒苾芻二百
五十戒苾芻尼五百戒於所受中或有毀犯
怖墮惡趣若能專念彼佛名号恭敬供養者
必定不受三惡趣生或有女人臨當產時受
於極苦若能至心稱名礼讚恭敬供養彼如
來者衆苦皆除所生之子身分具足形色端
正見者歡喜利根聰明安隱少病无有非人
奪其精氣

BD14803 號　藥師瑠璃光如來本願功德經　（9–9）

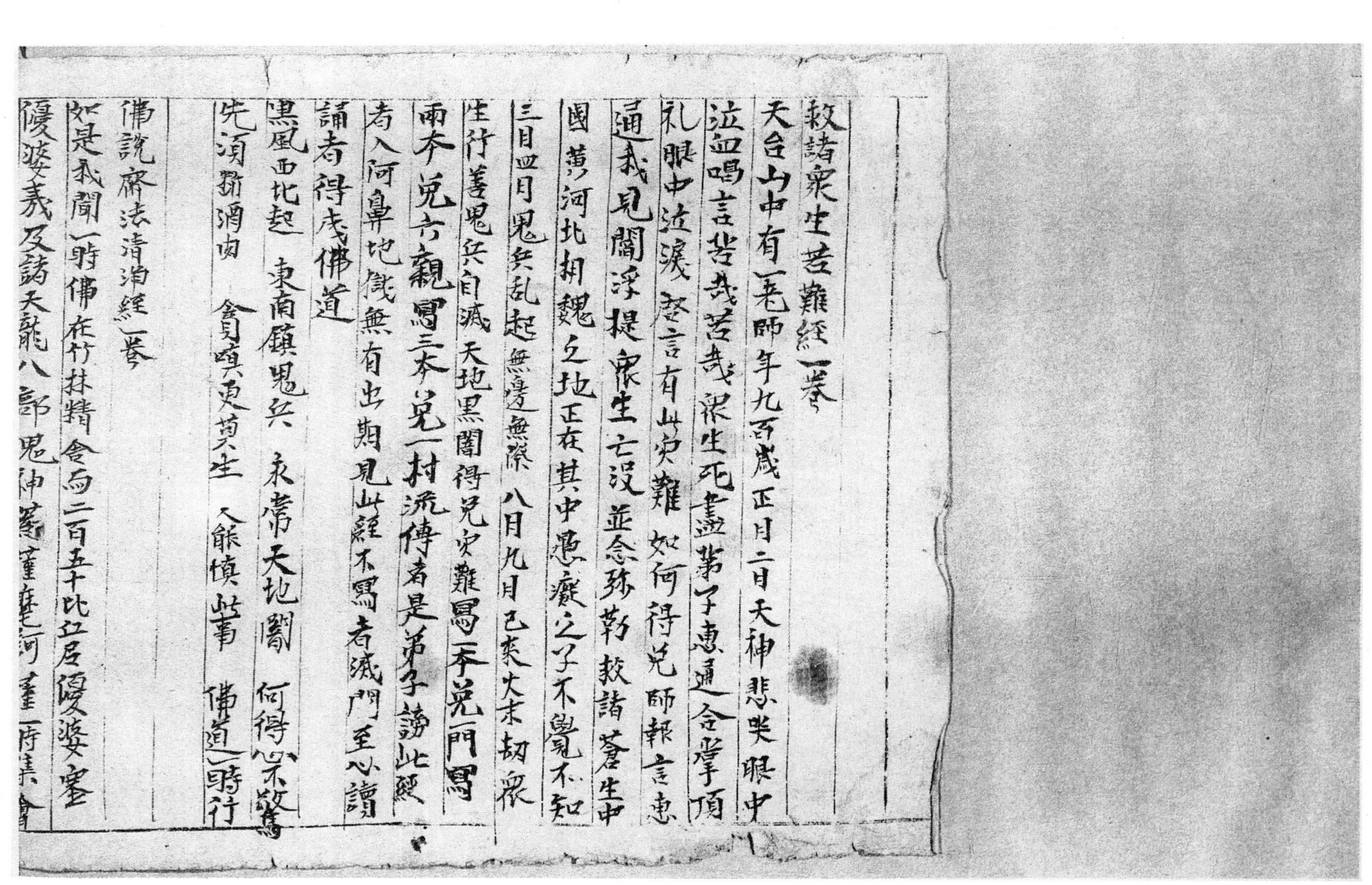

救諸衆生苦難經一卷
天台山中有一老師年九百歲正月二日天神悲哭眼中
泣血鳴言苦哉苦哉衆生死盡弟子惠通合掌頂
礼眼中泣淚啓言有此灾難如何得免師報言惠
通我見閻浮提衆生亡沒並念殊勤救諸蒼生中
國黄河北相魏之地正在其中愚癡之子不覺不知
三月四月鬼兵亂起無邊無際八月九月已來大末劫衆
生行善鬼兵自滅天地黑闇得免灾難寫一本免一門寫
兩本免六親寫三本免一村流傳者是弟子誹謗此經
者入阿鼻地獄無有出期見此經不寫者滅門至心讀
誦者得成佛道
黑風西北起　東南鎮鬼兵　永常天地闇　何得心不驚
先須斷酒肉　貪嗔更莫生　人能慎此事　佛道一時行
佛說齋法清淨經一卷
如是我聞一時佛在竹林精舍與二百五十比丘居優婆塞
優婆夷及諸天龍八部鬼神[illegible]一時集會

BD14804 號 1　救諸衆生苦難經　（3–1）

先須斷酒肉　貪瞋更莫生　入能慎此事　佛道一時行
佛說齋法清淨經一卷
如是我聞一時佛在竹林精舍与二百五十比丘居優婆塞
優婆夷及諸天龍八部鬼神菩薩摩訶薩一時集會
是大目揵連從坐而起為佛作礼而白佛言世尊我昔日
入城食乞道逢見有數千万人頭如太山腹如須弥咽
頸如針行步之時如百五乘車聲烟火燉然何罪所致
唯願世尊為我演說佛言善哉佛告目連此餓鬼者
先世時為造齋食供具訖食中後破齋便得如是罪食也
齋食不持齋故得罪若作齋訖所有長食不得与不齋
人食過齋後主應白衆僧訖歡喜所有長食衆僧應
布施歡喜隨意用若不布施衆僧得罪目連答言實如聖教
佛言一切檀越施設法會供齋翔度持齋者得食不持齋者
不得食此飯百持齋得六千万世餘糧不持齋食齋食者
六千万世墮餓鬼中何以故此信施重敬寧吞熱鐵丸不食此飯
吞熱鐵丸須臾間耳食人信施久受懃苦五百万世受餓鬼
若有設會之處一切如法作齋不得懷挾餘殘食歸餧妻
子食此飯餅若服在懷挾後五百万世在地獄中熱鐵輪在服在此
右服在入一切齋食不曰不慎一粒米化作熱鐵丸一切賢者施設
福會於先出此食都是殘食唐作此會不如不作何以故諸天不歡鬼
神不喜此人於先嘗飯者亦五百万世中受餓鬼身神若歡喜自今
以後歡德福者好清淨如上如法作齋清淨洗手糠糟於
先舉置屏處藏弊不嘗飢如法作齋可得福利諸天歡喜
百神慶悅天神擁護經不虛言福報如影響此餓鬼本
從人道中來以不淨手觸衆僧清淨手自觸沙門淨食以不
淨食手著沙門淨食中以不清淨食食衆僧故後五百世中墮
餓鬼中……

BD14804 號 2　齋法清淨經　（3–2）

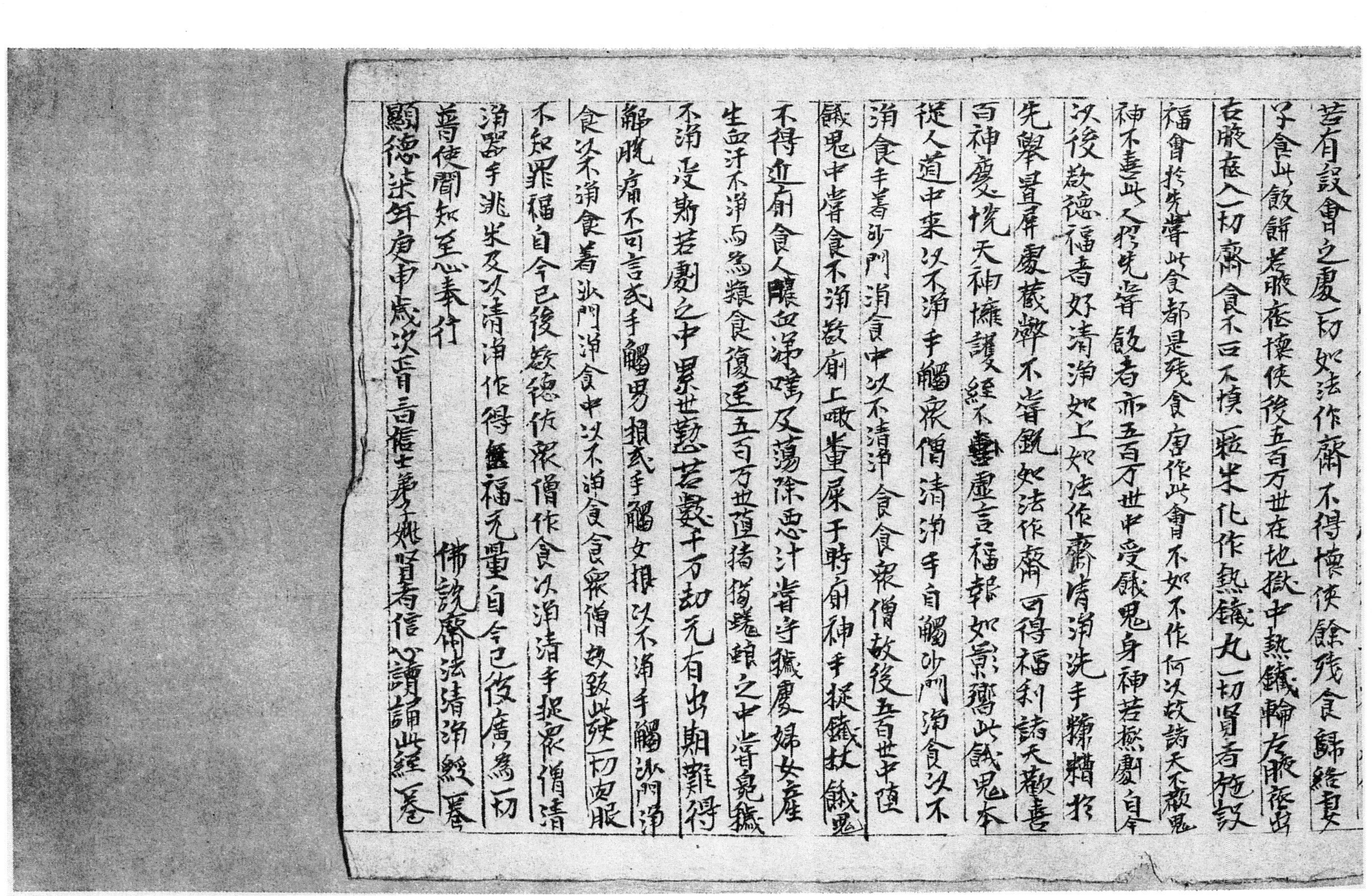
若有設會之處一切如法作齋不得懷挾餘殘食歸餧妻
子食此飯餅若服在懷挾後五百万世在地獄中熱鐵輪在服在此
右服在入一切齋食不曰不慎一粒米化作熱鐵丸一切賢者施設
福會於先出此食都是殘食唐作此會不如不作何以故諸天不歡鬼
神不喜此人於先嘗飯者亦五百万世中受餓鬼身神若歡喜自今
以後歡德福者好清淨如上如法作齋清淨洗手糠糟於
先舉置屏處藏弊不嘗飢如法作齋可得福利諸天歡喜
百神慶悅天神擁護經不虛言福報如影響此餓鬼本
從人道中來以不淨手觸衆僧清淨手自觸沙門淨食以不
淨食手著沙門淨食中以不清淨食食衆僧故後五百世中墮
餓鬼中嘗食不淨飲廁上噉糞屎于時有神手捉鐵杖餓鬼
不得近廁食人膿血涕唾及蕩除惡汁嘗守豬虔婦女產
生血汗不淨与為糧食復逕五百万世墮猪狗蜣蜋之中嘗食臭穢
不淨沒斯苦處之中累世懃苦數千万劫无有出期難得
解脫慎不可言或手觸男根或手觸女根以不淨手觸沙門淨
食以不消食著沙門淨食中以不淨食食衆僧故致此殃一切肉服
不知罪福自今已後歡德供衆僧作食以淨清手捉衆僧清
淨器手洮米及以清淨作得無量福无量自今已後廣為一切
普使聞知至心奉行　佛說齋法清淨經一卷
顯德柒年庚申歲次五月　日　信士弟子姚賢者信心讀誦此經一卷

BD14804 號 2　齋法清淨經　（3–3）

加句靈驗佛頂尊勝陀羅尼
特進試鴻臚卿開府儀同三司肅國公贈司空大興善寺三藏沙門大廣智不空奉　詔譯

BD14805 號　加句靈驗佛頂尊勝陀羅尼　　（3–1）

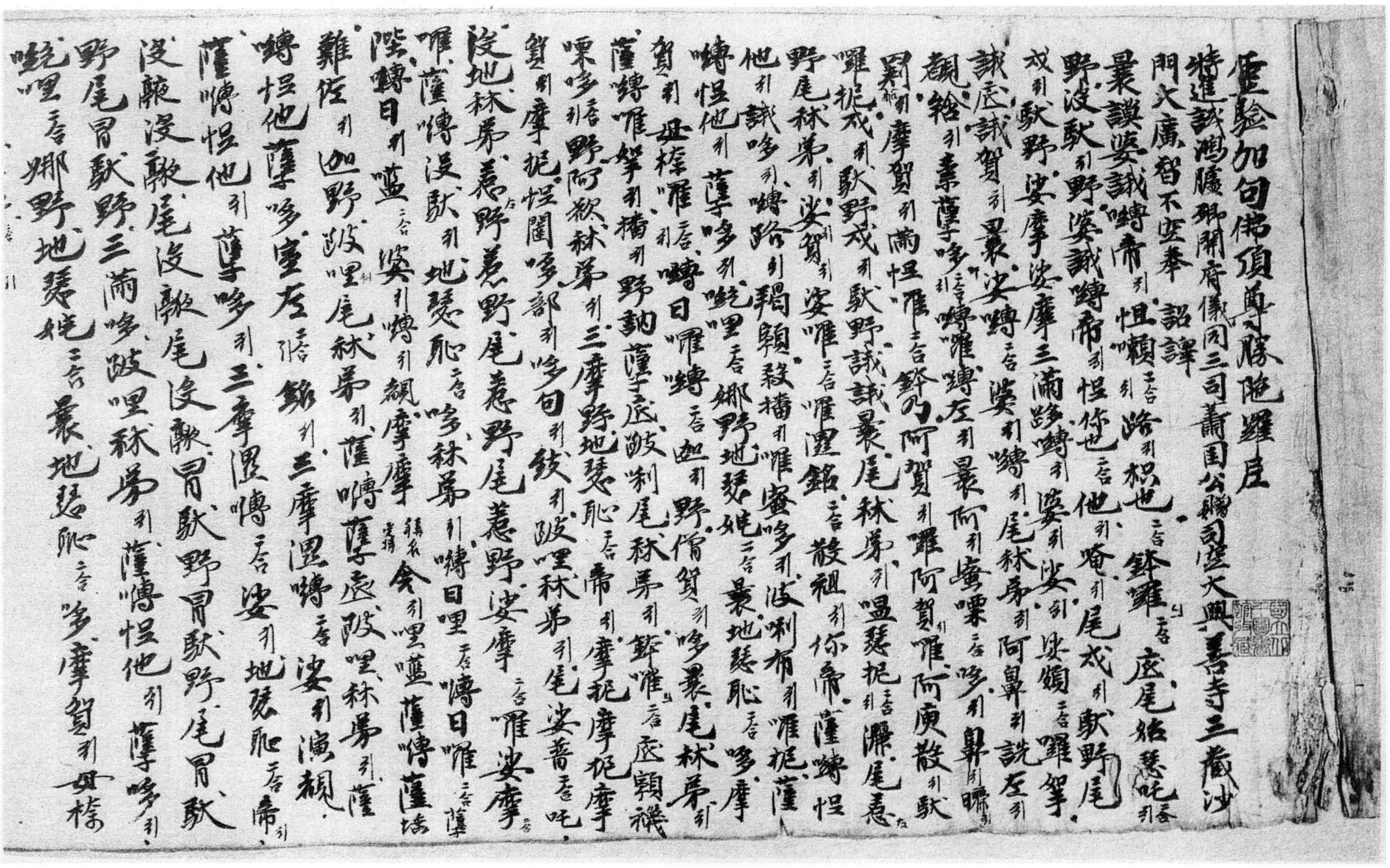
加句靈驗佛頂尊勝陀羅尼
特進試鴻臚卿開府儀同三司肅國公贈司空大興善寺三藏沙門大廣智不空奉　詔譯

BD14805 號　加句靈驗佛頂尊勝陀羅尼　　（3–2）

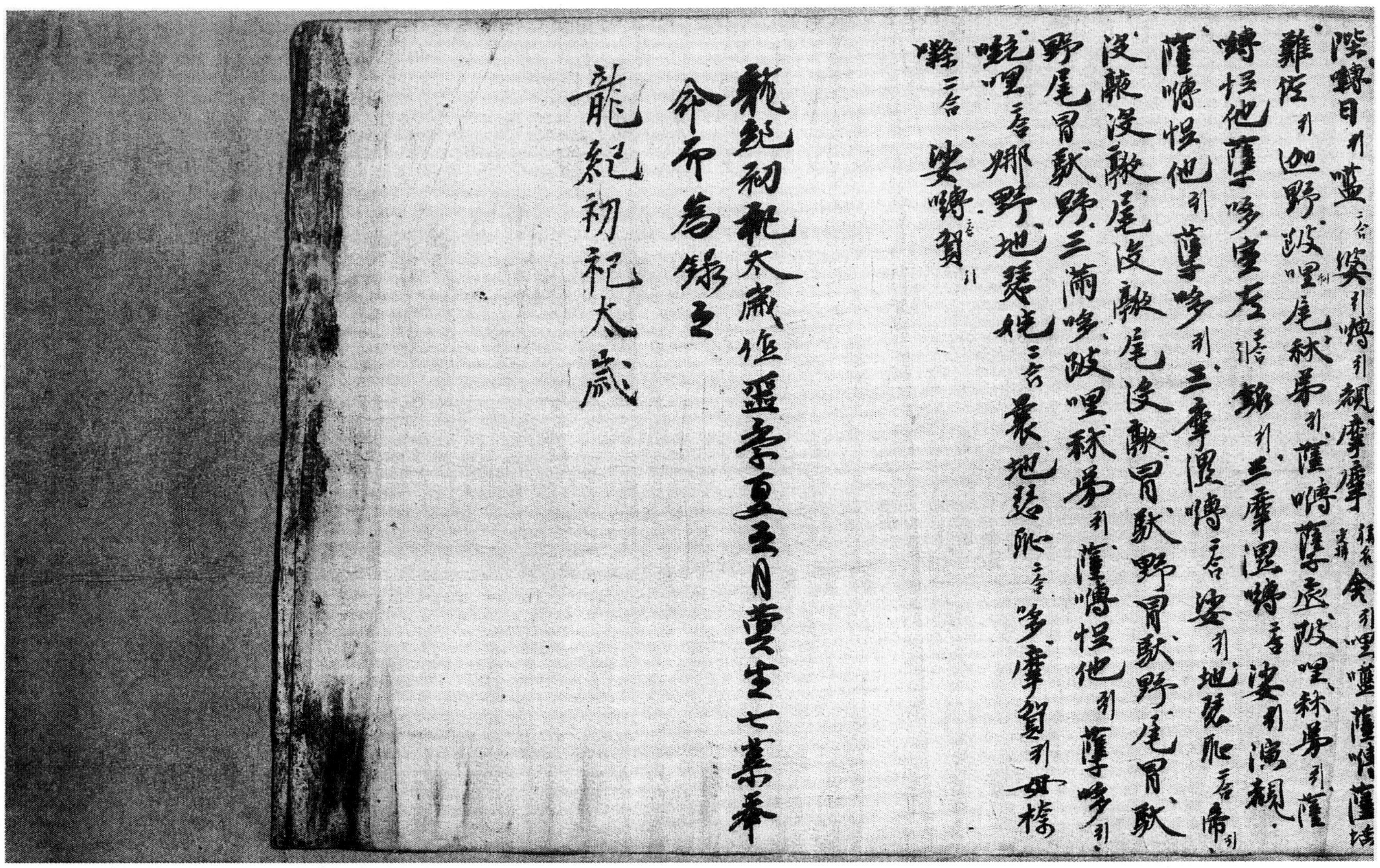

BD14805號　加句靈驗佛頂尊勝陀羅尼　（3–3）

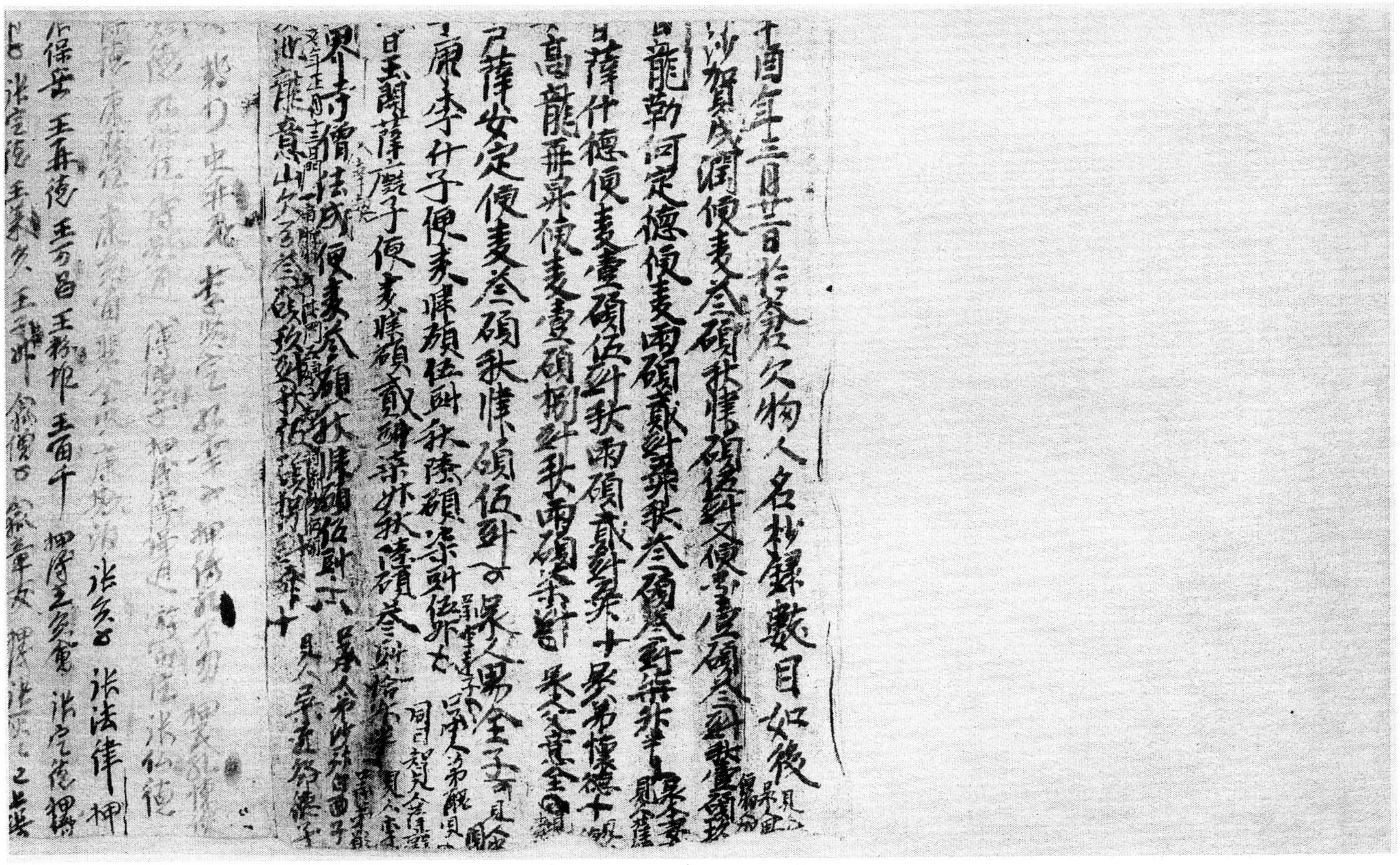

BD14806號 1　辛酉年（961）三月廿二日於倉欠物人名抄錄數目　（2–1）

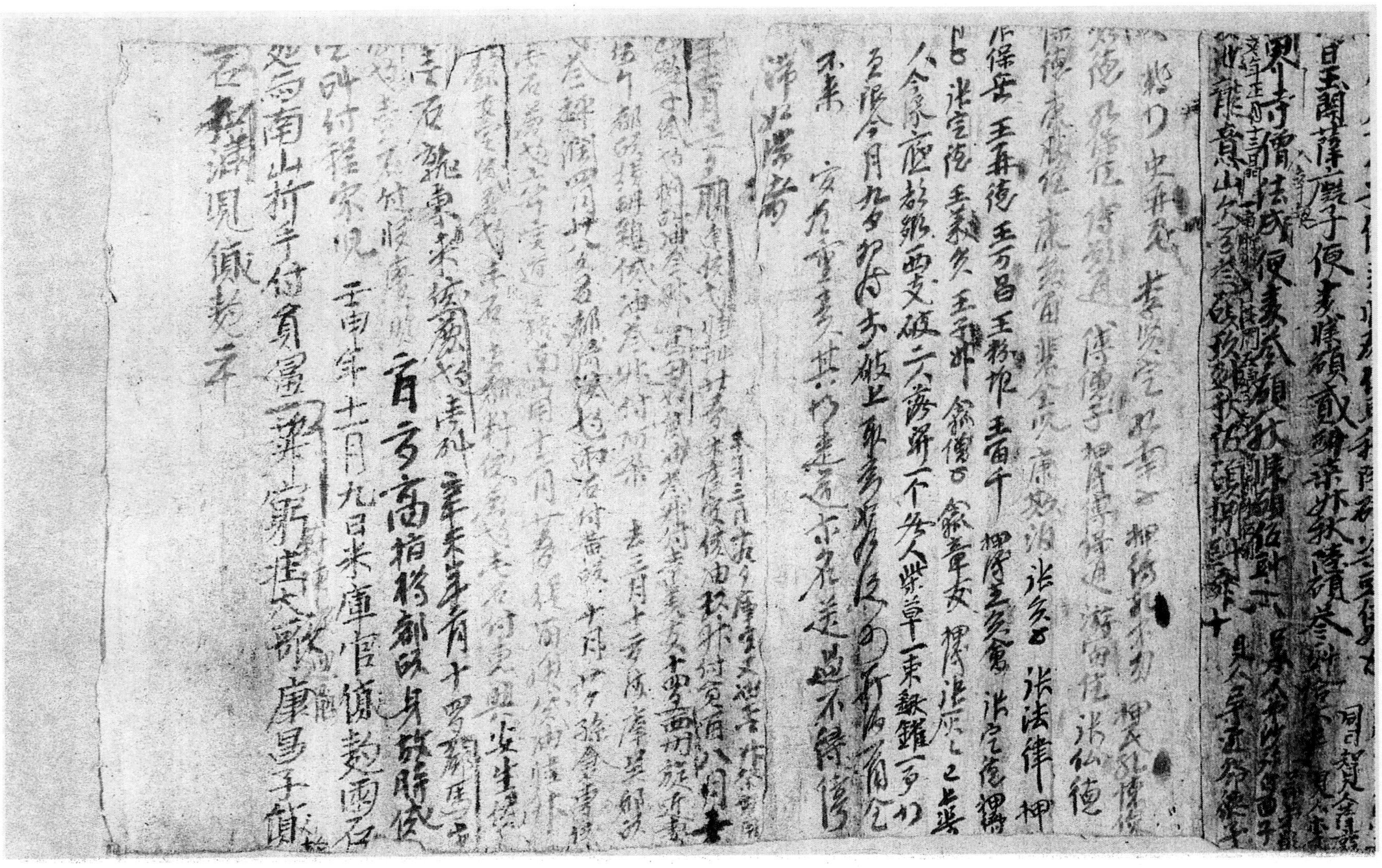

BD14806 號 2　渠人轉帖（擬）　　（2–2）

BD14806 號 3　庚午年（970？）至壬申年（972？）歸義軍破除歷（擬）

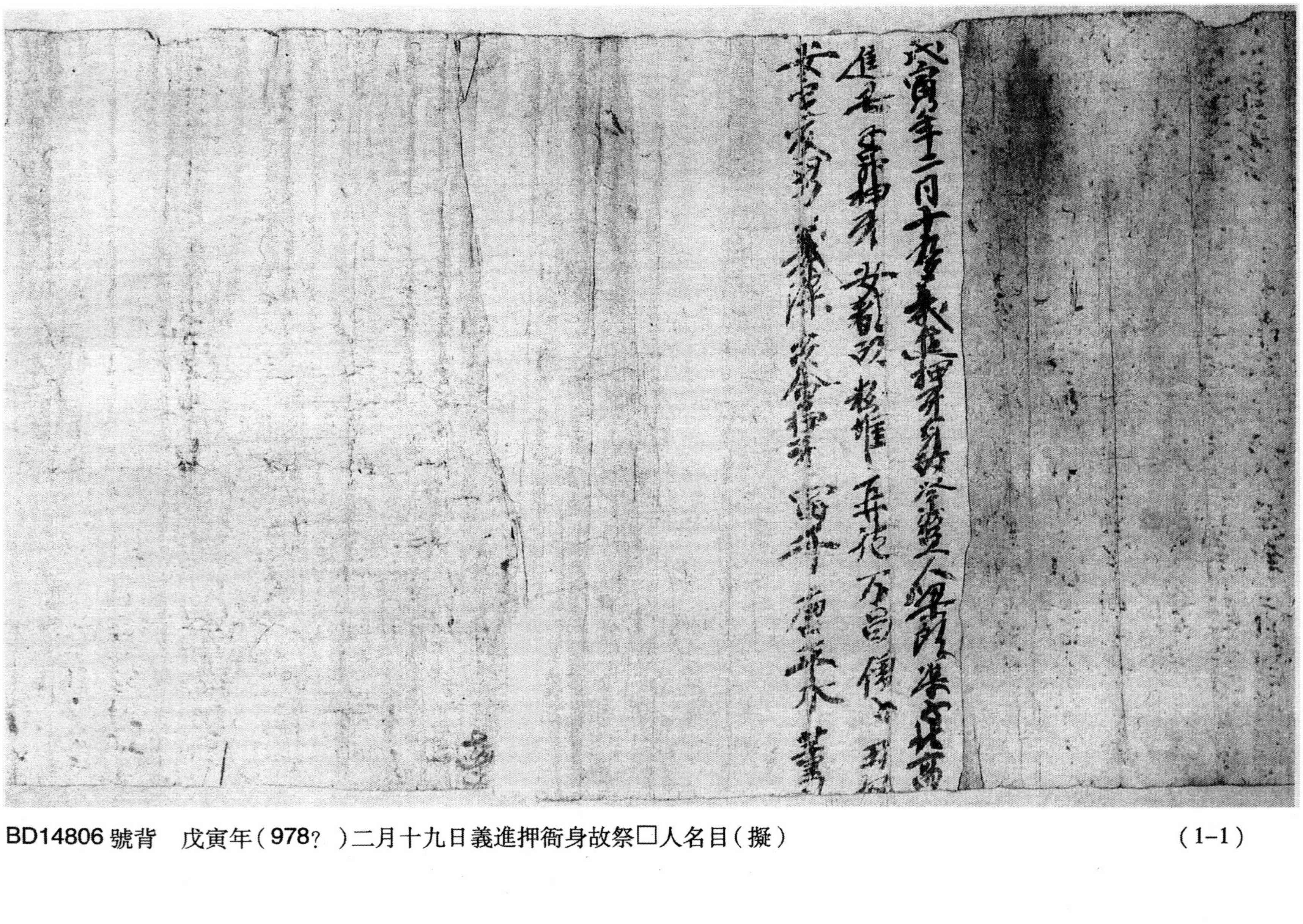

BD14806 號背　戊寅年（978？）二月十九日義進押衙身故祭□人名目（擬）　　（1–1）

BD14807 號背　護首　　（1–1）

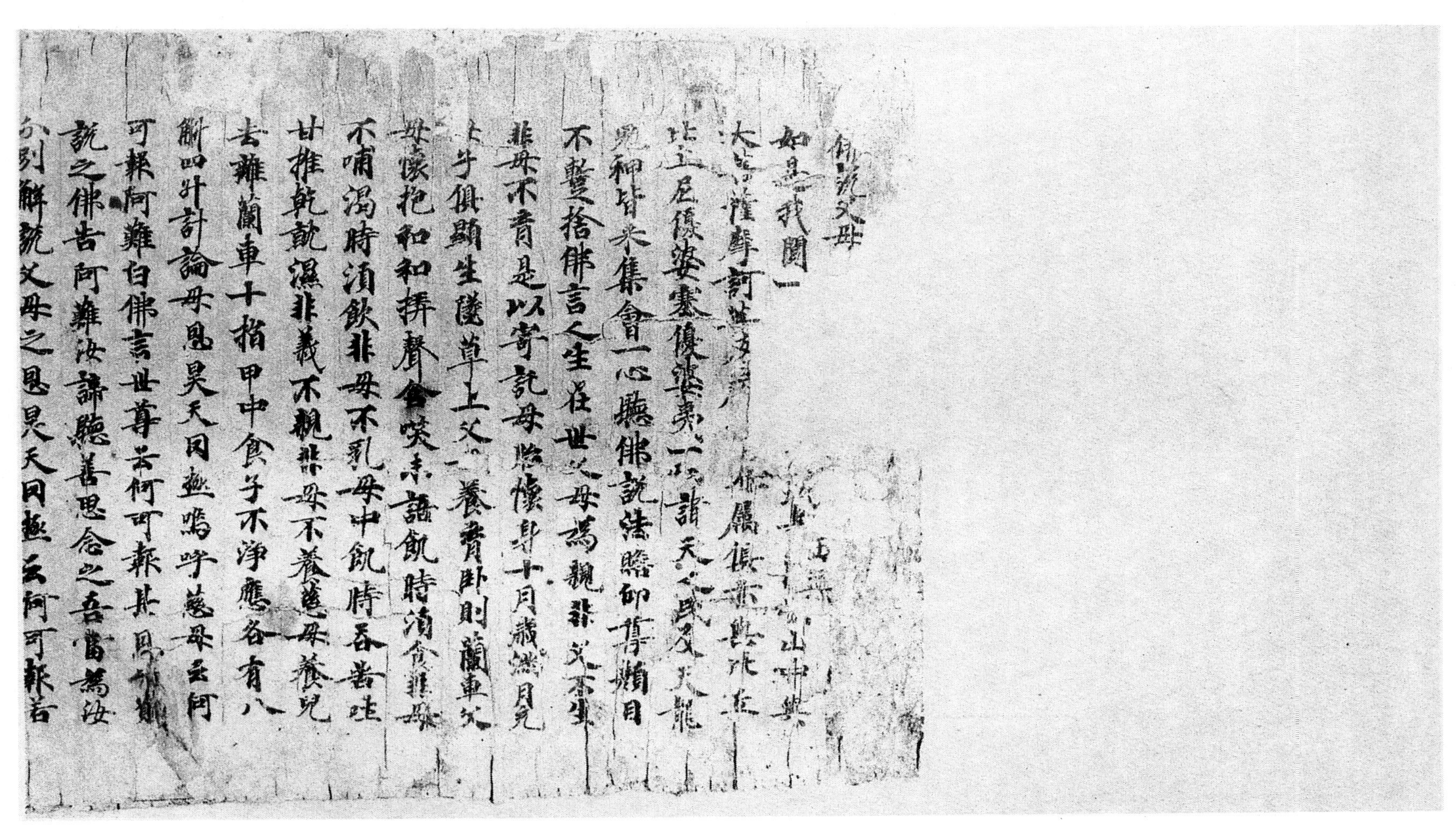

BD14807 號　父母恩重經　　（4–1）

甘脆乾就濕非義不親非母不養慈母養兒
去離蘭車十指甲中食子不淨應各有八
斛四斗計論母恩昊天罔極嗚呼慈母云何
可報阿難白佛言世尊云何可報其恩唯願
說之佛告阿難汝諦聽善思念之吾當為汝
分別解說父母之恩昊天罔極云何可報若
有孝順慈孝之子能為父母作福造經或以
七月十五日能造佛槃盂蘭盆獻佛及僧得
果無量能報父母之恩若復有人書寫此經
流布世人受持讀誦當知此人報父母恩父母
云何可報但父母至於行來東西隣里井竈
碓磨不時還家我兒家中啼哭憶我即來還
家其兒遙見我來或在蘭車搖頭弄腦或
復曳腹隨行嗚呼向母母為其子曲身下就
長舒兩手拂拭塵土嗚和其口開懷出乳以乳
與之母見兒歡兒見母喜二情恩悲親愛慈
重莫復過二歲三歲弄意始行於其食時
非母不知父母行來值他座席或得餅肉不噉
輟味懷挾來歸向與子十來九得恒常歡喜
一過不得憍啼佯哭憍子不孝又必五擿孝
子不憍必有慈順遂至長大朋友相隨梳頭
摩髮欲得好衣覆蓋身體弊衣破故父母自著
新好錦帛先與其子至於行來官私急疾傾心
南北逐子東西橫上其頭既索妻婦得他子女
父母轉疏私房屋室共相語樂父母年高氣力
衰老終朝至暮不來借問或復父孤母寡獨守

摩髮欲得好衣覆蓋身體弊衣破故父母自著
新好錦帛先與其子至於行來官私急疾傾心
南北逐子東西橫上其頭既索妻婦得他子女
父母轉疏私房屋室共相語樂父母年高氣力
衰老終朝至暮不來借問或復父孤母寡獨守
空房猶如客人寄止他舍常無恩愛復無濡被
寒苦辛厄難遭之甚年老色衰多饑蟣虱夙夜
不臥長吁吟歎息何罪宿愆生此不孝之子或時
喚呼瞋目驚怒婦兒罵詈低頭含笑妻復不孝
子復五擿夫妻和合同作五逆彼時喚呼急疾
取使十喚九違盡不從順罵詈瞋恚不如早死
強在地上父母聞之悲哭懊惱流淚雙下啼哭
目腫汝初小時非吾不長但吾生汝不如本無
佛告阿難若善男子善女人能為父母受持
讀誦書寫父母恩重大乘摩訶般若波羅蜜經
一句一偈逕耳目者所有五逆重罪悉得消滅
永盡無餘常得見佛聞法速得解脫阿難
從座而起偏袒右肩長跪合掌前白佛言
世尊此經云何名之云何奉持
佛告阿難此經名父母恩經若有一切眾生
能為父母作福造經燒香請佛禮拜供養三
寶或飲食眾僧當知是人能報父母其恩帝
釋梵王諸天人民一切眾生聞經歡喜發菩
提心嘷哭動地淚下如雨五體投地信受頂
礼佛足歡喜奉行

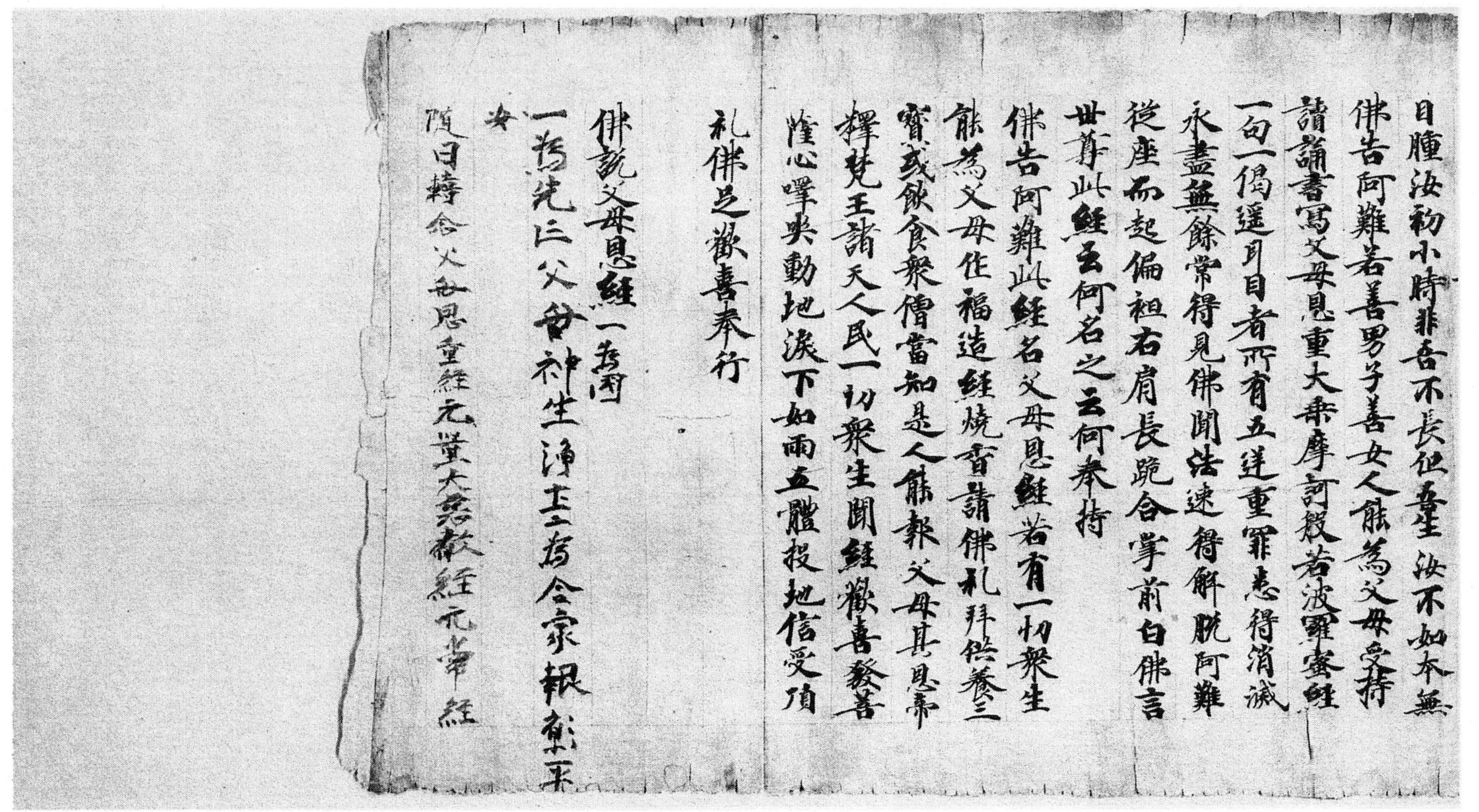

BD14807號　父母恩重經　（4–4）

身循身觀精懃一心除世間貪憂觀外身循
身觀精懃一心除世間貪憂觀内外身循身
觀精懃一心除世間貪憂如是觀内受外受
内外受如是觀内心外心内外心如是觀内
法循法觀精懃一心除世間貪憂觀外法循
法觀精懃一心除世間貪憂觀内外法循法
觀精懃一心除世間貪憂是菩薩未生諸悪
不善法為不生故欲生懃精進發心正斷已
生諸悪不善法為斷故欲生懃精進發心正
斷未生諸善法為生故欲生懃精進發心正
行已生諸善法為住不失循滿增廣故欲生
懃精進發心正行是菩薩循行四如意分欲
定斷行成就循如意分依心猒依心離依心
滅迴向於捨精進定斷行成就循如意分依
心猒依心離依心滅迴向於捨心定斷行成
就循如意分依心猒依心離依心滅迴向於

懃精進發心正行是菩薩修行四如意分欲
定斷行成就修如意分依止猒依止離依止
滅迴向於捨精進定斷行成就修如意分依
止猒依止離依止滅迴向於捨心定斷行成
就修如意分依止猒依止離依止滅迴向於
捨思惟定斷行成就修如意分依止猒依止
離依止滅迴向於捨是菩薩修行信根依止
猒依止離依止滅迴向於捨修行精進根依
止猒依止離依止滅迴向於捨修行念根依
止猒依止離依止滅迴向於捨修行定根依
止猒依止離依止滅迴向於捨修行慧根依
止猒依止離依止滅迴向於捨是菩薩修行
信力依止猒依止離依止滅迴向於捨修行
精進力依止猒依止離依止滅迴向於捨修
行念力依止猒依止離依止滅迴向於捨修
行定力依止猒依止離依止滅迴向於捨修
行慧力依止猒依止離依止滅迴向於捨是
菩薩修行念覺分依止猒依止離依止滅迴
向於捨修行擇法覺分依止猒依止離依止
滅迴向於捨修行精進覺分依止猒依止離
依止滅迴向於捨修行喜覺分依止猒依止
離依止滅迴向於捨修行猗覺分依止猒依
止離依止滅迴向於捨修行定覺分依止猒
依止離依止滅迴向於捨修行捨覺分依止猒
依止離依止滅迴向於捨是菩薩修行正見
依止猒依止離依止滅迴向於捨修行正思
惟依止猒依止離依止滅迴向於捨修行正

BD14808號　十地經論卷六　（3–2）

滅迴向於捨脩行精進覺分依心猒依心離
依心滅迴向於捨脩行喜覺分依心猒依心
離依心滅迴向於捨脩行猗覺分依心猒依
心離依心滅迴向於捨脩行定覺分依心猒
依心離依心滅迴向於捨脩行捨覺分依心猒
依心離依心滅迴向於捨是菩薩脩行正見
依心猒依心離依心滅迴向於捨脩行正思
惟依心猒依心離依心滅迴向於捨脩行正
語依心猒依心離依心滅迴向於捨脩行正
業依心猒依心離依心滅迴向於捨脩行正
命依心猒依心離依心滅迴向於捨脩行正
精進依心猒依心離依心滅迴向於捨脩行
正念依心猒依心離依心滅迴向於捨脩行
正定依心猒依心離依心滅迴向於捨
論曰何者脩行護小乘不捨一切衆生故脩
行助菩提分法
經曰是菩薩以不捨一切衆生心故行以本
願起淳至故大悲爲首故大慈成就故觀一
切智智故爲起庄嚴佛國故爲具佛諸力无
畏不共佛法相好庄嚴具足妙聲故爲求上

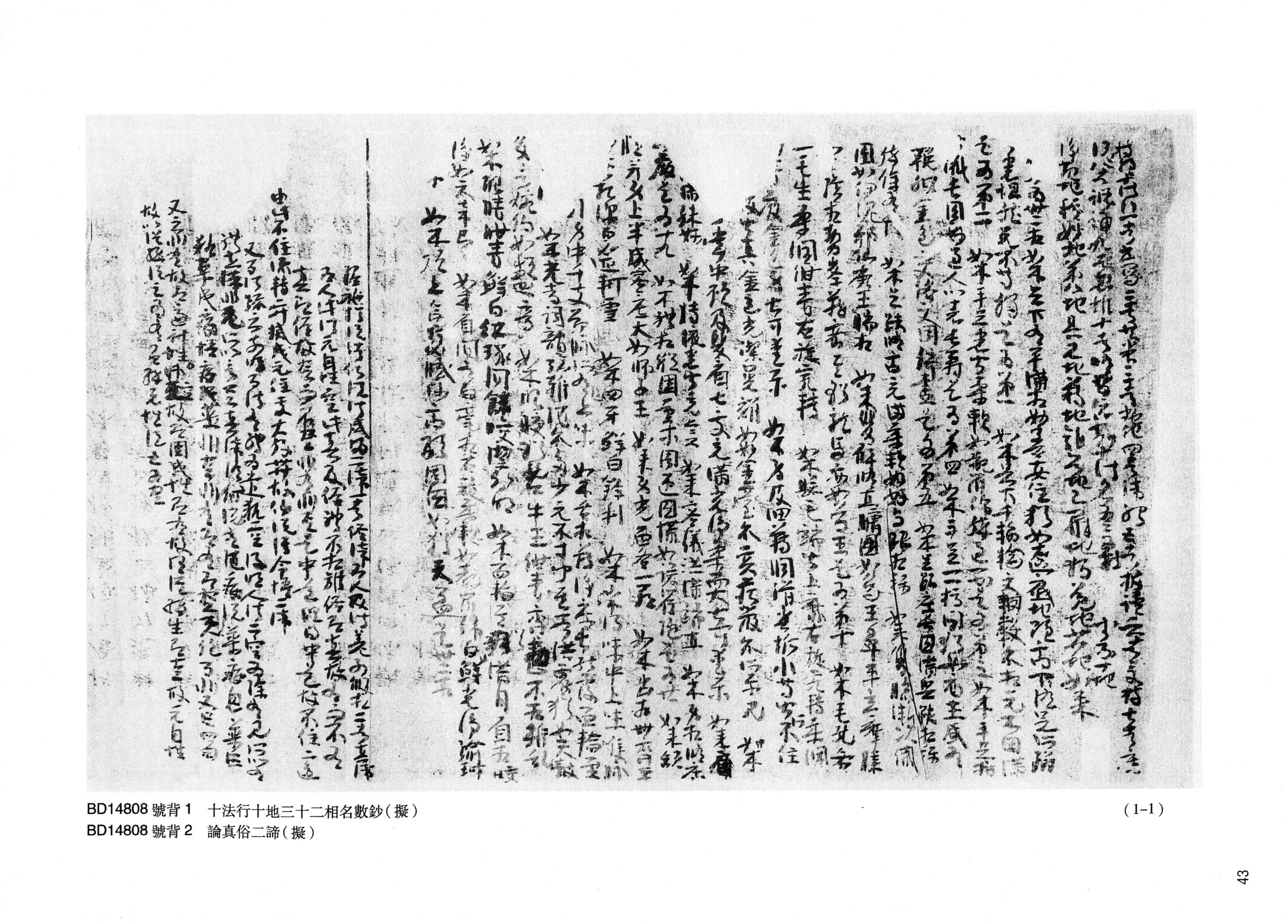

BD14808號背1　十法行十地三十二相名數鈔（擬）　（1–1）

BD14808號背2　論真俗二諦（擬）

BD14809號　瑜伽師地論手記卷一四

（12–1）

BD14809號　瑜伽師地論手記卷一四

（12–2）

BD14809號　瑜伽師地論手記卷一四

（12–3）

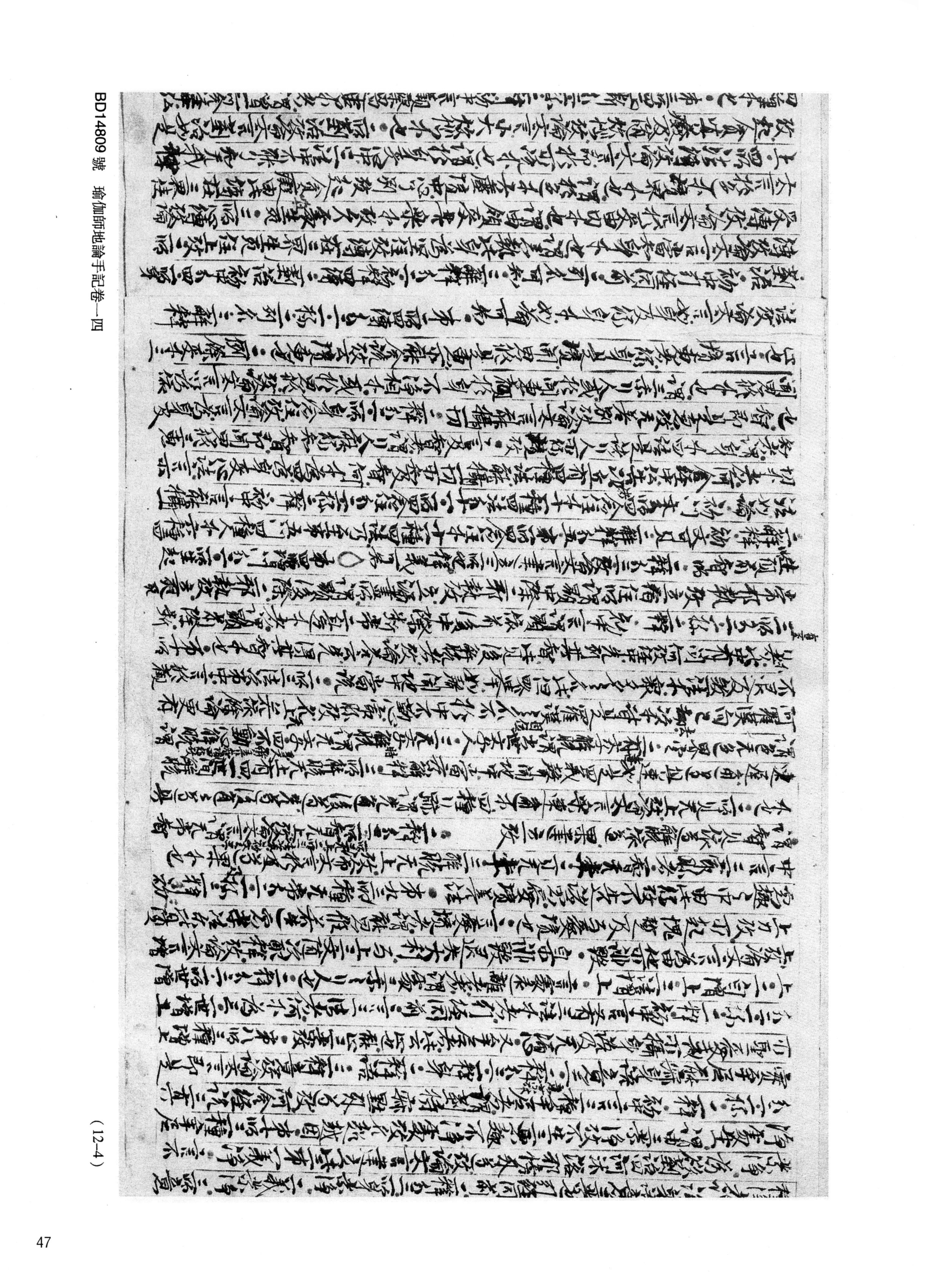

BD14809號　瑜伽師地論手記卷一四

（12–4）

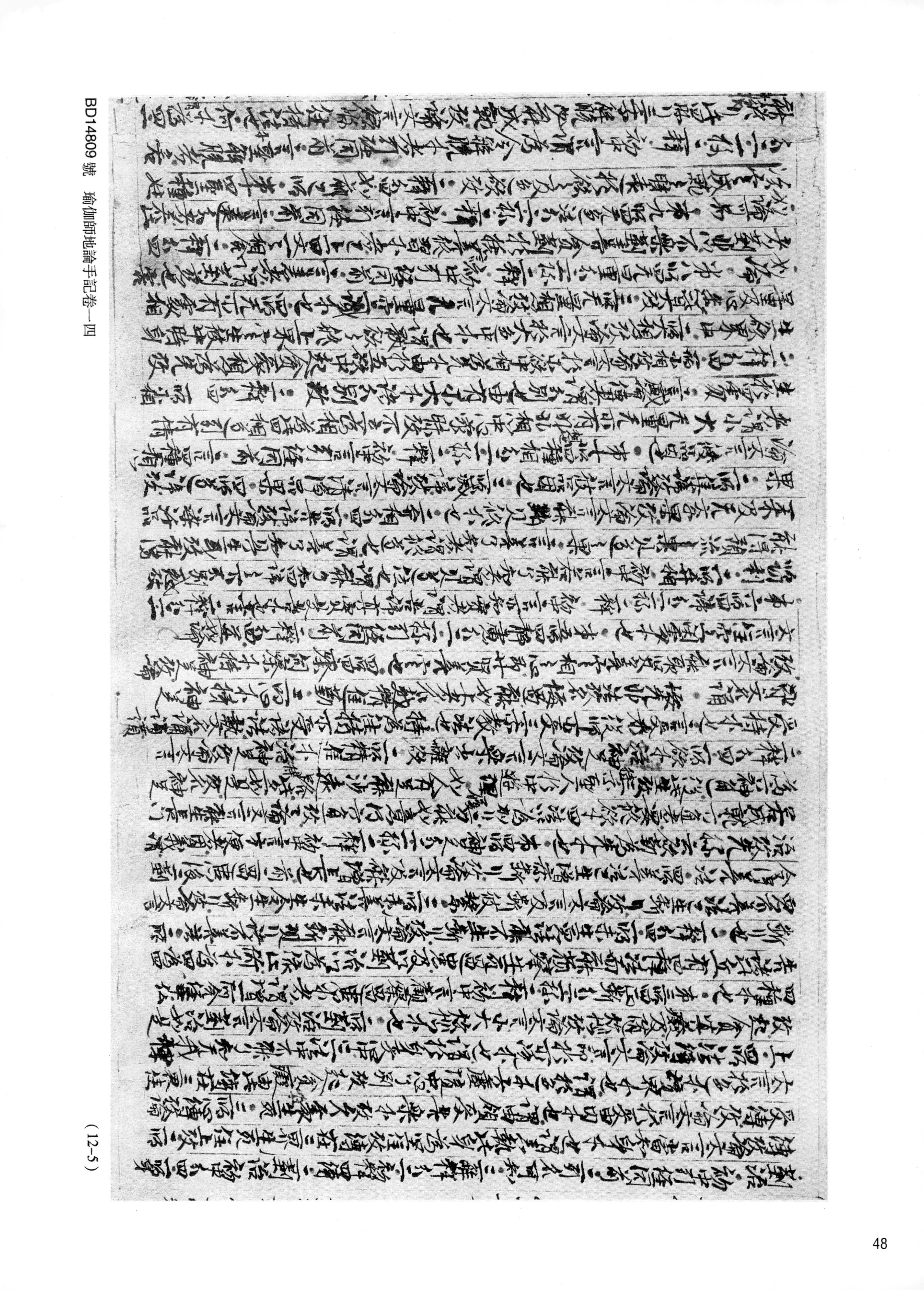

BD14809號　瑜伽師地論手記卷一四

（12–5）

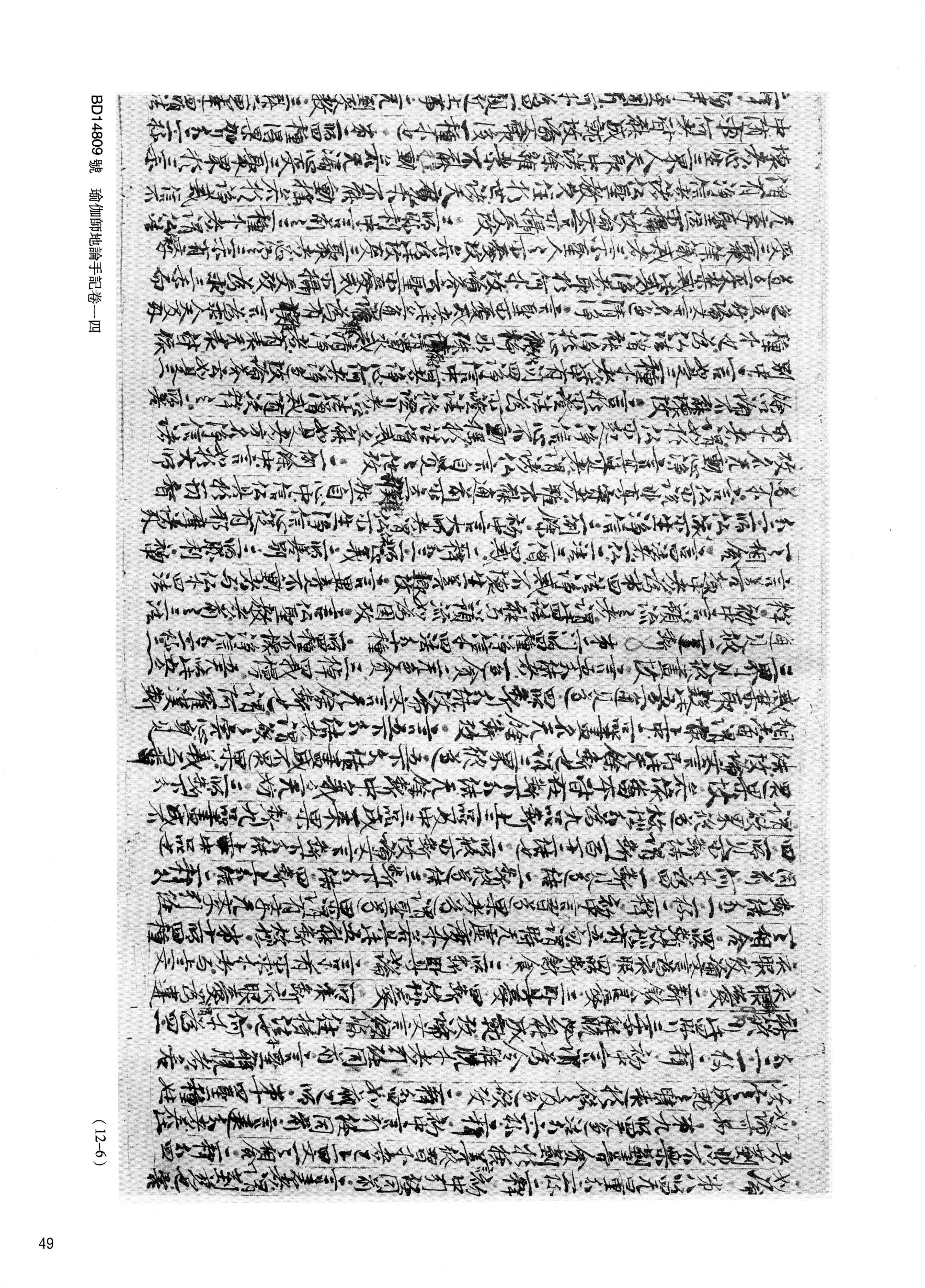

BD14809號 瑜伽師地論手記卷一四

（12–6）

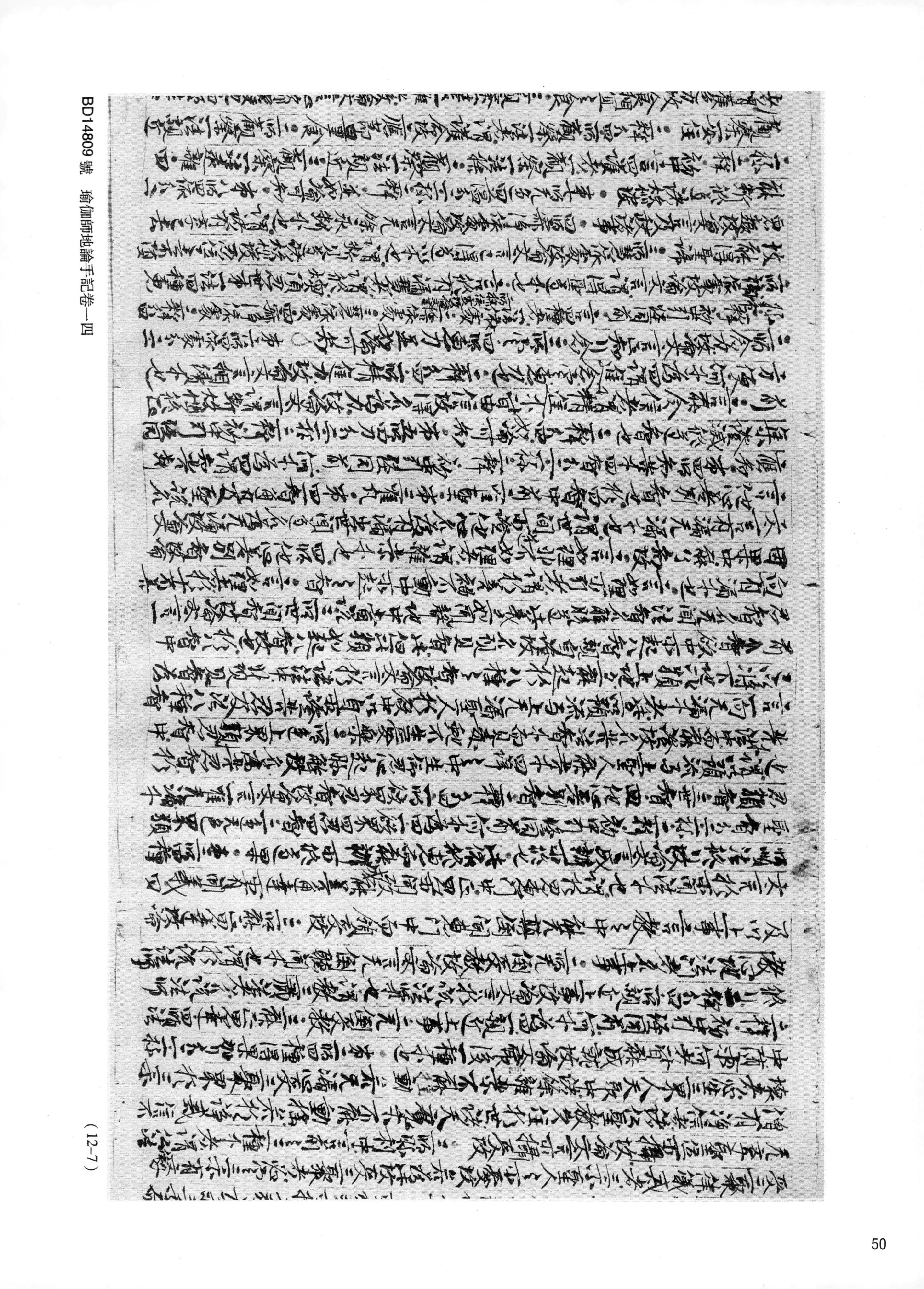

（12–7）

故能得聖諦。三所知依處故論文言已得道以來也。謂斷見道所斷煩惱故。四位已去不墮
惡趣故要言及決諸事。四所能淨依處故論文言无餘永斷下也。謂諸有學已去
能斷欲界諸煩惱故。第七所无為四遍分二一標二釋。並如論可知。第八所四依分二
一標二釋。初中言四護者一觀察一法採二觀察一法親近三觀察一法遠離四
觀察一安住。二釋分四。一所觀察一法者謂護命故應節量食。二所觀察一法親近
者謂護多方故食損益之食。三觀察一法遠離者故論文言心於相護也。四所一安
住者故論文言已方便護也。第九所四種法依處分二一標二釋。二言四處者謂
无貪不害二所正念覺也。二釋分四。一所无貪故論文言於喜覺果不順。二所不害故
論文言於諸境界不尋遍謂依為情諸境界中不加害故。三所正念法依處
故論文言已智所引也。謂由善攝六根故於諸淨中能正了知下也。四所正覺依
處故論文言住處遠離下也。第十所四種所作法分二一標二釋。初中列經同前何
下為四謂念眼東身也。二釋分二。初所念眼東三法。二所身法。初中言由念
眼者由念為因故能見所住之事。由眼為因故能見未來之事。由正因為
因故能見現在所見生諸事。故論文言无能證之明也。其三之中前二有无漏
唯无漏。若有漏者必不能見現在諸漏所生諸法故。二所身法故論文言謂又由
身故下也。謂有學无學聖人皆由身故能證不動及時解脫。十一所二智見之
无學因位正證解脫。初是利根八解脫中心不退故。時為鈍根要善知識飲食
時具无缺之時方能於證无學解脫故。第十二所異門四所大小十種四法分十二
所能苦果分二一標二釋。初中言苦大者謂能苦果相亦大因為遍一切故謂能有
不造諸惡形量無為依止處。二釋分四。前三可知。故論文言堅濕煖性也。四釋所
風性故論文言輕不動性為觸性輕如非動義為性動而非輕唯是風性分二輕之
動間故二住故輕動也。第十二所四食分二一標二釋指事。初中言能持令生不去
謂四種食而能往持後有諸趣之生諸有遍及能往持後有諸故論文言及能攝
益身求有者。攝益有四。一攝益身謂段食。二攝樂益謂觸食。三攝益業亦
欲謂意思食。四攝益法根大種及受煖謂識食。二釋食指故論文言攝事
亦中當亦分別。謂彼攝契經事分中亦釋。如上四攝益事故。第十三所四識住
分二一標二釋。初中言亦依顯者謂色受想行能為八識為依止故起四種住
趣向彼依根境漏於後有也。前二可知。三言昇有遠立為根五處具時有故識
於中住故云遠立。四言漏於後有住者識住彼已下也。謂識住於色受之也。釋
第十四所隨遠。二列餘三法故論文言如於色諸千也。第四所四種受生分二一標二釋
初中言分三。一依[illegible]法所受生。二依後他所受生。三依[illegible]所受生。前二可知。三言遇
於世中者謂由患於三界世利故一類一有情於身命及受用自在不堅實
法中起常樂相故論文言亦有天有起希求受。二釋分四。一餘食亦很。二餘
食。三臥具。四无有有愛。前三如論。四言无有有愛者謂由患世利故无堅實
中計有堅實故願意後法於三有中起愛故論文言无有有愛。第十五所
四種非應行處分二一標二釋。標文可知。二釋分四。初文可見。二釋分四。一所順道處文

BD14809號　瑜伽師地論手記卷一四

BD14809號　瑜伽師地論手記卷一四

（12–10）

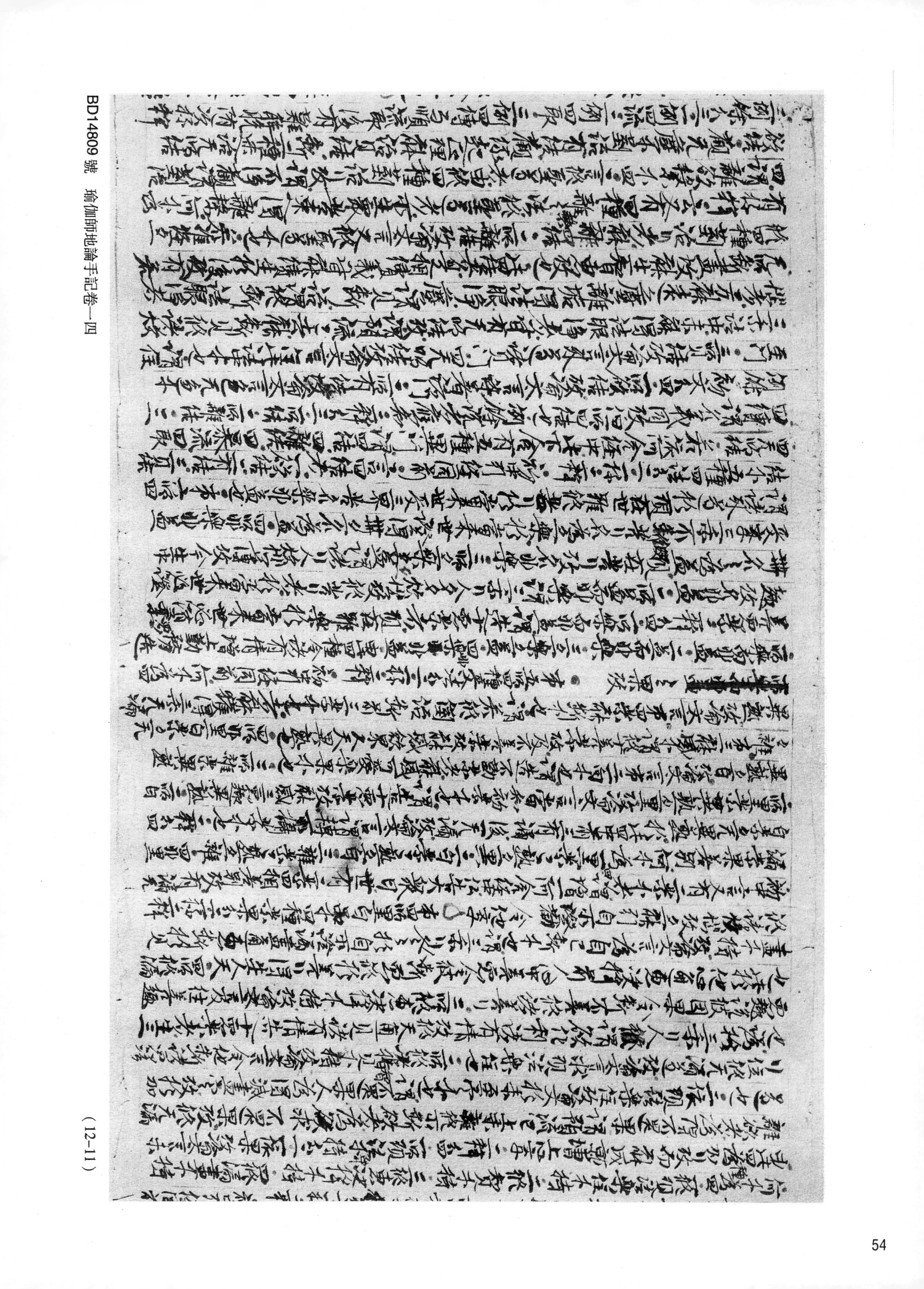

BD14809號　瑜伽師地論手記卷一四

（12–11）

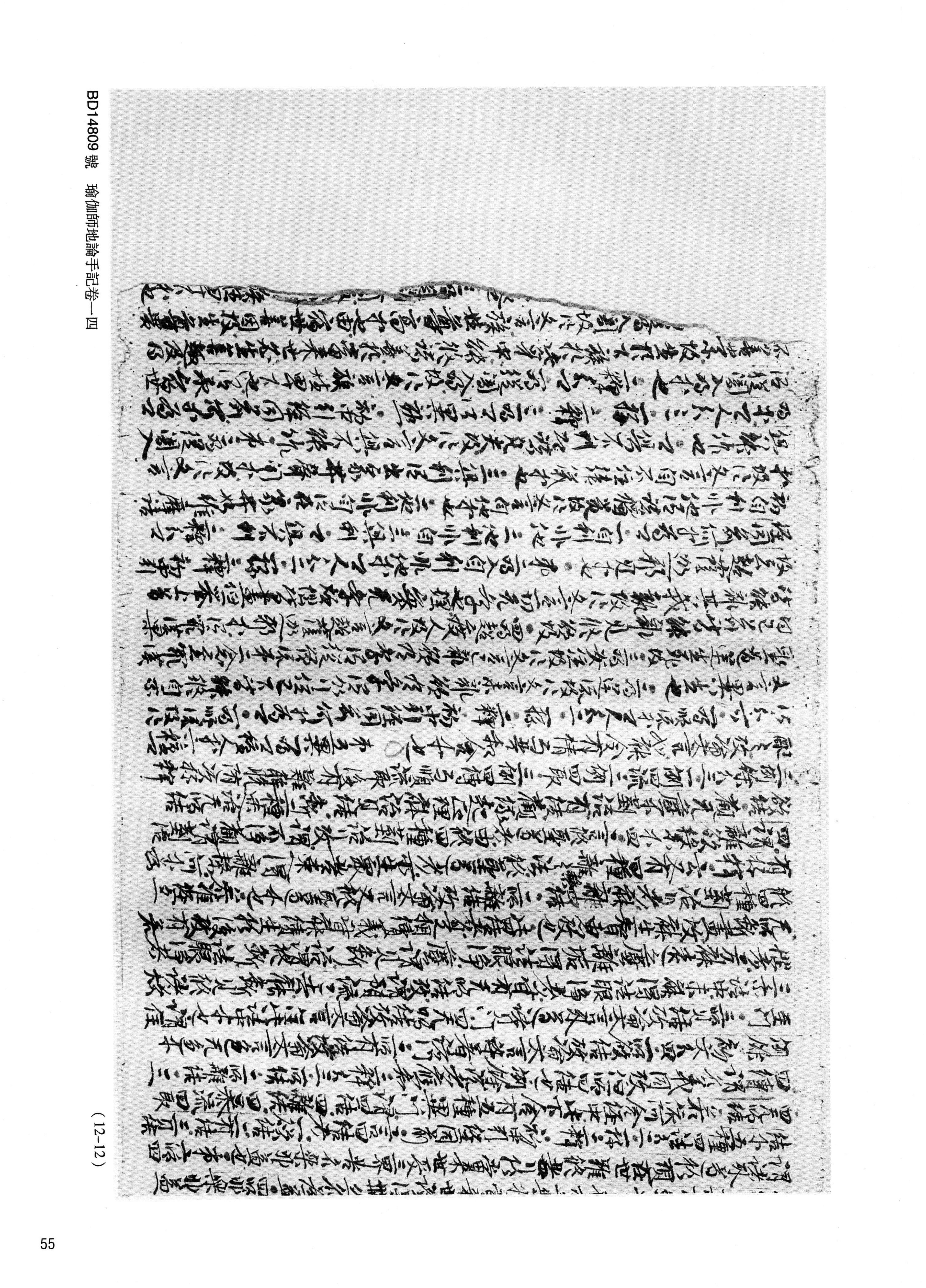

（12–12）

BD14809 號背　補註文字

（1–1）

BD14810號　瑜伽師地論手記卷一四

（6–1）

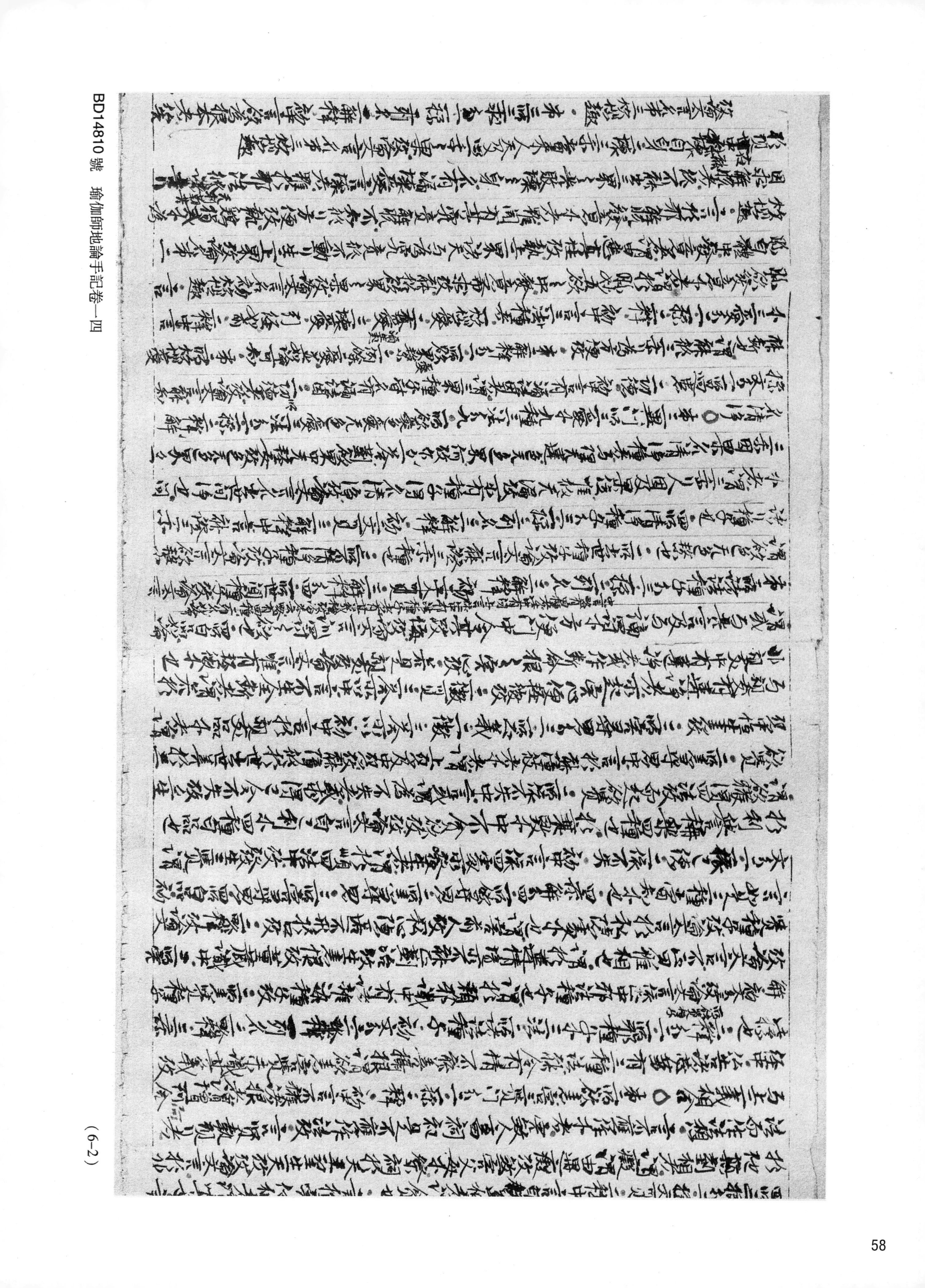

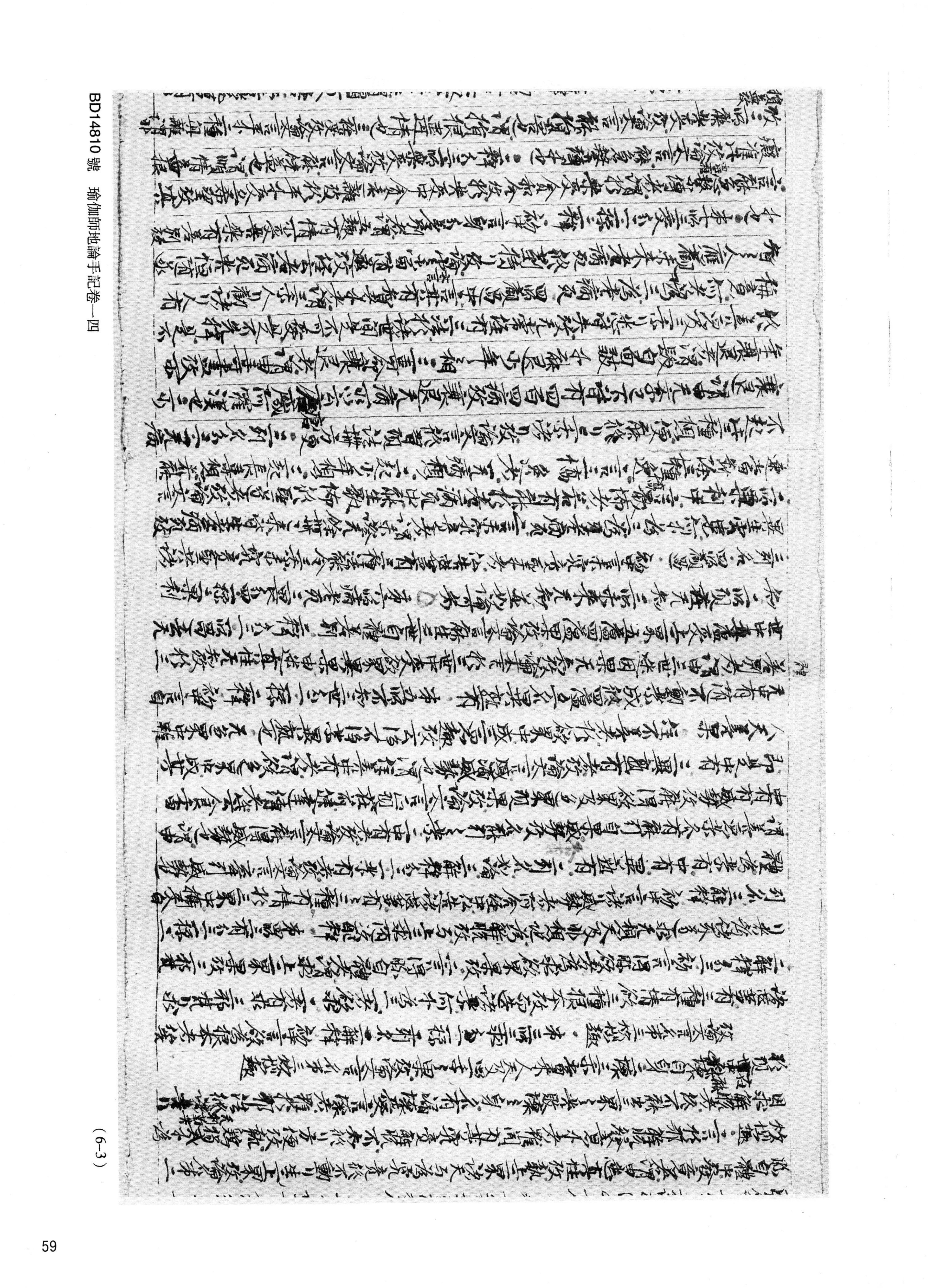

BD14810號 瑜伽師地論手記卷一四

（6–3）

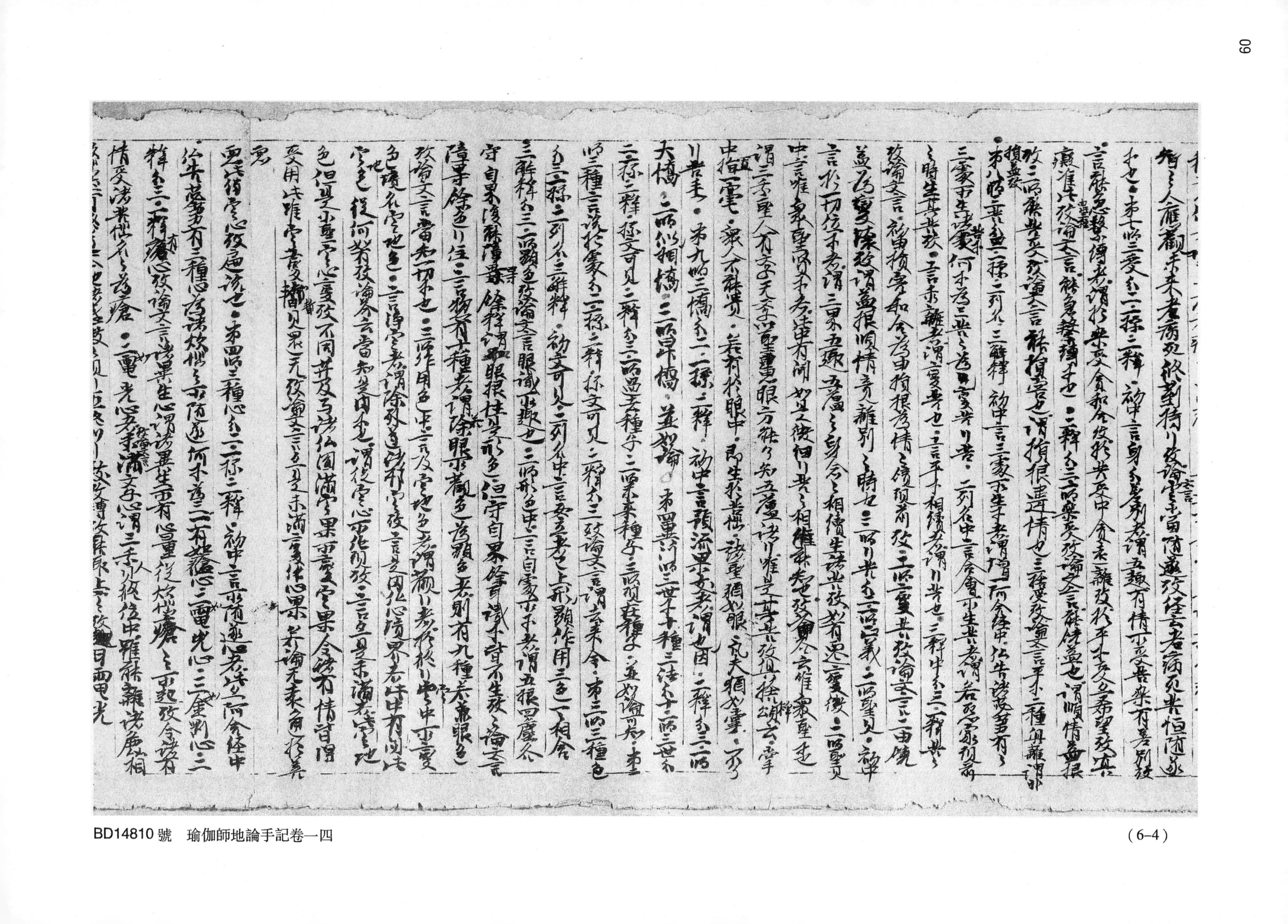

BD14810號　瑜伽師地論手記卷一四　　（6–4）

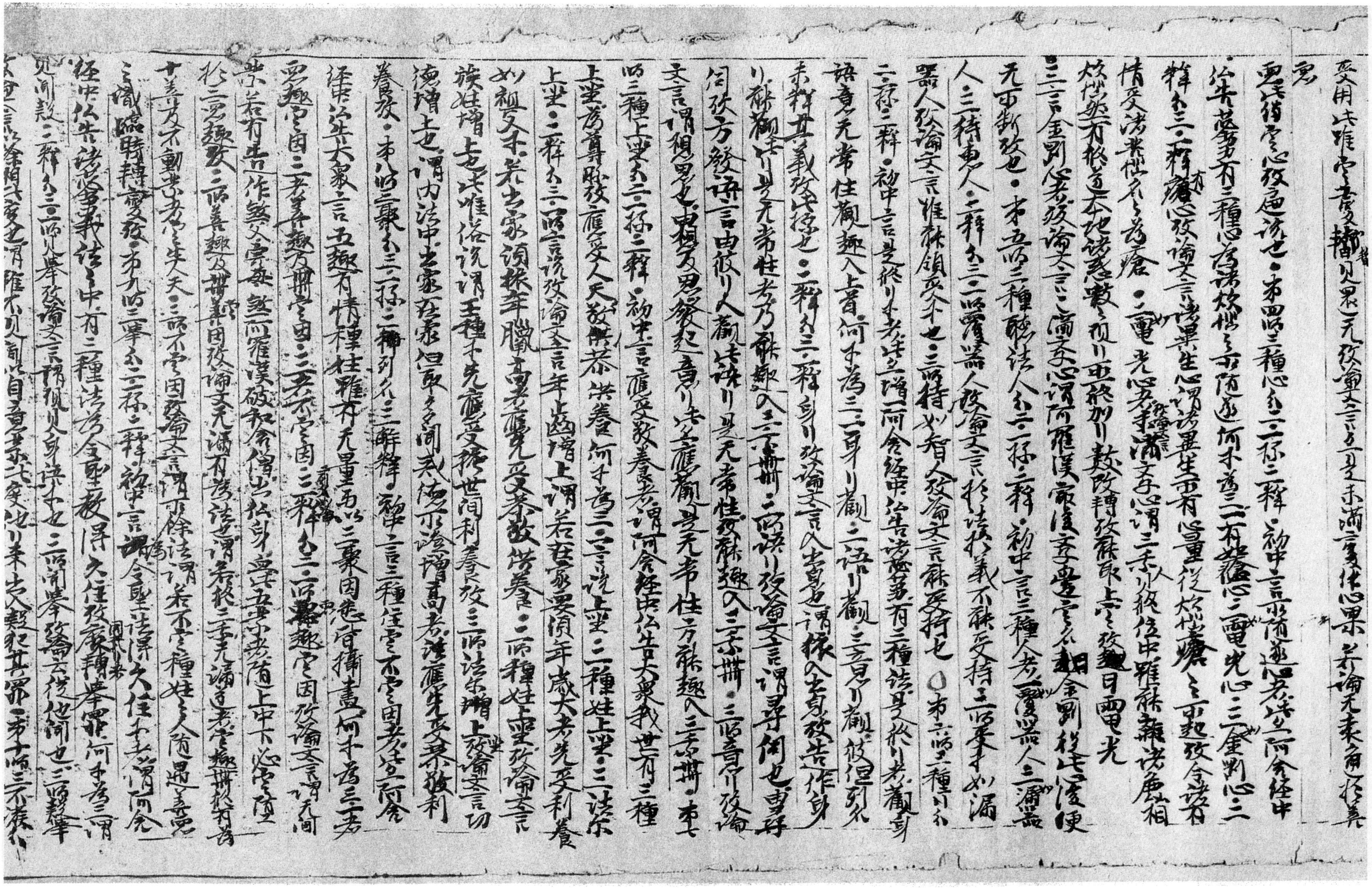

BD14810號 瑜伽師地論手記卷一四

（6–5）

（6–6）

BD14810號背　補註文字

（2–1）

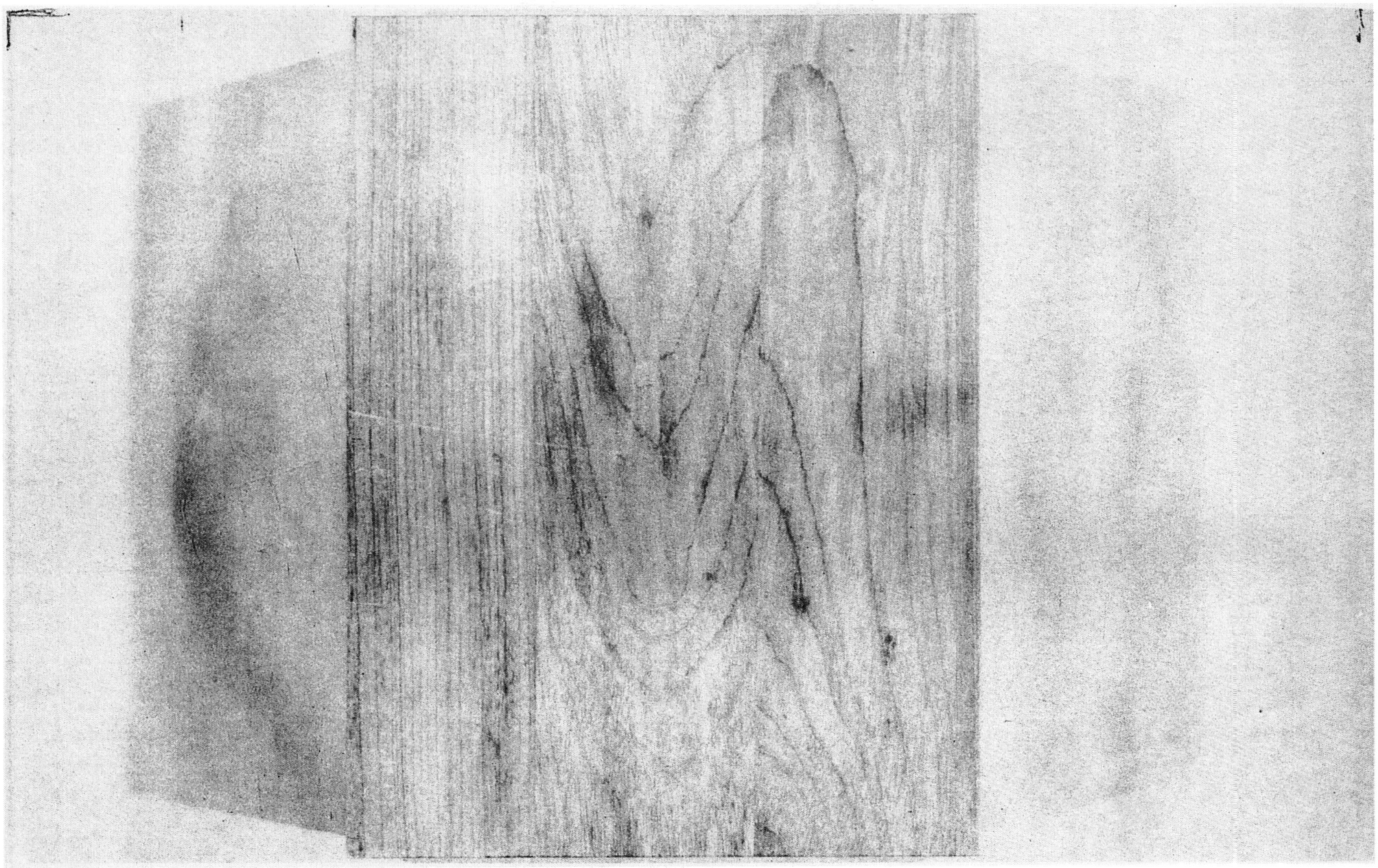

BD14811 號　正面夾板　　　　（22–1）

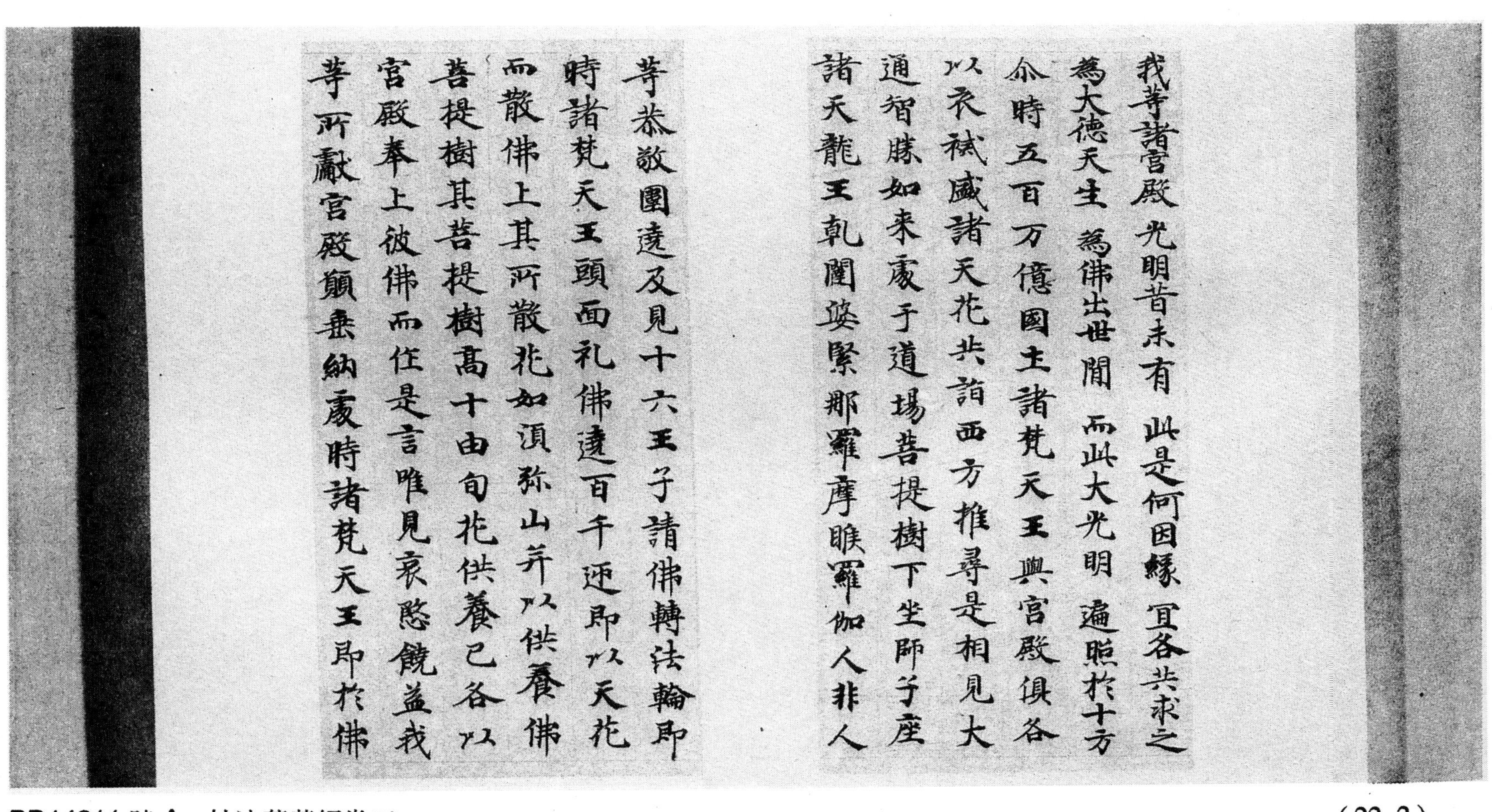

我等諸宮殿　光明昔未有　此是何因緣　宜各共求之
為大德天生　為佛出世間　而此大光明　遍照於十方
尒時五百万億國土諸梵天王與宮殿俱各
以衣裓盛諸天花共詣西方推尋是相見大
通智勝如來處于道場菩提樹下坐師子座
諸天龍王乹闥婆緊那羅摩睺羅伽人非人
等恭敬圍遶及見十六王子請佛轉法輪即
時諸梵天王頭面礼佛遶百千迊即以天花
而散佛上其所散花如須弥山并以供養佛
菩提樹其菩提樹高十由旬花供養已各以
宮殿奉上彼佛而作是言唯見哀愍饒益我
等所獻宮殿願垂納處時諸梵天王即於佛

BD14811 號 A　妙法蓮華經卷三　　　　（22–2）

前一心同聲以偈頌曰
世尊甚希有　難可得值遇　具无量功德　能救護一切
天人之大師　哀愍於世間　十方諸衆生　普皆蒙饒益
我等所從來　五百万億國　捨深禪定樂　爲供養佛故
我等先世福　宮殿甚嚴飾　今以奉世尊　唯願哀納受
尒時諸梵天王偈讚佛已各作是言唯願世
尊轉於法輪度脫衆生開涅槃道時諸梵天
王一心同聲而說偈言
世雄兩足尊　唯願演說法　以大慈悲力　度苦惱衆生
尒時大通智勝如來默然許之又諸比丘東
南方五百万億國土諸大梵王各自見宮殿
光明照曜昔所未有歡喜踊躍生希有心即

BD14811號A　妙法蓮華經卷三　(22-3)

各相詣共議此事而彼衆中有一大梵天王
名曰大悲爲諸梵衆而說偈言
是事何因緣　而現如此相　我等諸宮殿　光明昔未有
爲大德天生　爲佛出世間　未曾見此相　當共一心求
過千万億土　尋光共推之　多是佛出世　度脫苦衆生
尒時五百万億諸梵天王與宮殿俱各以衣
裓盛諸天花共詣西北方推尋是相見大通
智勝如來處于道場菩提樹下坐師子座諸
天龍王乾闥婆緊那羅摩睺羅伽人非人等
恭敬圍遶及見十六王子請佛轉法輪時諸
梵天王頭面礼佛遶百千帀即以天花而散
佛上所散之花如須弥山并以供養佛菩提

BD14811號A　妙法蓮華經卷三　(22-4)

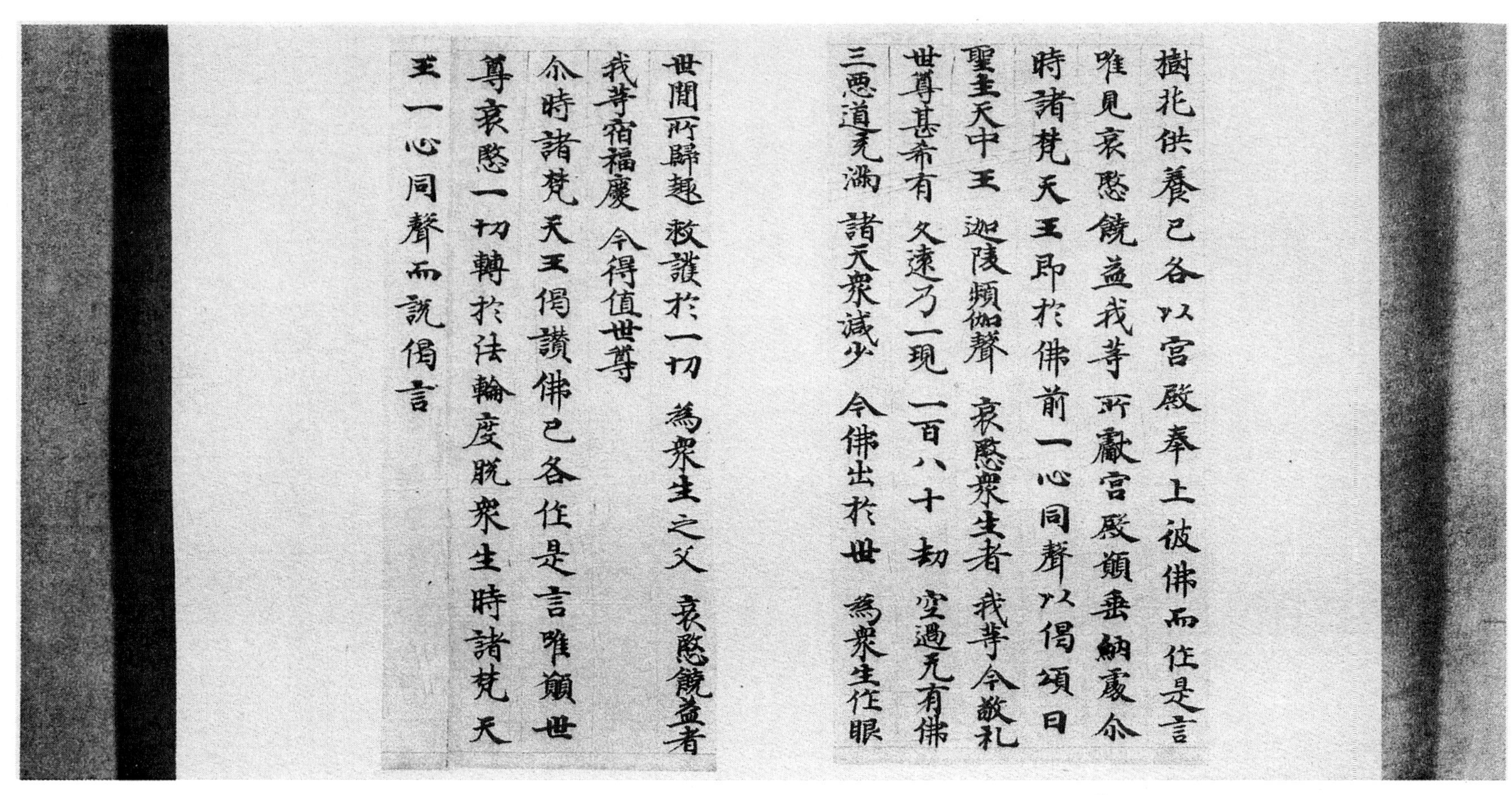
樹花供養已各以宮殿奉上彼佛而作是言
唯見哀愍饒益我等所獻宮殿願垂納處尒
時諸梵天王即於佛前一心同聲以偈頌曰
聖主天中王　迦陵頻伽聲　哀愍衆生者　我等今敬礼
世尊甚希有　久遠乃一現　一百八十劫　空過无有佛
三惡道充滿　諸天衆減少　今佛出於世　為衆生作眼
世間所歸趣　救護於一切　為衆生之父　哀愍饒益者
我等宿福慶　今得值世尊
尒時諸梵天王偈讚佛已各作是言唯願世
尊哀愍一切轉於法輪度脫衆生時諸梵天
王一心同聲而說偈言

BD14811 號 A　妙法蓮華經卷三　（22–5）

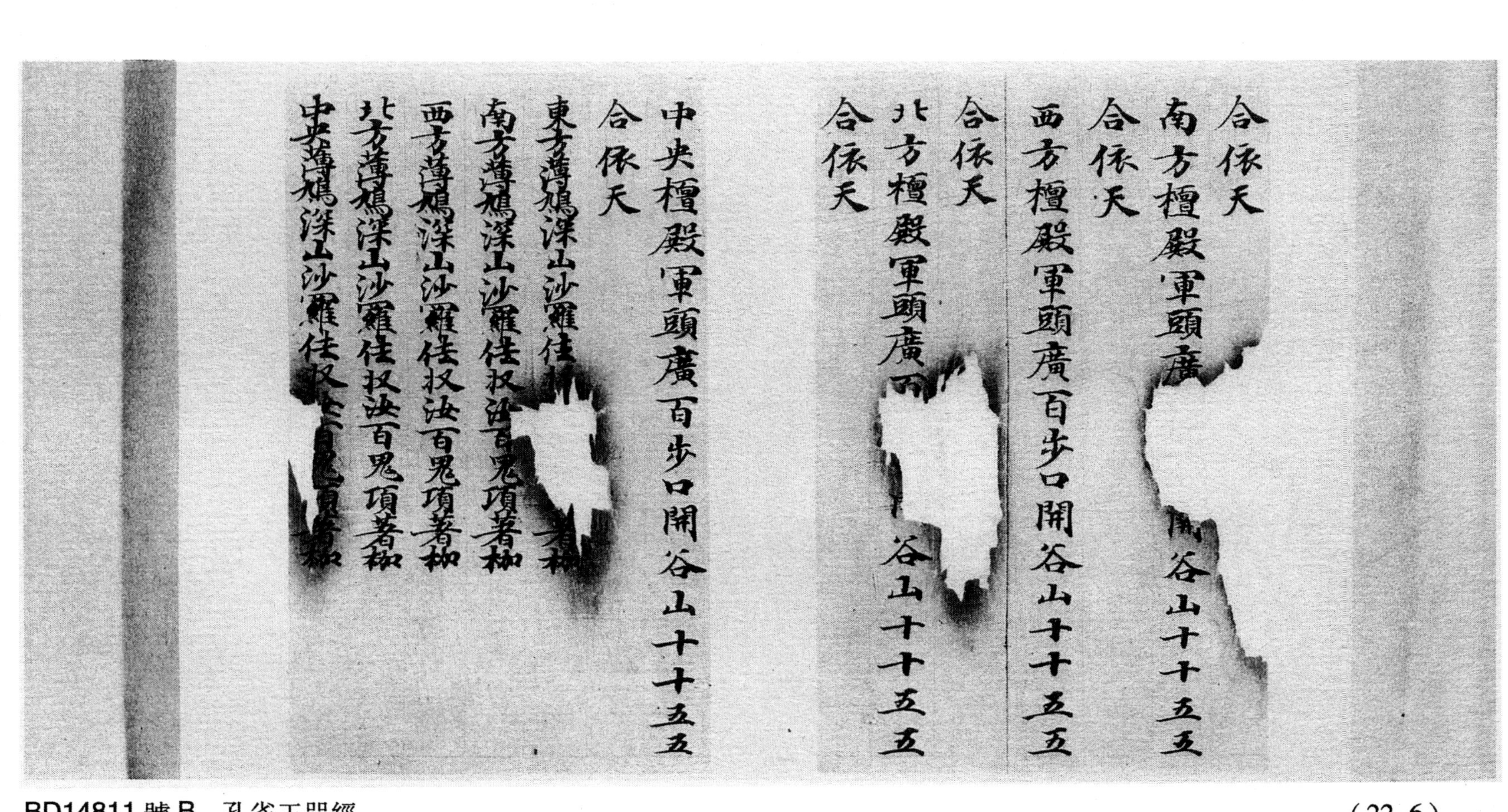
合依天
南方檀殿軍頭廣[illegible]開谷山十十五五
合依天
西方檀殿軍頭廣百步口開谷山十十五五
合依天
北方檀殿軍頭廣[illegible]谷山十十五五
合依天
中央檀殿軍頭廣百步口開谷山十十五五
合依天
東方薄鳩深山沙羅住[illegible]著枷
南方薄鳩深山沙羅住杈汝百鬼項著枷
西方薄鳩深山沙羅住杈汝百鬼項著枷
北方薄鳩深山沙羅住杈汝百鬼項著枷
中央薄鳩深山沙羅住杈[illegible]著枷

BD14811 號 B　孔雀王咒經　（22–6）

東方大神龍王金剛密迹士普賢菩薩藥王
藥上救脫菩薩入
南方大神龍王金剛密迹士普賢菩薩藥王
藥上救脫菩薩入
西方大神龍王金剛密迹士普賢菩薩藥王
藥上救脫菩薩入
北方大神龍王金剛密迹士普賢菩薩藥王

藥上救脫菩薩入
中央大神龍王金剛密迹士普賢菩薩藥王
藥上救脫菩薩入
東方大神龍王名訶頭訶於佛大命時自言
我當護是汝摩訶般若波羅蜜神呪
南方大神龍王名訶樓勒叉提於佛大會時
自言我當護是汝摩訶般若波羅蜜神呪

BD14811號B　孔雀王咒經　（22–7）

西方大神龍王名那頭華於佛大會時自言
我當護是汝摩訶般若波羅蜜神呪
北方大神龍王名訶樓勒叉提於佛大會時
自言我當護是汝摩訶般若波羅蜜神呪
清脩菩薩入身求魔淨藏菩薩析髓求魔
火光菩薩把火求魔月光菩薩放光求魔
地菩薩掘土求魔普賢菩薩迦其精神觀世

音菩薩尋聲往救
有八龍王難陁龍王跋難陁龍王娑伽羅龍
王和脩吉龍王德叉迦龍王阿那婆達多龍
王摩那斯龍王優鉢羅龍王各與若干百千
眷屬俱來入此室使我呪句如意成
有四緊那羅王法緊那羅王妙法緊那羅王
大法緊那羅王持法緊那羅王各與若干百

BD14811號B　孔雀王咒經　（22–8）

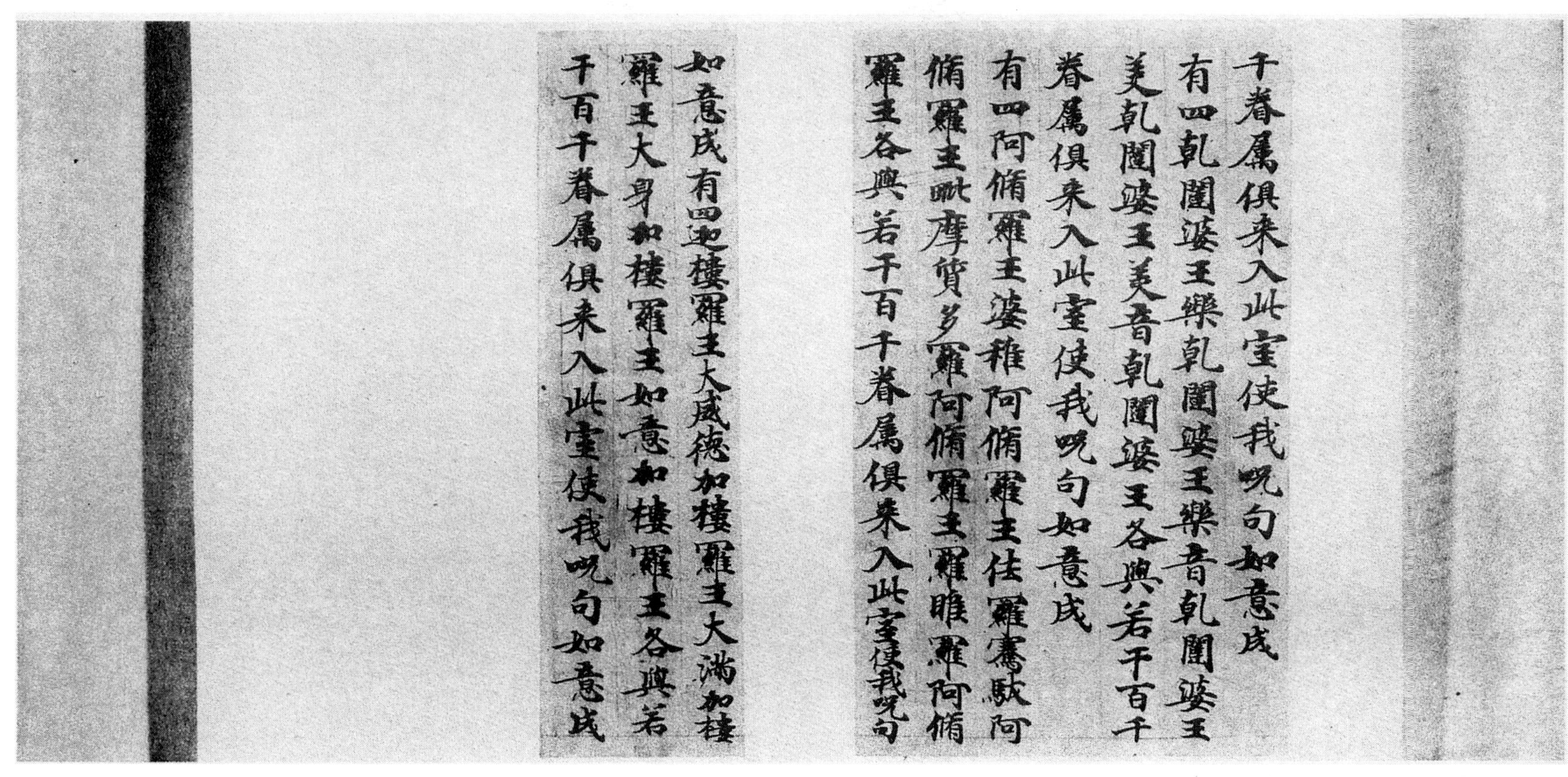

千眷屬俱來入此室使我呪句如意成
有四乾闥婆王樂乾闥婆王樂音乾闥婆王
美乾闥婆王美音乾闥婆王各與若干百千
眷屬俱來入此室使我呪句如意成
有四阿脩羅王婆稚阿脩羅王佉羅騫馱阿
脩羅王毗摩質多羅阿脩羅王羅睺羅阿脩
羅王各與若干百千眷屬俱來入此室使我呪句
如意成有四迦樓羅王大威德迦樓羅王大滿迦樓
羅王大身迦樓羅王如意迦樓羅王各與若
干百千眷屬俱來入此室使我呪句如意成

BD14811號B　孔雀王咒經　（22–9）

提以是因緣我今已得成就菩提當知是人
則名為犯波羅夷罪何以故雖有佛性以未
脩習諸善方便是故未見以未見故不能得
成阿耨多羅三藐三菩提善男子以是義故
佛法甚深不可思議
迦葉菩薩白佛言世尊有王問言云何比丘
墮過人法佛告迦葉若有比丘為利養故為
飲食故作諸諛諂邪偽欺詐云何當令諸世間
人定實知我是真乞士以是因緣令我大
得利養名譽如是比丘多愚癡故長夜常念
我實未得四沙門果云何當令諸世間人謂
我已得復當云何令諸優婆塞優婆夷等咸
共指我作如是言是人福德真是聖人如是
思惟專為求利非為求法行來出入進止安

BD14811號C　大般涅槃經（北本）卷七　（22–10）

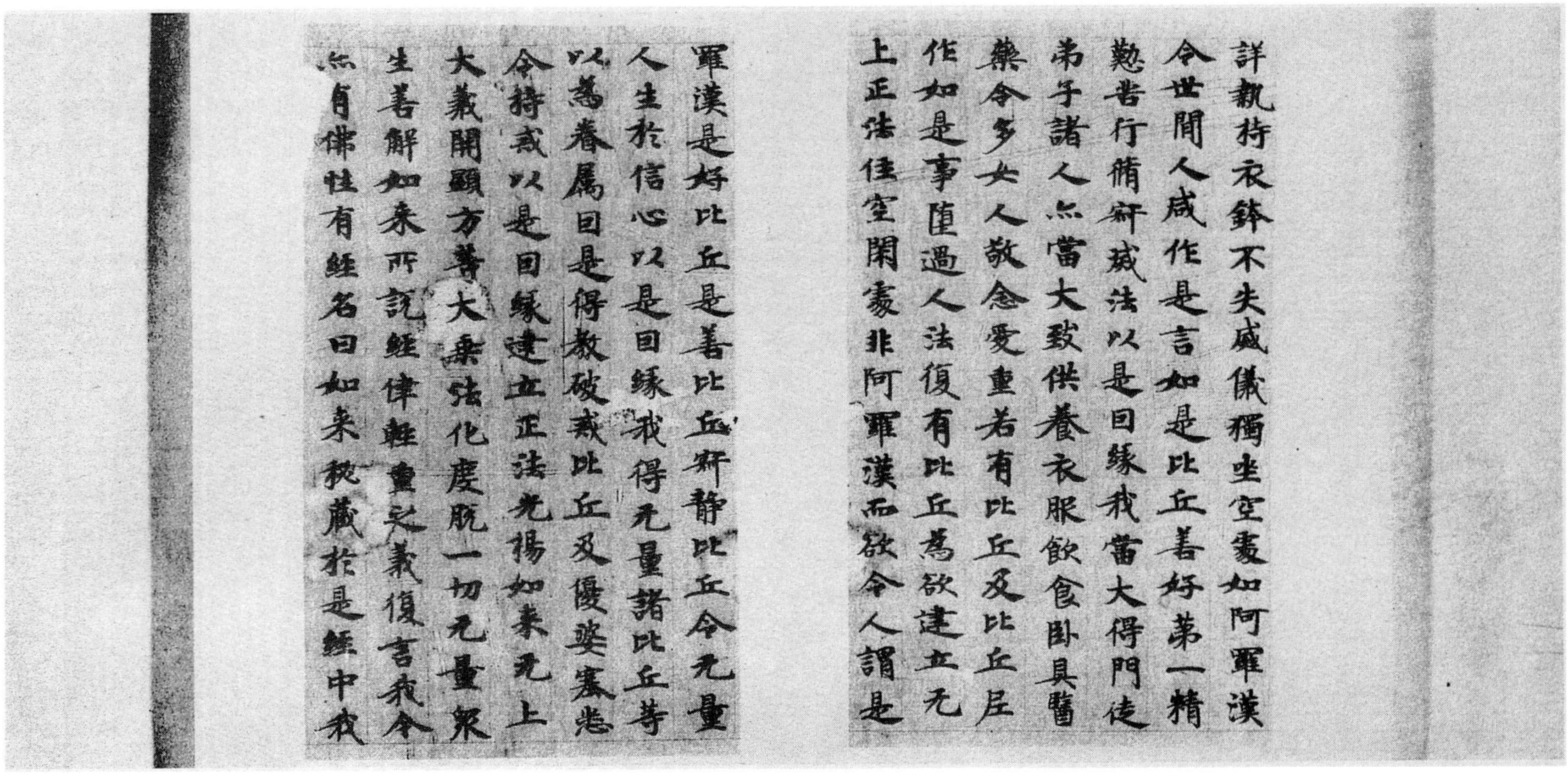

詳執持衣鉢不失威儀獨坐空處如阿羅漢
令世間人咸作是言如是比丘善好第一精
懃苦行脩寂滅法以是因緣我當大得門徒
弟子諸人亦當大致供養衣服飲食臥具醫
藥令多女人敬念愛重若有比丘及比丘尼
作如是事墮過人法復有比丘為欲建立无
上正法住空閑處非阿羅漢而欲令人謂是
羅漢是好比丘是善比丘寂靜比丘令无量
人生於信心以是因緣我得无量諸比丘等
以為眷屬因是得教破戒比丘及優婆塞悉
令持戒以是因緣建立正法光揚如來无上
大義開顯方等大乘法化度脫一切无量衆
生善解如來所說經律輕重之義復言我今
亦有佛性有經名曰如來秘藏於是經中我

BD14811 號 C　大般涅槃經（北本）卷七　（22–11）

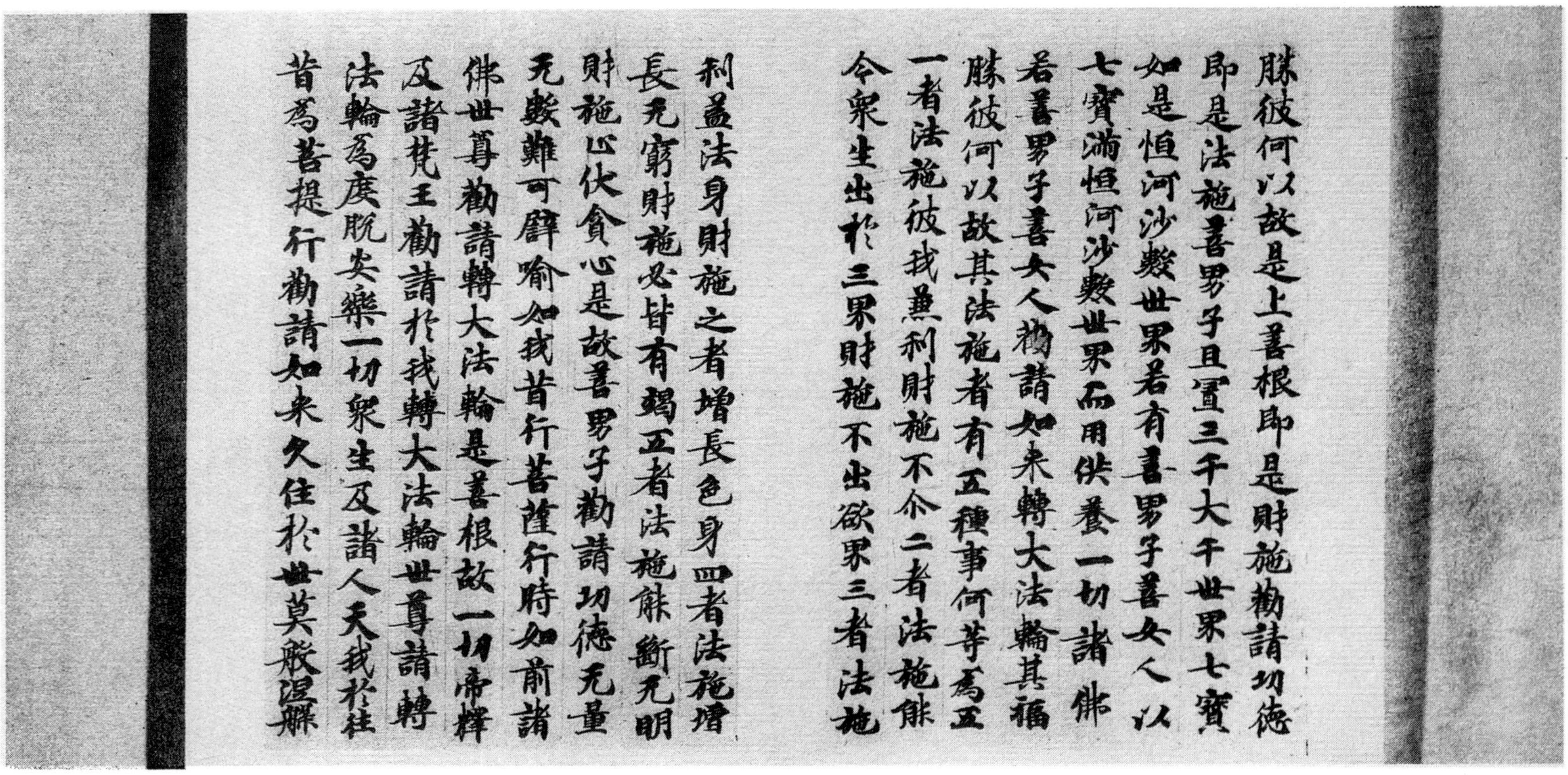

勝彼何以故是上善根即是財施勸請功德
即是法施善男子且置三千大千世界七寶
如是恒河沙數世界若有善男子善女人以
七寶滿恒河沙數世界而用供養一切諸佛
若善男子善女人勸請如來轉大法輪其福
勝彼何以故其法施者有五種事何等為五
一者法施彼我兼利財施不尒二者法施能
令衆生出於三界財施不出欲界三者法施
利益法身財施之者增長色身四者法施增
長无窮財施必皆有竭五者法施能斷无明
財施凹伏貪心是故善男子勸請功德无量
无數難可譬喻如我昔行菩薩行時如前諸
佛世尊勸請轉大法輪是善根故一切帝釋
及諸梵王勸請於我轉大法輪世尊請轉
法輪為度脫安樂一切衆生及諸人天我於往
昔為菩提行勸請如來久住於世莫般涅槃

BD14811 號 D　合部金光明經卷二　（22–12）

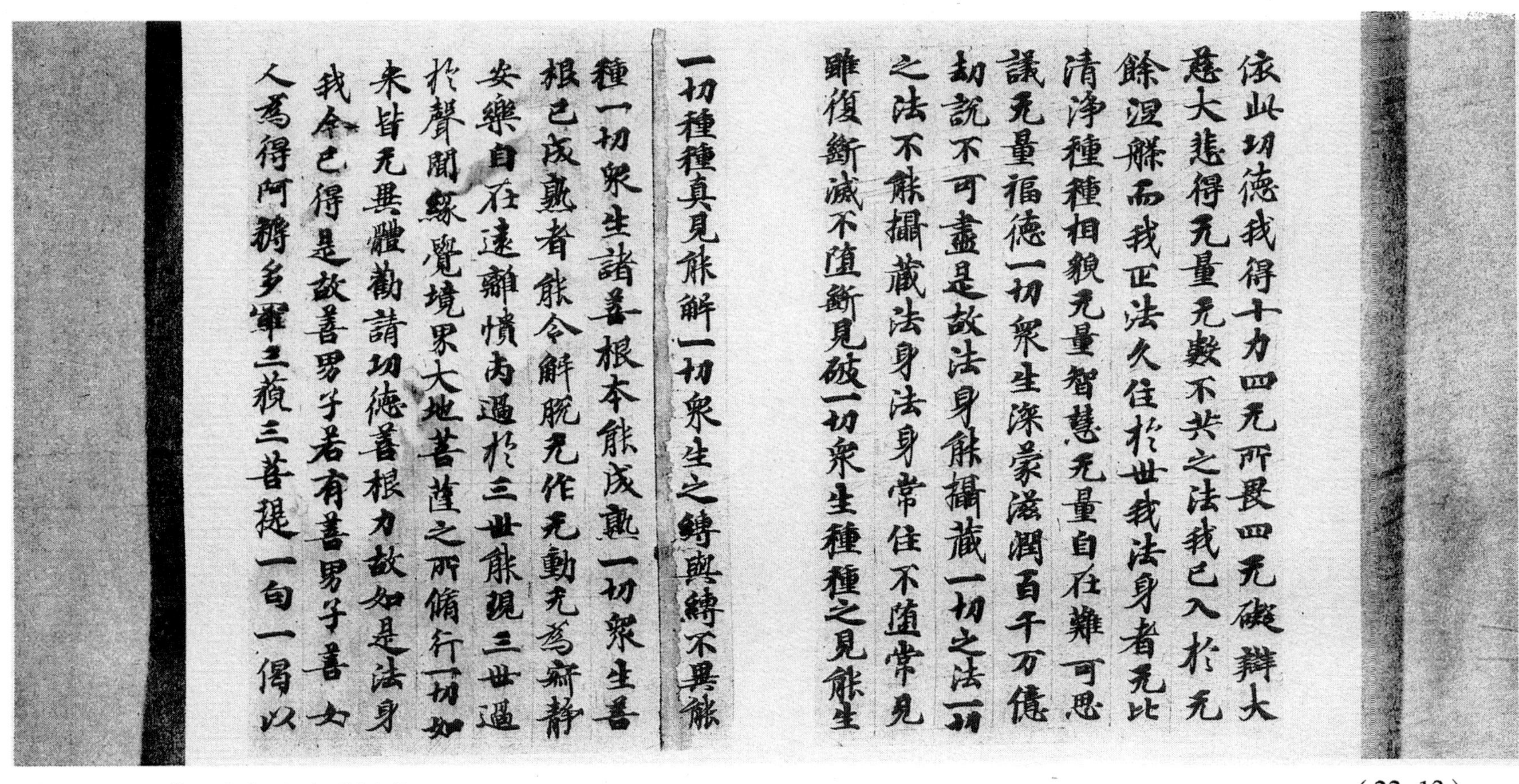
依此功德我得十力四无所畏四无礙辯大
慈大悲得无量无數不共之法我已入於无
餘涅槃而我正法久住於世我法身者无比
清淨種種相貌无量智慧无量自在難可思
議无量福德一切衆生深蒙滋潤百千万億
劫說不可盡是故法身能攝藏一切之法一切
之法不能攝藏法身法身常住不墮常見
雖復斷滅不墮斷見破一切衆生種種之見能生
一切種種真見能解一切衆生之縛與縛不異能
種一切衆生諸善根本能成熟一切衆生善
根已成熟者能令解脫无作无動无爲寂靜
安樂自在遠離憒鬧遍於三世能現三世遍
於聲聞緣覺境界大地菩薩之所脩行一切如
來皆无異體勸請功德善根力故如是法身
我今已得是故善男子若有善男子善女
人爲得阿耨多羅三藐三菩提一句一偈以

BD14811 號 D　合部金光明經卷二　（22–13）

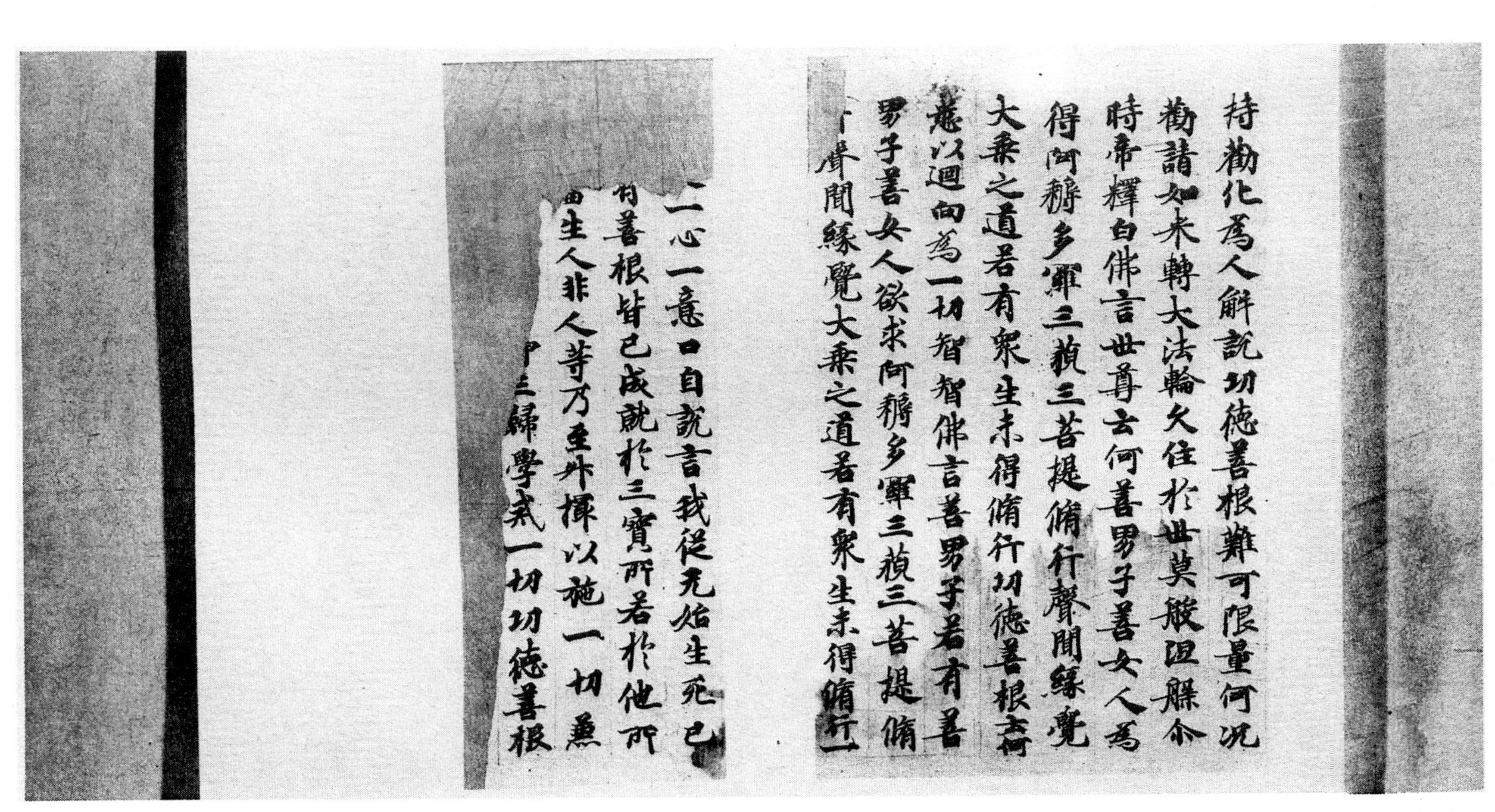
持勸化爲人解說功德善根難可限量何況
勸請如來轉大法輪久住於世莫般涅槃介
時帝釋白佛言世尊云何善男子善女人爲
得阿耨多羅三藐三菩提脩行聲聞緣覺
大乘之道若有衆生未得脩行功德善根云何
施以迴向爲一切智智佛言善男子若有善
男子善女人欲求阿耨多羅三藐三菩提脩
行聲聞緣覺大乘之道若有衆生未得脩行一
一心一意口自說言我從无始生死已
有善根皆已成就於三寶所若於他所
生人非人等乃至并揣以施一切衆
三歸學戒一切功德善根

BD14811 號 D　合部金光明經卷二　（22–14）

作若教他作見作隨憙若
若自取若教人取見取隨ヽ
若自作若教他作見作隨ヽ　鄣或有覆
藏或不覆、仏應墮地獄餓鬼畜生及諸惡趣邊
地下賤及弥戾車如是等處所作罪鄣今皆懺悔
今諸佛世尊當證知我憶念我我復於諸佛世尊
前作如是言我若此生若於餘生曾行布施或守
淨戒乃至施与畜生一摶之食或脩淨行所有善
根成就衆生所有善根脩行菩提所有善根求
无上智所有善根一切合集計校籌量皆悉迴向阿
耨多羅三藐三菩提如過去未來現在諸佛所作
迴向我亦如是迴向
衆罪皆懺悔　諸福盡隨憙　及諸佛功德　願成无上智
去來現在佛　於衆生最勝　无量功德海　歸依合掌礼
一切誦　梵唄文
處世界　如虛空　如蓮華　不著水　心清淨

BD14811 號 E　七階佛名經　（22–15）

超於彼　稽首礼　无上尊
偈誦文　願以此功德　普及於一切　我等与衆生
皆共成佛道　一切恭敬
自歸依佛　當願衆生　體解大道　發无上意
自歸依法　當願衆生　深入經藏　智惠如海
自歸依僧　當願衆生　統理大衆　一切无㝵
願諸衆生諸惡莫作諸善奉行自淨其意
是諸佛教和南一切賢聖
无常偈文　諸行无常　是生滅法　生滅ヽ已
寂滅為樂　如來入涅盤　永斷於生死　若能至心念
常受无量樂　平旦偈
欲求寂滅樂　當學沙門法　衣食支身命　精麁隨衆等
衆等晨朝各誦六念　第一念佛願作佛身　第二念
法願轉法輪　第三念僧頭陀苦行　第四念施施心不絕
第五念戒五戒全具　第六念天天則大般涅盤
午時偈　譬如採花置日中　不壞色與香　但取其味去

BD14811 號 E　七階佛名經　（22–16）

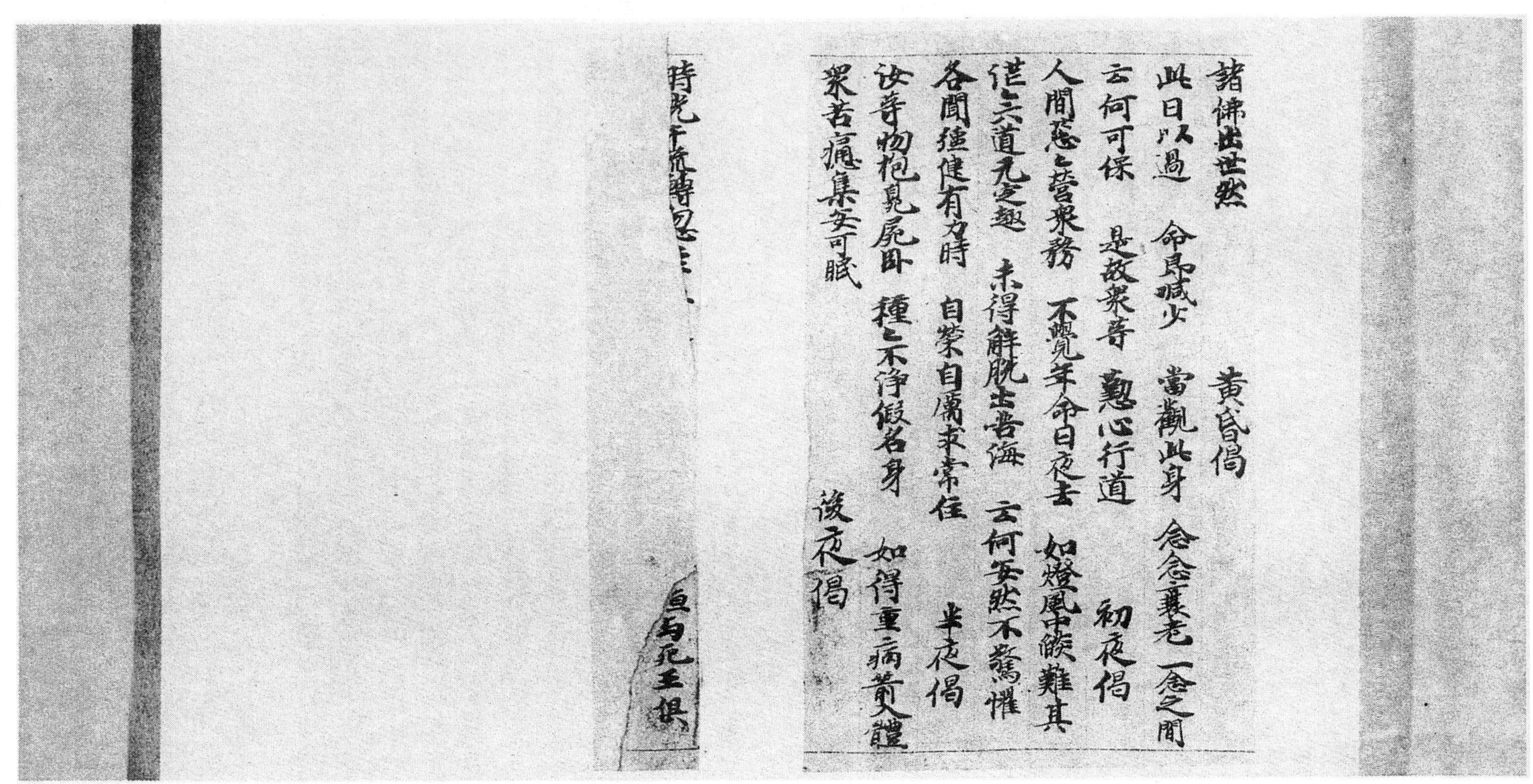
諸佛出世然　黃昏偈
此日以過　命即減少　當觀此身　念念衰老　一念之間
云何可保　是故衆普　懃心行道　初夜偈
人間忿忿營衆務　不覺年命日夜去　如燈風中難其
從六道无定趣　未得解脫出苦海　云何安然不驚懼　半夜偈
各聞強健有力時　自策自勵求常住　如得重病黃體
汝等勿抱臭屍臥　種種不淨假名身　後夜偈
衆苦痛集安可眠
時先…
…恒与死王俱

BD14811 號 E　七階佛名經　（22–17）

毀譽不動如須彌　於善不善等以慈　心行平等如虛空　孰聞人寶不敬承　今奉世尊此微蓋
於中現我三千界　諸天龍神所居宮　揵闥婆等及夜叉　悉見世間諸所有　十力哀現是化變
衆覩希有皆嘆佛　今我稽首三界尊　大聖法王衆所歸　淨心觀佛靡不欣　各見世尊在其前
斯則神力不共法　佛以一音演說法　衆生隨類各得解　皆謂世尊同其語　斯則神力不共法
佛以一音演說法　衆生各各隨所解　普得受行獲其利　斯則神力不共法　佛以一音演說法
或有恐畏或歡喜　或生厭離或斷疑　斯則神力不共法　稽首十力大精進　稽首已得無所畏
稽首住於不共法　稽首一切大導師　稽首能斷衆結縛　稽首已到於彼岸　稽首能度諸世間
稽首永離生死道　悉知衆生來去相　善於諸法得解脫　不著世間如蓮華　常善入於空寂行
達諸法相無罣礙　稽首如空無所依　子寶積說此偈已白佛言世尊是五百長
者子皆已發阿耨多羅三藐三菩提心有願得佛國土清淨唯願世尊說諸菩薩淨
土之行佛言善哉寶積乃能為諸菩薩問於如來淨土之行諦聽諦聽善思念之當
為汝說於是寶積及五百長者子受教而聽佛言寶積衆生之類是菩薩佛土所以者
何菩薩隨所化衆生而取佛土隨所調伏衆生而取佛土隨諸衆生應以何國入佛
智慧而取佛土隨諸衆生應以何國起菩薩根而取佛土所以者佛菩薩取於淨國皆
為饒益諸衆生故譬如有人欲於空地造立宮室隨意無礙若於虛空終不能成菩薩
如是為成就衆生故願取佛國願取佛國者非於空也寶積當知直心是菩薩淨土菩
薩成佛時不諂衆生來生其國深心是菩薩淨土菩薩成佛時具足功德衆生
來生其國大乘心是菩薩淨土菩薩成佛時大乘衆生來生其國布施是菩薩
淨土菩薩成佛時一切能捨衆生來生其國持戒是菩薩淨土菩薩成佛時行
十善道滿願衆生來生其國忍辱是菩薩淨土菩薩成佛時卅二相莊嚴衆生來
生其國精進是菩薩淨土菩薩成佛時勤脩一切功德衆生來生其國禪定是菩薩
淨土菩薩成佛時攝心不亂衆生來生其國智慧是菩薩淨土菩薩成佛時正定

BD14811 號 F　維摩詰所說經卷上　（22–18）

衆生來生其國四無量心是菩薩淨土菩薩成佛時成就慈悲喜捨衆生來生
其國四攝法是菩薩淨土菩薩成佛時解脫所攝衆生來生其國方便是菩薩
淨土菩薩成佛時於一切法方便無礙衆生來生其國卅七道品是菩薩淨土
菩薩成佛時念處正勤神足根力覺道衆生來生其國迴向心是菩薩淨土菩
薩成佛時得一切具足功德國土說除八難是菩薩淨土菩薩成佛時國土無
有三惡八難自守戒行不譏彼闕是菩薩淨土菩薩成佛時國土無有犯禁之名
十善是菩薩淨土菩薩成佛時命不中夭大富梵行所言誠諦常以軟語
眷屬不離善和諍訟言必饒益不嫉不恚正見衆生來生其國如是寶積菩
薩隨其直心則能發行隨其發行則得深心隨其深心則意調伏隨意調
伏則如說行隨如說行則能迴向隨其迴向則有方便隨其方便則成就
衆生隨成就衆生則佛土淨隨佛土淨則說法淨隨說法淨則智慧
淨隨智慧淨則其心淨隨其心淨則一切功德淨是故寶積若菩薩欲
得淨土當淨其心隨其心淨則佛土淨尒時舍利弗承佛威神作是念
若菩薩心淨則佛土淨者我世尊本為菩薩時意豈不淨而是佛土
不淨若此佛知其念即告之言於意云何日月豈不淨耶而盲者不見對
曰不也世尊是盲者過非日月咎舍利弗衆生罪故不見如來佛國嚴淨
非如來咎舍利弗我此土淨而汝不見尒時螺髻梵王語舍利弗勿作是
意謂此佛土以為不淨所以者何我見釋迦牟尼佛土清淨譬如自在
天宮舍利弗言我見此土丘陵坑坎荊棘沙礫土石諸山穢惡充滿螺髻梵

BD14811 號 F　維摩詰所說經卷上　（22–19）

畢已中央坐上著小病子以錦繡等淨
物敷之床上安置藥師佛像仍用前印請
為坐王結界辟除三摩耶法如下金剛軍茶
利法然後安心燒種種香散種種華供養
種種飲食華菓又燒蘇蜜胡麻人等而為
供養若一日夜三日七日若七七日以盡並
夜誦呪數滿百千万遍所求從心无量獲果
除不至心法應如是所有利益說不可盡其
餘功能具如經說
續驗灌頂印呪第廿六
二大指屈於掌中捻二无名指甲无名指中
節相背二小指頭相拄二中指直竪頭相
拄二頭指屈各捻中指背上節呪曰
唵一 步三末囉二 蘇摩塩三 莎去音訶四
若欲續驗每日平旦於水罐上結印誦呪廿
一遍自灌其頂還復如舊

BD14811 號 G　陀羅尼集經卷二　（22–20）

…不知是義所趣尒時
知四衆心疑自亦未了而白佛言世尊
何緣慇懃稱歎諸佛第一方便甚深微妙
解之法我自昔來未曾從佛聞如是說今者
四衆咸皆有疑唯願世尊敷演斯事世尊何
故慇懃稱歎甚深微妙難解之法尒時舍利

BD14811號H　妙法蓮華經卷一　　（22–21）

BD14811號　背面夾板　　（22–22）

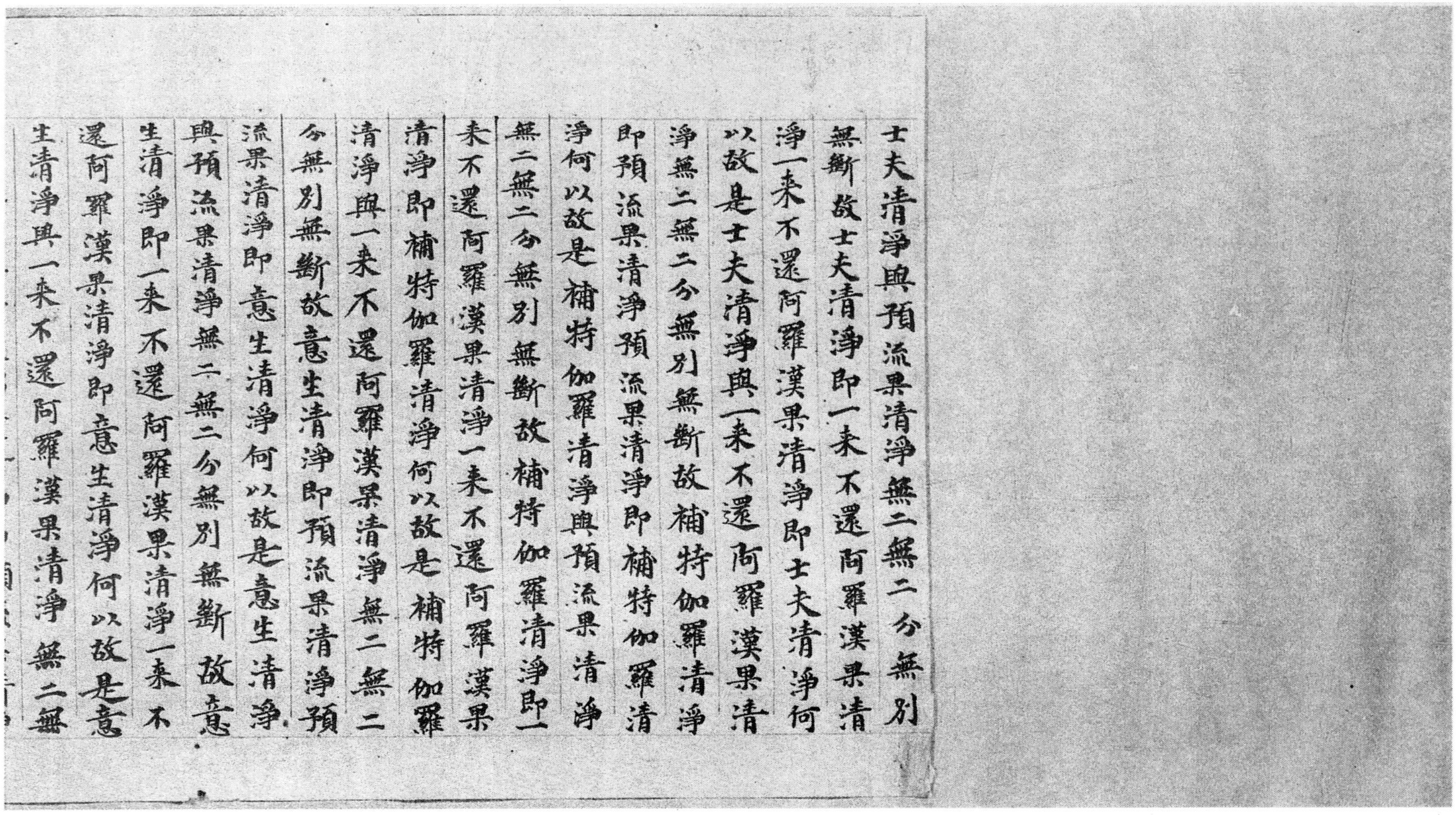

士夫清淨與預流果清淨無二無二分無別
無斷故士夫清淨即一来不還阿羅漢果清
淨一来不還阿羅漢果清淨即士夫清淨何
以故是士夫清淨與一来不還阿羅漢果清
淨無二無二分無別無斷故補特伽羅清淨
即預流果清淨預流果清淨即補特伽羅清
淨何以故是補特伽羅清淨與預流果清淨
無二無二分無別無斷故補特伽羅清淨即一
来不還阿羅漢果清淨一来不還阿羅漢果
清淨即補特伽羅清淨何以故是補特伽羅
清淨與一来不還阿羅漢果清淨無二無二
分無別無斷故意生清淨即預流果清淨預
流果清淨即意生清淨何以故是意生清淨
與預流果清淨無二無二分無別無斷故意
生清淨即一来不還阿羅漢果清淨一来不
還阿羅漢果清淨即意生清淨何以故是意
生清淨與一来不還阿羅漢果清淨無二無

BD14812號　大般若波羅蜜多經卷一八九　（2–1）

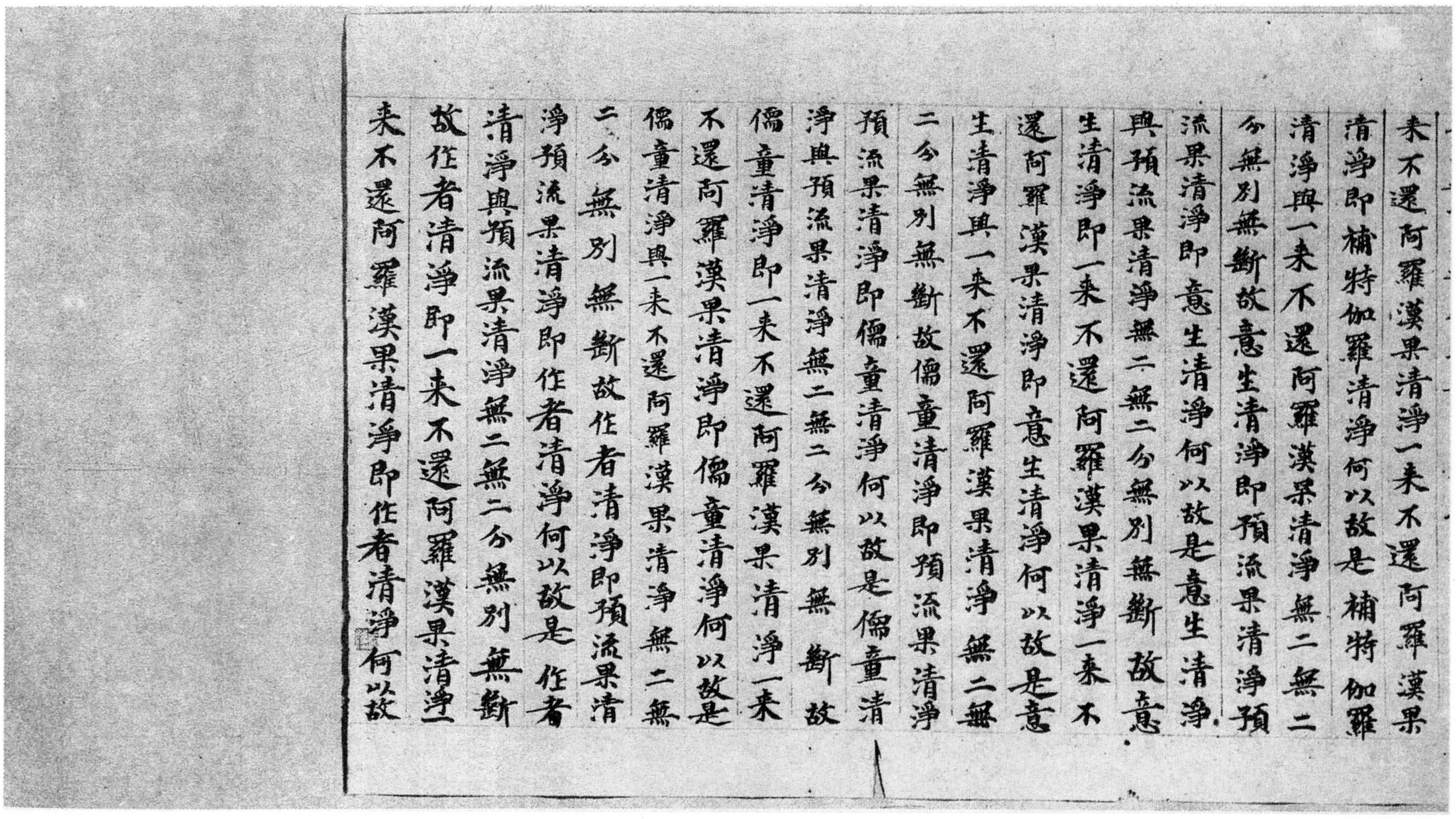

来不還阿羅漢果清淨一来不還阿羅漢果
清淨即補特伽羅清淨何以故是補特伽羅
清淨與一来不還阿羅漢果清淨無二無二
分無別無斷故意生清淨即預流果清淨預
流果清淨即意生清淨何以故是意生清淨
與預流果清淨無二無二分無別無斷故意
生清淨即一来不還阿羅漢果清淨一来不
還阿羅漢果清淨即意生清淨何以故是意
生清淨與一来不還阿羅漢果清淨無二無
二分無別無斷故儒童清淨即預流果清淨
預流果清淨即儒童清淨何以故是儒童清
淨與預流果清淨無二無二分無別無斷故
儒童清淨即一来不還阿羅漢果清淨一来
不還阿羅漢果清淨即儒童清淨何以故是
儒童清淨與一来不還阿羅漢果清淨無二無
二分無別無斷故作者清淨即預流果清
淨預流果清淨即作者清淨何以故是作者
清淨與預流果清淨無二無二分無別無斷
故作者清淨即一来不還阿羅漢果清淨一
来不還阿羅漢果清淨即作者清淨何以故

BD14812號　大般若波羅蜜多經卷一八九　（2–2）

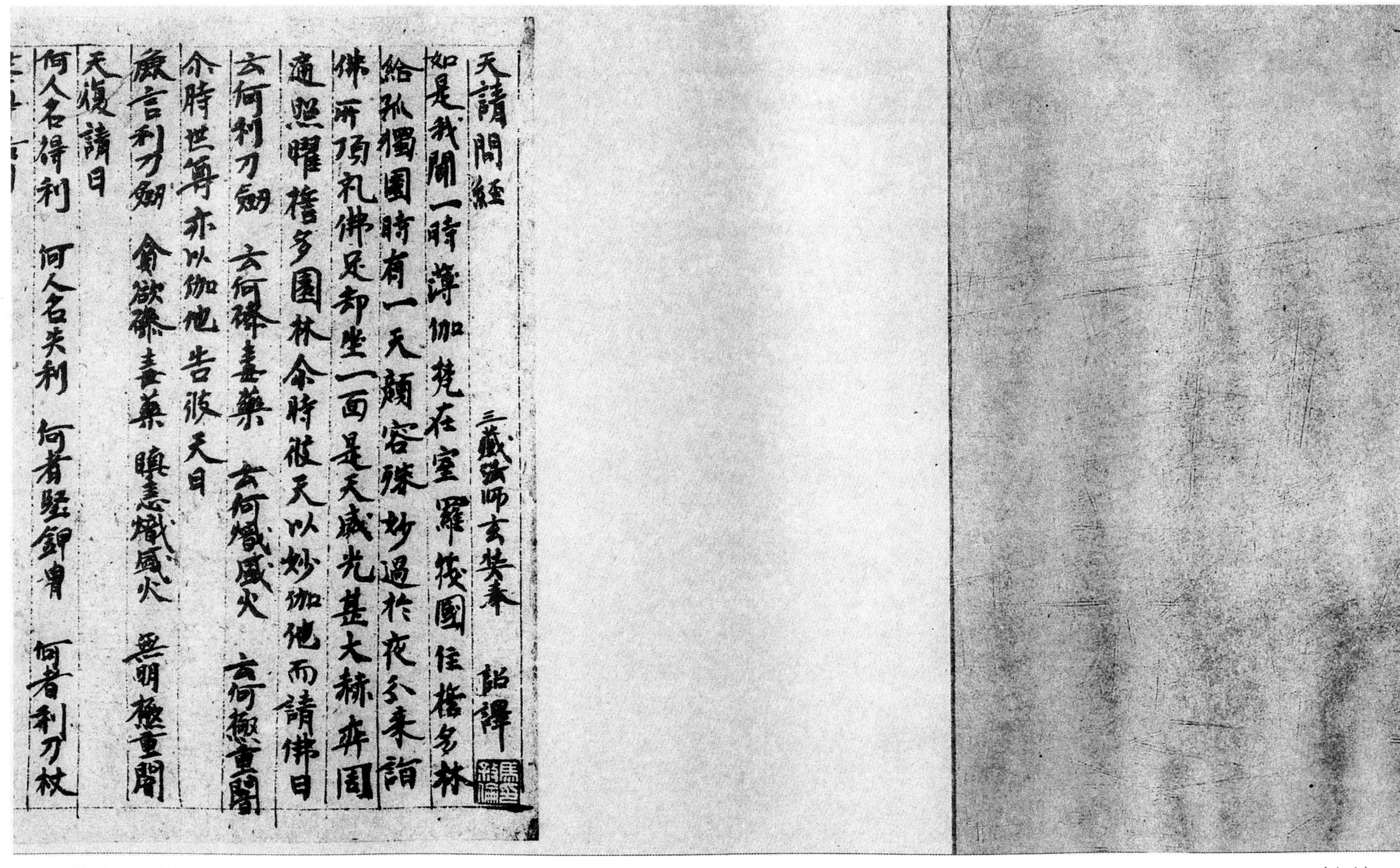

天請問經

三藏法師玄奘奉　詔譯

如是我聞一時薄伽梵在室羅筏國住誓多林給孤獨園時有一天顏容殊妙過於夜分來詣佛所頂禮佛足却坐一面是天威光甚大赫弈周遍照曜誓多園林尒時彼天以妙伽他而請佛曰

云何利刀劒　云何猛毒藥　云何熾盛火　云何極重闇

尒時世尊亦以伽他告彼天曰

麁言利刀劒　貪欲猛毒藥　瞋恚熾盛火　無明極重闇

天復請曰

何人名得利　何人名失利　何者堅鉀冑　何者利刀杖

BD14813號　天請問經

（4–1）

適照曜稽多園林　尒時彼天以妙伽他而請佛曰
云何利刀劒　云何猛毒藥　云何熾盛火　云何極重闇
尒時世尊亦以伽他告彼天曰
麁言利刀劒　貪欲猛毒藥　瞋恚熾盛火　無明極重闇
天復請曰
何人名得利　何人名失利　何者堅鉀冑　何者利刀杖
世尊告曰
施者名得利　受者名失利　忍為堅鉀冑　慧為利刀杖
天復請曰
云何為盜賊　云何智者財　誰於天世間　說名能劫盜
世尊告曰
邪思為盜賊　尸羅智者財　於諸天世間　犯戒能劫盜
天復請曰
誰為最安樂　誰為大富貴　誰為恒端嚴　誰為常醜陋
世尊告曰
少欲最安樂　知足大富貴　持戒恒端嚴　破戒常醜陋
天復請曰
誰為善眷屬　誰為惡心怨　云何極重苦　云何第一樂
世尊告曰
福為善眷屬　罪為惡心怨　地獄極重苦　無生第一樂
天復請曰
何者愛非宜　何者宜非愛　何者極熱病　誰是大良醫
世尊告曰
諸欲愛非宜　解脫宜非愛　貪為極熱病　佛是大良醫
天復請曰
誰能覆世間　世間誰所魅　誰令捨親友　誰復障生天
世尊告曰
無智覆世間　世間癡所魅　慳貪捨親友　染著障生天

世尊告曰

諸欲愛非宜　解脫宜非愛　貪為極熱病　佛是大良醫

天復請曰

誰能覆世間　世間誰所魅　誰令捨親友　誰復障生天

世尊告曰

無智覆世間　世間癡所魅　慳貪捨親友　染着障生天

天復請曰

誰非火所燒　風亦不能碎　誰非水所爛　能淨持世間

誰能與王賊　勇猛相抗敵　不為人非人　之所來侵奪

世尊告曰

福非火所燒　風亦不能碎　福非水所爛　能淨持世間

福能與王賊　勇猛相抗敵　不為人非人　之所來侵奪

天復請曰

我今猶有疑　佛應為除斷　今世往後世　誰極自欺誑

世尊告曰

若多有珍財　而不能修福　今世往後世　彼極自欺誑

介時彼天聞佛　世尊說是經已　歡喜踊躍　歎未曾

有　頂礼佛足　即於佛前　欻然不現

天請問經一卷

願已滅寫功德迴施一切有情離苦得樂煩惱山崩无明海竭若

欲遠行早達鄉井若有疾患數日進前程懷胎難日母子平安

一切貧窮速得珍財音聵音啞心眼早開生生世世見佛聞法

早悟真宗成等正覺

辛未年六月日□逹馬那遠在伊州作客寫記之耳

此卷與佛說如來相好經為一人所書出自敦煌石室日本人得之以貽余友張君孟劬往月

余有事上海因走孟劬談蓺孟劬謂蓄此待君久矣即持以贈爲此卷末署辛未在伊

州作客寫記蓋書者胡人唐太宗貞觀四年以胡人來歸置西伊州六年去西字天寶元

年改為伊吾郡乾元元年復為伊州唐代紀年凡四值辛未第一高宗咸亨二年第

馬

有頂礼佛足，即於佛前，欻然不現。

天請問經一卷

願已流（寫）功德，迴施一切有情，離苦得樂，煩惱山崩，无明海竭。若欲遠行，早達鄉井；若有難，日進前程；懷胎難日，母子平安；一切貧窮，速得珠財；音聲、聾盲，心眼早開；生生世世，見佛聞法；早悟真宗，成等正覺。

辛未年六月十日，弟子馬誕達修持，作書寫記。

此卷與佛說如来相好經為一人所書，出自敦煌石室，日本人得之，以貽余友張君孟劬，往月余有事上海，因走孟劬談藝，孟劬謂蓄此待君久矣，即持以贈。爲此卷末署辛未在伊州作客寫記，蓋書者胡人。唐太宗貞觀四年以胡人來歸，置西伊州，六年去西字。天寶元年改為伊吾郡，乾元元年復為伊州。唐代紀年凡四值辛未：第一高宗乾封二年，第二玄宗開元十九年，第三德宗貞元七年，第四宣宗大中五年。審書體於六朝人為近，則尚是唐初書也。惜馬字上二字不明，依約是祖遠二字，當為書人本貫地名。昔在京師觀羅振東所藏唐開成二年道士索洞玄寫真一本際經，數為得未曾有。此卷雖寥寥數十行，然具紀元書人名氏并作書之地，則校索書又何如耶。祖遠乃祖區二字，祖即塑字異書，向釋非是。廿六年叙倫。

書於爾梅咀雪之盦，廿一年八月十三日石屋

多謂聖无漏道亦
如是淨戒无缺无
受供養智者所讚由
一切法
所取謂不取色受想行識
不取三十
大士夫相八十隨好亦復不取剎帝利大族
乃至居士大族亦復不取四大王衆天乃
非想非非想處天亦復不取預流果乃
覺菩提亦復不取轉輪王位及餘小王
等位但以如是所受持戒與諸有情平等迴
向一切智智於迴向時以无相无所得无二
為方便非有相有所得有二為方便但依世
俗不依勝義由此因緣一切佛法皆得圓滿
是菩薩摩訶薩由此淨戒波羅蜜多方便善
巧起四靜慮勝進分无染著為方便故引發
神通是菩薩摩訶薩用異熟生清淨天眼能

BD14814號　大般若波羅蜜多經卷五二九　（3–1）

為方便非有相有所得有二為方便但依世
俗不依勝義由此因緣一切佛法皆得圓滿
是菩薩摩訶薩由此淨戒波羅蜜多方便善
巧起四靜慮勝進分无染著為方便故引發
神通是菩薩摩訶薩用異熟生清淨天眼能
見十方現在諸佛乃至證得一切智智於所
見事能不忘失用超過人清淨天耳能聞十
方諸佛說法乃至證得一切智智於所聞事
能不忘失隨所聞法能作自他諸饒益事无
空過者用他心智能知十方佛及有情心及
心所知已能起一切有情隨其所宜諸饒益
事用宿住智知諸有情先所造業由所造業
不失壞故生彼彼處受諸苦樂知已為說本
業因緣令其憶知作饒益事用漏盡智安立
有情或令住預流果或令住一來果廣說乃
至或令安住无上菩提以要言之是菩薩摩
訶薩在所生處隨諸有情堪能差別方便
令住諸善品中如是善現諸菩薩摩訶薩行
深般若波羅蜜多由離諸相无漏心力能於一
切无相无得无作法中圓滿淨戒波羅蜜多
亦能圓滿諸餘善法
復次善現諸菩薩摩訶薩行深般若波羅蜜
多時能以離相无漏之心而脩安忍波羅蜜
多是菩薩摩訶薩從初發心乃至安坐妙菩
提座其中假使一切有情各持種種苦具加
害是菩薩摩訶薩不起一念忿恚俱心本時
菩薩應脩二忍一者應受一切有情罵辱加

BD14814號　大般若波羅蜜多經卷五二九　（3–2）

復次善現諸菩薩摩訶薩行深般若波羅蜜
多時能以離相无漏之心而脩安忍波羅蜜
多是菩薩摩訶薩從初發心乃至安坐妙菩
提座其中假使一切有情各持種種苦具加
害是菩薩摩訶薩不起一念忿恚俱心尔時
菩薩應脩二忍一者應受一切有情罵辱加
害不生忿恚伏瞋根忍二者應起无生法忍
是菩薩摩訶薩若遭種種苦言罵辱或遭種
種刀杖加害應審思察誰能罵辱誰受罵辱
誰能加害誰受加害誰起忿恚誰應忍受復
應審察一切法性皆畢竟空法尚不可得況
當有法性尚无法性況有有情如是觀時若
能罵辱若所罵辱若能加害若所加害皆見
非有乃至分分割截身支其心安忍都无異
念於諸法性如實觀察復能證得无生法忍
云何名為无生法忍謂令一切煩惱不生微
妙智慧常无間斷觀一切法畢竟不生是故
名為无生法忍是菩薩摩訶薩安住如是二
種忍中速能圓滿布施等六波羅蜜多廣說
乃至速能圓滿八十隨好是菩薩摩訶薩安
住如是諸佛法已於聖无漏出世不共一切

BD14814號　大般若波羅蜜多經卷五二九　　（3–3）

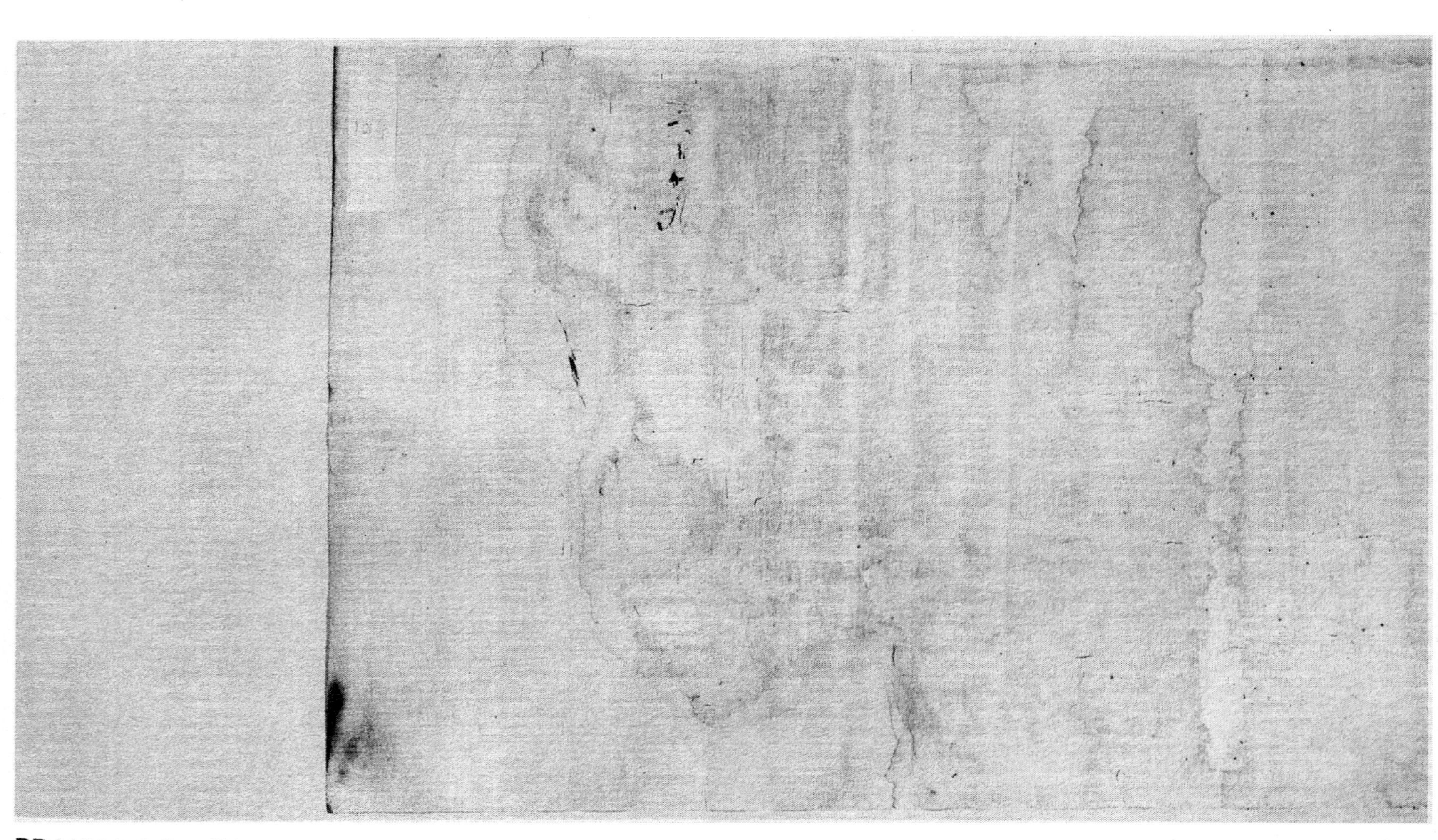

BD14814號背　勘記　　（1–1）

天王與無量百千俱胝那庾多諸梵天衆前
詣佛所頂礼雙足合掌恭敬俱發聲言希有
世尊彼諸菩薩摩訶薩爲般若波羅蜜多方
便善巧所攝護故超勝於前無方便善巧有
相有所得諸善男子善女人等所脩善根時極
光淨天乃至色究竟天各與無量百千俱胝
那庾多自類天衆前詣佛所頂礼雙足合掌
恭敬俱發聲言希有世尊彼諸菩薩摩訶薩
爲般若波羅蜜多方便善巧所攝護故超勝
於前無方便善巧有相有所得諸善男子善
女人等所脩善根
尒時佛告四大王衆天乃至色究竟天等言
假使三千大千世界一切有情皆發無上正
等覺心普於[illegible]十方世界一切
如來應正等覺[illegible]上正等菩
提轉妙法輪度無量[illegible]依般涅槃界
乃至法滅於其中間所脩布施乃至般若波羅

BD14815號　大般若波羅蜜多經卷四三三　（5–1）

尒時佛告四大王衆天乃至色究竟天等言
假使三千大千世界一切有情皆發無上正
等覺心普於[illegible]十方世界一切
如來應正等覺[illegible]上正等菩
提轉妙法輪度無量[illegible]依般涅槃界
乃至法滅於其中間所脩布施乃至般若波羅
蜜多相應善根若住內空乃至無性自性空
相應善根若脩四念住廣說乃至十八佛不
共法相應善根若脩無量無邊佛法相應
善根若諸弟子所有善根若諸如來應正等
覺所有戒蘊定蘊慧蘊解脫蘊解脫智見
蘊及餘無量無邊佛法若諸如來所說之法
依彼法脩習施性戒性脩性三福業事若依
彼法精勤脩學得預流果一來不還阿羅漢
果獨覺菩提得入菩薩正性[illegible]
脩布施淨戒安忍精進靜慮[illegible]
根如是一切合集稱量以有相爲方便有所
得爲方便有染著爲方便有悋住爲[illegible]
二不二爲方便現前隨喜隨喜已迴向無
上正等菩提有善男子善女人等發趣無上
正等菩提普於過去未來現在十方世界一切
如來應正等覺從初發心至得無上正等
菩提轉妙法輪度無量衆入無餘依般涅
槃界乃至法滅於其中間所脩布施乃至般若
波羅蜜多相應善根廣說乃至若諸有情
脩布施淨戒安忍精進靜慮般若等所有善根
如是一切合集稱量以無相爲方便無所得爲

BD14815號　大般若波羅蜜多經卷四三三　（5–2）

菩提轉妙法輪度無量衆入無餘依般
涅槃界乃至法滅於其中間所修布施乃至般若
波羅蜜多相應善根廣說乃至若諸有情
修布施淨戒安忍精進靜慮般若等所有善根
如是一切合集稱量以無相爲方便無所得爲
方便無染著爲方便無思住爲方便無二不
二爲方便現前隨喜既隨喜已迴向無上正
等菩提是善男子善女人等隨喜迴向於
餘善根爲最爲勝爲尊爲高爲妙爲微妙爲
上爲無上無等無等等於前有情隨喜迴向
百倍爲勝千倍爲勝百千倍爲勝乃至鄔波
尼煞曇倍亦最爲勝
尒時具壽善現白佛言世尊如佛所說是善
男子善女人等隨喜迴向於餘善根爲最爲
勝爲尊爲高爲妙爲微妙爲上爲無上無等
無等等世尊齊何說是隨喜迴向於餘善根
爲最爲勝爲尊爲高爲妙爲微妙爲上爲無
上無等無等等佛言善現是善男子善女人
等普於過去未來現在十方世界一切如來
應正等覺聲聞獨覺菩薩及餘一切有情諸
善根等不取不捨不矜不蔑非有所得非無
所得達一切法無生無滅無染無淨無增無
減無去無來無集無散無入無出作如是念
如彼過去未來現在諸法真如法界法性不
虛妄性法定法住我亦如是於諸善法以無
所得而爲方便發正隨喜既隨喜已持此善

BD14815號　大般若波羅蜜多經卷四三三　（5–3）

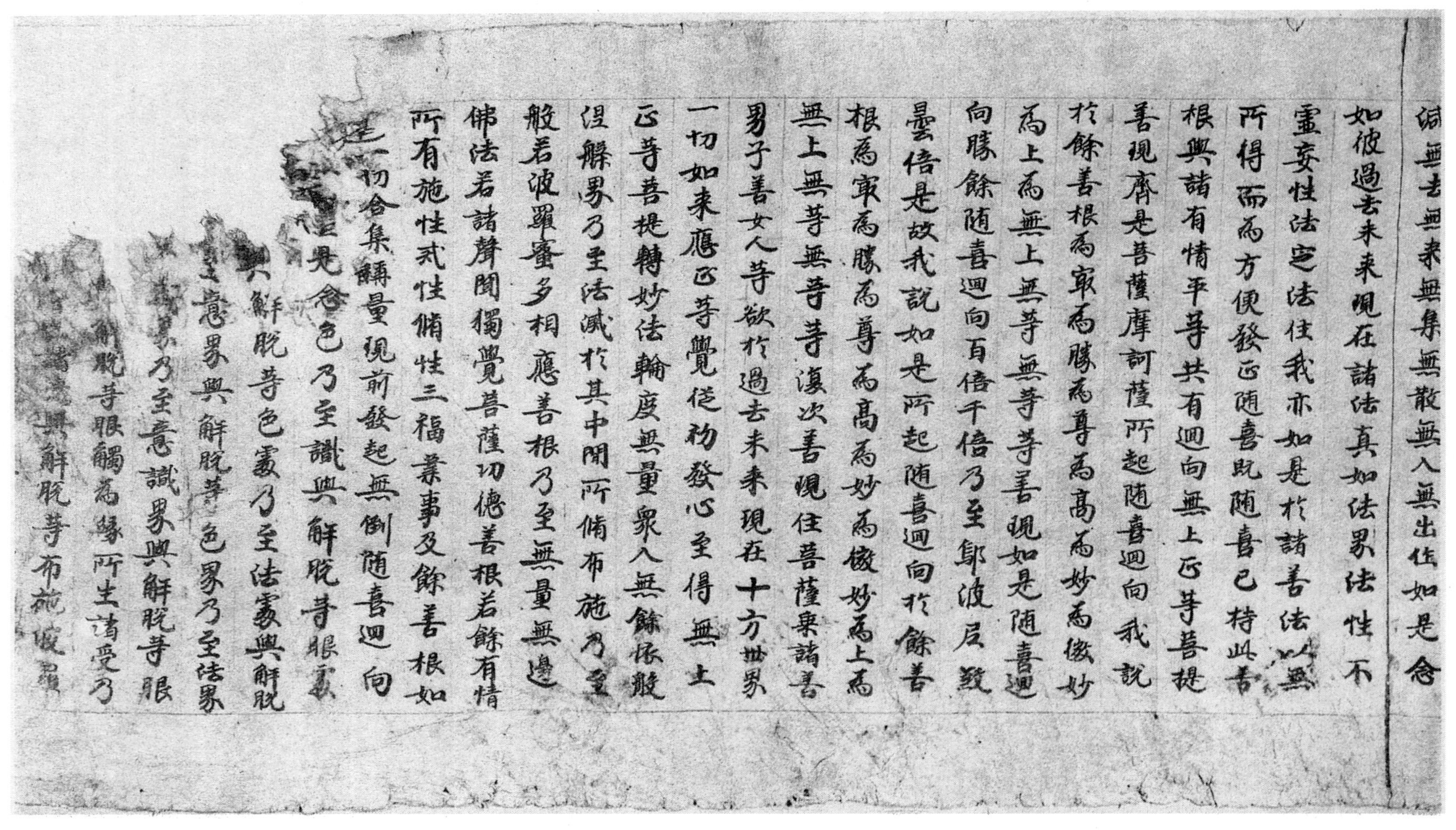

減無去無來無集無散無入無出作如是念
如彼過去未來現在諸法真如法界法性不
虛妄性法定法住我亦如是於諸善法以無
所得而爲方便發正隨喜既隨喜已持此善
根與諸有情平等共有迴向無上正等菩提
善現齊是菩薩摩訶薩所起隨喜迴向我說
於餘善根爲最爲勝爲尊爲高爲妙爲微妙
爲上爲無上無等無等等善現如是隨喜迴
向勝餘隨喜迴向百倍千倍乃至鄔波尼煞
曇倍是故我說如是所起隨喜迴向於餘善
根爲最爲勝爲尊爲高爲妙爲微妙爲上爲
無上無等無等等復次善現住菩薩乘諸善
男子善女人等欲於過去未來現在十方世界
一切如來應正等覺從初發心至得無上
正等菩提轉妙法輪度無量衆入無餘依般
涅槃界乃至法滅於其中間所修布施乃至
般若波羅蜜多相應善根乃至無量無邊
佛法若諸聲聞獨覺菩薩功德善根若餘有情
所有施性戒性修性三福業事及餘善根如
是一切合集稱量現前發起無倒隨喜迴向
[illegible]是念色乃至識與解脫等眼處
與解脫等色處乃至法處與解脫
[illegible]至意界與解脫等色界乃至法界
[illegible]界乃至意識界與解脫等眼
[illegible]脫等眼觸爲緣所生諸受乃
[illegible]與解脫等布施波羅

BD14815號　大般若波羅蜜多經卷四三三　（5–4）

根爲軍爲勝爲尊爲高爲妙爲微妙爲上爲
無上無等無等等復次善現住菩薩乘諸善
男子善女人等欲於過去未來現在十方世界
一切如來應正等覺從初發心至得無上
正等菩提轉妙法輪度無量衆入無餘依般
涅槃界乃至法滅於其中間所脩布施乃至
般若波羅蜜多相應善根乃至無量無邊
佛法若諸聲聞獨覺菩薩切德善根若餘有情
所有施性戒性脩性三福業事及餘善根如
是一切合集稱量現前發起無倒隨喜迴向
[illegible]是念色乃至識與解脫等眼處
[illegible]與解脫等色處乃至法處與解脫
[illegible]意界與解脫等色界乃至法界
[illegible]界乃至意識界與解脫等眼
[illegible]解脫等眼觸爲緣所生諸受乃
[illegible]與解脫等布施波羅
[illegible]多與解脫等內空[illegible]
[illegible]等四念住乃至八聖
[illegible]乃至如來十力乃至十

BD14815號　大般若波羅蜜多經卷四三三　　（5–5）

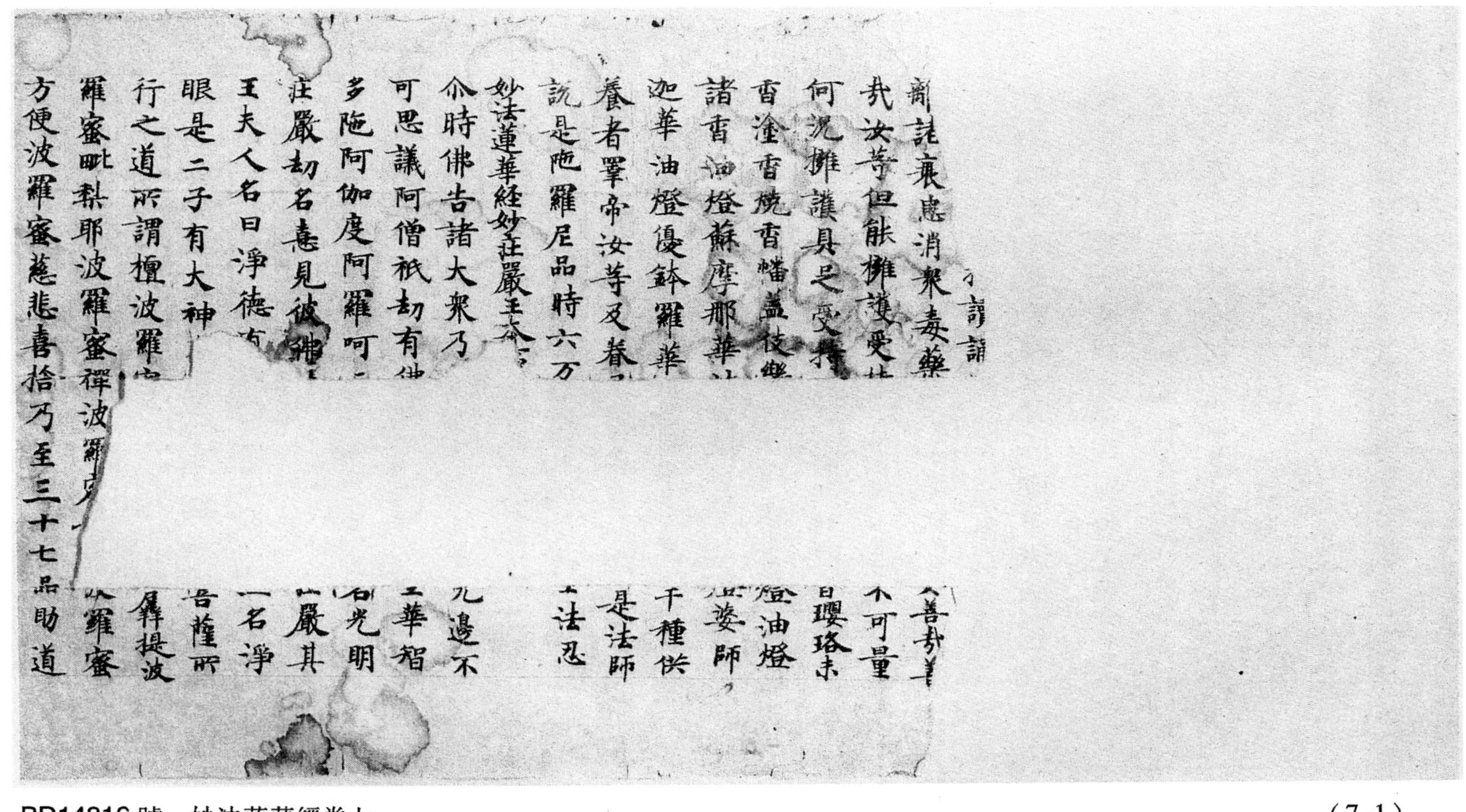
辭詰衆患消衆毒藥[illegible]善哉善
我汝等但能擁護受持[illegible]不可量
何況擁護具足受持[illegible]瓔珞末
香塗香燒香幡蓋伎樂[illegible]燈油燈
諸香油燈蘇摩那華[illegible]婆師
迦華油燈優鉢羅華[illegible]千種供
養者睪帝汝等及眷[illegible]是法師
説是陁羅尼品時六万[illegible]法忍
妙法蓮華經妙莊嚴王本事品
尒時佛告諸大衆乃[illegible]無邊不
可思議阿僧祇劫有佛[illegible]王華智
多陁阿伽度阿羅呵[illegible]名光明
莊嚴劫名憙見彼佛[illegible]莊嚴其
王夫人名曰淨德有[illegible]一名淨
眼是二子有大神[illegible]菩薩所
行之道所謂檀波羅蜜[illegible]羼提波
羅蜜毗梨耶波羅蜜禪波羅[illegible]波羅蜜
方便波羅蜜慈悲喜捨乃至三十七品助道

BD14816號　妙法蓮華經卷七　　（7–1）

莊嚴劫名憙見彼佛……嚴其
王夫人名曰淨德有……一名淨
眼是二子有大神……菩薩所
行之道所謂檀波羅……羼提波
羅蜜毗梨耶波羅蜜禪波羅……羅蜜
方便波羅蜜慈悲喜捨乃至三十七品助道
法皆悉明了通達又得菩薩淨三昧日星宿
三昧淨光三昧淨色三昧淨照明三昧長莊
嚴三昧大威德藏三昧於此三昧亦悉通達
尒時彼佛欲引導妙莊嚴王及愍念衆生故
說是法華經時淨藏淨眼二子到其母所合
十指爪掌白言願母往詣雲雷音宿王華智
佛所我等亦當侍從親近供養礼拜所以者
何此佛於一切天人衆中說法華經宜應聽
受母告子言汝父信受外道深著婆羅門法
汝等應往白父與共俱去淨藏淨眼合十指
爪掌白母我等是法王子而生此耶見家母
告子言汝等當憂念汝父爲現神變若得見
者心必清淨或聽我等往至佛所於是二子
念其父故踊在虛空高七多羅樹現種種神
變於虛空中行住坐卧身上出水身下出火
身下出水身上出火或現大身滿虛空中而
復現小小復現大於空中滅忽然在地入地
如水履水如地現如是等種種神變令其父
王心淨信解時父見子神力如是心大歡喜
得未曾有合掌向子言汝等師爲是誰誰之
弟子二子白言大王彼雲雷音宿王華智佛

復現小小復現大於空中滅忽然在地入地
如水履水如地現如是等種種神變令其父
王心淨信解時父見子神力如是心大歡喜
得未曾有合掌向子言汝等師爲是誰誰之
弟子二子白言大王彼雲雷音宿王華智佛
今在七寶菩提樹下法座上坐於一切世間
天人衆中廣說法華經是我等師我是弟子
父語子言我今亦欲見汝等師可共俱往於
是二子從空中下到其母所合掌白母父王
今已信解堪任發阿耨多羅三藐三菩提心
我等爲父已作佛事願母見聽於彼佛所出
家修道尒時二子欲重宣其意以偈白母
願母放我等　出家作沙門　諸佛甚難值　我等隨佛學
如優曇鉢華　值佛復難是　脫諸難亦難　願聽我出家
母即告言聽汝出家所以者何佛難值故於
是二子白父母言善哉父母願時往詣雲雷
音宿王華智佛所親近供養所以者何佛難
得值如優曇鉢羅華又如一眼之龜值浮木
孔而我等宿福深厚生值佛法是故父母當
聽我等令得出家所以者何諸佛難值時亦
難遇彼時妙莊嚴王後宮八万四千人皆悉
堪任受持是法華經淨眼菩薩於法華三昧
久已通達淨藏菩薩已於无量百千万億劫
通達離諸惡趣三昧欲令一切衆生離諸惡
趣故其王夫人得諸佛集三昧能知諸佛秘
密之藏二子如是以方便力善化其父令心
信解好樂佛法於是妙莊嚴王與群臣眷屬

堪任受持是法華經淨眼菩薩於法華三昧
久已通達淨藏菩薩已於无量百千万億劫
通達離諸惡趣三昧欲令一切衆生離諸惡
趣故其王夫人得諸佛集三昧能知諸佛秘
密之藏二子如是以方便力善化其父令心
信解好樂佛法於是妙莊嚴王與群臣眷屬
俱淨德夫人與後宮婇女眷屬俱其王二子
與四万二千人俱一時共詣佛所到已頭面
礼足遶佛三帀却住一面尒時彼佛為王說
法示教利喜王大歡悅尒時妙莊嚴王及其
夫人解頸真珠瓔珞價直百千以散佛上於
虛空中化成四柱寶臺臺中有大寶牀敷百
千万天衣其上有佛結加趺坐放大光明尒
時妙莊嚴王作是念佛身希有端嚴殊特成
就第一微妙之色時雲雷音宿王華智佛告
四衆言汝等見是妙莊嚴王於我前合掌立
不此王於我法中作比丘精勤脩習助佛道
法當得作佛号娑羅樹王國名大光劫名大
高王其娑羅樹王佛有无量菩薩衆及无量
聲聞其國平正功德如是其王即時以國付
弟與夫人二子并諸眷屬於佛法中出家脩
道王出家已於八万四千歲常勤精進脩行
妙法華經過是已後得一切淨功德莊嚴三
昧即昇虛空高七多羅樹而白佛言世尊此
我二子已作佛事以神通變化轉我邪心令
得安住於佛法中得見世尊此二子者是我
善知識為欲發起宿世善根饒益我故來生

BD14816號　妙法蓮華經卷七　（7–4）

妙法華經過是已後得一切淨功德莊嚴三
昧即昇虛空高七多羅樹而白佛言世尊此
我二子已作佛事以神通變化轉我邪心令
得安住於佛法中得見世尊此二子者是我
善知識為欲發起宿世善根饒益我故來生
我家尒時雲雷音宿王華智佛告妙莊嚴王
言如是如是如汝所言若善男子善女人種
善根故世世得善知識其善知識能作佛事
示教利喜令入阿耨多羅三藐三菩提大王
當知善知識者是大因緣所謂化導令得見
佛發阿耨多羅三藐三菩提心大王汝見此
二子不此二子已曾供養六十五百千万億
那由他恒河沙諸佛親近恭敬於諸佛所受
持法華經愍念邪見衆生令住正見妙莊嚴
王即從虛空中下而白佛言世尊如來甚希
有以功德智慧故頂上肉髻光明顯照其眼
長廣而紺青色眉間毫相白如珂月齒白齊
密常有光明脣色赤好如頻婆菓尒時妙莊
嚴王讚歎佛如是等无量百千万億功德已
於如來前一心合掌復白佛言世尊未曾有
也如來之法具足成就不可思議微妙功德
教戒所行安隱快善我從今日不復自隨心
行不生邪見憍慢瞋恚諸惡之心說是語已
礼佛而去
佛告大衆於意云何妙莊嚴王豈異人乎今
華德菩薩是其淨德夫人今佛前光照莊嚴
相菩薩是哀愍妙莊嚴王及諸眷屬故於彼

BD14816號　妙法蓮華經卷七　（7–5）

礼佛而去
佛告大衆於意云何妙荘嚴王豈異人乎今
華德菩薩是其淨德夫人今佛前光照荘嚴
相菩薩是哀愍妙荘嚴王及諸眷屬故於彼
中生其二子者今藥王菩薩藥上菩薩是是
藥王藥上菩薩成就如此諸大功德已於无
量百千万億諸佛所殖衆德本成就不可思
議諸善功德若有人識是二菩薩名字者一
切世間諸天人民亦應礼拜佛說是妙荘嚴
王本事品時八万四千人遠塵離垢於諸法
中得法眼淨

妙法蓮華經普賢菩薩勸發品第廿八

尒時普賢菩薩以自在神通力威德名聞與
大菩薩无量无邊不可稱數從東方来所經
諸國普皆震動雨寶蓮華作无量百千万億
種種伎樂又與无數諸天龍夜叉乹闥婆阿
脩羅迦樓羅緊那羅摩睺羅伽人非人等大
衆圍繞各現威德神通之力到娑婆世界耆
闍崛山中頭面礼釋迦牟尼佛右繞七帀白
佛言世尊我於寶威德上王佛國遥聞此娑婆
世界說法華經與无量无邊百千万億諸菩
薩衆共来聽受唯願世尊當為說之若善男
子善女人於如来滅後云何能得是法華經
佛告普賢菩薩若有善男子善女人能成就四法
於如来滅後當得是法華經一者為諸佛護
念二者殖衆德本三者入正定聚四者發救
一切衆生之心善男子善女人如是成就四

BD14816號　妙法蓮華經卷七　（7–6）

衆圍繞各現威德神通之力到娑婆世界耆
闍崛山中頭面礼釋迦牟尼佛右繞七帀白
佛言世尊我於寶威德上王佛國遥聞此娑婆
世界說法華經與无量无邊百千万億諸菩
薩衆共来聽受唯願世尊當為說之若善男
子善女人於如来滅後云何能得是法華經
佛告普賢菩薩若有善男子善女人能成就四法
於如来滅後當得是法華經一者為諸佛護
念二者殖衆德本三者入正定聚四者發救
一切衆生之心善男子善女人如是成就四
法於如来滅後必得是經尒時普賢菩薩白
佛言世尊於後五百歳濁惡世中其有受持
是經典者我當守護除其衰患令得安隱使
无伺求得其便者若魔若魔子若魔女若魔
民若為魔所著者若夜叉若羅刹若鳩槃荼
若毗舍闍若吉蔗若富單那若韋陀羅等諸
惱人者皆不得便是人若行若立讀誦此經
我尒時乘六牙白象王與大菩薩衆俱詣其
所而自現身供養守護安慰其心亦為供養
法華經故是人若坐思惟此經尒時我復乘
白象王現其人前其人若於法華經有所忘
失一句一偈我當教之與共讀誦還令通利

BD14816號　妙法蓮華經卷七　（7–7）

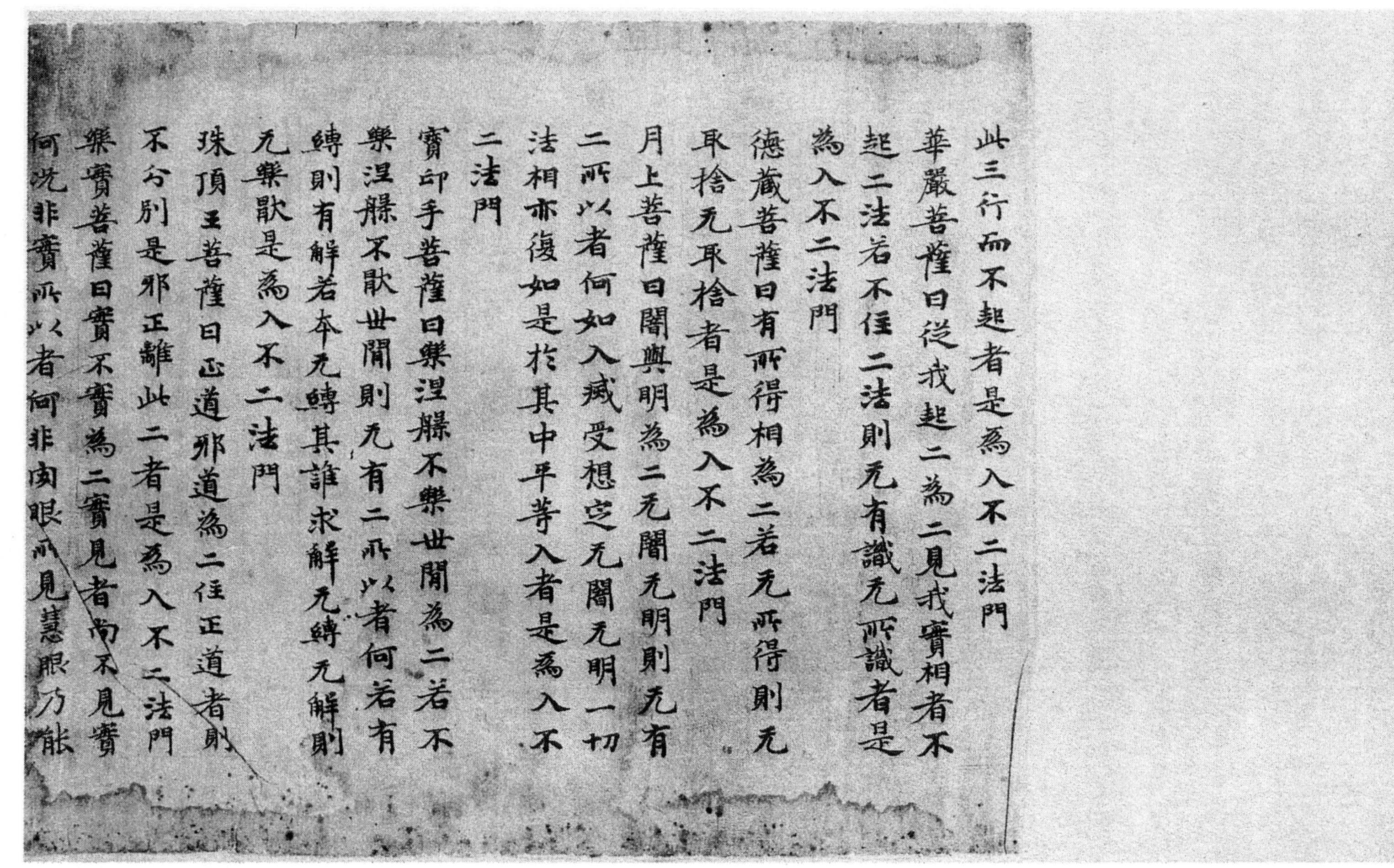
此三行而不起者是為入不二法門
華嚴菩薩曰從我起二為二見我實相者不
起二法若不住二法則无有識无所識者是
為入不二法門
德藏菩薩曰有所得相為二若无所得則无
取捨无取捨者是為入不二法門
月上菩薩曰闇與明為二无闇无明則无有
二所以者何如入滅受想定无闇无明一切
法相亦復如是於其中平等入者是為入不
二法門
寶印手菩薩曰樂涅槃不樂世間為二若不
樂涅槃不猒世間則无有二所以者何若有
縛則有解若本无縛其誰求解无縛无解則
无樂猒是為入不二法門
珠頂王菩薩曰正道邪道為二住正道者則
不分別是邪正離此二者是為入不二法門
樂實菩薩曰實不實為二實見者尚不見實
何況非實所以者何非肉眼所見慧眼乃能

BD14817號　維摩詰所說經卷中　（2–1）

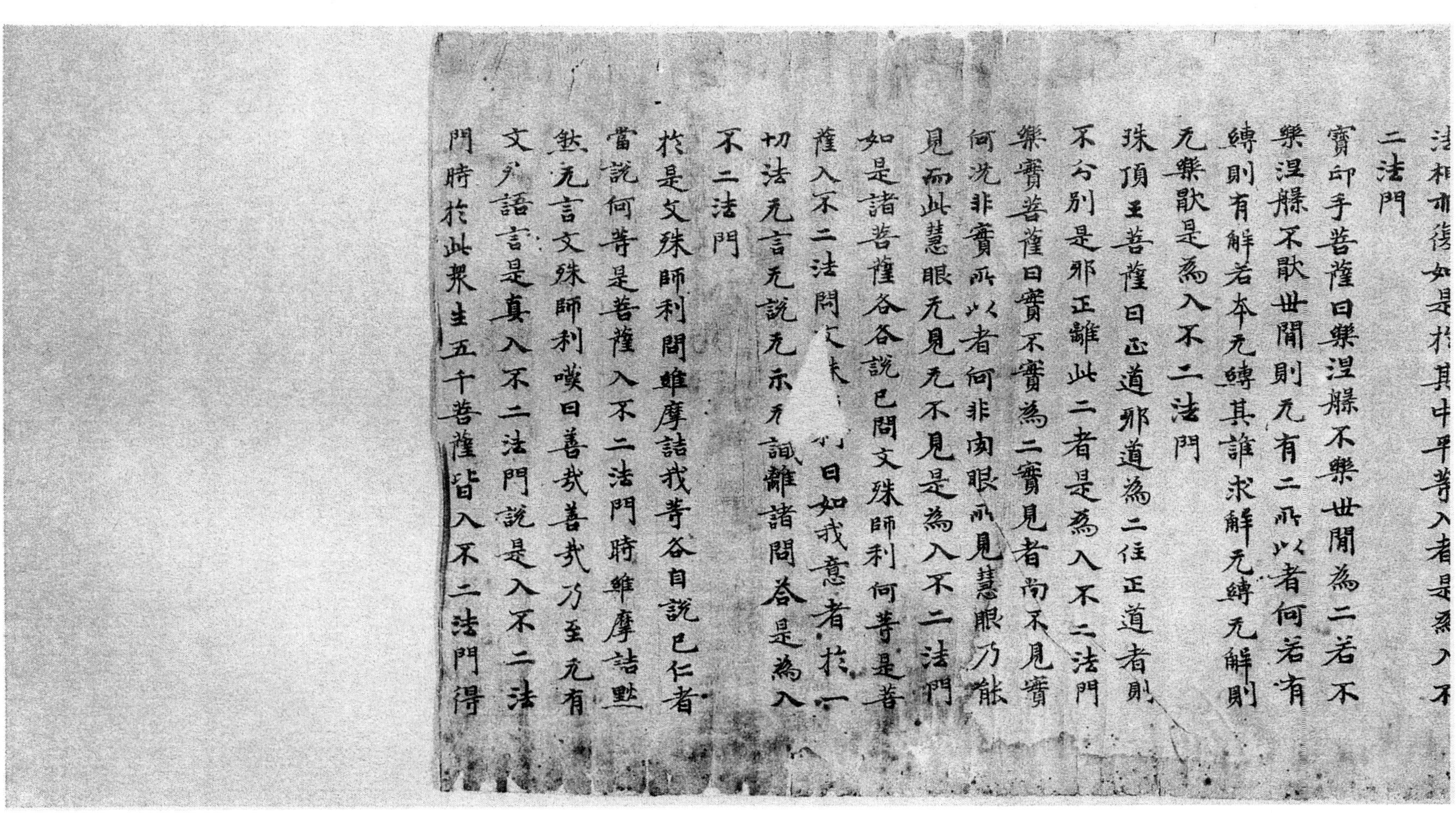
法相亦復如是於其中平等入者是為入不
二法門
寶印手菩薩曰樂涅槃不樂世間為二若不
樂涅槃不猒世間則无有二所以者何若有
縛則有解若本无縛其誰求解无縛无解則
无樂猒是為入不二法門
珠頂王菩薩曰正道邪道為二住正道者則
不分別是邪正離此二者是為入不二法門
樂實菩薩曰實不實為二實見者尚不見實
何況非實所以者何非肉眼所見慧眼乃能
見而此慧眼无見无不見是為入不二法門
如是諸菩薩各各說已問文殊師利何等是菩
薩入不二法門文殊師利曰如我意者於一
切法无言无說无示无識離諸問答是為入
不二法門
於是文殊師利問維摩詰我等各自說已仁者
當說何等是菩薩入不二法門時維摩詰默
然无言文殊師利歎曰善哉善哉乃至无有
文字語言是真入不二法門說是入不二法
門時於此衆生五千菩薩皆入不二法門得

BD14817號　維摩詰所說經卷中　（2–2）

自在菩薩行深般若波羅蜜多時照見五
蘊皆空度一切苦厄舍利子色不異空空不異
色色即是空空即是色受想行識亦復如是
舍利子是諸法空相不生不滅不垢不淨不增
不減是故空中无色无受想行識无眼耳鼻舌
身意无色聲香味觸法无眼界乃至无意識
界无无明亦无无明盡乃至无老死亦无老死
盡无苦集滅道无智亦无德已无所得故菩
提薩埵依般若波羅蜜多故心无罣礙无罣
礙无有恐怖遠離顛倒夢想究竟涅槃三
世諸佛依般若波羅蜜多故得阿耨多羅三
藐三菩提故知般若波羅蜜多是大神呪
是大明呪是无上呪是无等等呪能除一切
苦真實不虛故說般若波羅蜜多呪即說
呪曰

BD14818 號　般若波羅蜜多心經　（2–1）

盡无苦集滅道无智亦无德已无所得故菩
提薩埵依般若波羅蜜多故心无罣礙无罣
礙无有恐怖遠離顛倒夢想究竟涅槃三
世諸佛依般若波羅蜜多故得阿耨多羅三
藐三菩提故知般若波羅蜜多是大神呪
是大明呪是无上呪是无等等呪能除一切
苦真實不虛故說般若波羅蜜多呪即說
呪曰
揭諦揭諦　波羅揭諦　波羅僧揭諦　菩提薩婆訶
蜜多心經
比丘僧宗泰爲師僧父母法界衆生敬寫

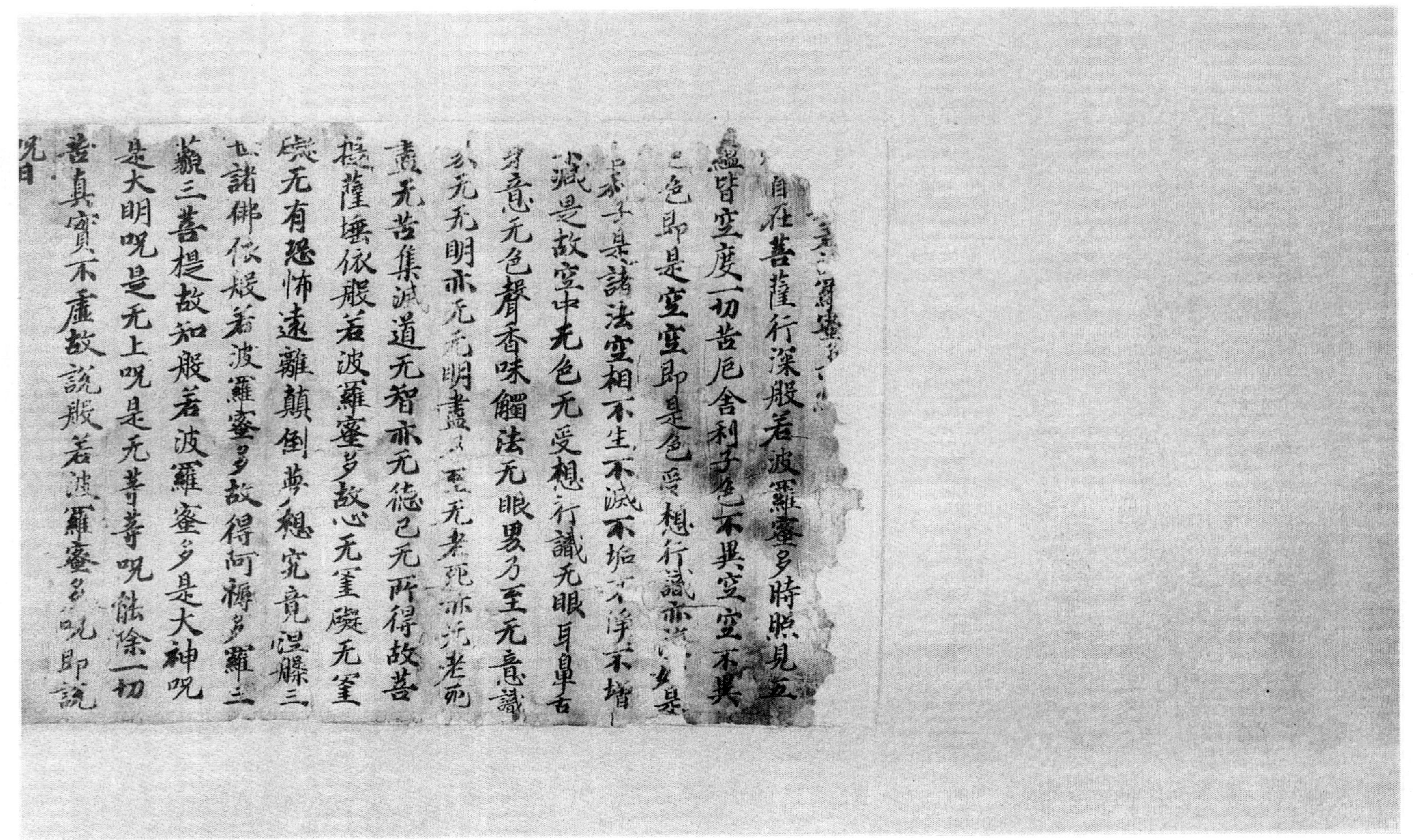

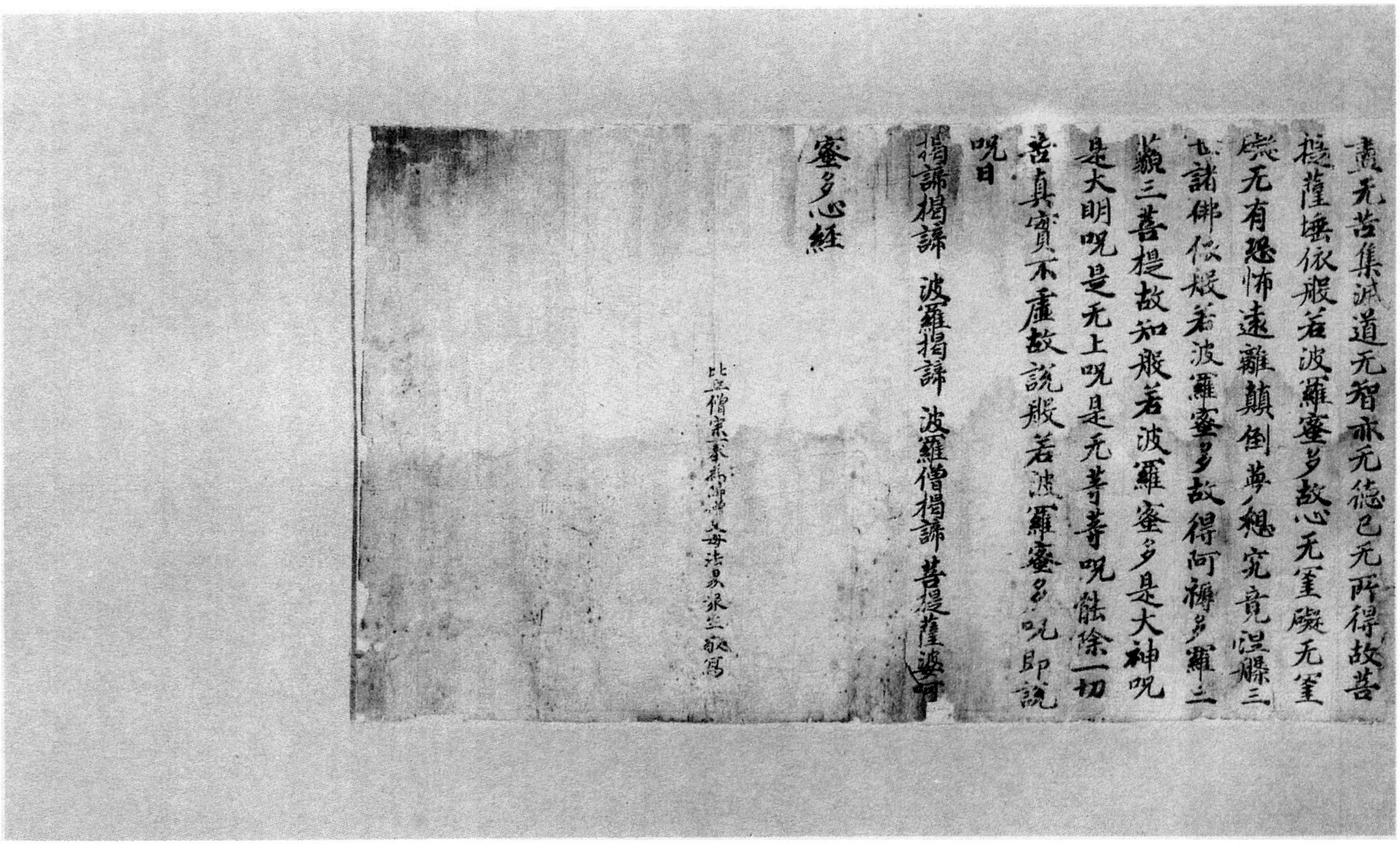

BD14818 號　般若波羅蜜多心經　（2–2）

来若去若坐若卧是人不解我所說義何
以故如来者无所從来亦无所去故名如来
須菩提若善男子善女人以三千大千世界
碎為微塵於意云何是微塵衆寧為多不
甚多世尊何以故若是微塵衆實有者佛
則不說是微塵衆所以者何佛說微塵衆則
非微塵衆是名微塵衆世尊如来所說三
千大千世界是名世界何以故若世界實有
者則是一合相如来說一合相則非一合相是名
一合相須菩提一合相者則是不可說但凡夫
之人貪着其事
須菩提若人言佛說我見人見衆生見壽者
見須菩提於意云何是人解我所說義不
不也世尊是人不解如来所義何以故世尊
說我見人見衆生見壽者見即非我見人見
衆生見壽者見是名我見人見衆生見壽

BD14819 號　金剛般若波羅蜜經　（2–1）

則不說是微塵衆所以者何佛說微塵衆則
非微塵衆是名微塵衆世尊如来所說三
千大千世界是名世界何以故若世界實有
者則是一合相如来說一合相則非一合相是名
一合相須菩提一合相者則是不可說但凡夫
之人貪着其事
須菩提若人言佛說我見人見衆生見壽者
見須菩提於意云何是人解我所說義不
不也世尊是人不解如来所義何以故世尊
說我見人見衆生見壽者見即非我見人見
衆生見壽者見是名我見人見衆生見壽
者須菩提發阿耨多羅三藐三菩提心者
於一切法應如是知如是見如是信解不生
法相須菩提所言法相者如来說即非法
相是名法相須菩提若有人以滿无量阿僧
祇世界七寶持用布施若有善男子善女
人發菩薩心者持於此經乃至四句偈等受
持讀誦為人演說其福勝彼云何為人演說
不取於相如如不動何以故
一切有為法　如夢幻泡影　如露亦如電　應作如是觀
佛說是經已長老須菩提及諸比丘比丘
尼優婆塞優婆夷一切世間天人阿脩羅聞
佛所說皆大歡喜信受奉行

BD14819 號　金剛般若波羅蜜經　（2–2）

菩薩摩訶薩安住此中造作諸業由業勢力隨
轉諸趣亦无是處是菩薩摩訶薩雖住如
諸行聚中作諸有情利益安樂而不得幻
諸有情是菩薩摩訶薩於如是事无所[illegible]
成熟有情嚴淨佛土常无懈廢如是善[illegible]
菩薩摩訶薩行深般若波羅蜜多疾能
滿无相靜慮波羅蜜多由此靜慮波羅
多得圓滿故便能圓滿一切佛法因斯證得
智智窮未來際轉妙法輪利樂有情常无
斷如是所轉无上法輪雖有所為而无所
能說所說无自性故
復次善現諸菩薩摩訶薩行深般若波羅
多時安住如夢如響如像如光影如陽焰如
幻如化如尋香城五取蘊中圓滿般若波羅
蜜多是菩薩摩訶薩如實了知一切法性如
夢乃至如尋香城都无真實便能圓滿无相
般若波羅蜜多具壽善現便白佛言云何菩

BD14820號　大般若波羅蜜多經卷五三〇　（2-1）

滿无相靜慮波羅蜜多由此靜慮波羅
多得圓滿故便能圓滿一切佛法因斯證得
智智窮未來際轉妙法輪利樂有情常无
斷如是所轉无上法輪雖有所為而无所
能說所說无自性故
復次善現諸菩薩摩訶薩行深般若波羅
多時安住如夢如響如像如光影如陽焰如
幻如化如尋香城五取蘊中圓滿般若波羅
蜜多是菩薩摩訶薩如實了知一切法性如
夢乃至如尋香城都无真實便能圓滿无相
般若波羅蜜多具壽善現便白佛言云何菩
薩摩訶薩行深般若波羅蜜多時如實了知
一切法性如夢乃至如尋香城佛告善現諸
菩薩摩訶薩行深般若波羅蜜多時不見夢
不見見夢者不聞響不見聞響者不見像不
見見像者不見光影不見見光影者不見陽
焰不見見陽焰者不見幻不見見幻者不見
化不見見化者不見尋香城不見見尋香城
者所以者何夢見夢者乃至尋香城見尋香
城者皆是愚夫異生顛倒之所執著諸阿羅
漢獨覺菩薩及諸如來皆不[illegible]夢及見夢者

BD14820號　大般若波羅蜜多經卷五三〇　（2-2）

BD14820 號背　勘記　　（1–1）

師利白佛言世尊是菩薩種何善本脩何功
德而能有是大神通力行何三昧願為我等
說是三昧名字我等亦欲勤脩行之行此三
昧乃能見是菩薩色相大小威儀進止唯願
世尊以神通力彼菩薩來令我得見尒時釋
迦牟尼佛告文殊師利此久滅度多寶如來
當為汝等而現其相時多寶佛告彼菩薩善
男子來文殊師利法王子欲見汝身于時妙
音菩薩於彼國沒與八万四千菩薩俱共發
來所經諸國六種震動皆悉雨於七寶蓮華
百千天樂不鼓自鳴是菩薩目如廣大青蓮
華葉正使和合百千万月其面貌端正復過
於此身真金色无量百千功德莊嚴威德熾
盛光明照曜諸相具足如那羅延堅固之身
入七寶臺上昇虛空去地七多羅樹諸菩薩

BD14821 號　妙法蓮華經卷七　　（1–1）

佛說阿弥陁經

BD14822 號背　護首　　（1–1）

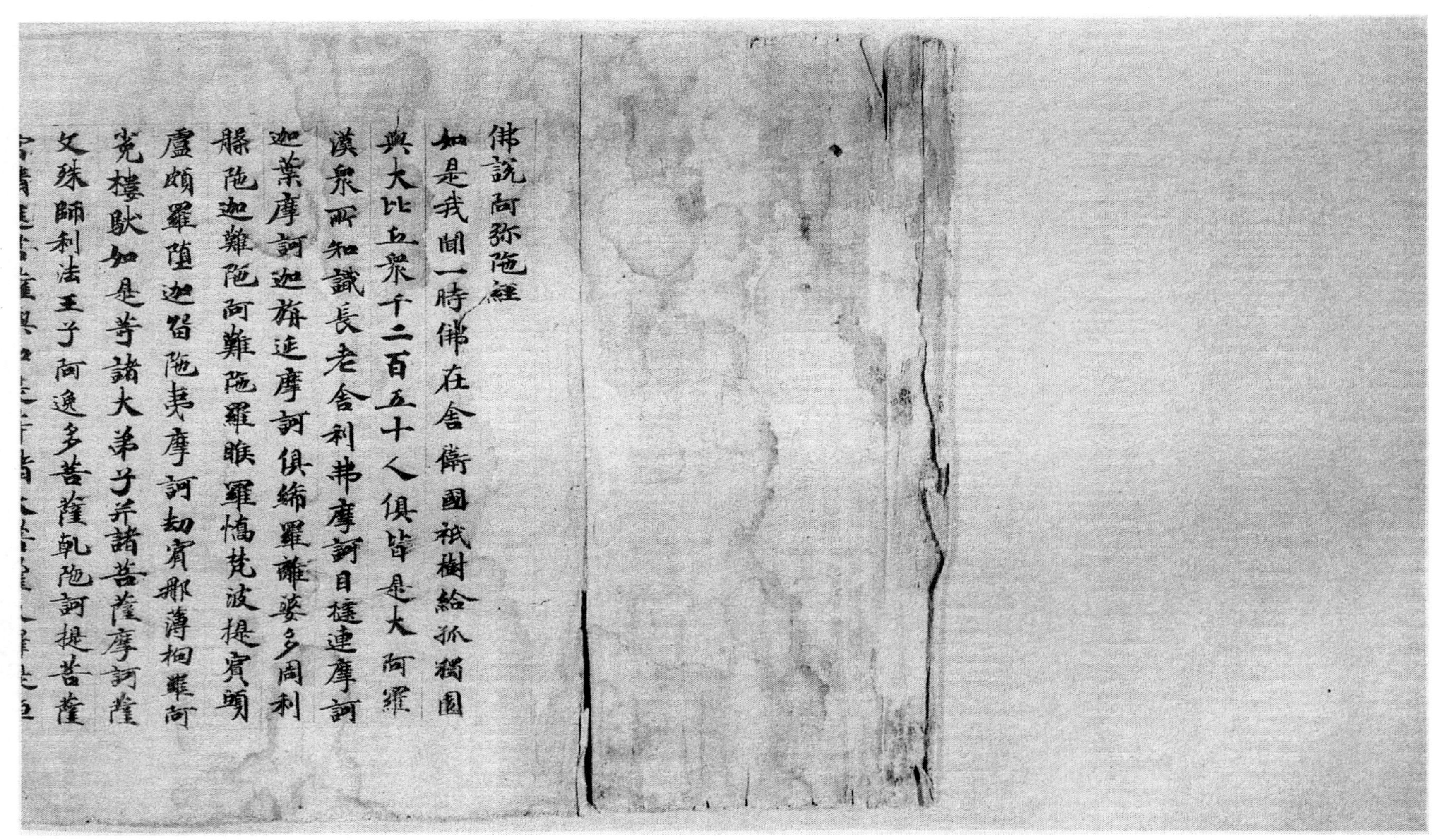
佛說阿弥陁經
如是我聞一時佛在舍衛國祇樹給孤獨園
與大比丘衆千二百五十人俱皆是大阿羅
漢衆所知識長老舍利弗摩訶目揵連摩訶
迦葉摩訶迦旃延摩訶俱絺羅離婆多周利
槃陁迦難陁阿難陁羅睺羅憍梵波提賓頭
盧頗羅墮迦留陁夷摩訶劫賓那薄拘羅阿
㝹樓馱如是等諸大弟子并諸菩薩摩訶薩
文殊師利法王子阿逸多菩薩乾陁訶提菩薩

BD14822 號　阿彌陀經　　（2–1）

佛說阿弥陁經
如是我聞一時佛在舍衛國祇樹給孤獨園
與大比丘衆千二百五十人俱皆是大阿羅
漢衆所知識長老舍利弗摩訶目揵連摩訶
迦葉摩訶迦旃延摩訶俱絺羅離婆多周利
槃陁迦難陁阿難陁羅睺羅憍梵波提賓頭
盧頗羅墮迦留陁夷摩訶劫賓那薄拘羅阿
㝹樓馱如是等諸大弟子并諸菩薩摩訶薩
文殊師利法王子阿逸多菩薩乾陁訶提菩薩
常精進菩薩與如是等諸大菩薩及釋提桓
因等无量諸天大衆俱
尒時佛告長老舍利弗從是西方過十万億
佛土有世界名曰極樂其土有佛号阿弥陁
今現在說法舍利弗彼土何故名為極樂其
國衆生无有衆苦但受諸樂故名極樂又舍
利弗極樂國土七重欄楯七重羅網七重行
樹皆是四寶周帀圍繞是故彼國名曰極樂
又舍利弗極樂國土有七寶池八功德水充
滿其中池底純以金沙布地四邊階道金銀
琉璃頗梨合成上有樓閣亦以金銀瑠璃頗
梨車𤦲赤珠馬瑙而嚴飾之池中蓮華大如
車輪青色青光黃色黃光赤色赤光白色
白光微妙香潔舍利弗極樂國土成就如是功

BD14822 號　阿彌陀經　（2–2）

多羅三藐三菩提心
一切衆生滅度一切衆
實滅度者何以故若卄
相壽者相則非菩薩所以者何須
有法發阿耨多羅三藐三菩提者須卄
意云何如来於然燈佛所有法得阿耨多羅
三藐三菩提不不也世尊如我解佛所說義
佛於然燈佛所无有法得阿耨多羅三藐三
菩提佛言如是如是須菩提實无有法如来
得阿耨多羅三藐三菩提須菩提若有法如
来得阿耨多羅三藐三菩提者然燈佛則不
與我受記汝於来世當得作佛号釋迦牟尼
以實无有法得阿耨多羅三藐三菩提是故
然燈佛與我受記作是言汝於来世當得作
佛号釋迦牟尼何以故如来者即諸法如義
若有人言如来得阿耨多羅三藐三菩提須

BD14823 號　金剛般若波羅蜜經　（7–1）

得阿耨多羅三藐三菩提須菩提若有法如
来得阿耨多羅三藐三菩提者然燈佛則不
與我受記汝於来世當得作佛号釋迦牟尼
以實无有法得阿耨多羅三藐三菩提是故
然燈佛與我受記作是言汝於来世當得作
佛号釋迦牟尼何以故如来者即諸法如義
若有人言如来得阿耨多羅三藐三菩提須
菩提實无有法佛得阿耨多羅三藐三菩提
須菩提如来所得阿耨多羅三藐三菩提於
是中无實无虛是故如来說一切法皆是佛
法須菩提所言一切法者即非一切法是故
名一切法須菩提譬如人身長大須菩提言
世尊如来說人身長大則為非大身是名大身
須菩提菩薩亦如是若作是言我當滅度
无量衆生則不名菩薩何以故須菩提實无
有法名為菩薩是故佛說一切法无我无人
无衆生无壽者須菩提若菩薩作是言我當
莊嚴佛土是不名菩薩何以故如来說莊嚴
佛土者即非莊嚴是名莊嚴須菩提若菩薩通
達无我法者如来說名真是菩薩
須菩提於意云何如来有肉眼不如是世尊
如来有肉眼須菩提於意云何如来有天眼
不如是世尊如来有天眼須菩提於意云何
如来有慧眼不如是世尊如来有慧眼須菩
提於意云何如来有法眼不如是世尊如来
有法眼須菩提於意云何如来有佛眼不如
是世尊如来有佛眼須菩提於意云何恒河
中所有沙佛說是沙不如是世尊如来說是

BD14823號　金剛般若波羅蜜經　（7–2）

如来有慧眼不如是世尊如来有慧眼須菩
提於意云何如来有法眼不如是世尊如来
有法眼須菩提於意云何如来有佛眼不如
是世尊如来有佛眼須菩提於意云何恒河
中所有沙佛說是沙不如是世尊如来說是
沙須菩提於意云何如一恒河中所有沙有
如是等恒河是諸恒河所有沙數佛世界如
是寧為多不甚多世尊佛告須菩提尒所國
土中所有衆生若干種心如来悉知何以故
如来說諸心皆為非心是名為心所以者何須
菩提過去心不可得現在心不可得未来
心不可得須菩提於意云何若有人滿三千
大千世界七寶以用布施是人以是因緣得
福多不如是世尊此人以是因緣得福甚多
須菩提若福德有實如来不說得福德多
以福德无故如来說得福德多
須菩提於意云何佛可以具足色身見不不
也世尊如来不應以具足色身見何以故如
来說具足色身即非具足色身是名具足色
身須菩提於意云何如来可以具足諸相見
不不也世尊如来不應以具足諸相見何以
故如来說諸相具足即非具足是名諸相具
足須菩提汝勿謂如来作是念我當有所說
法莫作是念何以故若人言如来有所說法
即為謗佛不能解我所說故須菩提說法者
无法可說是名說法須菩提白佛言世尊佛
得阿耨多羅三藐三菩提為无所得耶如是
如是須菩提[illegible]

BD14823號　金剛般若波羅蜜經　（7–3）

法莫作是念何以故若人言如来有所說法
即為謗佛不能解我所說故須菩提說法者
无法可說是名說法須菩提白佛言世尊佛
得阿耨多羅三藐三菩提為无所得邪如是
如是須菩提我於阿耨多羅三藐三菩提乃
至无有少法可得是名阿耨多羅三藐三菩
提復次須菩提是法平等无有高下是名阿
耨多羅三藐三菩提以无我无人无衆生无
壽者脩一切善法則得阿耨多羅三藐三菩
提須菩提所言善法者如来說非善法是名
善法須菩提若三千大千世界中所有諸須
弥山王如是等七寶聚有人持用布施若人
以此般若波羅蜜經乃至四句偈等受持讀
誦為他人說於前福德百分不及一百千万億
分乃至筭數譬喻所不能及
須菩提於意云何汝等勿謂如来作是念
我當度衆生須菩提莫作是念何以故實无有
衆生如来度者若有衆生如来度者如来則
有我人衆生壽者須菩提如来說有我者則
非有我而凡夫之人以為有我須菩提凡夫
者如来說則非凡夫須菩提於意云何可以
卅二相觀如来不須菩提言如是如是以卅
二相觀如来佛言須菩提若以卅二相觀如
来者轉輪聖王則是如来須菩提白佛言世
尊如我解佛所說義不應以卅二相觀如来
尒時世尊而說偈言
若以色見我 以音聲求我 是人行邪道 不能見如来

BD14823號　金剛般若波羅蜜經　（7–4）

来者轉輪聖王則是如来須菩提白佛言世
尊如我解佛所說義不應以卅二相觀如来
尒時世尊而說偈言
若以色見我 以音聲求我 是人行邪道 不能見如来
須菩提汝若作是念如来不以具足相故得
阿耨多羅三藐三菩提須菩提莫作是念如
来不以具足相故得阿耨多羅三藐三菩提
須菩提汝若作是念發阿耨多羅三藐三菩
提者說諸法斷滅相莫作是念何以故發阿
耨多羅三藐三菩提者於法不說斷滅相須
菩提若菩薩以滿恒河沙等世界七寶布施
若復有人知一切法无我得成於忍此菩薩
勝前菩薩所得功德須菩提以諸菩薩不受
福德故須菩提白佛言世尊云何菩薩不受
福德須菩提菩薩所作福德不應貪著是故
說不受福德須菩提若有人言如来若来若
去若坐若卧是人不解我說義何以故如
来者无所從来亦无所去故名如来
須菩提若善男子善女人以三千大千世界
碎為微塵於意云何是微塵衆寧為多不甚
多世尊何以故若是微塵衆實有者佛則不
說是微塵衆所以者何佛說微塵衆則非微
塵衆是名微塵衆世尊如来所說三千大千
世界則非世界是名世界何以故若世界實
有者則是一合相如来說一合相則非一合
相是名一合相須菩提一合相者則是不可
說但凡夫之人貪著其事須菩提若人言佛

BD14823號　金剛般若波羅蜜經　（7–5）

塵衆是名微塵衆世尊如來所說三千大千
世界則非世界是名世界何以故若世界實
有者則是一合相如來說一合相則非一合
相是名一合相須菩提一合相者則是不可
說但凡夫之人貪著其事須菩提若人言佛
說我見人見衆生見壽者見須菩提於意云
何是人解我所說義不世尊是人不解如來所
說義何以故世尊說我見人見衆生見壽
者見即非我見人見衆生見壽者見是名我
見人見衆生見壽者見須菩提發阿耨多羅
三藐三菩提心者於一切法應如是知如是
見如是信解不生法相須菩提所言法相者
如來說即非法相是名法相須菩提若有人
以滿无量阿僧祇世界七寶持用布施若有
善男子善女人發菩薩心者持於此經乃至
四句偈等受持讀誦為人演說其福勝彼云
何為人演說不取於相如如不動何以故
一切有為法　如夢幻泡影　如露亦如電　應作如是觀
佛說是經已長老須菩提及諸比丘比丘尼
優婆塞優婆夷一切世間天人阿脩羅聞佛
所說皆大歡喜信受奉行

金剛般若波羅蜜經

BD14823號　金剛般若波羅蜜經　（7–6）

善男子善女人發菩薩心者持於此經乃至
四句偈等受持讀誦為人演說其福勝彼云
何為人演說不取於相如如不動何以故
一切有為法　如夢幻泡影　如露亦如電　應作如是觀
佛說是經已長老須菩提及諸比丘比丘尼
優婆塞優婆夷一切世間天人阿脩羅聞佛
所說皆大歡喜信受奉行

金剛般若波羅蜜經

BD14823號　金剛般若波羅蜜經　（7–7）

佛言若復有人受佛淨戒遵奉明法不解罪
福唯知明經不及中義不能分別曉了中事
以自貢高恒懷憤及與世間衆魔從事更作
縛著不解行之惡著婦女恩愛之情口為說
空行在有中不能發覺復不自知但能論說
他人是非如此人輩皆當墮三惡道中聞我
說是藥師瑠璃光本願功德无不歡憙念欲
捨家行作沙門者也
佛言世間有人好自稱譽皆是貢高當墮三
惡道中後還為人牛馬奴婢生下賤中人當
乘其力負重而行困苦疲極亡失人身聞我
說是藥師瑠璃光如來本願功德者皆當一
心歡喜踊躍更作謙敬即得解脫衆苦之患
長得歡樂聰明智慧遠離惡道得生善處與
善知識共相值遇无復憂惱離諸魔縛
佛言世間愚癡人輩兩舌鬪諍惡口罵詈更
相嫌恨或說山神樹下鬼神日月之神南斗
北辰諸鬼神所作諸呪誓或作人名字或作
人形像或作符書以相厭禱呪咀言說聞我

BD14824 號　灌頂章句拔除過罪生死得度經　（12–1）

長得歡樂聰明智慧遠離惡道得生善處與
善知識共相值遇无復憂惱離諸魔縛
佛言世間愚癡人輩兩舌鬪諍惡口罵詈更
相嫌恨或說山神樹下鬼神日月之神南斗
北辰諸鬼神所作諸呪誓或作人名字或作
人形像或作符書以相厭禱呪咀言說聞我
說是藥師瑠璃光本願功德无不兩作和解
俱生慈心惡意悉滅各各歡喜无復惡念
佛言若四輩弟子比丘比丘尼清信士清信
女常脩月六齋年三長齋或晝夜精勤一心
苦行願欲往生西方阿弥陁佛國者憶念晝
夜若一日二日三日四日五日六日七日或
復十[illegible]聞我說是藥師瑠璃光佛如來本願
功德盡其壽命臨欲終之日有八菩薩皆當
飛往迎其精神不逕八難生蓮華中自然音
樂而相娛樂
佛言假使壽命自欲盡時臨終之日得聞我
說是瑠璃光佛本願功德者命終皆得上生
天上不復歷（逕）三惡道中天上福盡若下生人
間當為帝王家作子或生豪性長者居士富
貴家[illegible]當端政聰明智慧高才勇猛若是
女人化成男子无復憂惱苦患難者也
佛語文殊師利我稱譽願說藥師瑠璃光佛
至真等正覺本所脩集无量行願功德如是
文殊師利從坐而起長跪叉手白佛言世尊
佛去世後當以此法開化十方一切衆生使
其受持是經典若有男子女人愛樂是經受

BD14824 號　灌頂章句拔除過罪生死得度經　（12–2）

佛言文殊師利我昔曾聞說藥師瑠璃光佛
至真等正覺本所脩集无量行願功德如是
文殊師利從坐而起長跪叉手白佛言世尊
佛去世後當以此法開化十方一切衆生使
其受持是經典若有男子女人愛樂是經受
持讀誦宣通之者復能專念若一日二日三
日四日五日乃至七日憶念不忘能以好素
帛書耳是經五色雜綵作囊盛之者是時當
有天諸善神四天大王龍神八部常來營衛
愛敬此經能日日作礼是持經者不墮橫死
所在安隱惡氣消滅諸魔鬼神亦不中害佛
言如是如是如汝所說文殊師利言天尊所
說言无不善
佛言文殊若有善男子善女人等發心造立
藥師瑠璃光如來形像供養礼拜懸雜色幡
蓋燒香散華歌詠讚嘆圍繞百匝還本坐處
端坐思惟念藥師瑠璃光佛无量功德若有
男子女人七日七夜菜食長齋供養礼拜藥
師瑠璃光佛求心中所願者无不獲得求長
壽得長壽求富饒得富饒求安隱得安隱求
男女得男女求官位得官位若命過以後欲
生妙樂天上者亦當礼敬瑠璃光佛至真等
正覺若欲上生三十三天者亦當礼敬必得
往生天上若欲與明師世世相值者亦當礼
敬瑠璃光佛
佛告文殊若欲生十方妙樂國土者亦應礼
敬瑠璃光佛欲得生兜率天見弥勒佛者亦
應礼敬瑠璃光佛若欲遠諸耶道者亦當礼

BD14824 號　灌頂章句拔除過罪生死得度經　（12–3）

敬瑠璃光佛
佛告文殊若欲生十方妙樂國土者亦應礼
敬瑠璃光佛欲得生兜率天見弥勒佛者亦
應礼敬瑠璃光佛若欲遠諸耶道者亦當礼
敬瑠璃光佛若夜惡夢鳥鳴百怪蜚尸耶忤
魍魎鬼神之所嬈者亦當礼敬瑠璃光佛若
為水火之所焚漂者亦當礼敬瑠璃光佛若
入山谷為虎狼熊羆疾梨諸狩爲龍蚖虵蝮
蝎種種雜類若有惡心來相向者心中當存
念瑠璃光佛山中諸難不能為害若他方怨
賊偷竊惡人惡家債主欲來侵陵心當存念
瑠璃光佛則不為害以善男女礼敬瑠璃光
如來功德所致華報如是況果報也是故吾
今勸諸四輩弟子礼敬瑠璃光佛至真等正
覺
佛告文殊師利我但為汝略說瑠璃光佛礼
敬功德若使我廣說是瑠璃光佛无量功德
與一切人求心中所願者從一劫至一劫故
不周遍其世間人若有者床痩黃困篤惡病
連年累月不差者聞我說是瑠璃光佛名字
之時橫病之厄无不除愈唯除宿央不可請
耳
佛告文殊若善男子善女人受三自歸若五
戒若十戒若善信菩薩廿四戒若沙門二百
五十戒若比丘尼五百戒若菩薩戒若破是
諸戒若能至心一懺悔者復聞我說瑠璃光

BD14824 號　灌頂章句拔除過罪生死得度經　（12–4）

佛告文殊若善男子善女人受三自歸者五
戒若十戒若善信菩薩廿四戒若沙門二百
五十戒若比丘尼五百戒若菩薩戒若破是
諸戒若能至心一懺悔者復聞我說瑠璃光
佛終不墮三惡道中必得解脫若人愚癡不
受父母師友教誨不信佛不信經戒不信聖
僧應墮三惡道中者妄失人種受畜生身聞
我說是瑠璃光佛善願功德者即得解脫
佛告文殊世有惡人雖受佛禁戒卑事違犯
戒無无道偷竊他人財寶欺詐妄語婬他婦
女飲酒鬪亂兩舌惡口罵詈毀人犯戒為惡
復祠祀鬼神有如是過罪當墮地獄中若當
屠割若抱銅柱若鐵鉤出舌若洋銅灌口者
聞我說是藥師瑠璃光佛无不即得解脫者
佛告文殊其世間人豪貴下賤不信佛不信
經道不信沙門不信有須陁洹不信有斯陁
含不信有阿那含不信有阿羅漢不信有辟
支佛不信有十住菩薩不信有三世之事不
信有十方諸佛不信有本師釋迦文佛不信
人死神明更生善者受福惡者受殃有如是
之罪應墮三惡道聞我說是藥師瑠璃光佛
名字之者一切過罪自然消滅
佛告文殊若有善男子善女人聞我說是藥
師瑠璃光佛至真等正覺其雖不發无上正
真道意後皆當得作佛人居世間仕宦不遷
治生不得飢寒困厄亡失財產无復方計聞
我說是藥師瑠璃光佛各各得心中所願仕

BD14824 號　灌頂章句拔除過罪生死得度經　（12–5）

師瑠璃光佛至真等正覺其雖不發无上正
真道意後皆當得作佛人居世間仕宦不遷
治生不得飢寒困厄亡失財產无復方計聞
我說是藥師瑠璃光佛各各得心中所願仕
宦皆得高遷財物自然長益飲食充饒皆得
富貴若為縣官所拘錄惡人侵枉若為怨家
所得便者心當存念瑠璃光佛若他婦女生
產難者皆當念是瑠璃光佛兒則易生身體
平正无諸疾病六情完具聰明智慧壽命得
長不遭枉橫善神擁護不為惡鬼敓其頭也
佛說是語時阿難在右邊佛顧語阿難言汝
信我為文殊師利說往昔東方過十恒河沙
有佛名藥師瑠璃光如來本願功德者不阿
難白佛言唯唯天中天佛之所言何敢不信
耶佛復語阿難言世人雖有眼耳鼻舌身意
人常用是六事以自迷或信世間魔耶之言
不信至真至誠度世苦切之語是輩之人難
可開化阿難白佛言世尊世人多有惡逆下
賤之者若聞佛說經關人耳目破治人病除
人陰冥使覩光明解人疑結去人重罪千劫
万劫无復憂患皆因佛說是藥師瑠璃光本
願功德悉令安隱得其福也
佛言阿難汝口為言善而汝內心狐疑我言
阿難汝莫作是念以自毀敗佛言阿難我見
汝心我知汝意汝知之不阿難即以頭面著
地長跪白佛言審如天中天所說我違次聞
佛說是藥師瑠璃光極大尊貴智慧巍巍難

BD14824 號　灌頂章句拔除過罪生死得度經　（12–6）

佛言阿難汝口爲言善而汝内心狐疑我言
阿難汝莫作是念以自毀敗佛言阿難我見
汝心我知汝意汝知之不阿難即以頭面著
地長跪白佛言審如天中天所說我造次聞
佛說是藥師瑠璃光極大尊貴智慧巍巍難
可度量我心有小疑耳敢不首伏佛言汝智
慧尖劣少見少聞汝聞我說深妙之法无上
空義應生敬信貴重之心必當得至无上正
真道也
文殊聞佛言世尊佛說是藥師瑠璃光如来
无量功德如是不審誰肯信此言者佛荅文
殊言唯有百億諸菩薩摩訶薩當信是言耳
唯有十方三世諸佛當信是言
佛言我說是藥師瑠璃光如来本願功德難
可得見何況得聞亦難得說難得書寫亦難
得讀文殊師利言若有善男子善女人能信
是經受持讀誦書著竹帛復能爲他人解說
中義此皆先世以發道意今世復得聞此微妙
法開化十方无量衆生當知此人必當得至
无上正真道也
佛告阿難我作佛以来從生死復至生死勤
苦累劫无所不逕无所不歷无所不作无所
不爲如是不可思議无復瑠璃光佛本願功
德者乎汝所以有疑者亦復如是阿難汝聞
佛所說汝諦信之莫作疑或佛語至誠无有
虚僞亦无二言佛爲信者施不爲疑者說也
阿難汝莫作小疑以毀大乘之業汝却後亦

BD14824號　灌頂章句拔除過罪生死得度經　（12–7）

不爲如是不可思議无復瑠璃光佛本願功
德者乎汝所以有疑者亦復如是阿難汝聞
佛所說汝諦信之莫作疑或佛語至誠无有
虚僞亦无二言佛爲信者施不爲疑者說也
阿難汝莫作小疑以毀大乘之業汝却後亦
當發摩訶衍莫以小道毀汝功德也阿難言
唯唯天中天我從今日以去无復尒心唯佛
自當知我心耳
佛語阿難此經能照諸天宫殿若三灾起時
中有天人發心念此瑠璃光佛本願功德經
者皆得離於彼處之難是經能除水澇不調
是經能除他方逆賊悉今斷滅四方堯狄各
還正治不相嬈惱國土交通人民歡樂是經
能除穀貴飢涷是經能滅惡星變怪是經能
除疫毒之病是經能救三惡道苦地獄餓鬼
畜生等苦若人得聞此經典者无不解脫厄
難者也
尒時衆中有一菩薩名曰救脫從坐而起整
衣服叉手合掌而白佛言我等今日聞佛世
尊演說過去東方恒河沙世界有佛号瑠璃
光一切衆會靡不歡喜救脫菩薩又白佛言
若族姓男女其有尫羸者疾痛惱无救護者
我今當勸呼諸衆僧七日七夜齋戒一心受
持八禁六時行道卌九遍讀是經典勸然七
層之燈亦勸懸五色續命神幡阿難問救脫
菩薩言續命幡燈法則云何救脫菩薩語阿
難言神幡五色卌九尺燈亦復尒七層之燈

BD14824號　灌頂章句拔除過罪生死得度經　（12–8）

持八禁六時行道卌九遍讀是經典勸然七
層之燈亦勸懸五色續命神幡阿難問救脫
菩薩言續命幡燈法則云何救脫菩薩語阿
難言神幡五色卌九尺燈亦復尒七層之燈
一層七燈燈如車輪若遭厄難閉在牢獄枷
鏁着身亦應造立五色神幡然卌九燈應放
雜類衆生至卌九可得過度危厄之難不為
諸横惡鬼所持
救脫菩薩語阿難言若國王大臣及諸輔相
王子妃主宮中婇女若為病苦所惱亦當造
立五色繒幡然燈續明救諸生命散雜色華
燒衆名香王當放赦屈厄之人使鏁解脫王
得其福天下太平雨澤以時人民歡樂惡龍
攝毒无病苦者四方夷狄不生逆害國土通
洞慈心相向无諸惡害四海歌詠稱王之德
乘此福保在意所生見佛聞法信受教誨從
是福報至无上道
阿難又問救脫菩薩言命可續不救脫菩薩
答阿難言我聞世尊說有諸横勸造幡蓋命
其脩福又言阿難昔沙弥救蟻以脩福故盡
其壽命不延苦患身體安寧福德力強使之
然也阿難因復問救脫菩薩横有幾種世尊
說言横乃无數略而言之大横有九一者横
病二者横有口舌三者横遭縣官四者身羸
无福又持戒不完横為鬼神之所得便五者
横為劫賊所剥六者横為水火所焚漂七者
横為雜類禽獸所噉八者横為怨讎符書厭

說言横乃无數略而言之大横有九一者横
病二者横有口舌三者横遭縣官四者身羸
无福又持戒不完横為鬼神之所得便五者
横為劫賊所剥六者横為水火所焚漂七者
横為雜類禽獸所噉八者横為怨讎符書厭
禱耶神幸引未得其福但受其殃先亡幸引
亦名横死九者有病不治又不脩福湯藥不
慎針灸失度不值良醫為病所困於是滅亡
又信世間妖孽之師為作恐動寒熱言語妄
發禍福所犯者多心不自正不能自定卜問
覓禍殺猪狗牛羊種種衆生解奏神明呼諸
耶妖魍魎鬼神請乞福祚欲望長生終不能
得愚癡迷惑信耶倒見死入地獄展轉其中
无解脫時是名九横
救脫菩薩語阿難言其世間人瘦黃之病困
篤着床求生不得求死不得考楚万端此病
人者或其前世造作惡業罪過所招殃咎所
引使之然也救脫菩薩語阿難言閻羅王者
主領世間名籍之記若人為惡作諸非法无
孝順心造作五逆破滅三寶无君臣法又有
衆生不持五戒不信正法設有受者多所毀
犯於是地下鬼神及伺候者奏上五官五官
斷簡除死定生或註錄精神未判是非若已
定者奏上閻羅王閻羅監察隨罪輕重考而
治之世間瘦黃之病困篤不死一絶一生由
其罪福未得斷簡錄其精神在彼王所或七日
三七日乃至七七日名籍定者放其精神

定者奏上閻羅王閻羅監察隨罪輕重考而
治之世間疾黃之病困篤不死一絶一生由
其罪福未得斷簡錄其精神在彼王所或七日
三七日乃至七七日名籍定者放其精神
還其身中如從夢中見其善惡其人若明了
者信驗罪福是故我今勸諸四輩造續命神
幡然卌九燈放諸生命以此幡燈放生功德
拔彼精神令得離苦今世後世不遭厄難救
脫菩薩語阿難言如來世尊說是經典威神
功德利益不少坐中諸鬼神有十二神王從
坐而起往到佛所胡跪合掌前白佛言我等
十二鬼神在所作護若城邑聚落空閑林中
若四輩弟子誦持此經令所結願无求不得
阿難問言其名云何為我說之救脫菩薩言
灌頂章句其名如是
神名金毗羅　神名和耆羅　神名弥佉羅　神名安陀羅
神名摩尼羅　神名宋林羅　神名因持羅　神名波耶羅
神名摩休羅　神名真陀羅　神名照頭羅　神名毗伽羅
救脫菩薩語阿難言此諸鬼神別有七千以
為眷屬皆悉叉手低頭聽佛世尊說是瑠璃
光如來本願功德莫不一時捨鬼神形得受
人身長得度脫无衆惱患若人疾急厄難之
日當以五色縷結其名字得如願已然後解
結令人得福灌頂章句法應如是
佛說是經時比丘僧八千人諸菩薩三万六
千人俱諸天龍鬼神八部大王无不歡喜阿
難從坐而起前白佛言世尊演說此法當何

BD14824 號　灌頂章句拔除過罪生死得度經　（12–11）

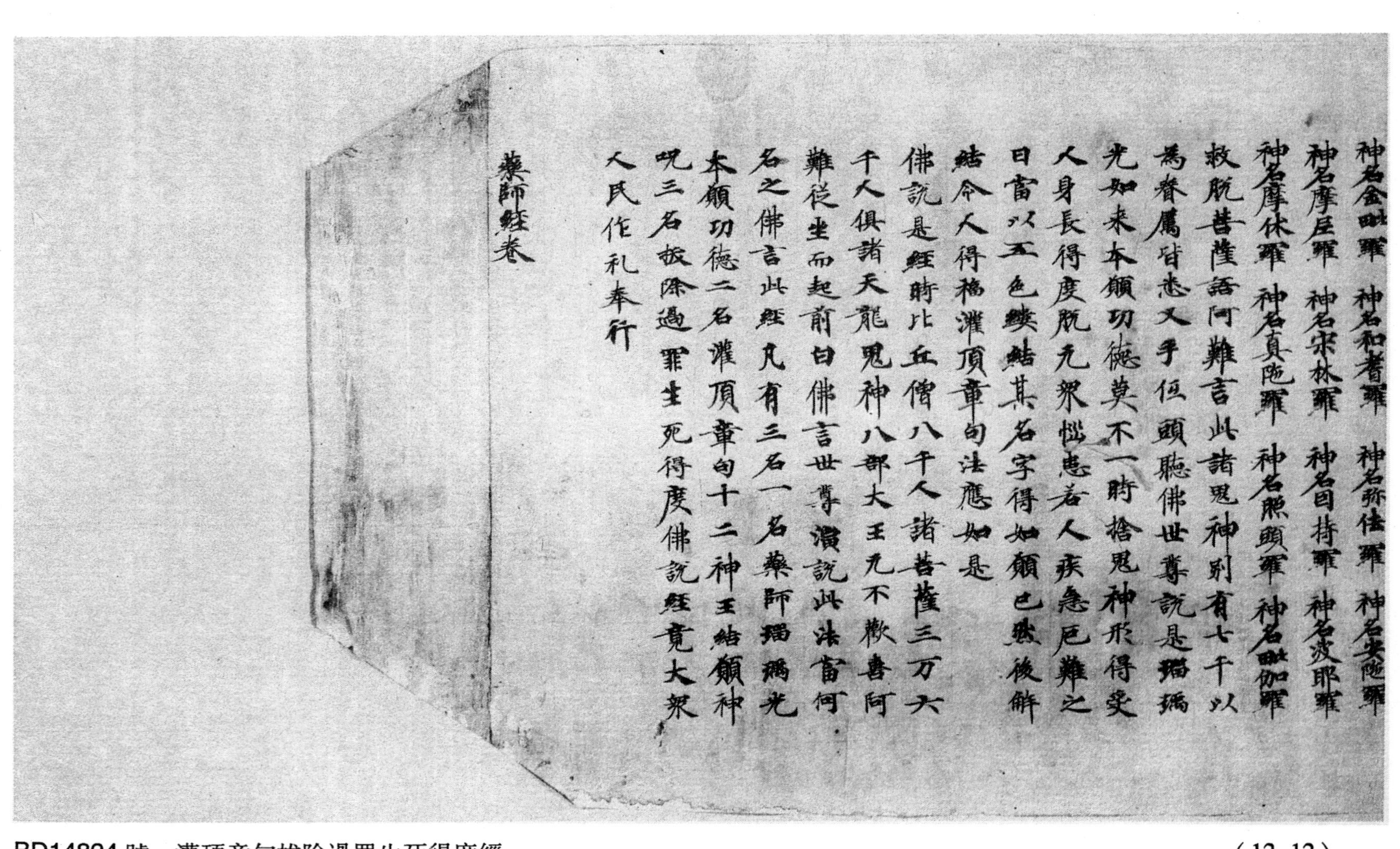
神名金毗羅　神名和耆羅　神名弥佉羅　神名安陀羅
神名摩尼羅　神名宋林羅　神名因持羅　神名波耶羅
神名摩休羅　神名真陀羅　神名照頭羅　神名毗伽羅
救脫菩薩語阿難言此諸鬼神別有七千以
為眷屬皆悉叉手低頭聽佛世尊說是瑠璃
光如來本願功德莫不一時捨鬼神形得受
人身長得度脫无衆惱患若人疾急厄難之
日當以五色縷結其名字得如願已然後解
結令人得福灌頂章句法應如是
佛說是經時比丘僧八千人諸菩薩三万六
千人俱諸天龍鬼神八部大王无不歡喜阿
難從坐而起前白佛言世尊演說此法當何
名之佛言此經凡有三名一名藥師瑠璃光
本願功德二名灌頂章句十二神王結願神
呪三名拔除過罪生死得度佛說經竟大衆
人民作礼奉行

藥師經卷

BD14824 號　灌頂章句拔除過罪生死得度經　（12–12）

BD14824 號背　勘記　（2–1）

BD14824 號背　勘記　（2–2）

BD14825 號　現代函套　　（88–1）

BD14825 號　現代函套　　（88–2）

BD14825 號 A　現代封面　（88–3）

得入聚洛也言離宿者文中十種界失衣法如文[illegible]阿蘭
若空處无界八樹中間來不失衣解有二種一解此是山林樹木叢
葉相連者取其八也一解正是空處无樹準以為限故言八樹也今依
師解多存有樹者僧祇在道行離衣宿前後跡去身皆廿五肘
來不失衣過則失衣空處阿若蘭處若在界畔過宿衣離身一寸
失衣半寸則不失何以然身勢不相及故尒若衣一角在身上不失十
誦在道行失衣跡中明卅九尋來不失衣彌沙塞律阿蘭若處若衣去
身七尺外失衣若有在道行去身七弓外失僧祇衣半在界外半在
內言可不對懷今檢十誦安衣都集井上則不失衣此明注來无尋䟫
今言失皆離宿失衣若依僧祇明去明來失衣闇去明來不失依四分
闇去明來失衣文言若至擲石所及處若手捉衣若捨衣此義云何

BD14825 號 AA　四分律疏（擬）　（88–4）

謝至擲石所及者此不稱攝衣界故至石所及處不失衣言手捉衣者
此稱攝衣界竟无擲石界亦可兩界畔際要手捉得免故言者手捉衣
不捨衣者此因緣不得來故〻遙捨文言衣以竟者三衣具足竟若離
宿得三罪故言衣竟今无衣實吉羅得遙捨衣兔波逸提貶賣亦應
得犯三衣兔无衣罪　　答不得捨衣者以輕代重貶賣衣作三衣亦代
重義云何不代无衣正實吉羅要不淨衣實吉羅故无代重世

一月衣戒依此律正言若得衣應即作若不爾聽一月遊无望宇依十誦
有月望名今依十誦故言月望云何名月望若得衣財不足若有望
處居士許施聽遊衣迳一月不犯長故言月望此為實比丘不作淨者
開若寫者不說淨者得即說亦不待此三衣具不任受用亦得望不具
望處亦得上望若望斷十日內得畜若過十日望斷即不得迳宿也故
言曰望若三衣俱故壞各有望處得並望下若衣財不同者得財尚

BD14825號AA　四分律疏（擬）　　（88-5）

者不得何以不得財同得并作使是故不得財別不可合作故得若
並望者一衣過者相須不　　答不相須何以不相須衣財各別故
答自有望處故不相須若爾云何文言若同衣不同衣盡尼薩耆
答曰文言盡尼薩耆者正以長衣不同者相須不妨衣財各別不須
問曰若得衣迳五日望處得作月望衣畜不　　答不得何以不得文
言月望衣今以得衣迳五日无有一月云何得為月望文一解但使衣

未過十日來得者有望處皆得作月望何以故得今開十日通作月
望根本故得作月望也若望處未斷更有異財犯長須此不
答不須何以不須此財體別故不為長衣所須也若爾斷望犯長不
答犯長何以犯長有望是衣財斷望不成衣即有長過故犯長
既犯長亦即須於餘不滿十日財全長何以並同是長過故爾故何以
知文言若過一月若斷若不割截簪縫同衣不同盡尼薩耆故

BD14825號AA　四分律疏（擬）　　（88-6）

知同犯相染也若同活人共有未過十日衣此一月衣長過染同活人財不
答相染若尒云何初立義言一人犯餘言一人犯時无同活人財斷望離
獨犯何以故餘人无畜心故若即作其畜亦犯今相染時同活人更有
爲已斷望是長財非衣則同有故相染也若
已捨云何同活人但一人捨
已言何以故尒

BD14825號 AA　四分律疏（擬）　　（88–7）

不堪耻者當令一眼復得平復自誓已訖眼
自淨婦見其夫兩目完淨端政盛相未曾
歡喜不自勝往白其父寶鎧太子迦良那
伽父王識不王答言識女即言曰今欲見不
言王今在何處女言我夫則是其人時王喚
曰此女癡狂志亂失性迦良那梨大海未還
見盲乞兒便名為是女復白言願王往看王
尋往觀審是太子衣毛悚然惶懼交懷腹拍

子迦良那伽梨汝復聞不答言聞之我身是
也婦即驚問汝復何為乃若如是太子因為
說其本末婦聞是語深懷嘆息語太子言波
婆迦梨壞害於汝自古來今未有此變汝若
得彼當云何治答言波婆迦梨雖害於我我
於其邊永无瞋恨婦復語言此事難信相因
如是奈何不瞋迦良那伽梨因自誓言若我
於波婆迦梨无有微恨大如毛髮言我至誠

BD14825號 AB　賢愚經卷九　　（88–8）

其前自懺悔言實不相知願恕其過審將太
子還著界上使唱露言大王太子迦良伽梨
從大海還誑施辨具歎駕鴐馬象与羣臣自
往迎之還來到國廣作賓衆垂接其女方云
始欲以女用配尒時鴈還擔書到國大王見
鴈放解首讀緒得消息知太子存其甚所更
辛酸之事王及夫人作悲作喜宮閣內外靡
不悲悼懊惱瞋憤取彼婆伽梨錄其身幽閉

在獄勑令告下梨師跋王太子苦辛在於尒
國云何嘿住不來表示書到其時鴈馬侍送
事若有違吾當自往使使賷書往到其國梨
師跋王奉受披讀於是太子語梨師跋王放
牛之人於我有恩我今思念欲得見之可遣
使往為我喚之王尋召來太子語王我被眼
刺正仰此人供給將養如我父母王若見念
當為我報王大歡喜即時賜遣名衣上服鴈

BD14825號AB　賢愚經卷九　（88–9）

馬車乘園田舍宅金銀寶物奴婢僕使并所
牛盡持与之其人歡喜非其所望便得
富貴即遣報使回表事情太子在此
知辛醆諸事伏沮委以　卞令　一
鄰女為太子妻

BD14825號AB　賢愚經卷九　（88–10）

眼盲无所見甚苦辛酸語事繫於鴈頸鴈便
飛去梨師跋王時有一女端政殊妙世間希
有王甚愛重不違其意時女辭王出遊園觀王
便聽去女至園中見於太子迦良那伽梨頭
亂面垢目无所見著弊壞衣坐林樹間其女
觀察觀其色狀心情屬向不離其側便坐其
邊与共談語食時已到王遣人喚女遂遣人
白於王曰願送食來欲就此食即送食來女
語太子我欲共汝一處坐食太子答言我是
乞匃之人汝是王女云何共食若王聞者罪
我不少其女慇懃語太子言若汝不肯我便
不食如是數返逼迫不已而便共食言遂稍
篤意漸附近自无去離日轉欲篤王遣人喚
女遂遣人往白王曰我願為此守園人婦不

BD14825號 AC　賢愚經卷九　（88–11）

用其餘國王太子令我專心慇懃如是唯願
父王勿違我意使到王所具白其事王聞是
已不能為情因自言曰此事定異是女不肯
乃至若是寶鎧大王為第一太子迦良那伽
梨來求索之今此太子入海未還乃欲為是
乞兒作婦辱人名字甚為不少我當覆藏
看何藝作是語已復遣人喚女言如初執志
不移時王愛念不能違意就辯將來著於宮
中使令交會以為夫婦復經數日婦恒晝去
莫乃還來夫怪問之汝言与我共為夫婦晨
去暮還心不在此將為他志故使尓耶婦因
自誓我今一心共相尊奉无有他意大如毛
髮若當實亦至誠不虛令汝一目平復如故
言誓已訖一目尋復如是已遂復問太子汝

BD14825號 AC　賢愚經卷九　（88–12）

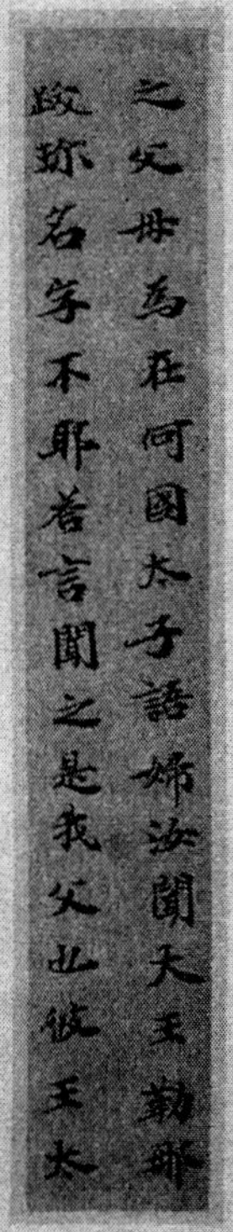

之父母為在何國太子語婦汝聞天王勒那
跋彌名字不耶答言聞之是我父也彼王太

BD14825號AC　賢愚經卷九　（88–13）

以是問答是名知衆善男
子云何菩薩摩訶薩知人尊卑善男子人有
二種一者信二者不信菩薩當知信者是善
其不信者不名為善復次有二種一者常往僧
坊二者不往菩薩當知其往者善其不往者
不名為善往僧坊者復有二種一者禮拜二
不禮拜菩薩當知禮拜者善不禮拜者不名
為善其禮拜者復有二種一者聽法二者不
聽菩薩當知聽法者善不聽法者不名為善
其聽法者復有二種一者至心聽二者不至
心聽菩薩當知至心聽者是則名善不至心
者不名為善至心聽法復有二種一者思義
二不思義菩薩當知思義者善不思義者不
名為善其思義者復有二種一如說脩行二不

BD14825號AD　大般涅槃經（北本）卷一五　（88–14）

如說行如說行者是則為善不如說行不名
為善說如行者復有二種一求聲聞不能利
安饒益一切苦惱衆生二者迴向无上大乘利
益多人令得安樂菩薩應如能利多人得安
樂者最上最善善男子如諸寶中如意寶珠
最為勝妙如諸味中甘露最上如是菩薩於
人天中最勝最上不可譬喻善男子是名菩
薩摩訶薩住於大乘大涅槃經住七善法菩
薩住是七善法已得具梵行
復次善男子復有梵行謂慈悲喜捨迦葉菩
薩白佛言世尊若多修慈能斷瞋恚修悲心
者亦斷瞋恚云何而言四无量心推義而言
則應有三世尊慈有三緣一緣衆生二緣於
法三則无緣悲喜捨心亦復如是若從是義

BD14825號AD　大般涅槃經（北本）卷一五　（88–15）

唯應有三不應有四衆生緣者緣於五陰願
与其樂是名生緣法緣者緣諸衆生所須之
物而施与之是名法緣无緣者緣於如來是
名无緣慈者多緣貧窮衆生如來大師永離
貧窮受第一樂若緣衆生則不緣佛法亦如
是以是義故緣如來者名曰无緣世尊慈之
所緣一切衆生如緣父母妻子親屬以是義
故名曰生緣法緣者不見父母妻子親屬見
一切法皆從緣生是名法緣无緣者不住法
相及衆生相是名无緣悲喜捨心亦復如是
是故應三不應有四世尊人有二種一者見
行二者愛行見行之人多修慈悲愛行之人
多修喜捨是故應二不應有四世尊夫无量
者名曰无邊邊不可得故名无量若无量者

BD14825號AD　大般涅槃經（北本）卷一五　（88–16）

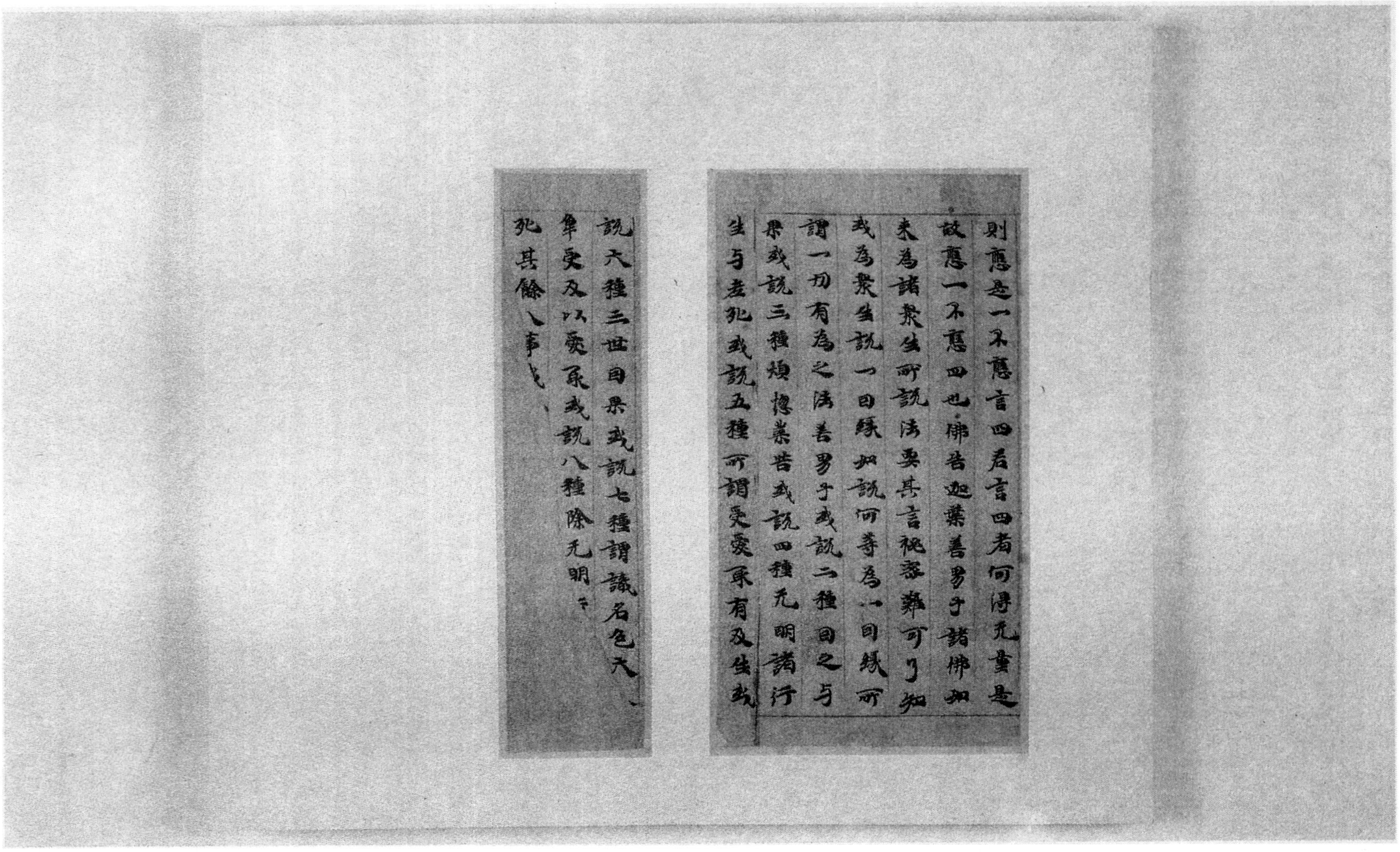

則惠是一不惠言四者何得无量是
故惠一不惠四也佛告迦葉善男子諸佛如
來為諸衆生所説法要其言祕密難可了知
或為衆生説一因緣如説何等為一因緣所
謂一切有為之法善男子或説二種因之与
果或説三種煩惱業苦或説四種无明諸行
生与老死或説五種所謂受愛取有及生或

説六種三世因果或説七種謂識名色六
入觸受及以愛取或説八種除无明行
死其餘八事或

BD14825號 AD　大般涅槃經（北本）卷一五

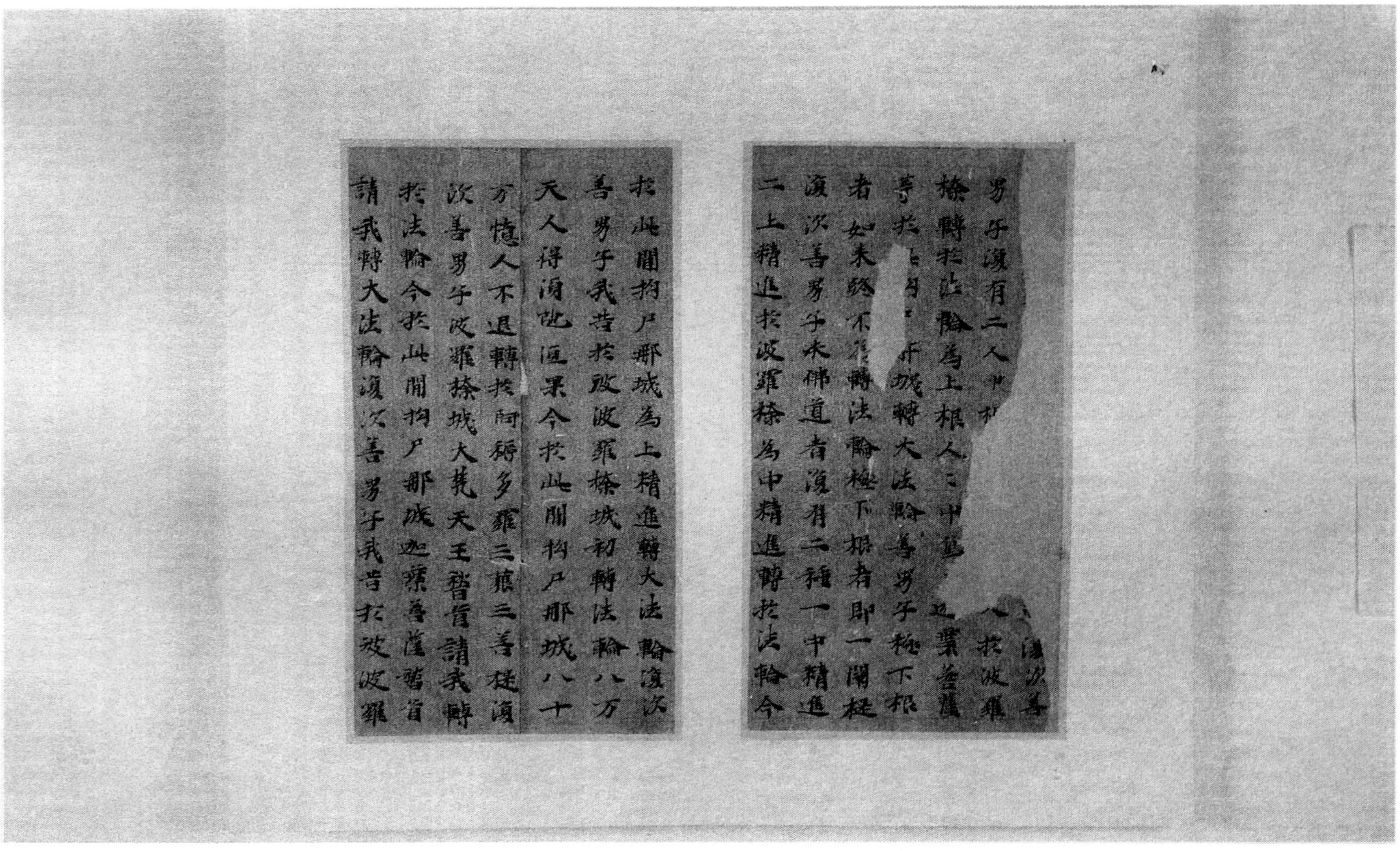

……復次善
男子復有二人中上……人於波羅
㮈轉於法輪為上根人二中根……迦葉菩薩
善於拘尸那城轉大法輪善男子極下根
者如來終不為轉法輪極下根者即一闡提
復次善男子求佛道者復有二種一中精進
二上精進於波羅㮈為中精進轉於法輪今

於此間拘尸那城為上精進轉大法輪復次
善男子我昔於彼波羅㮈城初轉法輪八万
天人得須陁洹果今於此間拘尸那城八十
万億人不退轉於阿耨多羅三藐三菩提復
次善男子波羅㮈城大梵天王稽首請我轉
於法輪今於此間拘尸那城迦葉菩薩稽首
請我轉大法輪復次善男子我昔於彼波羅

BD14825號 AE　大般涅槃經（北本）卷一四

㮈城轉法輪時說无常苦空无我今於此間
拘尸那城轉法輪時說常樂我淨復次善男
子我昔於波羅㮈城轉法輪時所出音聲
聞于梵天如來今於拘尸那城轉法輪時所
出音聲遍於東方恒河沙等諸佛世界南
西北方四維上下亦復如是復次善男子諸
佛世尊凡有所說皆悉名為轉法輪也善男

子譬如聖王所有輪寶未降伏者能令降伏
已降伏者能令安隱
善男子諸佛世尊凡所說法亦復如是无量
煩惱未調伏者能令調伏已調伏者令生善
根善男子譬如聖王所有輪寶則能消滅一
切惡賊如來說法亦復如是能令一切諸煩
惱賊皆悉寂靜復次善男子譬如聖王所有

BD14825號 AE　大般涅槃經（北本）卷一四　（88–19）

輪寶上下迴轉如來說法亦復如是能令下
趣諸惡衆生上生人天乃至佛道善男子是
故汝今不應讚言如來於此又轉法輪爾時
文殊師利白佛

BD14825號 AE　大般涅槃經（北本）卷一四　（88–20）

BD14825 號 A　現代封底　　（88–21）

BD14825 號 B　現代封面　　（88–22）

□□□□諦□見无量者謂十二因緣
節者所謂无明行識乃至老死衆苦聚集又
无量者所謂生死又復節者謂无始終又復
節者謂无取捨又復節者无出无滅又復節
者无汙无淨其性淨故又復節者所謂因見
又復節者所謂三世內外業果无業无果善
及不善有漏无漏業及煩惱我以无我生死
涅槃善男子又无量者所謂微塵節者所謂
地水火風是名无量節陀羅尼菩薩住是陀
羅尼已无量劫中為衆說法而其所說字句
義味不可窮盡是陀羅尼成就如是无量功德
大海陀羅尼者善男子猶如大海中天下中
所有諸色衆生卉木藥樹榮子日月星宿焉

BD14825 號 BA　大方等大集經卷四　（88–23）

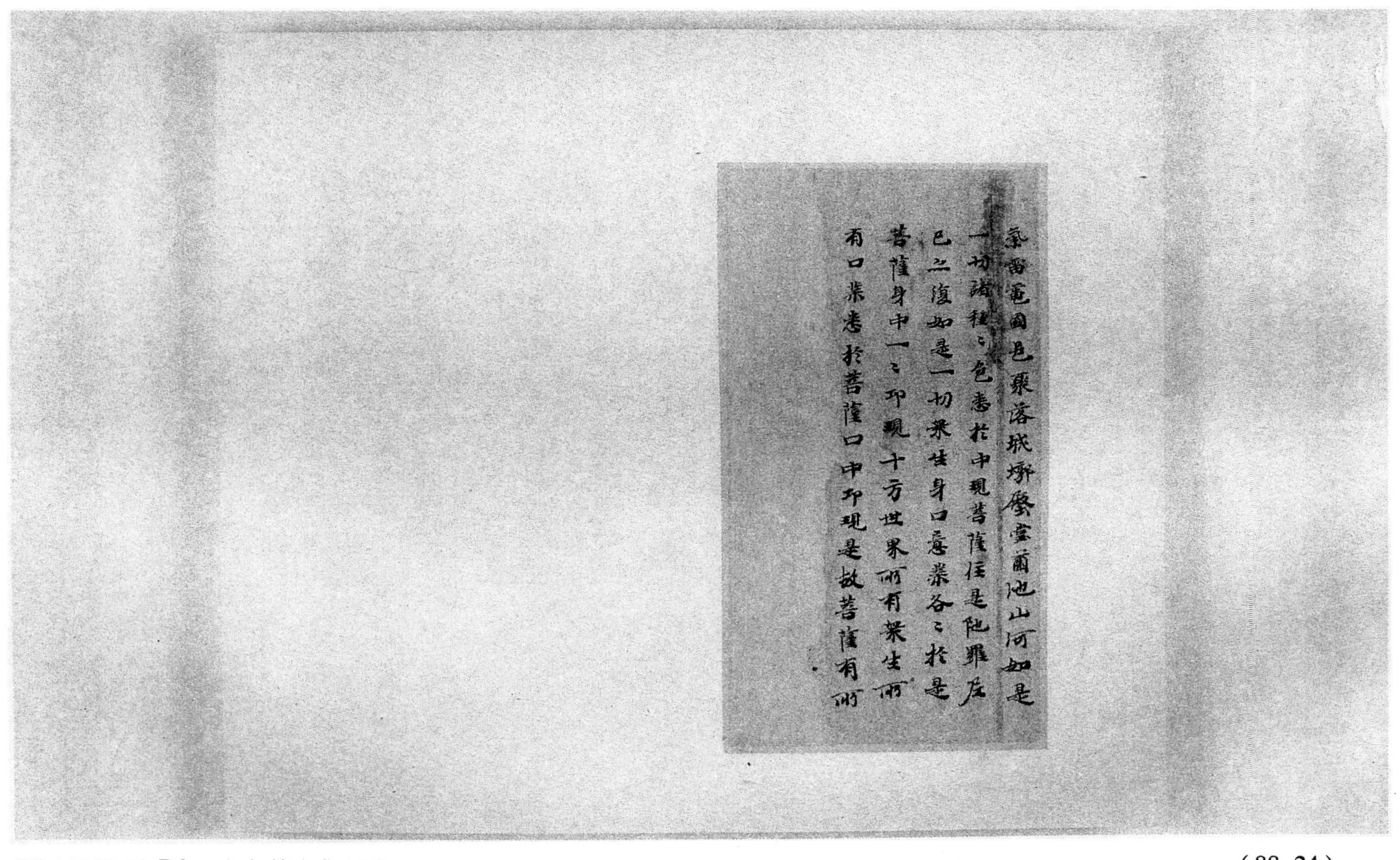
氣霤黿國邑聚落城塢壘雲雨池山河如是
一切諸種種色悉於中現菩薩住是陀羅尼
已已復如是一切衆生身口意業各各於是
菩薩身中一一印現十方世界所有衆生所
有口業悉於菩薩口中印現是故菩薩有所

BD14825 號 BA　大方等大集經卷四　（88–24）

子皆是慈善根力令彼人見如是事復次
善男子舍衛城中有婆羅門女姓婆私吒唯
有一子愛之甚重遇病命終尒時女人愁毒
入心狂亂失性躶身无恥遊行四衢啼哭失
聲唱言子子汝何處去周遍城邑无有疲已

而是女人已於先佛殖衆德本善男子
是女起慈愍心是時女人即得見我便生子
想還得本心前抱我身嗚唼我口我時即告
侍者阿難汝可持衣与是女人既与衣已便
爲種種說諸法要是女聞法歡喜踊躍發阿
耨多羅三藐三菩提心善男子我於尒時實

BD14825 號 BB　大般涅槃經（北本）卷一六　（88–25）

非彼子彼非我母亦无抱持善男子當知皆
是慈善根力令彼女人見如是事復次善男
子波羅㮈城有優婆夷字曰摩訶斯那達多
已於過去无量先佛種諸善根是優婆夷夏
九十日請命衆僧奉施醫藥是時衆中有一
比丘身嬰重病良醫診之當須肉藥若得肉者

病則可除若不得肉命將不全時優婆夷聞
醫此言尋持黃金遍至市里唱如是言誰有
肉賣吾以金買若有肉者當等与金周遍城
市求不能得是優婆夷尋自取刀割其股肉
切以爲臛下種種香送病比丘比丘服已病
即得差是優婆夷患瘡苦惱不能堪忍即發

BD14825 號 BB　大般涅槃經（北本）卷一六　（88–26）

聲言南无佛陀南无佛陀我於尒時在舍衛
城聞其音聲於是女人起大慈心是女尋見
我持良藥塗其瘡上還合如本我即為其種
種說法聞法歡喜發阿耨多羅三藐三菩提
心善男子我於尒時實不往至波羅㮈城持
藥塗是優婆夷瘡善男子當知皆是慈善根

力令彼女人見如是事復次善男子調達惡
人貪不知足多服穌故頭痛腹滿受大苦惱

BD14825號BB　大般涅槃經（北本）卷一六　　（88–27）

不應
利譬如
護之者加復病苦飢渴所
遊出行乞匃止他客舍寄生一子是客舍
主駈逐令去其產未久携抱是兒欲至他
國於其中路遇惡風雨寒苦並至多為蚉
䖟蜂螫毒虫之所唼食逕由恒河抱兒而
度其水漂疾而不放捨於是母子遂共俱沒
如是女人慈念功德命終之後生於梵天文
殊師利若有善男子欲護正法勿說如來同
於諸行不同諸行唯當自責我今愚癡未有
慧目如來正法不可思議是故不應宣說如

BD14825號BC　大般涅槃經（北本　宮本）卷二　　（88–28）

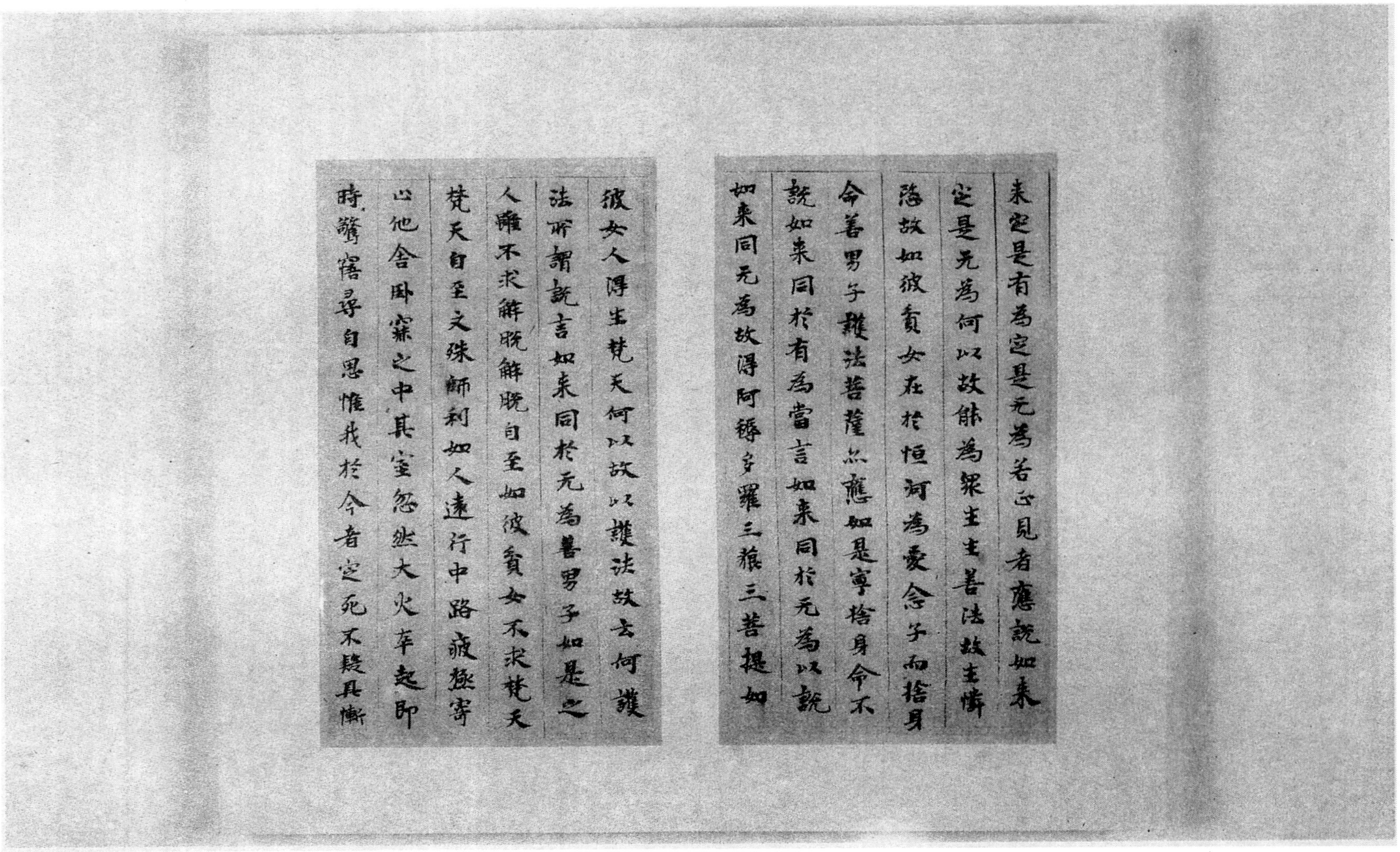

未定是有為定是无為若正見者應說如來
定是无為何以故能為衆生生善法故生憐
愍故如彼貧女在於恒河為愛念子而捨身
命善男子護法菩薩亦應如是寧捨身命不
說如來同於有為當言如來同於无為以說
如來同无為故得阿耨多羅三藐三菩提如
彼女人得生梵天何以故以護法故云何護
法所謂說言如來同於无為善男子如是之
人雖不求解脫解脫自至如彼貧女不求梵天
梵天自至文殊師利如人遠行中路疲極寄
止他舍臥寐之中其室忽然大火卒起即
時驚寤尋自思惟我於今者定死不疑具慚

BD14825 號 BC　大般涅槃經（北本　宮本）卷二　（88–29）

愧故以衣纏身即便命終生忉利天從是以
後滿八十反作大梵王滿百千世生於人中為

BD14825 號 BC　大般涅槃經（北本　宮本）卷二　（88–30）

如来者天上人中最尊最勝如是如来豈是
行耶若是行者為生滅法譬如水泡速起速
滅往来流轉猶如車輪一切諸行亦復如是
我聞諸天壽命極長云何世尊是天中天
壽命更促不滿百年如聚落主勢得自在以
自在力能制他人是人福盡其後貧賤人所輕

蔑為他策使所以者何失勢力故世尊亦介
同於諸行同諸行者則不得稱為天中天何以
故諸行即是生滅法故是故文殊師利勿觀如
来同於諸行復次文殊師利為知而說不知
而說而言如来同於諸行設使如来同諸行者
則不得言於三界中為天中天自在法王譬如

BD14825號BD　大般涅槃經（北本　宮本）卷二　（88–31）

人王有大力士其力當千更无有能降伏之者
故稱此人一人當千如是力士王所愛念御
賜爵祿封賞自恣所以得稱當千人者是人
未必力敵於千但以種種伎藝所能能勝千
故故稱當千如来亦介降煩惱魔陰魔天
魔死魔是故如来名三界尊如彼力士一人

當千以是因緣成就具足種種无量真實
功德故稱如来應正遍知文殊師利汝今不
應憶想分別以如来法同於諸行譬如巨富
長者生子相師占之有短壽相父母聞已知
其不任紹繼家嗣不復愛重視如草芥夫
短壽者不為沙門婆羅門等男女大小之所

BD14825號BD　大般涅槃經（北本　宮本）卷二　（88–32）

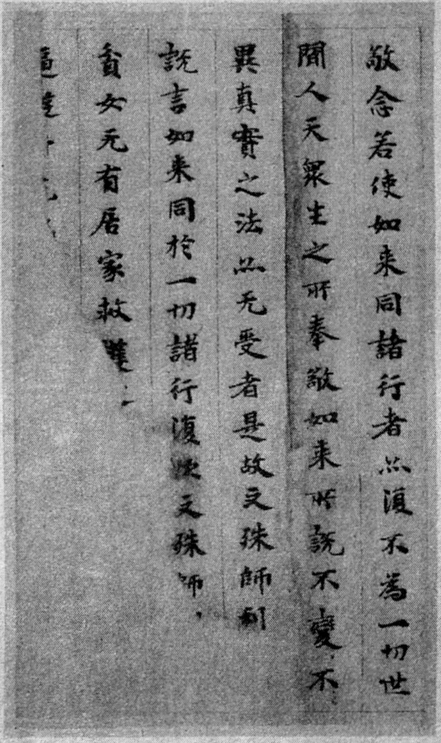

敬念若使如來同諸行者亦復不為一切世
間人天衆生之所恭敬如來所說不變不
異真實之法亦无受者是故文殊師利
說言如來同於一切諸行復次文殊師
貴女无有居家救護

BD14825號BD　大般涅槃經（北本　宮本）卷二　（88–33）

耨多羅三耶三菩諸天世人皆當恭敬之是
菩薩至般泥洹以神足到十方聽受諸佛法
言所聞法至阿耨多羅三耶三菩終不忘淨
佛國土教化衆生具是薩云若是爲具是行
般若波羅蜜具足惟逮波羅蜜審須次須善
提已无漏道法具足意精進口不言惡身不
行惡意不念惡亦不著苦著樂有常无常不
著有我无我不著有爲无爲不著三界不著
四禪及四空定四等三脫卅七品至十八法
亦无所著亦不著聲聞辟支佛道亦不著善
薩地亦不著五趣亦不分別是天是人是畜
生是泥梨是薜荔亦不分別是須陁洹道是

BD14825號BE　放光般若經卷一七　（88–34）

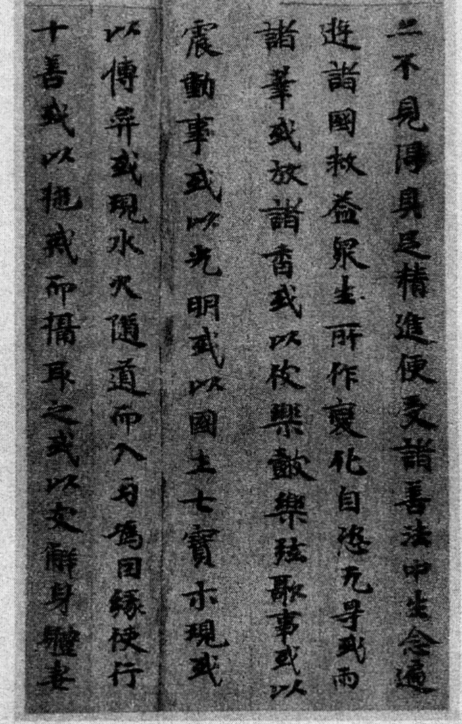

羅漢是辟支佛道亦不分別是菩薩道亦不
分別是薩云若亦不擬諸法諸道亦不分別
所以者何是諸法者皆无有要无可擬者
亦无可分別者已具足意精進便救一切魔
怨衆生救衆生已亦不見衆生具足精進亦
不見精進具足佛法亦不見佛法淨佛國土

亦不見淨具足精進便受諸善法中生念遍
遊諸國教授衆生所作變化自恣无导或雨
諸華或放諸香或以伎樂歡樂絃歌事或以
震動事或以光明或以國土七寶亦現或
以傳身或現水火隨道而入為說因緣使行
十善或以施戒而攝取之或以支解身體妻

BD14825 號 BE　放光般若經卷一七　（88–35）

子國土或以自身隨衆生意而救攝之須菩
提菩薩以漚惒拘舍羅无相行惟逮波羅蜜
佛言菩薩行般若波羅蜜住於无相
□菩薩行般若波羅蜜除

BD14825 號 BE　放光般若經卷一七　（88–36）

石
无心
无故異法滅壞[illegible]
樹如稿大不能扶薪大[illegible]
男子譬如葵藿隨日而轉[illegible]
心无識无業異法性故而自迴轉善男子如
芭蕉樹因雷增長是樹无耳无心意識異法

有故異法增長異法无故異法滅壞善男子
如阿尗伽樹女人摩觸華為之出是樹无心
々无覺觸異法有故異法出生異法无故異
法滅壞善男子如橘得屍果則滋多而是橘
樹无心无覺異法有故異法滋多異法无故
異法滅壞善男子如安石留樹塼骨糞故果
實繁茂安石留樹々无心覺異法有故異法

BD14825 號 BF　大般涅槃經（北本）卷三二　（88–37）

出生異法无故異法滅壞善男子慈石吸鐵
々復如是異法有故異法出生異法无故異
法滅壞衆生佛性々復如是不能吸得阿耨
多羅三藐三菩提善男子无明不能吸取諸
行々々不能吸取識也々得名為无明緣行
行緣於識有佛无佛法界常住善男子若言
佛性住衆生中者善男子常法无住若有住

處即是无常善男子如十二因緣无定住處
若有住處十二因緣不得名常如来法身々
无住處法界法入法陰虛空悉无住處佛性
々尒都无住處善男子譬如四大力雖均等
有堅有熱有濕有動有輕有重有赤有白有
黃有黑而是四大々无有業異法界故各不
相似佛性々尒異法界故時至則見善男子

BD14825 號 BF　大般涅槃經（北本）卷三二　（88–38）

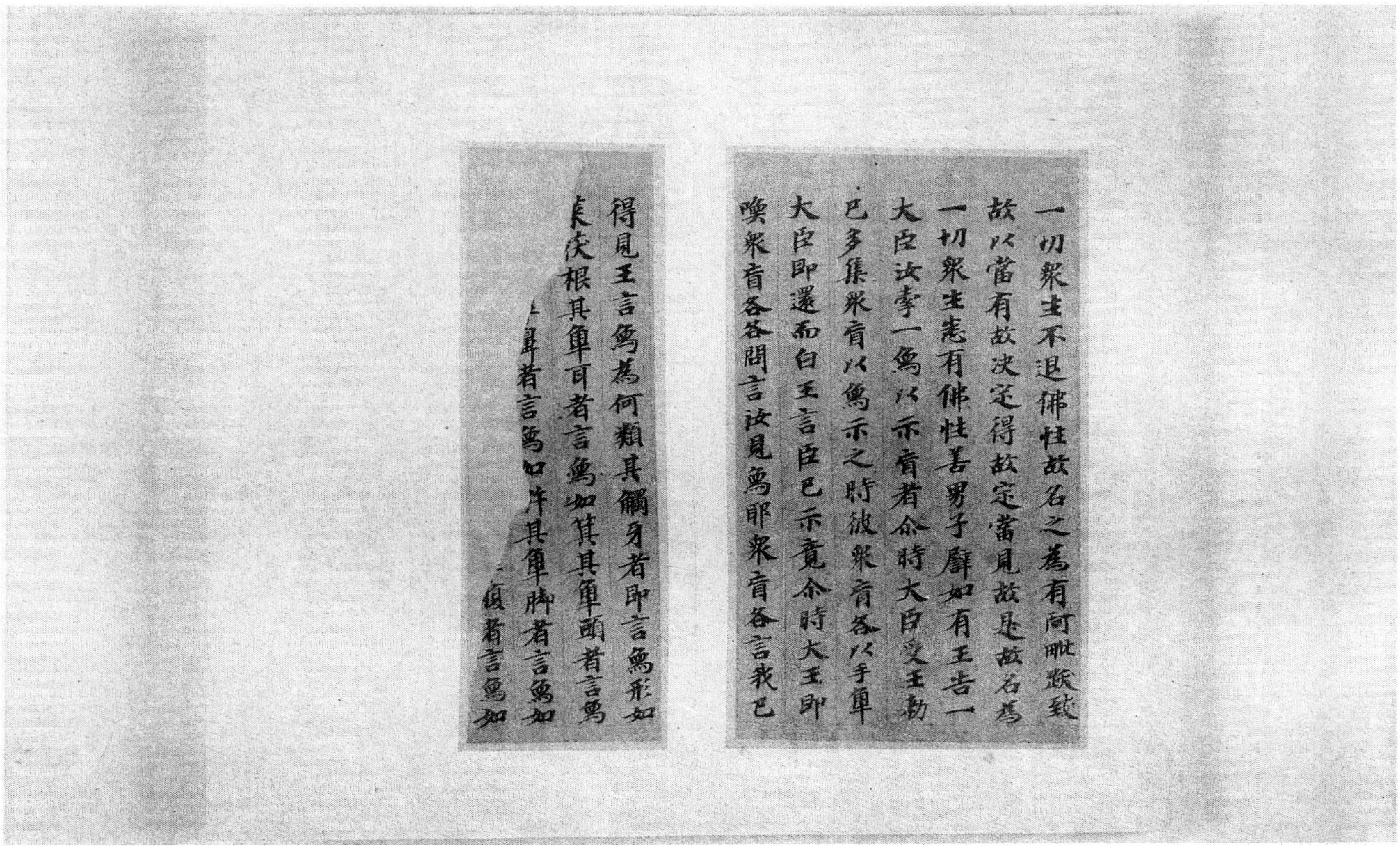

一切衆生不退佛性故名之爲有阿毗跋致
故以當有故決定得故定當見故是故名爲
一切衆生悉有佛性善男子譬如有王告一
大臣汝牽一象以示盲者尒時大臣受王勅
已多集衆盲以象示之時彼衆盲各以手觸
大臣即還而白王言臣已示竟尒時大王即
喚衆盲各各問言汝見象耶衆盲各言我已

得見王言象爲何類其觸牙者即言象形如
萊茯根其觸耳者言象如箕其觸頭者言象
[illegible]鼻者言象如杵其觸脚者言象如
[illegible]脊者言象如

BD14825 號 BF　大般涅槃經（北本）卷三二　（88–39）

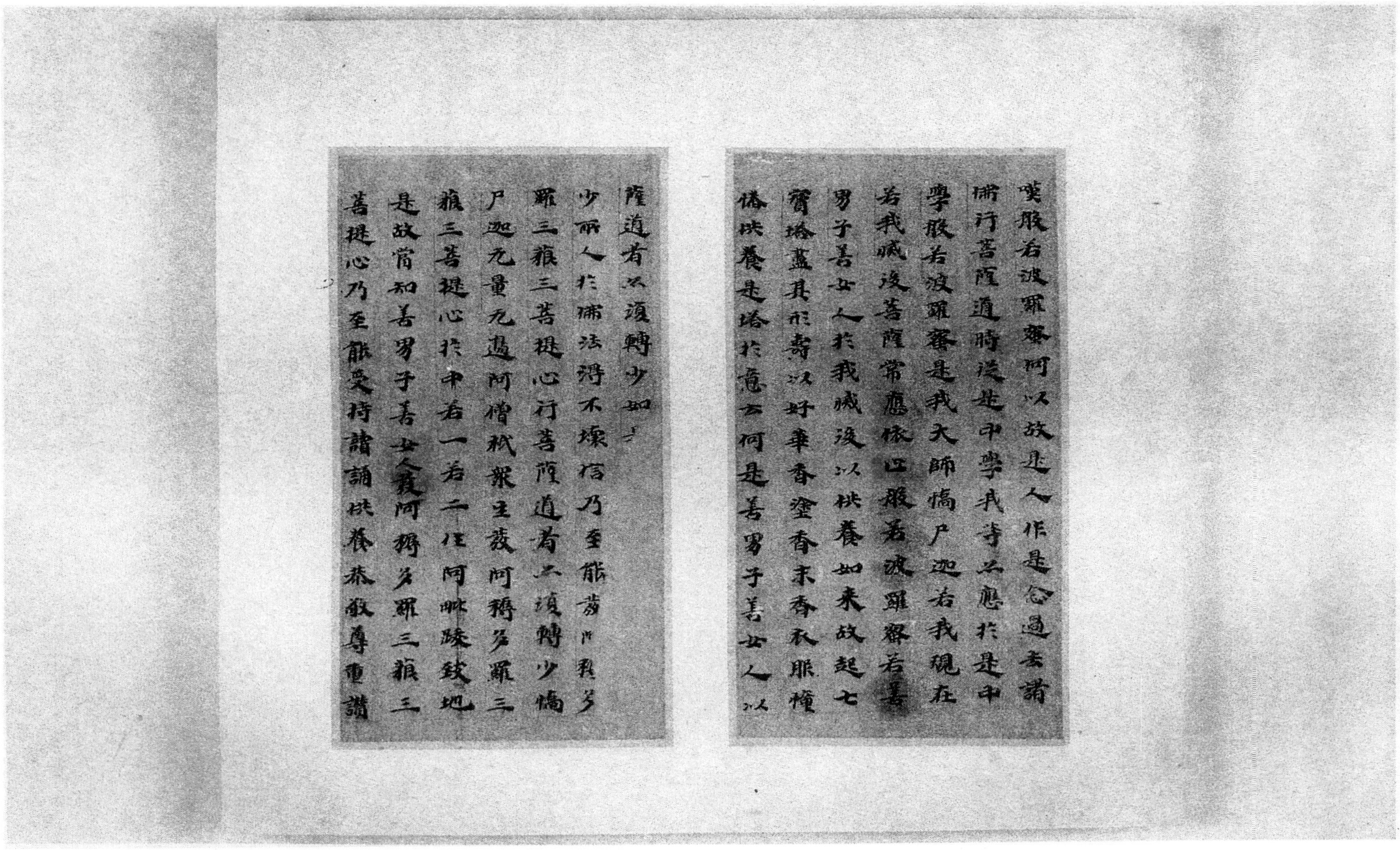

嘆般若波羅蜜何以故是人作是念過去諸
佛行菩薩道時從是中學我等亦應於是中
學般若波羅蜜是我大師憍尸迦若我現在
若我滅後菩薩常應依止般若波羅蜜若善
男子善女人於我滅後以供養如來故起七
寶塔盡其形壽以好華香塗香末香衣服幢
幡供養是塔於意云何是善男子善女人以

薩道者亦復轉少如是
少所人於佛法得不壞信乃至能發阿耨多
羅三藐三菩提心行菩薩道者亦復轉少憍
尸迦無量無邊阿僧祇衆生發阿耨多羅三
藐三菩提心於中若一若二住阿惟越致地
是故當知善男子善女人發阿耨多羅三藐三
菩提心乃至能受持讀誦供養恭敬尊重讚

BD14825 號 BG　小品般若波羅蜜經卷二　（88–40）

是因緣故得福多不釋提桓因言甚多世尊
佛言憍尸迦若善男子善女人供養般若波
羅蜜經卷恭敬尊重讚嘆以好華香塗香末
香衣服幢幡而以供養其福甚多憍尸迦置
是一〻台滿閻浮提七寶塔善男子〻〻
華香乃〻

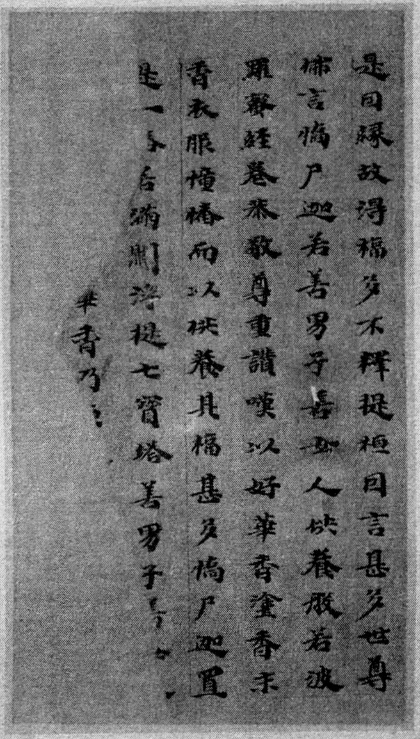

BD14825號 BG　小品般若波羅蜜經卷二　（88–41）

十方一切諸佛各〻遣一切波之樹以用供
養釋迦如來以佛神力故一〻諸樹各至寶
坊座嚴其處尒時會中无量衆生發阿耨多
羅三藐三菩提心无量衆生得生无忍尒時
世尊舉身猶明觀諸大衆如鴈王迴而住是
言諸善男子誰能守護如是供養具及此寶
坊令不毀壞滅後損減以待彌勒成正覺已
十六年後供養彼佛及現劫中五百如來是時
會中有一菩薩名諸法神通自在王即從坐
起胡跪合掌而住是言世尊我能守護如是
供具及此寶坊令不毀壞滅後損減以待彌
勒成正覺已十六年後供養彼佛及賢劫中
五百如來尒時衆中有一魔王名曰神通其
所住國名四天下語諸魔中

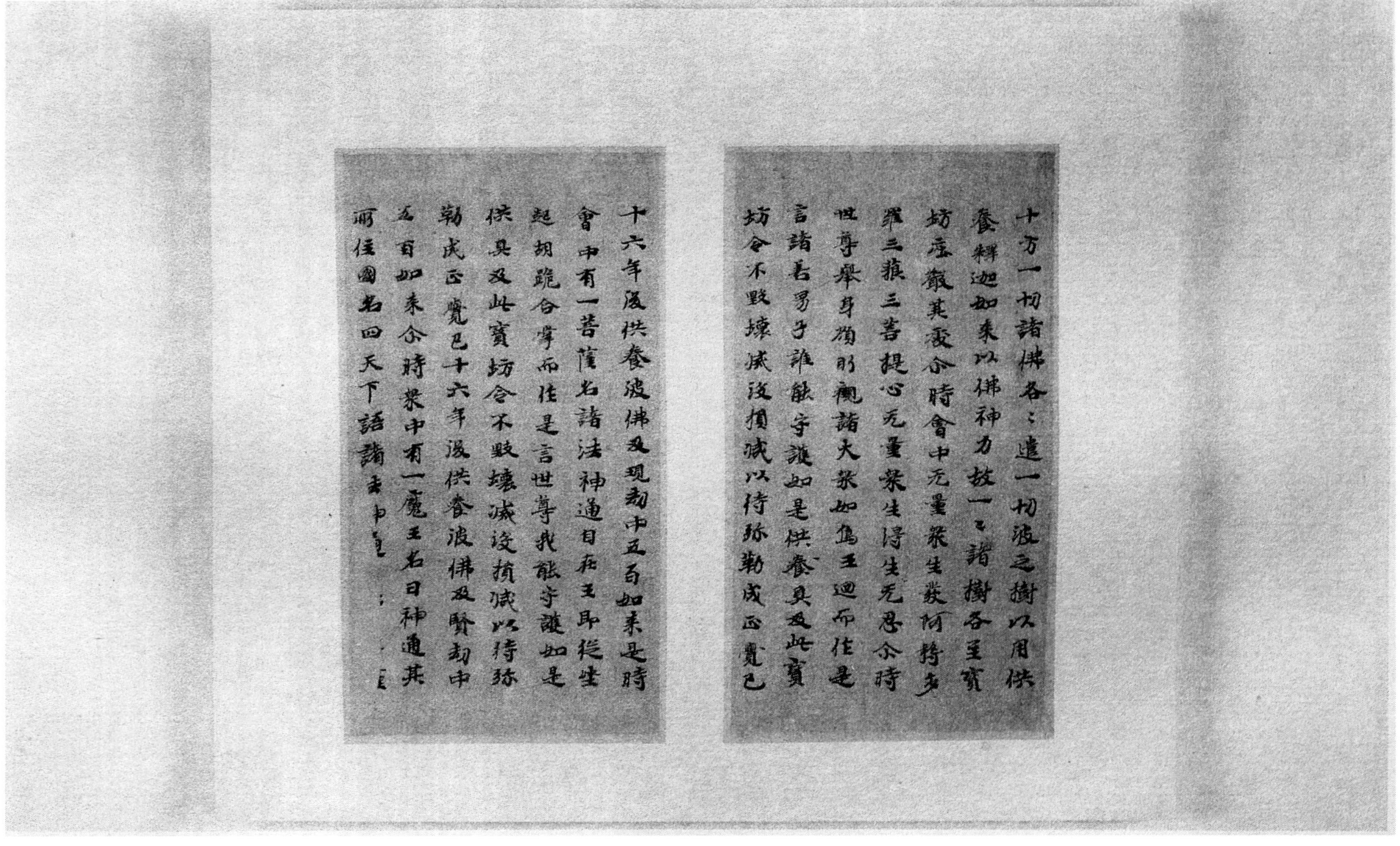

BD14825號 BH　大方等大集經（聖本）卷三　（88–42）

BD14825 號 BH　大方等大集經（聖本）卷三　　（88–43）

BD14825 號 C　現代封面　　（88–44）

世尊譬如國主於言我出等无[illegible][illegible]
常若使涅槃是常等者何故衆生[illegible][illegible]不
得涅槃若尒於諸衆生不平等者則不名常
世尊譬如百人共有一怨若害此怨則多人
受樂若使涅槃是平等法一人得時應多人
得一人斷結應多人亦斷若不如是云何名
常譬如有人恭敬供養尊重讚嘆國王王子
父母師長則得利養是不名常涅槃若尒不
名為常何以故如佛昔於阿含經中告阿難
言若有人能恭敬涅槃則得斷結受无量樂
以是義故不名為常世尊若涅槃中有常樂
我淨名者不名為常如其无者云何可說尒
時世尊告光明遍照高貴德王菩薩摩訶薩
涅槃之體非本无今有若涅槃體本无今有

BD14825 號 CA　大般涅槃經（北本）卷二一　（88–45）

者則非无漏常住之法有佛无佛性相常住
以諸衆生煩惱覆故不見涅槃便謂為无菩
薩摩訶薩以戒定慧勲循其心斷煩惱已便
得見之當知涅槃是常住法非本无今有是
故為常善男子如闇室中井種種七寶人亦
知有闇故不見有智之人善知方便然大明
燈持往照了悉得見之是人於此終不生念
水及七寶本无今有涅槃亦尒本自有之非
適今也煩惱闇故衆生不見大智如來以善
方便然智慧燈令諸菩薩得見涅槃常樂我
淨是故智者於此涅槃不應說言本无今有
…… 之言因庄嚴故得成涅槃應无常者

BD14825 號 CA　大般涅槃經（北本）卷二一　（88–46）

[illegible]悉得摩訶般[illegible]有因緣大
故於未來世成佛之時世界衆生悉得受持
摩訶般若波羅蜜是名菩薩脩淨佛土云何
菩薩摩訶薩滅除有餘有餘有三一者煩惱
餘報二者餘業三者餘有善男子云何名為
煩惱餘報若有衆生習近貪欲是報熟故墮
於地獄從地獄出受畜生身所謂鴿雀鴛鴦

鸚鵡耆婆耆婆舍利伽鳥青雀魚獼猴
麞鹿若得人身受黃門形女人二根無根婬
女若得出家犯初重戒是名餘報復次善男
子若有衆生以愍重心習近瞋恚是報熟故
墮於地獄從地獄出受畜生身所謂毒蛇具
四種毒見毒觸毒齧毒噬毒師子虎狼熊羆
猫狸鷹鷂之屬若得人身具足十二諸惡律

BD14825 號 CB　大般涅槃經（北本）卷二四　（88–47）

儀若得出家犯第二重戒是名餘報復次善
男子若有脩習愚癡之人是報熟時墮於地
獄從地獄出受畜生身所謂象豬牛羊水牛
蚤虱蚊虻蟻子等形若得人身聾盲瘖瘂癃
殘背僂諸根不具不能受法若得出家諸根
闇鈍憙犯重禁乃至五錢是名餘報復次善
男子若有脩習憍慢之人是報熟時墮於地

獄從地獄出受畜生身所謂糞虫駝驢犬馬
若生人中受奴婢身貧窮乞匂若得出家常
為衆生之所輕賤破第四戒是名餘報如是
等名煩惱餘報如是餘報菩薩摩訶薩以能
有集大涅槃故悉得除滅云何餘業謂一切
[illegible]業須陀洹人受七有業斯
[illegible]一有業是名

BD14825 號 CB　大般涅槃經（北本）卷二四　（88–48）

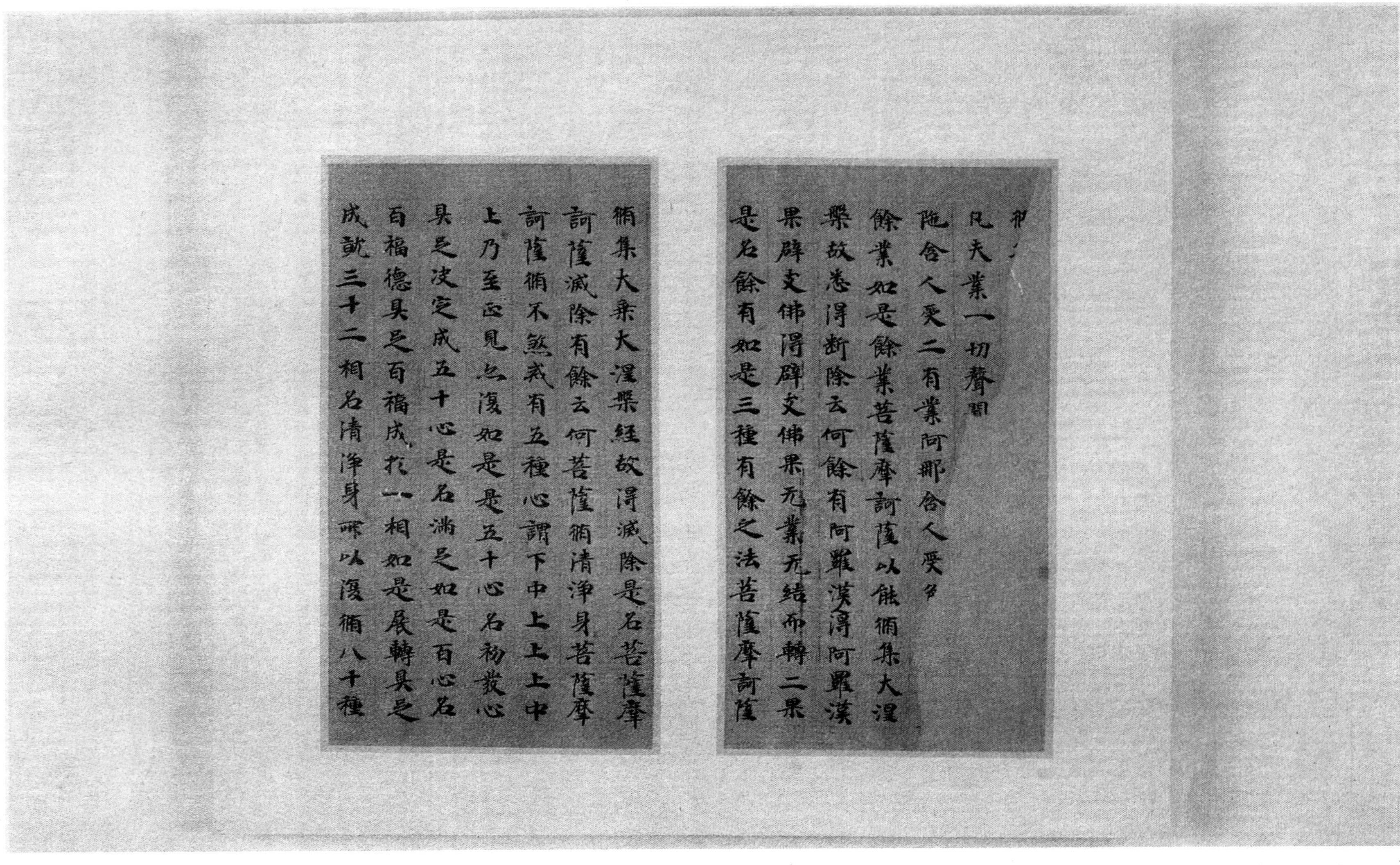

初▢凡夫業一切聲聞
陁含人受二有業阿那含人受多
餘業如是餘業菩薩摩訶薩以能循集大涅
槃故悉得斷除云何餘有阿羅漢得阿羅漢
果辟支佛得辟支佛果无業无結而轉二果
是名餘有如是三種有餘之法菩薩摩訶薩
循集大乘大涅槃經故得滅除是名菩薩摩
訶薩滅除有餘云何菩薩循清淨身菩薩摩
訶薩循不煞戒有五種心謂下中上上上中
上乃至正見亦復如是是五十心名初發心
具足決定成五十心是名滿足如是百心名
百福德具足百福成於一相如是展轉具足
成就三十二相名清淨身所以復循八十種

BD14825號CB　大般涅槃經（北本）卷二四　　（88–49）

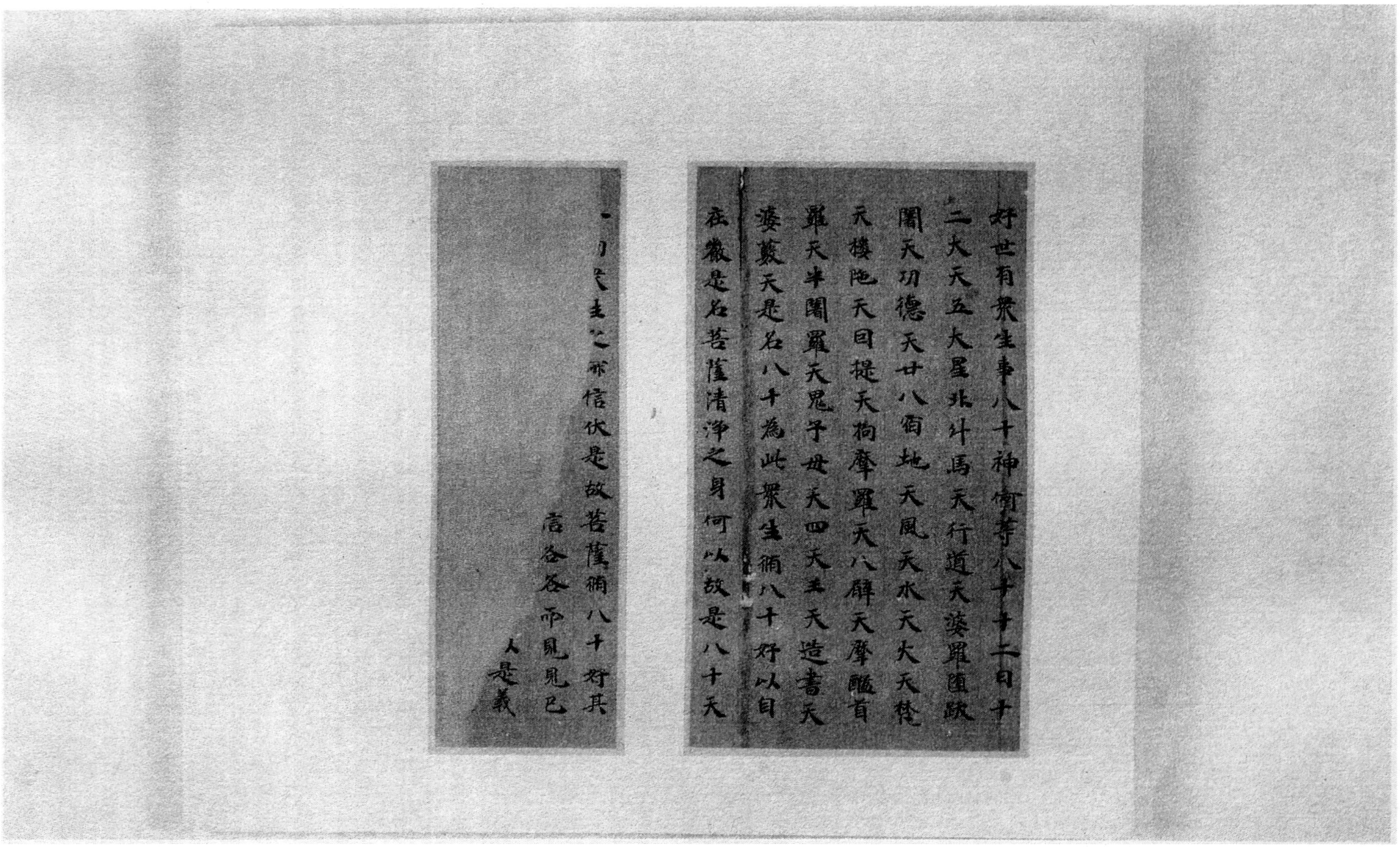

好世有衆生事八十神何等八十十二日十
二大天五大星北斗馬天行道天婆羅墮跋
闍天功德天廿八宿地天風天水天火天梵
天樓陁天因提天拘摩羅天八辟天摩醯首
羅天半闍羅天鬼子母天四天王天造書天
婆藪天是名八十為此衆生循八十好以自
莊嚴是名菩薩清淨之身何以故是八十天
一切衆生之所信伏是故菩薩循八十好其
言各各而見見已
人是義

BD14825號CB　大般涅槃經（北本）卷二四　　（88–50）

BD14825 號 CC　大方廣佛華嚴經（晉譯）卷四九　（88–51）

BD14825 號 CC　大方廣佛華嚴經（晉譯）卷四九　（88–52）

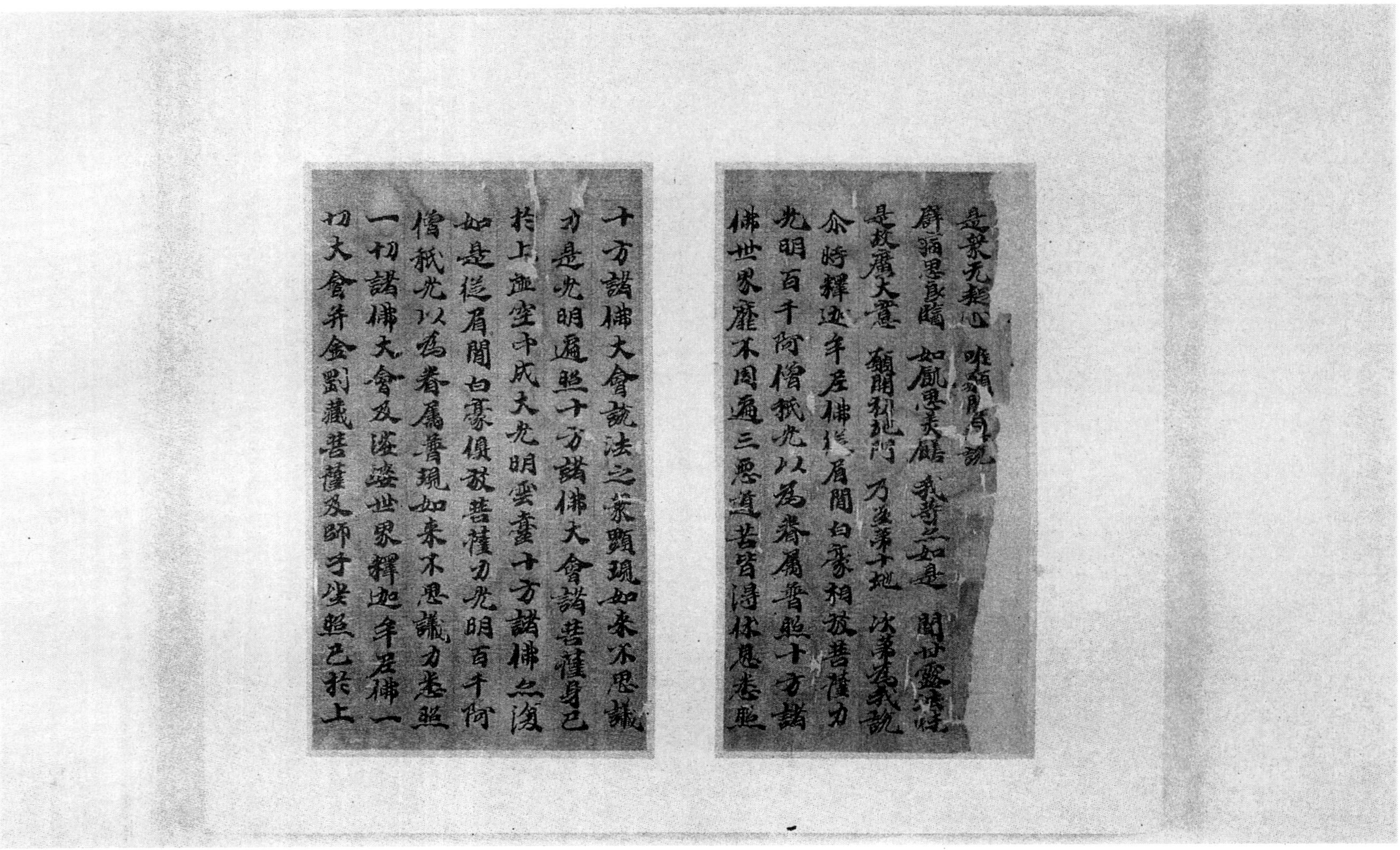

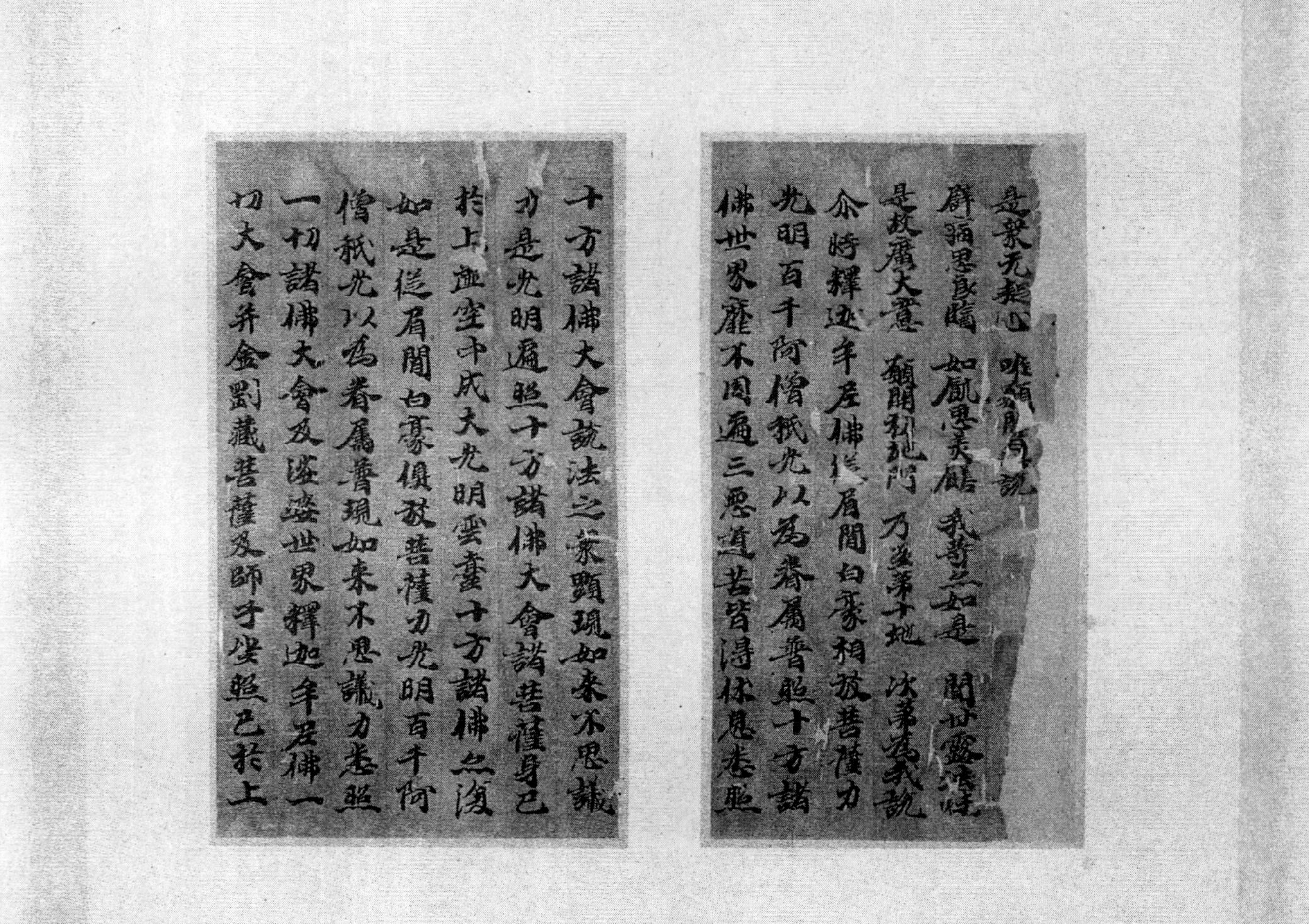

是衆无疑心　唯願分別說
辟猶思良醫　如飢思美膳　我等亦如是　聞甘露法味
是故廣大意　願聞諸地門　乃至第十地　次第為我說
尒時釋迦牟尼佛從眉間白毫相放菩薩力
光明百千阿僧祇光以為眷屬普照十方諸
佛世界靡不周遍三惡道苦皆得休息悉照
十方諸佛大會說法之衆顯現如來不思議
力是光明遍照十方諸佛大會諸菩薩身已
於上虚空中成大光明雲臺十方諸佛亦復
如是從眉間白毫相放菩薩力光明百千阿
僧祇光以為眷屬普現如來不思議力悉照
一切諸佛大會及娑婆世界釋迦牟尼佛一
切大會并金剛藏菩薩及師子坐照已於上

BD14825 號 CD　大方廣佛華嚴經（晉譯）卷二三　（88–53）

虚空中成大光明雲臺時諸天光明雲臺中
諸佛神力故而說頌曰
无等等諸佛　功德如虚空　十力无畏等　衆尊世間王
於釋迦佛前　而現此神力　以佛力開現　法王无畏藏
說諸地所行　諸地義差別　承諸佛神力　无有能壞者
若人聞法寶　則為諸佛護　漸次具諸地　得以成佛道
若人堪任聞　雖在於大海　及劫盡火中　必得聞此經
若人懷疑悔　終不能得聞　是故今佛子　說諸地智道
入勢力觀法　次第而循行　得至於餘地　今得所利益
剎一切世間　願說勿令斷
尒時金剛藏菩薩觀察十方欲令大衆增益
信故[illegible]

BD14825 號 CD　大方廣佛華嚴經（晉譯）卷二三　（88–54）

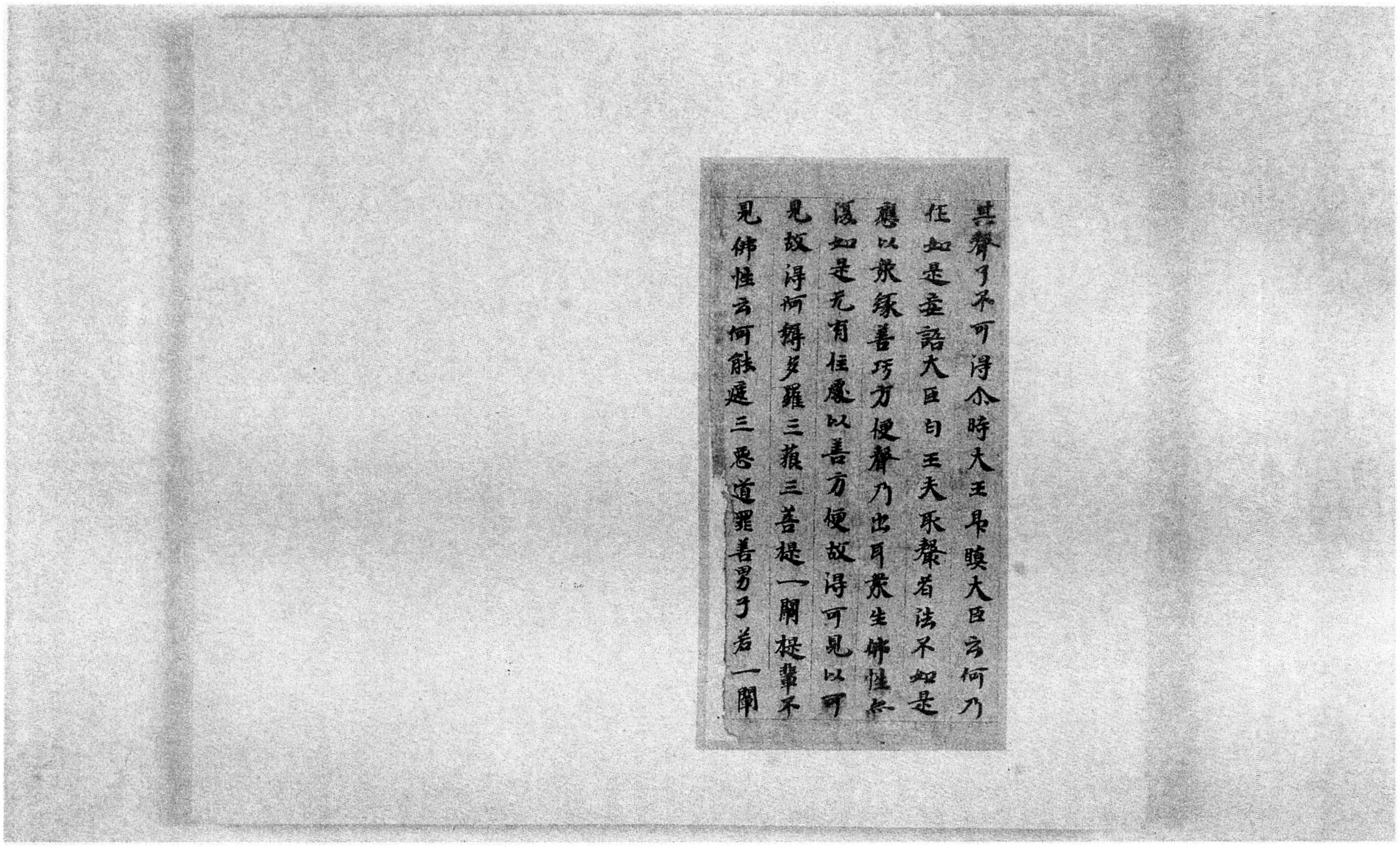

其聲了不可得尒時大王即瞋大臣云何乃
住如是妄語大臣白王夫取聲者法不如是
應以衆緣善巧方便聲乃出耳衆生佛性亦
復如是无有住處以善方便故得可見以可
見故得阿耨多羅三藐三菩提一闡提輩不
見佛性云何能遮三惡道罪善男子若一闡

BD14825號 CE　大般涅槃經（北本）卷二六　（88–55）

芬[illegible]文色芬
摩花拘勿頭花分陀[illegible]
摩利花須曼那花青[illegible]花
目多伽花瞻婆花阿味迦花[illegible]
盡時十方界諸來菩薩若昇虛空寶坊之上
放身投下供養於佛放身散已其身不現化
七寶網遍覆其上復現其身在珎網中尒時

BD14825號 CF　大方等大集經卷三　（88–56）

守

慧荅曰人身大

樂多故不作功德是名

好慧者持戒自守不嬈衆生問

自守亦名不嬈衆生何以故復言自守不嬈

衆生耶荅曰身口善是名持戒斂心諦善是

名自守亦名不嬈衆生一切諸功德皆戒身

定身慧身所攝言好持戒是爲戒身攝好自

守是名定身攝不嬈衆生禪中慈等諸功德

是名慧身攝問曰亦有人言不好持戒者今

何以言好持戒荅曰有如婆羅門著世界法

BD14825號 CG　大智度論（宮本）卷八　（88–57）

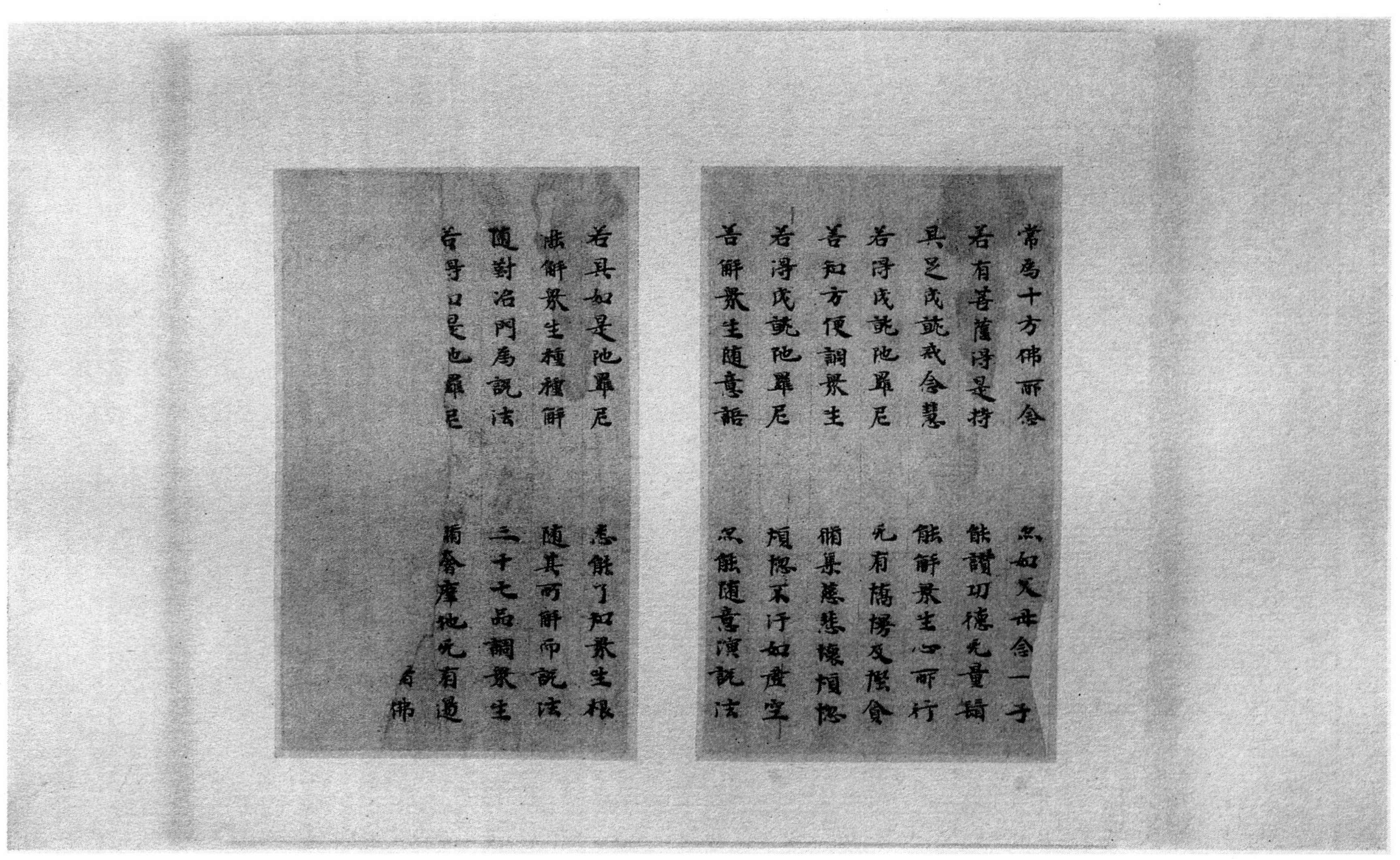

常爲十方佛所念　如父母念一子

若有菩薩得是持　能讚功德无量福

具足戒施念慧　能解衆生心所行

若得成就陁羅尼　无有憍慢及慳貪

善知方便調衆生　備集慈悲壞煩惱

若得成就陁羅尼　煩惱不行如虚空

善解衆生隨意語　亦能隨意演說法

若具如是陁羅尼　悉能了知衆生根

能解衆生種種解　隨其所解而說法

隨對治門爲說法　三十七品調衆生

菩導口是陁羅尼　猶奢摩他无有邊

有佛

BD14825號 CH　大方等大集經卷四　（88–58）

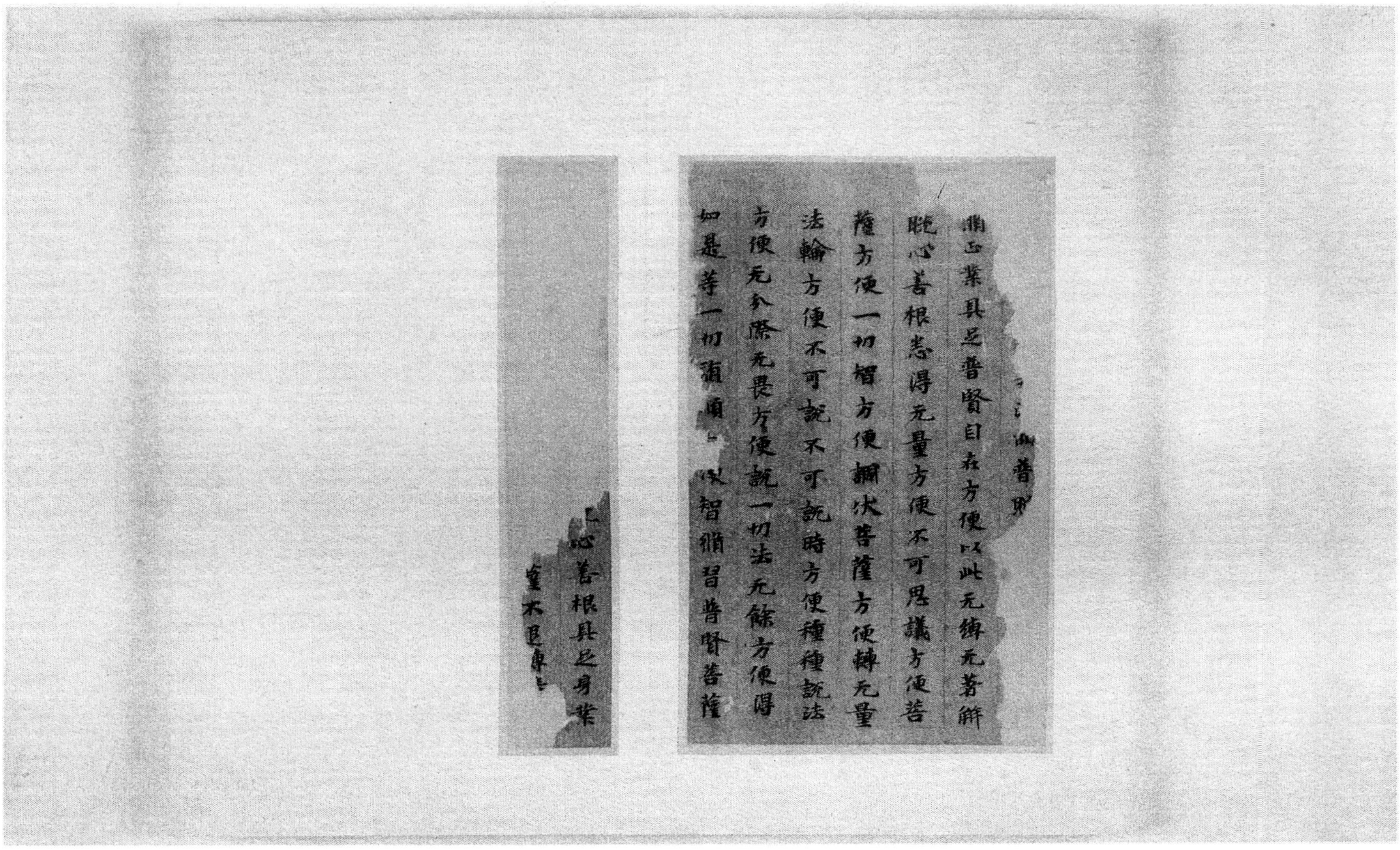

□□普賢
滿足業具足普賢自在方便以此无術无著解
脫心善根悉得无量方便不可思議方便菩
薩方便一切智方便調伏菩薩方便轉无量
法輪方便不可說不可說時方便種種說法
方便无分際无畏方便說一切法无餘方便得
如是等一切顛□□以智循習普賢菩薩

□心善根具足身業
□不退轉□

BD14825 號 CI　大方廣佛華嚴經（晉譯）卷二〇　　（88–59）

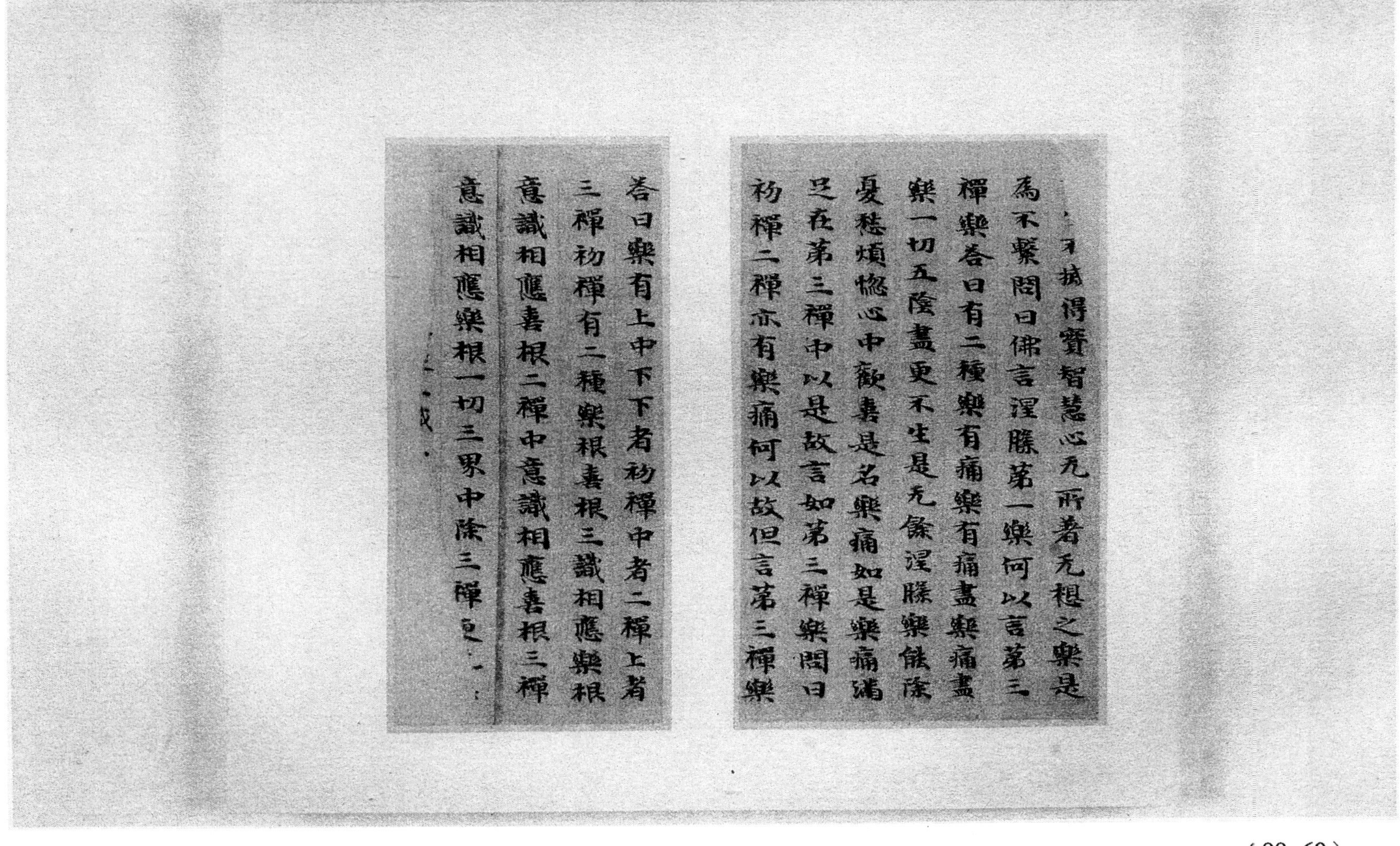
□□拔得寶智慧心无所著无想之樂是
為不繫問曰佛言涅槃第一樂何以言第三
禪樂答曰有二種樂有痛樂有痛盡樂痛盡
樂一切五陰盡更不生是无餘涅槃樂能除
憂愁煩惱心中歡喜是名樂痛如是樂痛滿
足在第三禪中以是故言如第三禪樂問曰
初禪二禪亦有樂痛何以故但言第三禪樂
答曰樂有上中下下者初禪中者二禪上者
三禪初禪有二種樂根喜根三識相應樂根
意識相應喜根二禪中意識相應喜根三禪
意識相應樂根一切三界中除三禪見□

BD14825 號 CJ　大智度論卷九　　（88–60）

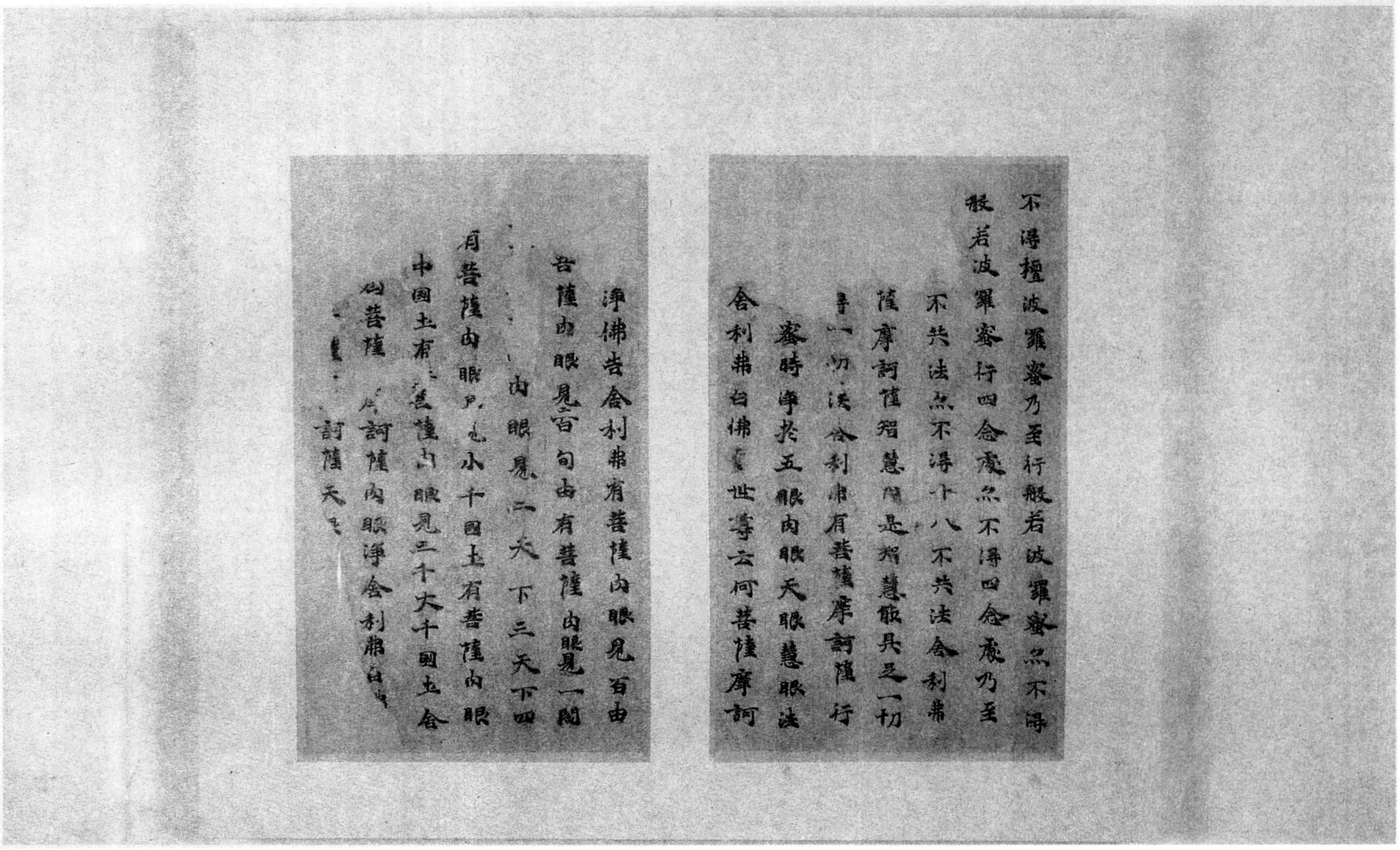
不得檀波羅蜜乃至行般若波羅蜜亦不得
般若波羅蜜行四念處亦不得四念處乃至
不共法亦不得十八不共法舍利弗
薩摩訶薩智慧門是智慧能具足一切
手一切法舍利弗有菩薩摩訶薩行
蜜時淨於五眼肉眼天眼慧眼法
舍利弗白佛言世尊云何菩薩摩訶
淨佛告舍利弗有菩薩肉眼見百由
旬菩薩肉眼見二百旬由有菩薩肉眼見一閻
[illegible]肉眼見二天下三天下四
有菩薩肉眼見[illegible]小千國土有菩薩肉眼
中國土有[illegible]菩薩肉眼見三千大千國土舍
[illegible]菩薩[illegible]訶薩肉眼淨舍利弗白[illegible]
[illegible]訶薩天[illegible]

BD14825 號 CK　摩訶般若波羅蜜經卷二　　（88–61）

[illegible]也仏光明皆蒙利益也三塗勤苦處見此光明[illegible]
除衆生三業重罪身无熱惱口不妄語不兩舌不惡罵不綺
意无貪瞋癡除此十惡身心柔濡也
第六子段從无量壽仏光明顯赫說書也
十方國諸仏菩薩咸共讚歎[illegible]

BD14825 號 CL　無量壽經義記（擬）　　（88–62）

乃至正憶念當知是為魔事復次須菩提聽
法者欲令書持般若波羅蜜乃至正憶念聽
法人不欲書持般若波羅蜜讀誦乃至正憶
念兩不和合不得書般若波羅蜜乃至正憶
念當知是為魔事聽法者欲書讀

BD14825 號 CM　摩訶般若波羅蜜經卷一四　　（88–63）

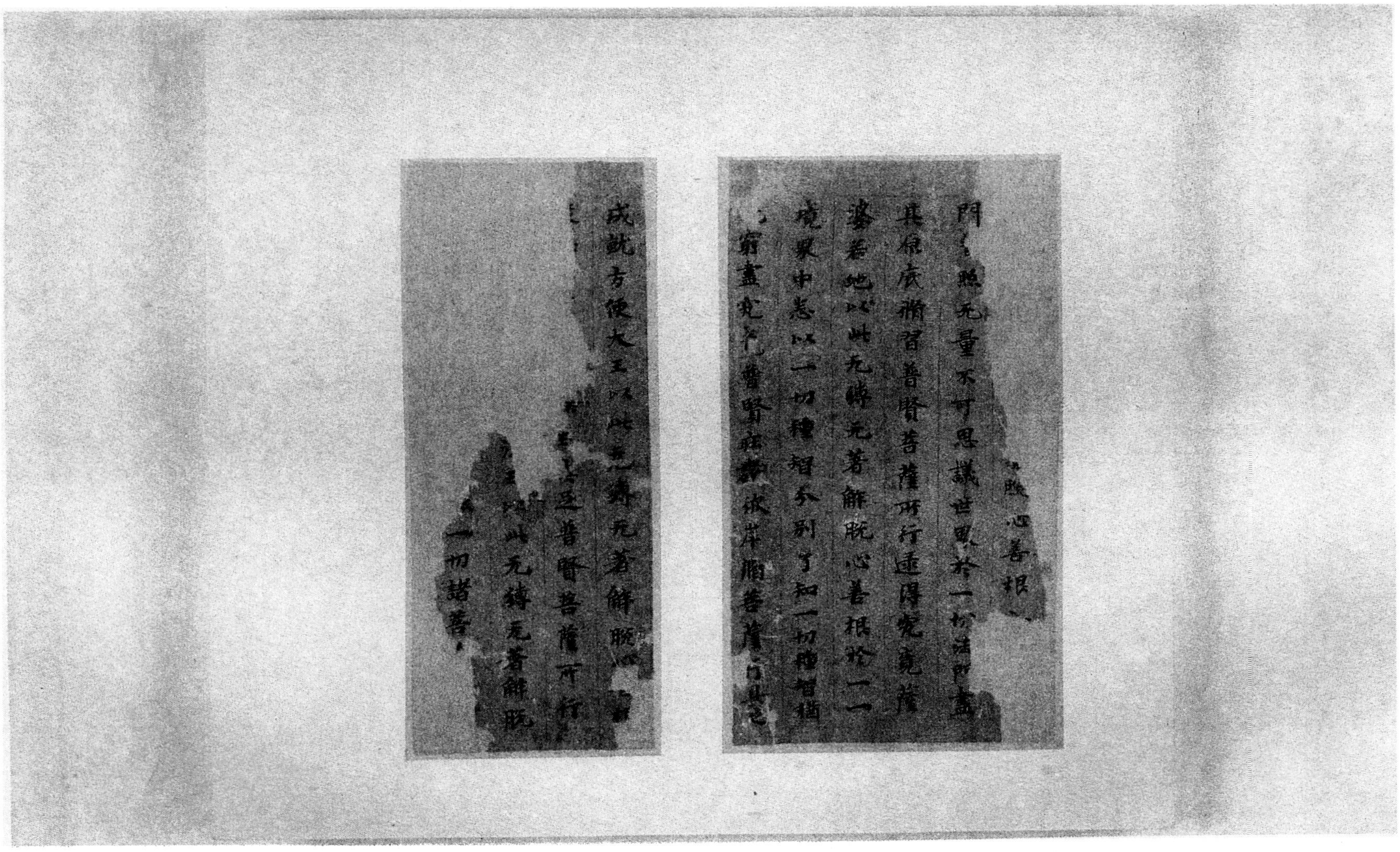

脫心善根
門無量不可思議世界於一切法門無
其根底稱習普賢菩薩所行逮得究竟彼
岸菩薩地以此无縛无著解脫心善根於一一
境界中悉以一切種智分別了知一切種智猶
窮盡究竟普賢所行彼岸普薩行

成就方便大
无著解脫心
逮普賢菩薩所行
以此无縛无著解脫
一切諸菩

BD14825 號 CN　大方廣佛華嚴經（晉譯）卷二〇　　（88–64）

BD14825 號 D　現代封面　（88–65）

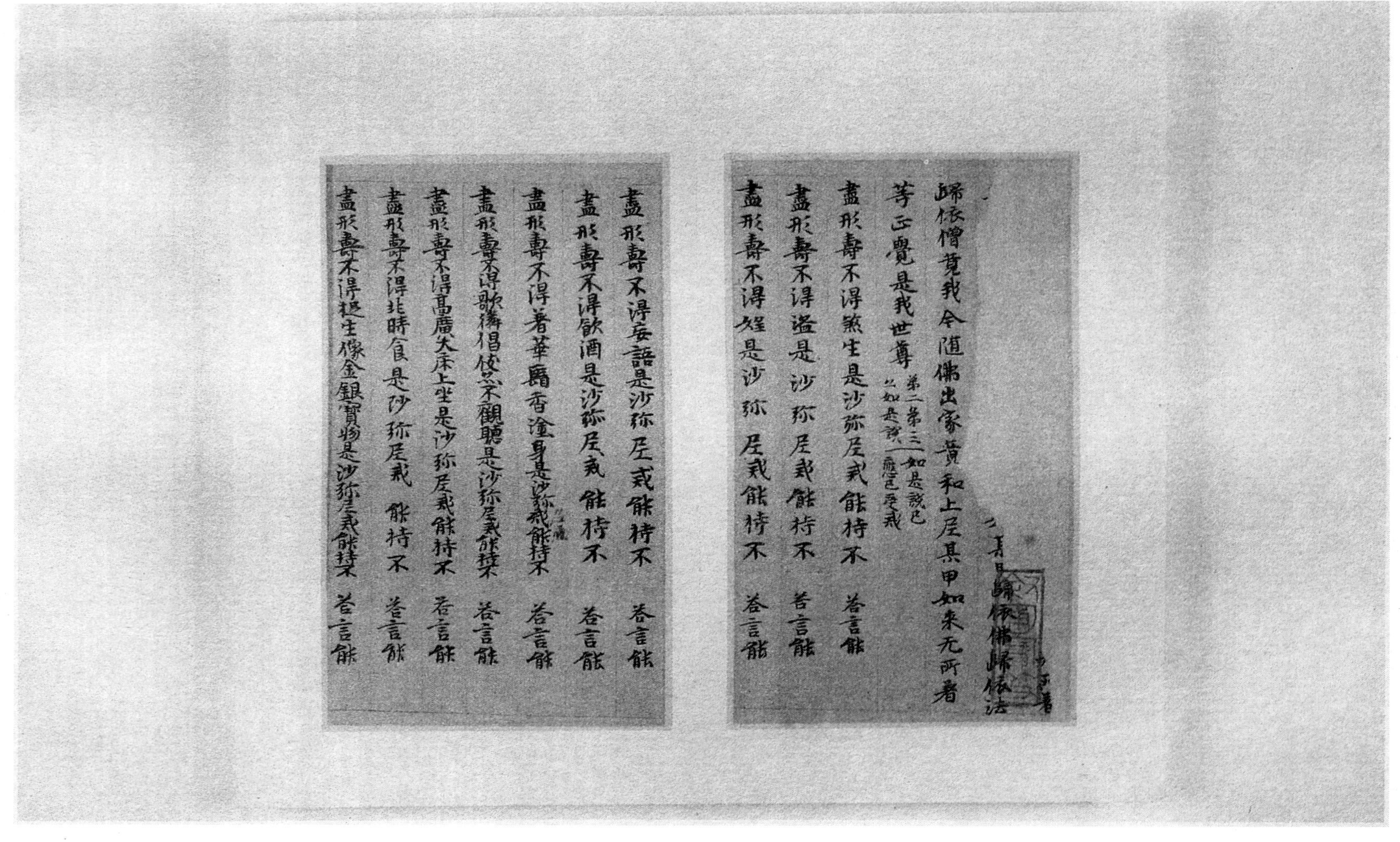

BD14825 號 DA　曇無德律部雜羯磨　（88–66）

如是沙弥尼十戒盡形受不得犯能持不　若言能
汝已受戒竟當供養三寶佛寶法寶僧寶當懃修三業坐
禪誦經勸助衆事　聽童女十八者二年學戒年廿二部僧中受大戒若年十歲僧出適者聽二歲學戒年十二
與受大戒應如是與二歲學戒也　式叉摩那更受六法文　沙弥尼應往比丘尼衆中偏露右肩脫革屣
禮比丘尼僧足已右膝著地合掌白如是言　大姊僧聽我沙弥尼某甲今從僧乞二歲
學戒和上尼某甲願僧濟度我慈愍故與我二歲學戒
第二第三亦如是說應將沙弥尼離聞處著見處已衆中應差堪能作羯磨者如上應作如是白　大姊僧聽此某甲

沙弥尼今從僧乞二歲學戒和上尼某甲若僧時到僧忍
聽僧今與某甲沙弥尼二年學戒和上尼某甲白如是
大姊僧聽此某甲沙弥尼今從僧乞二歲學戒和上尼某
甲誰諸大姊忍僧與某甲沙弥尼二歲學戒和上尼某甲
者嘿然誰不忍說是初羯磨　第二第三亦如是說　僧已忍與某甲沙
弥尼二歲學戒和上尼某甲竟僧忍嘿然故是事如是持
應如是與六法　某甲諦聽如來无所著等正覺六法不得犯不淨

BD14825號 DA　曇無德律部雜羯磨　（88–67）

行行婬欲法若式叉摩那行婬欲法非式叉摩那非釋種女
與染污心男子共身相摩觸缺戒應更與受戒是中盡
形壽不得犯能持不　若言能　不得偷盜乃至草葉若式
叉摩那取人五錢若過五錢若自取若教人取若自斫教
人斫若燒若埋若壞色非式叉摩那非釋種女若取減
五錢缺戒應更與受戒是中盡形壽不得犯能持不
若言能　不得故斷衆生命乃至蟻子若式叉摩那故

自手斷人命求刀授與人教死勸死讚死若與非藥若墮胎
厭禱呪術自作教人作者非式叉摩那非釋種女若斷

BD14825號 DA　曇無德律部雜羯磨　（88–68）

闡提佛性　　　　　　　云何可
斷一闡名念提名不具念不具故名一闡提
佛性非念衆生非具以不具故云何可斷一
闡名定提名不具定不具故名一闡提佛性
非定衆生非具以不具故云何可斷一闡名
慧提名不具慧不具故名一闡提佛性非慧
衆生非具以不具故云何可斷一闡名无常

提名不具以无常善不具是故名一闡提佛
性是常非善非不善何以故善法要從方便
而得而是佛性非方便得是故非善何故復
名非不善也能得善果故善果即是阿耨多
羅三藐三菩提又善法者生已得故而是佛
性非生已得是故非善以斷生得諸善法故
名一闡提善男子如汝所言若一闡提有佛

BD14825號 DB　大般涅槃經（北本）卷二六　（88–69）

性者云何不遮地獄之罪善男子一闡提中
无有佛性善男子譬如有王聞箜篌音其聲
清妙心即耽著喜樂愛念情无捨離即告大
臣如是妙音從何處出大臣荅言如是妙音
從箜篌出王復語言持是聲來尒時大臣即
持箜篌置於王前而作是言大王當知此即
是聲王語箜篌出聲出聲而是箜篌聲亦不

出尒時大王即斷其絃聲亦不出取其皮木
悉皆析裂推求其聲了不能得尒時大王即
瞋大臣云何乃作如是妄語大臣白王夫取
聲者法不如是應以衆緣善巧方便聲乃出
耳衆生佛性亦復如是无有住處以善方便
故得可見以可見故得阿耨多羅三藐三菩
提一闡提輩不見佛性云何能遮三惡道罪

BD14825號 DB　大般涅槃經（北本）卷二六　（88–70）

力也善男子如水乳雜卧至一月終不成酪
若以一滴頗求樹汁投之於中即便成酪若
本有酪何故待緣衆生佛性亦復如是假衆
緣故則便可見假衆緣故得成阿耨多羅三
藐三菩提若待衆緣然後成者即是无性以
无性故能得阿耨多羅三藐三菩提善男子
以是義故菩薩摩訶薩常讚人善不訟彼缺

善男子若一闡提信有佛性當知是人不至
三惡是亦不名一闡提也以不自信有佛性
故即墮三惡墮三惡故名一闡提善男子如
汝所說若乳无酪性不應出酪尼拘陀子无
五丈性則不應有五丈之質愚癡之人作如
是說智者終不發如是言何以故以无性故
善男子如其乳中有酪性者不應復假衆緣

BD14825號DB　大般涅槃經(北本)卷二六　(88–71)

名質直心復次善男子云何菩薩質直心也
菩薩摩訶薩常不犯惡設有過失即時懺悔
於師同學終不覆藏慚愧自責不敢復作於
輕罪中生極重想若人詰問答言實犯復問
是罪為好不好答言不好復問是罪為善不
善即言不善復問是罪是善果耶不善果耶
答言是罪實非善果又問是罪誰之所造將

非諸佛法僧汝作答言非佛法僧我所作也
乃是煩惱之所攝集以直心故信有佛性信
佛性故則不得名一闡提也以直心故名佛
弟子若受衆生衣服飲食卧具醫藥種各十
万不足為多是名菩薩質直心也云何菩薩
循持於戒菩薩摩訶薩受持禁戒不為生天
不為恐怖乃至不受雞戒狗戒牛戒雉戒不

BD14825號DB　大般涅槃經(北本)卷二六　(88–72)

作破戒不作缺戒不作瑕戒不作雜戒不作
聲聞戒受持菩薩摩訶薩戒尸波羅蜜戒得
具足戒不生憍慢是名菩薩修大涅槃具第
三戒云何菩薩親近善友菩薩摩訶薩常
為衆生說於善道不說惡道說於惡道非善
果報善男子我身即是一切衆生真善知識
是故能斷富迦羅婆羅門所有邪見善男子
若有衆生親近我者雖有生於地獄因緣即
得生天如須那剎多等應墮地獄以見我故
即得斷墮地獄因緣生於色天雖有舍利弗
目揵連等不名衆生真善知識何以故生一
闡提心因緣故善男子我昔住於波羅㮈國
時舍利弗教二弟子一觀白骨一令數息經
歷多年各不得定以是因緣即生邪見言无

BD14825 號 DB　大般涅槃經（北本）卷二六　（88–73）

涅槃无漏之法設其有者我應得之何以故
我能善持所受戒故我於尔時見是比丘生
此邪心喚舍利弗而呵責之汝不善教云何
乃為是二弟子顛倒說法汝二弟子其性各
異一主浣衣一是金師金師之子應教數息
浣衣之人應教骨觀以汝錯教令是二人生於
惡邪我於尔時為是二人如應說法二人聞已
得阿羅漢果是故我為一切衆生真善知識
非舍利弗目揵連等若使衆生有極重結得
遇我者我以方便即為斷之如我弟難陁有
極重欲我以種種善巧方便而為除斷鴦崛
摩羅有重瞋恚以見我故瞋恚即息阿闍世
王有重愚癡以見我故癡心即滅如婆熙伽
長者於无量劫積集成就極重煩惱以見我

BD14825 號 DB　大般涅槃經（北本）卷二六　（88–74）

故即便斷滅設有粹惡斯下之人親近於我
作弟子者以是因緣一切人天恭敬愛念尸
利毱多耶見熾滅因見我故耶見即滅因見
我故斷地獄因作生天緣如氣嘘旃陁羅命
當終時因見我故還得壽命如鴦掘尸迦狂心
錯乱因見我故還得本心如瘦瞿曇弥屠家
業以見我故即便捨離如闡提

尊捨身命不毀禁戒如草繫
比丘說半梵行名善知
乃名善知識是故善
親近善知識云何菩薩
乃大涅槃十二部經
菩薩具足多聞除
書寫解說之名

BD14825號DB　大般涅槃經（北本）卷二六　（88–75）

聽受持是大
是名善
受持

BD14825號DB　大般涅槃經（北本）卷二六　（88–76）

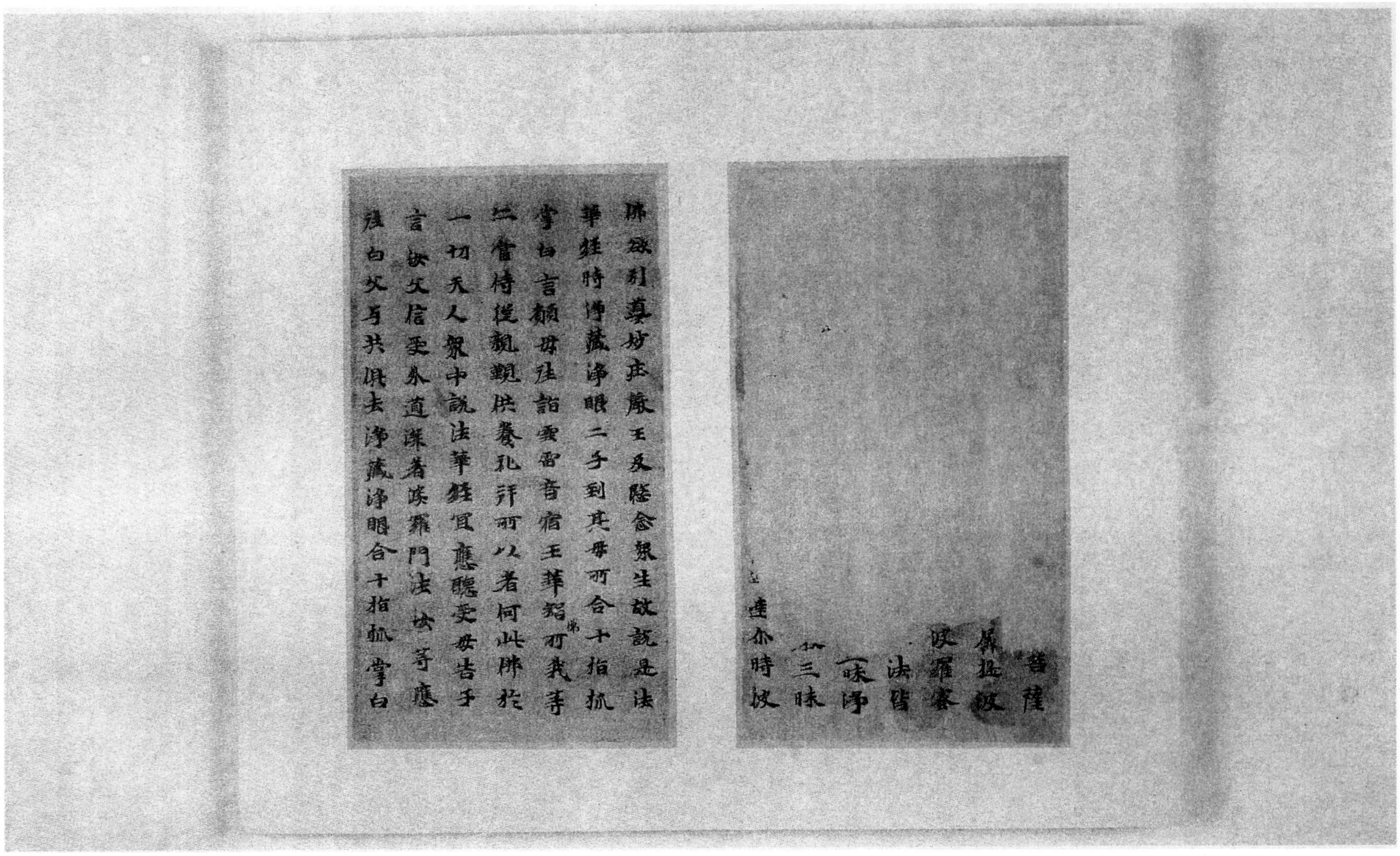

菩薩
羼提波
波羅蜜
法皆
三昧淨
於三昧
達爾時彼

佛欲引導妙莊嚴王及愍念眾生故說是法
華經時淨藏淨眼二子到其母所合十指爪
掌白言願母往詣雲雷音宿王華智佛所我等
亦當侍從親覲供養禮拜所以者何此佛於
一切天人眾中說法華經宜應聽受母告子
言汝父信受外道深著婆羅門法汝等應
往白父與共俱去淨藏淨眼合十指爪掌白

BD14825號DC　妙法蓮華經卷七　（88–77）

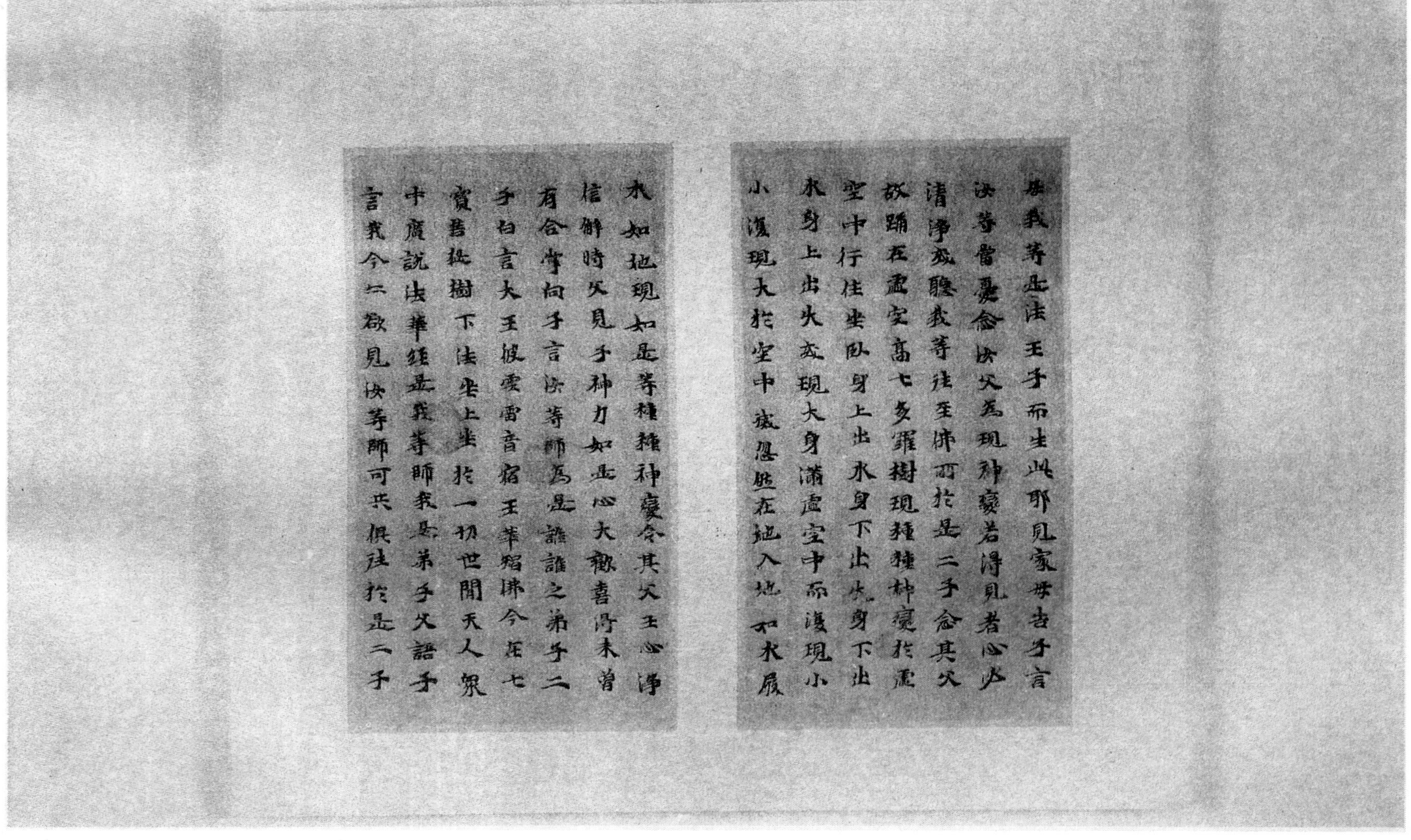

母我等是法王子而生此邪見家母告子言
汝等當憂念汝父為現神變若得見者心必
清淨或聽我等往至佛所於是二子念其父
故踊在虛空高七多羅樹現種種神變於虛
空中行住坐臥身上出水身下出火身下出
水身上出火或現大身滿虛空中而復現小
小復現大於空中滅忽然在地入地如水履

水如地現如是等種種神變令其父王心淨
信解時父見子神力如是心大歡喜得未曾
有合掌向子言汝等師為是誰誰之弟子二
子白言大王彼雲雷音宿王華智佛今在七
寶菩提樹下法座上坐於一切世間天人眾
中廣說法華經是我等師我是弟子父語子
言我今亦欲見汝等師可共俱往於是二子

BD14825號DC　妙法蓮華經卷七　（88–78）

從空中下到其母所合掌白母父王今已信
解堪任發阿耨多羅三藐三菩提心我等為
父已作佛事願母見聽於彼佛所出家修道
尒時二子欲重宣其意以偈白母
願母放我等　出家作沙門　諸佛甚難值　我等隨佛學
如優曇鉢羅　值佛復難是　脫諸難亦難　願聽我出家
母即告言聽汝出家所以者何佛難值故於

是二子白父母言善哉父母願時往詣雲雷
音宿王華智佛所親覲供養所以者何佛難
得值如優曇波羅華又如一眼之龜值浮木
孔而我等宿福深厚生值佛法是故父母當
聽我等令得出家所以者何諸佛難值時
難遇彼時妙莊嚴王後宮八万四千
堪任受持是法華經淨眼菩薩於法

BD14825號 DC　妙法蓮華經卷七　（88–79）

久已通達淨藏菩薩已於无量百
通達離諸惡趣三昧欲令一切衆生
趣故其王夫人得諸佛集三昧能知
密之藏二子如是以方便力善化其父
信解好樂佛法於是妙莊嚴王与羣
俱淨德夫人与後宮婇女眷屬俱其
与四万二千人俱一時共詣佛所到

禮足遶佛三匝却住一面尒時彼佛為王說
法示教利喜王大歡悅尒時妙莊嚴王及其
夫人解頸真珠瓔珞價直百千以散佛上於
虛空中化成四柱寶臺臺中有大寶床敷百
千万天衣其上有佛結加趺坐放大光明尒
時妙莊嚴王作是念佛身希有端嚴殊特成
就第一微妙之色時雲雷音宿王華智佛告

BD14825號 DC　妙法蓮華經卷七　（88–80）

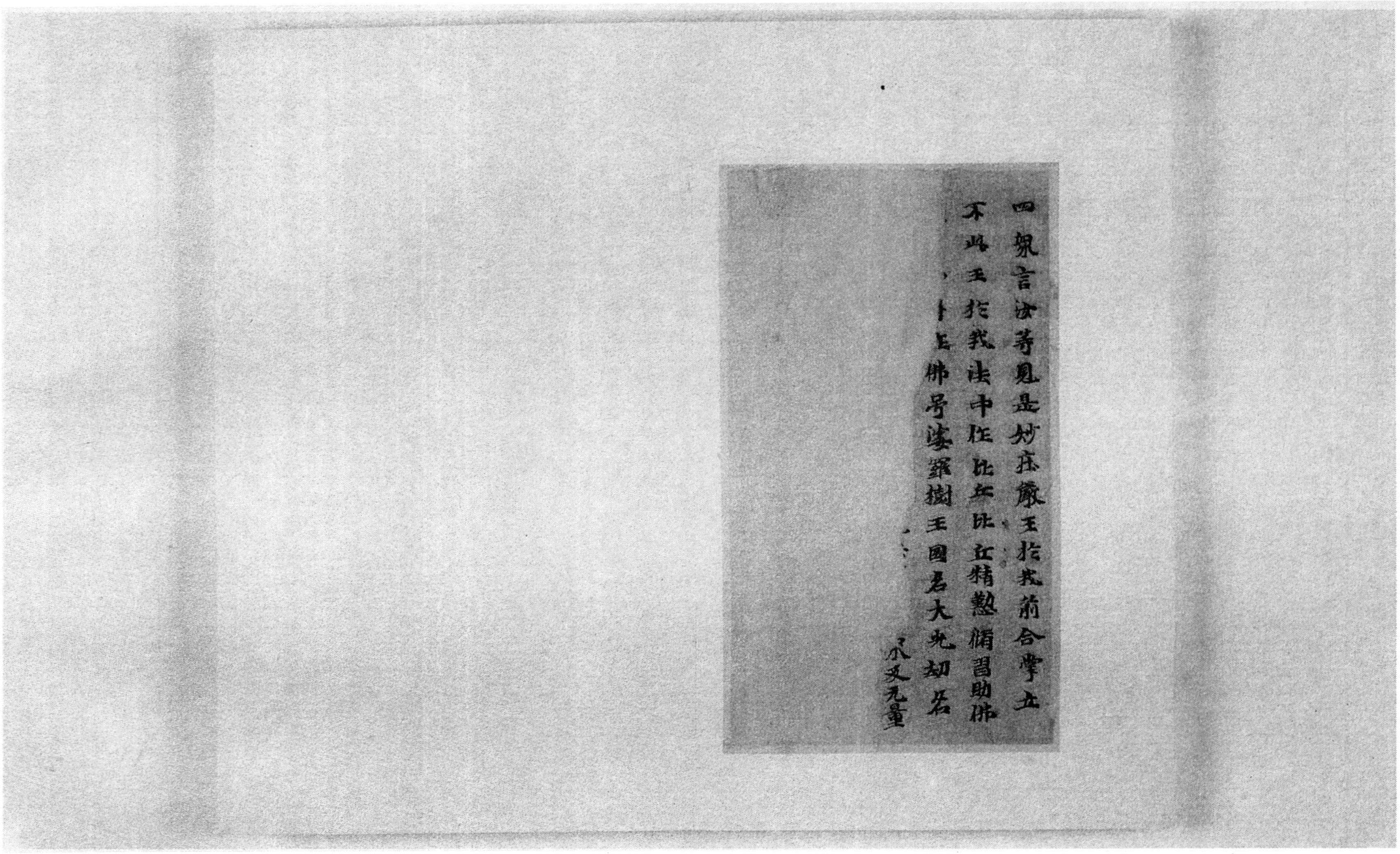

四衆言汝等見是妙莊嚴王於我前合掌立
不此王於我法中作比丘比丘精懃脩習助佛
……上佛號娑羅樹王國名大光劫名
……不又无量

BD14825號DC　妙法蓮華經卷七　　（88-81）

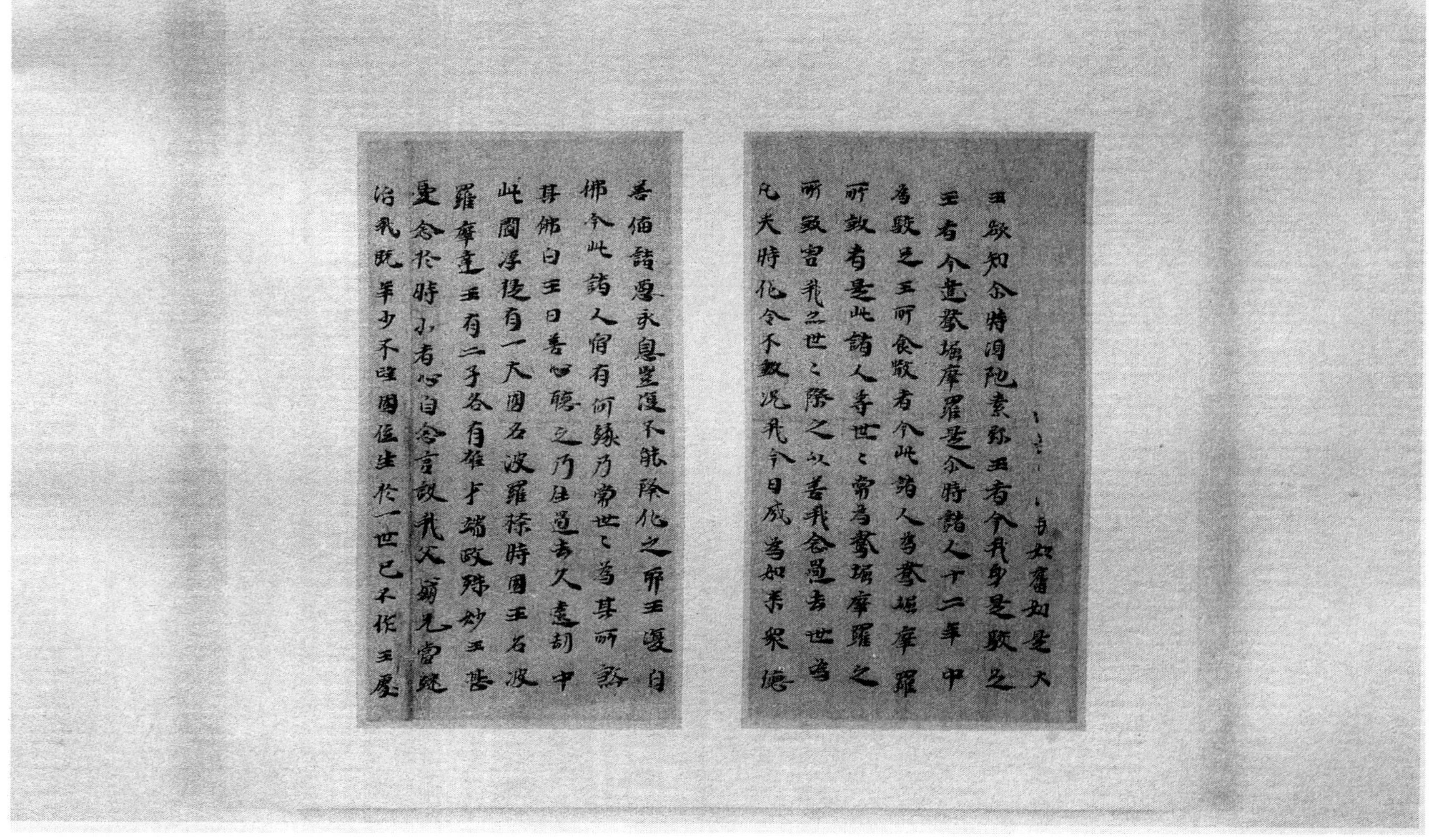
……如屠如是大
王欲知尔時須陀素彌王者今我身是駮足
王者今盡鴦掘摩羅是尔時諸人十二年中
為駮足王所食噉者今此諸人為鴦掘摩羅
所殺者是此諸人等世世常為鴦掘摩羅之
所殺害我之世世以善我念過去世為
凡夫時化令不殺況我今日成為如來衆德
善備諸惡永息豈復不能降化之耶王復白
佛今此諸人宿有何緣乃常世世為其所殺
其佛告王曰善聽之乃往過去久遠劫中
此閻浮提有一大國名波羅㮈時國王名波
羅摩達王有二子各有雄才端政殊妙王甚
愛念於時小者心自念言設我父崩兄當紹
治我既年少不得國位生於一世已不作王處

BD14825號DD　賢愚經卷一一　　（88-82）

世何爲不如默靜以求佛道作是念已往白父
王貪慕深山求於佛道願見聽放得遂所志
如是慇懃苦不可奪父便聽之即放入山去
逕數年父王崩亡其兄、无延位統領人民无
治不久遇疾命終亦有子嗣更无紹繼諸臣
集議靡知所歸有一臣言王有小子前戚大
王入山學佛當還往迎以續王位諸臣喜曰

遣之有此事即用摩訶卑合入山請喚到以情狀
具白其意唯願垂愍極憐我國仙人眷言
此事可畏我此靜樂永无憂患世人凶惡
好相殘劫若我為王儻見禍害今甚樂此
不能去也諸臣重白王嗣絕更无紹繼
唯有大仙是王之種國中人民不得无主
唯願垂愍顧意臨覆如是致誠慇懃求請

BD14825號DD　賢愚經卷一一　（88–83）

其意不忍遂與還國仙人少小不習欲事
既來治國漸近女色婬事既深奢急
晨夜耽荒不能自制遂勑國中一切
出行時要先從我然乃後聽往從
諸國中端政女人入其意者皆悉非
一女人於道陌上大人衆中裸形立屎
驚咲衆共呵之女何不羞乃至若是女即

、女中有何羞恥汝等立屎既怱不羞我

BD14825號DD　賢愚經卷一一　（88–84）

發人見其死句術令起人見其生生死名字 人林
有而无實世界法中實有生死實相法中无
有生死復次生死人有生死不生死人无生
死也何以故不生死人以大智慧能破生相
如說偈

佛法相雖空　亦復不斷滅　雖生亦非常　諸行業不失
諸法如芭蕉　一切從心生　若知法无實　是心亦復空
若有人念空　是則非道行　諸法不生滅　念有故失相
有念墮魔網　无念則得出　心動故非道　不動是法印

是諸天人自識宿命皆大歡喜來詣佛所頭
面礼佛足却住一面問曰諸天生時有三事
自知所來處知所脩福田處知本所作福德
是人生時无此三事云何識宿命答曰人道

BD14825號DE　大智度論卷八　（88–85）

不定或有識者有不識者復次假佛神力則
識宿命問曰諸天有報五神通自識宿命能
到佛所人雖蒙佛神力得知宿命所往處遠
云何能至佛所答曰或有人生報得通如轉
輪王聖人等或有人假佛神力問曰人生十
月三年乳餔十歲能出今蒙佛威神三惡八
難皆得解脫生天人中即至佛所天則可爾人
法未成云何得來答曰五道生法各各不同
諸天地獄皆化生餓鬼二種生若胎若化生
人道畜生四種生卵生濕生化生胎生卵生
如毗舍佉弥伽羅母卅二子（毗舍佉母人生卅二卵卵剖出卅二男皆為力士弥伽羅大臣字也此母得三道）如是等名卵生人濕生者如羅[illegible]（烏甘反）
婆利婬女頂生轉輪聖王如是等名濕生化
生者如佛與四衆遊行比丘尼衆中有比丘

BD14825號DE　大智度論卷八　（88–86）

左名阿羅婆地中忽然化生及劫初生時人
皆化生如是等名為化生胎生者如常人生
化生人即時長大能到佛所有人報得神
通故能到佛所復次佛借神力故能到佛所
頭面礼佛却住一面東方南西北方四維上
下亦如是及十方恒河沙等國土地六種震
動一切地獄餓鬼畜生及餘八難皆得解脫

生天人中齊第六天問曰三千大千國土无
量无數衆生甚多何以復及十方恒河沙等
曰佛力无量雖度三千大千國
是故復及十方問曰若釋
復何須餘佛

BD14825號DE　大智度論卷八　（88–87）

BD14825號D　現代封底　（88–88）

BD14826 號　藏文（無量壽宗要經乙本）　　　　（6–1）

BD14826 號　藏文（無量壽宗要經乙本）　　　　（6–2）

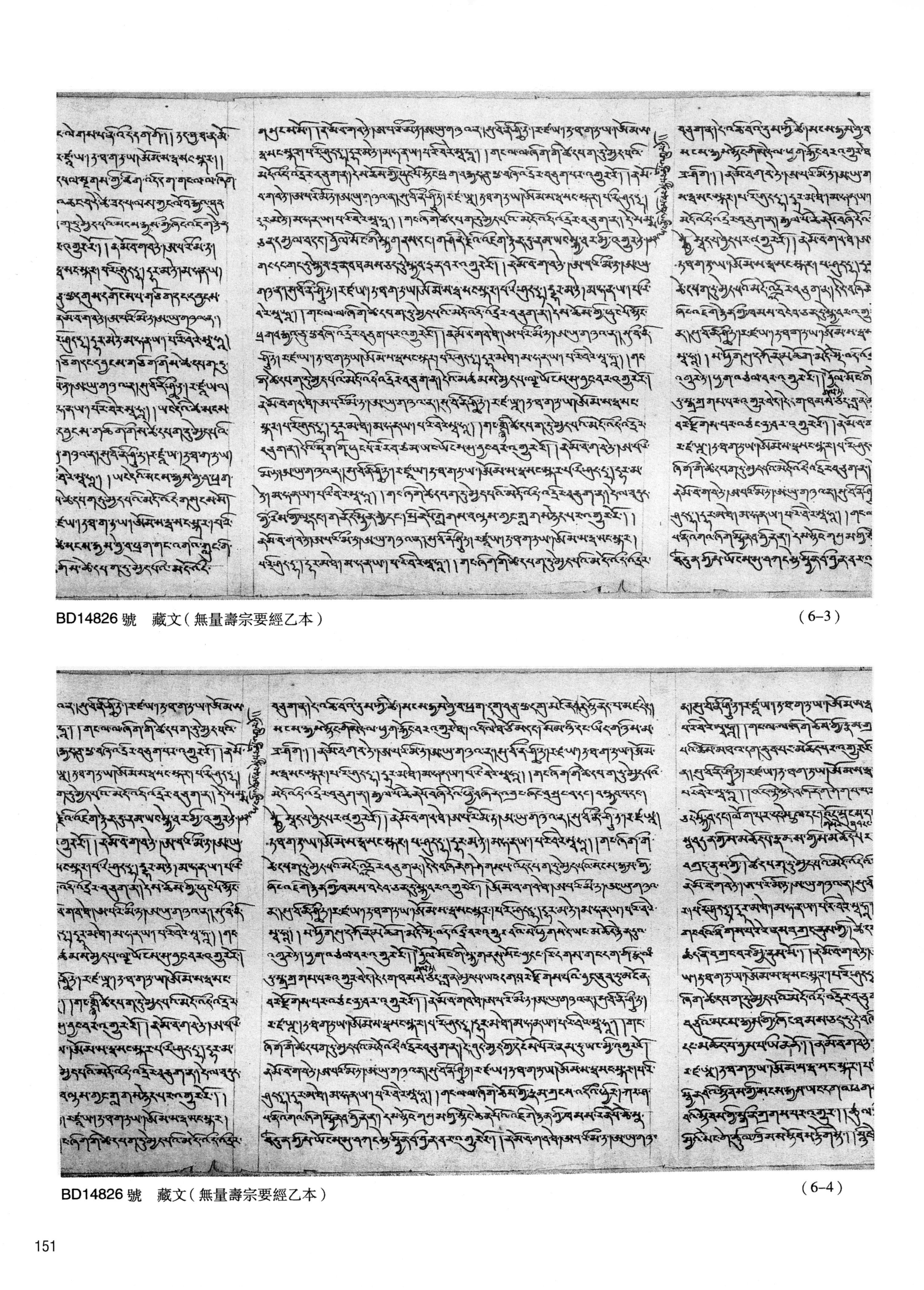

BD14826號　藏文（無量壽宗要經乙本）　　（6–3）

BD14826號　藏文（無量壽宗要經乙本）　　（6–4）

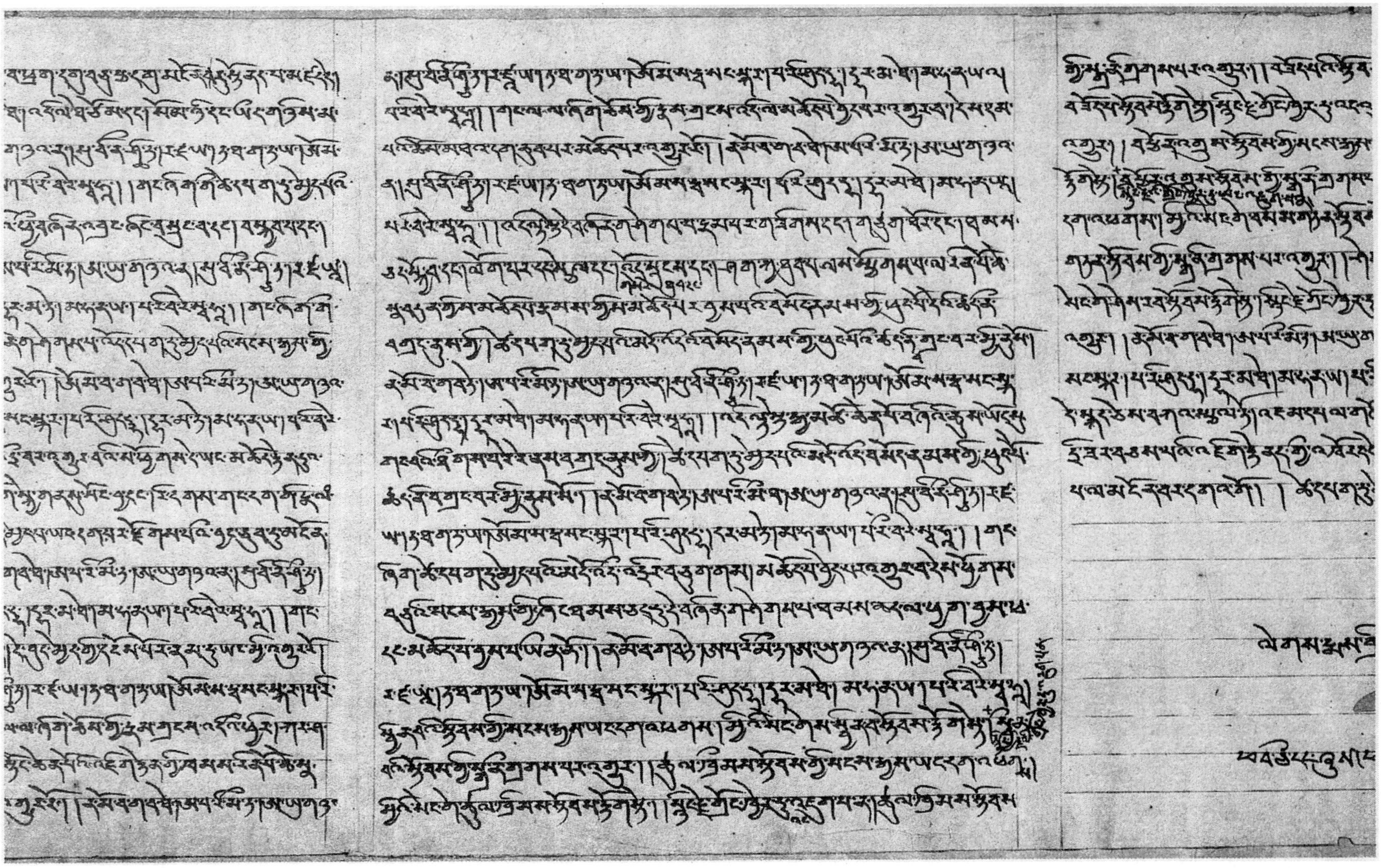

BD14826 號　藏文（無量壽宗要經乙本）　　（6–5）

BD14826 號　藏文（無量壽宗要經乙本）　　（6–6）

大般若經卷第四百卅

敦煌千佛洞唐代
妙法蓮華經長一丈七尺五寸

BD14827號背　護首　（1–1）

妙法蓮華經化城喻品第七
佛告諸比丘乃往過去无量无邊不可思議
阿僧祇劫尒時有佛名大通智勝如來應供
正遍知明行足善逝世間解无上士調御丈
夫天人師佛世尊其國名好成劫名大相諸
比丘彼佛滅度已來甚大久遠譬如三千大
千世界所有地種假使有人磨以為墨過於
東方千國土乃下一點大如微塵又過千國
土復下一點如是展轉盡地種墨於汝等意
云何是諸國土若筭師若筭師弟子能得邊
際知其數不不也世尊諸比丘是人所經國
土若點不點盡末為塵一塵一劫彼佛滅度
已來復過是數无量无邊百千万億阿僧祇

BD14827號　妙法蓮華經卷三　（16–1）

土復下一點如是展轉盡地種墨於汝等意
云何是諸國土若筭師若筭師弟子能得邊
際知其數不不也世尊諸比丘是人所經國
土若點不點盡末為塵一塵一劫彼佛滅度
已來復過是數无量无邊百千万億阿僧祇
劫我以如來知見力故觀彼久遠猶若今日
尒時世尊欲重宣此義而說偈言
我念過去世　无量无邊劫　有佛兩足尊　名大通智勝
如人以力磨　三千大千土　盡此諸地種　皆悉以為墨
過於千國土　乃下一塵點　如是展轉點　盡此諸塵墨
如是諸國土　點與不點等　復盡末為塵　一塵為一劫
此諸微塵數　其劫復過是　彼佛滅度來　如是无量劫
如來无㝵智　知彼佛滅度　及聲聞菩薩　如見今滅度
諸比丘當知　佛智淨微妙　无漏无所㝵　通達无量劫
佛告諸比丘大通智勝佛壽五百四十万億
那由他劫其佛本坐道場破魔軍已垂得阿
耨多羅三藐三菩提而諸佛法不現在前如
是一小劫乃至十小劫結跏趺坐身心不動
而諸佛法猶不在前尒時忉利諸天先為彼
佛於菩提樹下敷師子座高一由旬佛於此
坐當得阿耨多羅三藐三菩提適坐此座時
諸梵天王雨衆天華面百由旬香風時來吹
去萎華更雨新者如是不絕滿十小劫供養
於佛乃至滅度常雨此華四王諸天為供養
佛常擊天鼓其餘諸天作天伎樂滿十小劫
至于滅度亦復如是諸比丘大通智勝佛過
十小劫諸佛之法乃現在前成阿耨多羅三
藐三菩提其佛未出家時有十六子其第一

於佛乃至滅度常雨此華四王諸天為供養
佛常擊天鼓其餘諸天作天伎樂滿十小劫
至于滅度亦復如是諸比丘大通智勝佛過
十小劫諸佛之法乃現在前成阿耨多羅三
藐三菩提其佛未出家時有十六子其第一
者名曰智積諸子各有種種珎異玩好之具
聞父得成阿耨多羅三藐三菩提皆捨所珎
往詣佛所諸母涕泣而隨送之其祖轉輪聖
王與一百大臣及餘百千万億人民皆共圍
遶隨至道場咸欲親近大通智勝如來供養
恭敬尊重讚歎到已頭面礼足遶佛畢一心
合掌瞻仰世尊以偈頌曰
大威德世尊　為度衆生故　於无量億歲　尒乃得成佛
諸願已具足　善哉吉无上　世尊甚希有　一坐十小劫
身體及手足　靜然安不動　其心常惔怕　未曾有散亂
究竟永寂滅　安住无漏法　今者見世尊　安隱成佛道
我等得善利　稱慶大歡喜　衆生常苦惱　盲瞑无導師
不識苦盡道　不知求解脫　長夜增惡趣　減損諸天衆
從瞑入於瞑　永不聞佛名　今佛得最上　安隱无漏道
我等及天人　為得最大利　是故咸稽首　歸命无上尊
尒時十六王子偈讚佛已勸請世尊轉於法
輪咸作是言世尊說法多所安隱憐愍饒益
諸天人民重說偈言
世雄无等倫　百福自莊嚴　得无上智慧　願為世間說
度脫於我等　及諸衆生類　為分別顯示　令得是智慧
若我等得佛　衆生亦復然　世尊知衆生　深心之所念
亦知所行道　又知智慧力　欲樂及脩福　宿命所行業
世尊悉知已　當轉无上輪

世雄无等倫　百福自荘嚴　得无上智慧　願爲世間說
度脫於我等　及諸衆生類　爲分別顯示　令得是智慧
若我等得佛　衆生亦復然　世尊知衆生　深心之所念
亦知所行道　又知智慧力　欲樂及脩福　宿命所行業
世尊悉知已　當轉无上輪
佛告諸比丘大通智勝佛得阿耨多羅三藐
三菩提時十方各五百万億諸佛世界六種
震動其國中間幽冥之處日月威光所不能
照而皆大明其中衆生各得相見咸作是言
此中云何忽生衆生又其國界諸天宮殿乃
至梵宮六種震動大光普照遍滿世界勝諸
天光尒時東方五百万億諸國土中梵天宮
殿光明照曜倍於常明諸梵天王各作是念
今者宮殿光明昔所未有以何因緣而現此
相是時諸梵天王即各相詣共議此事時彼
衆中有一大梵天王名救一切爲諸梵衆而
說偈言
我等諸宮殿　光明昔未有　此是何因緣　宜各共求之
爲大德天生　爲佛出世間　而此大光明　遍照於十方
尒時五百万億國土諸梵天王與宮殿俱各
以衣裓盛諸天華共詣西方推尋是相見大
通智勝如來處于道場菩提樹下坐師子座
諸天龍王乹闥婆緊那羅摩睺羅伽人非人
等恭敬圍遶及見十六王子請佛轉法輪即
時諸梵天王頭面礼佛遶百千帀即以天華
而散佛上其所散華如須弥山并以供養佛
菩提樹其菩提樹高十由旬華供養已各以
宮殿奉上彼佛而作是言唯見哀愍饒益我

BD14827號　妙法蓮華經卷三　(16–4)

等恭敬圍遶及見十六王子請佛轉法輪即
時諸梵天王頭面礼佛遶百千帀即以天華
而散佛上其所散華如須弥山并以供養佛
菩提樹其菩提樹高十由旬華供養已各以
宮殿奉上彼佛而作是言唯見哀愍饒益我
等所獻宮殿願垂納處時諸梵天王即於佛
前一心同聲以偈頌曰
世尊甚希有　難可得值遇　具无量功德　能救護一切
天人之大師　哀愍於世間　十方諸衆生　普皆蒙饒益
我等所從來　五百万億國　捨深禪定樂　爲供養佛故
我等先世福　宮殿甚嚴飾　今以奉世尊　唯願哀納受
尒時諸梵天王偈讚佛已各作是言唯願世
尊轉於法輪度脫衆生開涅槃道時諸梵天
王一心同聲而說偈言
世雄兩足尊　唯願演說法　以大慈悲力　度苦惱衆生
尒時大通智勝如來黙然許之又諸比丘東
南方五百万億國土諸大梵王各自見宮殿
光明照曜昔所未有歡喜踊躍生希有心即
各相詣共議此事時彼衆中有一大梵天王
名曰大悲爲諸梵衆而說偈言
是事何因緣　而現如此相　我等諸宮殿　光明昔未有
爲大德天生　爲佛出世間　未曾見此相　當共一心求
過千万億土　尋光共推之　多是佛出世　度脫苦衆生
尒時五百万億諸梵天王與宮殿俱各以衣
裓盛諸天華共詣西北方推尋是相見大通
智勝如來處于道場菩提樹下坐師子座諸
天龍王乹闥婆緊那羅摩睺羅伽人非人等

BD14827號　妙法蓮華經卷三　(16–5)

尒時五百万億諸梵天王與宮殿俱各以衣
祴盛諸天華共詣西北方推尋是相見大通
智勝如來處于道場菩提樹下坐師子座諸
天龍王乾闥婆緊那羅摩睺羅伽人非人等
恭敬圍遶及見十六王子請佛轉法輪時諸
梵天王頭面礼佛遶百千帀即以天華而散
佛上所散之華如須弥山并以供養佛菩提
樹華供養已各以宮殿奉上彼佛而作是言
唯見哀愍饒益我等所獻宮殿願垂納受尒
時諸梵天王即於佛前一心同聲以偈頌曰
聖主天中王　迦陵頻伽聲　哀愍衆生者　我等今敬礼
世尊甚希有　久遠乃一現　一百八十劫　空過无有佛
三惡道充滿　諸天衆減少　今佛出於世　爲衆生作眼
世間所歸趣　救護於一切　爲衆生之父　哀愍饒益者
我等宿福慶　今得值世尊
尒時諸梵天王偈讚佛已各作是言唯願世
尊哀愍一切轉於法輪度脫衆生時諸梵天
王一心同聲而說偈言
大聖轉法輪　顯示諸法相　度苦惱衆生　令得大歡喜
衆生聞此法　得道若生天　諸惡道減少　忍善者增益
尒時大通智勝如來嘿然許之又諸比丘南
方五百万億國土諸大梵王各自見宮殿光
明照曜昔所未有歡喜踊躍生希有心即各
相詣共議此事以何因緣我等宮殿有此光
曜而彼衆中有一大梵天王名曰妙法爲諸
梵衆而說偈言
我等諸宮殿　光明甚威曜　此非无因緣　是相宜求之

BD14827號　妙法蓮華經卷三　（16–6）

相詣共議此事以何因緣我等宮殿有此光
曜而彼衆中有一大梵天王名曰妙法爲諸
梵衆而說偈言
我等諸宮殿　光明甚威曜　此非无因緣　是相宜求之
過於百千劫　未曾見是相　爲大德天生　爲佛出世間
尒時五百万億諸梵天王與宮殿俱各以衣
祴盛諸天華共詣北方推尋是相見大通智
勝如來處於道場菩提樹下坐師子座諸天
龍王乾闥婆緊那羅摩睺羅伽人非人等恭
敬圍遶及見十六王子請佛轉法輪時諸梵
天王頭面礼佛遶百千帀即以天華而散佛
上所散之華如須弥山并以供養佛菩提樹
華供養已各以宮殿奉上彼佛而作是言唯
見哀愍饒益我等所獻宮殿願垂納受尒時
諸梵天王即於佛前一心同聲以偈頌曰
世尊甚難見　破諸煩惱者　過百三十劫　今乃得一見
諸飢渴衆生　以法雨充滿　昔所未曾覩　无量智慧者
如優曇鉢華　今日乃值遇　我等諸宮殿　蒙光故嚴飾
世尊大慈愍　唯願垂納受
尒時諸梵天王偈讚佛已各作是言唯願世
尊轉於法輪令一切世間諸天魔梵沙門婆
羅門皆獲安隱而得度脫時諸梵天王一心
同聲以偈頌曰
唯願天人尊　轉无上法輪　擊于大法鼓　而吹大法螺
普雨大法雨　度无量衆生　我等咸歸請　當演深遠音
尒時大通智勝如來嘿然許之西南方乃至
下方亦復如是尒時上方五百万億國土諸

BD14827號　妙法蓮華經卷三　（16–7）

羅門皆獲安隱　而得度脫時諸梵天王一心
同聲以偈頌曰
唯願天人尊　轉无上法輪　擊于大法鼓　而吹大法螺
普雨大法雨　度无量衆生　我等咸歸請　當演深遠音
尒時大通智勝如來嘿然許之西南方乃至
下方亦復如是尒時上方五百万億國土諸
大梵王皆悉自覩所止宮殿光明威曜昔所
未有歡喜踊躍生希有心即各相詣共議此
事以何因緣我等宮殿有斯光明時彼衆中
有一大梵天王名曰尸棄為諸梵衆而說偈
言
今以何因緣　我等諸宮殿　威德光明曜　嚴飾未曾有
如是之妙相　昔所未聞見　為大德天生　為佛出世間
尒時五百万億諸梵天王與宮殿俱各以衣
裓盛諸天華共詣下方推尋是相見大通智
勝如來處于道場菩提樹下坐師子座諸天
龍王乾闥婆緊那羅摩睺羅伽人非人等恭
敬圍遶及見十六王子請佛轉法輪時諸梵
天王頭面礼佛遶百千帀即以天華而散佛
上所散之華如須弥山并以供養佛菩提樹
華供養已各以宮殿奉上彼佛而作是言唯
見哀愍饒益我等所獻宮殿願垂納處時諸
梵天王即於佛前一心同聲以偈頌曰
善哉見諸佛　救世之聖尊　能於三界獄　勉出諸衆生
普智天人尊　愍哀群萌類　能開甘露門　廣度於一切
於昔无量劫　空過无有佛　世尊未出時　十方常暗瞑
三惡道增長　阿脩羅亦盛　諸天衆轉減　死多墮惡道
不從佛聞法　常行不善事　色力及智慧　斯等皆減少

BD14827 號　妙法蓮華經卷三　（16–8）

梵天王即於佛前一心同聲以偈頌曰
善哉見諸佛　救世之聖尊　能於三界獄　勉出諸衆生
普智天人尊　愍哀群萌類　能開甘露門　廣度於一切
於昔无量劫　空過无有佛　世尊未出時　十方常暗瞑
三惡道增長　阿脩羅亦盛　諸天衆轉減　死多墮惡道
不從佛聞法　常行不善事　色力及智慧　斯等皆減少
罪業因緣故　失樂及樂想　住於耶見法　不識善儀則
不蒙佛所化　常墮於惡道　佛為世間眼　久遠時乃出
哀愍諸衆生　故現於世間　超出成正覺　我等甚欣慶
及餘一切衆　喜嘆未曾有　我等諸宮殿　蒙光故嚴飾
今以奉世尊　唯垂哀納受　願以此功德　普及於一切
我等與衆生　皆共成佛道
尒時五百万億諸梵天王偈讚佛已各白佛
言唯願世尊轉於法輪多所安隱多所度脫
時諸梵天王而說偈言
世尊轉法輪　擊甘露法鼓　度苦惱衆生　開示涅槃道
唯願受我請　以大微妙音　哀愍而敷演　无量劫習法
尒時大通智勝如來受十方諸梵天王及十
六王子請即時三轉十二行法輪若沙門婆
羅門若天魔梵及餘世間所不能轉謂是苦
是苦集是苦滅是苦滅道及廣說十二因緣
法无明緣行行緣識識緣名色名色緣六入
六入緣觸觸緣受受緣愛愛緣取取緣有有
緣生生緣老死憂悲苦惱无明滅則行滅行
滅則識滅識滅則名色滅名色滅則六入滅
六入滅則觸滅觸滅則受滅受滅則愛滅愛
滅則取滅取滅則有滅有滅則生滅生滅則
老死憂悲苦惱滅佛於天人大衆之中說是

BD14827 號　妙法蓮華經卷三　（16–9）

六入緣觸觸緣受受緣愛愛緣取取緣有有
緣生生緣老死憂悲苦惱无明滅則行滅行
滅則識滅識滅則名色滅名色滅則六入滅
六入滅則觸滅觸滅則受滅受滅則愛滅愛
滅則取滅取滅則有滅有滅則生滅生滅則
老死憂悲苦惱滅佛於天人大衆之中說是
法時六百万億那由他人以不受一切法故
而於諸漏心得解脫皆得深妙禪定三明六
通具八解脫第二第三第四說法時千万億
恒河沙那由他等衆生亦以不受一切法故
而於諸漏心得解脫從是已後諸聲聞衆无
量无邊不可稱數尒時十六王子皆以童子
出家而為沙弥諸根通利智慧明了已曾供
養百千万億諸佛淨脩梵行求阿耨多羅三
藐三菩提俱白佛言世尊是諸无量千万億
大德聲聞皆以成就世尊亦當為我等說阿
耨多羅三藐三菩提法我等聞已皆共脩學
世尊我等志願如來知見深心所念佛自證
知尒時轉輪聖王所將衆中八万億人見十
六王子出家亦求出家王即聽許尒時彼佛
受沙弥請過二万劫已乃於四衆之中說是
大乘經名妙法蓮華教菩薩法佛所護念說
是經已十六沙弥為阿耨多羅三藐三菩提
故皆共受持諷誦通利說是經時十六菩薩
沙弥皆悉信受聲聞衆中亦有信解其餘衆
生千万億種皆生疑惑佛說是經於八千劫
未曾休廢說此經已即入靜室住於禪定八
万四千劫是時十六菩薩沙弥知佛入室寂

故皆共受持諷誦通利說是經時十六菩薩
沙弥皆悉信受聲聞衆中亦有信解其餘衆
生千万億種皆生疑惑佛說是經於八千劫
未曾休廢說此經已即入靜室住於禪定八
万四千劫是時十六菩薩沙弥知佛入室寂
然禪定各昇法座亦於八万四千劫為四部
衆廣說分別妙法華經一一皆度六百万億
那由他恒河沙等衆生示教利喜令發阿耨
多羅三藐三菩提心大通智勝佛過八万四
千劫已從三昧起往詣法座安詳而坐普告
大衆是十六菩薩沙弥甚為希有諸根通利
智慧明了已曾供无量千万億數諸佛於諸
佛所常脩梵行受持佛智開示衆生令入其
中汝等皆當數數親近而供養之所以者何
若聲聞辟支佛及諸菩薩能信是十六菩薩
所說經法受持不毀者是人等皆當得阿耨
多羅三藐三菩提如來之慧佛告諸比丘是
十六菩薩常樂說是妙法蓮華經一一菩薩
所化六百万億那由他恒河沙等衆生世世
所生與菩薩俱從其聞法悉皆信解以此因
緣得值四万億諸佛世尊于今不盡諸比丘
我今語汝彼佛弟子十六沙弥今皆得阿耨
多羅三藐三菩提於十方國土現在說法有
无量百千万億菩薩聲聞以為眷屬其二沙
弥東方作佛一名阿閦在歡喜國二名須弥
頂東南方二佛一名師子音二名師子相南
方二佛一名虛空住二名常滅西南方二佛

弥東方作佛一名阿閦在歡喜國二名須弥
頂東南方二佛一名師子音二名師子相南
方二佛一名虛空住二名常滅西南方二佛
一名帝相二名梵相西方二佛一名阿弥陁
二名度一切世間苦惱西北方二佛一名多
摩羅跋栴檀香神通二名須弥相北方二佛
一名雲自在二名雲自在王東北方佛名壞
一切世間怖畏第十六我釋迦牟尼佛於娑
婆國土成阿耨多羅三藐三菩提諸比丘我
等爲沙弥時各各教化无量百千万億恒河
沙等衆生從我聞法爲阿耨多羅三藐三菩
提此諸衆生于今有住聲聞地者我常教化
阿耨多羅三藐三菩提是諸人等應以是法
漸入佛道所以者何如来智慧難信難解尒
時所化无量恒河沙等衆生者汝等諸比丘
及我滅度後未来世中聲聞弟子是也我滅
度後復有弟子不聞是經不知不覺菩薩所
行自於所得功德生滅度想當入涅槃我於
餘國作佛更有異名是人雖生滅度之想入
於涅槃而於彼土求佛智慧得聞是經唯以
佛乘而得滅度更无餘乘除諸如来方便說
法諸比丘若如来自知涅槃時到衆又清淨
信解堅固了達空法深入禪定便集諸菩薩
及聲聞衆爲說是經世間无有二乘而得滅
度唯一佛乘得滅度耳比丘當知如来方便
深入衆生之性知其志樂小法深着五欲爲
是等故說於涅槃是人若聞則便信受譬如

及聲聞衆爲說是經世間无有二乘而得滅
度唯一佛乘得滅度耳比丘當知如来方便
深入衆生之性知其志樂小法深着五欲爲
是等故說於涅槃是人若聞則便信受譬如
五百由旬險難惡道曠絶无人怖畏之處若
有多衆欲過此道至珎寶處有一導師聦慧
明達善知險道通塞之相將導衆人欲過此
難所將人衆中路懈退白導師言我等疲極
而復怖畏不能復進前路猶遠今欲退還導
師多諸方便而作是念此等可愍云何捨大
珎寶而欲退還作是念已以方便力於險道
中過三百由旬化作一城告衆人言汝等勿
怖莫得退還今此大城可於中止隨意所作
若入是城快得安隱若能前至寶所亦可得
去是時疲極之衆心大歡喜歎未曾有我等
今者免斯惡道快得安隱於是衆人前入化
城生已度想生安隱想尒時導師知此人衆
既得止息无復疲惓即滅化城語衆人言汝
等去来寶處在近向者大城我所化作爲止
息耳諸比丘如来亦復如是今爲汝等作大
導師知諸生死煩惱惡道險難長遠應去應
度若衆生但聞一佛乘者則不欲見佛不欲
親近便作是念佛道長遠久受懃苦乃可得
成佛知是心怯弱下劣以方便力而於中道
爲止息故說二涅槃若衆生住於二地如来
尒時即便爲說汝等所作未辦汝所住地近
於佛慧當觀察籌量所得涅槃非真實也但

佛知是心怯弱下劣以方便力而於中道
為止息故說二涅槃若衆生住於二地如來
尒時即便為說汝等所作未辦汝所住地近
於佛慧當觀察籌量所得涅槃非真實也但
是如來方便之力於一佛乘分別說三如彼
導師為止息故化作大城既知息已而告之
言寶處在近此城非實我化作耳尒時世尊
欲重宣此義而說偈言
大通智勝佛　十劫坐道場　佛法不現前　不得成佛道
諸天神龍王　阿脩羅衆等　常雨於天華　以供養彼佛
諸天擊天鼓　并作衆伎樂　香風吹萎華　更雨新好者
過十小劫已　乃得成佛道　諸天及世人　心皆懷踊躍
彼佛十六子　皆與其眷屬　千万億圍遶　俱行至佛所
頭面礼佛足　而請轉法輪　聖師子法雨　充我及一切
世尊甚難值　久遠時一現　為覺悟群生　震動於一切
東方諸世界　五百万億國　梵宮殿光耀　昔所未曾有
諸梵見此相　尋來至佛所　散華以供養　并奉上宮殿
請佛轉法輪　以偈而讚歎　佛知時未至　受請嘿然坐
三方及四維　上下亦復尒　散花奉宮殿　請佛轉法輪
世尊甚難值　願以本慈悲　廣開甘露門　轉无上法輪
无量慧世尊　受彼衆人請　為宣種種法　四諦十二緣
无明至老死　皆從生緣有　如是衆過患　汝等應當知
宣暢是法時　六百万億姟　得盡諸苦際　得成阿羅漢
第二說法時　千万恒沙衆　於諸法不受　亦得阿羅漢
從是後得道　其數无有量　万億劫筭數　不能得其邊
時十六王子　出家作沙弥　皆共請彼佛　演說大乘法
我等及營從　皆當成佛道　願得如世尊　慧眼第一淨
佛知童子心　宿世之所行　以无量因緣　種種諸譬喻

BD14827 號　妙法蓮華經卷三

(16–14)

第二說法時　千万恒沙衆　於諸法不受　亦得阿羅漢
從是後得道　其數无有量　万億劫筭數　不能得其邊
時十六王子　出家作沙弥　皆共請彼佛　演說大乘法
我等及營從　皆當成佛道　願得如世尊　慧眼第一淨
佛知童子心　宿世之所行　以无量因緣　種種諸譬喻
說六波羅蜜　及諸神通事　分別真實法　菩薩所行道
說是法華經　如恒河沙偈　彼佛說經已　靜室入禪定
一心一處坐　八万四千劫　是諸沙弥等　知佛禪未出
為无量億衆　說佛无上慧　各各坐法座　說是大乘法
於佛宴寂後　宣揚助法化　一一沙弥等　所度諸衆生
有六百万億　恒河沙等衆　彼佛滅度後　是諸聞法者
在在諸佛土　常與師俱生　是十六沙弥　具足行佛道
今現在十方　各得成正覺　尒時聞法者　各在諸佛所
其有住聲聞　漸教以佛道　我在十六數　曾亦為汝說
是故以方便　引汝趣佛慧　以是本因緣　今說法華經
令汝入佛道　慎勿懷驚懼　譬如險惡道　迥絕多毒獸
又復无水草　人所畏怖處　无數千万衆　欲過此險道
其路甚曠遠　經五百由旬　時有一導師　強識有智慧
明了心決定　在險濟衆難　衆人皆疲惓　而白導師言
我等今頓乏　於此欲退還　導師作是念　此輩甚可愍
如何欲退還　而失大珍寶　尋時思方便　當設神通力
化作大城郭　莊嚴諸舍宅　周帀有園林　渠流及浴池
重門高樓閣　男女皆充滿　即作是化已　慰衆言勿懼
汝等入此城　各可隨所樂　諸人既入城　心皆大歡喜
皆生安隱想　自謂已得度　導師知息已　集衆而告言
汝等當前進　此是化城耳　我見汝疲極　中路欲退還
故以方便力　權化作此城　汝今勤精進　當共至寶所
我亦復如是　為一切導師　見諸求道者　中路而懈廢

BD14827 號　妙法蓮華經卷三

(16–15)

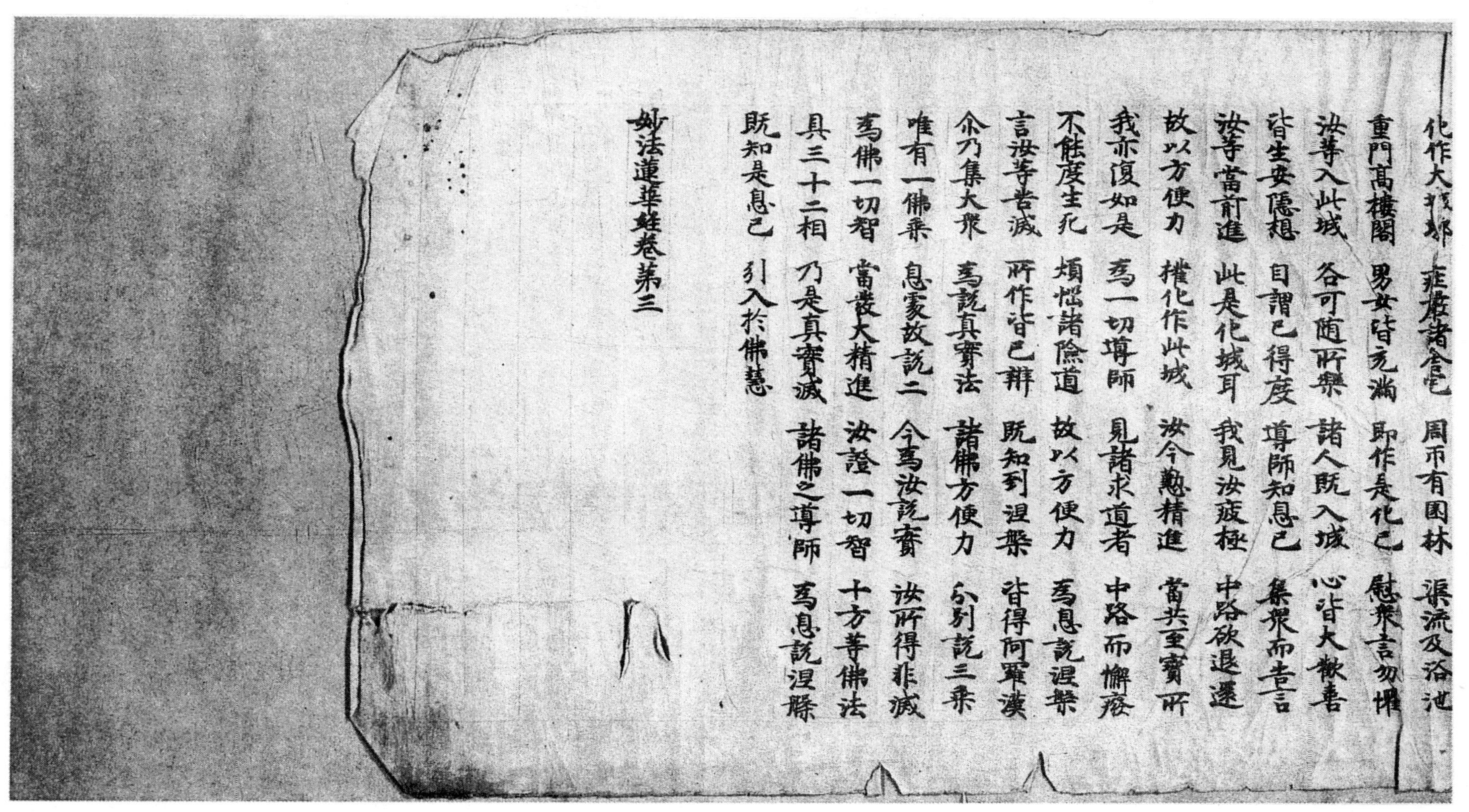
化作大城郭　莊嚴諸舍宅　周帀有園林　渠流及浴池
重門高樓閣　男女皆充滿　即作是化已　慰衆言勿懼
汝等入此城　各可隨所樂　諸人既入城　心皆大歡喜
皆生安隱想　自謂已得度　導師知息已　集衆而告言
汝等當前進　此是化城耳　我見汝疲極　中路欲退還
故以方便力　權化作此城　汝今勤精進　當共至寶所
我亦復如是　為一切導師　見諸求道者　中路而懈廢
不能度生死　煩惱諸險道　故以方便力　為息說涅槃
言汝等苦滅　所作皆已辦　既知到涅槃　皆得阿羅漢
尒乃集大衆　為說真實法　諸佛方便力　分別說三乘
唯有一佛乘　息處故說二　今為汝說實　汝所得非滅
為佛一切智　當發大精進　汝證一切智　十方等佛法
具三十二相　乃是真實滅　諸佛之導師　為息說涅槃
既知是息已　引入於佛慧

妙法蓮華經卷第三

BD14827號　妙法蓮華經卷三　（16–16）

摩訶般若波羅蜜放光經真知識品之二　十五
舍利弗白佛言般若波羅蜜甚深難解不可
平相不當於新學菩薩前說是深般若波羅
蜜聞者或恐或怖狐疑不信不樂當為
阿惟越致菩薩摩訶薩說是深般若波羅蜜
聞是經不恐不怖終不疑礙聞則信解　釋提
桓因問舍利弗去使於新學菩薩前說深般
若波羅蜜有何等過舍利弗語釋提桓因言
若於新學菩薩前說者便能恐怖便能誹謗
便不得度既便受劇惡之罪更苦久難乃能
成阿耨多羅三耶三菩釋提桓因問舍利弗
頗有未受記別菩薩聞是深般若波羅蜜不
恐不怖者不舍利弗言有聞是深般若波羅
蜜不恐不怖者今受記別不久不過一見一
佛兩佛便受記別尒時世尊告舍利弗如是

BD14828號　放光般若經（異卷）卷一五　（20–1）

成阿耨多羅三耶三菩釋提桓因問舍利弗
頗有未受記別菩薩聞是深般若波羅蜜不
恐不怖者不舍利弗言有聞是深般若波羅
蜜不恐不怖者今受記別不久不過更見一
佛兩佛便受記別尒時世尊告舍利弗如是
如是若有聞深般若波羅蜜不恐不怖者當
知是輩菩薩摩訶薩久發意已久行六波羅
蜜已久供養諸佛所行轉轉出於本所聞所
行者上舍利弗白佛言世尊所說者我已解
所言世尊若善男子善女人發菩薩意者若
於夢中行六波羅蜜若坐於佛坐當知是善
男子善女人不久近阿耨多羅三耶三菩悉
於夢中所住如是當近阿耨多羅三耶三菩
不久何況行六波羅蜜求阿耨多羅三耶三
菩而不疾成三耶三佛善男子善女人聞是
深般若波羅蜜能奉行者於善本功德為已
成就已曾供養過去無央數諸佛為與真知
識相得受持諷誦般若波羅蜜得阿耨多羅
三耶三菩記別不久當知是菩薩於阿耨多
羅三耶三菩不復動轉今現在信者亦當如
是甫當來信者亦復如是世尊譬如有人若
行百俞旬若二百俞旬至四百俞旬所經過
處飢餓賊寇險澀劇難還見樹木若牧牛之
坐當知居家去是不遠便自歡喜今我為得
脫此諸難不復恐畏當不復飢餓受持深般
若波羅蜜者當知是菩薩為已受記成阿耨

BD14828號　放光般若經（異卷）卷一五　（20–2）

處飢餓賊寇險澀劇難還見樹木若牧牛之
坐當知居家去是不遠便自歡喜今我為得
脫此諸難不復恐畏當不復飢餓受持深般
若波羅蜜者當知是菩薩為已受記成阿耨
多羅三耶三菩不復久是菩薩不畏當墮羅
漢辟支佛坐是者則菩薩摩訶薩應成之兆
佛語舍利弗汝所說辯才者皆是佛事舍利
弗白佛言世尊譬如有人欲見大海便發往
趣大海不懈止亦不見樹亦不見山便作念
言今近大海不久雖不見大海於中生想言
如我所見相知我今至海不久世尊菩薩摩
訶薩當作是知聞受持般若波羅蜜諷誦讀
者雖不面於諸如來無所著等正覺前受阿
耨多羅三耶三菩劫數之記者自知成三耶
三佛不久何以故已得見般若波羅蜜受持
諷誦故世尊譬如人見春而諸樹萠芽含氣
當知是樹枝葉華實將生不久何以故是樹
先有瑞應故閻浮提人見瑞應莫不歡喜者
世尊菩薩得見聞般若波羅蜜聞已受持諷
誦念習行中事當知是菩薩功德已成滿已
供養若千百千諸佛遠前功德之所扶接使
成阿耨多羅三耶三菩而上諸而曾見諸佛皆
歡喜言前過去諸菩薩皆受記別瑞應亦如
是世尊譬如母人懷任稍稍長大坐起不安
行步無便氣力轉微食飲損少臥起不寧稍
稍覺痛猒本所習皆受諸惱異母人觀見瑞

BD14828號　放光般若經（異卷）卷一五　（20–3）

歡喜言前過去諸菩薩皆受記別瑞應亦如
是世尊譬如母至懷任稍稍長大坐起不安
行步無便氣力轉微食飲損少卧起不寧稍
稍覺痛猒本所習皆受諸惱異母至觀見瑞
應知是婦至今産不久菩薩摩訶薩已住善
本供養若千百千諸佛從久遠住行常與真
知識相得功德成就菩薩摩訶薩行諸功德
故便得般若波羅蜜已便受持諷誦習行中事
如法住者世尊當知是菩薩摩訶薩受阿耨
多羅三耶三菩記別終不復久佛言善哉善
哉舍利弗汝乃住是問者皆是佛事須菩提
白佛言甚奇甚特世尊悉豫知菩薩所應佛
語須菩提菩薩摩訶薩發阿耨多羅三耶三
菩欲益衆生安隱一切及亦與至欲以四事
受行菩薩道者何等爲四一者施與二者仁
愛三者利至四者同義勸彼令行十善自行
四禪及四空定勸彼使行四禪及四空定自
行六波羅蜜勸彼令行六波羅蜜以般若波
羅蜜勸令至得須陁洹道自於内不爲勸至
行羅漢辟支佛道自於内不爲不受羅漢辟
支佛證勸助無央數億百千菩薩令行六波
羅蜜自過於阿惟越致坐勸彼住阿惟越致
坐自淨佛國土勸彼淨佛國土自具神通勸
彼脩神通自淨陁隣尼門勸彼令淨陁隣尼
門自行具足辯才勸彼令行辯才自成就身
相勸彼令成身相自成童真坐勸彼令脩淨

BD14828號　放光般若經（異卷）卷一五　（20–4）

羅蜜自過於阿惟越致坐勸彼住阿惟越致
坐自淨佛國土勸彼淨佛國土自具神通勸
彼脩神通自淨陁隣尼門勸彼令淨陁隣尼
門自行具足辯才勸彼令行辯才自成就身
相勸彼令成身相自成童真坐勸彼令脩淨
潔行坐自得佛十力勸彼使行十力自逮薩
云若勸彼令逮薩云若自離諸習緒勸彼令
離習緒自轉法輪勸彼令轉法輪須菩提白
佛言世尊甚奇甚特菩薩摩訶薩爲衆生普
具足住功德行般若波羅蜜求阿耨多羅三
耶三菩世尊菩薩摩訶薩念般若波羅蜜女
何當得具足佛言行般若波羅蜜亦不見五
陰有增有減是故菩薩摩訶薩行般若波羅
蜜得具足念乃至薩云若亦不見有增有減
是爲菩薩得具足念復次須菩提行般若波
羅蜜菩薩亦不見有法亦不見非法亦不見
過去當來今現在惡法善法亦不見受記別
亦不見不受亦不見有爲法亦不見無爲法
亦不見三界亦不見六波羅蜜乃至薩云若
亦無所見是故菩薩般若波羅蜜得具足念
何以故諸法法之相法不據空無堅固侵誑之
觀法亦無生無壽無命故須菩提言世尊
所説不可思議佛語須菩提以五陰不可思
議故所説不可思議六波羅蜜乃至薩云若
不可思議故所説不可思議須菩提若有菩
薩行般若波羅蜜知五陰不可思議則知具
足般若波羅蜜乃至薩云若知不可思議則

BD14828號　放光般若經（異卷）卷一五　（20–5）

議故所說不可思議六波羅蜜乃至薩云若
不可思議故所說不可思議須菩提若有菩
薩行般若波羅蜜知五陰不可思議則知具
足般若波羅蜜乃至薩云若知不可思議則
具足知般若波羅蜜須菩提白佛言世尊深
般若波羅蜜誰當信解者佛言菩薩久行六
波羅蜜多作諸善本已供養過去無央數諸
佛已與真知識相隨者是輩菩薩乃信解深
般若波羅蜜須菩提白佛言世尊是菩薩行
六波羅蜜作諸善本以來幾時供養若千佛
與真知識相得佛告須菩提菩薩摩訶薩
不有名五陰不分別五陰亦不以想有名分別
五陰亦不有名分別五陰有實及諸六情三
界六波羅蜜內外空及有無空三十七品佛
十八法道慧及薩云若亦不有名分別亦不
以想有名分別則有虛有實何以故須菩提
以五陰不可思議乃至薩云若亦不可思議
以是故菩薩摩訶薩久行六波羅蜜多作諸
善本與真知識相得須菩提白佛言世尊般
若波羅蜜者甚深以五陰甚深故般若波羅
蜜甚深以薩云若甚深故般若波羅蜜甚深
世尊般若波羅蜜者珍寶之積聚是須陁洹
及羅漢辟支佛寶之積聚亦是阿耨多羅三
耶三菩寶之積聚亦是十力四無所畏四無
礙慧四等四空定五神通三十七品佛十八
法及薩云若乃至諸法寶之積聚世尊般若

BD14828號　放光般若經（異卷）卷一五　（20–6）

世尊般若波羅蜜者珍寶之積聚是須陁洹
及羅漢辟支佛寶之積聚亦是阿耨多羅三
耶三菩寶之積聚亦是十力四無所畏四無
礙慧四等四空定五神通三十七品佛十八
法及薩云若乃至諸法寶之積聚世尊般若
波羅蜜者是清淨之積聚以五陰清淨乃至
薩云若清淨故世尊深般若波羅蜜甚奇天
怙於是中云何而有留難佛言有是有是留
難善男子善女至欲書是般若波羅蜜者當
疾疾書之若欲受持者欲諷誦者欲守行者
亦當疾疾為之所以者何或未受書行之頃
能有留難善男子善女至若能一月書成者
若二若三若四若五若一歲成者要當書持
受之諷誦學習若一匝書成持學受者亦當
竟之若至一歲亦當竟之所以者何多於珍
寶中起諸因緣有留難故須菩提言世尊是
深般若波羅蜜有書持學諷誦守行念中事
者諸魔波旬常念欲斷絕之佛語善提去使
波旬欲斷絕者會不能斷絕令不守行書持學
者舍利弗白佛言世尊是何誰恩令魔波旬
不能斷絕學深般若波羅蜜者佛告舍利弗
是佛之事令魔波旬不能斷絕亦復是十方
諸佛之恩擁護是菩薩受持般若波羅蜜者
令魔波旬不能斷絕所以者何舍利弗菩薩
受持般若波羅蜜為佛所護持者而魔波旬
終不能斷絕為作留難何以故舍利弗諸有

BD14828號　放光般若經（異卷）卷一五　（20–7）

諸佛之恩擁護是菩薩受持般若波羅蜜者
令魔波旬不能斷絕所以者何舍利弗菩薩
受持般若波羅蜜為佛所護持者爾魔波旬
終不能斷絶為作留難何以故舍利弗諸有
菩薩書持受學般若波羅蜜念諷誦者諸佛
之法應當擁護令魔波旬不能中道令有留
難者舍利弗是善男子善女人當作是念我
今書持受學般若波羅蜜者皆是諸佛事舍
利弗白佛言世尊若有善男子善女人書持
受學般若波羅蜜者皆為佛恩之所護持佛
言如是如是舍利弗言世尊十方現在諸如
來無所著等正覺頗知是善男子善女人書
持受學般若波羅蜜念諷誦者不頗持佛
眼頗知頗見不佛告舍利弗諸有書持受學般
若波羅蜜諷誦行者十方諸如來無所著等
正覺已見已知諸善男子善女人行菩薩道
者書持受學般若波羅蜜諷誦行者當知是
人今近阿耨多羅三耶三菩不久舍利弗若
復善男子善女人行菩薩道者書持受學般
若波羅蜜諷誦守習行如中事愛樂供養般
若波羅蜜名華搗香澤香雜香繒綵華蓋幢
幡所有作是供養者諸佛以爾眼悉見是善
男子善女人以是善男子善女人有書持般
若波羅蜜奉行學者得最大福得大功德為
得最勝行善男子善女人持善本功德終不
隨惡趣至阿惟越致終無有離諸佛六波羅

幡所有作是供養者諸佛以爾眼悉見是善
男子善女人以是善男子善女人有書持般
若波羅蜜奉行學者得最大福得大功德為
得最勝行善男子善女人持善本功德終不
隨惡趣至阿惟越致終無有離諸佛六波羅
蜜時終不離內外空及有無空時至阿耨多
羅三耶三菩終不離三十七品佛十八法時
舍利弗如來去之後是般若波羅蜜當在南
方南方諸比丘比丘尼優婆塞優婆夷亦當
受學書持是深般若波羅蜜持是功德終不
至惡趣受爾上至中之福以奉行六波羅蜜
明六波羅蜜已當復供養承事諸佛承事之
後當以三乘而得度脫舍利弗般若波羅蜜
所在方面所至到處四輩學士亦當受持是
深般若波羅蜜書持諷誦持是功德不至惡
趣受爾上至中之福亦當復奉行六波羅蜜
明六波羅蜜已當復供養承事諸佛承事之
後以三乘法而得度脫舍利弗是般若波羅
蜜當轉北去北方四輩亦當復受書持諷誦
行深般若波羅蜜持是功德不生三惡趣受之
道之福亦當奉行六波羅蜜亦當承事諸佛
世尊復以三乘而得度脫舍利弗深般若波
羅蜜是時當行佛事所以者何舍利弗我泥
洹後法欲盡時我已豫知是善男子善女人
受持是深般若波羅蜜者我復知是善男子善
女人盡意供養般若波羅蜜所有名香繒綵
華蓋持是功德不墮三惡趣受二坐之善神行

洹後法欲盡時我已豫知是善男子善女𤯔
受持是深般若波羅蜜者我復知是善男子善
女𤯔盡意供養般若波羅蜜所有名香繒綵
華蓋持是功德不墮三惡趣受二埊之善神行
六波羅蜜供養諸佛以三乘法而得度脫何
以故舍利弗如來已見是輩𤯔已稱譽是𤯔
我已署是𤯔所在十方現在諸佛亦復稱譽
亦見是𤯔亦署是𤯔已舍利弗白佛言世尊
是般若波羅蜜後當普在北方耶佛言如汝
所說乃後世時善男子善女𤯔受學書持行
般若波羅蜜者當知是𤯔久發大乘意已更
供養若千諸佛作諸善本舍利弗白佛言世
尊後北方面當有幾所善男子善女𤯔行菩
薩道受持般若波羅蜜諷誦解者佛告舍利
弗後北方世雖多有善男子善女𤯔受持般
若波羅蜜者少有成大乘者耳舍利弗是善
男子善女𤯔行菩薩道者聞說深般若波羅
蜜不難不猒而不恐怖所以者何善男子善
女𤯔已為見佛已從諸佛聞深法已所以者
何是善男子善女𤯔已為具足六波羅蜜為
已具足內空外空及有無空已為具足佛十
八法三十七品是善男子善女𤯔多作諸功
德發阿耨多羅三耶三菩為一切衆生故舍
利弗我為是善男子善女𤯔說薩云若慧過
去諸如來無所著等正覺亦復說薩云若
慧諸求阿耨多羅三耶三菩者皆為生老病

BD14828號　放光般若經（異卷）卷一五　（20–10）

八法三十七品是善男子善女𤯔多作諸功
德發阿耨多羅三耶三菩為一切衆生故舍
利弗我為是善男子善女𤯔說薩云若慧過
去諸如來無所著等正覺亦復說薩云若
慧諸求阿耨多羅三耶三菩者皆為生老病
死故亦復為彼說阿耨多羅三耶三菩諸慧
之事是善男子善女𤯔從小至竟求阿耨多
羅三耶三菩魔及魔天終不能據何況其餘
有惡行者而欲誹謗深般若波羅蜜舍利弗
是善男子善女𤯔聞深般若波羅蜜者使得
歡妙歡喜立多所生於阿耨多羅三耶三菩
佛言我為菩薩時亦復作是誓我等亦當立
無央數衆生勸令行菩薩道我等亦當受阿
耨多羅三耶三菩不動轉記若有菩薩發意
者我代歡喜諸有勸𤯔使發阿耨多羅三耶
三菩者我亦代歡喜善男子善女𤯔行般若
波羅蜜者為已於過去諸佛前作是誓已　今
復於我前誓願衆生我當饒益安隱衆生我
當勸助一切衆生立阿耨多羅三耶三菩意
使不動轉所以者何過去諸佛亦復代諸發
意菩薩作是誓者代其歡喜舍利弗我代歡
喜者善男子善女𤯔亦為復欲安隱一切勸
助衆生使立阿耨多羅三耶三菩離於哭衰
得淨妙行已自清淨復以淨施淨妙施已便
受淨妙功德之福受淨妙福以復為衆生故
分別內外所有令衆生得淨妙福持是功德
遍至十方諸佛國土說般若波羅蜜處而得

BD14828號　放光般若經（異卷）卷一五　（20–11）

得淨妙行已自清淨復以淨施淨妙施已使
受淨妙功德之福受淨妙福以復為衆生故
分別內外所有令衆生得淨妙福持是功德
遍至十方諸佛國土說般若波羅蜜處而得
聽受聞受已亦復於彼勸發衆生令立阿耨
多羅三耶三菩意舍利弗白佛言甚奇世尊
如來無所著等正覺所說過去當來今現在
之法無所不知衆生之行無事不知乃復知
諸當來過去現在佛事衆僧之事或有善男
子善女人得六波羅蜜欲諷誦受或意進退
便不能得學六波羅蜜若善男子善女人求
六波羅蜜意不進退精進不懈便能一時具
足六波羅蜜舍利弗白佛言善男子善女人
如是行者便得深經為應般若波羅蜜耶佛
言如是深經者為應般若波羅蜜何以故用
能勸助安立衆生令發阿耨多羅三耶三菩
故舍利弗是善男子善女人於六波羅蜜不
捨生老病死精進不怠如般若波羅蜜教淨
佛國土教化衆生令立阿耨多羅三耶三菩
志終不懈怠

般若波羅蜜放光經覺魔品第卌七

須菩提白佛言世尊歎說善男子善女人發
阿耨多羅三耶三菩行六波羅蜜者攝取
佛國教化衆生其功德乃尒是善男子善女
人云何而趣斷絕留難佛告須菩提言辯不
即生者當知魔事須菩提言世尊云何菩薩

BD14828號　放光般若經（異卷）卷一五　（20–12）

般若波羅蜜放光經覺魔品第卌七

須菩提白佛言世尊歎說善男子善女人發
阿耨多羅三耶三菩行六波羅蜜者攝取
佛國教化衆生其功德乃尒是善男子善女
人云何而趣斷絕留難佛告須菩提言辯不
即生者當知魔事須菩提言世尊云何菩薩
辯不即發知是魔事佛言菩薩行般若波羅
蜜具足六波羅蜜久久乃成以是故菩薩辯
不即生當知魔事也須菩提菩薩辯才卒起
亦是魔事世尊何以故辯才卒起復是魔事
佛言是菩薩行六波羅蜜卒起辯事所以者
何學無本末辯起太卒不能究竟是故當知
魔事菩薩書是經時轉相形咲志亂不定衆
意不知知是菩薩則為魔事書是經時意自
念言我不得是經中滋味便而捨去當復知
是魔事須菩提說是經時若受持之貢高綺
語隱署他人者復是魔事受持諷誦學是經
時各自貢高轉相形咲菩薩當覺是為魔事
須菩提受是經時各各志亂意不和同者當
知是為菩薩魔事須菩提言世尊云何不得
經中滋味便棄捨去當覺魔事佛言是輩菩
薩未曾習行六波羅蜜不聞般若波羅蜜自
生意念言我無有記別於六波羅蜜以是故
聞般若波羅蜜不喜樂悅便棄捨去當知是
為菩薩魔事世尊云何菩薩言我無記別不
樂便去佛言未得菩薩道者終不記阿耨多
羅三耶三菩別是故言我無有別於六波羅

BD14828號　放光般若經（異卷）卷一五　（20–13）

薩未曾習行六波羅蜜不聞般若波羅蜜自
生意念言我無有記別於六波羅蜜以是故
聞般若波羅蜜不喜樂悅便棄捨去當知是
為菩薩魔事世尊云何菩薩言我無記別不
樂便去佛言未得菩薩道者終不記阿耨多
羅三耶三菩別是故言我無有別於六波羅
蜜便棄捨去是故魔事若有菩薩意念言我
鄉里不聞般若波羅蜜及所生處亦不聞是
復棄捨去不復欲學般若波羅蜜意轉一念
輙却一劫隨其轉意多少之數當更乃尒所
劫甫當復更學餘經不住薩云若亦不至薩
云若是輩菩薩為棄其根而攀枝條當知是
為菩薩魔事須菩提言世尊何等經不從薩
云若中出而欲學誦餘經佛告須菩提聲聞
所應三十七品法及三脫門善男子善女𤯔
住是中求取須陁洹道斯陁含阿那含阿羅
漢道不取薩云若然自住微須菩提是為捨
本攀枝者所以者何是菩薩亦復出生於般
若波羅蜜中般若波羅蜜者亦出道法俗法
菩薩學般若波羅蜜中亦當學道法亦當學
俗法辟若有拘得大家所食不肯食之得使
𤯔之食而便食之須菩提當來有學菩薩道
者得深般若波羅蜜更棄捨去反攀枝條須
菩提當知是菩薩魔事復次須菩提辟如有
𤯔欲得見象得象捨去反求象跡於意云何
是𤯔為黠不須菩提言為不黠當來之世有
行菩薩道者得深般若波羅蜜反棄捨去更

者得深般若波羅蜜更棄捨去反攀枝條須
菩提當知是菩薩魔事復次須菩提辟如有
𤯔欲得見象得象捨去反求象跡於意云何
是𤯔為黠不須菩提言為不黠當來之世有
行菩薩道者得深般若波羅蜜反棄捨去更
學聲聞辟支佛經法於意云何是菩薩為黠
不須菩提言為不黠佛言是菩薩當覺魔事
須菩提辟如有𤯔欲見大海已見捨去反觀
牛跡之水便言海之大小孰踰於此於意云
何是𤯔為黠不須菩提言世尊為不黠佛言
當來有學菩薩道者得深般若波羅蜜亦棄
捨去反學聲聞辟支佛經法於中受學諷誦
須菩提是輩菩薩當覺魔事須菩提辟如工
匠欲以撲則日匠殿舍之模豎立安造作釋之
殿於意云何彼匠雖巧寧能作不須菩提言世
尊此事甚難非是凡夫世愚之士所能作者
佛言當來之世有行菩薩道者得學深般若
波羅蜜中道而棄捨去更於聲聞辟支佛經
法中欲以具足薩云若者薩云若事於意云何
是𤯔寧能成薩云若不須菩提言所不能成
佛言是菩薩當覺魔事須菩提辟如有𤯔欲
見轉輪聖王見已反觀小王諦熟視之便言
聖王之體與此何異是𤯔為黠不須菩提言
世尊為不黠佛言當來有少德之𤯔學菩薩
道者得聞深般若波羅蜜學持守行中道捨
棄更受羅漢辟支佛經法復言我當於中具

聖王之體與此何異是至爲黠不須菩提言
世尊爲不黠佛言當來有少德之至學菩薩
道者得聞深般若波羅蜜學持守行中道捨
棄更受羅漢辟支佛經法復言我當於中具
薩云若於意云何是菩薩爲黠不須菩提言
世尊爲不黠佛言是爲菩薩魔事譬如飢至
得百味食更念欲得六十味食捨百味去食
六十味於意云何是爲黠不須菩提言世尊
爲不黠佛言當來有學菩薩道者得深般若
波羅蜜棄捨去已更於聲聞辟支佛經法中
求薩云若是菩薩爲黠不須菩提言爲不黠
佛言是爲菩薩魔事譬如士夫得無價摩尼
寶已反比水精於意云何是爲黠不須菩提
言世尊爲不黠佛言當來有學菩薩道者得
深般若波羅蜜已更棄捨去反持比聲聞辟
支佛經法於聲聞辟支佛經法中欲得薩云
若寧爲黠不須菩提言爲不黠佛言是爲菩
薩魔事復次須菩提若有善男子善女至書
般若波羅蜜已於中他因緣起便不得書或
復有色聲香味細滑法之留難或復有檀波
羅蜜留難尸波羅蜜留難羼波羅蜜留難惟
逮波羅蜜留難禪波羅蜜留難乃至阿耨多
羅三耶三菩皆爲作留難何以故須菩提般
若波羅蜜者非是留難不可思議亦非選擇
不生不滅不著不斷無礙非見非行非猗所
以者何須菩提般若波羅蜜無礙像法若有

BD14828號　放光般若經（異卷）卷一五　（20–16）

羅三耶三菩皆爲作留難何以故須菩提般
若波羅蜜者非是留難不可思議亦非選擇
不生不滅不著不斷無礙非見非行非猗所
以者何須菩提般若波羅蜜無礙像法若有
菩薩書是經時若有是輩留難事者當知是
爲魔事須菩提白佛言世尊是般若波羅蜜
可得書耶佛言不也何以故般若波羅蜜者
其實不可見至檀波羅蜜實不可見乃至薩
云若亦不可見諸所有者皆不可見何以故
無所有故無所有者不可書也須菩提善男
子善女至行菩薩道者作是念言是深般若
波羅蜜無所有者是爲菩薩魔事須菩提言
世尊諸行菩薩道者書是深般若波羅蜜經
字已入是字中便言我書般若波羅蜜世尊
是六波羅蜜無有字法所以者何六波羅蜜
無有文字五陰亦無有文字乃至薩云若亦
無文字世尊善男子善女至行菩薩道者從
六波羅蜜乃至薩云若作無文字入般若波
羅蜜者亦是菩薩魔事須菩提善男子善女
至行菩薩道者書般若波羅蜜時若起想念
郡國縣邑丘聚村落若聞父母所尊之聲意
念父母若念兄弟姊妹若念丘賊婬欲之事
作是念已復生餘念魔波旬復益其念作是
留難欲令中斷使不書持須菩提是爲菩薩
魔事若善男子善女至行菩薩道者書持般
若波羅蜜時若供養事起衣被財利飲食床

BD14828號　放光般若經（異卷）卷一五　（20–17）

念父母若念兄弟姊妹若念丘賊婬欲之事
作是念已復生餘念魔波旬復益其念作是
留難欲令中斷使不書持須菩提是為菩薩
魔事若善男子善女乃至行菩薩道者書持般
若波羅蜜時若供養事起衣被財利飲食床
臥病瘦醫藥言我書般若波羅蜜故得是供
養於是衆者當覺魔事須菩提書是經時魔
波旬於菩薩前說種種異深經之事菩薩有
漚惒拘舍羅者不受魔所說何以故是經不
能令乃至薩云若故須菩提若是菩薩無漚
惒拘舍羅意者聞深般若波羅蜜便欲捨去
佛言我廣為諸菩薩說漚惒拘舍羅事欲得
漚惒拘舍羅事者當從深般若波羅蜜中索
之須菩提善男子善女乃至求菩薩乘者捨深
般若波羅蜜欲從聲聞辟支佛經法中求漚
惒拘舍羅須菩提當知是菩薩魔事
般若波羅蜜放光經不和合品第卌八
佛告須菩提有乃至樂聽樂受般若波羅蜜為
法師者身體疲極不能所說當覺魔事佛言
若法師者身體安隱欲有所說而受法者者
餘因緣各自罷散當覺魔事須菩提受經之
乃至欲書般若波羅蜜為法師者欲有所至是
為魔事為法師者欲得供養牀臥飲食病瘦
醫藥所有衣被受經之乃至少欲知足無與
心便不和合是為魔事須菩提法師之乃至少
欲知足守戒不貪志常精進樂在禪定受經
之乃至不知猒足貪求供養兩不和合是為魔

為魔事為法師者欲得供養牀臥飲食病瘦
醫藥所有衣被受經之乃至少欲知足無與
心便不和合是為魔事須菩提法師之乃至少
欲知足守戒不貪志常精進樂在禪定受經
之乃至不知猒足貪求供養兩不和合是為魔
事須菩提法師之乃至阿練若行十二法受經
之乃至不能燕坐又不奉行十二法事須菩提
受經之乃至持十二法能獨燕寂為法師者永
無此志兩不和合不得書學是為魔事須菩
提受經之乃至精進有信奉戒如法樂般若波
羅蜜為法師者多欲犯律不能守戒須菩提
為法師者精進信樂奉律禁戒行般若波羅
蜜受經之乃至多有所毀犯戒違律兩不和合
是為魔事須菩提為法師者無所貪求好喜
施與志願廣普受經之乃至多求有欲貪悋愛
惜志礙意狹兩不和合須菩提若受經之乃至
更無所欲好施不貪志願無礙為法師者及
更貪求無有止足志意狹小兩不和合是為
魔事須菩提受經之乃至欲供養與為法師者
所有之具為法師者不肯受之不得學持般
若波羅蜜須菩提為法師者希望供養衣服
所有受經之乃至更廉潔守節不慕利養復不
和合是為魔事須菩提為法師者明於經道
勇辯知猛然受經者闇塞遲鈍志不時寤須
菩提受經之乃至志明意達智辯纖寤為法師
者貪闇不達而不和合是為魔事須菩提為

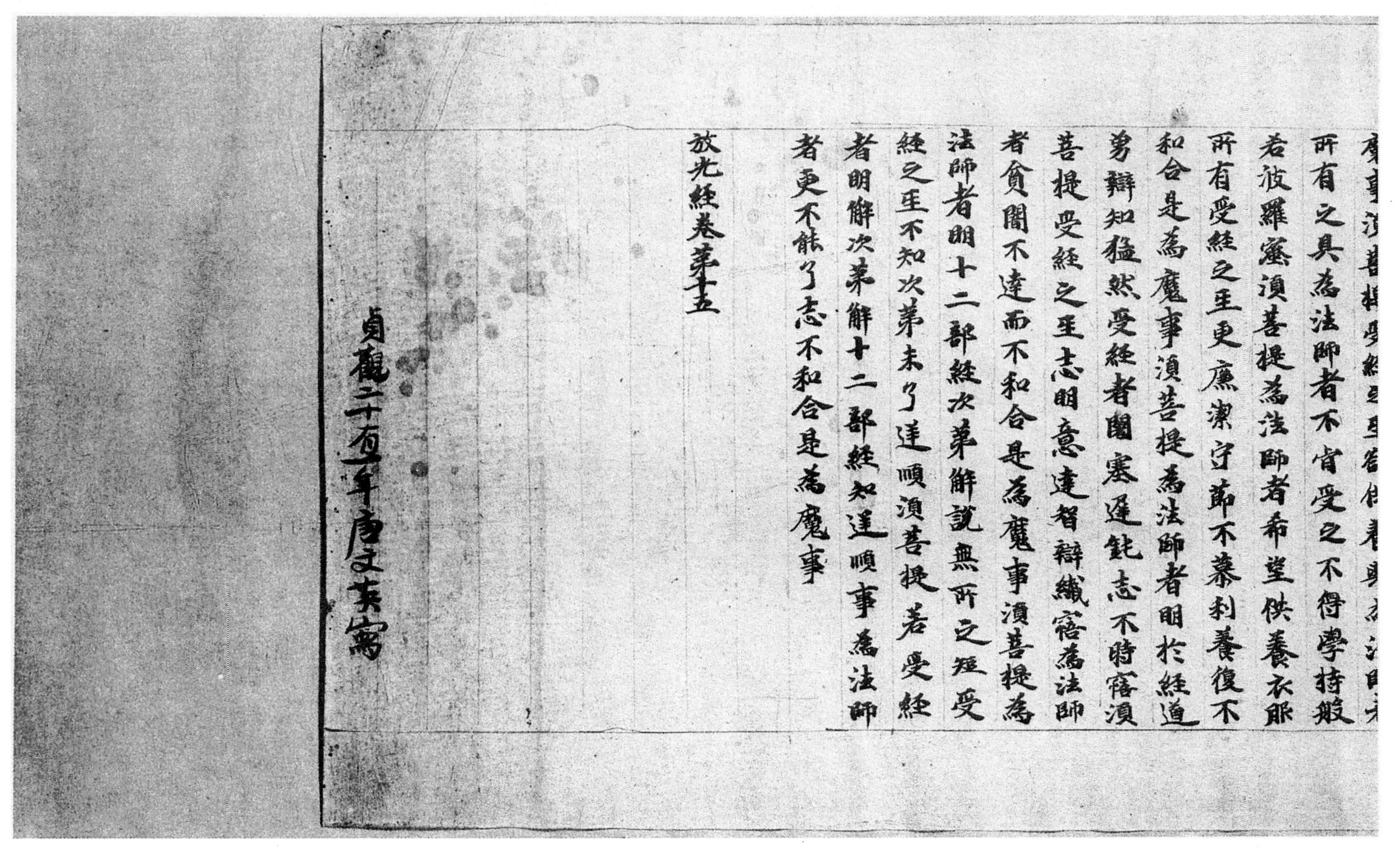

所有之具為法師者不肯受之不得學持般
若波羅蜜須菩提為法師者希望供養衣服
所有受經之主更應潔守節不慕利養復不
和合是為魔事須菩提為法師者明於經道
勇辯知猛然受經者闇塞遲鈍志不時密須
菩提受經之主志明意達智辯纖密為法師
者貪闇不達而不和合是為魔事須菩提為
法師者明十二部經次第解說無所之短受
經之主不知次第未了達順須菩提若受經
者明解次第解十二部經知逆順事為法師
者更不能了志不和合是為魔事

放光經卷第十五

貞觀二十有五年唐文英寫

BD14828號　放光般若經（異卷）卷一五　（20–20）

復次憍尸迦若善男子善女人等為發無上
菩提心者宣說淨戒波羅蜜多作如是言汝
善男子應脩淨戒波羅蜜多不應觀佛十力
若常若無常不應觀四無所畏四無礙解大
慈大悲大喜大捨十八佛不共法若常若無
常何以故佛十力佛十力自性空四无所畏
四无礙解大慈大悲大喜大捨十八佛不共
法四无所畏乃至十八佛不共法自性空是
佛十力自性即非自性是四无所畏乃至十
八佛不共法自性亦非自性若非自性即是
淨戒波羅蜜多於此淨戒波羅蜜多佛十力
不可得彼常无常亦不可得四无所畏乃至
十八佛不共法皆不可得彼常无常亦不可
得所以者何此中尚无佛十力等可得何況
有彼常與无常汝若能脩如是淨戒是脩
淨戒波羅蜜多復作是言汝善男子應脩淨
戒波羅蜜多不應觀佛十力若樂若苦不應觀
四無所畏四無礙解大慈大悲大喜大捨十

BD14829號　大般若波羅蜜多經卷一六一　（14–1）

得所以者何此中尚无佛十力等可得何况
有彼常與无常汝若能脩如是淨戒是脩
淨戒波羅蜜多復作是言汝善男子應脩淨
戒波羅蜜多不應觀佛十力若樂若苦不應觀
四無所畏四無礙解大慈大悲大喜大捨十
八佛不共法若樂若苦何以故佛十力佛十
力自性空四无所畏四无礙解大慈大悲大
喜大捨十八佛不共法四无所畏乃至十八
佛不共法自性空是佛十力自性即非自性
是四无所畏乃至十八佛不共法自性亦非
自性若非自性即是淨戒波羅蜜多於此淨
戒波羅蜜多佛十力不可得彼樂與苦亦不
可得四无所畏乃至十八佛不共法皆不可
得彼樂與苦亦不可得所以者何此中尚无
佛十力等可得何况有彼樂之與苦汝若能
脩如是淨戒是脩淨戒波羅蜜多復作是言
汝善男子應脩淨戒波羅蜜多不應觀佛
十力若我若无我不應觀四无所畏四无礙解
大慈大悲大喜大捨十八佛不共法若我若
无我何以故佛十力佛十力自性空四无所
畏四无礙解大慈大悲大喜大捨十八佛不
共法四无所畏乃至十八佛不共法自性空
是佛十力自性即非自性是四无所畏乃至
十八佛不共法自性亦非自性若非自性即
是淨戒波羅蜜多於此淨戒波羅蜜多佛十
力不可得彼我无我亦不可得四无所畏乃

BD14829號　大般若波羅蜜多經卷一六一　（14–2）

是佛十力自性即非自性是四无所畏乃至
十八佛不共法自性亦非自性若非自性即
是淨戒波羅蜜多於此淨戒波羅蜜多佛十
力不可得彼我无我亦不可得四无所畏乃
至十八佛不共法皆不可得彼我无我亦不
可得所以者何此中尚无佛十力等可得何
况有彼我與无我汝若能脩如是淨戒是脩
淨戒波羅蜜多復作是言汝善男子應脩淨
戒波羅蜜多不應觀佛十力若淨若不淨不
應觀四无所畏四无礙解大慈大悲大喜大
捨十八佛不共法若淨若不淨何以故佛十
力佛十力自性空四无所畏四无礙解大慈
大悲大喜大捨十八佛不共法四无所畏乃
至十八佛不共法自性空是佛十力自性即
非自性是四无所畏乃至十八佛不共法自
性亦非自性若非自性即是淨戒波羅蜜多
於此淨戒波羅蜜多佛十力不可得彼淨不
淨亦不可得四无所畏乃至十八佛不共法
皆不可得彼淨不淨亦不可得所以者何此
中尚无佛十力等可得何况有彼淨與不淨
汝若能脩如是淨戒是脩淨戒波羅蜜多憍
尸迦是善男子善女人等作此等說是爲宣
說真正淨戒波羅蜜多
復次憍尸迦若善男子善女人等爲發無上
菩提心者宣說淨戒波羅蜜多作如是言汝
善男子應脩淨戒波羅蜜多不應觀無忘失

BD14829號　大般若波羅蜜多經卷一六一　（14–3）

尸迦是善男子善女人等作此等說是為宣
說真正淨戒波羅蜜多
復次憍尸迦若善男子善女人等為發無上
菩提心者宣說淨戒波羅蜜多作如是言汝
善男子應修淨戒波羅蜜多不應觀無忘失
法若常若無常不應觀恒住捨性若常若無
常何以故無忘失法無忘失法自性空恒住
捨性恒住捨性自性空是無忘失法自性即
非自性是恒住捨性自性亦非自性若非自
性即是淨戒波羅蜜多於此淨戒波羅蜜多
無忘失法不可得彼常無常亦不可得恒住
捨性不可得彼常無常亦不可得所以者何
此中尚無無忘失法等可得何況有彼常與
無常汝若能修如是淨戒是修淨戒波羅蜜多
復作是言汝善男子應修淨戒波羅蜜多不
應觀無忘失法若樂若苦不應觀恒住捨性
若樂若苦何以故無忘失法無忘失法自性
空恒住捨性恒住捨性自性空是無忘失法
自性即非自性是恒住捨性自性亦非自性
若非自性即是淨戒波羅蜜多於此淨戒波
羅蜜多無忘失法不可得彼樂與苦亦不可
得恒住捨性不可得彼樂與苦亦不可得所
以者何此中尚無無忘失法等可得何況有
彼樂之與苦汝若能修如是淨戒是修淨戒
波羅蜜多復作是言汝善男子應修淨戒
波羅蜜多不應觀無忘失法若我若無我不
應觀恒住捨性若我若無我何以故無忘失法

彼樂之與苦汝若能修如是淨戒是修淨戒
波羅蜜多復作是言汝善男子應修淨戒
波羅蜜多不應觀無忘失法若我若無我不
應觀恒住捨性若我若無我何以故無忘失法
無忘失法自性空恒住捨性恒住捨性自性
空是無忘失法自性即非自性是恒住捨性
自性亦非自性若非自性即是淨戒波羅蜜
多於此淨戒波羅蜜多無忘失法不可得彼
我無我亦不可得恒住捨性不可得彼我無
我亦不可得所以者何此中尚無無忘失法
等可得何況有彼我與無我汝若能修如是
淨戒是修淨戒波羅蜜多復作是言汝善男
子應修淨戒波羅蜜多不應觀無忘失法若
淨若不淨不應觀恒住捨性若淨若不淨何
以故無忘失法無忘失法自性空恒住捨性
恒住捨性自性空是無忘失法自性即非自
性是恒住捨性自性亦非自性若非自性即
是淨戒波羅蜜多於此淨戒波羅蜜多無忘
失法不可得彼淨不淨亦不可得恒住捨性
不可得彼淨不淨亦不可得所以者何此中
尚無無忘失法等可得何況有彼淨與不淨
汝若能修如是淨戒是修淨戒波羅蜜多憍
尸迦是善男子善女人等作此等說是為宣
說真正淨戒波羅蜜多
復次憍尸迦若善男子善女人等為發無上
菩提心者宣說淨戒波羅蜜多作如是言汝
善男子應修淨戒波羅蜜多不應觀一切智

說真正淨戒波羅蜜多
復次憍尸迦若善男子善女人等為發無上
菩提心者宣說淨戒波羅蜜多作如是言汝
善男子應脩淨戒波羅蜜多不應觀一切智
若常若無常不應觀道相智一切相智若
常若無常何以故一切智一切智自性空道相
智一切相智道相智一切相智自性空是一
切智自性即非自性是道相智一切相智自
性亦非自性若非自性即是淨戒波羅蜜多
於此淨戒波羅蜜多一切智不可得彼常無
常亦不可得道相智一切相智皆不可得彼
常無常亦不可得所以者何此中尚無一切
智等可得何況有彼常與無常汝若能脩
如是淨戒是脩淨戒波羅蜜多復作是言汝善
男子應脩淨戒波羅蜜多不應觀一切智若
樂若苦不應觀道相智一切相智若樂若
苦何以故一切智一切智自性空道相智一切
相智道相智一切相智自性空是一切智自
性即非自性是道相智一切相智自性亦非
自性若非自性即是淨戒波羅蜜多於此淨
戒波羅蜜多一切智不可得彼樂與苦亦不
可得道相智一切相智皆不可得彼樂與苦
亦不可得所以者何此中尚無一切智等可
得何況有彼樂之與苦汝若能脩如是淨戒
是脩淨戒波羅蜜多復作是言汝善男子應
脩淨戒波羅蜜多不應觀一切智若我若無

亦不可得所以者何此中尚無一切智等可
得何況有彼樂之與苦汝若能脩如是淨戒
是脩淨戒波羅蜜多復作是言汝善男子應
脩淨戒波羅蜜多不應觀一切智若我若無
我不應觀道相智一切相智若我若無我
何以故一切智一切智自性空道相智一切相
智道相智一切相智自性空是一切智自性
即非自性是道相智一切相智自性亦非自
性若非自性即是淨戒波羅蜜多於此淨戒
波羅蜜多一切智不可得彼我無我亦不可
得道相智一切相智皆不可得彼我無我亦
不可得所以者何此中尚無一切智等可得
何況有彼我與無我汝若能脩如是淨戒是
脩淨戒波羅蜜多復作是言汝善男子應脩
淨戒波羅蜜多不應觀一切智若淨若不淨
不應觀道相智一切相智若淨若不淨何以
故一切智一切智自性空道相智一切相智
道相智一切相智自性空是一切智自性即
非自性是道相智一切相智自性亦非自性
若非自性即是淨戒波羅蜜多於此淨戒波
羅蜜多一切智不可得彼淨不淨亦不可得
道相智一切相智皆不可得彼淨不淨亦不
可得所以者何此中尚无一切智等可得何
況有彼淨與不淨汝若能脩如是淨戒是脩
淨戒波羅蜜多憍尸迦是善男子善女人等
作此等說是為宣說真正淨戒波羅蜜多
復次憍尸迦若善男子善女人等為發無上

可得所以者何此中尚无一切智等可得何
況有彼淨與一淨汝若能脩如是淨戒是脩
淨戒波羅蜜多憍尸迦是善男子善女人等
作此等說是為宣說真正淨戒波羅蜜多
復次憍尸迦若善男子善女人等為發無上
菩提心者宣說淨戒波羅蜜多作如是言
汝善男子應脩淨戒波羅蜜多不應觀一切
陀羅尼門若常若无常不應觀一切三摩地
門若常若无常何以故一切陀羅尼門一切陀
羅尼門自性空一切三摩地門一切三摩地
門自性空是一切陀羅尼門自性即非自性
是一切三摩地門自性亦非自性若非自性
即是淨戒波羅蜜多於此淨戒波羅蜜多一
切陀羅尼門不可得彼常无常亦不可得一
切三摩地門不可得彼常无常亦不可得所
以者何此中尚无一切陀羅尼門等可得何
況有彼常與无常汝若能脩如是淨戒是脩
淨戒波羅蜜多復作是言汝善男子應脩淨
戒波羅蜜多不應觀一切陀羅尼門若樂若
苦不應觀一切三摩地門若樂若苦何以故
一切陀羅尼門一切陀羅尼門自性空一切
三摩地門一切三摩地門自性空是一切陀
羅尼門自性即非自性是一切三摩地門自
性亦非自性若非自性即是淨戒波羅蜜多
於此淨戒波羅蜜多一切陀羅尼門不可得
彼樂與苦亦不可得一切三摩地門不可得
彼樂與苦亦不可得所以者何此中尚无一

BD14829號　大般若波羅蜜多經卷一六一　（14–8）

三摩地門一切三摩地門自性空是一切陀
羅尼門自性即非自性是一切三摩地門自
性亦非自性若非自性即是淨戒波羅蜜多
於此淨戒波羅蜜多一切陀羅尼門不可得
彼樂與苦亦不可得一切三摩地門不可得
彼樂與苦亦不可得所以者何此中尚无一
切陀羅尼門等可得何況有彼樂之樂苦汝
若能脩如是淨戒是脩淨戒波羅蜜多復作
是言汝善男子應脩淨戒波羅蜜多不應觀
一切陀羅尼門若我若无我不應觀一切三
摩地門若我若无我何以故一切陀羅尼門
一切陀羅尼門自性空一切三摩地門一切
三摩地門自性空是一切陀羅尼門自性即
非自性是一切三摩地門自性亦非自性若非
自性即是淨戒波羅蜜多於此淨戒波羅
蜜多一切陀羅尼門不可得彼我无我亦不
可得一切三摩地門不可得彼我无我亦不
可得所以者何此中尚无一切陀羅尼門等
可得何況有彼我與无我汝若能脩如是淨
戒是脩淨戒波羅蜜多復作是言汝善男子
應脩淨戒波羅蜜多不應觀一切陀羅尼門
若淨若不淨不應觀一切三摩地門若淨若
不淨何以故一切陀羅尼門一切陀羅尼門
自性空一切三摩地門一切三摩地門自性空
是一切陀羅尼門自性即非自性是一切三摩
地門自性亦非自性若非自性即是淨戒波
羅蜜多於此淨戒波羅蜜多一切陀羅尼門

BD14829號　大般若波羅蜜多經卷一六一　（14–9）

自性空一切三摩地門一切三摩地門自性空
是一切陁羅尼門自性即非自性是一切三摩
地門自性亦非自性若非自性即是淨戒波
羅蜜多於此淨戒波羅蜜多一切陁羅尼門
不可得彼淨不淨亦不可得一切三摩地門不
可得彼淨不淨亦不可得所以者何此中尚
无一切陁羅尼門等可得何況有彼淨與不
淨海若能脩如是淨戒是脩淨戒波羅蜜多
憍尸迦是善男子善女人等作此等說是爲
宣說真正淨戒波羅蜜多
復次憍尸迦若善男子善女人等爲發无上
菩提心者宣說淨戒波羅蜜多作如是言海
善男子應脩淨戒波羅蜜多不應觀預流向
預流果若常若无常不應觀一来向一来果
不還向不還果阿羅漢向阿羅漢果若常若
无常何以故預流向預流果預流向預流果
自性空一来向一来果不還向不還果阿羅
漢向阿羅漢果一来向乃至阿羅漢果自性
空是預流向預流果自性即非自性是一来
向乃至阿羅漢果自性亦非自性若非自性
即是淨戒波羅蜜多於此淨戒波羅蜜多預
流向預流果不可得彼常无常亦不可得一
来向乃至阿羅漢果皆不可得彼常无常亦
不可得所以者何此中尚无預流向等可得
何況有彼常與无常海若能脩如是淨戒是
脩淨戒波羅蜜多復作是言海善男子應
脩淨戒波羅蜜多不應觀預流向預流果若樂

来向乃至阿羅漢果皆不可得彼常无常亦
不可得所以者何此中尚无預流向等可得
何況有彼常與无常海若能脩如是淨戒是
脩淨戒波羅蜜多復作是言海善男子應
脩淨戒波羅蜜多不應觀預流向預流果若樂
若苦不應觀一来向一来果不還向不還果
阿羅漢向阿羅漢果若樂若苦何以故預流
向預流果預流向預流果自性空一来向一
来果不還向不還果阿羅漢向阿羅漢果一
来向乃至阿羅漢果自性空是預流向預流
果自性即非自性是一来向乃至阿羅漢果
自性亦非自性若非自性即是淨戒波羅蜜
多於此淨戒波羅蜜多預流向預流果不可
得彼樂與苦亦不可得一来向乃至阿羅漢
果皆不可得彼樂與苦亦不可得所以者何
此中尚无預流向等可得何況有彼樂之與
苦海若能脩如是淨戒是脩淨戒波羅蜜多
復作是言海善男子應脩淨戒波羅蜜多不
應觀預流向預流果若我若无我不應觀
一来向一来果不還向不還果阿羅漢向阿羅
漢果若我若无我何以故預流向預流果預
流向預流果自性空一来向一来果不還向
不還果阿羅漢向阿羅漢果一来向乃至阿
還漢果自性空是預流向預流果自性即非
自性是一来向乃至阿羅漢果自性亦非自
性若非自性即是淨戒波羅蜜多於此淨戒
波羅蜜多預流向預流果不可得彼我无我

不還果阿羅漢向阿羅漢果一來向乃至阿
羅漢果自性空是預流向預流果自性即非
自性是一來向乃至阿羅漢果自性亦非自
性若非自性即是淨戒波羅蜜多於此淨戒
波羅蜜多預流向預流果不可得彼我无我
亦不可得一來向乃至阿羅漢果皆不可得
彼我无我亦不可得所以者何此中尚无預
流向等可得何況有彼我與无我汝若能脩
如是淨戒是脩淨戒波羅蜜多復作是言汝
善男子應脩淨戒波羅蜜多不應觀預流果
預流果若淨若不淨不應觀一來向一來果
不還向不還果阿羅漢向阿羅漢果若淨若
不淨何以故預流向預流果預流向預流果
自性空一來向一來果不還向不還果阿羅
漢向阿羅漢果一來向乃至阿羅漢果自性
空是預流向預流果自性即非自性是一來向
乃至阿羅漢果自性亦非自性若非自性即
是淨戒波羅蜜多於此淨戒波羅蜜多預
流向預流果不可得彼淨不淨亦不可得一來
向乃至阿羅漢果皆不可得彼淨不淨亦不
可得所以者何此中尚无預流向等可得何
況有彼淨與不淨汝若能脩如是淨戒是脩
淨戒波羅蜜多憍尸迦是善男子善女人等
作此等說是爲宣說真正淨戒波羅蜜多
復次憍尸迦若善男子善女人等爲發无上
菩提心者宣說淨戒波羅蜜多作如是言
汝善男子應脩淨戒波羅蜜多不應觀一切

BD14829 號　大般若波羅蜜多經卷一六一　（14–12）

淨戒波羅蜜多憍尸迦是善男子善女人等
作此等說是爲宣說真正淨戒波羅蜜多
復次憍尸迦若善男子善女人等爲發无上
菩提心者宣說淨戒波羅蜜多作如是言
汝善男子應脩淨戒波羅蜜多不應觀一切
獨覺菩提若常若无常何以故一切獨覺菩
提一切獨覺菩提自性空是一切獨覺菩提自
性即非自性若非自性即是淨戒波羅蜜多
於此淨戒波羅蜜多一切獨覺菩提不可得
彼常无常亦不可得所以者何此中尚无一
切獨覺菩提可得何況有彼常與无常汝
若能脩如是淨戒是脩淨戒波羅蜜多復作是
言汝善男子應脩淨戒波羅蜜多不應觀一
切獨覺菩提若樂若苦何以故一切獨覺菩
提一切獨覺菩提自性空是一切獨覺菩提
自性即非自性若非自性即是淨戒波羅蜜
多於此淨戒波羅蜜多一切獨覺菩提不可
得彼樂與苦亦不可得所以者何此中尚无
一切獨覺菩提可得何況有彼樂之與苦汝
若能脩如是淨戒是脩淨戒波羅蜜多復作
是言汝善男子應脩淨戒波羅蜜多不應觀
一切獨覺菩提若我若无我何以故一切獨
覺菩提一切獨覺菩提自性空一切獨覺
菩提自性即非自性若非自性即是淨戒波
羅蜜多於此淨戒波羅蜜多一切獨覺菩提
不可得彼我無我亦不可得所以者何此中
尚無一切獨覺菩提可得何況有彼我與無

BD14829 號　大般若波羅蜜多經卷一六一　（14–13）

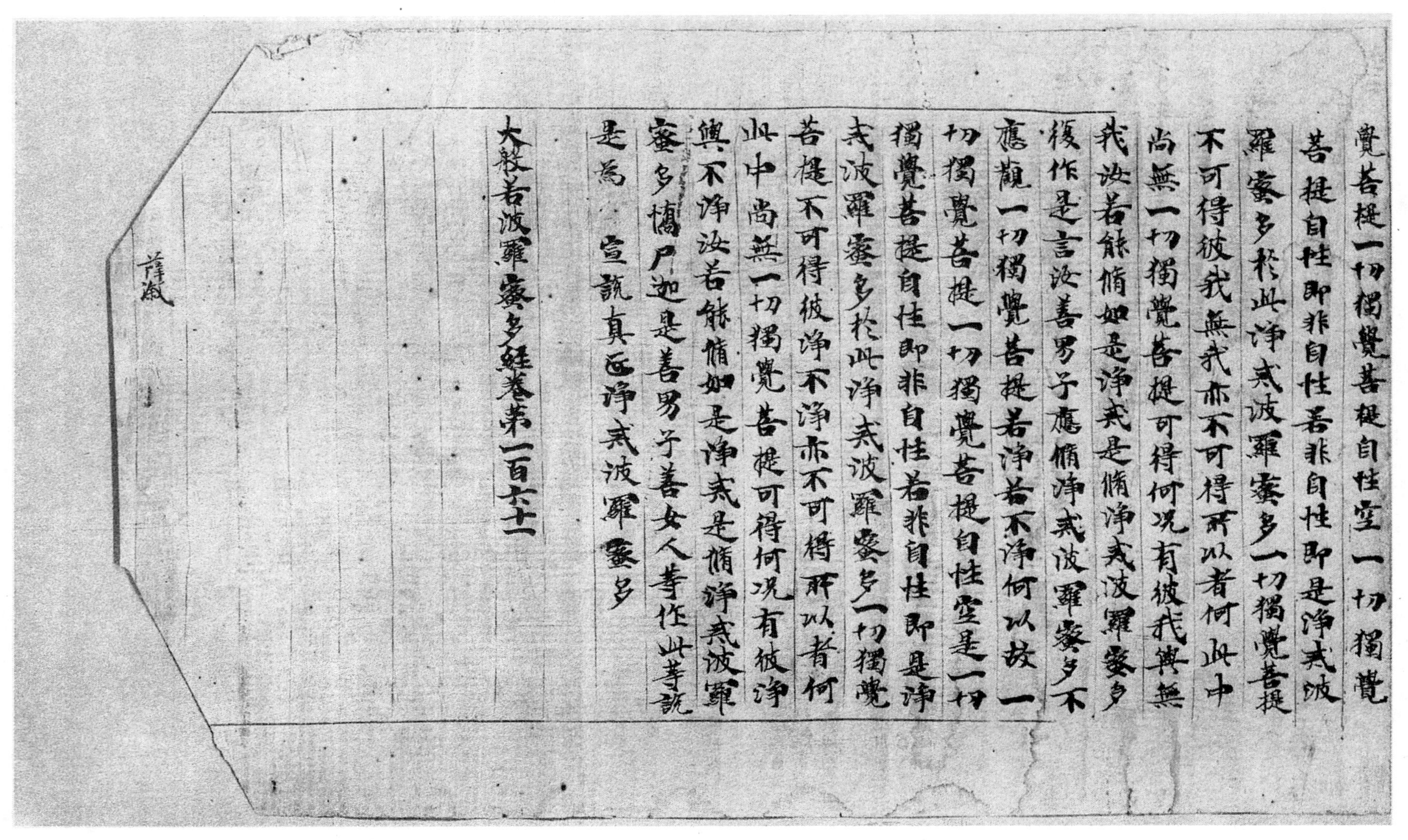

覺菩提一切獨覺菩提自性空一切獨覺
菩提自性即非自性若非自性即是淨戒波
羅蜜多於此淨戒波羅蜜多一切獨覺菩提
不可得彼我無我亦不可得所以者何此中
尚無一切獨覺菩提可得何況有彼我與無
我汝若能脩如是淨戒是脩淨戒波羅蜜多
復作是言汝善男子應脩淨戒波羅蜜多不
應觀一切獨覺菩提若淨若不淨何以故一
切獨覺菩提一切獨覺菩提自性空是一切
獨覺菩提自性即非自性若非自性即是淨
戒波羅蜜多於此淨戒波羅蜜多一切獨覺
菩提不可得彼淨不淨亦不可得所以者何
此中尚無一切獨覺菩提可得何況有彼淨
與不淨汝若能脩如是淨戒是脩淨戒波羅
蜜多憍尸迦是善男子善女人等作此等說
是為宣說真正淨戒波羅蜜多

大般若波羅蜜多經卷第一百六十一

BD14829 號　大般若波羅蜜多經卷一六一　（14–14）

安西萬佛峽藏經
大般若波羅蜜多經　一丈五尺

BD14829 號背　現代題跋　（1–1）

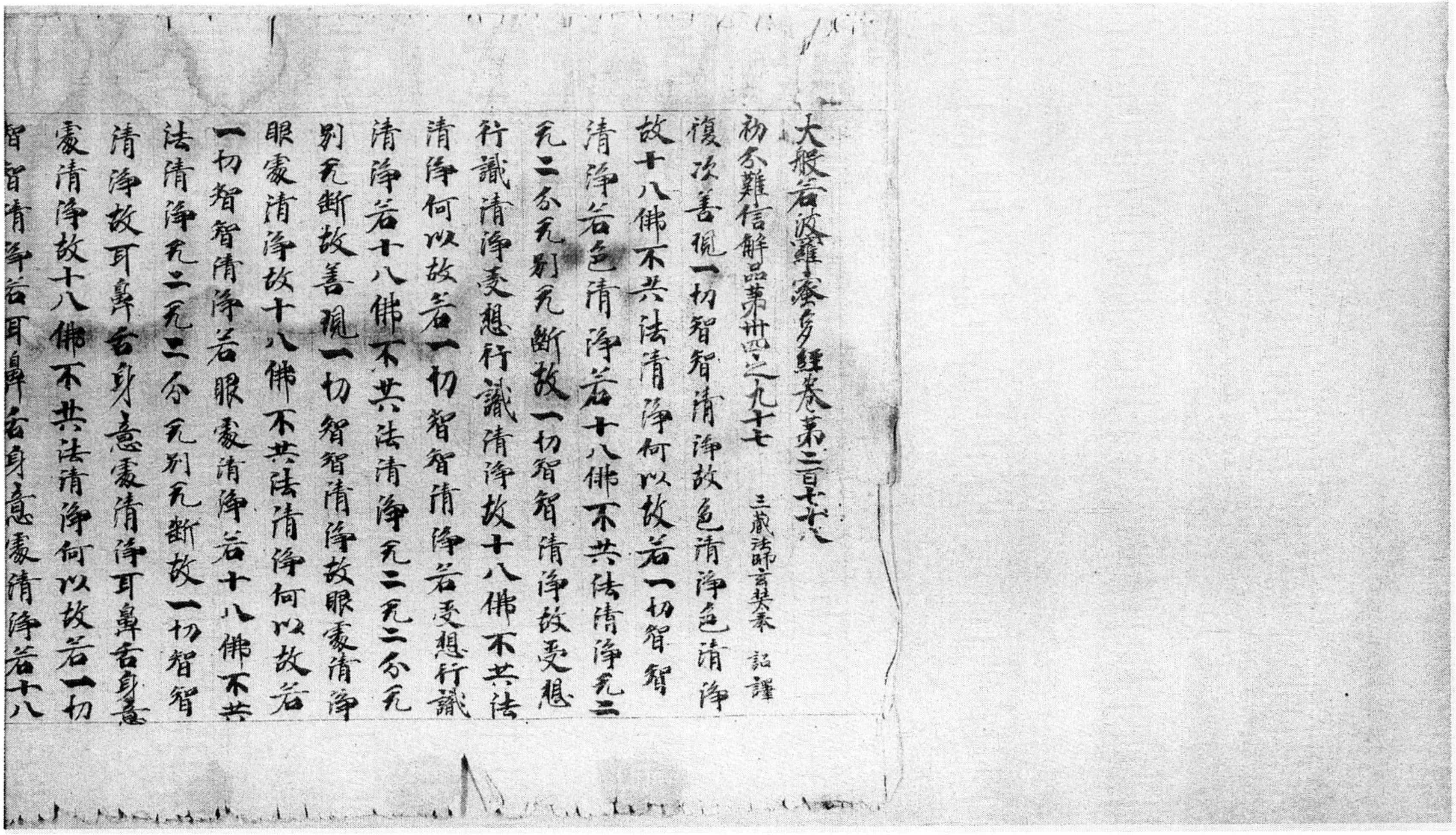

大般若波羅蜜多經卷第二百七十八

初分難信解品第卅四之九十七　三藏法師玄奘奉　詔譯

復次善現一切智智清淨故色清淨色清淨
故十八佛不共法清淨何以故若一切智智
清淨若色清淨若十八佛不共法清淨无二
无二分无別无斷故一切智智清淨故受想
行識清淨受想行識清淨故十八佛不共法
清淨何以故若一切智智清淨若受想行識
清淨若十八佛不共法清淨无二无二分无
別无斷故善現一切智智清淨故眼處清淨
眼處清淨故十八佛不共法清淨何以故若
一切智智清淨若眼處清淨若十八佛不共
法清淨无二无二分无別无斷故一切智智
清淨故耳鼻舌身意處清淨耳鼻舌身意
處清淨故十八佛不共法清淨何以故若一切
智智清淨若耳鼻舌身意處清淨若十八

BD14830 號　大般若波羅蜜多經卷二七八　（2–1）

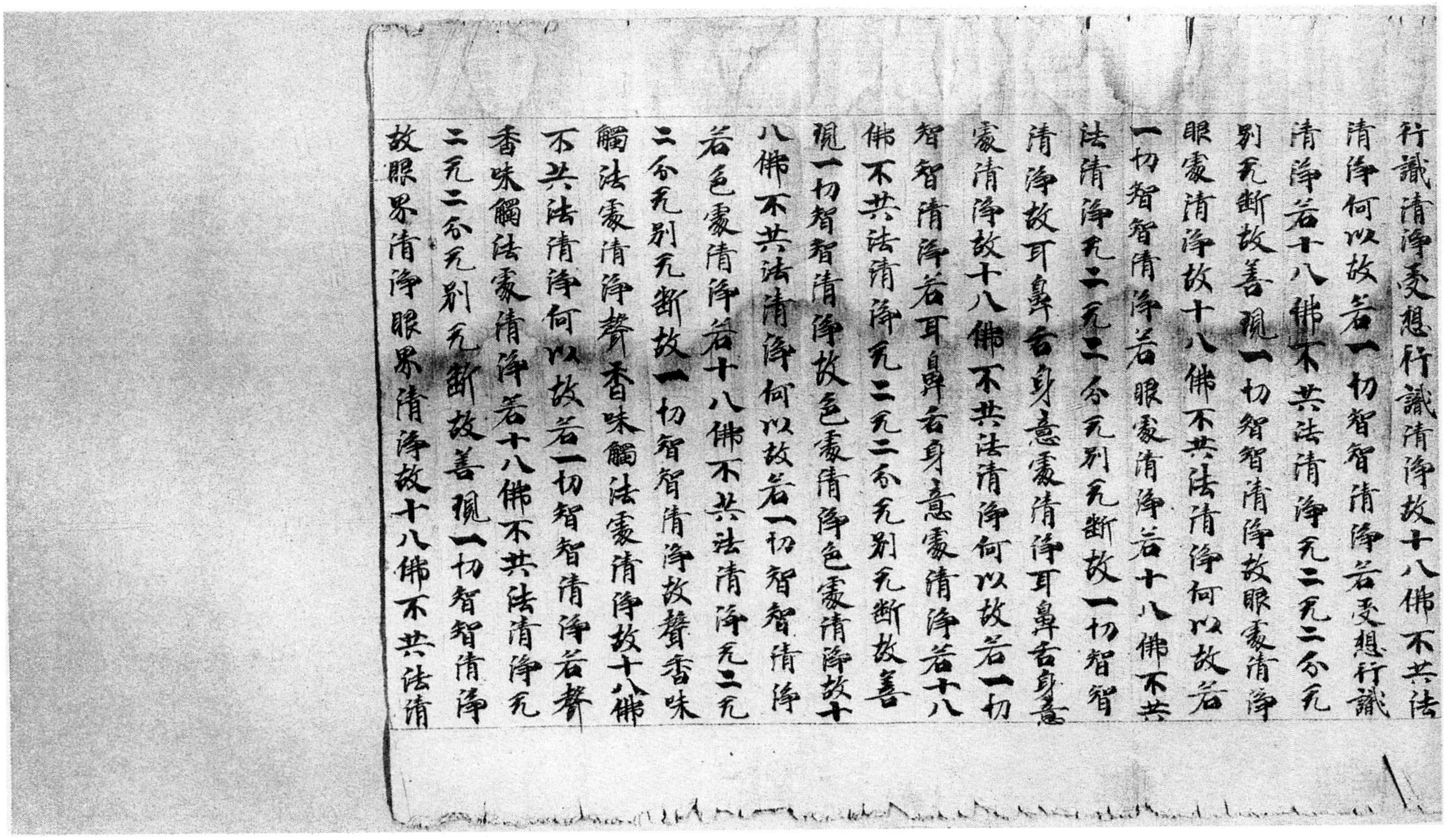

行識清淨受想行識清淨故十八佛不共法
清淨何以故若一切智智清淨若受想行識
清淨若十八佛不共法清淨无二无二分无
別无斷故善現一切智智清淨故眼處清淨
眼處清淨故十八佛不共法清淨何以故若
一切智智清淨若眼處清淨若十八佛不共
法清淨无二无二分无別无斷故一切智智
清淨故耳鼻舌身意處清淨耳鼻舌身意
處清淨故十八佛不共法清淨何以故若一切
智智清淨若耳鼻舌身意處清淨若十八
佛不共法清淨无二无二分无別无斷故善
現一切智智清淨故色處清淨色處清淨故十
八佛不共法清淨何以故若一切智智清淨
若色處清淨若十八佛不共法清淨无二无
二分无別无斷故一切智智清淨故聲香味
觸法處清淨聲香味觸法處清淨故十八佛
不共法清淨何以故若一切智智清淨若聲
香味觸法處清淨若十八佛不共法清淨无
二无二分无別无斷故善現一切智智清淨
故眼界清淨眼界清淨故十八佛不共法清

BD14830 號　大般若波羅蜜多經卷二七八　（2–2）

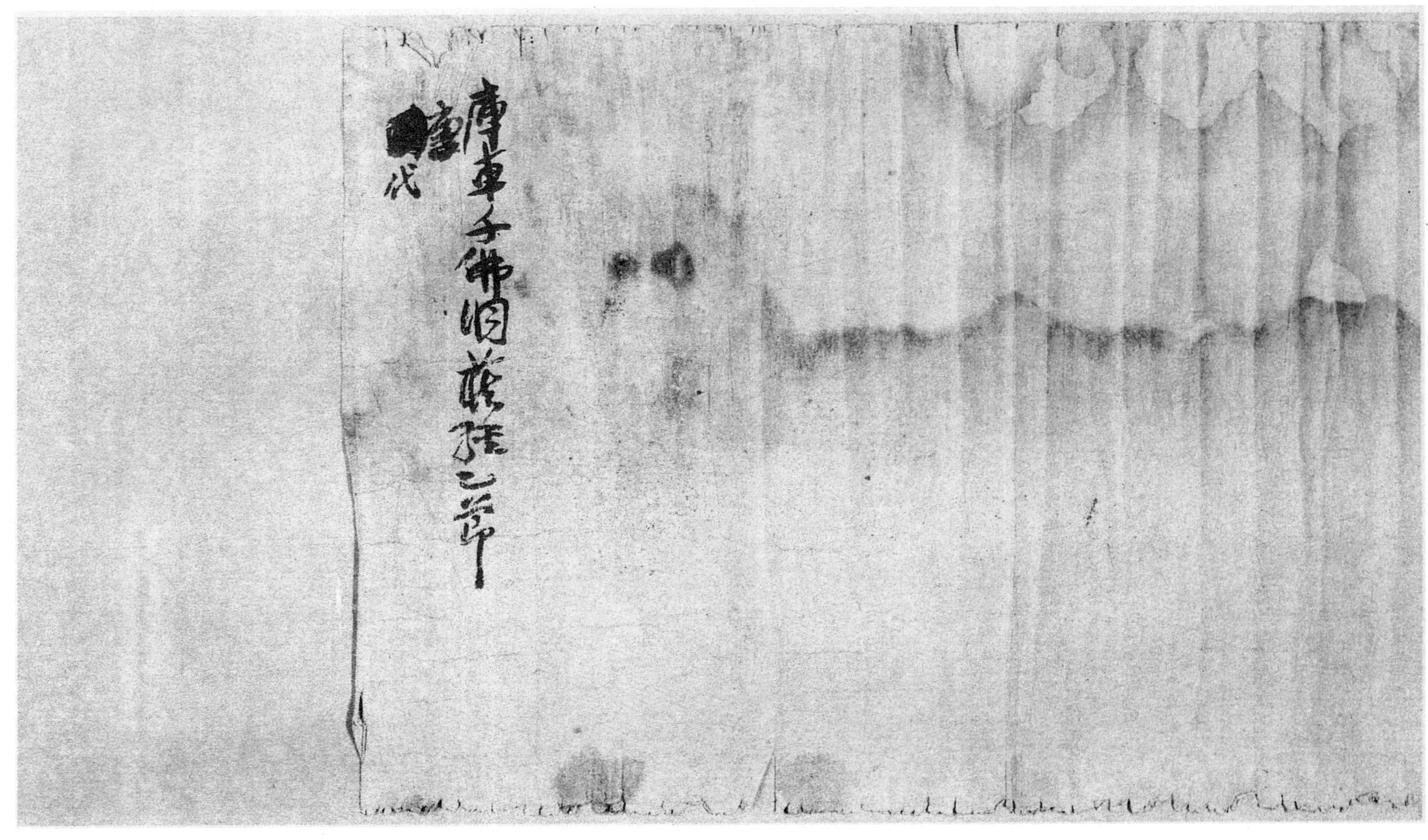

BD14830 號背　現代題跋　（1–1）

BD14831 號　藏文（無量壽宗要經乙本）　（8–1）

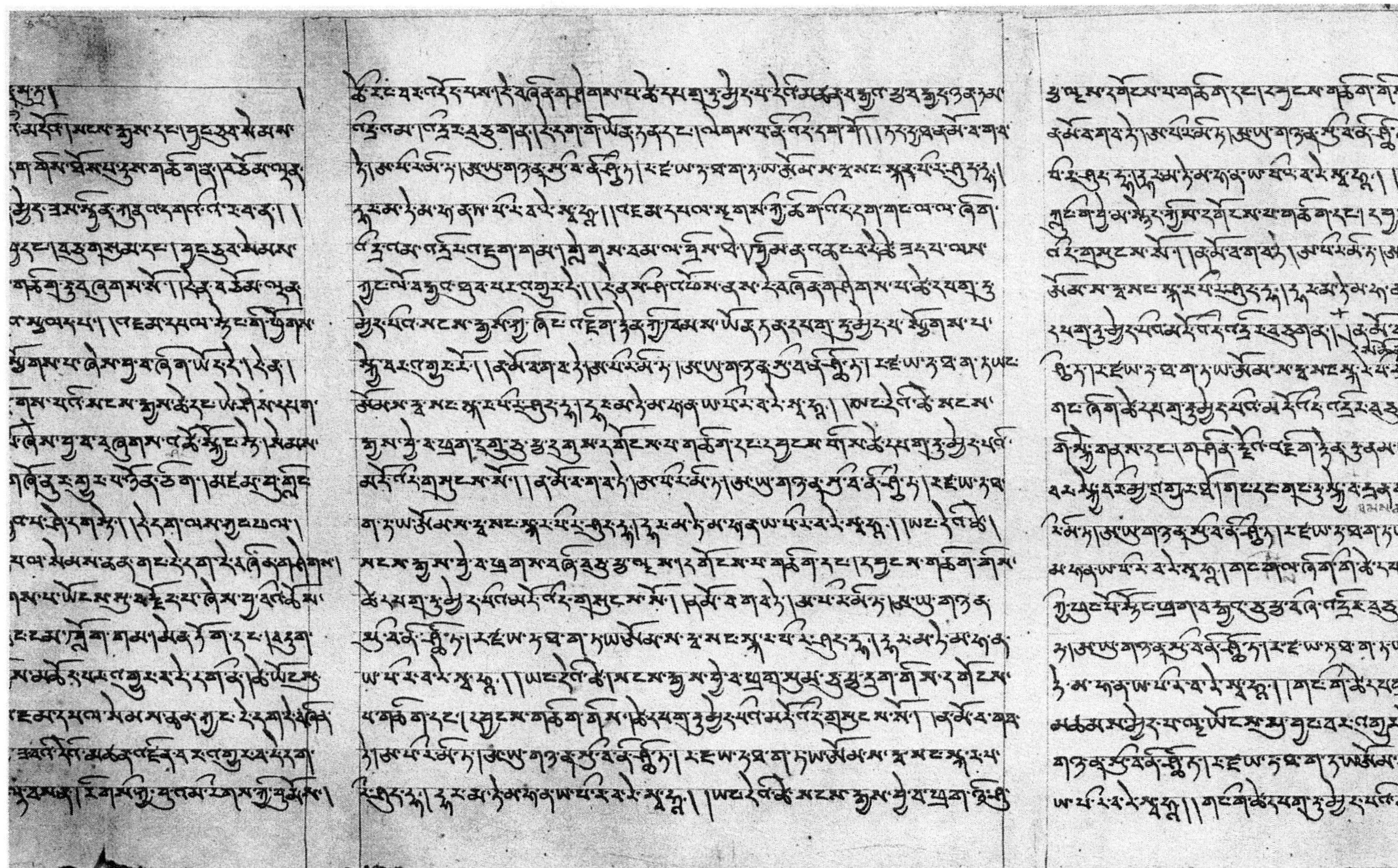

BD14831 號　藏文（無量壽宗要經乙本）　　（8–2）

BD14831 號　藏文（無量壽宗要經乙本）　　（8–3）

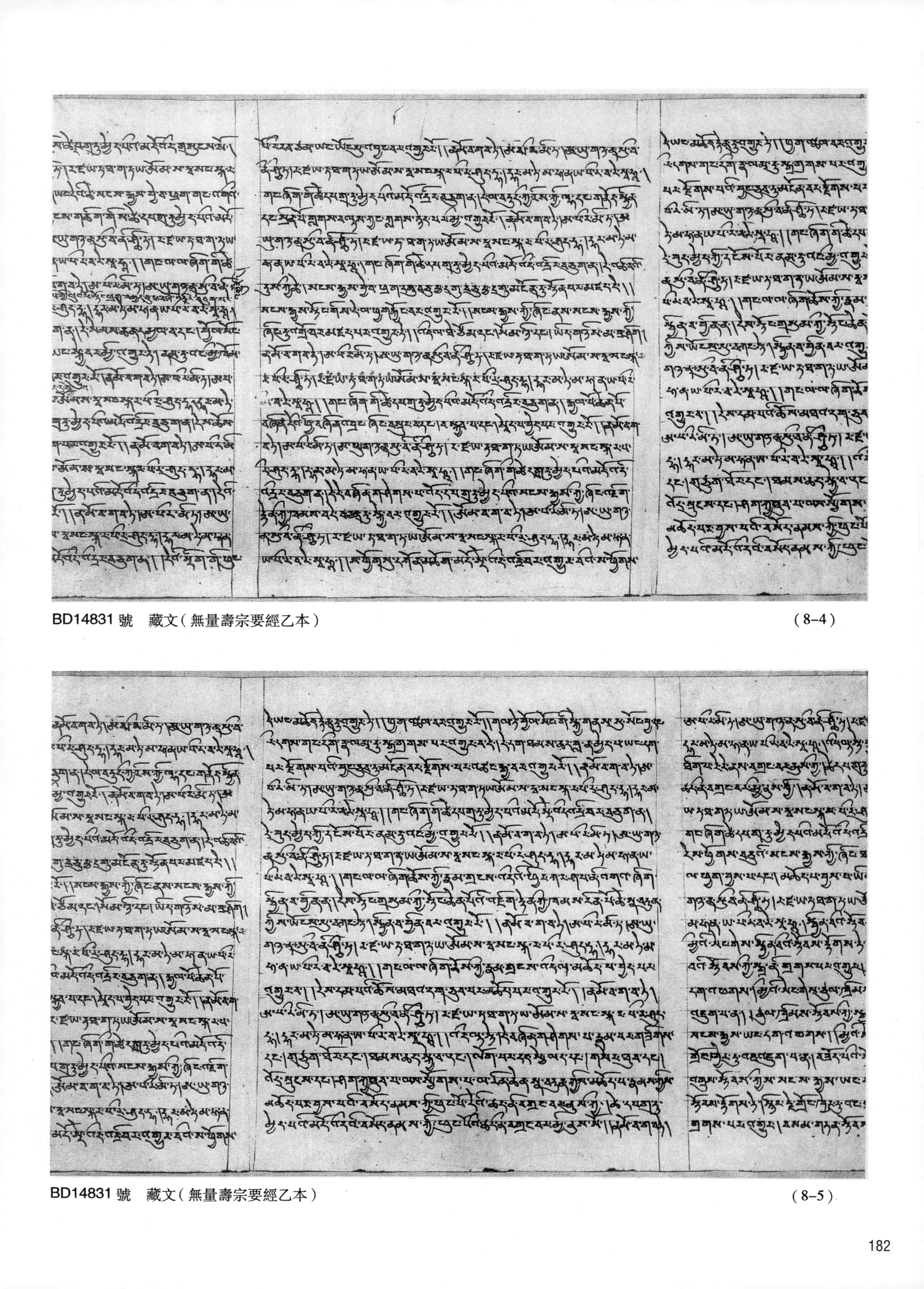

BD14831 號　藏文（無量壽宗要經乙本）　（8–4）

BD14831 號　藏文（無量壽宗要經乙本）　（8–5）

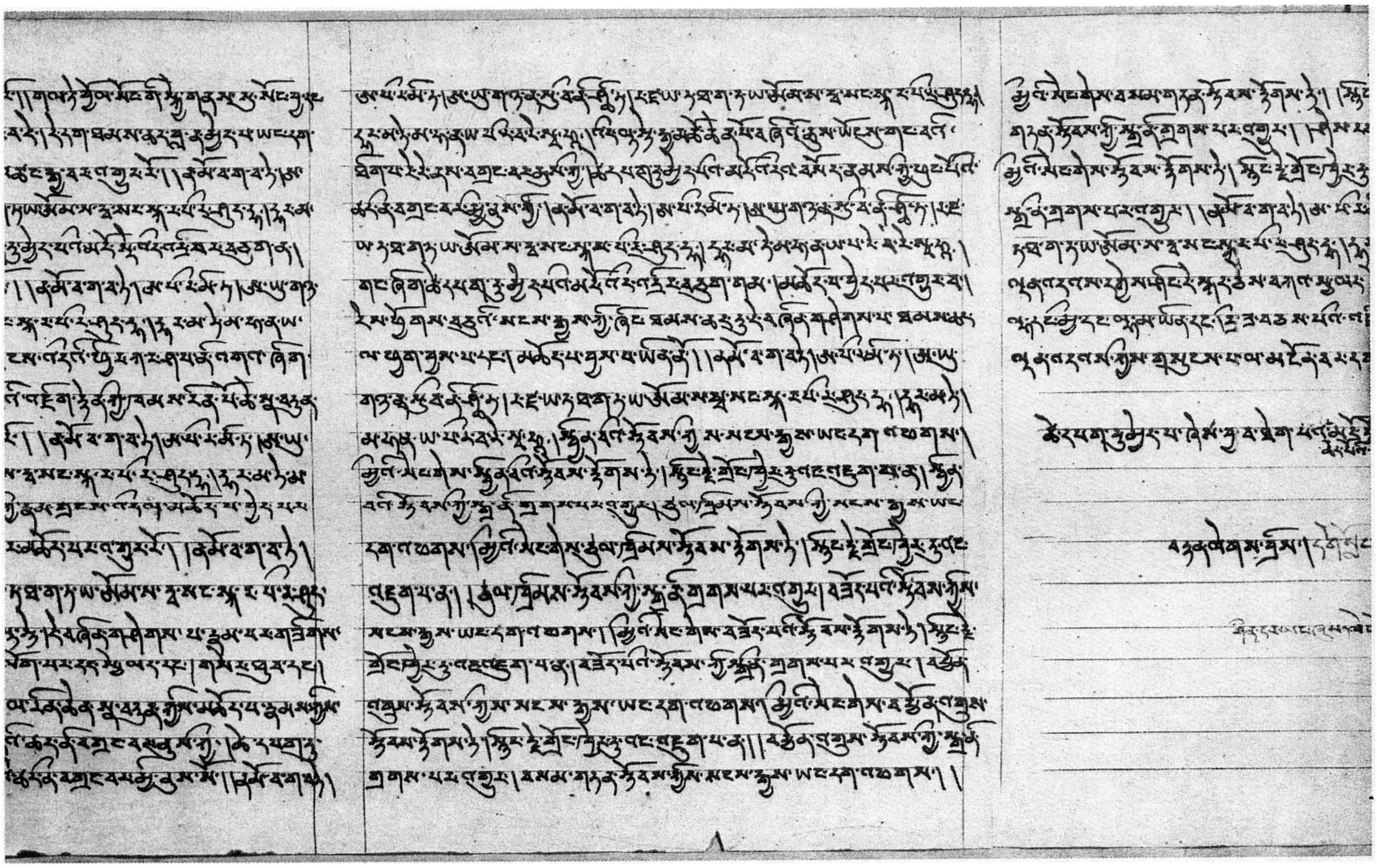

BD14831 號　藏文（無量壽宗要經乙本）　　　　（8–6）

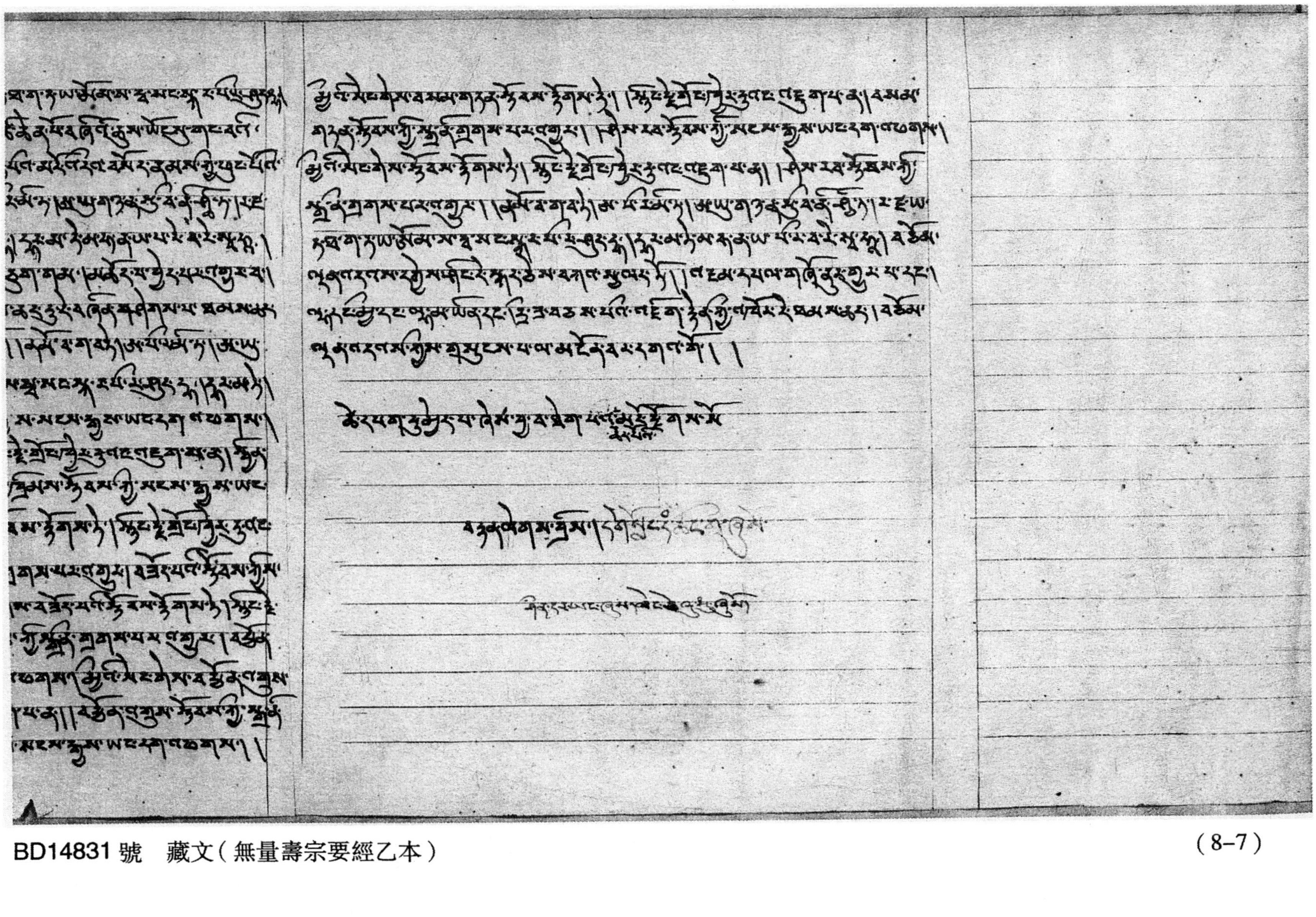

BD14831 號　藏文（無量壽宗要經乙本）　　　　（8–7）

BD14831 號　藏文（無量壽宗要經乙本）　（8–8）

BD14831 號背　現代題跋　（1–1）

也尒時衆中有一菩薩摩訶薩名曰救脫即
從座起偏袒一肩右膝著地曲躬合掌而白
佛言大德世尊像法轉時有諸衆生爲種種
患之所困厄長病羸瘦不能飲食唯脣乾燥
見諸方暗死相現前父母親屬朋友知識啼
泣圍遶然彼自身卧在本處見琰魔使引其
神識至于琰魔法王之前然諸有情有俱生神
隨其所作若罪若福皆具書之盡持授與琰
魔法王尒時彼王推問其人筭計所作隨其
罪福而處斷之時彼病人親屬知識若能爲
彼歸依世尊藥師瑠璃光如來請諸衆僧轉
讀此經然七層之燈懸五色續命神幡或有
是處神識得還如在夢中明了自見或經七
日或二十一日或三十五日或四十九日彼識
還時如從夢覺皆自憶知善不善業所得
果報由自證見業果報故乃至命難亦不
造作諸惡之業是故淨信善男子善女人等
皆應受持藥師瑠璃光如來名号隨力所

BD14832號　藥師瑠璃光如來本願功德經　（5–1）

是處神識得還如在夢中明了自見或經七
日或二十一日或三十五日或四十九日彼識
還時如從夢覺皆自憶知善不善業所得
果報由自證見業果報故乃至命難亦不
造作諸惡之業是故淨信善男子善女人等
皆應受持藥師瑠璃光如來名号隨力所
能恭敬供養
尒時阿難問救脫菩薩曰善男子應云何
恭敬供養彼世尊藥師瑠璃光如來續命
幡燈復云何造救脫菩薩言大德若病人欲
脫病苦當爲其人七日七夜受持八分齋戒
應以飲食及餘資具隨力所辦供養苾芻
僧晝夜六時礼拜供養彼世尊藥師瑠璃光
如來讀誦此經四十九遍然四十九燈造彼如
來形像七軀一一像前各置七燈一一燈量大
如車輪乃至四十九日光明不絕造五色綵
幡長四十九搩手應放雜類衆生至四十九
可得過度危厄之難不爲諸橫惡鬼所持
復次阿難若刹帝利灌頂王等災難起時
所謂人衆疾疫難他國侵逼難自界叛逆難
星宿變怪難日月薄蝕難非時風雨難過
時不雨難彼刹帝利灌頂王等尒時應於一
切有情起慈悲心赦諸繫閉依前所說供養之
法供養彼世尊藥師瑠璃光如來由此善根及
彼如來本願力故令其國界即得安隱風
雨順時穀稼成熟一切有情无病歡樂於其
國中无有暴惡藥叉等神惱有情者一切
惡相皆即隱沒而刹帝利灌頂王等壽命

BD14832號　藥師瑠璃光如來本願功德經　（5–2）

法供養彼世尊藥師瑠璃光如來由此善根及
彼如來本願力故令其國界即得安隱風
雨順時穀稼成熟一切有情无病歡樂於其
國中无有暴惡藥叉等神惱有情者一切
惡相皆即隱沒而刹帝利灌頂王等壽命
色力无病自在皆得增益阿難若帝后妃
主儲君王子大臣輔相中宮綵女百官黎庶
為病所苦及餘厄難亦應造立五色神幡然
燈續明放諸生命散雜色華燒衆名香病
得除愈衆難解脫
尒時阿難問救脫菩薩言善男子云何已盡
之命而可增益救脫菩薩言大德汝豈不聞
如來說有九橫死耶是故勸造續命幡燈脩
諸福德以脩福故盡其壽命不經苦患阿難
問言九橫云何救脫菩薩言若諸有情得病
雖輕然无醫藥及看病者設得遇醫授以
非藥實不應死而便橫死又信世間邪魔
外道妖孽之師妄說禍福便生恐動心不自
正卜問覓禍殺種種衆生解奏神明呼諸魍
魎請乞福祐欲冀延年終不能得愚癡迷惑
信邪倒見遂令橫死入於地獄无有出期
是名初橫二者橫被王法之所誅戮三者畋
獵嬉戲耽婬嗜酒放逸无度橫為非人奪其
精氣四者橫為火焚五者橫為水溺六者橫
為種種惡獸所噉七者橫墮山崖八者橫為
毒藥厭禱呪咀起屍鬼等之所中害九者飢
渴所困不得飲食而便橫死是為如來略說橫
死有此九種其餘復有无量諸橫難可具說

精氣四者橫為火焚五者橫為水溺六者橫
為種種惡獸所噉七者橫墮山崖八者橫為
毒藥厭禱呪咀起屍鬼等之所中害九者飢
渴所困不得飲食而便橫死是為如來略說橫
死有此九種其餘復有无量諸橫難可具說
復次阿難彼琰魔王主領世間名籍之記若
諸有情不孝五逆破辱三寶壞君臣法毀於
信戒琰魔法王隨罪輕重考而罰之是故
我今勸諸有情然燈造幡放生脩福令度
苦厄不遭衆難
尒時衆中有十二藥叉大將俱在會坐所謂
宮毗羅大將　伐折羅大將　迷企羅大將　安底羅大將
頞你羅大將　珊底羅大將　因達羅大將　波夷羅大將
摩虎羅大將　真達羅大將　招杜羅大將　毗羯羅大將
此十二藥叉大將一一各有七千藥叉以為眷
屬同時舉聲白佛言世尊我等今者蒙佛
威力得聞世尊藥師瑠璃光如來名号不復
更有惡趣之怖我等相率皆同一心乃至盡
形歸佛法僧誓當荷負一切有情為作義
利饒益安樂隨於何等村城國邑空閑林
中若有流布此經或復受持藥師瑠璃光如
來名号恭敬供養者我等眷屬衛護是人
皆使解脫一切苦難諸有願求悉令滿足或
有疾厄求度脫者亦應讀誦此經以五色縷
結我名字得如願已然後解結
尒時世尊讚諸藥叉大將言善哉善哉大
藥叉將汝等念報世尊藥師瑠璃光如來恩
德者常應如是利益安樂一切有情

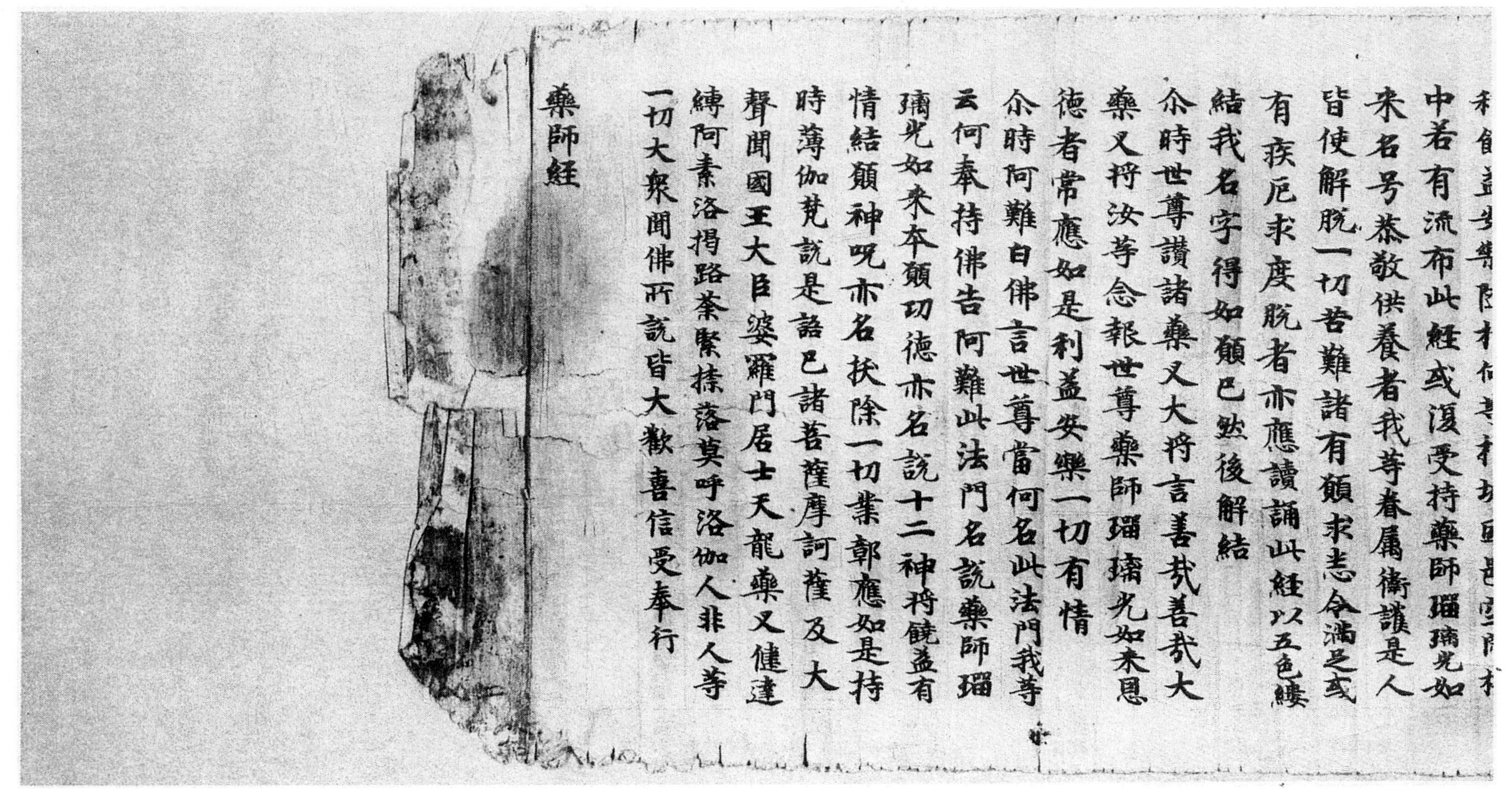

BD14832 號　藥師瑠璃光如來本願功德經　（5–5）

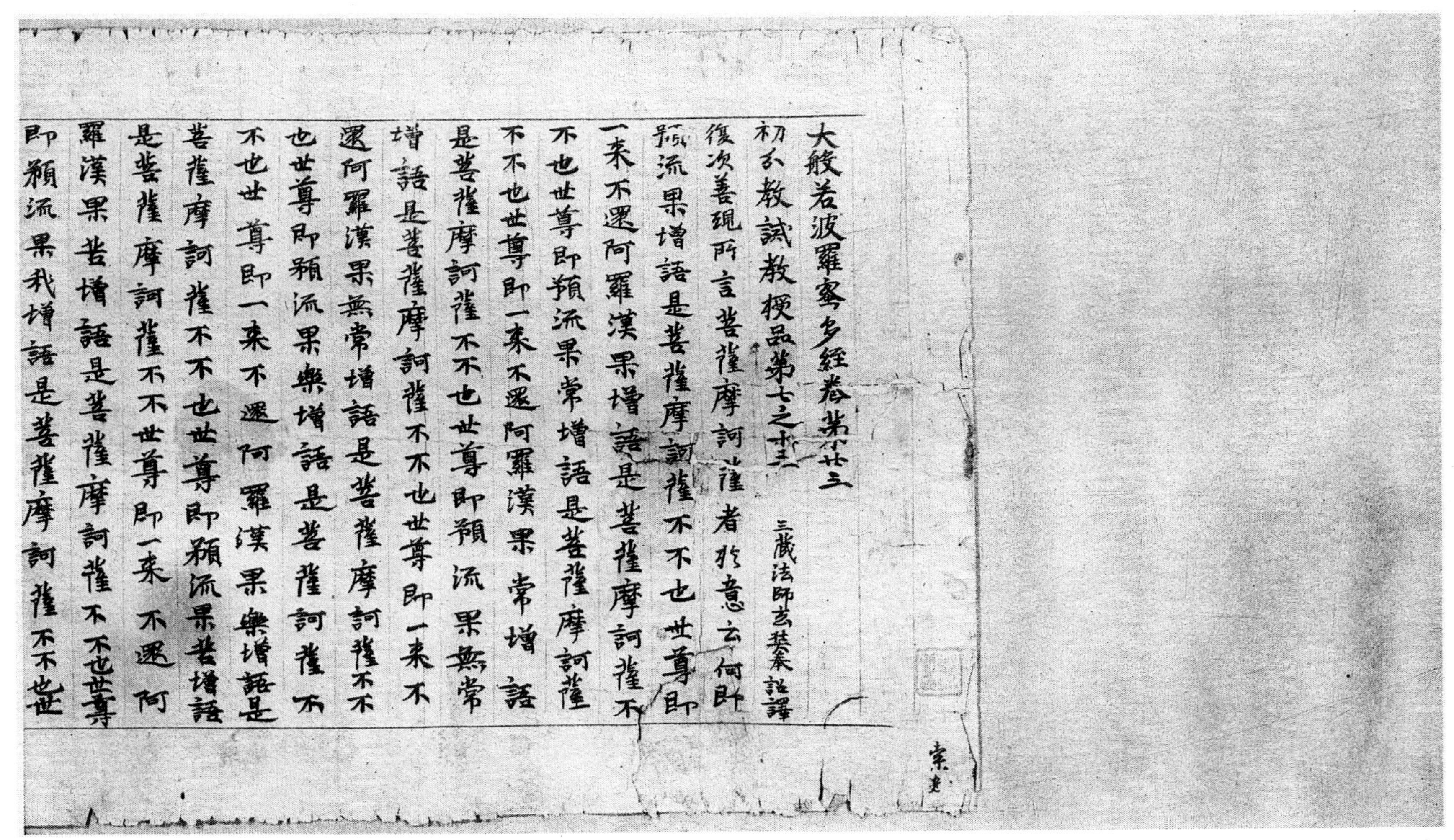

BD14833 號　大般若波羅蜜多經卷二三　（23–1）

也世尊即預流果樂增語是菩薩訶薩不
不也世尊即一来不還阿羅漢果樂增語是
菩薩摩訶薩不不也世尊即預流果苦增語
是菩薩摩訶薩不不世尊即一来不還阿
羅漢果苦增語是菩薩摩訶薩不不也世尊
即預流果我增語是菩薩摩訶薩不不也世
尊即一来不還阿羅漢果我增語是菩薩摩
訶薩不不也世尊即預流果無我增語是菩
薩摩訶薩不不也世尊即一来不還阿羅漢
果無我增語是菩薩摩訶薩不不世世尊即
預流果淨增語是菩薩摩訶薩不不也世尊
即一来不還阿羅漢果淨增語是菩薩摩訶
薩不不也世尊即預流果不淨增語是菩薩
摩訶薩不不也世尊即一来不還阿羅漢果
不淨增語是菩薩摩訶薩不不也世尊即預
流果空增語是菩薩摩訶薩不不也世尊即一
来不還阿羅漢果空增語是菩薩摩訶薩不
不也世尊即預流果不空增語是菩薩摩訶
薩不不也世尊即一来不還阿羅漢果不
空增語是菩薩摩訶薩不不也世尊即預流
果有相增語是菩薩摩訶薩不不也世尊即
一来不還阿羅漢果有相增語是菩薩摩訶
薩不不也世尊即預流果無相增語是菩薩
摩訶薩不不也世尊即一来不還阿羅漢果
無相增語是菩薩摩訶薩不不也世尊即預
流果有願增語是菩薩摩訶薩不不也世尊
即一来不還阿羅漢果有願增語是菩薩摩

BD14833號　大般若波羅蜜多經卷二三　（23–2）

一来不還阿羅漢果有相增語是菩薩摩訶
薩不不也世尊即預流果無相增語是菩薩
摩訶薩不不也世尊即一来不還阿羅漢果
無相增語是菩薩摩訶薩不不也世尊即預
流果有願增語是菩薩摩訶薩不不也世尊
即一来不還阿羅漢果有願增語是菩薩摩
訶薩不不也世尊即預流果無願增語是菩
薩摩訶薩不不也世尊即一来不還阿羅漢果
無願增語是菩薩摩訶薩不不也世尊即預
流果寂静增語是菩薩摩訶薩不不也世尊
即一来不還阿羅漢果寂静增語是菩薩摩
訶薩不不也世尊即預流果不寂静增語是
菩薩摩訶薩不不也世尊即一来不還阿羅
漢果不寂静增語是菩薩摩訶薩不不也
世尊即預流果遠離增語是菩薩摩訶薩不
不也世尊即一来不還阿羅漢果遠離增語
是菩薩摩訶薩不不也世尊即預流果不遠
離增語是菩薩摩訶薩不不也世尊即一来
不還阿羅漢果不遠離增語是菩薩摩訶薩
不不也世尊即預流果有為增語是菩薩摩
訶薩不不也世尊即一来不還阿羅漢果有
為增語是菩薩摩訶薩不不也世尊即預流
果無為增語是菩薩摩訶薩不不世尊即
一来不還阿羅漢果無為增語是菩薩摩訶
薩不不也世尊即預流果有漏增語是菩薩
摩訶薩不不也世尊即一来不還阿羅漢果
有漏增語是菩薩摩訶薩不不也世尊即預

BD14833號　大般若波羅蜜多經卷二三　（23–3）

果無爲增語是菩薩摩訶薩不不也世尊即
一來不還阿羅漢果無爲增語是菩薩摩訶
薩不不也世尊即預流果有漏增語是菩薩
摩訶薩不不也世尊即一來不還阿羅漢果
有漏增語是菩薩摩訶薩不不也世尊即預
流果無漏增語是菩薩摩訶薩不不也世尊
即一來不還阿羅漢果無漏增語是菩薩摩
訶薩不不也世尊即預流果生增語是菩薩
摩訶薩不不也世尊一來不還阿羅漢果生
增訶是菩薩摩訶薩不不世尊即預流
果滅增語是菩薩摩訶薩不不也世尊即一
來不還阿羅漢果滅增語是菩薩摩訶薩不
不也世尊即預流果善增語是菩薩摩訶薩
不不也世尊即一來不還阿羅漢果善增語
是菩薩摩訶薩不不也世尊即預流果非善
增語是菩薩摩訶薩不不也世尊即一來不
還阿羅漢果非善增語是菩薩摩訶薩不不
也世尊即預流果有罪增語是菩薩摩訶薩
不不也世尊即一來不還阿羅漢果有罪增
語是菩薩摩訶薩不不也世尊即預流果無
罪增語是菩薩摩訶薩不不世尊即一來
不還阿羅漢果無罪增語是菩薩摩訶薩不
不也世尊即預流果有煩惱增語是菩薩摩
訶薩不不也世尊即一來不還阿羅漢果有
煩惱增語是菩薩摩訶薩不不也世尊即預
流果無煩惱增語是菩薩摩訶薩不不也世
尊即一來不還阿羅漢果無煩惱增語是菩

BD14833號　大般若波羅蜜多經卷二三　（23–4）

不也世尊即預流果有煩惱增語是菩薩摩
訶薩不不也世尊即一來不還阿羅漢果有
煩惱增語是菩薩摩訶薩不不也世尊即預
流果無煩惱增語是菩薩摩訶薩不不也世
尊即一來不還阿羅漢果無煩惱增語是菩
薩摩訶薩不不也世尊即預流果世間增語
是菩薩摩訶薩不不也世尊即一來不還阿
羅漢果世間增語是菩薩摩訶薩不不也世
尊即預流果出世間增語是菩薩摩訶薩不
不也世尊即一來不還阿羅漢果出世間增
語是菩薩摩訶薩不不也世尊即預流果雜
染增語是菩薩摩訶薩不不也世尊即一來
不還阿羅漢果雜染增語是菩薩摩訶薩不
不也世尊即預流果清淨增語是菩薩摩訶
薩不不也世尊一來不還阿羅漢果清淨
增語是菩薩摩訶薩不不也世尊即預流果
屬生死增語是菩薩摩訶薩不不也世尊即
一來不還阿羅漢果屬生死增語是菩薩摩
訶薩不不也世尊即預流果屬涅槃增語是
菩薩摩訶薩不不也世尊即一來不還阿羅
漢果屬涅槃增語是菩薩摩訶薩不不也世
尊即預流果在內增語是菩薩摩訶薩不不
也世尊即一來不還阿羅漢果在內增語是
菩薩摩訶薩不不也世尊即預流果在外增
語是菩薩摩訶薩不不也世尊即一來不還
阿羅漢果在外增語是菩薩摩訶薩不不也
世尊即預流果在兩間增語是菩薩摩訶薩

BD14833號　大般若波羅蜜多經卷二三　（23–5）

也世尊即一来不還阿羅漢果在内增語是
菩薩摩訶薩不不也世尊即預流果在外增
語是菩薩摩訶薩不不也世尊即一来不還
阿羅漢果在外增語是菩薩摩訶薩不不也
世尊即預流果在兩間增語是菩薩摩訶薩
不不也世尊即一来不還阿羅漢果在兩間
增語是菩薩摩訶薩不不也世尊即預流果
可得增語是菩薩摩訶薩不不也世尊即一
来不還阿羅漢果可得增語是菩薩摩訶薩
不不也世尊即預流果不可得增語是菩薩
摩訶薩不不也世尊即一来不還阿羅漢果
不可得增語是菩薩摩訶薩不不也世尊
復次善現所言菩薩摩訶薩者於意云何即
獨覺菩提增語是菩薩摩訶薩不不也世尊
即獨覺菩提常增語是菩薩摩訶薩不不也
世尊即獨覺菩提無常增語是菩薩摩訶薩
不不也世尊即獨覺菩提樂增語是菩薩摩
訶薩不不也世尊即獨覺菩提苦增語是菩
薩摩訶薩不不也世尊即獨覺菩提我增語
是菩薩摩訶薩不不也世尊即獨覺菩提無
我增語是菩薩摩訶薩不不也世尊即獨覺
菩提淨增語是菩薩摩訶薩不不也世尊即
獨覺菩提不淨語是菩薩摩訶薩不不也
世尊即獨覺菩提空增語是菩薩摩訶薩不
不也世尊即獨覺菩提不空增語是菩薩摩
訶薩不不也世尊即獨覺菩提有相增語是

BD14833號　大般若波羅蜜多經卷二三　（23–6）

菩提淨增語是菩薩摩訶薩不不也世尊即
獨覺菩提不淨語是菩薩摩訶薩不不也
世尊即獨覺菩提空增語是菩薩摩訶薩不
不也世尊即獨覺菩提不空增語是菩薩摩
訶薩不不也世尊即獨覺菩提有相增語是
菩薩摩訶薩不不也世尊即獨覺菩提無相
增語是菩薩摩訶薩不不也世尊即獨覺菩
提有願增語是菩薩摩訶薩不不也世尊即
獨覺菩提無願增語是菩薩摩訶薩不不也
世尊即獨覺菩提寂靜增語是菩薩摩訶薩
不不也世尊即獨覺菩提不寂靜增語是菩
薩摩訶薩不不也世尊即獨覺菩提遠離增
語是菩薩摩訶薩不不也世尊即獨覺菩提
不遠離增語是菩薩摩訶薩不不也世尊即
獨覺菩提有為增語是菩薩摩訶薩不不也
世尊即獨覺菩提無為增語是菩薩摩訶薩
不不也世尊即獨覺菩提有漏增語是菩薩
摩訶薩不不也世尊即獨覺菩提無漏增語
是菩薩摩訶薩不不也世尊即獨覺菩提生
增語是菩薩摩訶薩不不也世尊即獨覺菩
提滅增語是菩薩摩訶薩不不也世尊即獨
覺菩提善增語是菩薩摩訶薩不不也世尊
即獨覺菩提非善增語是菩薩摩訶薩不不
也世尊即獨覺菩提有罪增語是菩薩摩訶
薩不不也世尊即獨覺菩提無罪增語是菩
薩摩訶薩不不也世尊即獨覺菩提有煩惱
增語是菩薩摩訶薩不不也世尊即獨覺菩

BD14833號　大般若波羅蜜多經卷二三　（23–7）

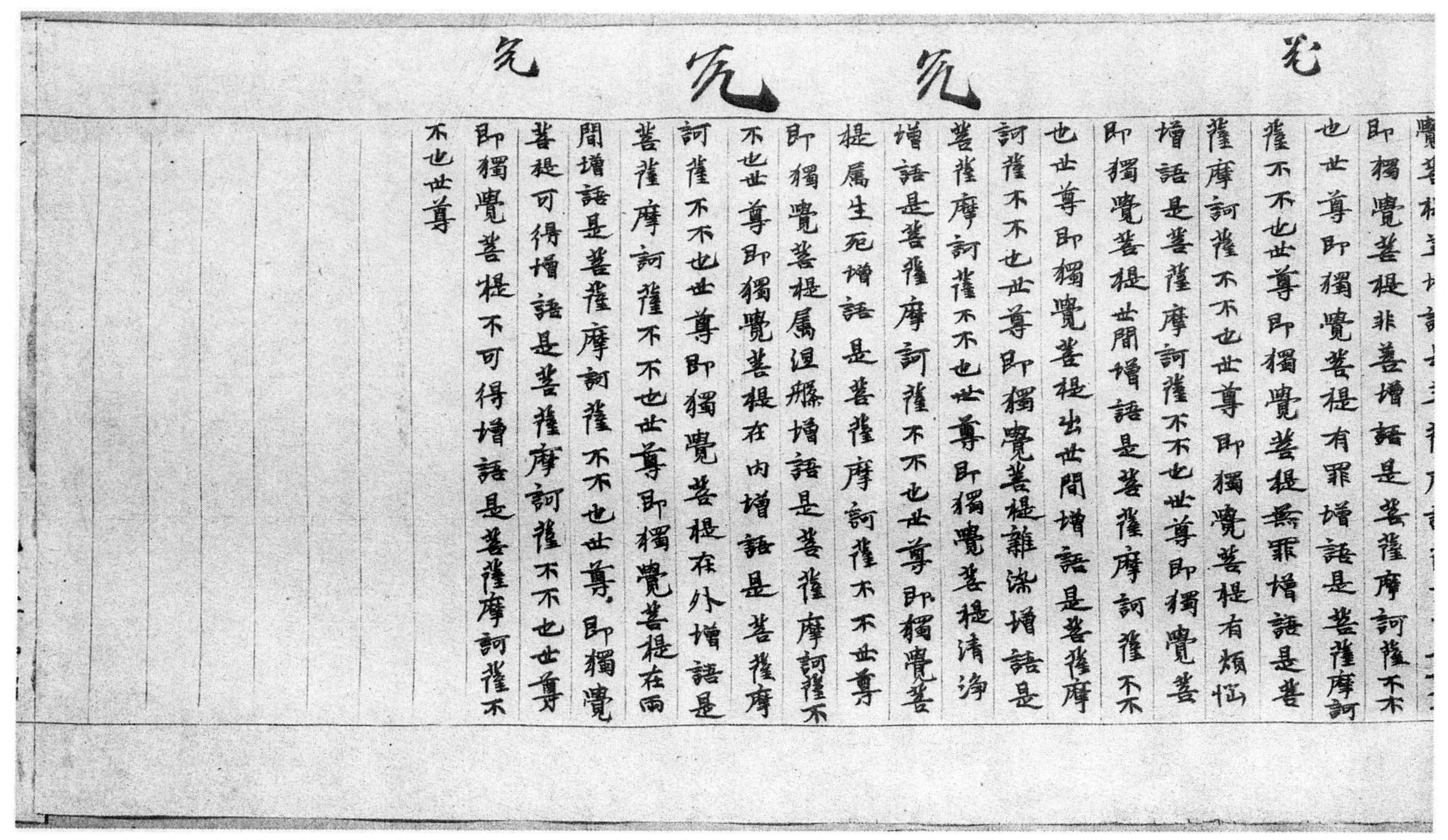
即獨覺菩提非善增語是菩薩摩訶薩不不
也世尊即獨覺菩提有罪增語是菩薩摩訶
薩不不也世尊即獨覺菩提無罪增語是菩
薩摩訶薩不不也世尊即獨覺菩提有煩惱
增語是菩薩摩訶薩不不也世尊即獨覺菩
即獨覺菩提世間增語是菩薩摩訶薩不不
也世尊即獨覺菩提出世間增語是菩薩摩
訶薩不不也世尊即獨覺菩提雜染增語是
菩薩摩訶薩不不也世尊即獨覺菩提清淨
增語是菩薩摩訶薩不不也世尊即獨覺菩
提屬生死增語是菩薩摩訶薩不不世尊
即獨覺菩提屬涅槃增語是菩薩摩訶薩不
不也世尊即獨覺菩提在內增語是菩薩摩
訶薩不不也世尊即獨覺菩提在外增語是
菩薩摩訶薩不不也世尊即獨覺菩提在兩
間增語是菩薩摩訶薩不不也世尊即獨覺
菩提可得增語是菩薩摩訶薩不不也世尊
即獨覺菩提不可得增語是菩薩摩訶薩不
不也世尊

BD14833號　大般若波羅蜜多經卷二三　（23–8）

提滅增語是菩薩摩訶薩不不也世尊即獨
覺菩提善增語是菩薩摩訶薩不不也世尊
即獨覺菩提非善增語是菩薩摩訶薩不不
也世尊即獨覺菩提有罪增語是菩薩摩訶
薩不不也世尊即獨覺菩提無罪增語是菩
薩摩訶薩不不也世尊即獨覺菩提有煩惱
增語是菩薩摩訶薩不不也世尊即獨覺菩
提無煩惱增語是菩薩摩訶薩不不也世尊
即獨覺菩提世間增語是菩薩摩訶薩不不
也世尊即獨覺菩提出世間增語是菩薩摩
訶薩不不也世尊即獨覺菩提雜染增語是
菩薩摩訶薩不不也世尊即獨覺菩提清淨
增語是菩薩摩訶薩不不也世尊即獨覺菩
提屬生死增語是菩薩摩訶薩不不也世尊
即獨覺菩提屬涅槃增語是菩薩摩訶薩不
不也世尊即獨覺菩提在內增語是菩薩摩
訶薩不不也世尊即獨覺菩提在外增語是
菩薩摩訶薩不不也世尊即獨覺菩提在兩
間增語是菩薩摩訶薩不不也世尊即獨覺
菩提可得增語是菩薩摩訶薩不不也世尊
即獨覺菩提不可得增語是菩薩摩訶薩不
不也世尊

BD14833號　大般若波羅蜜多經卷二三　（23–9）

菩薩摩訶薩不不也世尊即獨覺菩提在兩
間增語是菩薩摩訶薩不不也世尊即獨覺
菩提可得增語是菩薩摩訶薩不不也世尊
即獨覺菩提不可得增語是菩薩摩訶薩不
不也世尊
復次善現所言菩薩摩訶薩者於意云何即
一切菩薩摩訶薩行增語是菩薩摩訶薩不
不也世尊即諸佛無上正等菩提增語是菩
薩摩訶薩不不也世尊即一切菩薩摩訶薩
行常增語是菩薩摩訶薩不不也世尊即諸
佛無上正等菩提常增語是菩薩摩訶薩不
不也世尊即一切菩薩摩訶薩行無常增語
是菩薩摩訶薩不不也世尊即諸佛無上正
等菩提無常增語是菩薩摩訶薩不不也世
尊即一切菩薩摩訶薩行樂增語是菩薩摩
訶薩不不也世尊即諸佛無上正等菩提樂增
語是菩薩摩訶薩不不也世尊即一切菩
薩摩訶薩行苦增語是菩薩摩訶薩不不也
世尊即諸佛無上正等菩提苦增語是菩薩
摩訶薩不不也世尊即一切菩薩摩訶薩行
我增語是菩薩摩訶薩不不也世尊即諸佛
無上正等菩提我增語是菩薩摩訶薩不不
也世尊即一切菩薩摩訶薩行無我增語是
菩薩摩訶薩不不也世尊即諸佛無上正等
菩提無我增語是菩薩摩訶薩不不也世尊
即一切菩薩摩訶薩行淨增語是菩薩摩訶
薩不不也世尊即諸佛無上正等菩提淨增

BD14833號　大般若波羅蜜多經卷二三　（23–10）

菩薩摩訶薩不不也世尊即諸佛無上正等
菩提無我增語是菩薩摩訶薩不不也世尊
即一切菩薩摩訶薩行淨增語是菩薩摩訶
薩不不也世尊即諸佛無上正等菩提淨增
語是菩薩摩訶薩不不也世尊即一切菩薩
摩訶薩行不淨增語是菩薩摩訶薩不不也
世尊即諸佛無上正等菩提不淨增語是菩
薩摩訶薩不不也世尊即一切菩薩摩訶薩
行空增語是菩薩摩訶薩不不也世尊即諸
佛無上正等菩提空增語是菩薩摩訶薩不
不也世尊即一切菩薩摩訶薩行不空增語
是菩薩摩訶薩不不也世尊即諸佛無上正
等菩提不空增語是菩薩摩訶薩不不也世
尊即一切菩薩摩訶薩行有相增語是菩薩
摩訶薩不不也世尊即諸佛無上正等菩提
有相增語是菩薩摩訶薩不不也世尊即一
切菩薩摩訶薩行無相增語是菩薩摩訶薩
不不也世尊即諸佛無上正等菩提無相增
語是菩薩摩訶薩不不也世尊即一切菩薩
摩訶薩行有願增語是菩薩摩訶薩不不也
世尊即諸佛無上正等菩提有願增語是菩
薩摩訶薩不不也世尊即一切菩薩摩訶薩
行無願增語是菩薩摩訶薩不不也世尊即
諸佛無上正等菩提無願增語是菩薩摩訶
薩不不也世尊即一切菩薩摩訶薩行寂靜
增語是菩薩摩訶薩不不也世尊即諸佛無

BD14833號　大般若波羅蜜多經卷二三　（23–11）

薩摩訶薩不不也世尊即一切菩薩摩訶薩
行無願增語是菩薩摩訶薩不不也世尊即
諸佛無上正等菩提無願增語是菩薩摩訶
薩不不也世尊即一切菩薩摩訶薩行寂靜
增語是菩薩摩訶薩不不也世尊即諸佛無
上正等菩提寂靜增語是菩薩摩訶薩不不
也世尊即一切菩薩摩訶薩行不寂靜增語
是菩薩摩訶薩不不也世尊即諸佛無上正
等菩提不寂靜增語是菩薩摩訶薩不不也
世尊即一切菩薩摩訶薩行遠離增語是菩
薩摩訶薩不不也世尊即諸佛無上正等菩
提遠離增語是菩薩摩訶薩不不也世尊即
一切菩薩摩訶薩行不遠離增語是菩薩摩
訶薩不不也世尊即諸佛無上正等菩提不遠
離增語是菩薩摩訶薩不不也世尊即一
切菩薩摩訶薩行有為增語是菩薩摩訶薩
不不也世尊即諸佛無上正等菩提有為增
語是菩薩摩訶薩不不也世尊即一切菩薩
摩訶薩行無為增語是菩薩摩訶薩不不也
世尊即諸佛無上正等菩提無為增語是菩
薩摩訶薩不不也世尊即一切菩薩摩訶薩
行有漏增語是菩薩摩訶薩不不也世尊即
諸佛無上正等菩提有漏增語是菩薩摩訶
薩不不也世尊即一切菩薩摩訶薩行無漏
增語是菩薩摩訶薩不不也世尊即諸佛無
上正等菩提無漏增語是菩薩摩訶薩不不
也世尊即一切菩薩摩訶薩行生增語是菩

BD14833 號　大般若波羅蜜多經卷二三　（23–12）

薩不不也世尊即一切菩薩摩訶薩行無漏
增語是菩薩摩訶薩不不也世尊即諸佛無
上正等菩提無漏增語是菩薩摩訶薩不不
也世尊即一切菩薩摩訶薩行生增語是菩
薩摩訶薩不不也世尊即諸佛無上正等菩
提生增語是菩薩摩訶薩不不也世尊即一
切菩薩摩訶薩行滅增語是菩薩摩訶薩不
不也世尊即諸佛無上正等菩提滅增語是
菩薩摩訶薩不不也世尊即一切菩薩摩訶
薩行善增語是菩薩摩訶薩不不也世尊即
諸佛無上正等菩提善增語是菩薩摩訶薩
不不也世尊即一切菩薩摩訶薩行非善增
語是菩薩摩訶薩不不也世尊即諸佛無上
正等菩提非善增語是菩薩摩訶薩不不也
世尊即一切菩薩摩訶薩行有罪增語是菩
薩摩訶薩不不也世尊即諸佛無上正等菩
提有罪增語是菩薩摩訶薩不不也世尊
一切菩薩摩訶薩行無罪增語是菩薩摩訶
薩不不也世尊即諸佛無上正等菩提無罪
增語是菩薩摩訶薩不不也世尊即一切菩
薩摩訶薩行有煩惱增語是菩薩摩訶薩不
不也世尊即諸佛无上正等菩提有煩惱增
語是菩薩摩訶薩不不也世尊即一切菩薩
摩訶薩行無煩惱增語是菩薩摩訶薩不不
也世尊即諸佛無上正等菩提無煩惱增語
是菩薩摩訶薩不不世尊即一切菩薩摩

BD14833 號　大般若波羅蜜多經卷二三　（23–13）

不也世尊即諸佛无上正等菩提有煩惱增
語是菩薩摩訶薩不不也世尊即一切菩薩
摩訶薩行無煩惱增語是菩薩摩訶薩不不
也世尊即諸佛無上正等菩提無煩惱增語
是菩薩摩訶薩不不世尊即一切菩薩摩
訶薩行世間增語是菩薩摩訶薩不不也世
尊即諸佛無上正等菩提世間增語是菩薩
摩訶薩不不也世尊即一切菩薩摩訶薩行
出世間增語是菩薩摩訶薩不不也世尊即
諸佛無上正等菩提出世間增語是菩薩摩
訶薩不不也世尊即一切菩薩摩訶薩行雜
染增語是菩薩摩訶薩不不也世尊即諸佛
無上正等菩提雜染增語是菩薩摩訶薩不
不也世尊即一切菩薩摩訶薩行清淨增語
是菩薩摩訶薩不不也世尊即諸佛無上正
等菩提清淨增語是菩薩摩訶薩不不也世
尊即一切菩薩摩訶薩行屬生死增語是菩
薩摩訶薩不不也世尊即諸佛無上正等菩
提屬生死增語是菩薩摩訶薩不不也世尊
即一切菩薩摩訶薩行屬涅槃增語是菩薩
摩訶薩不不也世尊即諸佛無上正等菩提
屬涅槃增語是菩薩摩訶薩不不也世尊即
一切菩薩摩訶薩行在內增語是菩薩摩訶
薩不不也世尊即諸佛無上正等菩提在內
增語是菩薩摩訶薩不不也世尊即一切菩
薩摩訶薩行在外增語是菩薩摩訶薩不不
也世尊即諸佛無上正等菩提在外增語是

一切菩薩摩訶薩行在內增語是菩薩摩訶
薩不不也世尊即諸佛無上正等菩提在內
增語是菩薩摩訶薩不不也世尊即一切菩
薩摩訶薩行在外增語是菩薩摩訶薩不不
也世尊即諸佛無上正等菩提在外增語是
菩薩摩訶薩不不也世尊即一切菩薩摩訶
薩行在兩間增語是菩薩摩訶薩不不也世
尊即諸佛無上正等菩提在兩間增語是菩
薩摩訶薩不不也世尊即一切菩薩摩訶薩
行可得增語是菩薩摩訶薩不不也世尊即
諸佛無上正等菩提可得增語是菩薩摩訶
薩不不也世尊即一切菩薩摩訶薩行不可
得增語是菩薩摩訶薩不不也世尊即諸佛
无上正等菩提不可得增語是菩薩摩訶薩
不不也世尊
尒時佛告具壽善現汝觀何義言即色增語
非菩薩摩訶薩即受想行識增語非菩薩摩
訶薩耶具壽善現荅言世尊若色若受想行
識尚畢竟不可得性非有故况有色增語及
受想行識增語此增語既非有如何可言即
色增語是菩薩摩訶薩即受想行識增語是
菩薩摩訶薩善現汝復觀何義言即色若常
若無常增語非菩薩摩訶薩即受想行識若
常若無常增語非菩薩摩訶薩耶世尊若色
常無常若受想行識常無常尚畢竟不可得
性非有故况有色常無常增語及受想行識
常無常增語此增語既非有如何可言即色

若無常增語非菩薩摩訶薩即受想行識若
常若無常增語非菩薩摩訶薩耶世尊若色
常無常若受想行識常無常尚畢竟不可得
性非有故況有色常無常增語及受想行識
常無常增語此增語既非有如何可言即色
若常若無常增語是菩薩摩訶薩即受想行
識若常若無常增語是菩薩摩訶薩善現汝
復觀何義言即色若樂若苦增語非菩薩摩
訶薩即受想行識若樂若苦增語非菩薩摩
訶薩耶世尊若色樂苦若受想行識樂苦尚
畢竟不可得性非有故况有色樂苦增語及
受想行識樂苦增語此增語既非有如何可
言即色若樂若苦增語是菩薩摩訶薩即受
想行識若樂若苦增語是菩薩摩訶薩善現
汝復觀何義言即色若我若無我增語非菩
薩摩訶薩即受想行識若我若無我增語非
菩薩摩訶薩耶世尊若色我無若受想行
識我無我尚畢竟不可得性非有故况有色
我無我增語及受想行識我無我增語此增
語既非有如何可言即色若我若無我增語
是菩薩摩訶薩即受想行識若我若無我增
語是菩薩摩訶薩善現汝復觀何義言即色
若淨若不淨增語非菩薩摩訶薩即受想行
識若淨若不淨增語非菩薩摩訶薩耶世尊
若色淨不淨若受想行識淨不淨尚畢竟不
可得性非有故况有色淨不淨增語及受想
行識淨不淨增語此增語既非有如何可言

BD14833號　大般若波羅蜜多經卷二三　（23–16）

若淨若不淨增語非菩薩摩訶薩即受想行
識若淨若不淨增語非菩薩摩訶薩耶世尊
若色淨不淨若受想行識淨不淨尚畢竟不
可得性非有故况有色淨不淨增語及受想
行識淨不淨增語此增語既非有如何可言
即色若淨若不淨增語是菩薩摩訶薩即受
想行識若淨若不淨增語是菩薩摩訶薩善
現汝復觀何義言即色若空若不空增語非
菩薩摩訶薩即受想行識若空若不空增語
非菩薩摩訶薩耶世尊若色空不空若受想
行識空不空尚畢竟不可得性非有故况有
色空不空增語及受想行識空不空增語此
增語既非有如何可言即色若空若不空增
語是菩薩摩訶薩即受想行識若空若不空
增語是菩薩摩訶薩善現汝復觀何義言即
色若有想若無想增語非菩薩摩訶薩即受
想行識若有想若無想增語非菩薩摩訶薩
耶世尊若色有相無相若受想行識有相無
相尚畢竟不可得性非有故况有色有相無
相增語及受想行識有相無相增語此增語
既非有如何可言即色若有相若無相增語是
菩薩摩訶薩即受想行識若有相若無相
增語是菩薩摩訶薩善現汝復觀何義言即
色若有願若無願增語非菩薩摩訶薩即受
想行識若有願若無願增語非菩薩摩訶薩
耶世尊若色有願無願若受想行識有願無

BD14833號　大般若波羅蜜多經卷二三　（23–17）

菩薩摩訶薩即受想行識若有相若無相
增語是菩薩摩訶薩善現汝復觀何義言即
色若有願若無願增語非菩薩摩訶薩即受
想行識若有願若無願增語非菩薩摩訶薩
耶世尊若色有願無願若受想行識有願無
願尚畢竟不可得性非有故况有色有願無
願增語及受想識有願無願增語此增語
既非有如何可言即色若有願若無願增語
是菩薩摩訶薩即受想行識若有願若無願
增語是菩薩摩訶薩善現汝復觀何義言即
色若寂靜若不寂靜增語非菩薩摩訶薩即
受想行識若寂靜若不寂靜增語非菩薩摩
訶薩耶世尊若色寂靜不寂靜若受想行識
寂靜不寂靜尚畢竟不可得性非有故况有
色寂靜不寂靜增語及受想行識寂靜不寂
靜增語此增語既非有如何可言即色若寂
靜若不寂靜增語是菩薩摩訶薩即受想行
識若寂靜若不寂靜增語是菩薩摩訶薩善
現汝復觀何義言即色若遠離若不遠離增
語非菩薩摩訶薩即受想行識若遠離若不
遠離增語非菩薩摩訶薩耶世尊若色遠離
不遠離若受想行識遠離不遠離尚畢竟不
可得性非有故况有色遠離不遠離增語及
受想行識遠離不遠離增語此增語既非有
如何可言即色若遠離若不遠離增語是菩
薩摩訶薩即受想行識若遠離若不遠離增
語是菩薩摩訶薩善現汝復觀何義言即色

BD14833號　大般若波羅蜜多經卷二三　（23–18）

不遠離若受想行識遠離不遠離尚畢竟不
可得性非有故况有色遠離不遠離增語及
受想行識遠離不遠離增語此增語既非有
如何可言即色若遠離若不遠離增語是菩
薩摩訶薩即受想行識若遠離若不遠離增
語是菩薩摩訶薩善現汝復觀何義言即色
若有爲若無爲增語非菩薩摩訶薩即受想
行識若有爲若無爲增語非菩薩摩訶薩耶
世尊若色有爲無爲若受想行識有爲無爲
尚畢竟不可得情性非有故况有爲無爲增
增語及受想行識有爲無爲增語此增語既
非有如何可言即色若有爲若無爲增語是
菩薩摩訶薩即受想行識若有爲若無爲增
語是菩薩摩訶薩善現汝復觀何義言即色
若有漏若無漏增語非菩薩摩訶薩即受想
行識若有漏若無漏增語非菩薩摩訶薩耶
世尊若色有漏無漏若受想行識有漏無漏
尚畢竟不可得性非有故况有色有漏無漏
增語及受想行識有漏無漏增語此增語既
非有如何可言即色若有漏若無漏增語是
菩薩摩訶薩即受想行識若有漏若無漏增
語是菩薩摩訶薩善現汝復觀何義言即色
若生若滅增語非菩薩摩訶薩即受想行識
若生若滅增語非菩薩摩訶薩耶世尊若色
生滅若受想行識生滅尚畢竟不可得性非
有故况有色生滅增語及受想行識生滅增

BD14833號　大般若波羅蜜多經卷二三　（23–19）

語是菩薩摩訶薩善現汝復觀何義言即色
若生若滅增語非菩薩摩訶薩即受想行識
若生若滅增語非菩薩摩訶薩耶世尊若色
生滅若受想行識生滅尚畢竟不可得性非
有故況有色生滅增語及受想行識生滅增
語此增語既非有如何可言即色若生若滅
增語是菩薩摩訶薩即受想行識若生若滅
增語是菩薩摩訶薩善現汝復觀何義言即
色若善若非善增語非菩薩摩訶薩即受想
行識若善若非善增語非菩薩摩訶薩耶世
尊若色善非善若受想行識善非善尚畢竟
不可得性非有故況有色善非善增語及受
想行識善非善增語此增語既非有如何可
言即色若善若非善增語是菩薩摩訶薩即
受想行識若善若非善增語是菩薩摩訶薩
善現汝復觀何義言即色若有罪若無罪增
語非菩薩摩訶薩即受想行識若有罪若無
罪增語非菩薩摩訶薩耶世尊若色有罪無
罪若受想行識有罪無罪尚畢竟不可得性
非有故況有色有罪無罪增語及受想行識
有罪無罪增語此增語既非有如何可言即
色若有罪若無罪增語是菩薩摩訶薩即受
想行識若有罪若無罪增語是菩薩摩訶薩
善現汝復觀何義言即色若有煩惱若無煩
惱增語非菩薩摩訶薩即受想行識若有煩
惱若無煩惱增語非菩薩摩訶薩耶世尊若

BD14833號　大般若波羅蜜多經卷二三　（23–20）

想行識若有罪若無罪增語是菩薩摩訶薩
善現汝復觀何義言即色若有煩惱若無煩
惱增語非菩薩摩訶薩即受想行識若有煩
惱若無煩惱增語非菩薩摩訶薩耶世尊若
色有煩惱無煩惱若受想行識有煩惱無煩
惱尚畢竟不可得性非有故況有色有煩惱
無煩惱增語及受想行識有煩惱無煩惱增
語此增語既非有如何可言即色若有煩惱
若無煩惱增語是菩薩摩訶薩即受想行識
若有煩惱若無煩惱增語是菩薩摩訶薩善
現汝復觀何義言即色若世間若出世間增
語非菩薩摩訶薩即受想行識若世間若出
世間增語非菩薩摩訶薩耶世尊若色世間
出世間若受想行識世間出世間尚畢竟不
可得性非有故況有色世間出世間增語及
受想行識世間出世間增語此增語既非有
如何可言即色若世間若出世間增語是菩
薩摩訶薩即受想行識若世間若出世間
增語是菩薩摩訶薩善現汝復觀何義言即色
若雜染若清淨增語非菩薩摩訶薩即受想
行識若雜染若清淨增語非菩薩摩訶薩耶
世尊若色雜染清淨若受想行識雜染清淨
尚畢竟不可得性非有故況色雜染清淨
增語及受想行識雜染清淨增語此增語既非
有如何可言即色若雜染若清淨增語是菩
薩摩訶薩即受想行識若雜染若清淨增語
是菩薩摩訶薩善現汝復觀何義言即色善

BD14833號　大般若波羅蜜多經卷二三　（23–21）

尚畢竟不可得性非有故況色雜染清淨
增語及受想行識雜染清淨增語此增語既非
有如何可言即色若雜染若清淨增語是菩
薩摩訶薩即受想行識若雜若清淨增語
是菩薩摩訶薩善現汝復觀何義言即色若
屬生死若屬涅槃增語非菩薩摩訶薩即受
想行識若屬生死若屬涅槃增語非菩薩摩
訶薩耶世尊若色屬生死屬涅槃若受想行
識屬生死屬涅槃尚畢竟不可得性非有故
況有色屬生死屬涅槃增語及受想行識屬
生死屬涅槃增語此增語既非有如何可言
即色若屬生死若屬涅槃增語是菩薩摩訶
薩即受想行識若屬生死若屬涅槃增語是
菩薩摩訶薩善現汝復觀何義言即色若在
內若在外若在兩間增語非菩薩摩訶薩即
受想行識若在內若在外若在兩間增語非
菩薩摩訶薩耶世尊若色在內在外在兩間
若受想行識在內在外在兩間尚畢竟不可
得性非有故況有色在內在外在兩間增語
及受想行識在內在外在兩間增語此增語
既非有如何可言即色若在內若在外若在
兩間增語是菩薩摩訶薩即受想行識若在
內若在外若在兩間增語是菩薩摩訶薩善
現汝復觀何義言即色若可得若不可得增
語非菩薩摩訶薩即受想行識若可得若不
可得增語非菩薩摩訶薩耶世尊若色可得
不可得若受想行識可得不可得尚畢竟不

BD14833號　大般若波羅蜜多經卷二三　（23–22）

BD14833號　大般若波羅蜜多經卷二三　（23–23）

BD14833 號背　現代題跋　　（1–1）

時天帝釋復白佛言世尊若善男子善女人
爲求阿耨多羅三藐三菩提故修三乘道所
有善根云何迴向一切智智佛告天帝善男
子善有衆生欲求菩提修三乘道所有善根
願迴向者當於晝夜六時慇重至心作如是
說我從无始生死以來於三寶所修行成就
所有善根乃至施與傍生一摶之食或以善
言和解諍訟或受三歸及諸學處或復懺悔
勸請隨喜所有善根我今作意悉皆攝取迴
施一切衆生无悔恡心是解脫分善根所攝如
佛世尊之所知見不可稱量无礙清淨如是
所有功德善根悉以迴施一切衆生不住相
心不捨相心我亦如是功德善根悉以迴施
一切衆生願皆獲得如意之手撝空出寶
滿衆生願富樂无盡智慧无窮妙法辯才悉
皆无滯共諸衆生同證阿耨多羅三藐三菩

BD14834 號　金光明最勝王經卷三　　（4–1）

一切衆生願皆獲得如意之手擎空出寶
滿衆生願富樂无盡智慧无窮妙法辯才悉
皆无滯共諸衆生同證阿耨多羅三藐三菩
提得一切智因此善根更復出生无量善法
亦皆迴向无上菩提又如過去諸大菩薩修行
之時功德善根悉皆迴向一切種智現在未
來亦復如是然我所有功德善根亦皆迴向
阿耨多羅三藐三菩提是諸善根願共一切
衆生俱成正覺如餘諸佛坐於道場菩提
樹下不可思議无礙清淨住於无盡法藏陁
羅尼首楞嚴定破魔波旬无量兵衆應見
覺知應可通達如是一切一剎那中悉皆照了
於後夜中獲甘露法證甘露義我及衆生願
皆同證如是妙覺猶如
无量壽佛　勝光佛　妙光佛　阿閦佛
功德善光佛　師子光明佛　百光明佛　網光明佛
寶相佛　寶焰佛　焰明佛　焰盛光明佛
吉祥上王佛　微妙聲佛　妙莊嚴佛　法幢佛
上勝身佛　可愛色身佛　光明遍照佛　梵淨王佛
上性佛
如是等如來應正遍知過去未來及以現在
亦現應化得阿耨多羅三藐三菩提轉无上法
輪爲度衆生我亦如是廣說如上
善男子若有淨信男子女人於此金光明最勝
經王滅業障品受持讀誦憶念不忘爲他廣
說得无量无邊大功德聚譬如三千大千世
界所有衆生一時皆得成就人身得人身已

BD14834 號　金光明最勝王經卷三　（4–2）

輪爲度衆生我亦如是廣說如上
善男子若有淨信男子女人於此金光明最勝
經王滅業障品受持讀誦憶念不忘爲他廣
說得无量无邊大功德聚譬如三千大千世
界所有衆生一時皆得成就人身得人身已
成獨覺道若有男子女人盡其形壽恭敬
尊重四事供養一一獨覺各施七寶如須弥
山此諸獨覺入涅槃後皆以珎寶起塔供養
其塔高廣十二踰繕那以諸花香寶幢旛蓋
常爲供養善男子於意云何是人所獲功德
寧爲多不天帝釋言甚多世尊善男子若復
有人於此金光明微妙經典衆經之王滅業障
品受持讀誦憶念不忘爲他廣說所獲功德
於前所說供養功德百分不及一百千万億分
乃至校量譬喻所不能及何以故是善男
子善女人住正行中勸請十方一切諸佛轉
无上法輪皆爲諸佛歡喜讚歎善男子如
我所說一切施中法施爲勝是故善男子於三
寶所設諸供養不可爲比勸受三歸持一切
戒无有毀犯三業不空不可爲比一切世界
一切衆生隨力隨能隨所願樂於三乘中
勸發菩提心不可爲比於三世中一切世界所
有衆生皆得无礙速令成就无量功德不可
爲比三世剎土一切衆生令无障礙得三菩
提不可爲比三世剎土一切衆生勸令速出
四惡道苦不可爲比三世剎土一切衆生勸
令除滅極重惡業不可爲比一切苦惱勸令

BD14834 號　金光明最勝王經卷三　（4–3）

乃至校量譬喻所不能及何以故是善男
子善女人住正行中勸請十方一切諸佛轉
无上法輪皆為諸佛歡喜讚歎善男子如
我所說一切施中法施為勝是故善男子於三
寶所設諸供養不可為比勸受三歸持一切
戒无有毀犯三業不空不可為比一切世界
一切衆生隨力隨能隨所願樂於三乘中
勸發菩提心不可為比於三世中一切世界所
有衆生皆得无礙速令成就无量功德不可
為比三世刹土一切衆生令无障礙得三菩
提不可為比三世刹土一切衆生勸令速出
四惡道苦不可為比三世刹土一切衆生勸
令除滅極重惡業不可為比一切苦惱勸令
解脫不可為比一切怖畏苦惱逼切皆令得
解不可為比三世佛前一切衆生所有功
德勸令隨喜發菩提願不可為比勸除惡行
罵辱之業一切功德皆願成就所在生中勸請
供養尊重讚歎一切三寶勸請衆生淨修福
行成滿菩提不可為比是故當知勸請一切
世界三世三寶勸請滿足六波羅蜜勸請

BD14834號　金光明最勝王經卷三　（4–4）

BD14834號背　現代題跋　（1–1）

文殊師利而為上首
時波斯匿王為其父王諱日營齋請佛宮掖
自迎如來廣設珍羞无上妙味兼復親延諸
大菩薩城中復有長者居士同時飯僧佇佛
來應佛勅文殊分領菩薩及阿羅漢應諸齋
主唯有阿難先受別請遠遊未還不遑僧次
既无上座及阿闍梨途中獨歸其日无供即
時阿難執持應器於所遊城次第循乞心中
初求最後檀越以為齋主无問淨穢剎利尊
姓及旃陁羅方行等慈不擇微賤發意圓成
一切眾生无量功德阿難已知如來世尊訶
須菩提及大迦葉為阿羅漢心不均平欽仰
如來開闡无遮度諸疑謗經彼城隍徐步
郭門嚴整威儀肅恭齋法
尒時阿難因乞食次經歷婬室遭大幻術摩
登伽女以娑毗迦羅先梵天呪攝入婬席婬
躬撫摩將毀戒體如來知彼婬術所加齋畢

BD14835 號　大佛頂如來密因修證了義諸菩薩萬行首楞嚴經卷一　（9–1）

須菩提及大迦葉為阿羅漢心不均平欽仰
如來開闡无遮度諸疑謗經彼城隍徐步
郭門嚴整威儀肅恭齋法
尒時阿難因乞食次經歷婬室遭大幻術摩
登伽女以娑毗迦羅先梵天呪攝入婬席婬
躬撫摩將毀戒體如來知彼婬術所加齋畢
旋歸王及大臣長者居士俱來隨佛願聞法
要于時世尊頂放百寶无畏光明光中出生
千葉寶蓮華有佛化身結加趺坐宣說神呪
勅文殊師利將呪往護惡呪銷滅提獎阿難
及摩登伽歸來佛所阿難見佛頂禮悲泣恨
无始來一向多聞未全道力慇懃啓請十方
如來得成菩提妙奢摩他三摩禪那最初方
便於時復有恒沙菩薩及諸十方大阿羅漢
辟支佛等俱願樂聞退坐默然承佛聖旨
佛告阿難汝我同氣情均天倫當初發心於
我法中見何勝相頓捨世間深重恩愛阿難
白佛我見如來卅二相勝妙殊絕形體映徹猶
如瑠璃常自思惟此相非是欲愛所生何以
故欲氣麤濁腥臊交遘膿血雜亂不能發
生勝淨妙明紫金光聚是以渴仰從佛剃落
佛言善哉阿難汝等當知一切眾生從无始
來生死相續皆由不知常住真心性淨明體
用諸妄想此想不真故有輪轉汝今欲研无
上菩提真發明性應當直心詶我所問十方
如來同一道故出離生死皆以直心心言直故
如是乃至終始地位中間永无諸委曲相阿
難我今問汝當發心時緣於如來卅二相將何所

BD14835 號　大佛頂如來密因修證了義諸菩薩萬行首楞嚴經卷一　（9–2）

上菩提真發明性應當真心酬我所問十方
如來同一道故出離生死皆以直心心言直故
如是乃至終始地位中間永无諸委曲相阿
難我今問汝當發心時緣於如來卅二相將何所
見誰為愛樂阿難白佛言世尊如是愛樂
用我心目由目觀見如來勝相心生愛樂故
我發心願捨生死
佛告阿難如汝所說真所愛樂因于心目若不
識知心目所在則不能得降伏塵勞譬如國
王為賊所侵發兵討除是兵要當知賊所在
使汝流轉心目為咎吾今問汝唯心與目今
何所在
阿難白佛言世尊一切世間十種異生同將
識心居在身內縱觀如來青蓮花眼亦在佛
面我今觀此浮根四塵秖在我面如是識心
實居身內
佛告阿難汝今現坐如來講堂觀秖陁林今
何所在世尊此大重閣清淨講堂在給孤園
秖陁林實在堂外
阿難汝今堂中先何所見世尊我在堂中先
見如來次觀大衆如是外望方矚林園阿難
汝矚林園因何有見世尊此大講堂戶牖開
豁故我在堂得遠瞻見
尒時世尊在大衆中舒金色臂摩阿難頂
告示阿難及諸大衆有三摩提名大佛頂首
楞嚴王具足萬行十方如來一門超出妙莊
嚴路汝今諦聽阿難頂礼伏受慈旨
佛告阿難如汝所言身在講堂戶牖開豁遠

BD14835號　大佛頂如來密因修證了義諸菩薩萬行首楞嚴經卷一　（9–3）

豁故我在堂得遠瞻見
尒時世尊在大衆中舒金色臂摩阿難頂
告示阿難及諸大衆有三摩提名大佛頂首
楞嚴王具足萬行十方如來一門超出妙莊
嚴路汝今諦聽阿難頂礼伏受慈旨
佛告阿難如汝所言身在講堂戶牖開豁遠
矚林園亦有衆生在此堂中不見如來見堂
外者阿難荅言世尊在堂不見如來能見林
泉无有是處阿難汝亦如是汝之心靈一切
明了若汝現前所明了心實在身內尒時先
合了知內身頗有衆生先見身中後觀外
物縱不能見心肝脾胃爪生髮長筋轉脉搖
誠合明了如何不知必不內知云何知外是故
應知汝言覺了能知之心住在身內无有是
處阿難稽首而白佛言我聞如來如是法音
悟知我心實居身外所以者何譬如燈光然
於室中是燈必能先照室內從其室門後及
庭際一切衆生不見身中獨見身外亦如燈
光居在室外不能照室是義必明將无所惑
同佛了義得无妄耶
佛告阿難是諸比丘適來從我室羅筏城循
乞摶食歸秖陁林我已宿齋汝觀比丘一人
食時諸人飽不阿難荅言不也世尊何以故
是諸比丘雖阿羅漢軀命不同云何一人能
令衆飽佛告阿難若汝覺了知見之心實在
身外身心相外自不相干則心所知身不能
覺覺在身際心不能知我今視汝兜羅綿手
汝明見時心分別不阿難荅言如是世尊佛

BD14835號　大佛頂如來密因修證了義諸菩薩萬行首楞嚴經卷一　（9–4）

[illegible]
令衆飽佛告阿難若汝覺了知見之心實在
身外身心相外自不相干則心所知身不能
覺覺在身際心不能知我今視汝兜羅綿手
汝明見時心分別不阿難荅言如是世尊佛
告阿難若相知者云何在外是故應知汝言
覺了能知之心住在身外无有是處
阿難白佛言世尊如佛所言不見內故不居
身內身心相知不相離故不在身外我今思
惟知在一處佛言處今何在阿難言此了知
心既不知內而能見外如我思忖潛伏根裏
猶如有人取瑠璃椀合其兩眼雖有物合而不
留礙彼根隨見隨即分別然我覺了能知
之心不見內者為在根故分明矚外无障礙
者潛根內故
佛告阿難如汝所言潛根內者猶如瑠璃彼
人當以瑠璃籠眼當見山河見瑠璃不如是
世尊是人當以瑠璃籠眼實見瑠璃佛告阿
難汝心若同瑠璃合者當見山河何不見眼
若見眼者眼即同境不得成隨若不能見云
何說言此了知心潛在根內如瑠璃合是故
應知汝言覺了能知之心潛伏根裏如琉璃
合无有是處
阿難白佛言世尊我今又作如是思惟是衆
生身府藏在中竅穴居外有藏則暗有竅
則明今我對佛開眼見明名為見外閉眼見暗
名為見內是義云何
佛告阿難汝當閉眼見暗之時此時境界為

BD14835號　大佛頂如來密因修證了義諸菩薩萬行首楞嚴經卷一　（9–5）

阿難白佛言世尊我今又作如是思惟是衆
生身府藏在中竅穴居外有藏則暗有竅
則明今我對佛開眼見明名為見外閉眼見暗
名為見內是義云何
佛告阿難汝當閉眼見暗之時此時境界為
與眼對為不對眼若與眼對暗在眼前云何
成內若成內者居暗室中无日月燈此室暗
中皆汝焦府若不對者云何成見若離外
見內對成合眼見暗名為身中開眼見明何
不見面若不見面內對不成見面若成此了
知心及與眼根乃在虛空何成在內若在虛
空自非汝體即應如來今見汝面亦是汝身
汝眼已知身合非覺必汝執言身眼兩覺應
有二知即汝一身應成兩佛是故應知汝言
見暗名見內者无有是處
阿難言我常聞佛開示四衆由心生故種種
法生由法生故種種心生我今思惟即思惟
體實我心性隨所合處心則隨有亦非內外
中間三處
佛告阿難汝今說言由法生故種種心生隨
所合處心隨有者是心无體則无所合若无
有體而能合者則十九界因七塵合是義不
然若有體者如汝以手自窒其體汝所知心
為復內出為從外入若復內出還見身中若
從外來先合見面
阿難言見是其眼心知非眼為見非義佛言
若眼能見汝在室中門能見不則諸已死尚

BD14835號　大佛頂如來密因修證了義諸菩薩萬行首楞嚴經卷一　（9–6）

然若有體者如汝以手自挃其體汝所知心
為復内出為從外入若復内出還見身中若
從外來先合見面
阿難言見是其眼心知非眼為見非義佛言
若眼能見汝在室中門能見不則諸已死尚
有眼在應皆見物若見物者云何名死阿
難又汝覺了能知之心若必有體為復一體為
有多體今在汝身為復遍體為不遍體若一
體者則汝以手挃一肢時四肢應覺若咸覺
者挃應无在若挃有所則汝一體自不能成
若多體者則成多人何體為汝若遍體者同
前所挃若不遍者當汝觸頭亦觸其足頭有
所覺足應无知今汝不然是故應知隨所合
處心則隨有无有是處
阿難白佛言世尊我亦聞佛與文殊等諸法
王子談實相時世尊亦言心不在内亦不在外
如我思惟内无所見外不相知内无知故在
内不成身心相知在外非義今相知故復内
无見當在中間
佛言汝言中間中必不迷非无所在今汝推
中中何為在為復在處為當在身若在身
者在邊非中在中同内若在處者為有所表
為无所表无表同无表則无定何以故如人以
表表為中時東看則西南觀成北表體既
混心應雜亂
阿難言我所說中非此二種如世尊言眼色
為緣生於眼識眼有分別色塵无知識

BD14835 號　大佛頂如來密因修證了義諸菩薩萬行首楞嚴經卷一　（9–7）

表表為中時東看則西南觀成北表體既
混心應雜亂
阿難言我所說中非此二種如世尊言眼色
為緣生於眼識眼有分別色塵无知識
生其中則為心在佛言汝若在根塵之中此
之心體為復兼二為不兼二若兼二者物體雜
亂物非體知成敵兩立云何為中兼二不成
非知不知即无體性中何為相是故應知
當在中間无有是處
阿難白佛言世尊我昔見佛與大目連須
菩提富樓那舍利弗四大弟子共轉法輪常
言覺知分別心性既不在内亦不在外不在
中間俱无所在一切无著名之為心則我无
著名為心不
佛告阿難汝言覺知分別心性俱无在者
世間虛空水陸飛行諸所物象名為一切汝不
著者為在為无无則同於龜毛兔角云何
不著有不著者不可名无无相則无非无則
相相有則在云何无著是故應知一切无著
名覺知心无有是處
尒時阿難在大眾中即從座起偏袒右肩右
膝著地合掌恭敬而白佛言我是如來最小
之弟蒙佛慈愛雖今出家猶恃憍憐所以多
聞未得无漏不能折伏娑毗羅呪為彼所轉
溺於婬舍當由不知真際所指唯願世尊大
慈哀愍開示我等奢摩他路令諸闡提隳
弥戾車作是語已五體投地及諸大眾傾渴

BD14835 號　大佛頂如來密因修證了義諸菩薩萬行首楞嚴經卷一　（9–8）

言覺知分別心性既不在內亦不在外不在
中間俱无所在一切无著名之為心則我无
著名為心不
佛告阿難汝言覺知分別心性俱无在者
世間虛空水陸飛行諸所物象名為一切汝不
著者為在為无无則同於龜毛兔角云何
不著有不著者不可名无无相則无非无則
相相有則在云何无著是故應知一切无著
名覺知心无有是處
尒時阿難在大衆中即從座起偏袒右肩右
膝著地合掌恭敬而白佛言我是如來最小
之弟蒙佛慈愛雖今出家猶恃憍憐所以多
聞未得无漏不能折伏娑毗羅呪為彼所轉
溺於婬舍當由不知真際所指唯願世尊大
慈哀愍開示我等奢摩他路令諸闡提隳
彌戾車作是語已五體投地及諸大衆傾渴
翹佇欽聞示誨
尒時世尊從其面門施種種光其光晃耀如百
千日普佛世界六種震動如是十方微塵國
土一時開現佛之威神令諸世界合成一界

BD14835號　大佛頂如來密因修證了義諸菩薩萬行首楞嚴經卷一　（9–9）

王子又問　云何得成就　天眼及天耳　云何能了[illegible]
施燈為天眼　奉樂成天耳　遠離於二邊　故獲他心智
及以衆圓滿　獲隨體圓光　切德海當說　世尊答曰
施衆妙寶帳　得周遍圓光　王子又問　云何所生處
亦无有忘失　世尊答曰　凡所遊行處　城邑聚落
王子又問　云何大牟尼　為衆之所愛　攝取一切法　唯願人尊說　世尊答曰
隨志樂具足　不退菩提心　由此攝諸法　為衆之所愛　尒時王子與諸大衆聞
是偈已咸作是言如佛所說此諸妙行我等從今盡當修學是時如來即現
微笑放大光明遍照无量无邊世界於是彌勒菩薩白佛言世尊以何因緣現
此微笑願為宣說斷除疑惑尒時佛告彌勒菩薩摩訶薩言善男子此王子
等五百同友皆於往昔為求无上正等菩提恭敬供養十那由他八十億
諸佛而我往在然燈佛時作婆羅門子成熟於彼然彼諸人於未來世彌勒
佛等諸世尊前恒受化生親承供養如是奉事十億如來滿三百劫其最後
佛号无邊智善學諸法時无邊智佛知彼諸人心之欲樂各隨所應為授阿耨
多羅三藐三菩提記同於安樂光嚴劫中成等正覺皆号智慧幢相此諸
佛剎所有莊嚴亦如西方无量壽國等无差別善男子若有衆生聞此
所說而生信解發願當成大菩提者應知是人所獲功德於三世中无有倫
疋善男子若有人能六百劫中恒以衆寶遍諸佛剎奉施如來若復有人
聞是經典所生善根比前功德筭數校計所不能及說是法時衆中八十億衆
生一時趣向阿耨多羅三藐三菩提又此三千大千世界皆悉震動天雨妙
華尒時王子與五百同友聞授記已歡喜踊躍咸作念言我等定當成无上
覺於是王子及諸同侶既興供養獲五神通即於佛前種種變現出家為道
尒時諸菩薩摩訶薩及諸天人所有[illegible]

BD14836號 1　大寶積經卷一〇六　（3–1）

延善男子若有人能六百劫中恒以衆寶遍諸佛刹奉施如来若復有人
聞是經典所生善根比前功徳筭數校計所不能及說是法時衆中八十億衆
生一時發阿耨多羅三藐三菩提心又此三千大千世界皆悉震動天雨妙
華尒時王子與五百同友聞授記已歡喜踊躍咸作念言我等定當成无上
覺於是王子及諸同侶既興供養獲五神通即於佛前種種變現出家為道
尒時諸菩薩摩訶薩及諸天人所有趣向大菩提者見彼王子與諸同友匪衆
所樂示現神變皆大歡喜咸作是言師子王子所問甚為如来法王悉為除
斷如是世尊不可思議如来正法及能信受乃至果報不可思議如来功徳无
量无邊於一切法離不明達為世導師度未度者普能適於千方世界悉已
了知三世諸法唯有智者得聞如是生安樂處功徳之聚而不發趣猛利信樂
趣求菩提佛說是經已師子王子等五百同友歡喜奉行　佛說阿闍世王經卷
大寶積經普明菩薩會第卌三　百十二　是舊寶積經第一卷失譯今勘編入梵本
如是我聞一時佛在王舍城耆闍崛山中與大比丘衆八千人俱菩薩摩訶薩萬
六千人皆是阿惟越致從諸佛土而来集會悉皆一生當成无上正真大道
尒時世尊告大迦葉菩薩有四法退失智慧何謂為四不尊重法不敬法
師所受深法秘不說盡有樂法者為作留難說諸因緣沮壞其心憍慢自高
卑下他人迦葉是菩薩四法退失智慧復次迦葉菩薩有四法得大智慧
何謂四常尊重法恭敬法師隨所聞法以清淨心廣為人說不求一切名聞利
養知從多聞生於智慧勤求不懈如救頭然聞經誦持樂如說行不隨言說
迦葉是為菩薩四法得大智慧復次迦葉菩薩有四法失菩提心何謂四欺
誑師長已受經法而不恭敬无疑悔處令他疑悔求大乘者訶罵誹謗廣
其惡名以諂曲心與人從事迦葉是為菩薩四法失菩提心復次迦葉菩薩
有四法世世不失菩提之心乃至道場自然現前何謂為四失命因緣不以妄
語何況戲笑常以直心與人從事離諸諂曲於諸菩薩生世尊想能於四方稱
楊其名自不愛樂諸小乘法所化衆生皆悉令住无上菩提迦葉是為菩薩四
法世世不失菩提之心乃至道場自然現前復次迦葉菩薩有四法所生善法
滅不增長何謂為四以憍慢心讀誦修學路伽耶經貪利養心諂諸檀越
增毀菩薩所未聞經違逆不信迦葉是為菩薩四法所生善法滅不增長復次
迦葉菩薩有四法所生善法增長不失何謂為四捨離耶法求正經典六波
羅蜜菩薩法藏心无憍慢於諸衆生謙卑下下如法得施知量知足離諸

BD14836 號 1　大寶積經卷一〇六　（3–2）
BD14836 號 2　大寶積經卷一一二

如是我聞一時佛在王舍城耆闍崛山中與大比丘衆八千人俱菩薩摩訶薩萬
六千人皆是阿惟越致從諸佛土而来集會悉皆一生當成无上正真大道
尒時世尊告大迦葉菩薩有四法退失智慧何謂為四不尊重法不敬法
師所受深法秘不說盡有樂法者為作留難說諸因緣沮壞其心憍慢自高
卑下他人迦葉是菩薩四法退失智慧復次迦葉菩薩有四法得大智慧
何謂四常尊重法恭敬法師隨所聞法以清淨心廣為人說不求一切名聞利
養知從多聞生於智慧勤求不懈如救頭然聞經誦持樂如說行不隨言說
迦葉是為菩薩四法得大智慧復次迦葉菩薩有四法失菩提心何謂四欺
誑師長已受經法而不恭敬无疑悔處令他疑悔求大乘者訶罵誹謗廣
其惡名以諂曲心與人從事迦葉是為菩薩四法失菩提心復次迦葉菩薩
有四法世世不失菩提之心乃至道場自然現前何謂為四失命因緣不以妄
語何況戲笑常以直心與人從事離諸諂曲於諸菩薩生世尊想能於四方稱
楊其名自不愛樂諸小乘法所化衆生皆悉令住无上菩提迦葉是為菩薩四
法世世不失菩提之心乃至道場自然現前復次迦葉菩薩有四法所生善法
滅不增長何謂為四以憍慢心讀誦修學路伽耶經貪利養心諂諸檀越
增毀菩薩所未聞經違逆不信迦葉是為菩薩四法所生善法滅不增長復次
迦葉菩薩有四法所生善法增長不失何謂為四捨離耶法求正經典六波
羅蜜菩薩法藏心无憍慢於諸衆生謙卑下下如法得施知量知足離諸
邪命安住聖種不出他人罪過虛實不求人短若於諸法心通達作如是

BD14836 號 2　大寶積經卷一一二　（3–3）

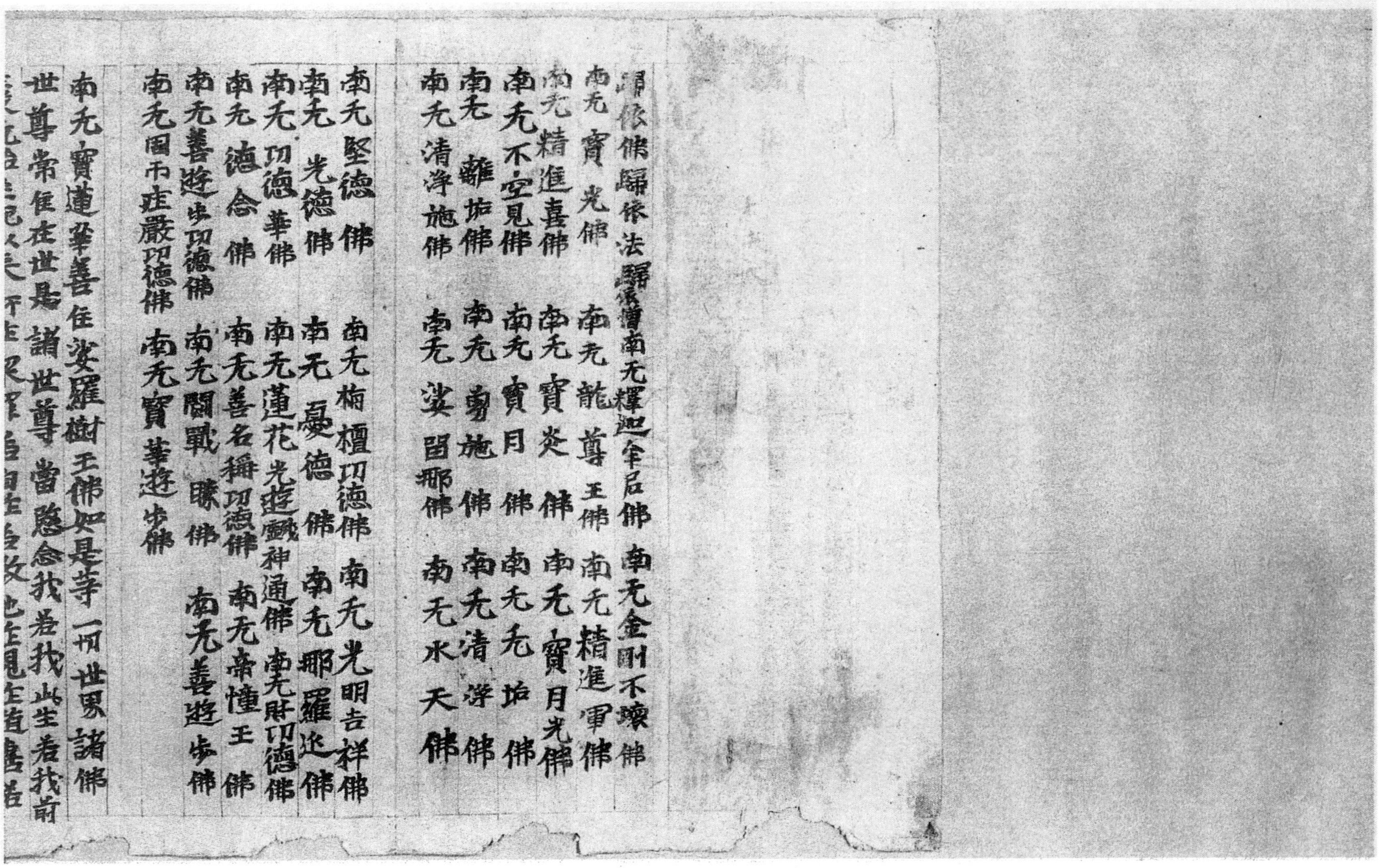

歸依佛歸依法歸依僧南无釋迦牟尼佛 南无金剛不壞佛
南无寶光佛 南无龍尊王佛 南无精進軍佛
南无精進喜佛 南无寶火佛 南无寶月光佛
南无不空見佛 南无寶月佛 南无无垢佛
南无離垢佛 南无勇施佛 南无清淨佛
南无清淨施佛 南无娑留那佛 南无水天佛
南无堅德佛 南无栴檀功德佛 南无光明吉祥佛
南无光德佛 南无憂德佛 南无那羅延佛
南无功德華佛 南无蓮花光遊戲神通佛 南无財功德佛
南无德念佛 南无善名稱功德佛 南无帝幢王佛
南无善遊步功德佛 南无鬭戰勝佛 南无善遊步佛
南无周帀莊嚴功德佛 南无寶華遊步佛
南无寶蓮華善住娑羅樹王佛如是等一切世界諸佛
世尊常住在世是諸世尊當慈念我若我此生若我前

BD14836 號背 1　大寶積經卷九〇　（3–1）

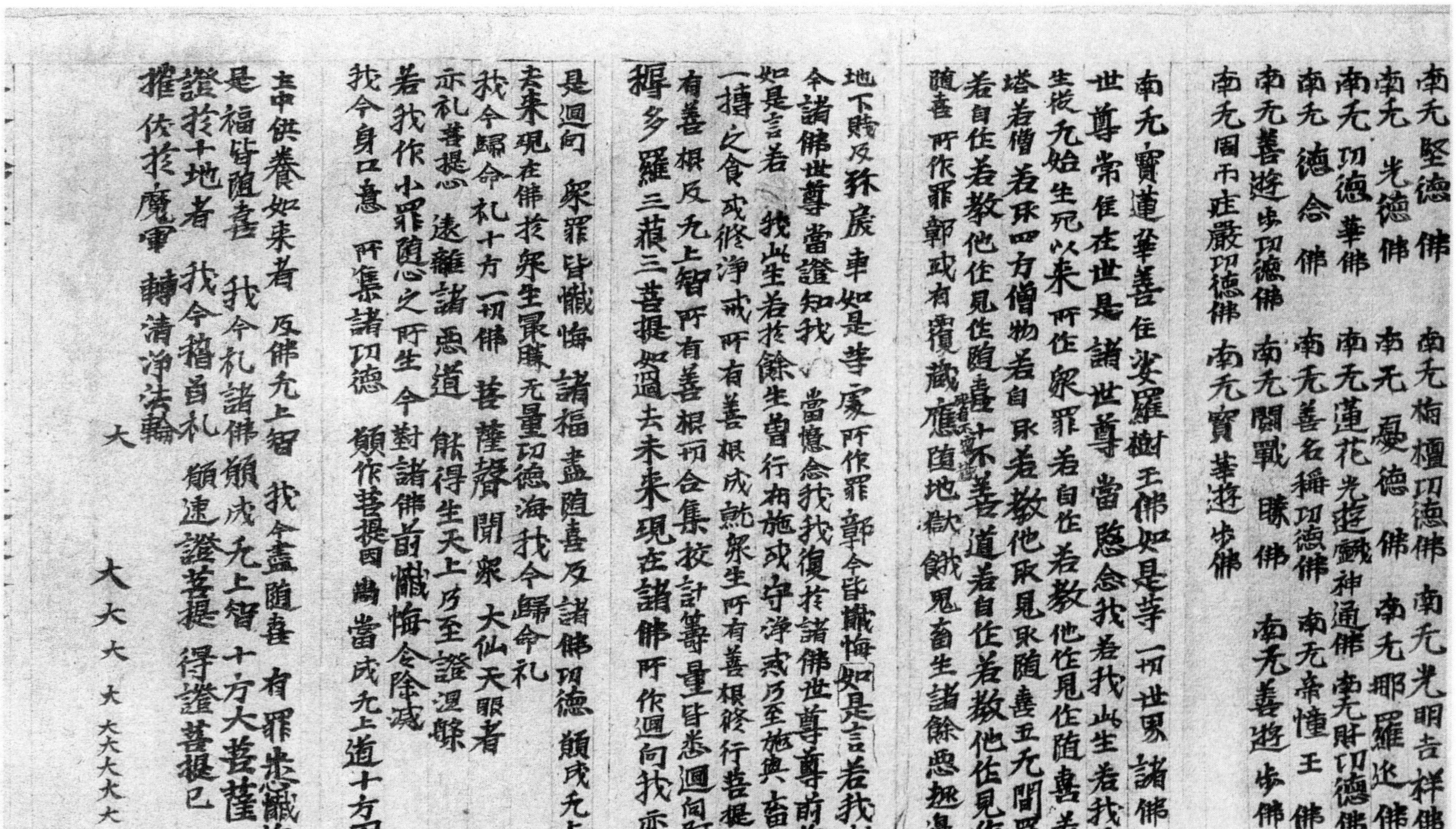

南无堅德佛 南无栴檀功德佛 南无光明吉祥佛
南无光德佛 南无憂德佛 南无那羅延佛
南无功德華佛 南无蓮花光遊戲神通佛 南无財功德佛
南无德念佛 南无善名稱功德佛 南无帝幢王佛
南无善遊步功德佛 南无鬭戰勝佛 南无善遊步佛
南无周帀莊嚴功德佛 南无寶華遊步佛
南无寶蓮華善住娑羅樹王佛如是等一切世界諸佛
世尊常住在世是諸世尊當慈念我若我此生若我前
生從无始生死以来所作眾罪若自作若教他作見作隨喜若
塔若僧若四方僧物若自取若教他取見取隨喜五无間罪
若自作若教他作見作隨喜十不善道若自作若教他作見作
隨喜所作罪鄣或有覆藏應墮地獄餓鬼畜生諸餘惡趣邊
地下賤及弥戾車如是等處所作罪鄣今皆懺悔如是言若我此
今諸佛世尊當證知我當憶念我我復於諸佛世尊前作
如是言若我此生若於餘生曾行布施或守淨戒乃至施與畜生
一搏之食或修淨戒所有善根成就眾生所有善根修行菩提所
有善根及无上智所有善根所合集校計籌量皆悉迴向阿
耨多羅三藐三菩提如過去未来現在諸佛所作迴向我亦如
是迴向　眾罪皆懺悔　諸福盡隨喜　及諸佛功德　願成无上智
去来現在佛　於眾生最勝　无量功德海　我今歸命礼
我今歸命礼十方一切佛　菩薩聲聞眾　大仙天眼者
亦礼菩提心　遠離諸惡道　能得生天上　乃至證涅槃
若我作小罪　隨心之所生　今對諸佛前　懺悔令除滅
我今身口意　所集諸功德　願作菩提因　當成无上道　十方國
土中供養如来者　及佛无上智　我今盡隨喜　有罪悉懺悔
是福皆隨喜　我今礼諸佛　願成无上智　十方大菩薩
證於十地者　我今稽首礼　願速證菩提　得證菩提已
摧伏於魔軍　轉清淨法輪
大
大大大 大 大大大大大

BD14836 號背 1　大寶積經卷九〇　（3–2）
BD14836 號背 2　大寶積經卷一一一

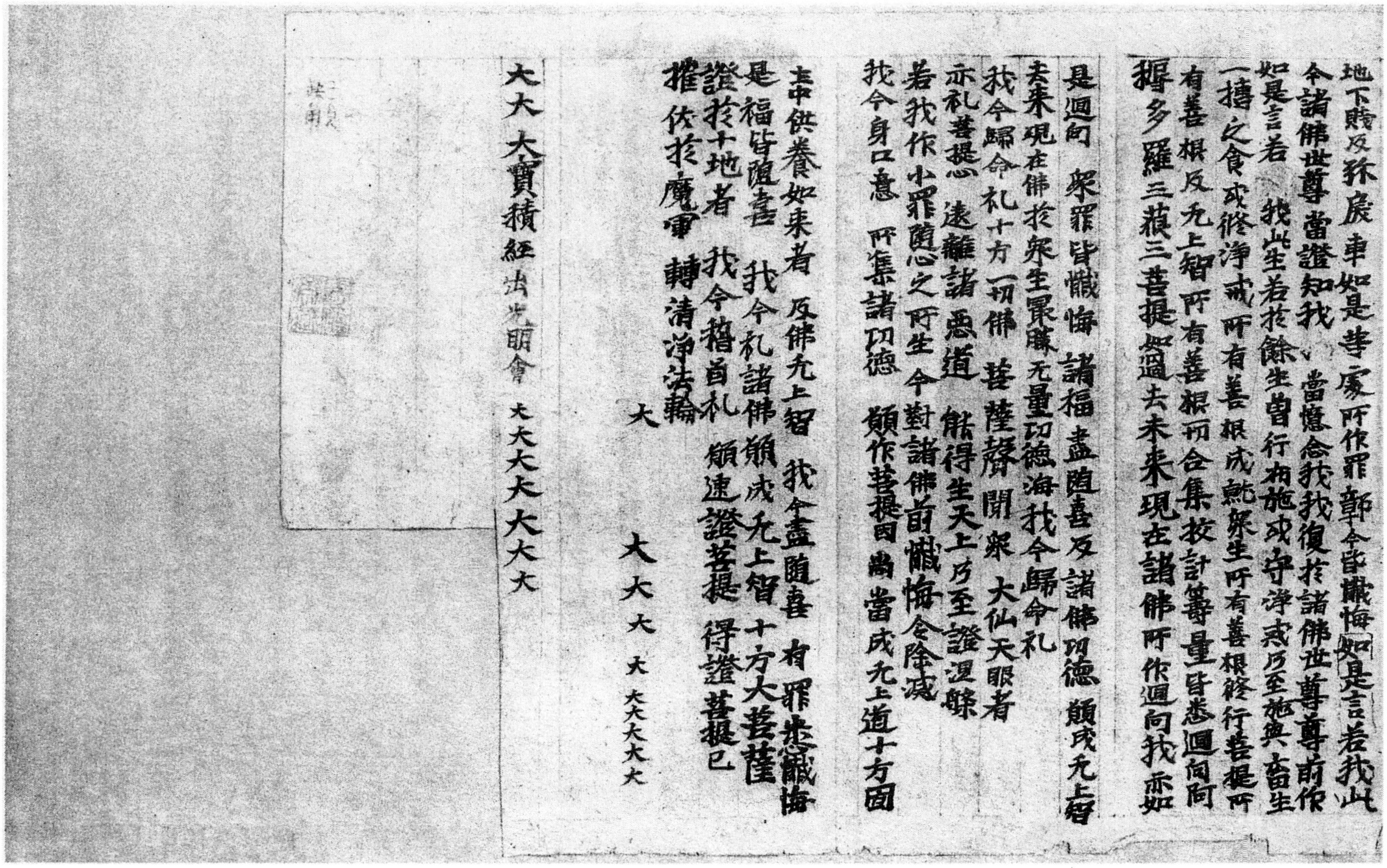

地下賤及猕猴車如是等處所作罪鄣今皆懺悔如是言若我此
今諸佛世尊當證知我 當憶念我我復於諸佛世尊尊前作
如是言若 我此生若於餘生曾行布施或守淨戒乃至施與畜生
一摶之食或脩淨戒所有善根成熟衆生所有善根脩行菩提所
有善根及无上智所有善根一切合集校計籌量皆悉迴向阿
耨多羅三藐三菩提如過去未來現在諸佛所作迴向我亦如
是迴向 衆罪皆懺悔 諸福盡隨喜 及諸佛功德 願成无上智
去來現在佛 於衆生最勝 无量功德海 我今歸命礼
我今歸命礼 十方一切佛 菩薩聲聞衆 大仙天眼者
亦礼菩提心 遠離諸惡道 能得生天上 乃至證涅槃
若我作小罪 隨心之所生 今對諸佛前 懺悔令除滅
我今身口意 所集諸功德 願作菩提因 當成无上道 十方國
土中供養如来者 及佛无上智 我今盡隨喜 有罪悲懺悔
是福皆隨喜 我今礼諸佛 願成无上智 十方大菩薩
證於十地者 我今稽首礼 願速證菩提 得證菩提已
摧伏於魔軍 轉清淨法輪 大
大 大 大 大 大大大大大
大大 大寶積經 出光明會 大大大大大大大

BD14836號背 2　大寶積經卷一一一　（3–3）

BD14837號　金光明最勝王經卷四　（16–1）

切德皆悉滿足善男子是名菩薩摩訶薩成
就持戒波羅蜜善男子復依五法菩薩摩訶
薩成就忍辱波羅蜜云何爲五一者能伏貪
瞋煩惱二者不惜身命不求安樂止息之想
三者思惟往業遭苦能忍四者發慈悲心成
就衆生諸善根故五者爲得甚深無生法忍
善男子是名菩薩摩訶薩成就忍辱波羅蜜
善男子復依五法菩薩摩訶薩成就勤策波
羅蜜云何爲五一者與諸煩惱不樂共住二
者福德未具不受安樂三者於諸難行苦行
之事不生厭心四者以大慈悲攝受利益方
便成熟一切衆生五者願求不退轉地善男
子是名菩薩摩訶薩成就勤策波羅蜜善男
子復依五法菩薩摩訶薩成就靜慮波羅蜜
云何爲五一者於諸善法攝令不散故二者
常願解脫不著二邊故三者願得神通成就
衆生諸善根故四者爲淨法界蠲除心垢故
五者爲斷衆生煩惱根本故善男子是名菩
薩摩訶薩成就靜慮波羅蜜善男子復依五
法菩薩摩訶薩成就智慧波羅蜜云何爲五
一者常於一切諸佛菩薩及明智者供養親
近不生厭背二者諸佛如來說甚深法心常
樂聞無有厭足三者真俗勝智樂

BD14837號　金光明最勝王經卷四　（16–2）

五者爲斷衆生煩惱根本故善男子是名菩
薩摩訶薩成就靜慮波羅蜜善男子復依五
法菩薩摩訶薩成就智慧波羅蜜云何爲五
一者常於一切諸佛菩薩及明智者供養親
近不生厭背二者諸佛如來說甚深法心常
樂聞無有厭足三者真俗勝智樂善分別四
者見修煩惱咸速斷除五者世間伎術五明
之法皆悉通達善男子是名菩薩摩訶薩成
就智慧波羅蜜善男子復依五法菩薩摩訶
薩成就方便波羅蜜云何爲五一者於一切
衆生意樂煩惱心行差別悉皆通達二者無
量諸法對治之門心皆曉了三者大慈悲定
出入自在四者於諸波羅蜜多皆願修行成
熟滿足五者一切佛法皆願了達攝受無遺
善男子是名菩薩摩訶薩成就方便勝智波
羅蜜善男子復依五法菩薩摩訶薩成就願
波羅蜜云何爲五一者於一切法從本以來
不生不滅非有非無心得安住二者觀一切
法最妙理趣離垢清淨心得安住三者過一
切相心本真如無住無行不異不動心得安
住四者爲欲利益諸衆生事於俗諦中心得
安住五者於奢摩他毗鉢舍那同時運行心
得安住善男子是名菩薩摩訶薩成就願波
羅蜜善男子復依五法菩薩摩訶薩成就力
波羅蜜云何爲五一者以正智力能了一切
衆生心行善惡二者能令一切衆生入於甚
深微妙之法三者一切衆生輪迴生死隨其

BD14837號　金光明最勝王經卷四　（16–3）

安住五者於奢摩他毗鉢舍那同時運行心
得安住善男子是名菩薩摩訶薩成就願波
羅蜜善男子復依五法菩薩摩訶薩成就力
波羅蜜云何為五一者以正智力能了一切
衆生心行善惡二者能令一切衆生入於甚
深微妙之法三者一切衆生輪迴生死隨其
緣業如實了知四者於諸衆生三種根性以
正智力能分別知五者於諸衆生如理為說
令種善根成熟度脱皆是智力故善男子是
名菩薩摩訶薩成就力波羅蜜善男子復依
五法菩薩摩訶薩成就智波羅蜜云何為五
一者能於諸法分別善惡二者於黑白法遠
離攝受三者能於生死涅槃不厭不喜四者
具福智行至究竟處五者受勝灌頂能得諸
佛不共法等及一切智智善男子是名菩薩
摩訶薩成就智波羅蜜善男子何者是波羅
蜜義所謂修習勝利是波羅蜜義滿足無量
大甚深智是波羅蜜義行非行法心不執著
是波羅蜜義生死過失涅槃功德正覺正觀
是波羅蜜義愚人智人皆悉攝受是波羅蜜
義能現種種珍妙法寶是波羅蜜義無礙
解脱智慧滿足是波羅蜜義法界衆生界正分
別知是波羅蜜義施等及智能令至不退轉
是波羅蜜義無生法忍能令滿足是波羅蜜
義一切衆生功德善根能令成熟是波羅蜜
義能於菩提成佛十力四無所畏不共法等
皆悉成就是波羅蜜義生死涅槃了無二相

BD14837號　金光明最勝王經卷四　（16–4）

別知是波羅蜜義施等及智能令至不退轉
是波羅蜜義無生法忍能令滿足是波羅蜜
義一切衆生功德善根能令成熟是波羅蜜
義能於菩提成佛十力四無所畏不共法等
皆悉成就是波羅蜜義生死涅槃了無二相
是波羅蜜義濟度一切是波羅蜜義一切外
道來相詰難善能解釋令其降伏是波羅蜜
義能轉十二妙行法輪是波羅蜜義無所著
無所見無患累是波羅蜜多義
善男子初地菩薩是相先現三千大千世界
無量無邊種種寶藏無不盈滿菩薩悉見善
男子二地菩薩是相先現三千大千世界地
平如掌無量無邊種種妙色清淨珍寶莊嚴
之具菩薩悉見善男子三地菩薩是相先現
自身勇健甲仗莊嚴一切怨賊皆能摧伏菩
薩悉見善男子四地菩薩是相先現四方風
輪種種妙花悉皆散灑充布地上菩薩悉見
善男子五地菩薩是相先現有妙寶女衆寶
瓔珞周遍嚴身首冠名花以為其飾菩薩悉
見善男子六地菩薩是相先現七寶花池有
四階道金沙遍布清淨無穢八功德水皆悉
盈滿嗢鉢羅花拘物頭花分陀利花隨處莊
嚴於花池所遊戲快樂清涼無比菩薩悉見
善男子七地菩薩是相先現於菩薩前有諸
衆生應墮地獄以菩薩力便得不墮無有損
傷亦無恐怖菩薩悉見善男子八地菩薩是

BD14837號　金光明最勝王經卷四　（16–5）

善男子七地菩薩是相先現於菩薩前有諸
衆生應墮地獄以菩薩力便得不墮無有損
傷亦無恐怖菩薩悉見善男子八地菩薩是
相先現於身兩邊有師子王以爲衛護一切
衆獸悉皆怖畏菩薩悉見善男子九地菩薩
是相先現轉輪聖王無量億衆圍繞供養頂
上白蓋無量衆寶之所莊嚴菩薩悉見善男
子十地菩薩是相先現如來之身金色晃耀
無量淨光悉皆圓滿有無量億梵王圍繞恭
敬供養轉於無上微妙法輪菩薩悉見
善男子云何初地名爲歡喜謂初證得出世
之心昔所未得而今始得於大事用如其所
願悉皆成就生極喜樂是故最初名爲歡喜
諸微細垢犯戒過失皆得清淨是故二地名
爲無垢無量智慧三昧光明不可傾動無能
摧伏聞持陀羅尼以爲根本是故三地名爲
明地以智慧火燒諸煩惱增長光明修行覺
品是故四地名爲焰地修行方便勝智自在
極難得故見修煩惱難伏能伏是故五地名爲
難勝行法相續了了顯現無相思惟皆悉
現前是故六地名爲現前無漏無間無相思
惟解脫三昧遠修行故是地清淨無有障礙
是故七地名爲遠行無相思惟修得自在諸
煩惱行不能令動是故八地名爲不動說一
切法種種差別皆得自在無患無累增長智
慧自在無礙是故九地名爲善慧法身如虛

BD14837 號　金光明最勝王經卷四　（16–6）

是故七地名爲遠行無相思惟修得自在諸
煩惱行不能令動是故八地名爲不動說一
切法種種差別皆得自在無患無累增長智
慧自在無礙是故九地名爲善慧法身如虛
空智慧如大雲皆能遍滿覆一切故是故第
十名爲法雲
善男子執著有相我法無明怖畏生死惡趣
無明此二無明障於初地微細學處誤犯無
明發起種種業行無明此二無明障於二地
未得令得愛著無明能障殊勝揔持無明此
二無明障於三地味著等至喜悅無明微妙
淨法愛樂無明此二無明障於四地欲背生
死無明希趣涅槃無明此二無明障於五地
觀行流轉無明麁相現前無明此二無明障
於六地微細諸相現行無明作意欣樂無相
無明此二無明障於七地於無相觀功用無
明執相自在無明此二無明障於八地於所
說義及名句文此二無量未善巧無明於詞
辯中不隨意無明此二無明障於九地於大
神通未得自在變現無明微細秘密未能悟
解事業無明此二無明障於十地於一切境
微細所知障礙無明極細煩惱麁重無明此
二無明障於佛地
善男子菩薩摩訶薩於初地中行施波羅蜜
於第二地行戒波羅蜜於第三地行忍波羅
蜜於第四地行勤波羅蜜於第五地行定波
羅蜜於第六地行慧波羅蜜於第七地行方

BD14837 號　金光明最勝王經卷四　（16–7）

二無明闇於住地
善男子菩薩摩訶薩於初地中行施波羅蜜
於第二地行戒波羅蜜於第三地行忍波羅
蜜於第四地行勤波羅蜜於第五地行定波
羅蜜於第六地行慧波羅蜜於第七地行方
便勝智波羅蜜於第八地行願波羅蜜於第
九地行力波羅蜜於第十地行智波羅蜜善
男子菩薩摩訶薩最初發心攝受能生妙寶
三摩地第二發心攝受能生可愛樂三摩地
第三發心攝受能生難動三摩地第四發心
攝受能生不退轉三摩地第五發心攝受能
生寶花三摩地第六發心攝受能生日圓光
焰三摩地第七發心攝受能生一切願如意
成就三摩地第八發心攝受能生現前證住
三摩地第九發心攝受能生智藏三摩地第
十發心攝受能生勇進三摩地善男子是名
菩薩摩訶薩十種發心善男子菩薩摩訶薩
於此初地得陀羅尼名依功德力尒時世尊
即說呪曰
怛姪他　晡律你曷奴喇剃
獨虎獨虎獨虎　耶跋蘇利瑜
阿婆婆薩底(丁里反下皆同)　耶跋旃達囉
調　怛底　多跋達喀叉湯
憚荼鉢喇訶嚧　矩嚕　莎訶
善男子此陀羅尼是過一恒河沙數諸佛所
說為護初地菩薩故若有誦持此陀羅尼呪
者得脫一切怖畏所謂虎狼師子惡獸之類

BD14837 號　金光明最勝王經卷四　（16–8）

調　怛底　多跋達喀叉湯
憚荼鉢喇訶嚧　矩嚕　莎訶
善男子此陀羅尼是過一恒河沙數諸佛所
說為護初地菩薩故若有誦持此陀羅尼呪
者得脫一切怖畏所謂虎狼師子惡獸之類
一切惡鬼人非人等怨賊災橫及諸苦惱解
脫五障不忘念初地
善男子菩薩摩訶薩於第二地得陀羅尼名
善安樂住
怛姪他　嗢篅(入聲下同)　里
質里　質里　嗢篅羅篅羅　引喃
繕覩繕覩嗢篅里　虎嚕虎嚕　莎訶
善男子此陀羅尼是過二恒河沙數諸佛所
說為護二地菩薩故若有誦持此陀羅尼呪
者脫諸怖畏惡獸惡鬼人非人等怨賊災橫
及諸苦惱解脫五障不忘念二地
善男子菩薩摩訶薩於第三地得陀羅尼名
難勝力
怛姪他　憚宅枳　般宅枳
羯喇檄高喇檄　雞由哩憚檄里　莎訶
善男子此陀羅尼是過三恒河沙數諸佛所
說為護三地菩薩故若有誦持此陀羅尼呪
者脫諸怖畏惡獸惡鬼人非人等怨賊災橫
及諸苦惱解脫五障不忘念三地
善男子菩薩摩訶薩於第四地得陀羅尼名
大利益
怛姪他　室唎室唎

BD14837 號　金光明最勝王經卷四　（16–9）

及諸苦惱解脫五障不忘念三地
善男子菩薩摩訶薩於第四地得陁羅尼名
大利益
怛姪他 室唎室唎
陁彌你陁彌你 陁哩陁哩你
室唎室唎你 毗舍羅波世波始娜
畔陁彌帝莎訶
善男子此陁羅尼是過四恒河沙數諸佛所
說為護四地菩薩故若有誦持此陁羅尼呪
者脫諸怖畏惡獸惡鬼人非人等怨賊災橫
及諸苦惱解脫五障不忘念四地
善男子菩薩摩訶薩於第五地得陁羅尼名
種種功德莊嚴
怛姪他 訶哩訶哩你
遮哩遮哩你 羯喇摩引你
僧羯喇摩引你 三婆山你瞻跋你
悉耽婆你謨漢你 斫闍步陛莎訶
善男子此陁羅尼是過五恒河沙數諸佛所
說為護五地菩薩摩訶薩故若有誦持此陁
羅尼呪者脫諸怖畏惡獸惡鬼人非人等怨
賊災橫及諸苦惱解脫五障不忘念五地
善男子菩薩摩訶薩於第六地得陁羅尼名
圓滿智
怛姪他 毗徒哩毗徒哩
摩哩你迦里迦里 毗度漢底
嚕嚕嚕 主嚕主嚕

怛姪他 毗徒哩毗徒哩
摩哩你迦里迦里 毗度漢底
嚕嚕嚕 主嚕主嚕
杜嚕婆杜嚕婆 捨捨設者婆哩灑
莎八悉底薩婆薩埵喃 悉甸覩湯
曷怛囉鉢陁你莎訶
善男子此陁羅尼是過六恒河沙數諸佛所
說為護六地菩薩摩訶薩故若有誦持此陁
羅尼呪者脫諸怖畏惡獸惡鬼人非人等怨
賊災橫及諸苦惱解脫五障不忘念六地
善男子菩薩摩訶薩於第七地得陁羅尼名
法勝行
怛姪他 勺訶上勺訶引嚕
勺訶勺訶勺訶嚕 鞞陸枳鞞陸枳
阿蜜栗多嚧漢你 勃里山你
鞞嚕勅枳婆嚕伐底 鞞提呬枳
頻陁鞞哩你 阿蜜哩底枳
薄虎主愈 薄虎主愈莎訶
善男子此陁羅尼是過七恒河沙數諸佛所
說為護七地菩薩故若有誦持此陁羅尼呪
者脫諸怖畏惡獸惡鬼人非人等怨賊災橫
及諸苦惱解脫五障不忘念七地
善男子菩薩摩訶薩於第八地得陁羅尼名
無盡藏
怛姪他 室唎室唎室唎室唎你
蜜底蜜底 羯哩羯哩醯嚕醯嚕

及諸苦惱解脫五障不忘念七地
善男子菩薩摩訶薩於第八地得陀羅尼名
無盡藏
怛　姪　他　室唎室唎室唎你
寠　底　寠　底　羯哩羯哩醯嚕醯嚕
主　嚕　主　嚕　畔陁須莎訶
善男子此陁羅尼是過八恒河沙數諸佛所說
為護八地菩薩故若有誦持此陁羅尼呪者
脫諸怖畏惡獸惡鬼人非人等怨賊灾橫及
諸苦惱解脫五障不忘念八地
善男子菩薩摩訶薩於第九地得陀羅尼名
無量門
怛　姪　他　訶哩旃荼哩枳
俱藍婆喇體天里反　都　刺　死
拔吒拔吒死室唎室唎　迦室哩迦必　室唎
莎蘇活反　悉　底　薩婆薩埵喃莎訶
善男子此陁羅尼是過九恒河沙數諸佛所
說為護九地菩薩故若有誦持此陁羅尼呪
者脫諸怖畏惡獸惡鬼人非人等怨賊灾橫
及諸苦惱解脫五障不忘念九地
善男子菩薩摩訶薩於第十地得陀羅尼
名破金剛山
怛　姪　他　悉提去　蘇　悉　提去
謨折你　木察你　毗木底　菴　末　麗
毗末麗　涅末麗　忙　揭　麗
呬闌若　揭鞞　曷喇怛娜　揭　鞞
三曼多　跋姪麗　薩婆頞他　娑憚你

BD14837號　金光明最勝王經卷四　（16–12）

毗末麗　涅末麗　忙　揭　麗
呬闌若　揭鞞　曷喇怛娜　揭鞞
三曼多　跋姪麗　薩婆頞他　娑憚你
摩捺斯莫訶摩捺斯　頞　步　底
頞　窒　步　底　阿喇誓　毗　喇　誓
頞主底菴寠栗底　阿喇擔　毗喇　擔
跋　嚂　誰　跋羅鉗火含反摩莎入麗
晡喇你晡喇娜　曼奴喇剃莎訶
善男子此陁羅尼灌頂吉祥句是過十恒河
沙數諸佛所說為護十地菩薩故若有誦持
此陁羅尼呪者脫諸怖畏惡獸惡鬼人非人
等怨賊灾橫一切毒害皆悉除滅解脫五障
不忘念十地
尒時師子相無礙光燄菩薩聞佛說此不可
思議陁羅尼已即從座起偏袒右肩右膝著
地合掌恭敬頂礼佛足以頌讚佛
敬礼無譬喻　甚深無相法　衆生失正知　唯佛能濟度
如來明慧眼　不見一法相　復以正法眼　普照不思議
不生於一法　亦不滅一法　由斯平等見　得至無上處
不壞於生死　亦不住涅槃　不著於二邊　是故證圓寂
於淨不淨品　世尊知一味　由不分別故　獲得最清淨
世尊無邊身　不說於一字　令諸弟子衆　法雨皆充滿
佛觀衆生相　一切種皆無　然於苦惱者　常興於救護
苦樂常無常　有我無我等　不一亦不異　不生亦不滅
如是衆多義　隨說有差別　譬如空谷響　唯佛能了知
法界無分別　是故無異乘　為度衆生故　分別說有三

BD14837號　金光明最勝王經卷四　（16–13）

佛觀衆生相　一切種皆無　然於苦惱者　常與於救護
苦樂常無常　有我無我等　不一亦不異　不生亦不滅
如是衆多義　隨說有差別　譬如空谷響　唯佛能了知
法界無分別　是故無異乘　爲度衆生故　分別說有三
尒時大自在梵天王亦從座起偏袒右肩右
膝著地合掌恭敬頂礼佛足而白佛言世尊
此金光明最勝王經希有難量初中後善文
義究竟皆能成就一切佛法若受持者是人
則爲報諸佛恩佛言善男子如是如是如汝
所說善男子若得聽聞是經典者皆不退於
阿耨多羅三藐三菩提何以故善男子是能
成熟不退地菩薩殊勝善根是第一法印是
衆經王故應聽聞受持讀誦何以故善男子
若一切衆生未種善根未成熟善根未親近
諸佛者不能聽聞是微妙法若善男子善女
人能聽受者一切罪障皆悉除滅得最清淨
常得見佛不離諸佛及善知識勝行之人恒
聞妙法住不退地獲得如是勝陁羅尼門所
謂無盡無減海印出妙功德陁羅尼無盡無
減通達衆生意行言語陁羅尼無盡無減日
圓無垢相光陁羅尼無盡無減滿月相光陁
羅尼無盡無減能伏諸惑演功德流陁羅尼
無盡無減破金剛山陁羅尼無盡無減說不
可說義因緣藏陁羅尼無盡無減通達實語
法則音聲陁羅尼無盡無減虛空無垢心行
印陁羅尼無盡無減無邊佛身皆能顯現陁
羅尼無盡無減

無盡無減破金剛山陁羅尼無盡無減說不
可說義因緣藏陁羅尼無盡無減通達實語
法則音聲陁羅尼無盡無減虛空無垢心行
印陁羅尼無盡無減無邊佛身皆能顯現陁
羅尼無盡無減
善男子如是等無盡無減諸陁羅尼門得成
就故是菩薩摩訶薩能於十方一切佛土化
作佛身演說無上種種正法於法真如不動
不住不來不去善能成熟一切衆生善根亦
不見一衆生可成熟者雖說種種諸法於言
詞中不動不住不去不來能於生滅證無生
滅以何因緣說諸行法無有去來由一切法
體無異故說是法時三万億菩薩摩訶薩得
無生法忍無量諸菩薩不退菩提心無量無
邊苾芻苾芻尼得法眼淨無量衆生發菩薩
心尒時世尊而說頌曰
勝法能遊生死流　甚深微妙難得見
有情盲冥貪欲覆　由不見故受衆苦
尒時大衆俱從座起頂礼佛足而白佛言世
尊若所在處講宣讀誦此金光明最勝王經
我等大衆皆悉往彼爲作聽衆是說法師令
得利益安樂無障身意泰然我等皆當盡心
供養亦令聽衆安隱快樂所住國土無諸怨
賊恐怖厄難飢饉之苦人民熾盛此說法處
道場之地一切諸天人非人等一切衆生不
應履踐及以汙穢何以故說法之處即是

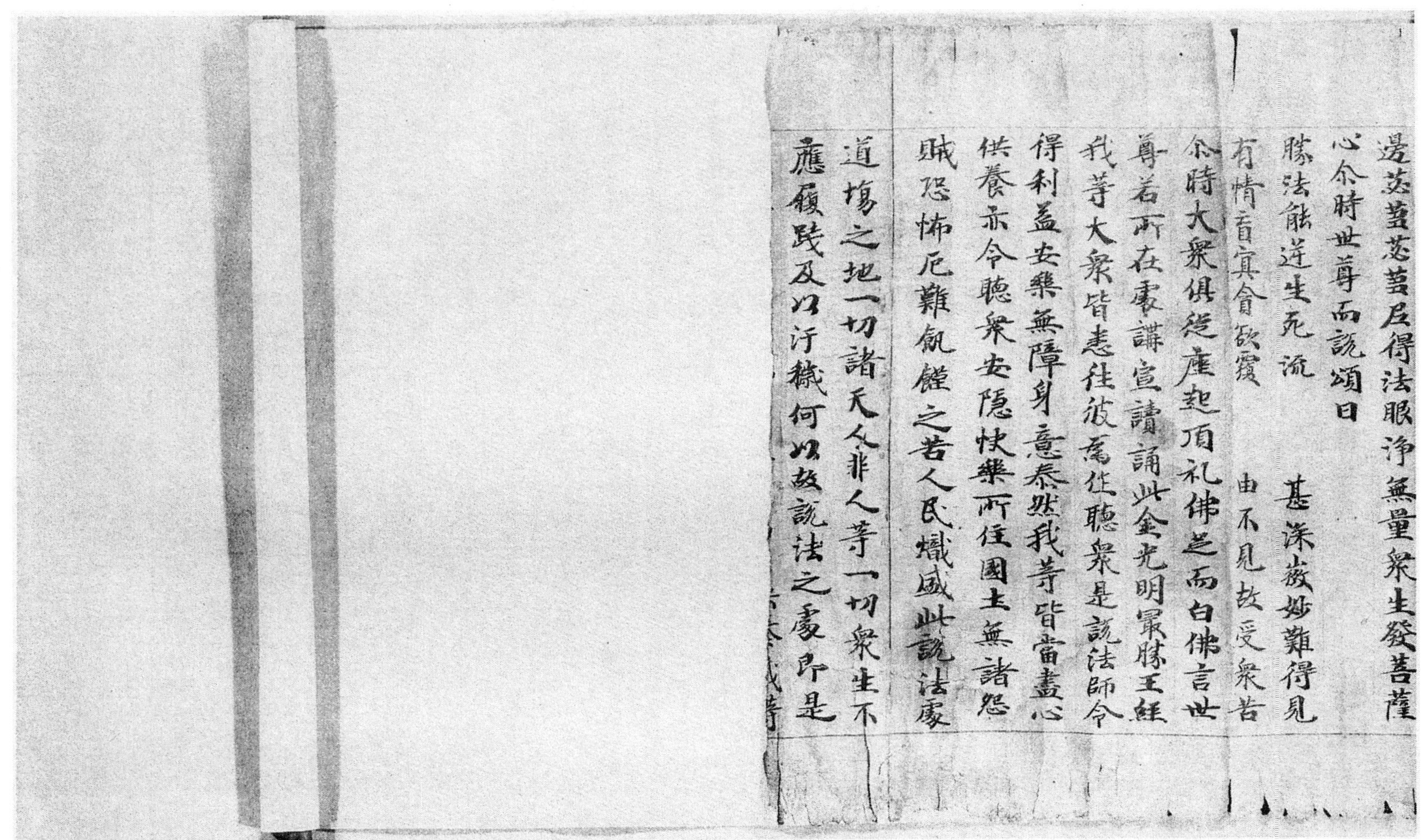

遝苾芻苾芻尼得法眼淨無量衆生發菩薩
心尒時世尊而說頌曰
勝法能逆生死流　甚深微妙難得見
有情盲冥貪欲覆　由不見故受衆苦
尒時大衆俱從座起頂礼佛足而白佛言世
尊若所在處講宣讀誦此金光明最勝王經
我等大衆皆悉往彼爲作聽衆是說法師令
得利益安樂無障身意泰然我等皆當盡心
供養亦令聽衆安隱快樂所住國土無諸怨
賊恐怖厄難飢饉之苦人民熾盛此說法處
道場之地一切諸天人非人等一切衆生不
應履踐及以汙穢何以故說法之處即是

BD14837 號　金光明最勝王經卷四　（16–16）

名照諸佛海彼道場上次有如來出興于
号法雲妙音聲王值彼如來復得三昧名
切法海燈彼道場上次有如來出興于世号
智慧炬明淨燈王時我爲天女值彼如來復
得三昧名明淨燈滅衆生苦彼道場上次有
如來出興于世号法勇幢如德值彼如來得復
三昧名三世佛普照藏彼道場上次有如來
如來出興于世号法燈勇猛智慧師子值彼
如來復得三昧名明淨智普照一切无所鄣
导彼道場上次有如來出興于世号智力山
王值彼如來復得三昧名普照三世衆生根
行佛子彼普照幢離垢光金色莊嚴世界如
來次第有十佛世界微塵等如來出興于世
我於尒時或爲天王龍王夜叉王乾闥婆王
阿脩羅王伽樓羅王緊那羅王摩睺羅伽王或
爲人王梵王男子女人童男童女皆悉值彼
一切如來恭敬供養彼佛說法悉聞受持於彼
佛剎二佛世界微塵等劫脩菩薩道佛剎微
塵等眾生究竟令終生此蓮華藏莊嚴世界
海娑婆世界中作道場夜神值拘樓孫如來

BD14838 號　大方廣佛華嚴經（晉譯五十卷本）卷四五　（19–1）

阿脩羅王伽樓王緊那羅王摩睺羅伽王或
為人王梵王男子女人童男童女皆悉值彼
一切如來恭敬供養彼佛說法悉聞受持於彼
佛刹二佛世界微塵等劫脩菩薩行佛刹微
塵等衆生寤像余終生此蓮華藏莊嚴世界
海娑婆世界中作道場夜神值拘樓孫如來
得三昧眼名離垢一切香王光明次值拘那
含牟尼如來復得三昧名隨順普照一切刹
海次值迦葉如來復得三昧名妙音聲海分
別一切衆生音海今復值見盧舍那佛坐佛
於道場菩提樹下成等正覺於念念中顯現
无量自在力海得復菩薩无量歡喜莊嚴法
門得法門已深入不可說不可說世界海微
塵等法界方便海以此方便海於一切佛刹
微塵等一一微塵中悉現十不可說不可說
佛刹微塵等世界及彼諸佛彼諸如來所
說正法悉聞受持又見盧舍那佛於念念中
一切世界坐於道場成等正覺出生无量自
在神力一一神力滿法界海我悉詣彼所說
正法悉聞受持又復見彼一切諸佛一一毛
孔出化身海滿法界海顯現種種自在神力
於一切佛刹海一切世界性一切世界一切
諸趣一切衆生中隨其所應轉正法輪我以
精進聞持陀羅尼故悉能受持正念思惟知
味知義明智慧藏圓滿清淨分別了知一切
法海觀察三世諸佛平等出生一切方便法
門於一一方便出生一切脩多羅雲一一脩
多羅雲成就一切諸正法海一一法海播受
一切諸迴轉法一一迴轉法普出一切諸妙法

味知義明智慧藏圓滿清淨分別了知一切
法海觀察三世諸佛平等出生一切方便法
門於一一方便出生一切脩多羅雲一一脩
多羅雲成就一切諸正法海一一法海播受
一切諸迴轉法一一迴轉法普出一切諸妙法
雲一一法雲出生一切諸法波浪一一波浪
逮得一切歡喜法海一一歡喜法海出生一
諸切切德地一一切德地出生一切諸三昧
海一一三昧海見一切佛一一佛所得一
切光明海一一光明海普照三世淨圓滿智
地普照十方知无量佛過去行海照一切佛
无量本事海難捨能施持无量淨戒行无量
忍長養清淨菩薩精進清淨无量諸禪定海
了知如來般若波羅蜜海普照如來无量方
便海了知如來長養功德智慧力波羅蜜分
別如來无量智波羅蜜海普照如來過去无
量菩薩諸地无量佛地神力自在无量劫中
所脩習起无淨量佛過去薩菩地脩无量佛
過去智地照无量佛諸智慧地知无量為菩
薩時相續善根知无量佛為菩薩時於一切
劫海中一切佛海所脩菩薩行知无量佛菩
薩時出生佛刹海无量菩薩行充滿法界種
種方便門教化衆生普照十方諸世界海為
諸衆生現自在力普照如來一切智地轉淨
法輪悉聞受持一切法雲顯現无量菩薩自
在神力普照諸佛相海行海力海於念念中
知彼諸佛從初發心乃至无餘涅槃遺滅法
盡善男子汝所問我發心已來為幾時者如
上所說乃至來生此刹供養盧舍那佛如此

法輪悉聞受持一切法雲顯現无量菩薩自
在神力普照諸佛相海行海力海於念念中
知彼諸佛從初發心乃至无餘涅槃遺滅法
盡善男子汝所問我發心已來爲幾時者如
上所說乃至未生此剎供養盧舍那佛如此
世界供養拘樓孫佛乃至盧舍那佛供養賢
劫未來諸佛亦復如是如供養賢劫諸佛供
養一切世界未來諸佛亦復如是而彼離垢
光金色莊嚴世界今猶現在是故善男子汝
當一心循此法門介時寂靜音夜天欲重明
此法門義以偈頌曰
善財應諦聽　我說此法門　應生歡喜心　勤循令究竟
无量諸劫海　循習菩薩行　心淨如虛空　入一切智城
聞三世佛法　一心樂専求　於彼如來所　循習諸功德
我見過去佛　恭敬悉供養　聞佛說正法　歡喜心无量
之已悉恭敬　供養於父母　一心樂専求　究竟此法門
老病貧窮等　諸根不具足　除滅彼苦惱　悉令得安樂
水火官賊難　怨敵諸恐怖　及海中諸難　我悉救濟之
衆生煩惱集　種種受衆苦　摧破生死山　救護諸群生
一切諸惡道　无量楚毒苦　生老病死痛　我當悉除滅
我願无量劫　安隱一切衆　常見一切佛　滅除生死苦
善男子我唯成就此无量歡喜莊嚴門法諸大
菩薩深入法海分別一切善知一切諸世界
海成敗之事我當云何能知能說彼功德行
善男子此道場上如來衆中有一夜天名曰
妙德守護諸城汝詣彼問云何菩薩學菩薩行脩菩薩
道介時善財讚歎寂靜音夜天以偈頌曰
我受知識教　來詣天神所　見无量淨身　坐處天寶坐
虛妄取諸相　深著一切法　无智衆生等　不能知境界

BD14838號　大方廣佛華嚴經（晉譯五十卷本）卷四五　　（19–4）

善男子此道場上如來衆中有一夜天名曰
妙德守護諸城汝詣彼問云何菩薩學菩薩行脩菩薩
道介時善財讚歎寂靜音夜天以偈頌曰
我受知識教　來詣天神所　見无量淨身　坐處天寶坐
虛妄取諸相　深著一切法　无智衆生等　不能知境界
清淨妙色身　一切諸天衆　无量劫諦觀　其心不猒足
遠離於五陰　一切无所著　超出世疑惑　顯現自在力
不染內外法　无㝵心不動　明淨智慧眼　見佛自在力
身爲正法藏　心是无㝵智　成佛智慧光　普照諸群生
分別說心業　莊飾諸世間　知心業自性　現身等衆生
知世悉如夢　了佛如電光　一切法如嚮　令衆无所著
念念悉除滅　世三衆生成　不取三世相　而能演說法
一切佛剎海　一切諸佛海　无量衆生海　无著循法門
時善財童子頭面敬禮彼夜天足遶无數迊
敬心辭退介時善財童子正念思惟智慧分
別隨順正趣循廣身證无量歡喜莊嚴法門
往詣妙德守護諸城夜天所見彼夜天處普
照一切宮殿寶師子坐不可說天眷屬圍遶
隨方而身一切衆生色身普現一切衆生前
身一切衆生无所著身一切衆生身身一切
衆生无上身隨順教化一切衆生身遊十方
身至一切十方身究竟佛身究竟教化一切衆
生身善財見此身已歡喜无量頭面禮足遶
无數迊恭敬合掌於一面住白言天神我已
先發阿耨多羅三藐三菩提心而未知菩薩
云何學菩薩道饒益衆生以无上攝法攝取
衆生順如來業親近法王時彼夜天告善財
言善哉善哉佛子爲救護一切衆生故問善

BD14838號　大方廣佛華嚴經（晉譯五十卷本）卷四五　　（19–5）

先發阿耨多羅三藐三菩提心而未知菩薩
云何學菩薩道饒益衆生以无上攝法攝取
衆生順如来業親近法王時彼夜天告善財
言善哉善哉佛子為救護一切衆生故問菩
薩行為嚴淨一切佛剎供養一切佛住一切
劫救護一切衆生守護一切如来種性究竟
十方一切法界海平等之心充滿一切悉聞
受持一切諸佛所轉法輪隨其所應而甘露
法故問菩薩行善男子我已成就甚深妙德
自在音聲法門是故佛子我為勝大法師无
所罣㝵於一切法心无所著分別如来一切
法藏安住如来大慈大悲建立衆生於菩提
心淨一切剎不捨菩提心長養一切善根為
一切衆生調御大師安立衆生一切智道故
於一切世界為明淨日照一切衆生无量善
根故等心觀察一切衆生不捨一切衆生出
生長養一切善根甚深智慧觀淨令決斷一
切不善業行諸善業救護衆生顯現一切諸
佛世界脩行嚴淨諸本事業立一切衆生清
淨善根令值一切諸善知識无能壞者立一
切衆生佛正教故佛子我常以法施為首出
生長養諸白淨法一切智心堅固不動如金
剛藏不可沮壞心常依止佛力魔力善知識
力心壞一切諸結業山心能專求一切智因
滿白淨法无㝵法門一切種智佛子我以如
是智慧光明淨諸衆生无量善法饒益一切
復次佛子我以十行觀察法界隨順法界攝
取法界何等為十所謂知法界无量智慧无
量故知法界无量无邊悉見一切諸如来故

滿白淨法无㝵法門一切種智佛子我以如
是智慧光明淨諸衆生无量善法饒益一切
復次佛子我以十行觀察法界隨順法界攝
取法界何等為十所謂知法界无量智慧无
量故知法界无量无邊悉見一切諸如来故
知佛法界无量无邊詣一切剎恭敬供養一
切佛故知法界无分齊於一切世界行海菩
薩行故知法界不可壞究竟如来不可沮壞
圓滿智故知法界一切如来妙音一切衆生
无不聞故知法界自然清淨教化一切衆生
滿佛願故知界法通至衆生深入普賢菩薩
行故知法界一莊嚴普賢菩薩行自在莊嚴
故知法界不可滅一切智善根充滿法界令
諸衆生悉清淨故佛子我以此十行觀察法界
增長善根知佛奇特境界不可思議佛我如
是正念思惟以一万陀羅尼為衆生說法所
謂攝取一切諸法圓滿陀羅尼持一切法圓
滿陀羅尼一切法雲雷震圓滿陀羅尼諸佛
起住圓滿陀羅尼轉一切佛名号輪圓滿陀
羅尼分別演說三世諸佛大願海圓滿陀羅
尼攝一切乘海圓滿陀羅尼照一切衆生業
海燈藏圓滿陀羅尼一切法現前疾流勇猛
圓滿陀羅尼一切智勇猛圓滿陀羅尼以如
是等万陀羅尼為一切衆生分別說法復次
佛子我或為衆生說聞慧法或為衆生說思
慧法或為衆生說脩慧法或說一有或說一
切有海或說一佛海或說一切佛名号海或
說一世界或說一切世界海或說授一記或說
授一切記海或說一佛眷屬海或說一切佛

佛子我或為衆生說闘慧法或為衆生說思
慧法或為衆生說循慧法或說一有或說一
切有海或說一佛海或說一切佛名号海或
說一世界或說一切世界海或說授一記或說
授一切記海或說一佛眷屬海或說一切佛
眷屬海或說一佛法輪或說一切佛法輪海
或說一循多羅或說一切循多羅海或說
一會或說一切會海或說一薩婆若心或說
一切菩提心海或說一乘或說一切乘海佛
子以如是等无量方便為諸衆生敷演不可
〻說〻法佛子我深入此无壞法界皆悉究
竟如来正法以无上法施攝取衆生盡未来
劫循習普賢菩薩所行佛子我已成就此甚
深妙德自在音聲法門於念〻中悉能長養
一切法門充滿法界尒時善財白夜天言妙
我天神如此法門最爲甚深得此法門其已久
如答言佛子乃往古世過轉世界微塵等劫
有劫名離垢光明時有世界名法界妙德雲
有四天下微塵等香須弥山莊嚴於蓮華中
出一切佛妙願音聲一切衆生淨業而起衆寶
合成形如蓮華清淨无垢有須弥山微塵等
衆妙寶樹周迊圍遶有須弥山微塵等衆妙寶
香以爲莊嚴有須弥山微塵等諸四天下莊
嚴世界一一四天下各有不可說不可說城
彼世界中有四天下名莊嚴幢彼四天下有
王都城名普寶華光於彼城外道有場名法
王宮殿光明其道場上有須弥山微塵等佛
出興于世其最初佛号法海雷音光明王時

嚴世界一一四天下各有不可說不可說城
彼世界中有四天下名莊嚴幢彼四天下有
王都城名普寶華光於彼城外道有場名法
王宮殿光明其道場上有須弥山微塵等佛
出興于世其最初佛号法海雷音光明王時
有轉輪王名離垢光明於彼佛所守護正法
閻持正法循多羅佛海滅度後出家學道正
法欲滅於大劫中有惡劫起煩惱熾盛衆生
恚怒忿恚文諍諸比丘衆背功德利心樂放逸
常好王論賊論女論國論海論世間之論[illegible]
如是等種〻諸論時王比丘作如是念如来
无量阿僧祇劫循集妙法云何此諸比丘而
共毀滅彼王比丘昇虛空放大光明雲无
量雜色普照十方一切世界滅除一切衆生
煩惱立无量衆生无上菩提復令正法於六
万五千歳中而得興上威時有比丘尼名法
輪化光是彼轉輪王女十万比丘尼以爲眷
屬見父王比丘光明神變即發阿耨多羅三
藐三菩提心得一切佛燈明三昧甚深妙德
自在音聲法門得已身心柔濡法海雷音光
明王佛神力自在一切功德悉現在前佛子時
轉輪王隨彼如来轉正法輪興隆法者豈異
人乎今普賢菩薩摩訶薩是也法輪化光比
丘尼者我身是也我於尒時守護佛法建立
十万比丘尼衆得不退轉地又令稱取一切如
来法門三昧法輪光明三昧又復建立入一
切法海方便般若波羅蜜佛子次有如来出
興于世名離垢法山我得值遇次有如来名
法圓滿光明周羅次有如来名法曰妙德雲

十万比丘尼衆得不轉地又令稱樂一切如
来法門三昧法輪光明三昧又復建立入一
切法海方便般若波羅蜜佛子次有如来出
興于世名離垢法山我得值遇次有如来名
法圓滿光明周羅次有如来名法日妙德雲
次有如来名法海分別妙音聲王次有如来
名法日圓滿燈次有如来名法化幢雲次有
如来名法炎山幢王次有如来名甚深妙德
法月次有如来名法智普光明藏次有如来
名普智境界覺悟衆生次有如来名妙德山
王次有如来名普門普賢須弥山次有如来
名一切法精進幢次有如来名寶華妙德雲
次有如来名寂靜甚深光明周羅次有如来
名法炎大德慧光明月次有如来名光炎妙
德海次有如来名智慧日普照一切次有如
来名圓滿普智次有如来名无上智覺明王
次有如来名功德炎華燈次有如来名智慧
師子幢王次有如来名普日光明王次有如
来名須弥相莊嚴次有如来名勇猛曰普光
明次有如来名法綱覺妙德月次有如来名
法蓮華敷善德妙音次有如来名相日普光
妙明次有如来名普光妙德正法音聲次有
如来名无畏妙德那羅延師子次有如来名
普智健幢次有如来名敷法蓮華身次有如
来名功德華妙法海次有如来名道場覺妙
德月次有如来名法燄妙德月次有如来名
普照光明周羅次有如来名法幢燈次有如
来名妙德海幢雲次有如来名稱山妙德雲

BD14838號　大方廣佛華嚴經（晉譯五十卷本）卷四五　（19–10）

普智健幢次有如来名敷法蓮華身次有如
来名功德華妙法海次有如来名道場覺妙
德月次有如来名法燄妙德月次有如来名
普照光明周羅次有如来名法幢燈次有如
来名妙德海幢雲次有如来名稱山妙德雲
次有如来旃檀妙德月次有如来名明淨普
妙德華次有如来名普照衆生光明王次有
如来名鉢頭摩華妙功德藏次有如来名香
炎光明王次有如来名鉢頭摩因次有如来
名明淨相山次有如来名普稱功德幢次有
如来名普門光明須弥山次有如来名妙德
法城光明次有如来名明淨功德山次有如
来名勝相妙德次有如来名法力勇猛幢次
有如来名法輪光明妙音次有如来名功德
光炎樓閣智光次有如来名无上妙法輪月
次有如来名明淨法鉢頭摩覺幢次有如来
名寶鉢頭摩光藏次有如来名寶尸棄雲燈
次有如来名智覺華次如有来名種々炎妙
德須弥山藏次有如来名圓滿炎妙德王次
有如来名功德雲莊嚴光明次有如来名法
山雲幢次有如来名普明淨功德山次有如
来名法日雲燈王次有如来名法雲名聲自
在王次有如来名法圓滿雲次有如来名覺
々明淨智幢次有如来名法圓滿善覺妙德
月次有如来名金色山賢次有如来名明淨
賢妙德須弥山次有如来名普智慧雲妙聲
次有如来名法力妙德樓閣次有如来名香
炎妙德王次有如来名金色摩尼山妙聲次
有如来名日豪藏一切法圓滿光明次有如

BD14838號　大方廣佛華嚴經（晉譯五十卷本）卷四五　（19–11）

月次有如来名金色山賢次有如来名明淨
賢妙德須弥山次有如来名普智慧雲妙聲
次有如来名法力妙德幢閣次有如来名香
炎妙德王次有如来名金色摩尼山妙聲次
有如来名曰豪藏一切法圓滿光明次有如
来名淨法輪次有如来名无上清淨尸羅山
次有如来名普精進炬光照雲次有如来名
廣三昧海天帝光明次有如来名寶炎妙德
王次有如来名法炬寶帳妙聲次有如来名
德法雲空光明師子次有如来名相好庄嚴
幢月次有如来名光明炎山雷雲次有如来
名无㝵虛空法光次有如来名衆智華敷次
有如来名世間主次光明妙聲次有如来名
法三昧光明妙音次有如来名法音真實藏
次有如来名法光明炎妙聲海次有如来名
普照三世相幢次有如来名法圓滿山光明
次有如来名法界師子光明次有如来名法
界師子炎次有如来名明淨妙德須弥山次
有如来名一切三昧海師子次有如来名普
智光明燈佛子於離垢光明劫中如是等須
弥山微塵等如来出興于世其最後佛名法
界城明淨智燈彼諸如来我悉恭敬供養聞
法受持出家學道守護佛法於彼諸佛所種
ミ方便入此甚深妙德自在音聲法門以種
ミ方便化衆生海復次佛子復有佛刹微塵
等劫中佛諸出世我亦皆悉恭敬供養是故
佛子一切衆生長夜生死唯我獨覺復能覺悟
一切衆生守護心城離三界城入一切智

BD14838號　大方廣佛華嚴經（晉譯五十卷本）卷四五　（19–12）

ミ方便入此甚深妙德自在音聲法門以種
ミ方便化衆生海復次佛子復有佛刹微塵
等劫中佛諸出世我亦皆悉恭敬供養是故
佛子一切衆生長夜生死唯我獨覺復能覺悟
一切衆生守護心城離三界城入一切智
无上法城善男子我智唯成就此甚深妙德
自在音聲法門除滅衆生兩舌口過令淨實
語諸大菩薩決了衆生諸語言道於一念中
覺悟一切衆生之心深入衆生語言音海善
知衆生說種語言法分別了知一切法海深
入攝取一切諸法陁羅尼海善巧方便為衆
生出一切法雲究竟度脫一切衆生攝取衆
生立无上業隨順淨智分別業藏能師子吼
法施一切淂諸法地圓滿陁羅尼我當云何
能知能說彼功德行善男子此佛衆中有一
夜天名開敷樹華汝詣彼問云何菩薩學一
切智安立衆生於薩婆若介時妙德守護諸
城夜天欲重明此法門義以偈頌曰
佛子深法門　虛空如如性　分別三世佛　无量諸法界
出生无量門　不思議諸法　長養无㝵智　了達三世法
過轉刹塵劫　劫名離垢光　世界妙德雲　城名寶華光
彼劫次第有　須弥塵等佛　初佛号法海　雷音光明王
後佛法界城　明淨智慧燈　我皆悉供養　聞法大歡喜
見法海雷音　光明王如来　衆妙相庄嚴　猶如須弥山
見佛即發心　專求一切智　心大如虛空　其性同如如
充滿於三界　諸佛菩薩衆　大悲普心護　一切刹衆生
清淨妙法身　充滿諸佛刹　隨其所應化　悉爲顯現身
我初發心時　震動一切刹　教化諸群生　悉令大歡喜

BD14838號　大方廣佛華嚴經（晉譯五十卷本）卷四五　（19–13）

見法海雷音

見佛即發心　專求一切智　心大如虛空　其性同如如
充滿於三界　諸佛菩薩衆　大悲普心覆　一切剎衆生
清淨妙法身　充滿諸佛剎　隨其所應化　悉為顯現身
我初發心時　震動一切剎　教化諸群生　悉令大歡喜
次值第二佛　聞法而供養　即時得覩見　十剎海塵佛
如是次第值　須弥塵等佛　恭敬供養彼　一切諸如來
悉聞法受持　逮得此法門
轉剎塵等劫　諸佛興出世　我亦悉詣彼　恭敬而供養
聞法悉受持　清淨此法門

尒時善財得此甚深妙德自在音聲法門入菩薩无量无邊諸三昧海出生无量无邊陁羅尼海得菩薩神通諸明光耀入諸辯海長養一切甚深法海欲讃歎彼妙德守護諸城夜天以偈頌曰

智慧海已滿　永度生死海　長壽智慧藏　普照於十方
了達内外法　皆悉如虛空　无㝵清淨慧　究竟於三世
念念能分別　无量无有邊　一切諸境界　而心无所着
无量大悲心　度脫衆生海　明淨智慧眼　了衆生无性
深入佛法門　窮盡其原底　種種巧方便　化度諸群生
普於一切法　了達其真性　脩習薩婆若　令衆悉清淨
天是調御師　究盡一切智　充滿諸法界　說法化衆生
順盧舍那願　无㝵度衆生　安住至道場　普見十方佛
天心甚深妙　除滅煩惱熱　清淨如虛空　離垢无染着
攝取於三世　佛剎諸如來　一切菩薩衆　一切群生類
一心分別知　剎那及羅婆　晝夜月半月　乃至无量劫
十方諸群生　有色及无色　有想无想等　知死此生彼
除滅一切衆　虛妄顛倒想　善知語言法　顯現菩提道
出盧舍那願　一切佛法海　无㝵法身心　隨應現衆生

BD14838號　大方廣佛華嚴經（晉譯五十卷本）卷四五　（19–14）

攝取於三世　佛剎諸如來　一切菩薩衆　一切群生類
一心分別知　剎那及羅婆　晝夜月半月　乃至无量劫
十方諸群生　有色及无色　有想无想等　知死此生彼
除滅一切衆　虛妄顛倒想　善知語言法　顯現菩提道
出盧舍那願　一切佛法海　无㝵法身心　隨應現衆生

時善財童子以偈讃歎彼夜天已頭面礼足遶无數匝敬心辭退尒時善財童子正念思惟增廣深甚妙德自在音聲法門住諸開敷樹華夜天所見彼夜天在衆寶香樹樓閣之内處寶樹尒師子法坐百万諸天眷屬圍遶尒時善財頭面敬礼彼夜天足遶无數匝恭敬合掌於一面住白言天神我已先發阿耨多羅三藐三菩提心云何學菩薩道學菩薩行脩菩薩道趣薩婆若唯願天神為我解說荅言善男子我於日沒憂鉢羅鉢曇摩華皆悉還合若諸人衆遊薗觀者廢捨縱逸歸其家時為放光明在險住者照示平路令彼專求一切智道若於山巖深水曠野在如是等種種難處悉放光照令免衆苦得安隱樂又善男子若諸衆生放逸五欲為其顯現老病死苦悉令觀見捨離放逸脩習善根為慳貪者讃歎布施若犯戒者安立淨戒為瞋恚者讃歎大慈安立忍辱若懈怠者教令脩行菩薩精進若亂心者教令脩行諸禪三昧若愚癡者令其深入般若波羅蜜樂小法者教以大乘着三界者令住菩薩圓滿无著諸波羅蜜若諸衆生功德羸弱為衆結業之所逼迫令住菩薩力波羅蜜順无智者令住菩薩智波羅

BD14838號　大方廣佛華嚴經（晉譯五十卷本）卷四五　（19–15）

進若亂心者教令修行諸禪三昧[illegible]
令其深入般若波羅蜜樂小法者教以大乘
著三界者令住菩薩圓滿无著諸波羅蜜若
諸衆生功德羸弱為衆結業之所逼迫令住
菩薩力波羅蜜順无智者令住菩薩智波羅
蜜捨離癡闇善男子我已成就无量歡喜知
足光明法門善財白言天神此法門者境界
云何荅言善男子如來方便光明攝取衆生
佛子若有衆生受快樂者悉蒙佛力諸光明
力隨如來教佛威神力隨順佛道聞佛正法
入佛善根如來圓滿明淨智日如來性淨業
力普照一切悉蒙如是功德力故普令衆生
受諸快樂佛子我入此法門時正念思惟深
入盧舍那如來應供等正覺過去所行菩薩
行海善男子我知菩薩本發菩薩地心時見
諸衆生著我〻所无明覆蔽入諸邪見隨順
貪愛欲恚所縛心亂顛倒慳嫉所纏貧逼切
窮於生死中受衆苦惱不值諸佛見如是已
發大悲心攝取衆生除諸苦惱患善饒益之
令得一切无染著心於諸施物不求果報分
別了知一切因緣諸法實相具足成就大慈
大悲圓滿法蓋普覆衆生以知足法養智慧
為摧散一切諸煩惱山安樂衆生隨所應化
雨甘露法以醒法利等施衆生得十力果无上
快樂成就菩薩神通力自在充滿法界悉現
一切諸衆生前而一切物悉令歡喜充足其
意救護衆生滅生死苦不求恩報嚴淨一切
衆心寶生悲同一切諸佛善根增長薩婆若
教化成就一切衆生以无上淨法淨諸佛剎

BD14838號　大方廣佛華嚴經（晉譯五十卷本）卷四五　（19-16）

一切諸衆生前而一切物悉令歡喜充足其
意救護衆生滅生死苦不求恩報嚴淨一切
衆心寶生悲同一切諸佛善根增長薩婆若
教化成就一切衆生以无上淨法淨諸佛剎
於念〻中滿一切法界以明淨智分別三世
充滿虛空於一切時轉淨法輪教化衆生令
諸衆生〻一切智清淨諸持覺悟一切諸佛
菩提分別一切未來諸劫於一切劫行菩薩
行心无有二悉能通達一切世界其身容受
一切剎海悉皆攝取一切世界分別解說一
切世界種〻形色種〻莊嚴種〻依住或不
淨〻或淨不淨或純清淨或純垢穢或廣或
狹或大或小或覆或仰如是等諸世界海中
生菩薩行證菩薩行於念〻中出生菩薩諸
自在行念〻中為衆生現三世諸佛清淨法
身佛子盧舍那佛於過去世行菩薩行時見
諸群生无智功德愚癡所覆著我〻所无明
瞳鄣不正思惟入諸邪見不識因果煩順惱
業不循正道得无作法常於於生死險道流
轉受種〻苦發起大悲令諸衆生出善生薩
无量諸行循習一切諸波羅蜜安立堅固勝
妙善根除滅衆苦長功德藏了知因果不違
業報知法真實如悉分別知衆欲生樂及一切
別守護受持一切佛法令不絕斷滅不善法
不滿薩婆若佛子以如是等无量法施攝取
衆生令一向求薩婆若法循行菩薩諸波羅
蜜具賢聖利長薩婆若滿善根海顯現如來
无量自在以如是等種〻方便攝取衆生顯
現如來无量功德安立衆生於菩薩諸攝智

BD14838號　大方廣佛華嚴經（晉譯五十卷本）卷四五　（19-17）

衆生令一向求薩婆若法脩行菩薩諸波羅
蜜具賢聖利長養海若滿善根海顯現如來
无量自在以如是等種種方便攝取衆生顯
現如來无量功德安立衆生於菩薩諸攝智
慧善財白天神發阿耨多羅三藐三菩提心
其已久如答言佛子此事難知難信難入難
說難得一切諸天聲聞緣覺所不能知除佛
神力依善知識成滿善根淨正直心遠離諂
曲滅諸塗汙逮得普智照慧光明哀愍衆生
降伏諸魔拔煩惱樹必欲成就一切種智除
滅生死憂悲惱海得如來樂入佛功德精進
之海安住佛地滿足如來一切智力究竟十
力如此人者乃能信解能知能入能說能得
何以故此佛境界一切衆生及諸菩薩所不
能知我當承佛神力爲調伏衆生直心清淨
廣脩善根得甚深心樂聞此法爲如此等隨
其所應分別解說尒時天欲重明此義觀
三世諸佛境界以偈頌曰

佛子此法門　甚深佛境界　不思議刹塵　說之无窮盡
貪欲瞋恚癡　憍慢衆生等　皆悉不能知　寂滅寂靜法
慳嫉心諂曲　煩惱業覆者　一切不能知　甚深佛境界
著諸陰入界　及起悟我見　心想見顛倒　不知佛地法
清淨離虛妄　如來深境界　樂住生死者　皆悉不能知
出生如來家　諸佛常守護　奉持佛法藏　慧眼之境界
親近善知識　滿足白淨法　究竟諸佛力　聞此法歡喜
心淨離虛妄　猶如虛空性　慧炬除闇癡　是彼之境界
以大慈悲心　普覆諸衆生　等心觀一切　是彼之境界
其心大歡喜　等觀衆生類　捨離於一切　離垢之境界
淨心離諸惡　乃至長夜罪　隨順諸佛法　離垢之境界

BD14838 號　大方廣佛華嚴經（晉譯五十卷本）卷四五　（19–18）

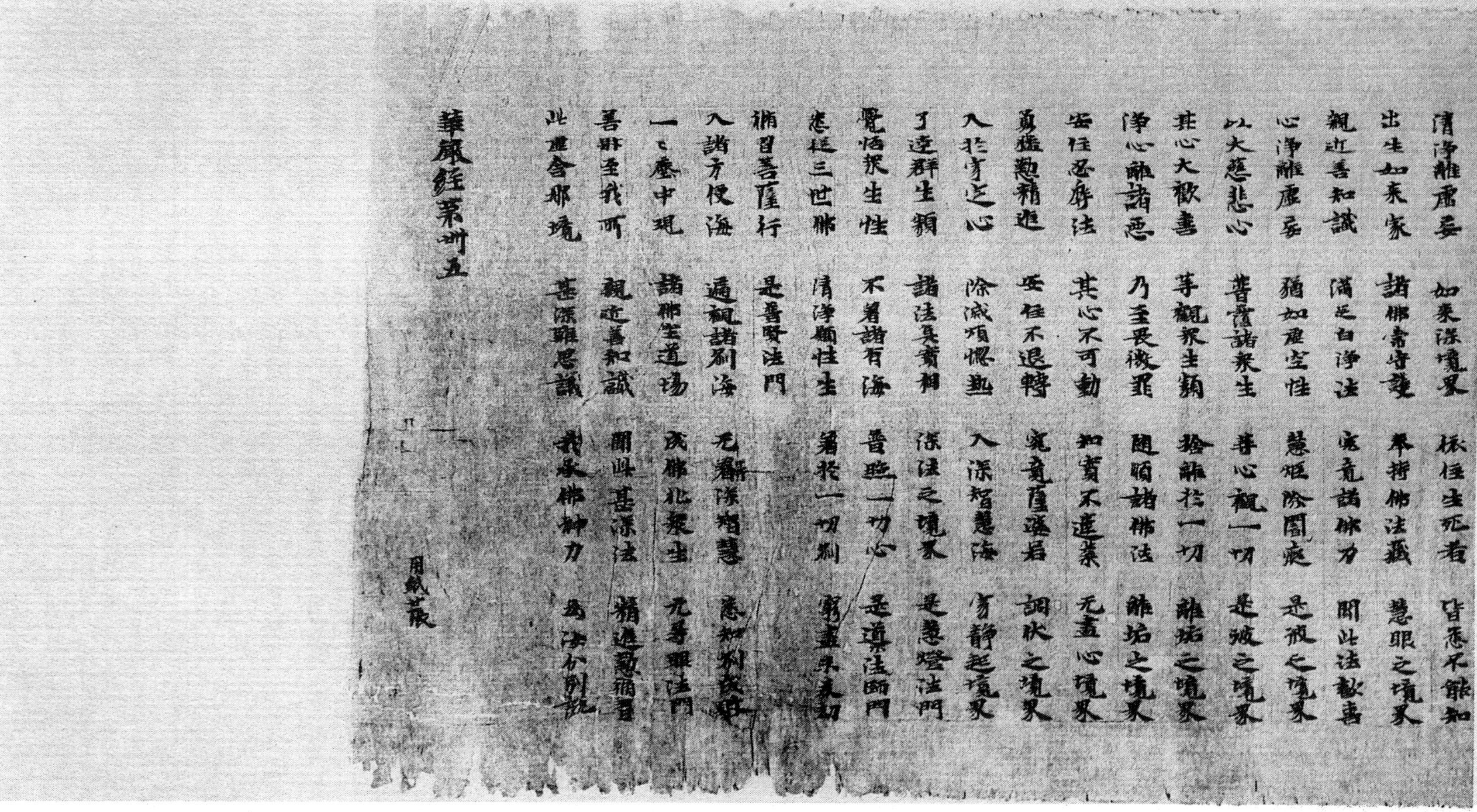

清淨離虛妄　如來深境界　樂住生死者　皆悉不能知
出生如來家　諸佛常守護　奉持佛法藏　慧眼之境界
親近善知識　滿足白淨法　究竟諸佛力　聞此法歡喜
心淨離虛妄　猶如虛空性　慧炬除闇癡　是彼之境界
以大慈悲心　普覆諸衆生　等心觀一切　是彼之境界
其心大歡喜　等觀衆生類　捨離於一切　離垢之境界
淨心離諸惡　乃至長夜罪　隨順諸佛法　離垢之境界
安住忍辱法　其心不可動　如實不違業　无盡心境界
勇猛勤精進　安住不退轉　究竟薩婆若　調伏之境界
入於寂定心　除滅煩惱熱　入深智慧海　寂靜起境界
了達群生類　諸法真實相　深法之境界　是慧燈法門
覺悟衆生性　不著諸有海　普照一切心　是道場法門
悉住三世佛　清淨願性生　著於一切剎　窮盡未來劫
脩習菩薩行　是普賢法門
入諸方便海　遍觀諸剎海　无斷深智慧　悉知剎成壞
一一塵中現　諸佛坐道場　成佛化衆生　无量難法門
善財至我所　親近善知識　聞此甚深法　精進勤脩習
此盧舍那境　甚深難思議　我承佛神力　爲汝分別說

華嚴經第卌五

用紙[illegible]

BD14838 號　大方廣佛華嚴經（晉譯五十卷本）卷四五　（19–19）

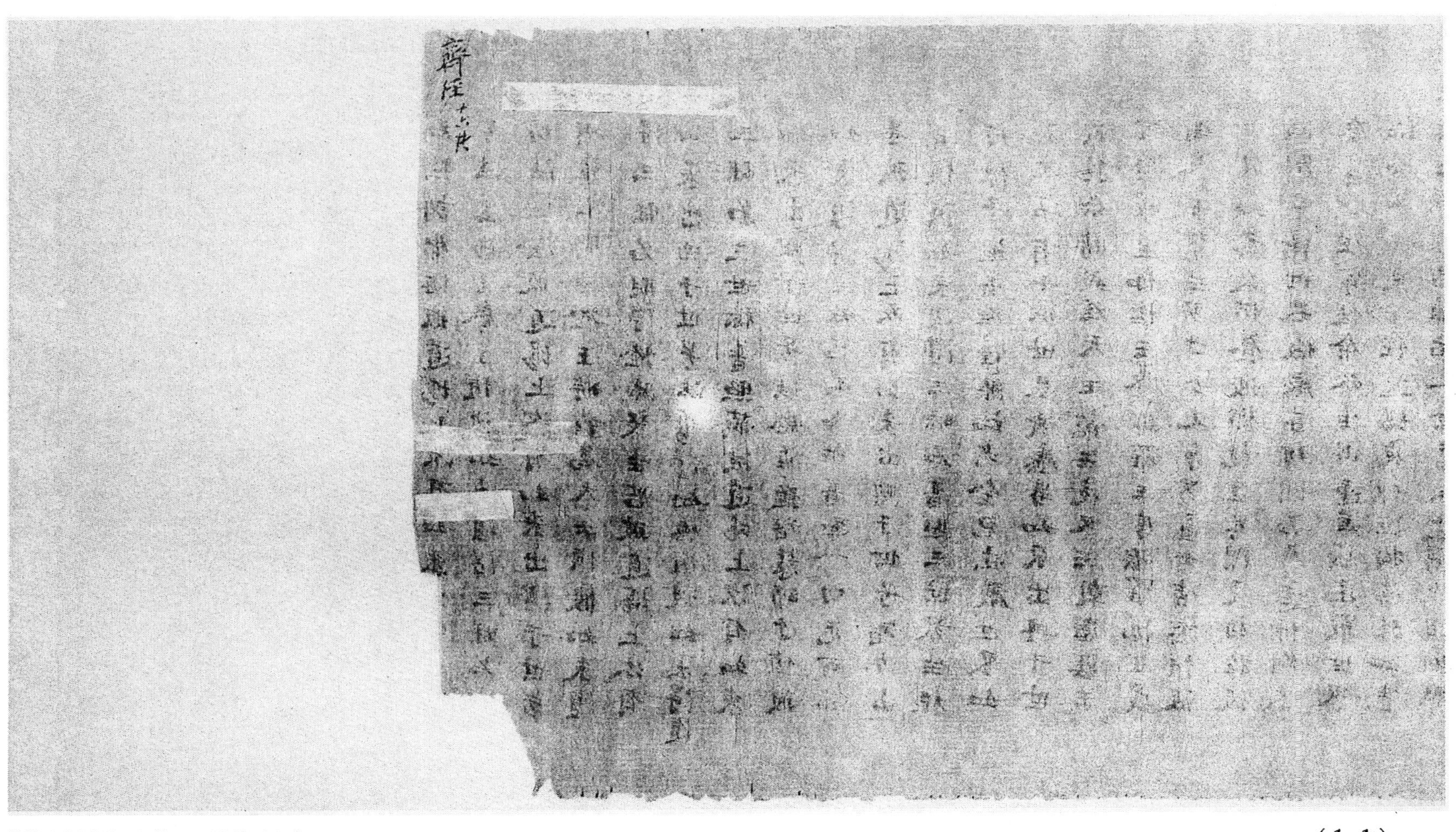

BD14838 號背　現代題跋　　（1–1）

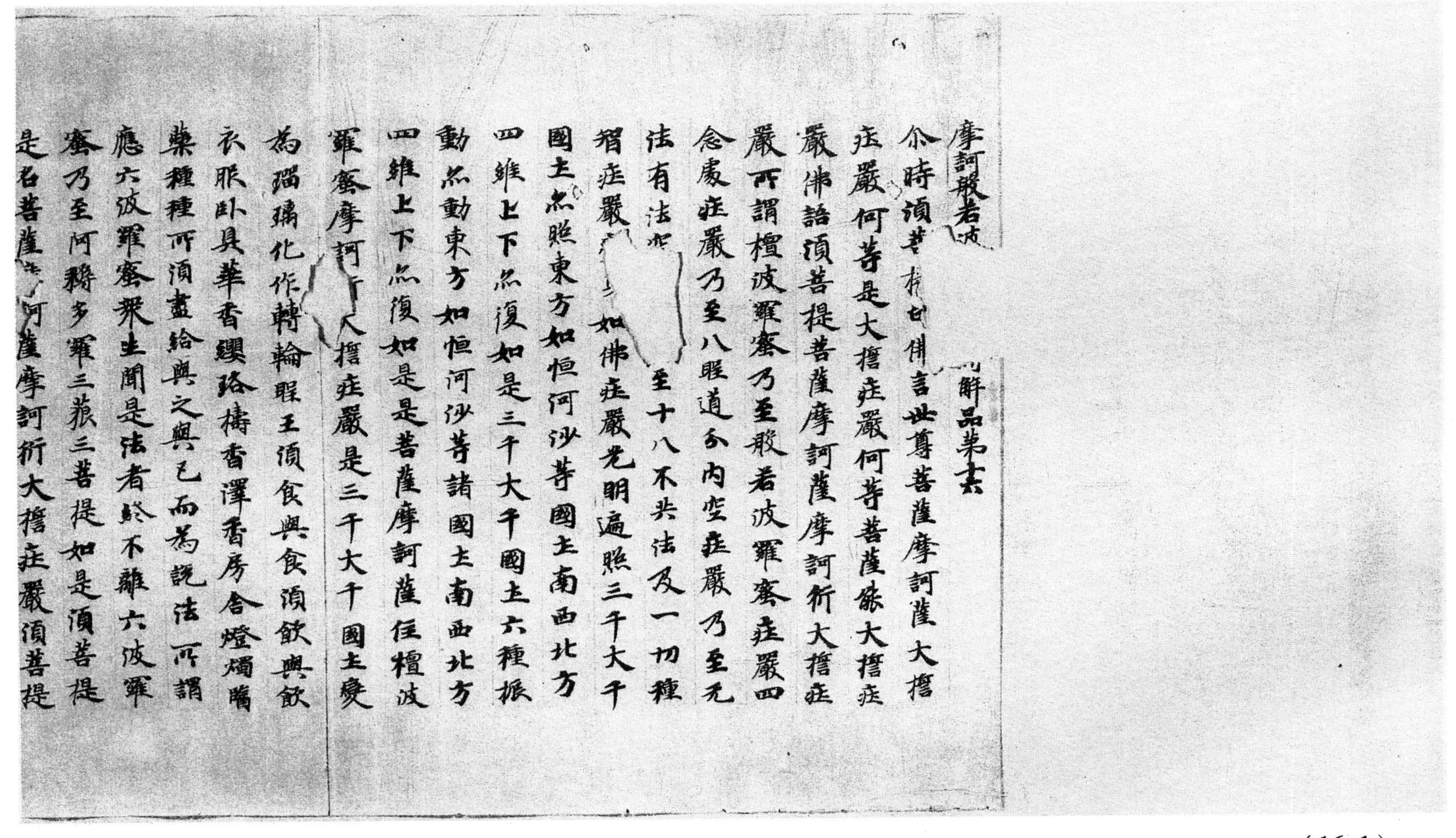

摩訶般若波[illegible]解品第十六

尒時須菩[illegible]白佛言世尊菩薩摩訶薩大誓
莊嚴何等是大誓莊嚴何等菩薩乘大誓莊
嚴佛語須菩提菩薩摩訶薩摩訶衍大誓莊
嚴所謂檀波羅蜜乃至般若波羅蜜莊嚴四
念處莊嚴乃至八聖道分內空莊嚴乃至无
法有法空[illegible]至十八不共法及一切種
智莊嚴[illegible]如佛莊嚴光明遍照三千大千
國土亦照東方如恒河沙等國土南西北方
四維上下亦復如是三千大千國土六種振
動亦動東方如恒河沙等諸國土南西北方
四維上下亦復如是是菩薩摩訶薩住檀波
羅蜜摩訶[illegible]大誓莊嚴是三千大千國土變
為瑠璃化作轉輪聖王須食與食須飲與飲
衣服卧具華香瓔珞擣香澤香房舍燈燭醫
藥種種所須盡給與之與已而為說法所謂
應六波羅蜜衆生聞是法者終不離六波羅
蜜乃至阿耨多羅三藐三菩提如是須菩提
是名菩薩[illegible]訶薩摩訶衍大誓莊嚴須菩提

BD14839 號　摩訶般若波羅蜜經（異本）卷七　　（16–1）

羅蜜摩訶[illegible]大擔莊嚴是三千大千國土變
為瑠璃化作轉輪聖王須食與食須飲與飲
衣服臥具華香瓔珞擣香澤香房舍燈燭醫
藥種種所須盡給與之與已而為說法所謂
應六波羅蜜衆生聞是法者終不離六波羅
蜜乃至阿耨多羅三藐三菩提如是須菩提
是名菩薩〻訶薩摩訶衍大擔莊嚴須菩提
譬如工幻師若幻師弟子於四衢道中化作
大衆於前須食與食須飲與飲乃至種種所
須盡給與之於須菩提意云何是幻師實有
衆生有所與不須菩提言不也世尊須菩提
菩薩摩訶薩亦如是化作轉輪聖王種種具
足須食與食須飲與飲乃至種種所須盡給與
之雖有所施實无所與何以故須菩提諸法
相如幻故復次須菩提菩薩摩訶薩住尸羅
波羅蜜現生轉輪聖王家以十善道教化衆
生又以四禪四无量心四无色定四念處乃至
十八不共法教化衆生衆生聞是法者至阿耨
多羅三藐三菩提終不離是法譬如幻師若
幻師弟子於四衢道中化作大衆以十善道
教化令行又以四禪四无量心四无色定四念
處乃至十八不共法教化令行須菩提於汝
意云何是幻師實有衆生教化令行十善道
乃至行十八不共法不須菩提言不也世尊須
菩提菩薩摩訶薩然如是以十善道教化衆
生令行乃至十八不共法實无衆生行十善
道乃至十八不共法何以故諸法相如幻故須
菩提是名菩薩摩訶薩大擔莊嚴復次須菩

BD14839號　摩訶般若波羅蜜經（異本）卷七　（16–2）

意云何是幻師實有衆生教化令行十善道
乃至行十八不共法不須菩提言不也世尊須
菩提菩薩摩訶薩然如是以十善道教化衆
生令行乃至十八不共法實无衆生行十善
道乃至十八不共法何以故諸法相如幻故須
菩提是名菩薩摩訶薩大擔莊嚴復次須菩
提菩薩摩訶薩住羼提波羅蜜教衆生忍
辱須菩提云何菩薩摩訶薩住羼提波羅蜜
教化衆生著忍辱波羅蜜中須菩提菩薩摩
訶薩從初發心已來如是大擔莊嚴若一切衆
生來罵詈刀杖傷害菩薩摩訶薩於此中不起
一念忿教一切衆生行此忍辱譬如幻師若
幻師弟子於四衢道中化作大衆令行忍辱
餘如上說須菩提是名菩薩摩訶薩大擔莊
嚴復次須菩提菩薩摩訶薩住毗梨耶波羅
蜜教一切衆生令行毗梨耶波羅蜜須菩提
云何菩薩摩訶薩住毗梨耶波羅蜜教一切
衆生令行毗梨耶波羅蜜須菩提菩薩摩訶薩
應薩婆若心身心精進教化衆生譬如幻師若
幻師弟子於四衢道中化作大衆教令行身
心精進餘如上說是名菩薩摩訶薩大擔莊嚴
復次須菩提菩薩摩訶薩住禪波羅蜜教一
切衆生令行禪波羅蜜須菩提云何菩薩摩訶
薩住禪波羅蜜教一切衆生令行禪波羅蜜
須菩提菩薩摩訶薩住諸法等中不見諸法
若亂若定如是須菩提菩薩摩訶薩住禪波
羅蜜教一切衆生令行禪波羅蜜乃至阿耨多
羅三藐三菩提終不離禪波羅蜜譬如工幻師

BD14839號　摩訶般若波羅蜜經（異本）卷七　（16–3）

薩住禪波羅蜜教一切衆生令行禪波羅蜜
須菩提菩薩摩訶薩住諸法等中不見諸法
若乱若定如是須菩提菩薩摩訶薩住禪波
羅蜜教一切衆生令行禪波羅蜜乃至阿耨多
羅三藐三菩提終不離禪波羅蜜譬如工幻師
若幻師弟子於四衢道中化作大衆教令行
禪波羅蜜餘如上說須菩提是名菩薩摩訶
薩大擔莊嚴復次須菩提菩薩摩訶薩住般
若波羅蜜教一切衆生令行般若波羅蜜須
菩提云何菩薩摩訶薩住般若波羅蜜教一
切衆生令行般若波羅蜜須菩提菩薩摩訶
薩行般若波羅蜜時无有法得此岸彼岸如
是菩薩摩訶薩住般若波羅蜜中教一切衆生
令行般若波羅蜜譬如工幻師若幻師弟子
於四衢道中化作大衆教令行般若波羅蜜
須菩提是名菩薩摩訶薩大擔莊嚴復次須
菩提菩薩摩訶薩大擔莊嚴十方如恒河沙
等國土中衆生隨其所應自變其身住檀波
羅蜜乃至般若波羅蜜亦教衆生令行檀波
羅蜜乃至般若波羅蜜是衆生行是法乃至
阿耨多羅三藐三菩提終不離是法須菩提
譬如工幻師若幻師弟子於四衢道中化作
大衆教令行六波羅蜜餘如上說如是須菩
提是名菩薩摩訶薩大擔莊嚴復次須菩提
菩薩摩訶薩大擔莊嚴應薩婆若心不生是
念我教若干人住檀波羅蜜不教若干人住
檀波羅蜜乃至般若波羅蜜亦如是不生是

BD14839號　摩訶般若波羅蜜經（異本）卷七　（16–4）

提是名菩薩摩訶薩大擔莊嚴復次須菩提
菩薩摩訶薩大擔莊嚴應薩婆若心不生是
念我教若干人住檀波羅蜜不教若干人住
檀波羅蜜乃至般若波羅蜜亦如是不生是
念我教若干人住四念處不教若干人住四
念處乃至十八不共法亦如是亦不生是念
我教若干人令得須陁洹果斯陁含果阿那
含果阿羅漢果辟支佛道一切種智亦不教
若干人令得須陁洹果乃至一切種智我當
令无量无邊阿僧祇衆生住檀波羅蜜乃至
般若波羅蜜立衆生於四念處乃至十八不
共法令无量无邊阿僧祇衆生得須陁洹果
乃至一切種智譬如工幻師若幻師弟子於
四衢道中化作大衆教令行六波羅蜜乃至
得一切種智餘如上說須菩提是名菩薩摩
訶薩大擔莊嚴尒時須菩提白佛言世尊如
我從佛所聞義菩薩摩訶薩无大擔莊嚴爲
大擔莊嚴諸法自相空故所謂色色相空受
想行識識相空眼眼相空乃至意意相空色
色相空乃至法法相空眼識眼識相空乃至
意識意識相空眼觸眼觸相空乃至意觸意
觸相空眼觸因緣生受受相空乃至意觸因
緣生受受相空世尊檀波羅蜜檀波羅蜜相
空乃至般若波羅蜜般若波羅蜜相空內空
內空相空乃至无法有法空无法有法空相
空四念處四念處相空乃至十八不共法十
八不共法相空世尊菩薩菩薩相空世尊以

BD14839號　摩訶般若波羅蜜經（異本）卷七　（16–5）

緣生受受相空世尊檀波羅蜜檀波羅蜜相
空乃至般若波羅蜜般若波羅蜜相空內空
內空相空乃至无法有法空无法有法空相
空四念處四念處相空乃至十八不共法十
八不共法相空世尊菩薩菩薩相空世尊以
是因緣故當知菩薩摩訶薩无大誓莊嚴為
大誓莊嚴佛告須菩提如是如是如汝所言
須菩提薩婆若非作法眾生然非作法菩薩
為是眾生大誓莊嚴須菩提白佛言世尊何
因緣故薩婆若非作法是眾生然非作法菩
薩為是眾生大誓莊嚴佛語須菩提作者不
可得故以是故薩婆若非作非起法是諸眾生
然非作非起法何以故須菩提色非作非不作
受想行識非作非不作眼非作非不作乃至意
非作非不作色乃至法眼識乃至意識眼觸乃
至意觸眼觸因緣生受乃至意觸因緣生受
非作非不作須菩提我非作非不作乃至知
者見者非作非不作何以故是諸法畢竟不
可得故須菩提夢非作非不作何以故畢竟
不可得故幻響影炎化非作非不作何以故
畢竟不可得故須菩提內空非作非不作畢
竟不可得故乃至无法有法空非作非不作
畢竟不可得故須菩提四念處非作非不作
畢竟不可得故乃至十八不共法非作非不
作何以故是法皆畢竟不可得故須菩提諸
法如法相法性法住法位實際非作非不作
畢竟不可得故須菩提菩薩非作非不作畢

畢竟不可得故乃至十八不共法非作非不
作何以故是法皆畢竟不可得故須菩提諸
法如法相法性法住法位實際非作非不作
畢竟不可得故須菩提菩薩非作非不作畢
竟不可得故薩婆若及一切種智非作非不
作畢竟不可得故以是因緣故須菩提薩婆
若非作非起法是眾生然非作非起法菩薩
為是眾生大誓莊嚴尒時須菩提白佛言如
我觀佛所說義世尊色无縛无脫受想行識
无縛无脫尒時富樓那彌多羅尼子語須
菩提色是无縛无脫受想行識是无縛无脫
須菩提言如是如是色是无縛无脫受想行識
是无縛无脫富樓那問須菩提何等色无縛
无脫何等受想行識无縛无脫須菩提言如
夢色无縛无脫如夢受想行識无縛无脫如
響如影如幻如炎如化色受想行識无縛无
脫富樓那彌多羅尼子過去色无縛无脫過
去受想行識无縛无脫未來色无縛无脫未
來受想行識无縛无脫現在色无縛无脫現
在受想行識无縛无脫何以故无縛无脫是
色无所有故无縛无脫受想行識无所有故
无縛无脫離故寂滅故不生故无縛无脫富
樓那善色受想行識然无縛无脫不善色受
想行識无縛无脫无記色无縛无脫无記受
想行識无縛无脫世間出世間有漏无漏色
无縛无脫受想行識然无縛无脫何以故无
所有故離故寂滅故不生故无縛无脫富樓

樹冊善色受想行識然无縛无脫不善色受
想行識无縛无脫无記色无縛无脫无記受
想行識无縛无脫世間出世間有漏无漏色
无縛无脫受想行識然无縛无脫何以故无
所有故離故寂滅故不生故无縛无脫冨樓
那一切法然无縛无脫无所有故離故寂滅
故不生故冨樓那檀波羅蜜无縛无脫尸羅
波羅蜜羼提波羅蜜毗梨耶波羅蜜禪波羅
蜜般若波羅蜜无縛无脫无所有故離故寂
滅故不生故无縛无脫冨樓那內空然无縛
无脫乃至无法有法空然无縛无脫四念處
无縛无脫乃至十八不共法无縛无脫无所
有故離故寂滅故不生故无縛无脫阿耨多
羅三藐三菩提无縛无脫一切智一切種智无
縛无脫菩薩无縛无脫佛然无縛无脫无所
有故離故寂滅故不生故无縛无脫冨樓那
諸法如法相法性法住法位實際无為法无
縛无脫无所有故離故寂滅故不生故无縛
无脫冨樓那是名菩薩摩訶薩无縛无脫檀
波羅蜜乃至般若波羅蜜四念處乃至一切
種智无縛无脫是名菩薩摩訶薩住无縛无
脫檀波羅蜜十乃至住无縛无脫般若波羅
蜜住无縛无脫四念處乃至住无縛无脫一切
種智无縛无脫成就衆生无縛无脫淨佛
國土无縛无脫諸佛當供養无縛无脫當聽
法无縛无脫諸佛終不離无縛无脫諸佛神
通終不離无縛无脫五眼終不離无縛无脫
陁隣尼門終不離无縛无脫諸三昧門終不

國土无縛无脫諸佛當供養无縛无脫當聽
法无縛无脫諸佛終不離无縛无脫諸佛神
通終不離无縛无脫五眼終不離无縛无脫
陁隣尼門終不離无縛无脫諸三昧門終不
離无縛无脫當生道種智无縛无脫當得一
切種智无縛无脫法輪轉无縛无脫衆生安
立三乘如是冨樓那菩薩摩訶薩行无縛无
脫六波羅蜜當知一切法无縛无脫无所有
故離故寂滅故不生故冨樓那是名菩薩摩
訶薩无縛无脫大誓莊嚴

摩訶般若波羅蜜經摩訶衍品第十七

尒時須菩提白佛言世尊何等是菩薩摩訶
薩摩訶衍云何當知菩薩摩訶薩發趣大乘
是乘發何處是乘至何處是乘當住何處誰
當乘是乘出者佛告須菩提汝問何等是菩
薩摩訶薩摩訶衍須菩提六波羅蜜是菩薩
摩訶薩摩訶衍何等六檀波羅蜜尸羅波羅蜜
羼提波羅蜜毗梨耶波羅蜜禪波羅蜜般若波羅
蜜云何名檀波羅蜜須菩提菩薩摩訶薩以應
薩婆若心內外所有布施共一切衆生迴向阿
耨多羅三藐三菩提用无所得故須菩提是
名菩薩摩訶薩檀波羅蜜云何尸羅波羅蜜
須菩提菩薩摩訶薩以應薩婆若心自行十
善道然教他行十善道用无所得故是名菩
薩摩訶薩不著尸羅波羅蜜云何羼提波羅
蜜須菩提菩薩摩訶薩以應薩婆若心自具足
忍辱然教他行忍辱用无所得故是名菩薩

須菩提菩薩摩訶薩以應薩婆若心自行十
善道亦教他行十善道用无所得故是名菩
薩摩訶薩不著尸羅波羅蜜云何羼提波羅
蜜須菩提菩薩摩訶薩以應薩婆若心自具足
忍辱亦教他行忍辱用无所得故是名菩薩
摩訶薩羼提波羅蜜云何毗梨耶波羅蜜須
菩提菩薩摩訶薩以應薩婆若心行五波羅
蜜勤脩不息亦安立一切衆生於五波羅蜜
用无所得故是名菩薩摩訶薩毗梨耶波羅
蜜云何禪波羅蜜須菩提菩薩摩訶薩以應
薩婆若心自以方便入諸禪不隨禪生亦教
他令入諸禪用无所得故是名菩薩摩訶薩
禪波羅蜜云何般若波羅蜜須菩提菩薩摩
訶薩以應薩婆若心不著一切法亦觀一切
法性用无所得故亦教他不著一切法亦觀
一切法性用无所得故是名菩薩摩訶薩般
若波羅蜜須菩提是為菩薩摩訶薩摩訶衍
復次須菩提菩薩摩訶薩復有摩訶衍所謂
内空外空内外空空空大空第一義空有為
空无為空畢竟空无始空散空性空自相空諸
法空不可得空无法空有法空无法有法空
須菩提白佛言何等為内空佛言内法名眼
耳鼻舌身意眼眼空非常非滅故何以故性
自尒耳耳空鼻鼻空舌舌空身身空意意空
非常非滅故何以故性自尒是名内空何等
為外空外法名色聲香味觸法色色空非常
非滅故何以故性自尒聲聲空香香空味味空

自尒耳耳空鼻鼻空舌舌空身身空意意空
非常非滅故何以故性自尒是名内空何等
為外空外法名色聲香味觸法色色空非常
非滅故何以故性自尒聲聲空香香空味味空
觸觸空法法空非常非滅故何以故性自尒是
名外空何等為内外空内外法名内六入外
六入内法内法空非常非滅故何以故性自
尒外法外法空非常非滅故何以故性自尒
是名内外空何等為空空一切法空是空亦
空非常非滅故何以故性自尒是名空空何
等為大空東方東方空非常非滅故何以故
性自尒南西北方四維上下南西北方四維
上下空非常非滅故何以故性自尒是名大
空何等為第一義空第一義名涅槃涅槃空
非常非滅故何以故性自尒是名第一義空
何等為有為空有為法名欲界色界无色界
欲界欲界空色界色界空无色界无色界空
非常非滅故何以故性自尒是名有為空何
等為无為空无為法名若无生相无住相无
滅相无為法无為法空非常非滅故何以故
性自尒是為无為空何等為畢竟空畢竟名
諸法至竟不可得非常非滅故何以故性自
尒是名畢竟空何等為无始空若法初來處
不可得非常非滅故何以故性自尒是名无
始空何等為散空散名諸法无滅非常非滅
故何以故性自尒是為散空何等為性空一切
法性若有為法性若无為法性是性非聲聞辟

尒是名畢竟空何等為无始空若法初來處
不可得非常非滅故何以故性自尒是名无
始空何等為散空散名諸法无滅非常非滅
故何以故性自尒是為散空何等為性空一切
法性若有為法性若无為法性是性非聲聞辟
支佛所作非佛所作亦非餘人所作是性性空
非常非滅故何以故性自尒是名性空何等
為自相空自相名色壞相受受相想取相行
作相識識相如是等有為无為法各各自相
空非常非滅故何以故性自尒是名自相空
何等為諸法空諸法名色受想行識眼耳鼻
舌身意色聲香味觸法眼界色界眼識界乃
至意界法界意識界是諸法諸法空非常非
滅故何以故性自尒是為諸法空何等為不
可得空求諸法不可得是不可得空非常
非滅故何以故性自尒是名不可得空何等
為无法空若法无是名空非常非滅故何以
故性自尒是名无法空何等為有法空有名
諸法和合中有自性相是有法空非常非滅
故何以故性自尒是名有法空何等為无法
有法空諸法中无法諸法和合中无有自性相
是无法有法空非常非滅故何以故性自尒是
名无法有法空復次須菩提法法相空无法
无法相空自法自法相空他法他法相空何
等名法法相空法名五陰五陰空是名法法
相空何等名无法无法相空无法名无為法
是名无法无法空何等名自法自法空諸法

BD14839號　摩訶般若波羅蜜經（異本）卷七　（16–12）

名无法有法空復次須菩提法法相空无法
无法相空自法自法相空他法他法相空何
等名法法相空法名五陰五陰空是名法法
相空何等名无法无法相空无法名无為法
是名无法无法空何等名自法自法空諸法
自法空是空非智作非見作是名自法自法空
何等名他法他法空若佛出若佛未出法住
法相法位法性如實際過此諸法空是名他
法他法空是為菩薩摩訶薩摩訶衍復次須
菩提菩薩摩訶薩摩訶衍所謂名首楞嚴三
昧寶印三昧師子遊戲三昧妙月三昧月幢
相三昧出諸法三昧觀頂三昧畢法性三昧
畢幢相三昧金剛三昧入法印三昧三昧王
安立三昧放光三昧力進三昧高出三昧必
入辯才三昧釋名字三昧觀方三昧陀羅尼
印三昧无誑三昧攝諸法海印三昧遍覆虛
空三昧金剛輪三昧寶斷三昧能照三昧不
求三昧无住三昧无心三昧淨燈三昧无邊
明三昧能作明三昧普照明三昧堅淨諸三
昧三昧无垢明三昧歡喜三昧電光三昧无
盡三昧威德三昧離盡三昧不動三昧不退
三昧日燈三昧月淨三昧淨明三昧能作明
三昧作行三昧知相三昧如金剛三昧心住
三昧普明三昧安立三昧寶聚三昧妙法印
三昧法等三昧斷喜三昧到法頂三昧能
散三昧分別諸法句三昧字等相三昧離字
三昧斷緣三昧不壞三昧无種相三昧无處

BD14839號　摩訶般若波羅蜜經（異本）卷七　（16–13）

三昧作行三昧知相三昧如金剛三昧心住
三昧普明三昧安立三昧寶聚三昧妙法印
三昧法等三昧斷喜三昧到法頂三昧能
散三昧分別諸法句三昧字等相三昧離字
三昧斷緣三昧不壞三昧无種相三昧无處
行三昧離朦昧三昧无去三昧不變異三昧
度緣三昧集諸功德三昧住无心三昧淨妙
華三昧覺意三昧无量辯三昧无等等三
昧度諸法三昧分別諸法三昧散疑三昧无
住處三昧一莊嚴三昧生行三昧一行三
昧不一行三昧妙行三昧達一切有底散
三昧入名語三昧離音聲字語三昧燃炬
三昧淨相三昧破相三昧一切種妙足三
昧不喜苦樂三昧无盡相三昧多陁羅尼
三昧攝諸耶正相三昧滅憎愛三昧逆順三
昧淨光三昧堅固三昧滿月淨光三昧大莊
嚴三昧能照一切世三昧三昧等三昧攝一
切有諍无諍三昧不樂一切住處三昧如住
定三昧壞身衰三昧壞語如虛空三昧離著
虛空不染三昧云何名首楞嚴三昧知諸三
昧行處是名首楞嚴三昧云何名寶印三昧
住是三昧能印諸三昧是名寶印三昧云何
名師子遊戲三昧住是三昧能遊戲諸三昧
中如師子是名師子遊戲三昧云何名妙月
三昧住是三昧能照諸三昧如淨月是名
妙月三昧云何名月幢相三昧住是三昧能
持諸三昧相是名月幢相三昧云何名出諸

名師子遊戲三昧住是三昧能遊戲諸三昧
中如師子是名師子遊戲三昧云何名妙月
三昧住是三昧能照諸三昧如淨月是名
妙月三昧云何名月幢相三昧住是三昧能
持諸三昧相是名月幢相三昧云何名出諸
法三昧住是三昧能出生諸三昧是名出諸
法三昧云何名觀頂三昧住是三昧能觀諸
三昧頂是名觀頂三昧云何名畢法性三昧
住是三昧決定知法性是名畢法性三昧
云何名畢幢相三昧住是三昧能持諸三
昧幢是名畢幢相三昧云何名金剛三昧
住是三昧能破諸三昧是名金剛三昧云何
名入法印三昧住是三昧入諸法印是名入
法印三昧云何名三昧王安立三昧住是三
昧一切諸三昧中安立住如王是名三昧王
安立三昧云何名放光三昧住是三昧能放
光照諸三昧是名放光三昧云何名力進三
昧住是三昧於諸三昧能作力勢是名力進
三昧云何名高出三昧住是三昧能增長諸
三昧是名高出三昧云何名必入辯才三昧
住是三昧能辯說諸三昧是名必入辯才三
昧云何名釋名字三昧住是三昧能釋諸三
昧名字是名釋名字三昧云何名觀方三昧
住是三昧能觀諸三昧方是名觀方三昧云
何名陁羅尼印三昧住是三昧持諸三昧印
是名陁羅尼印三昧云何名无誑三昧住是

住是三昧能辯說諸三昧是名必入辯才三
昧云何名釋名字三昧住是三昧能釋諸三
昧名字是名釋名字三昧云何名觀方三昧
住是三昧能觀諸三昧方是名觀方三昧云
何名陁羅尼印三昧住是三昧持諸三昧印
是名陁羅尼印三昧云何名无誑三昧住是
三昧於諸三昧无欺誑是名无誑三昧云何
名攝諸法海印三昧住是三昧能攝諸三昧
如大海水是名攝諸法海印三昧云何名
遍覆虛空三昧住是三昧遍覆諸三昧如虛
空是名遍覆虛空三昧云何名金剛輪三昧
住是三昧能持諸三昧分是名金剛輪三昧
云何名斷寶三昧住是三昧斷諸三昧煩惱
垢是名斷寶三昧云何名能照三昧住是三
昧能以光明顯照諸三昧是名能照三昧

摩訶般若波羅蜜經卷第七

菩薩戒弟子令狐智達大品

BD14839 號　摩訶般若波羅蜜經（異本）卷七　（16–16）

令狐智達

BD14839 號背　現代題跋　（1–1）

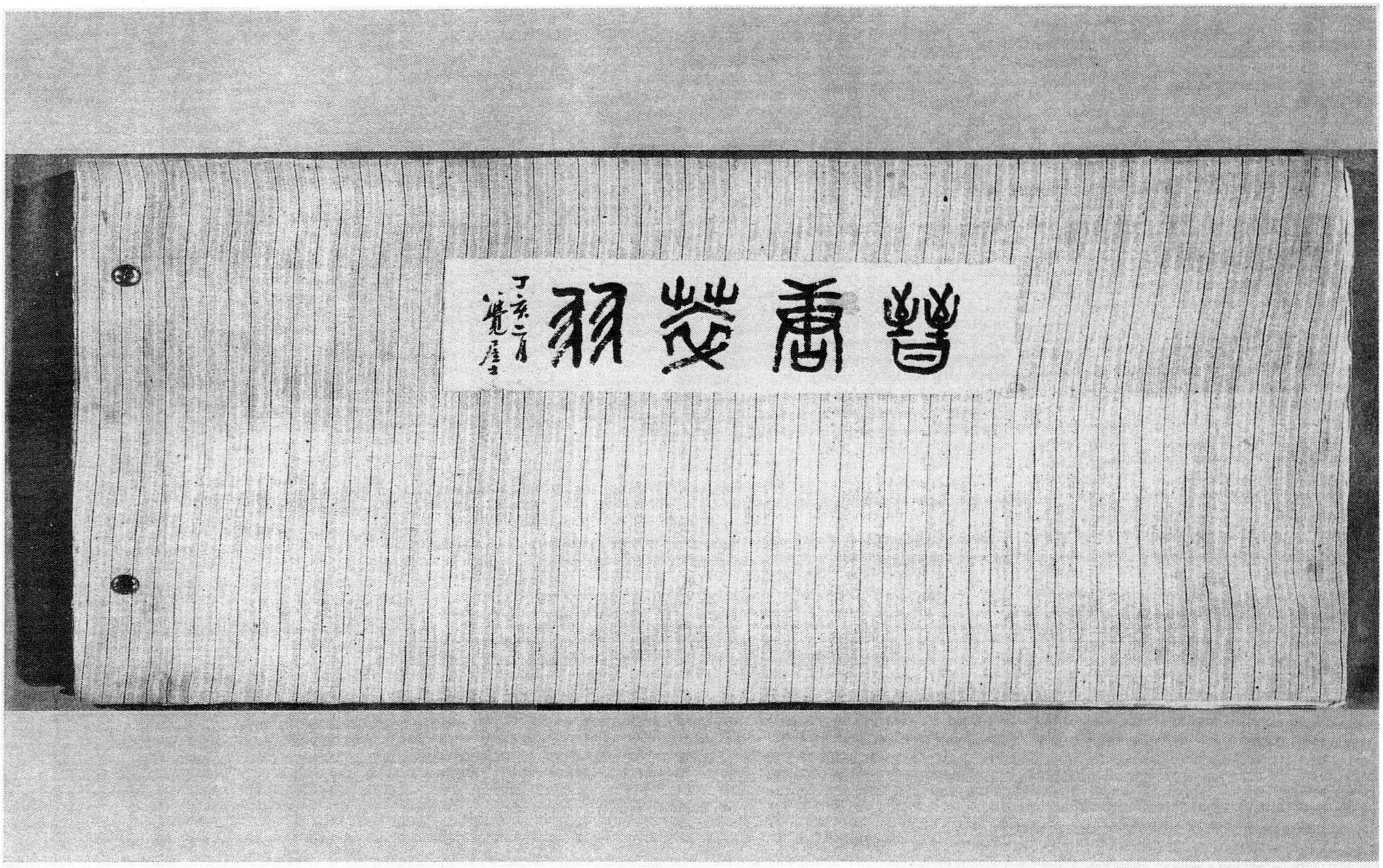

BD14840號　封面　　（39–1）

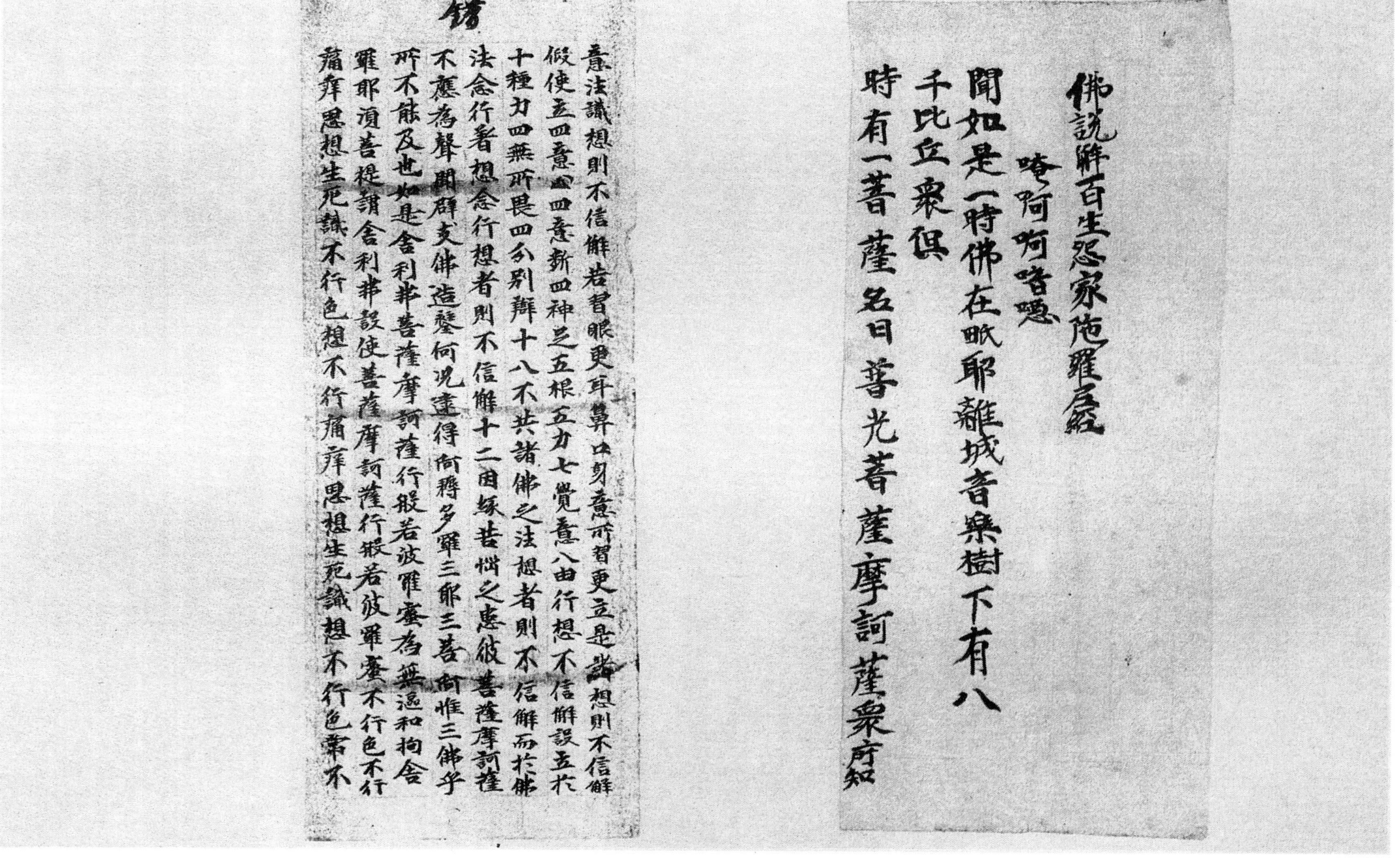
意法識想則不信解若習眼更耳鼻口身意所習更立是諸想則不信解
假使立四意止四意斷四神足五根五力七覺意八由行想不信解設立於
十種力四無所畏四分別辯十八不共諸佛之法想者則不信解而於佛
法念行者想念行想者則不信解十二因緣苦惱之患彼菩薩摩訶薩
不應為聲聞辟支佛造發何況逮得阿耨多羅三耶三菩阿惟三佛乎
所不能及也如是舍利弗菩薩摩訶薩行般若波羅蜜為無適和拘舍
羅耶須菩提謂舍利弗設使菩薩摩訶薩行般若波羅蜜不行色不行
痛痒思想生死識不行色想不行痛痒思想生死識想不行色常不

佛說解百生怨家陀羅尼經
唵阿呴喑噁
聞如是一時佛在毗耶離城音樂樹下有八
千比丘衆俱
時有一菩薩名曰普光菩薩摩訶薩衆所知

BD14840號 AA　光讚般若波羅蜜經（兌廢稿）卷四　　（39–2）
BD14840號 AB　解百生怨家陀羅尼經（兌廢稿）

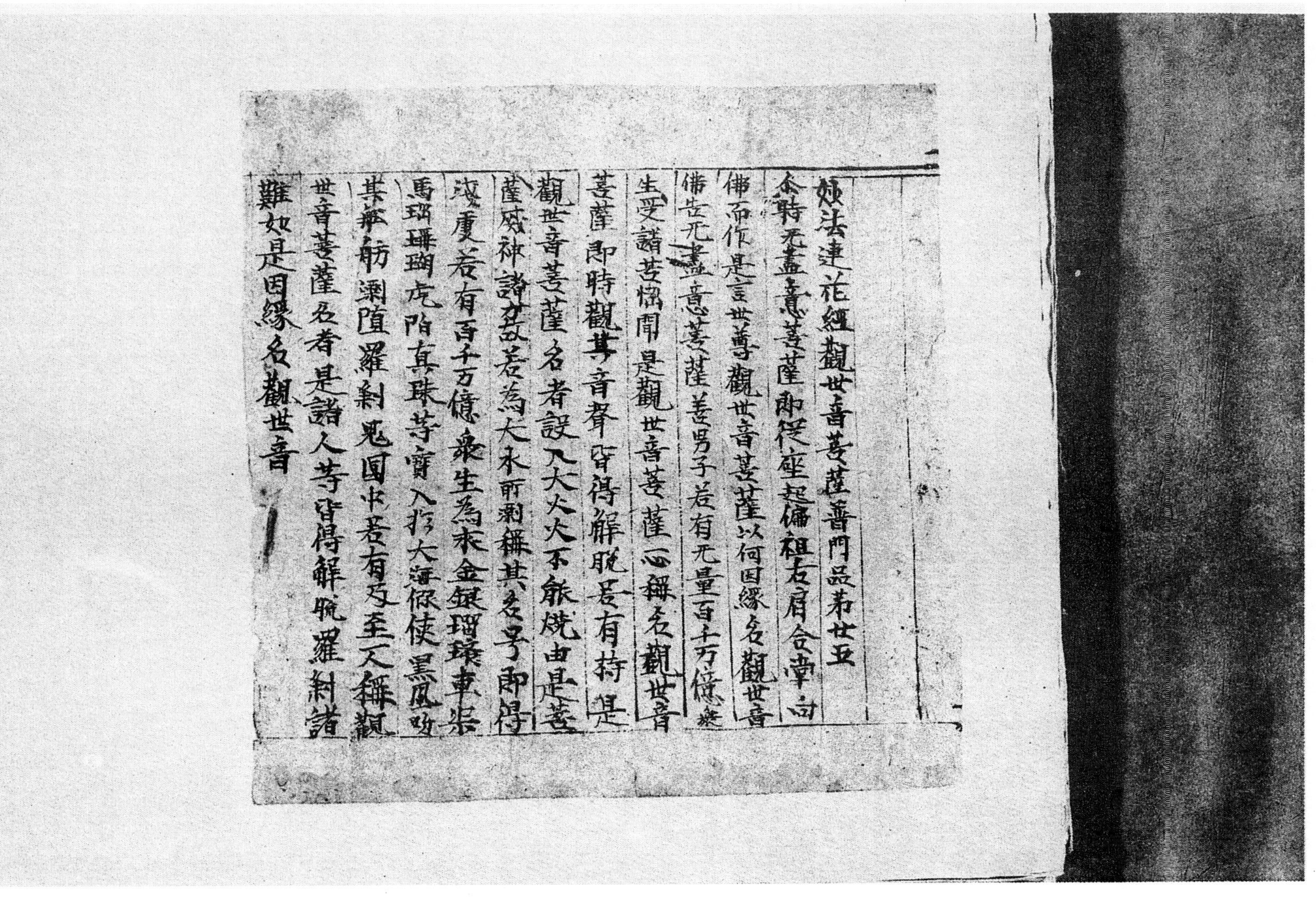

妙法蓮花經觀世音菩薩普門品第廿五
尒時无盡意菩薩即從座起偏袒右肩合掌向
佛而作是言世尊觀世音菩薩以何因緣名觀世音
佛告无盡意菩薩善男子若有无量百千万億衆
生受諸苦惱聞是觀世音菩薩一心稱名觀世音
菩薩即時觀其音聲皆得解脫若有持是
觀世音菩薩名者設入大火火不能燒由是菩
薩威神力故若爲大水所漂稱其名号即得
淺處若有百千万億衆生爲求金銀瑠璃車渠
馬瑙珊瑚虎珀真珠等寶入於大海假使黑風吹
其船舫漂墮羅刹鬼國中若有乃至一人稱觀
世音菩薩名者是諸人等皆得解脫羅刹諸
難如是因緣名觀世音

BD14840號 AC　觀世音經　（39–3）

而說偈言
破有法王　出現世間　隨衆生欲　種種說
如來尊重　智慧深遠　久默斯要　不務速說
有智若聞　則能信解　無智疑悔　則爲永失
是故迦葉　隨力爲說　以種種緣　令得正見
迦葉當知　譬如大雲　起於世間　遍覆一切
慧雲含潤　電光晃曜　雷聲遠震　令衆悅豫
日光掩蔽　地上清涼　靉靆垂布　如可承攬
其雨普等　四方俱下　流澍無量　率土充洽
山川嶮谷　幽邃所生　卉木藥草　大小諸樹
百穀苗稼　甘蔗蒲萄　雨之所潤　無不豐足
乾地普洽　藥木並茂　其雲所出　一味之水
草木叢林　隨分受潤　一切諸樹　上中下等
稱其大小　各得生長　根莖枝葉　華菓光色
一雨所及　皆得鮮澤　如其體相　性分大小
所潤是一　而各滋茂　佛亦如是　出現於世
譬如大雲　普覆一切　既出于世　爲諸衆生
分別演說　諸法之實　大聖世尊　於諸天人
一切衆中　而宣是言　我爲如來　兩足之尊
出于世間　猶如大雲　充潤一切　枯槁衆生
皆令離苦　得安隱樂　世間之樂　及涅槃樂
諸天人衆　一心善聽　皆應到此　覲無上尊
我爲世尊　無能及者　安隱衆生　故現於世
爲大衆說　甘露淨法　其法一味　解脫涅槃

BD14840號 B　妙法蓮華經卷三　（39–4）

……雨之所潤　無不豐足
乾地普洽　藥木並茂　其雲所出　一味之水
草木叢林　隨分受潤　一切諸樹　上中下等
稱其大小　各得生長　根莖枝葉　華菓光色
一雨所及　皆得鮮澤　如其體相　性分大小
所潤是一　而各滋茂　佛亦如是　出現於世
譬如大雲　普覆一切　既出于世　為諸眾生
分別演說　諸法之實　大聖世尊　於諸天人
一切眾中　而宣是言　我為如來　兩足之尊
出于世間　猶如大雲　充潤一切　枯槁眾生
皆令離苦　得安隱樂　世間之樂　及涅槃樂
諸天人眾　一心善聽　皆應到此　覲無上尊
我為世尊　無能及者　安隱眾生　故現於世
為大眾說　甘露淨法　其法一味　解脫涅槃
以一妙音　演暢斯義　常為大乘　而作因緣
我觀一切　普皆平等　無有彼此　愛憎之心
我無貪著　亦無限礙　恒為一切　平等說法
如為一人　眾多亦然　常演說法　曾無他事
去來坐立　終不疲厭　充足世間　如雨普潤
貴賤上下　持戒毀戒　威儀具足　及不具足
正見邪見　利根鈍根　等雨法雨　而無懈倦
一切眾生　聞我法者　隨力所受　住於諸地

BD14840 號 B　妙法蓮華經卷三　(39–5)

之
……是一
……是一切法
……亦如是一切法本
來……若波羅蜜亦如是一切法无言
說當知般若波羅蜜亦如是一切法同於滅
當知般若波羅蜜亦如是一切法如涅槃當
知般若波羅蜜亦如是一切法不來不去无所
生當知般若波羅蜜亦如是一切法无彼我
當知般若波羅蜜亦如是賢聖畢竟清淨當
知般若波羅蜜亦如是捨一切擔當知般若
波羅蜜亦如是何以故色无形无處自性
无故受想行識无形无處自性无故一切
法无熱當知般若波羅蜜亦如是一切法无
染无離當知般若波羅蜜亦如是何以故色
无所有故无染无離受想行識无所有故无
染无離一切法性清淨當知般若波羅蜜亦
如是一切法无繫著當知般若波羅蜜亦如
是一切法是菩提覺以佛慧當知般若波羅
蜜亦如是一切法空无相无作當知般若波
羅蜜亦如是一切法是藥慈心為首當知般
……如是一切法梵相慈相无過无
……羅蜜亦如是大海无邊當知
是虛空无邊當知般若波
无……

BD14840 號 CA　小品般若波羅蜜經卷九　(39–6)

BD14840號 CB　十月末東歸書啓（擬）

（39–7）

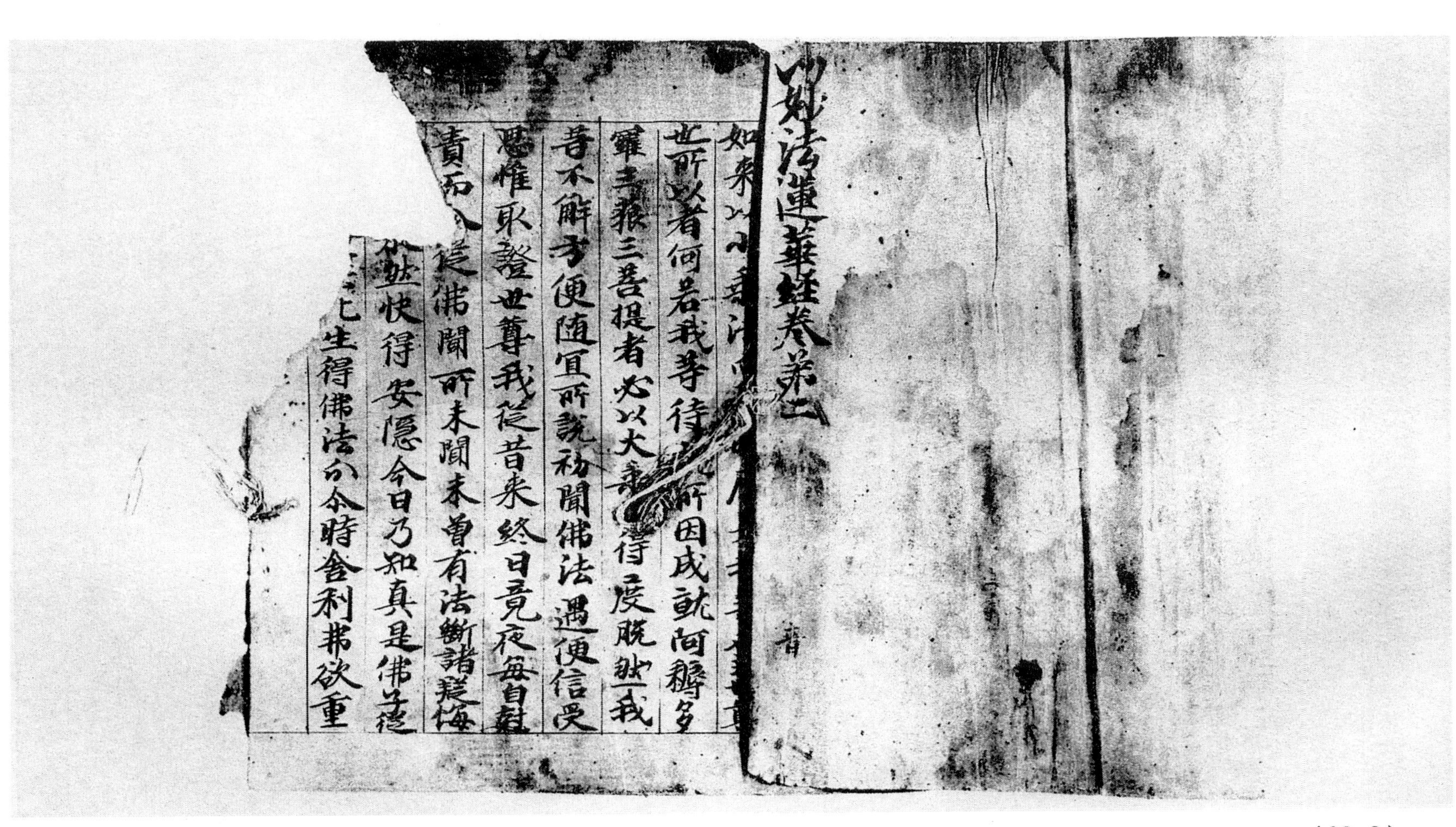

妙法蓮華經卷第二

如來以小乘法……

也所以者何若我等待說所因成就阿耨多

羅三藐三菩提者必以大乘而得度脫然我

等不解方便隨宜所說初聞佛法遇便信受

思惟取證世尊我從昔來終日竟夜每自剋

責而今從佛聞所未聞未曾有法斷諸疑悔

……然快得安隱今日乃知真是佛子

……生得佛法分尒時舍利弗欲重

背

BD14840號 D 背　護首

（39–8）

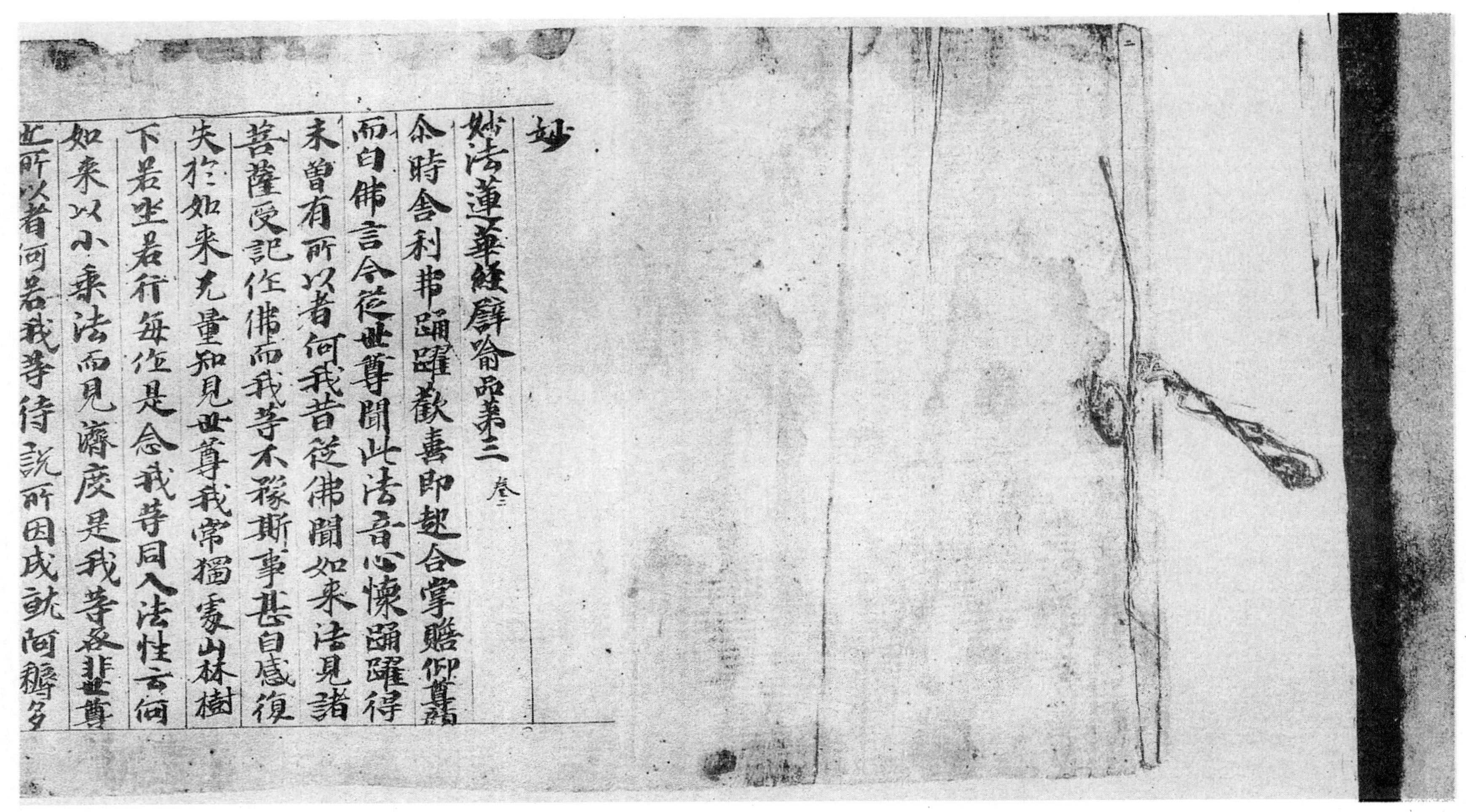

妙

妙法蓮華經譬喻品第三　叁

尒時舍利弗踊躍歡喜即起合掌瞻仰尊顏
而白佛言今從世尊聞此法音心懷踊躍得
未曾有所以者何我昔從佛聞如來法見諸
菩薩受記作佛而我等不豫斯事甚自感復
失於如來无量知見世尊我常獨處山林樹
下若坐若行每作是念我等同入法性云何
如來以小乘法而見濟度是我等咎非世尊
也所以者何若我等待說所因成就阿耨多

BD14840 號 D　妙法蓮華經（兌廢稿）卷二　（39–9）

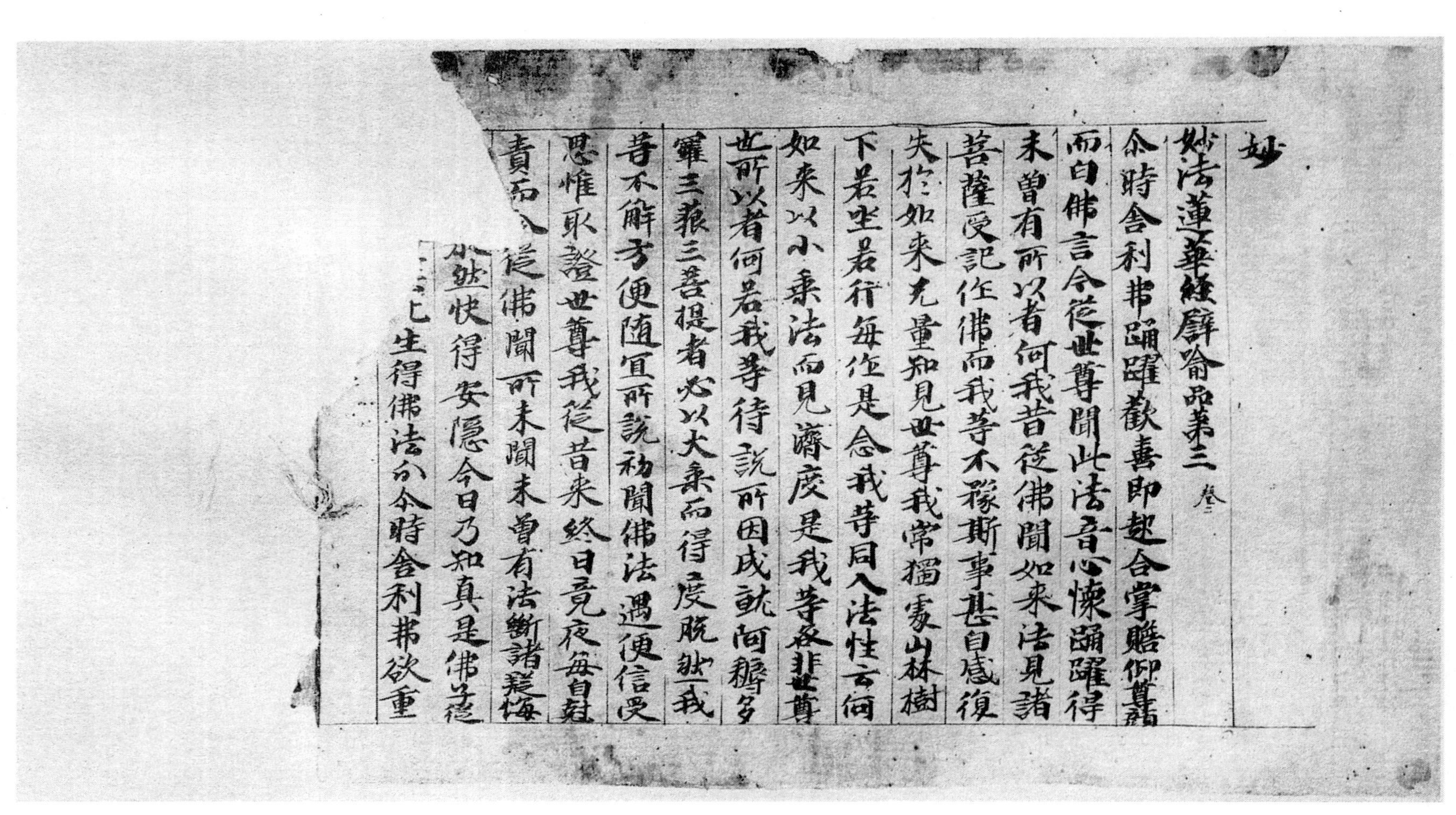

妙

妙法蓮華經譬喻品第三　叁

尒時舍利弗踊躍歡喜即起合掌瞻仰尊顏
而白佛言今從世尊聞此法音心懷踊躍得
未曾有所以者何我昔從佛聞如來法見諸
菩薩受記作佛而我等不豫斯事甚自感復
失於如來无量知見世尊我常獨處山林樹
下若坐若行每作是念我等同入法性云何
如來以小乘法而見濟度是我等咎非世尊
也所以者何若我等待說所因成就阿耨多
羅三藐三菩提者必以大乘而得度脫然我
等不解方便隨宜所說初聞佛法遇便信受
思惟取證世尊我從昔來終日竟夜每自剋
責而……從佛聞所未聞未曾有法斷諸疑悔
……然快得安隱今日乃知真是佛子從
……生得佛法分尒時舍利弗欲重

BD14840 號 D　妙法蓮華經（兌廢稿）卷二　（39–10）

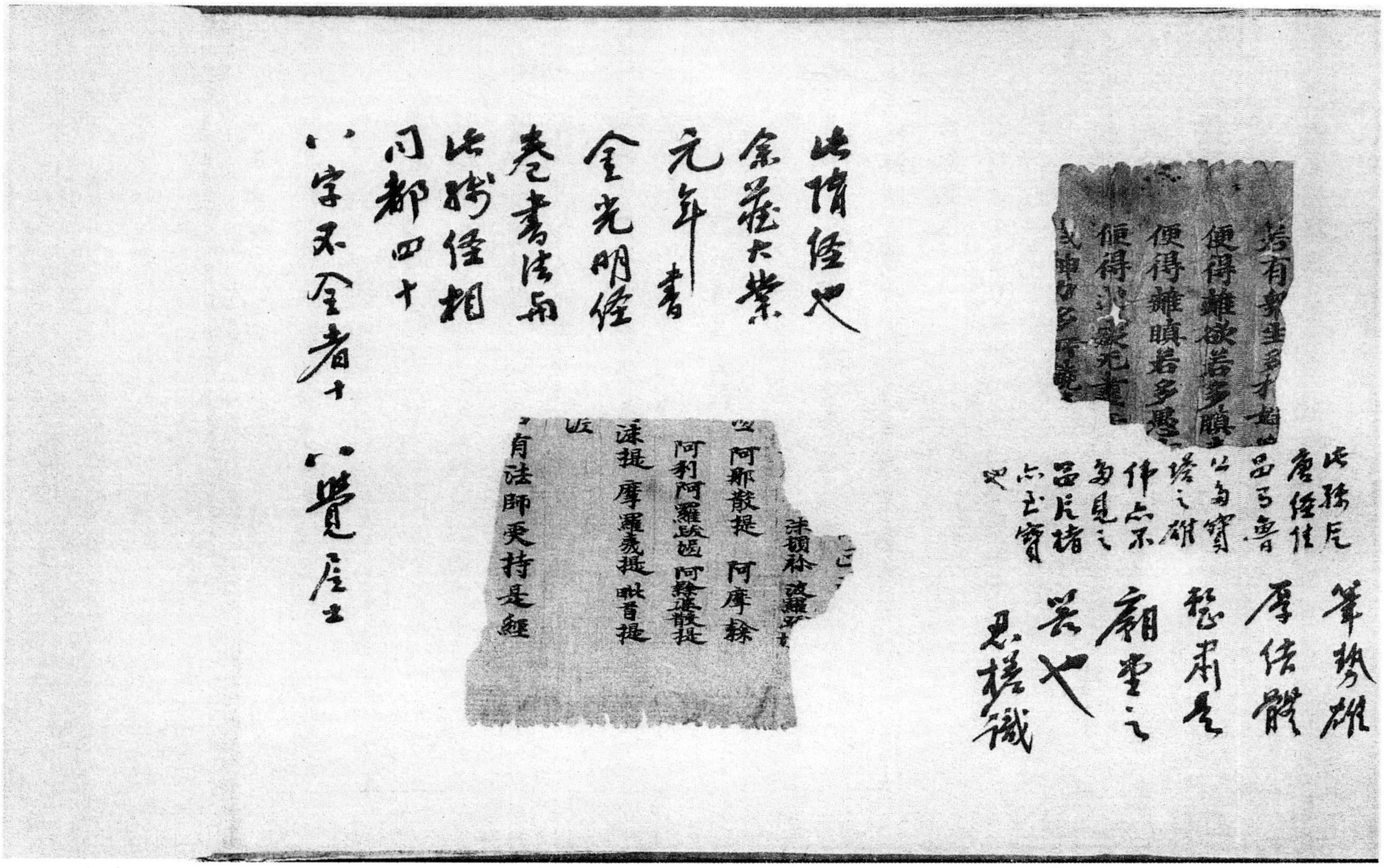

BD14840 號 EA　大方等大集經卷一一　　（39–11）

BD14840 號 EB　妙法蓮華經卷七

BD14840 號 EC　金剛般若波羅蜜經　　（39–12）

若復有人臨當被害稱觀世音菩薩名者彼
所執刀杖尋段段壞而得解脫若三千大千
國土滿中夜叉羅刹欲來惱人聞其稱觀世
音菩薩名者是諸惡鬼尚不能以惡眼視之
況復加害
設復有人若有罪若无罪杻械枷鎖檢繫其
身稱觀世音菩薩名者皆悉斷壞即得解脫
若三千大千國土滿中怨賊有一商主將諸
商人賫持重寶經過嶮路其中一人作是唱
言諸善男子勿得恐怖汝等應當一心稱觀
世音菩薩名号是菩薩能以无畏施於衆生
汝等若稱名者於此怨賊當得解脫衆商人
聞俱發聲言南无觀世音菩薩稱其名故即
得解脫无盡意觀世音菩薩摩訶薩威神之
力巍巍如是
若有衆生多於婬欲常念恭敬觀世音菩薩
便得離欲若多瞋恚常念恭敬觀世音菩薩
便得離瞋若多愚癡常念恭敬觀世音菩薩
便得離癡无盡意觀世音菩薩有如是等大
威神力多所饒益是故衆生常應心念
若有女人設欲求男礼拜供養觀世音菩薩
便生福德智慧之男設欲求女便生端正有
相之女宿植德本衆人愛敬无盡意觀世音

BD14840 號 F　妙法蓮華經卷七　（39–13）

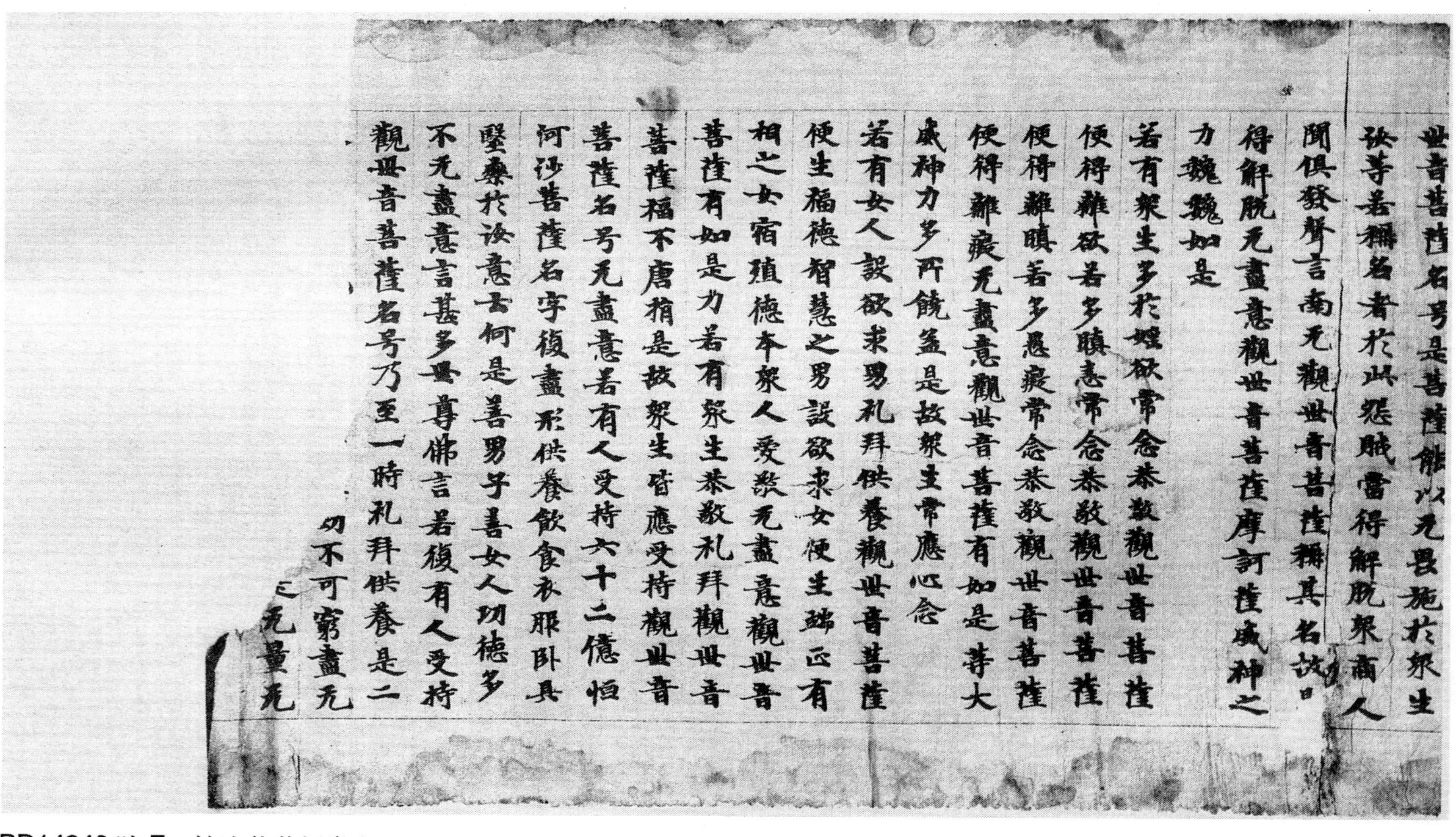
世音菩薩名号是菩薩能以无畏施於衆生
汝等若稱名者於此怨賊當得解脫衆商人
聞俱發聲言南无觀世音菩薩稱其名故即
得解脫无盡意觀世音菩薩摩訶薩威神之
力巍巍如是
若有衆生多於婬欲常念恭敬觀世音菩薩
便得離欲若多瞋恚常念恭敬觀世音菩薩
便得離瞋若多愚癡常念恭敬觀世音菩薩
便得離癡无盡意觀世音菩薩有如是等大
威神力多所饒益是故衆生常應心念
若有女人設欲求男礼拜供養觀世音菩薩
便生福德智慧之男設欲求女便生端正有
相之女宿植德本衆人愛敬无盡意觀世音
菩薩有如是力若有衆生恭敬礼拜觀世音
菩薩福不唐捐是故衆生皆應受持觀世音
菩薩名号无盡意若有人受持六十二億恒
河沙菩薩名字復盡形供養飲食衣服臥具
醫藥於汝意云何是善男子善女人功德多
不无盡意言甚多世尊佛言若復有人受持
觀世音菩薩名号乃至一時礼拜供養是二
劫不可窮盡无
无量无

BD14840 號 F　妙法蓮華經卷七　（39–14）

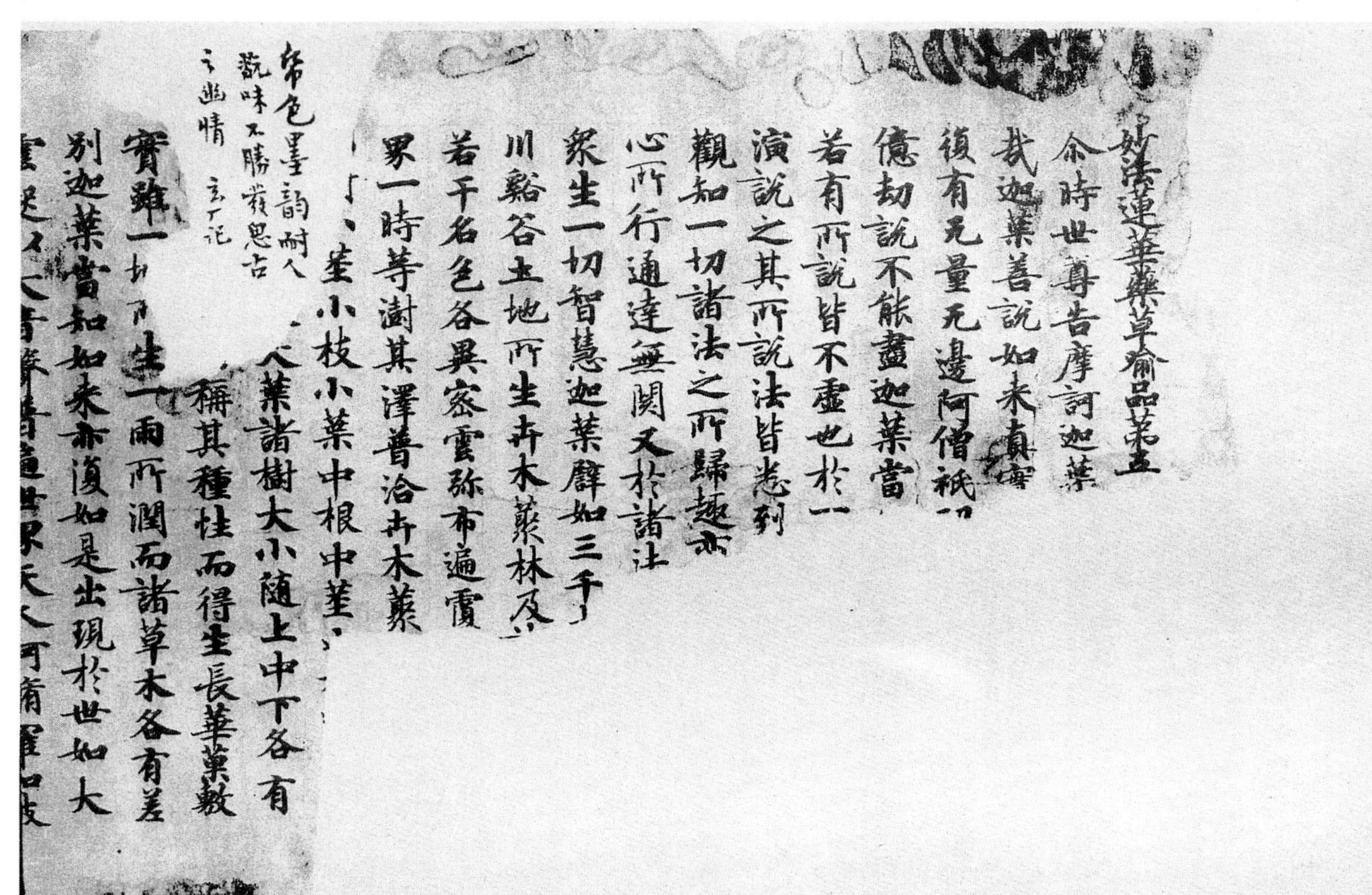

妙法蓮華經藥草喻品第五
尒時世尊告摩訶迦葉
㦲迦葉善說如來真實
復有无量无邊阿僧祇
億劫說不能盡迦葉當
若有所說皆不虛也於一
演說之其所說法皆悉到
觀知一切諸法之所歸趣亦
心所行通達無閡又於諸法
衆生一切智慧迦葉譬如三千
川谿谷土地所生卉木藂林及
若干名色各異密雲弥布遍覆
界一時等澍其澤普洽卉木藂
莖小枝小葉中根中莖
大葉諸樹大小隨上中下各有
稱其種性而得生長華菓敷
紙色墨韻耐人翫味不勝發思古之幽情　玄丁記
實雖一地所生一雨所潤而諸草木各有差
別迦葉當知如來亦復如是出現於世如大

BD14840號G　妙法蓮華經卷三　（39–15）

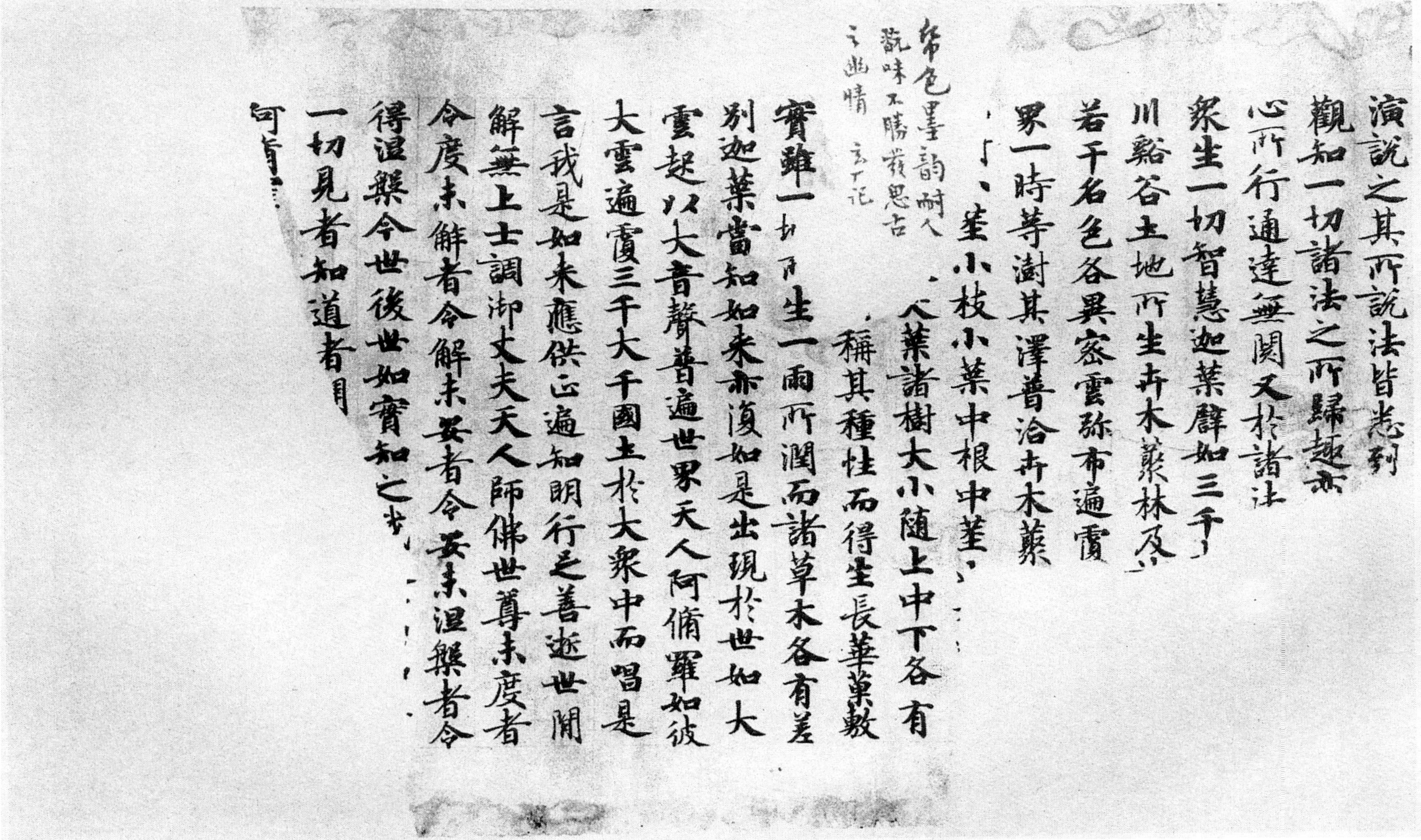

演說之其所說法皆悉到
觀知一切諸法之所歸趣亦
心所行通達無閡又於諸法
衆生一切智慧迦葉譬如三千
川谿谷土地所生卉木藂林及
若干名色各異密雲弥布遍覆
界一時等澍其澤普洽卉木藂
莖小枝小葉中根中莖
大葉諸樹大小隨上中下各有
稱其種性而得生長華菓敷
紙色墨韻耐人翫味不勝發思古之幽情　玄丁記
實雖一地所生一雨所潤而諸草木各有差
別迦葉當知如來亦復如是出現於世如大
雲起以大音聲普遍世界天人阿脩羅如彼
大雲遍覆三千大千國土於大衆中而唱是
言我是如來應供正遍知明行足善逝世間
解無上士調御丈夫天人師佛世尊未度者
令度未解者令解未安者令安未涅槃者令
得涅槃今世後世如實知之我
一切見者知道者開
阿脩

BD14840號G　妙法蓮華經卷三　（39–16）

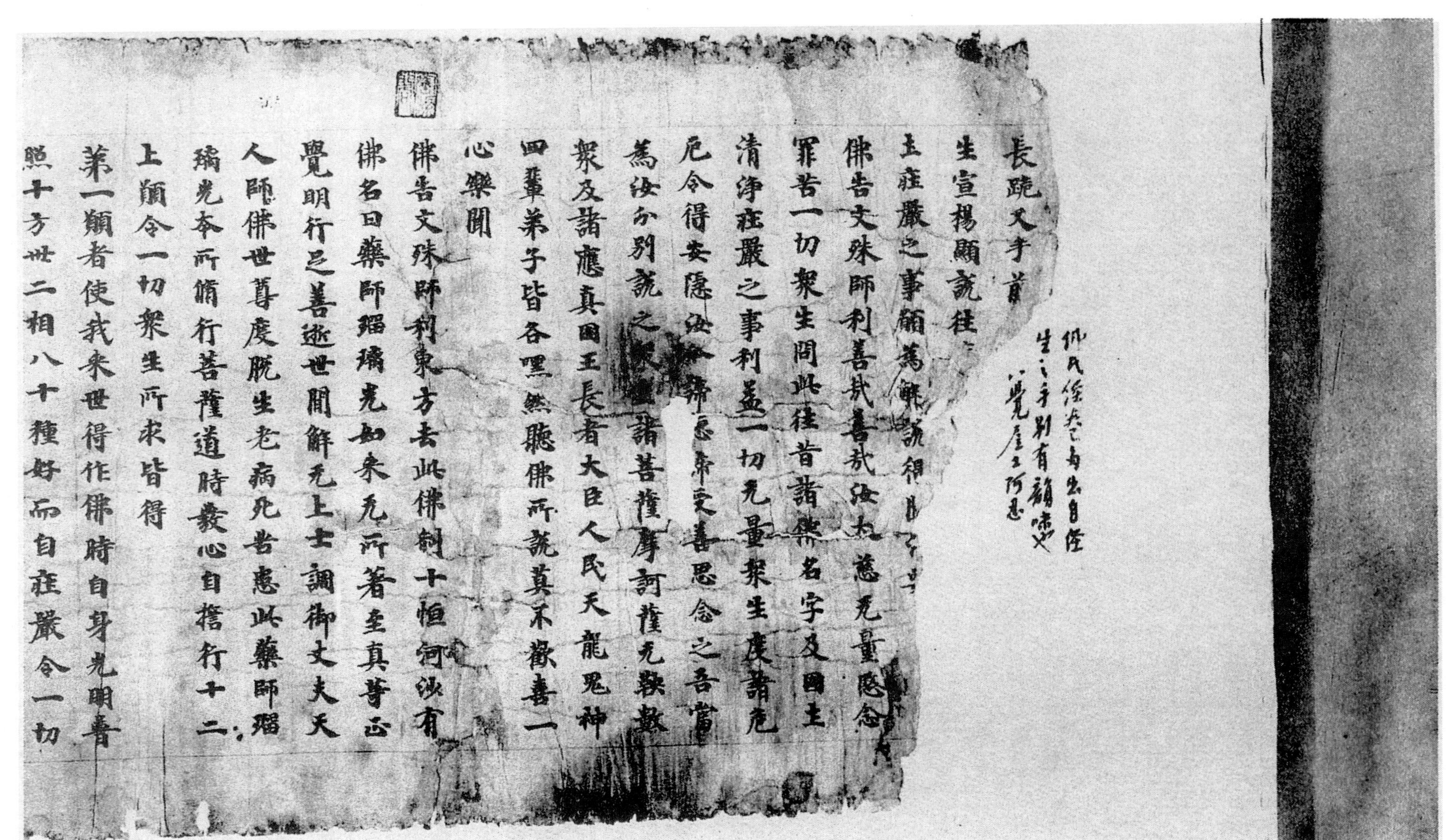
長跪叉手前
生宣揚顯說往〻
主莊嚴之事願為解說
佛告文殊師利善哉善哉汝大慈无量愍念
罪苦一切衆生問此往昔諸佛名字及國土
清淨莊嚴之事利益一切无量衆生度諸危
厄令得安隱汝今諦聽善思念之吾當
為汝分別說之衆坐諸菩薩摩訶薩无鞅數
衆及諸應真國王長者大臣人民天龍鬼神
四輩弟子皆各嘿然聽佛所說莫不歡喜一
心樂聞
佛告文殊師利東方去此佛刹十恒河沙有
佛名曰藥師瑠璃光如來无所著至真等正
覺明行足善逝世間解无上士調御丈夫天
人師佛世尊度脫生老病死苦患此藥師瑠
璃光本所脩行菩薩道時發心自誓行十二
上願令一切衆生所求皆得
第一願者使我來世得作佛時自身光明普
照十方世二相八十種好而自莊嚴令一切

佛氏經文大無出自經生〻手別有韻味
以覺居士所志

BD14840 號 H　灌頂章句拔除過罪生死得度經　　（39–17）

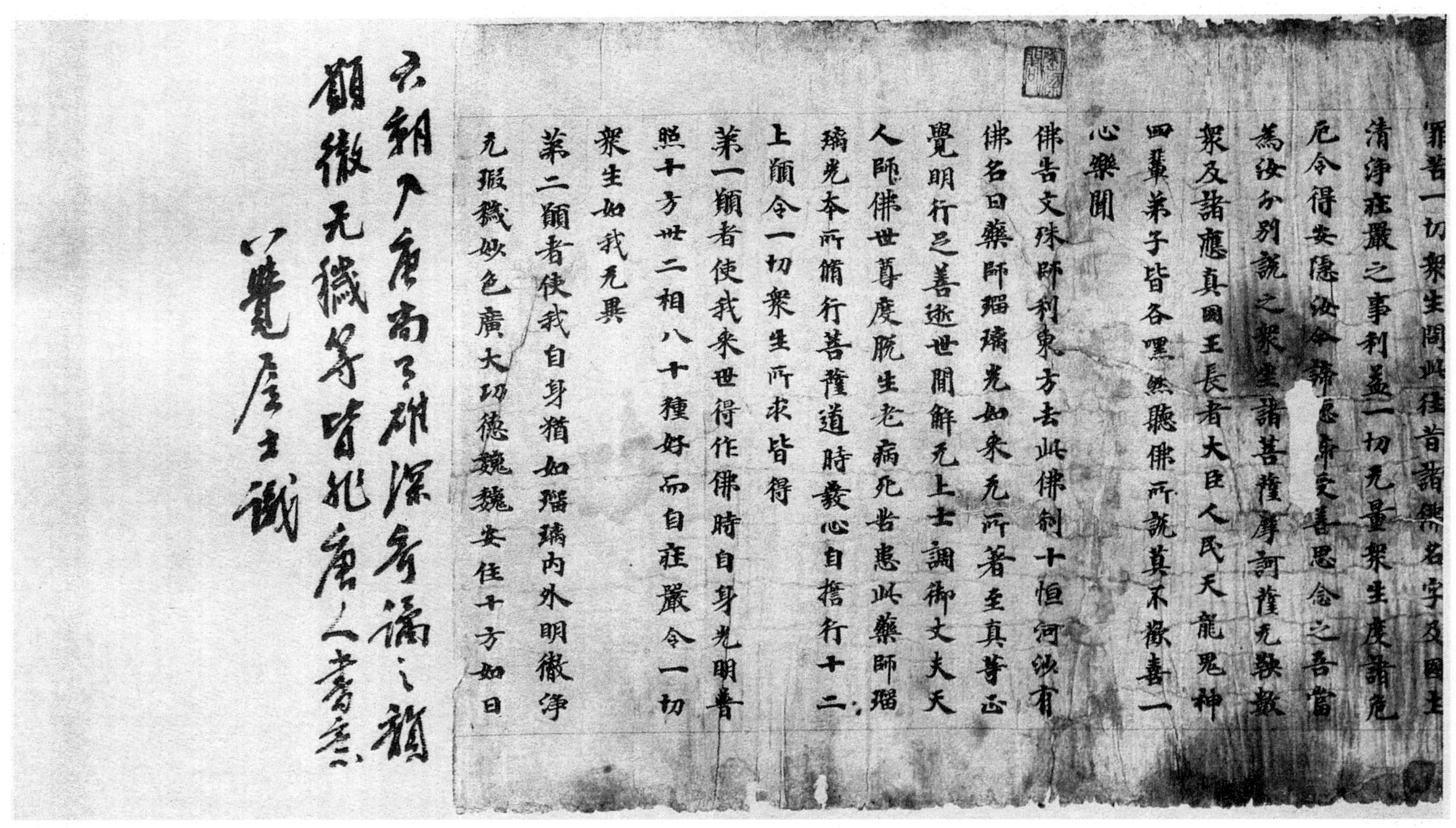
罪苦一切衆生問此往昔諸佛名字及國土
清淨莊嚴之事利益一切无量衆生度諸危
厄令得安隱汝今諦聽善思念之吾當
為汝分別說之衆坐諸菩薩摩訶薩无鞅數
衆及諸應真國王長者大臣人民天龍鬼神
四輩弟子皆各嘿然聽佛所說莫不歡喜一
心樂聞
佛告文殊師利東方去此佛刹十恒河沙有
佛名曰藥師瑠璃光如來无所著至真等正
覺明行足善逝世間解无上士調御丈夫天
人師佛世尊度脫生老病死苦患此藥師瑠
璃光本所脩行菩薩道時發心自誓行十二
上願令一切衆生所求皆得
第一願者使我來世得作佛時自身光明普
照十方世二相八十種好而自莊嚴令一切
衆生如我无異
第二願者使我自身猶如瑠璃內外明徹淨
无瑕穢妙色廣大功德巍巍安住十方如日

六朝入唐高手雄深秀偉〻韻
韻徹无纖弱皆能唐人書意
以覺居士識

BD14840 號 H　灌頂章句拔除過罪生死得度經　　（39–18）

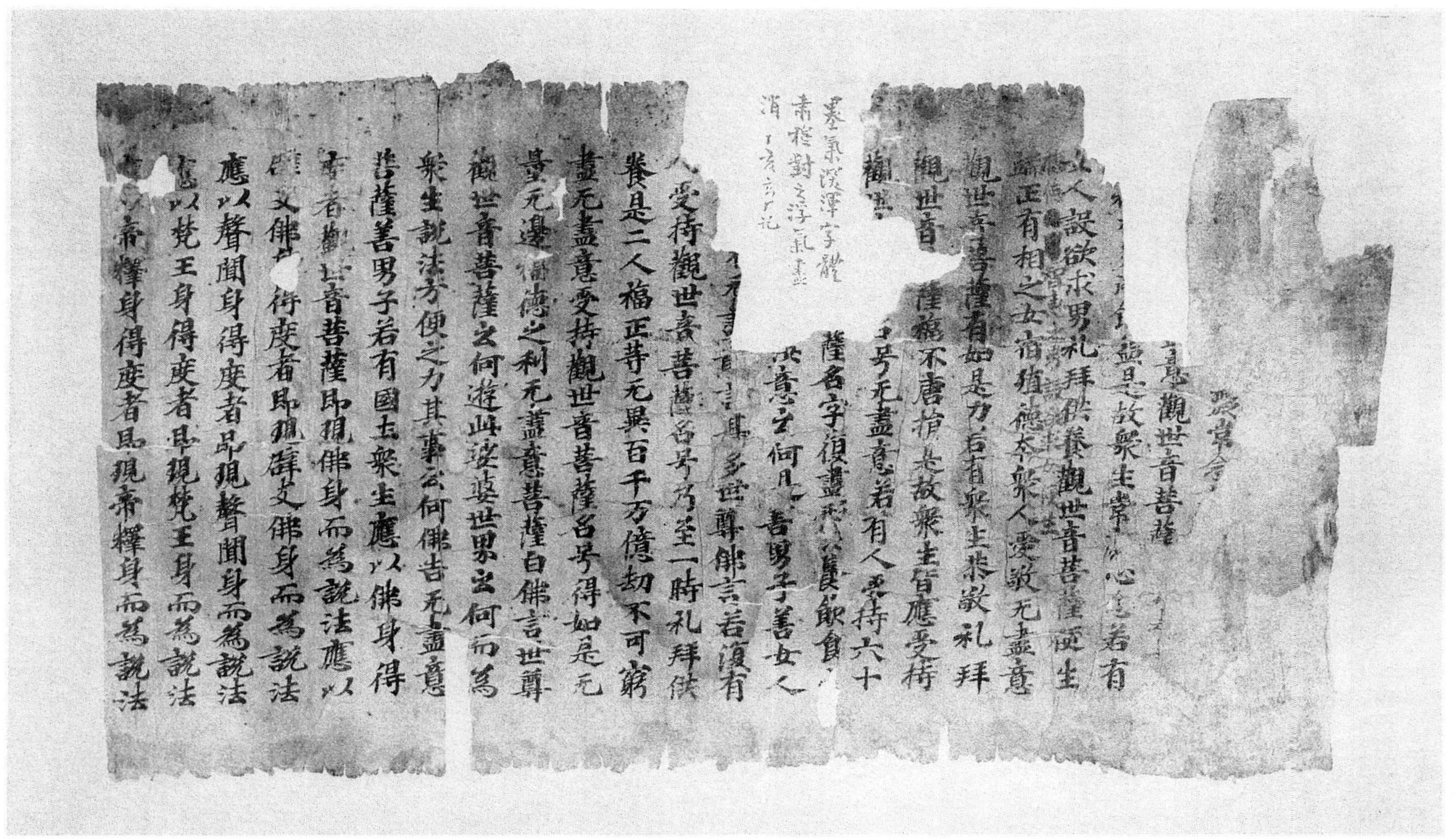
[illegible]
[illegible]益是故衆生常應心念若有
女人設欲求男礼拜供養觀世音菩薩便生
端正有相之女宿殖德本衆人愛敬无盡意
觀世音菩薩有如是力若有衆生恭敬礼拜
觀世音菩薩福不唐捐是故衆生皆應受持
觀世音[illegible]号无盡意若有人受持六十
[illegible]薩名字復盡形供養飲食[illegible]
[illegible]於汝意云何是善男子善女人
[illegible]甚多世尊佛言若復有
人受持觀世音菩薩名号乃至一時礼拜供
養是二人福正等无異百千万億劫不可窮
盡无盡意受持觀世音菩薩名号得如是无
量无邊福德之利无盡意菩薩白佛言世尊
觀世音菩薩云何遊此娑婆世界云何而爲
衆生說法方便之力其事云何佛告无盡意
菩薩善男子若有國土衆生應以佛身得
度者觀世音菩薩即現佛身而爲說法應以
辟支佛身得度者即現辟支佛身而爲說法
應以聲聞身得度者即現聲聞身而爲說法
應以梵王身得度者即現梵王身而爲說法
應以帝釋身得度者即現帝釋身而爲說法

BD14840 號 I　妙法蓮華經卷七　（39–19）

繫若縛若駈出國汝是賊汝癡汝無所知是比丘波羅夷
不共住　若比丘故自手斷人命持刀受与人歎譽死快勸
死是比丘波羅夷不共住若比丘實无所知自稱言我得上人法
我已入聖智勝法我知是我見是彼於異時若問若不問欲
自清淨故作如是說我實不知不見言知言見虛妄語除
僧上慢是比丘波羅夷不共住　諸大德我已說四波羅夷法若
比丘犯一一波羅夷法不得與諸比丘共住如前後亦如是是比丘
得波羅夷罪不應共住　今問諸大德是中清淨不 三說　諸大德
是中清淨嘿然故是事如是持　諸大德是十三僧伽婆尸
沙法半月半月說戒經中來　若比丘故弄陰出精除夢
中僧伽婆尸沙　若比丘婬欲意與女人身相觸若捉手若捉髮
若觸一一身分者僧伽婆尸沙　若比丘婬欲意與女人麁惡婬
欲語隨麁惡婬欲語者僧伽婆尸沙　若比丘婬欲意於女人前自
歎身言大妹我修梵行持戒精進修善法可持是婬欲法供養
我如是供養第一最僧伽婆尸沙　若比丘往來彼此媒嫁持男
意語女持女意語男若爲成婦事若爲私通事乃至須臾頃僧伽
婆尸沙　若比丘自求作屋无主自爲己當應量作是中量者長佛十二
搩手內廣七搩手當將餘比丘指受處所彼比丘當指示處所无難處
无妨處若比丘有難處妨處自求作屋无主自爲己不將諸比丘
指示處所若過量作者僧伽婆尸沙　若比丘欲作大房有主

BD14840 號 J　四分律比丘戒本　（39–20）

自言若作如是說我實不知不見言知言見虛妄語除
增上慢是比丘波羅夷不共住　諸大德我已說四波羅夷法若
比丘犯一一波羅夷法不得與諸比丘共住如前後亦如是是比丘
得波羅夷罪不應共住　今問諸大德是中清淨不三說　諸大德
是中清淨嘿然故是事如是持　諸大德是十三僧伽婆尸
沙法半月半月說戒經中來　若比丘故弄陰出精除夢
中僧伽婆尸沙　若比丘婬欲意與女人身相觸若捉手若捉髮
若觸一一身分者僧伽婆尸沙　若比丘婬欲意與女人麤惡婬
欲語隨麤惡婬欲語者僧伽婆尸沙　若比丘婬欲意於女人前自
歎身言大妹我修梵行持戒精進修善法可持是婬欲法供養
我如是供養第一最僧伽婆尸沙　若比丘往來彼此媒嫁持男
意語女持女意語男若為成婦事若為私通事乃至須臾頃僧伽
婆尸沙　若比丘自求作屋无主自為己當應量作是中量者長佛十二
搩手內廣七搩手當將餘比丘指受處所彼比丘當指示處所无難處
无妨處　若比丘有難處妨處自求作屋无主自為己不將諸比丘
指示處所若過量作者僧伽婆尸沙　若比丘欲作大房有主
為己作當將餘比丘往指受處所彼比丘應指受處所无難處
无妨處　若比丘有難處妨處作大房有主為己作不將餘比丘往指授
處所僧伽婆尸沙　若比丘瞋恚所覆故非波羅夷比丘以无根
波羅夷法謗欲壞彼清淨行彼於異時若問若不問知此事
无根說我瞋恚故作是語若比丘作是語者僧伽婆尸沙

BD14840 號 J　四分律比丘戒本　（39–21）

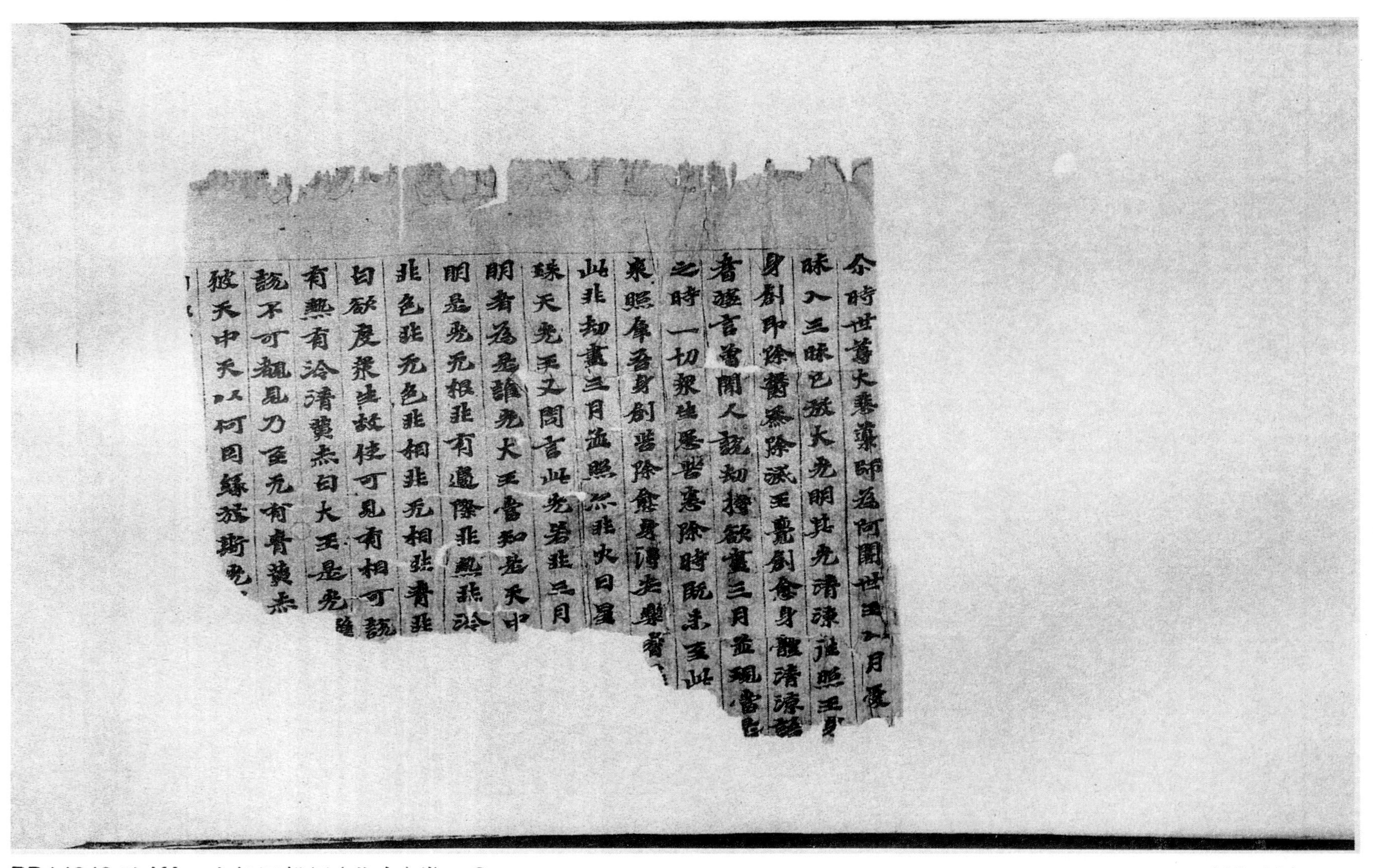

尒時世尊大悲導師為阿闍世王入月愛
昧入三昧已放大光明其光清涼往照王身
身創即除鬱蒸除滅王覺創愈身體清涼語
耆婆言曾聞人說劫將欲盡三月並現當是
之時一切眾生患苦悉除時既未至此
來照觸吾身創苦除愈身得安樂耆
此非劫盡三月並照亦非火日星
珠天光王又問言此光若非三月
明者為是誰光大王當知是天中
明是光无根无有邊際非熱非冷
非色非无色非相非无相非青非
白欲度眾生故使可見有相可說
有熱有冷青黃赤白大王是光
說不可覩見乃至无有青黃赤
彼天中天以何因緣放斯光

BD14840 號 KA　大般涅槃經（北本）卷二〇　（39–22）

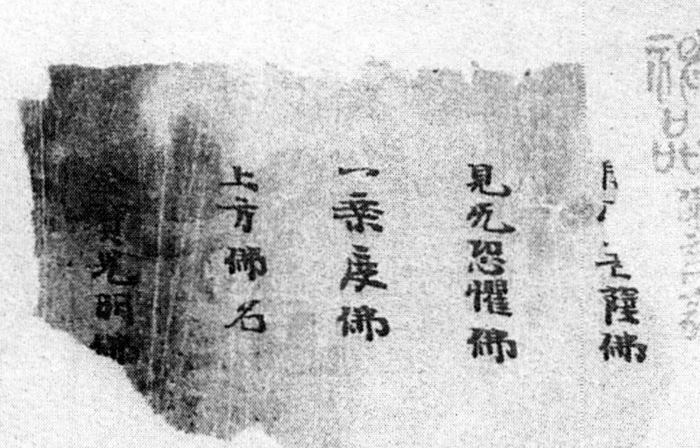

BD14840 號 KB　十方佛名經（擬）　　（39–23）

BD14840 號 LA　觀佛三昧海經卷一　　（39–24）

楷厚乃魏書之本色，經行之音別有韻味。志揚識

BD14840號 LB　菩薩瓔珞本業經卷上　（39–25）

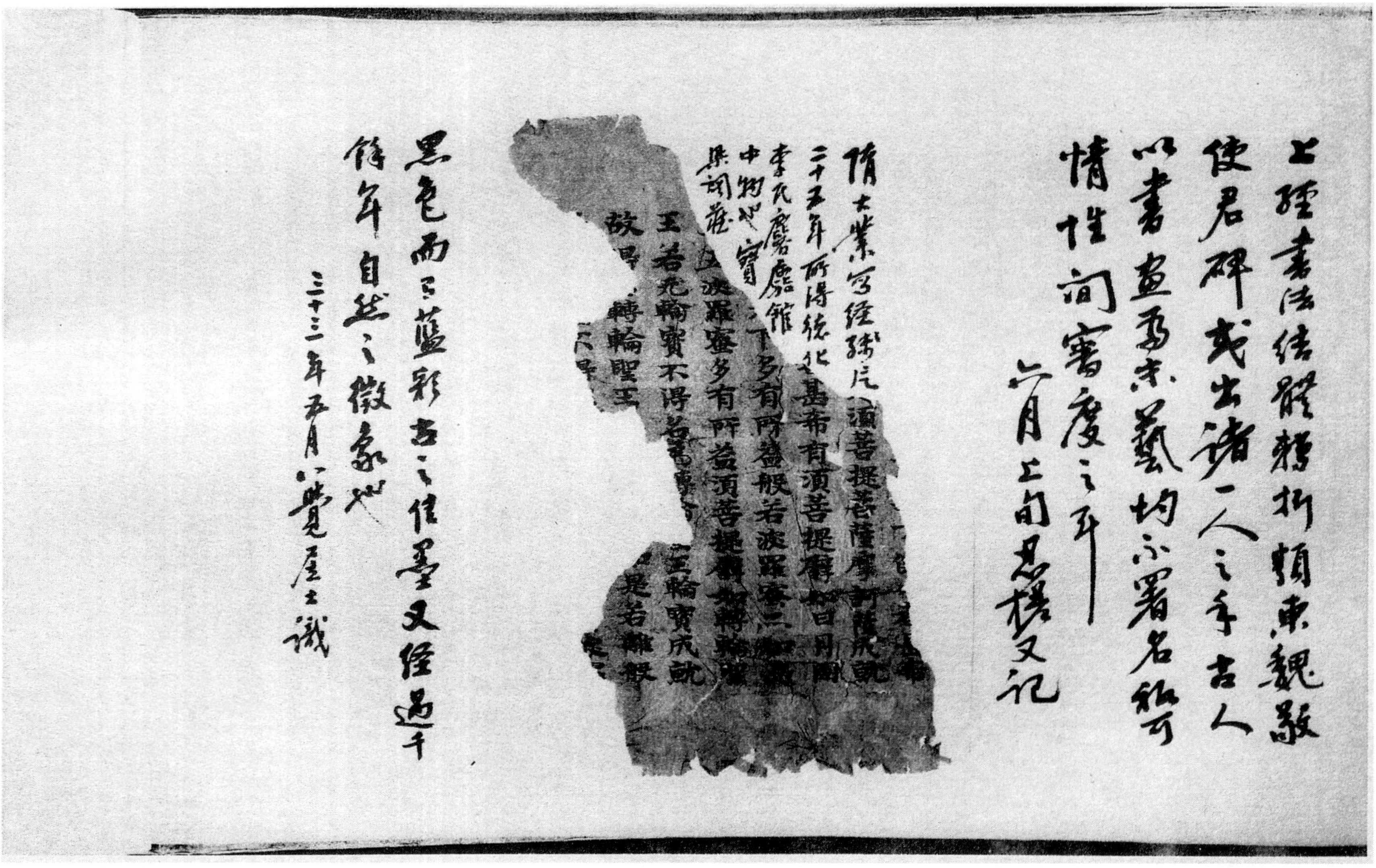

上經書法結體轉折類東魏使君碑，或出諸一人之手。古人以書畫爲末藝，均不署名，然可情性詢審度之耳。六月上旬志揚又記

隋大業寫經殘片，二十五年所得於北京。……中物也。

黑色而已，藍彩古之佳墨，又經過千餘年自然之徵象也。二十三年五月小覺居士識

BD14840號 MA　摩訶般若波羅蜜經卷二一　（39–26）

此幅與前幅背經乃同紙之物而割裂者
影輪聖如不得以等字車輪即均可相聯屬而
合不能裝裱又失五波羅蜜亦如反紛紛之枝不能
補綴如一耳　思楷記

了長波羅蜜名字不離般若
、波羅蜜名字須菩提辟如无夫曰
爲侵淺五波羅蜜亦如是遠離般
並魔若魔天壞之則易辟如有夫
侵淺五波羅蜜亦如是得便之

此經書法結體精折類東魏敬
使君碑或出諸一人之手古人
以書畫爲末藝均不署名然可
情性閒審度之耳
六月上旬思楷又記

BD14840 號 MB　摩訶般若波羅蜜經卷二一　（39–27）

如是等一切諸王都
事所謂入城門時一切大地六種
普照盲者得視聾者得聽狂者得正和
衣苦者得樂一切樂器不鼓自鳴諸莊嚴具
自然演出微妙音聲如是等物亦自然出微
妙音聲一切諸佛色身清淨見者无猒普為
衆生而作佛事一切諸佛相好莊嚴普為衆
生而作佛事一切諸佛視瞻安詳未曾卒疾
觀察諸方不失威儀於一切境界諸根寂定
攝心不亂直趣涅槃普為衆生而作佛事
一切諸佛行四威儀普為衆生而作佛事
一切諸佛或以說法或以嘿然普為衆生而
作佛事一切諸佛或以神足說法教誡普為
衆生而作佛事一切諸佛為一切世界海中
種種衆生海脩大善根念佛三昧行菩薩行
觀察諸佛无有猒足或說佛興難可值遇見
如來已出生无量一切善法脩習功德行諸
佛行佛出世間令衆生淨讚嘆諸佛无量功
德長養未來諸佛種姓脩一切善根令諸佛
歡喜解知如來无量妙色隨所應化普能現

BD14840 號 N　大方廣佛華嚴經（晉譯）卷三一　（39–28）

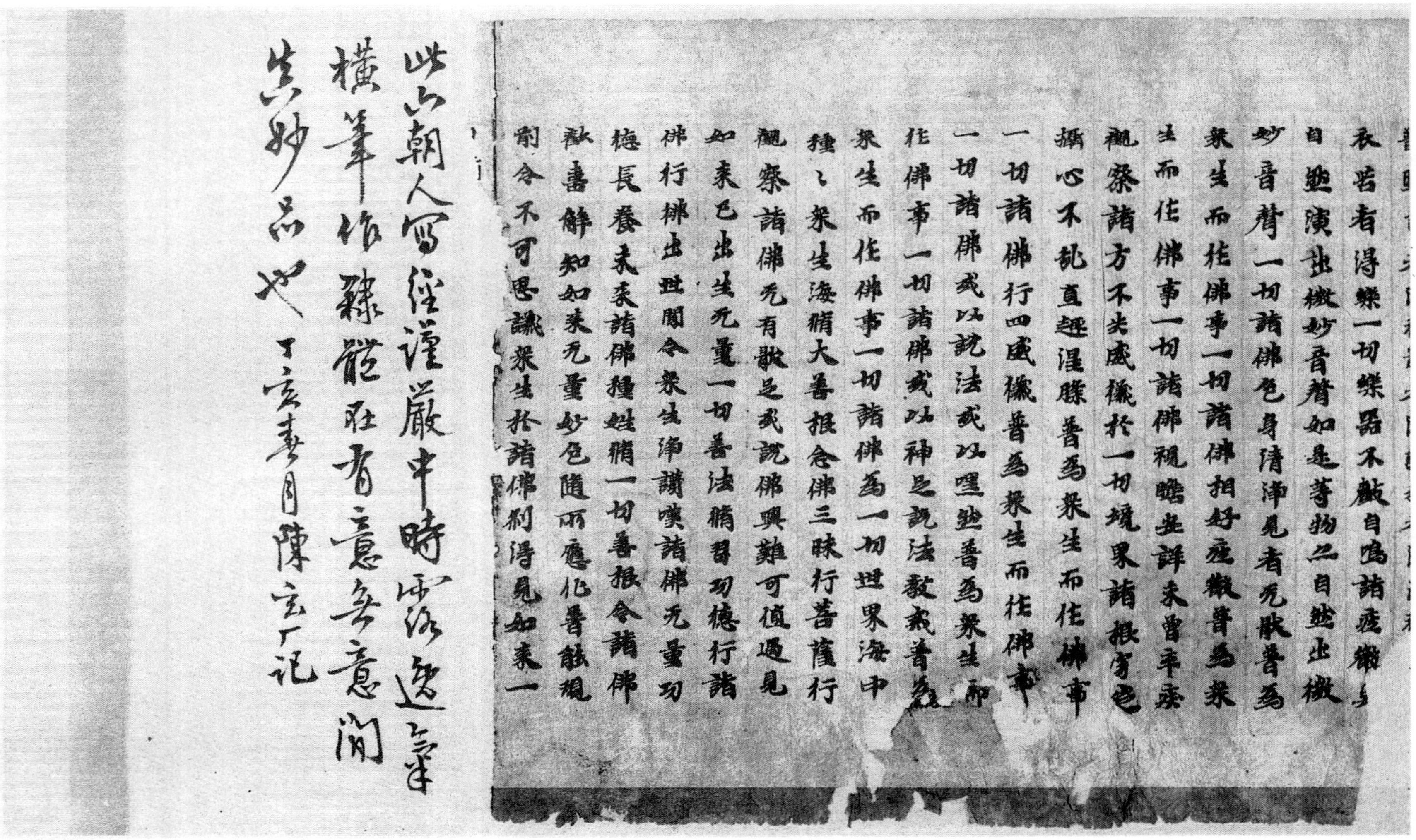

衣若者得樂一切樂器不鼓自鳴諸莊嚴具
自然演出微妙音聲如是等物亦自然出微
妙音聲一切諸佛色身清淨見者無猒普為
衆生而作佛事一切諸佛相好莊嚴普為衆
生而作佛事一切諸佛視瞻安詳未曾卒暴
觀察諸方不失威儀於一切境界諸根寂定
攝心不亂直趣涅槃普為衆生而作佛事
一切諸佛行四威儀普為衆生而作佛事
一切諸佛或以說法或以黙然普為衆生而
作佛事一切諸佛或以神足說法教戒普為
衆生而作佛事一切諸佛為一切世界海中
種種衆生海稱大善根念佛三昧行菩薩行
觀察諸佛無有猒足或說佛興難可值遇見
如來已出生無量一切善法稱習功德行諸
佛行佛出世間令衆生淨讚歎諸佛無量功
德長養未來諸佛種姓稱一切善根令諸佛
歡喜解知如來無量妙色隨所應化普能現
剎令不可思議衆生於諸佛剎得見如來一

此六朝人寫經謹嚴中時露縱逸氣
横筆作隸體雅有意無意間
生妙品也 丁亥春月陳玄厂記

BD14840號N　大方廣佛華嚴經（晉譯）卷三一　（39–29）

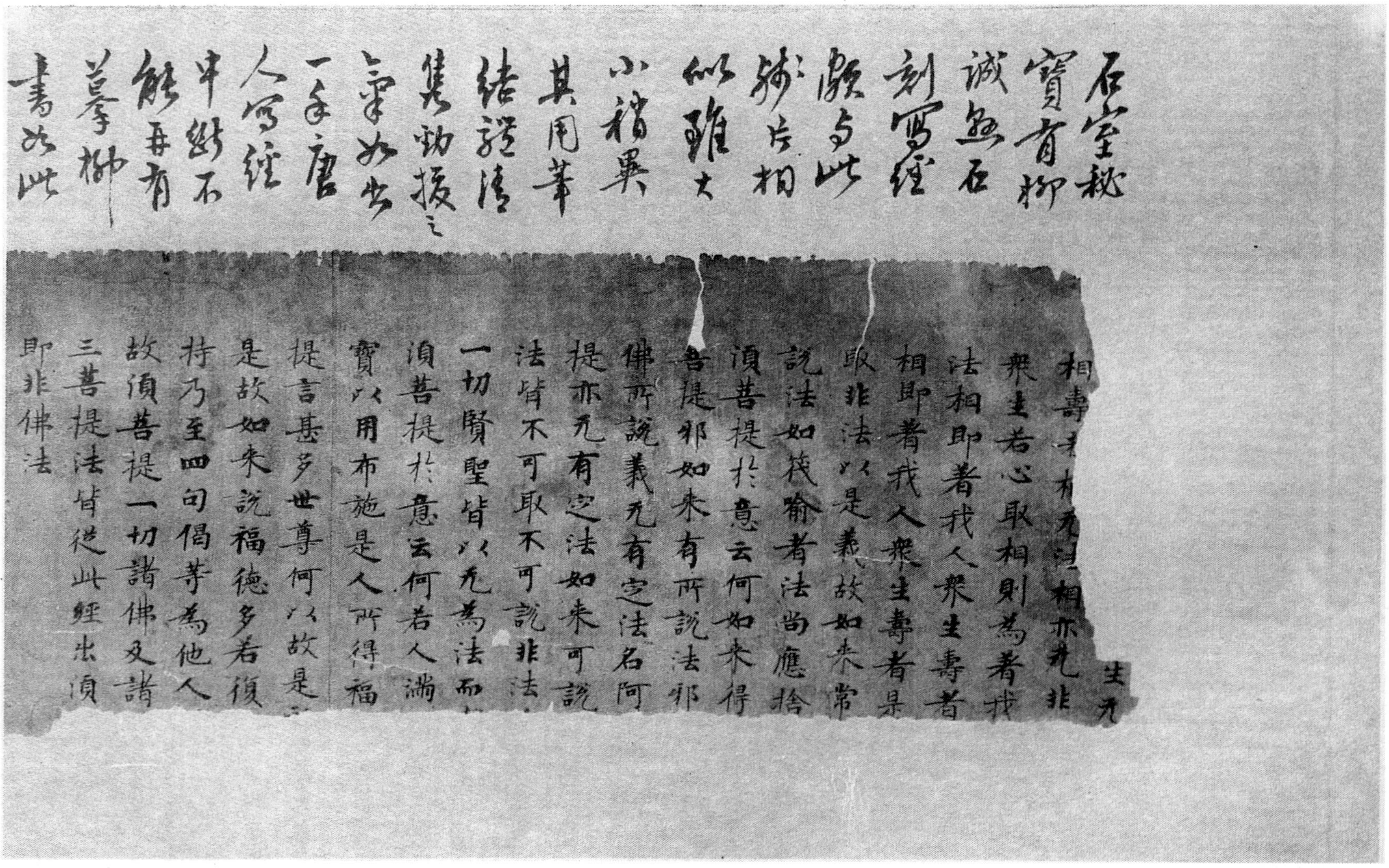

石室秘寶有抑識無石刻寫經類與此卷卷相似雖大小精異其用筆結體清雋勁拔拔氣如出一手唐人寫經中斷不能再有摹擬書於此

相壽者無法相亦無非　生无
衆生若心取相則為著我
法相即著我人衆生壽者
相即著我人衆生壽者是
取非法以是義故如來常
說法如筏喻者法尚應捨
須菩提於意云何如來得
菩提耶如來有所說法耶
佛所說義無有定法名阿
提亦無有定法如來可說
法皆不可取不可說非法
一切賢聖皆以無為法而
須菩提於意云何若人滿
寶以用布施是人所得福
提言甚多世尊何以故是
是故如來說福德多若復
持乃至四句偈等為他人
故須菩提一切諸佛及諸
三菩提法皆從此經出須
即非佛法

BD14840號O　金剛般若波羅蜜經　（39–30）

似雖大小楷異其用筆結體清集勁拔之氣如出一手唐人寫經中亦不能再有摹擬書如此神似若是識柳書真蹟寶也 丁亥春 玄厂記

菩提耶如來有所說法耶
佛所說義无有定法名阿
提亦无有定法如來可說
法皆不可取不可說非法
一切賢聖皆以无為法而
須菩提於意云何若人滿
寶以用布施是人所得福
提言甚多世尊何以故是
是故如來說福德多若復
持乃至四句偈等為他人
故須菩提一切諸佛及諸
三菩提法皆從此經出須
即非佛法
須菩提於意云何須陁洹能
陁洹果不須菩提言不也世尊
洹名為入流而无所入不入色
是名須陁洹須菩提於意云何
是念我得斯陁含果不須菩提
何以故斯陁含名一往來而實

BD14840號O　金剛般若波羅蜜經　　（39–31）

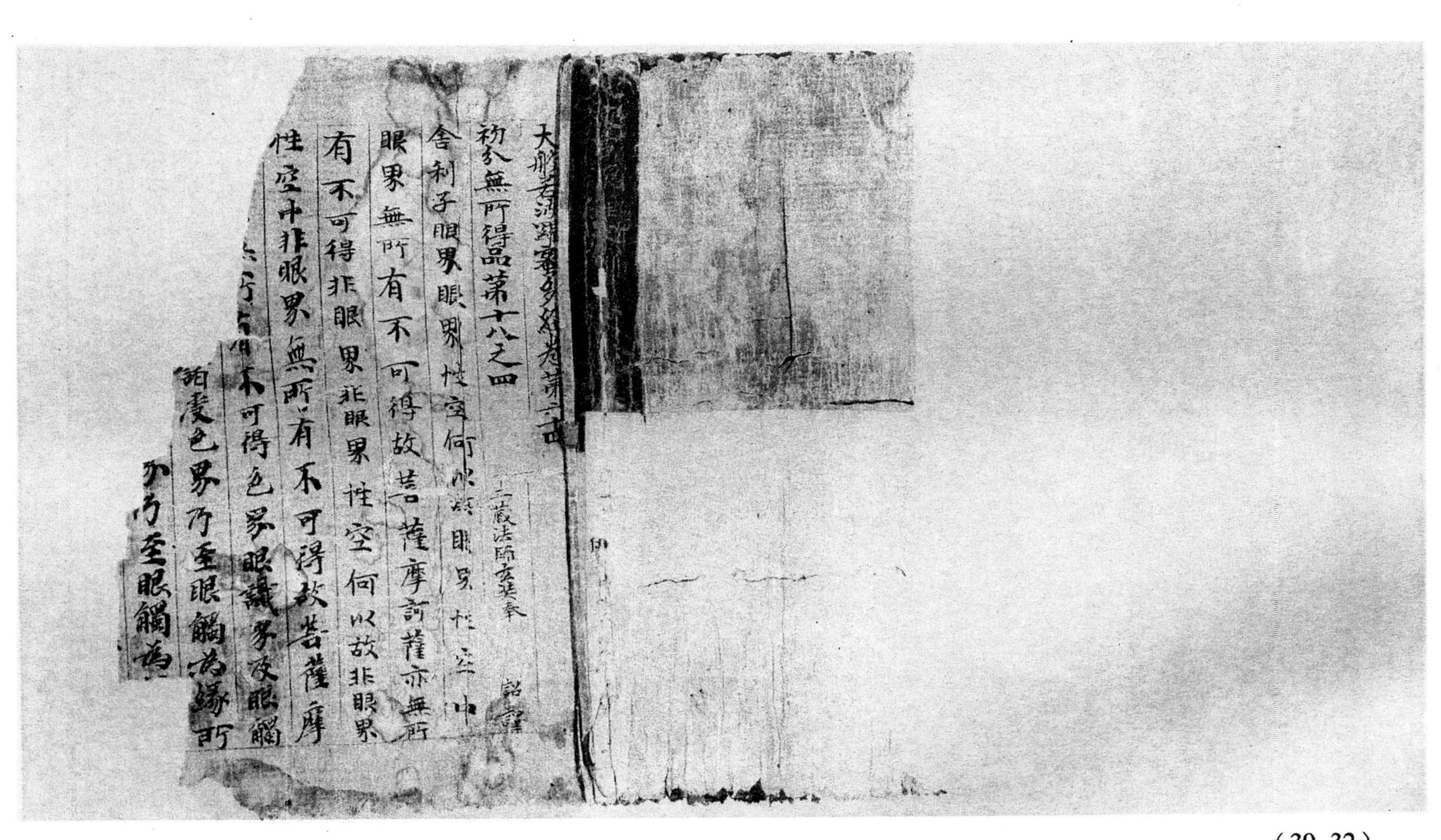

初分無所得品第十八之四　三藏法師玄奘奉　詔譯
舍利子眼界眼界性空何以故眼界性空中
眼界無所有不可得故菩薩摩訶薩亦無所
有不可得非眼界非眼界性空何以故非眼界
性空中非眼界無所有不可得故菩薩摩
不可得色界乃至眼識界及眼觸
乃至眼觸為緣所

BD14840號P背　護首　　（39–32）

大般若波羅蜜多經卷第六十四
初分無所得品第十八之四　三藏法師玄奘奉　詔譯
舍利子眼界眼界性空何以故眼界性空中
眼界無所有不可得故菩薩摩訶薩亦無所
有不可得非眼界非眼界性空何以故非眼界
性空中非眼界無所有不可得故菩薩摩
訶薩亦不可得色界眼識界及眼觸
諸受色界乃至眼觸為緣所
乃至眼觸為

BD14840號P　大般若波羅蜜多經卷六四　（39–33）

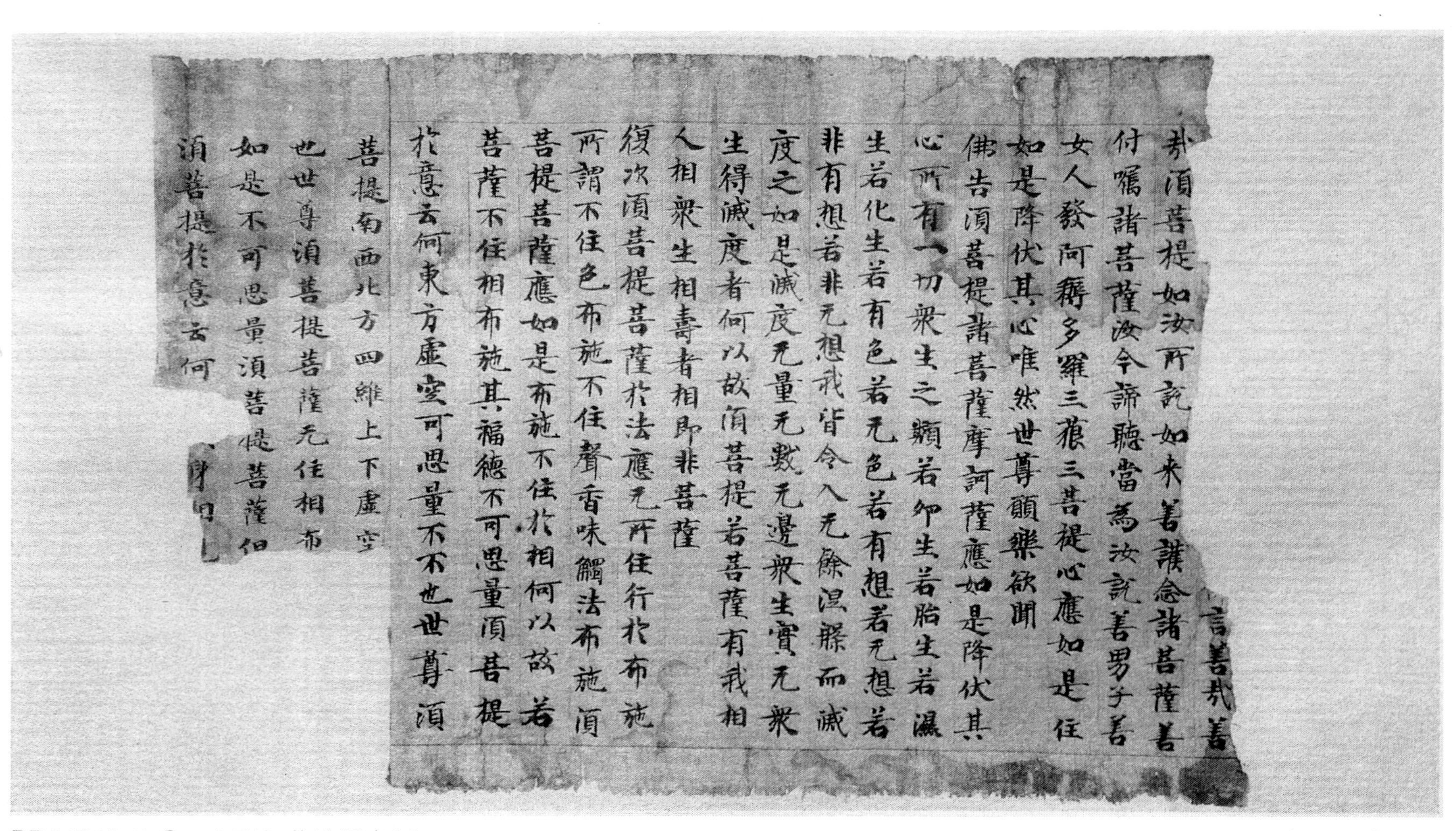
言善哉善
哉須菩提如汝所說如來善護念諸菩薩善
付囑諸菩薩汝今諦聽當為汝說善男子善
女人發阿耨多羅三藐三菩提心應如是住
如是降伏其心唯然世尊願樂欲聞
佛告須菩提諸菩薩摩訶薩應如是降伏其
心所有一切眾生之類若卵生若胎生若濕
生若化生若有色若无色若有想若无想若
非有想若非无想我皆令入无餘涅槃而滅
度之如是滅度无量无數无邊眾生實无眾
生得滅度者何以故須菩提若菩薩有我相
人相眾生相壽者相即非菩薩
復次須菩提菩薩於法應无所住行於布施
所謂不住色布施不住聲香味觸法布施須
菩提菩薩應如是布施不住於相何以故若
菩薩不住相布施其福德不可思量須菩提
於意云何東方虛空可思量不不也世尊須
菩提南西北方四維上下虛空
也世尊須菩提菩薩无住相布
如是不可思量須菩提菩薩但
須菩提於意云何

BD14840號Q　金剛般若波羅蜜經　（39–34）

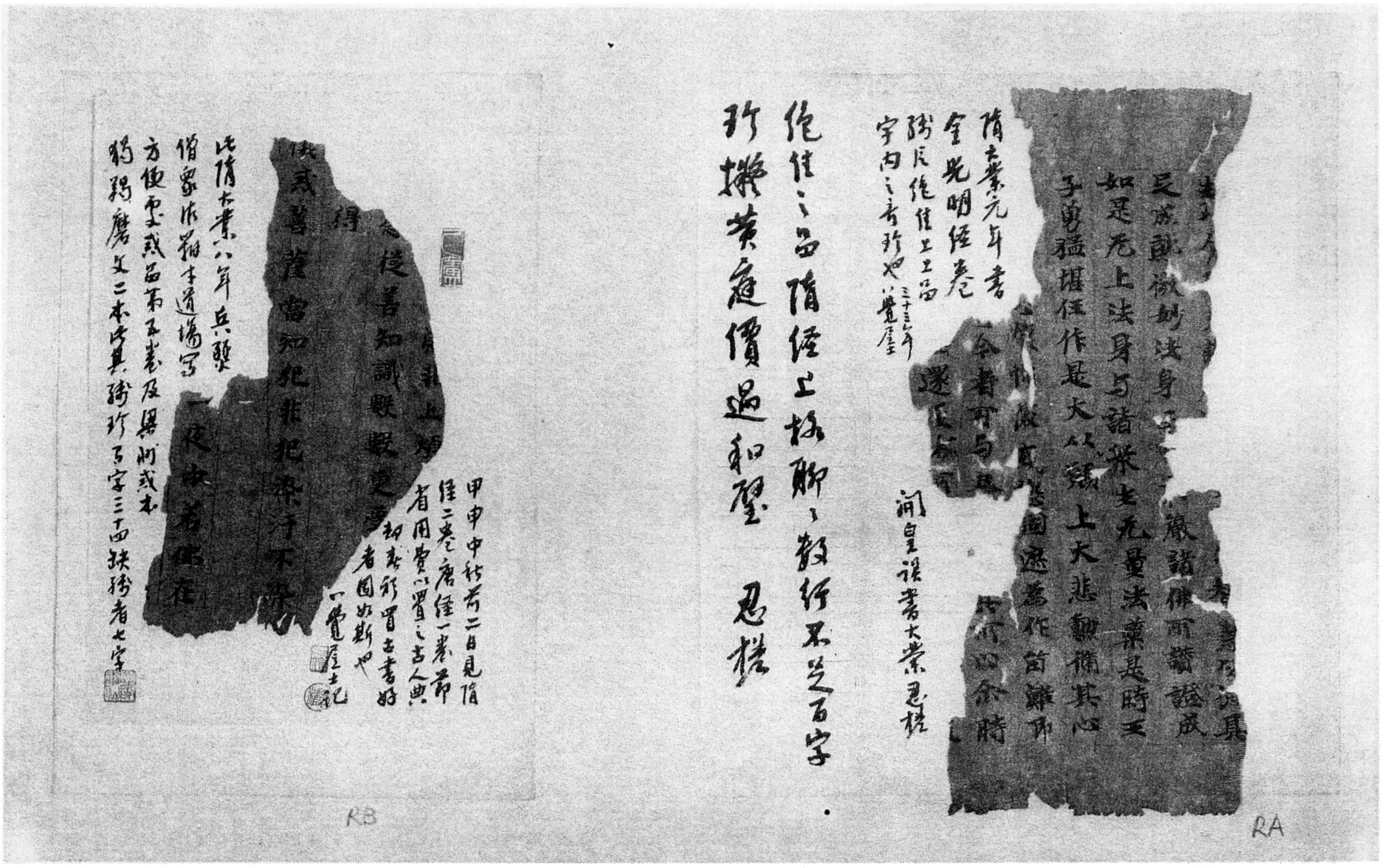

BD14840 號 RA　金光明經卷四　　（39–35）

BD14840 號 RB　菩薩地持經卷五

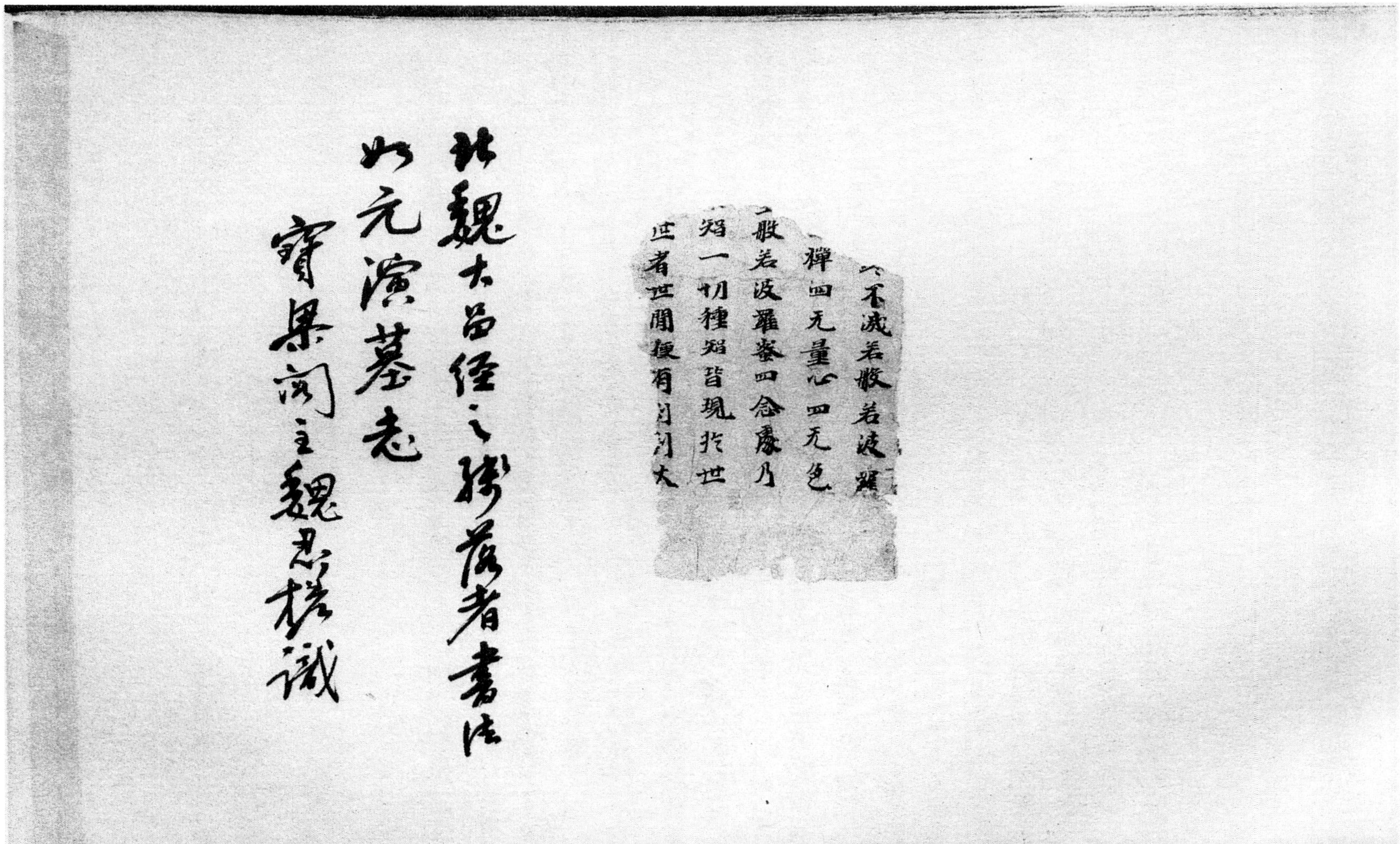

BD14840 號 SA　摩訶般若波羅蜜經卷九　　（39–36）

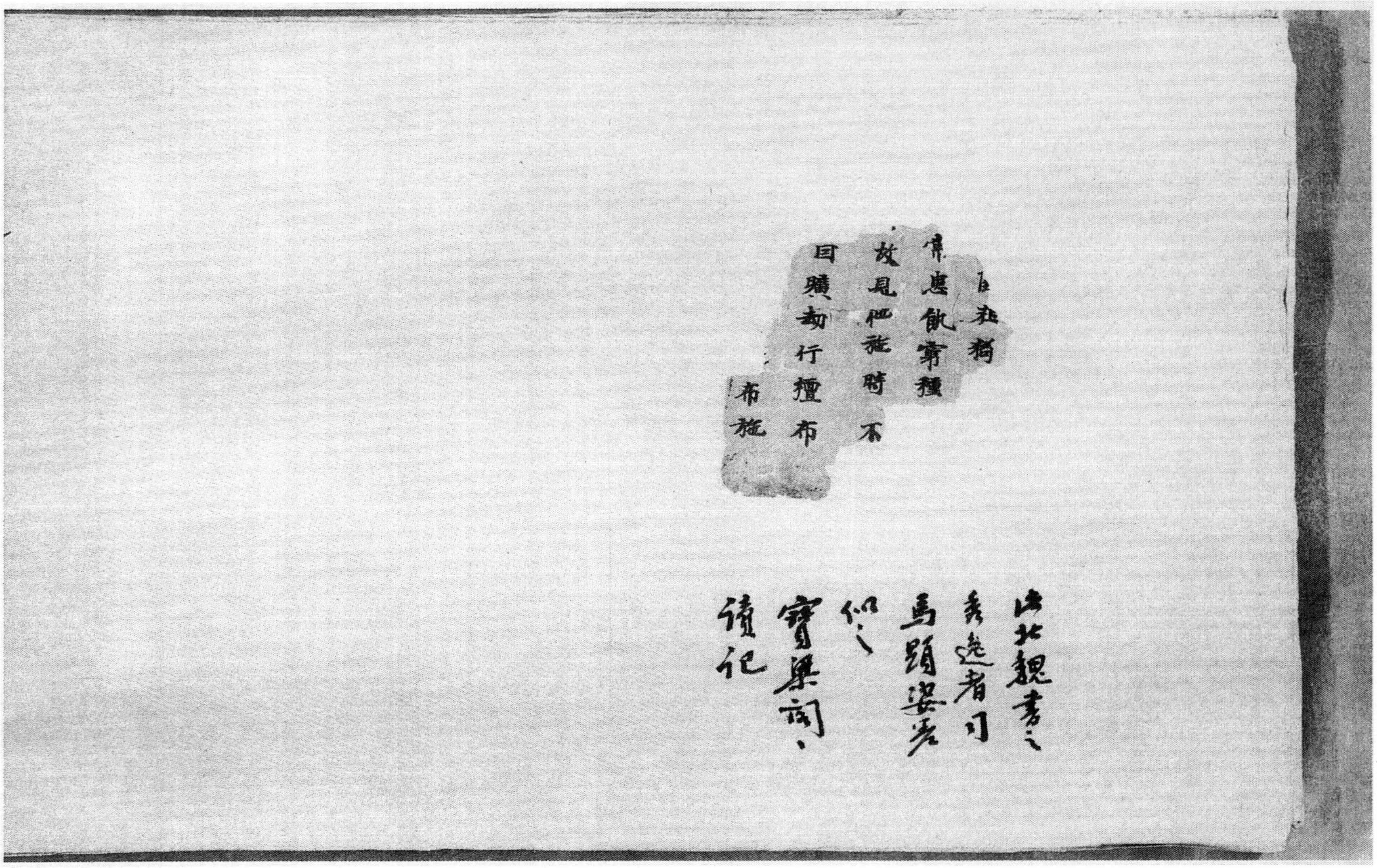

BD14840號SB　像法決疑經　（39–37）

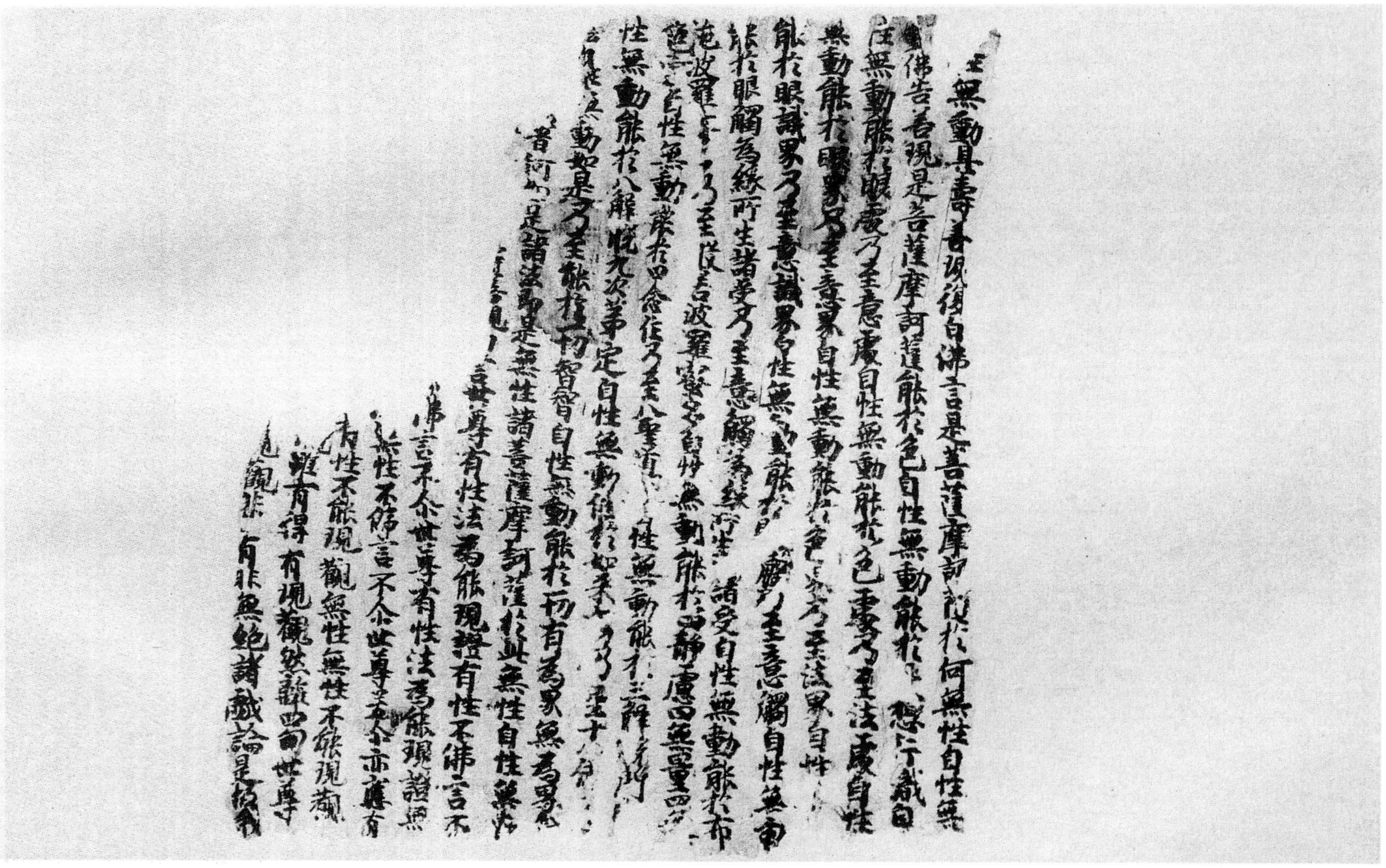

BD14840號T　大般若波羅蜜多經卷四六四　（39–38）

BD14840 號　封底　(39–39)

BD14841 號　木盒　(40–1)

唐寫本殘道經十三種

BD14841 號　封面　　　　（40–2）

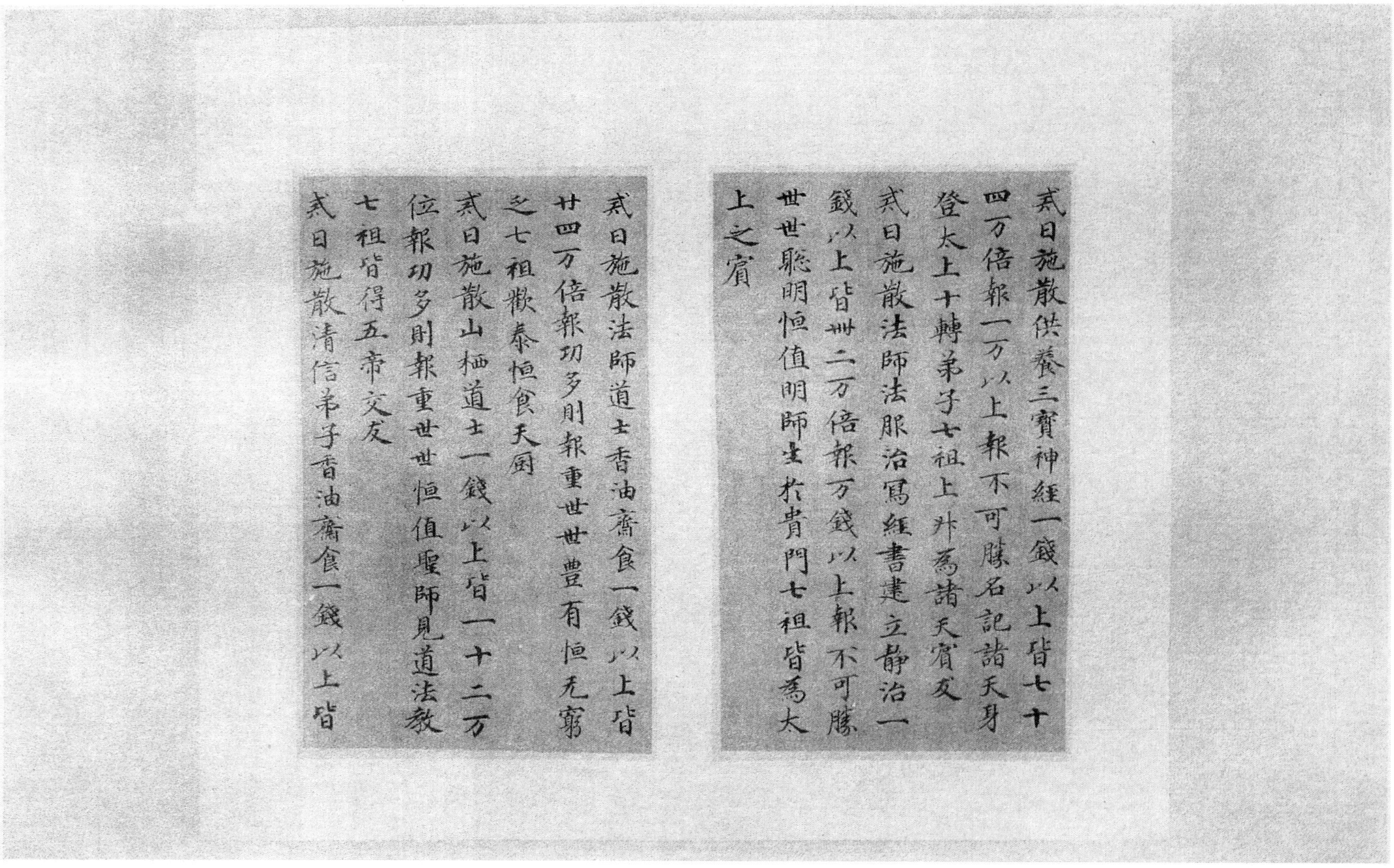

弍日施散供養三寶神經一錢以上皆七十
四万倍報一万以上報不可勝名記諸天身
登太上十轉弟子七祖上升爲諸天賓友
弍日施散法師法服治寫經書建立靜治一
錢以上皆卌二万倍報万錢以上報不可勝
世世聰明恒值明師生於貴門七祖皆爲太
上之賓

弍日施散法師道士香油齋食一錢以上皆
卅四万倍報功多則報重世世豊有恒无窮
之七祖歡泰恒食天厨
弍日施散山栖道士一錢以上皆一十二万
位報功多則報重世世恒值聖師見道法教
七祖皆得五帝交友
弍日施散清信弟子香油齋食一錢以上皆

BD14841 號 A　太上洞玄靈寶智慧上品大戒　　　　（40–3）

三万二千倍報世世歡樂不見諸苦七祖上
升天堂逍遥无為恒居福中
戒日施散財實營造觀宇一錢以上皆二万
四千倍報功多報多世世賢明聦好不絶七
祖皆得入无患之國
戒日施散天人窮乏一錢以上皆一万二千
倍報功多報多世世富貴歡樂无極七祖皆
受四方天厨衣食自然
戒日施散衆生損己餉食一錢以上皆六千
二百倍報世世子孫昌熾門户興盛七祖免
離地獄上升自然福中
天尊告太上道君曰智慧上品功德之戒天
人男女有發自然道意損己布散開張福田
功德甚重施一之功數万之報報應之理明

BD14841 號 A　太上洞玄靈寶智慧上品大戒　（40–4）

如日月或在見世或在来生但福報差移不
必同至其中或有計功補過或以德贖罪或
為祖世拔諸形責是致報應不即明顯三官
九府計人功過豪分不失或先罪已除身不
犯過後功未明與凡不異此由己身受生日
剋應諸天觧度然後福報歸介推移七祖魂
神已升天堂福會於後万无差錯明告男女
令知報應天道不虚善心信向勤行勿懈剋
得開度受福无窮也
天尊告太上道君曰諸天上聖至真大神諸
天帝王及已過去塵沙之輩得道之者莫不
由施散布德作諸善功功滿德足以致善報
輪轉不絶皆得道真超陵三界逍遥上清大
羅之天玉京臺七寶林中此時皆知施功不

BD14841 號 A　太上洞玄靈寶智慧上品大戒　（40–5）

失歡樂自然世世无量所施益微福慶无
極末世為薄人情慳貪唯知聚積為己重增
莫能發心作此功德功既无譽罪穢日生長
遠福堂沉淪罪門輾轉五道八難之中一趺
福世无有還期男女相牽莫識宿命所從而
來見其魂神甚可痛傷今為諸天說是禁戒
咸令男女普聞法音開度羣生使入福中

天尊言我歷觀諸天地獄之中男女責作幽
牢窮魂莫非先身不見明戒見而不行戒行
而不遵迴生悔心還入罪門或生而犯惡不
遭善緣或不知施散發心建功廣往福田以
拔宿根唯知作罪流曳三徒八難之中念其
愚癡甚可哀傷故說是戒開度天人咸使男
女普聞法音知發道心建立善功以拔諸苦

BD14841 號 A　太上洞玄靈寶智慧上品大戒　（40–6）

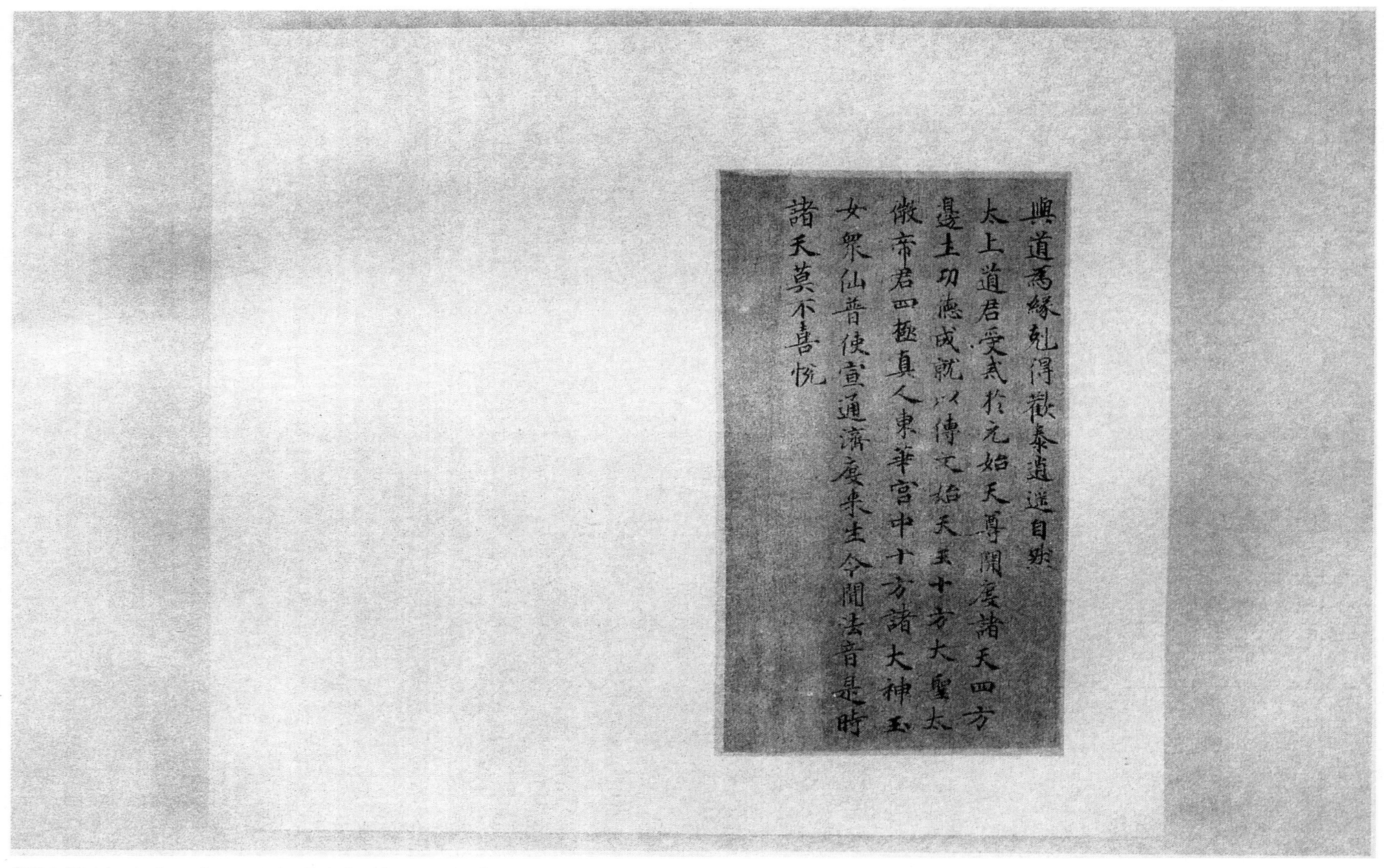

興道為緣克得歡泰逍遙自然
太上道君受戒於元始天尊開度諸天四方
邊土功德成就以傳元始天王十方大聖太
微帝君四極真人東華宮中十方諸大神王
女衆仙普使宣通濟度衆生令聞法音是時
諸天莫不喜悅

BD14841 號 A　太上洞玄靈寶智慧上品大戒　（40–7）

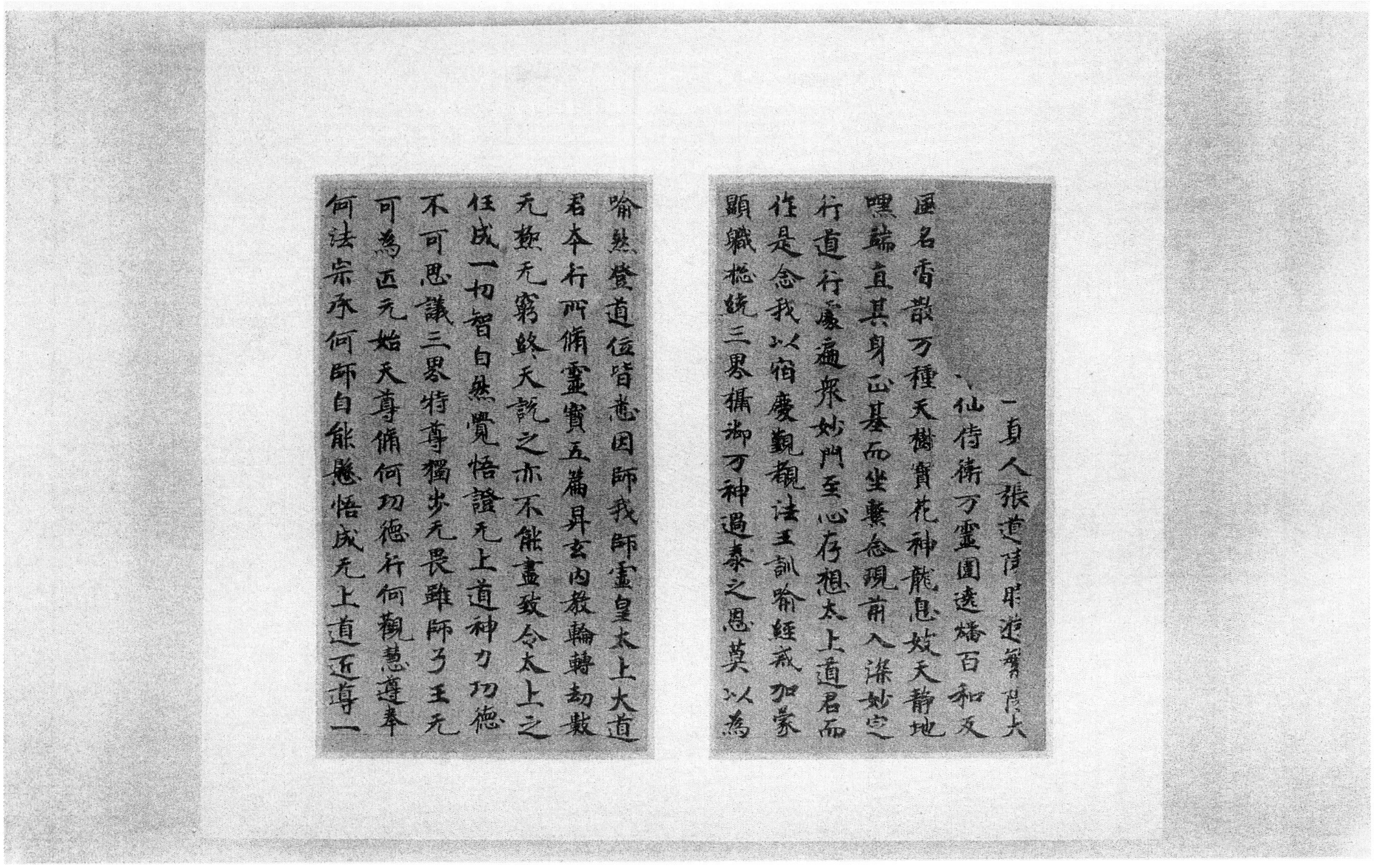

一真人張道陵非遊贊陵大
仙侍衛万靈圍遶幡百和反
函名香散万種天樹寶花神龍息妓天静地
嘿端直其身正基而坐繫念現前入深妙定
行道行處遍衆妙門至心存想太上道君而
作是念我以宿慶覲觀法王訓喻經戒加蒙
顯職總統三界攝御万神過泰之恩莫以為
喻然登道位皆悉因師我師靈皇太上大道
君本行所脩靈寶五篇昇玄内教輪轉劫數
无數无窮終天說之亦不能盡致令太上之
任成一切智自然覺悟證无上道神力功德
不可思議三界特尊獨步无畏雖師子王无
可為匹元始天尊脩何功德行何觀慧遵奉
何法宗承何師自能懸悟成无上道道尊一

BD14841 號 B　太玄真一本際經卷三　（40–8）

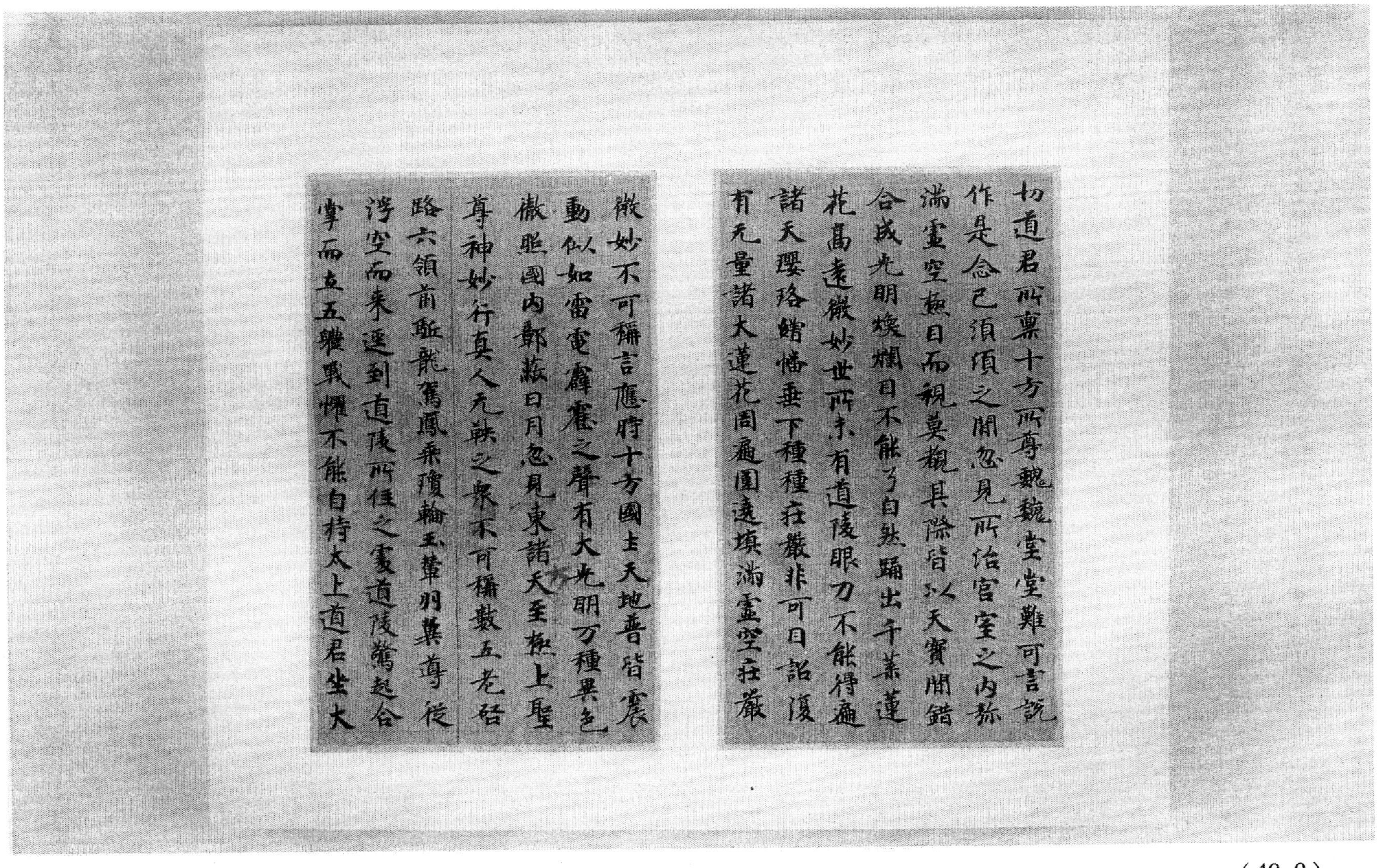

切道君所稟十方所尊巍巍堂堂難可言說
作是念已須須之間忽見所治宫室之内㳽
滿虛空極目而視莫覩其際皆以天寶間錯
合成光明煥爛目不能了自然踊出千葉蓮
花高遠微妙世所未有道陵眼力不能得遍
諸天瓔珞䗶幡垂下種種莊嚴非可目詺復
有无量諸大蓮花周遍圍遶塡滿虛空莊嚴
微妙不可稱言應時十方國土天地普皆震
動似如雷電霹靂之聲有大光明万種異色
徹照國内鄣蔽日月忽見東諸天至極上聖
尊神妙行真人无鞅之衆不可稱數五老啓
路六領前驅龍駕鳳乘瓊輪玉輦羽葆導從
浮空而來逕到道陵所住之處道陵驚起合
掌而立五體戰慄不能自持太上道君坐大

BD14841 號 B　太玄真一本際經卷三　（40–9）

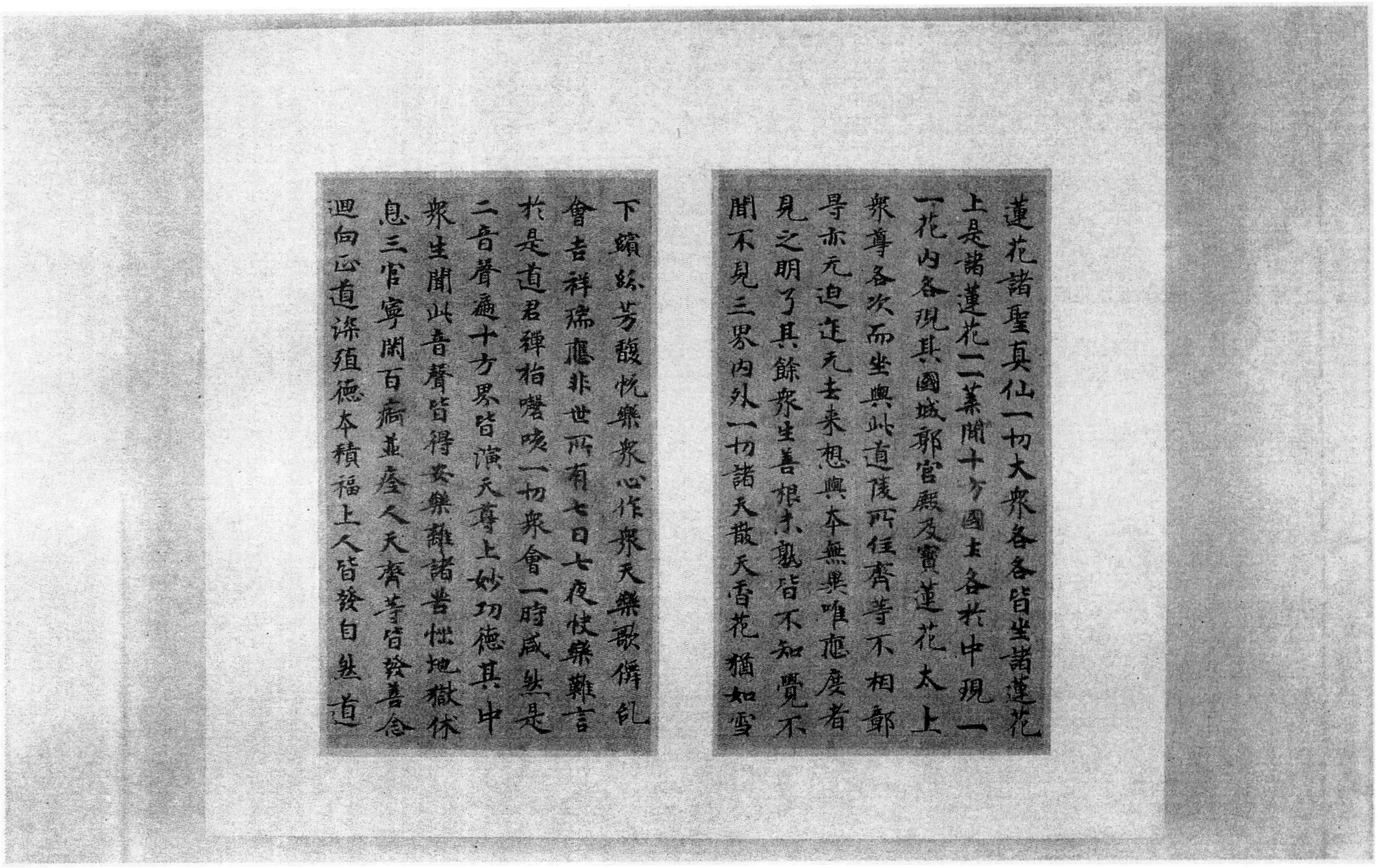

蓮花諸聖真仙一切大衆各各皆坐諸蓮花
上是諸蓮花一一葉間十方國土各於中現一
一花內各現其國城郭宮殿及寶蓮花太上
衆尊各次而坐與此道隆所住齋等不相鄣
导亦无迫迮无去来想與本無異唯應度者
見之明了其餘衆生善根未熟皆不知覺不
聞不見三界內外一切諸天散天香花猶如雪
下繽紛芳馥悅樂衆心作衆天樂歌儛乱
會吉祥瑞應非世所有七日七夜伎樂難言
於是道君彈指謦咳一切衆會一時咸然是
二音聲遍十方界皆演天尊上妙功德其中
衆生聞此音聲皆得安樂離諸苦惱地獄休
息三官寧閑百病並痊人天齋等皆發善念
迴向正道深殖德本積福上人皆發自然道

BD14841 號 B　太玄真一本際經卷三　（40–10）

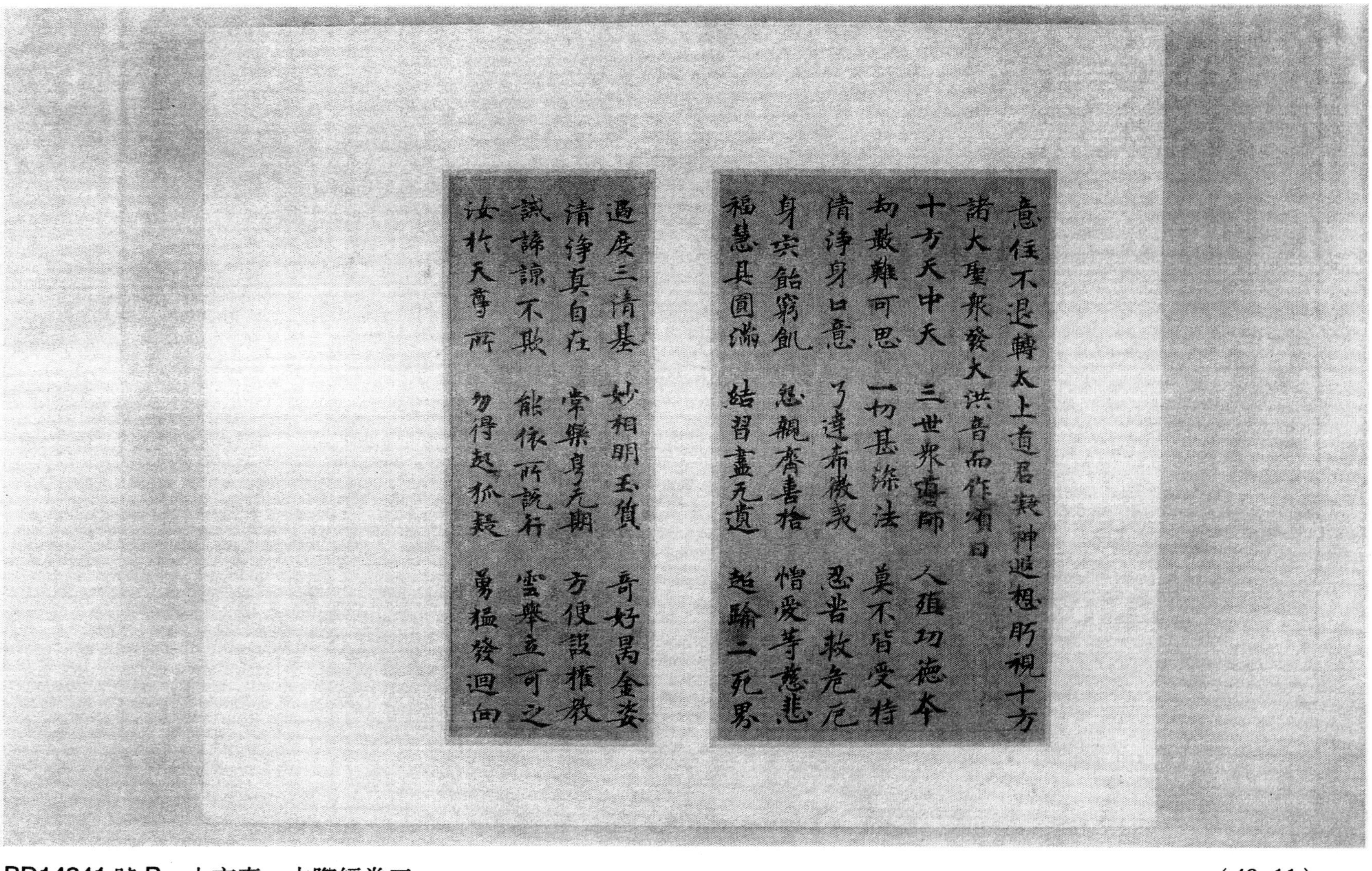

意任不退轉太上道君執神通想所視十方
諸大聖衆發大洪音而作頌曰
十方天中天　三世衆導師　人殖功德本
劫數難可思　一切甚深法　莫不皆受持
清淨身口意　了達希微義　悉皆救危厄
身實飴窮飢　悉親齋書捨　憎愛等慈悲
福慧具圓滿　結習盡无遺　超踰三死界
遍度三清基　妙相明玉質　奇好禺金姿
清淨真自在　常樂身无期　方便設權教
誠諦諒不欺　能依所說行　尘舉立可之
汝於天尊所　勿得起狐疑　勇猛發迴向

BD14841 號 B　太玄真一本際經卷三　（40–11）

□天下之苦无
□□之苦无過瞋恚一人文
□之苦无過驚怖如是共論苦義云云
不止道知其愚往到其所閑諸道士向論何
事紛綸若此諸道士等各起住礼具述所論
於是太上告諸道士汝等所論求究苦義者

吾爲子說之宜可諦聽天下之苦无過有身
飢渴寒熱瞋恚驚怖色欲諍競禍福善惡皆
由於身夫有身者衆苦之本累患之源勞心
憂慮愁畏萬端三界蠕動更相殘賊吾我縛
着生死輪轉不能止息皆由於身若欲離苦
當尋妙道脩齋奉誡廣種福田度脫厄難濟

BD14841號C　太玄真一本際經卷七　（40–12）

愛育窮上救七祖下及子孫令家福利潤被
一切檀度无漏功德充足身獲飛仙是名離
苦永无衆惚於是道士等重復住礼上白天
尊臣自愚劣雖加脩念未達聖源唯習小道
不見科文不審大乘經典威儀法則其事云
何唯願天尊賜垂成就授以試言不更諸苦

得免生塵御衛慈施不敢輕宣於是天尊即
勅左玄真人授靈寶五文赤書飛天尊經受
度畢訖皆能飛行逍遥金闕得成真人
尒時太上大道君復造太微帝君曰往昔過
去无量劫時禪黎國主有一婬女名曰芙蓉
姿形端正國中无雙大臣子弟莫不欽念尒

BD14841號C　太玄真一本際經卷七　（40–13）

時美蓉善心即生便欲棄世學道尋事明師
聞彼山中有諸道士隱居巖穴靜脩道美蓉
於是裝束嚴蹔往詣山中尋求脩請未至山所
於半道中有清流泉水美蓉取水洗手自見
面像光色鮮明韡曄華美頭髮紺青身體端
正絕世无比心自悔言人生於世形容若此云
何自棄在此妍華而往道士且當順世快我
意情於是退心便欲還家隨從俗禮尒時山
中道士已得聖道六通分身示現遙知未來
了達三世觀察衆生善根已熟遙知美蓉堪
可化度便變身應作女人端正第一須勝美
蓉數百千倍尋路逆往於中路間仍與美蓉

BD14841 號 C　太玄真一本際經卷七　（40–14）

共相會遇美蓉見之心中愛念而問之曰汝從
何來父母兄弟夫主兒息宗親眷屬並在何
許乃不獨行而无侍從化人荅曰我從城中
來今欲還鄉雖不相識寧可共行同還可不
之

BD14841 號 C　太玄真一本際經卷七　（40–15）

是下果九
具勞苦教行　三上
顛倩經利　　得財寶廣建福田
寫三洞大乘一切人　所諸快轀寶藏莊嚴
請諸道士勘校轉讀十二年中功感於吾我
遣三天王童賜金光靈草眼之身生金光變
化自在常行救度教化人間七百年中值劫
運破壞天地化消吾又遣三天王童以九鳳之
輿迎還大羅授與此經得為霄度天王

讚歎品十二

太上曰若善男子善女子見國主人主皇后
妃主及諸王子宰輔大臣發大善心皆當讚
歎不可思議若見置觀廣立玄壇當須讚歎
願早成就若見開度道士女官當須讚歎悉

BD14841 號 D　太上洞玄靈寶業報因緣經卷五　（40–16）

離苦惱若見造像真應化身當須讚歎盡得
度誠若見寫經三洞聖教當須讚歎永劫流
通若見殿堂樓閣臺榭當須讚歎普得歸依
若見鍾磬金玉銅鐵當須讚歎警悟群迷若
見講說敷楊妙理當須讚歎患解幽言若見
誦念受持供養當須讚歎克悟道真若見行
道禮懺祈息當須讚歎福力普覃若見燒香
礼拜供養當須讚歎必至道場若見然燈光
明普照當須讚歎幽暗永消若見持齋供養
真聖當須讚歎咸亨福緣若見奉誠翹勤不
懈當須讚歎具足六根若見布施遍及人天
當須讚歎福德巍巍若見精進念念至誠當
須讚歎不生退轉若見踊躍發大善心當須讚
歎必得真道若見居家常誦經誡當須讚歎

BD14841 號 D　太上洞玄靈寶業報因緣經卷五　（40–17）

道真性不生不滅非有非无名正中道十二
法印定我法門隨有其言即宜遵奉无此說
者不可脩行吾以道眼不動於寂遍觀衆生
有能分別明了法印依教行者我即化身種
種示現人天六道隨緣施行應有效无權示
接引覆護輔持令無留難卿當以此正法之
印普教天人咸使知識崇法奉行太極真人

稽首奉命
天真皇人避席稽首上白天尊我於今日欲
有所問唯垂聽許天尊告曰善哉善哉恣隨
所問皇人啓日不審初學未入定位何所脩
習以為階梯天尊日善哉皇人乃能為諸未
悟衆生作如是問末世男女當得其恩夫為
學者初脩十事以為階梯如人緣梯從初一梯

BD14841號E　太玄真一本際經卷二　（40–18）

至第二梯乃至於頂昇階亦尔自下之高
要須先習此十行法然後乃能深入正觀何
等為十一生善欲有欲樂心乃能進趣二近
善友引道其心深信正道三造明師師有
妙法廣能宣告示以要術四聞正教能受讀
誦五能出家常行柔弱隨時乞告以供身命
永斷有為離諸桎梏六受正戒防身口心七

幽隱山林栖遁獨處永離囂塵脩寂靜志八
念大道真是法王能度衆生越生死海猶如船
師檝濟沉溺九念經教是妙醫方能示衆生
治煩惱藥十念法師是真父母善能生我法
身慧命因是十法能令行人增進正解入决
定位如彼階梯至于極頂皇人又問云何名
為脩習正觀登頂之相天尊荅日始學之人

BD14841號E　太玄真一本際經卷二　（40–19）

食畢五方案及四座案上香上香訖
唱礼師　諸師各恩存心礼師一拜
法師叩齒　三通密呪曰
謹勑吾身中所佩仙靈直符軍職將吏
出者嚴莊顯服冠帶垂纓羅列卤簿侍臣
左右又勑身中五體真官五藏六府九宮十
二室四支五體髓惱筋骨肌膚血脉孔竅榮衛
一百八十關階三百六十骨節千二百形影
萬二千精光左三魂右七魄三鬼五神頭上
朱雀足履玄武左扶青龍右據白虎五神
衛從青龍扶迎白虎狀送朱雀道前持旛
幢玄武從後負鍾鼓心不受病肺不受痿

BD14841 號 F　大唐開元立成投龍章醮威儀法則（擬）　（40–20）

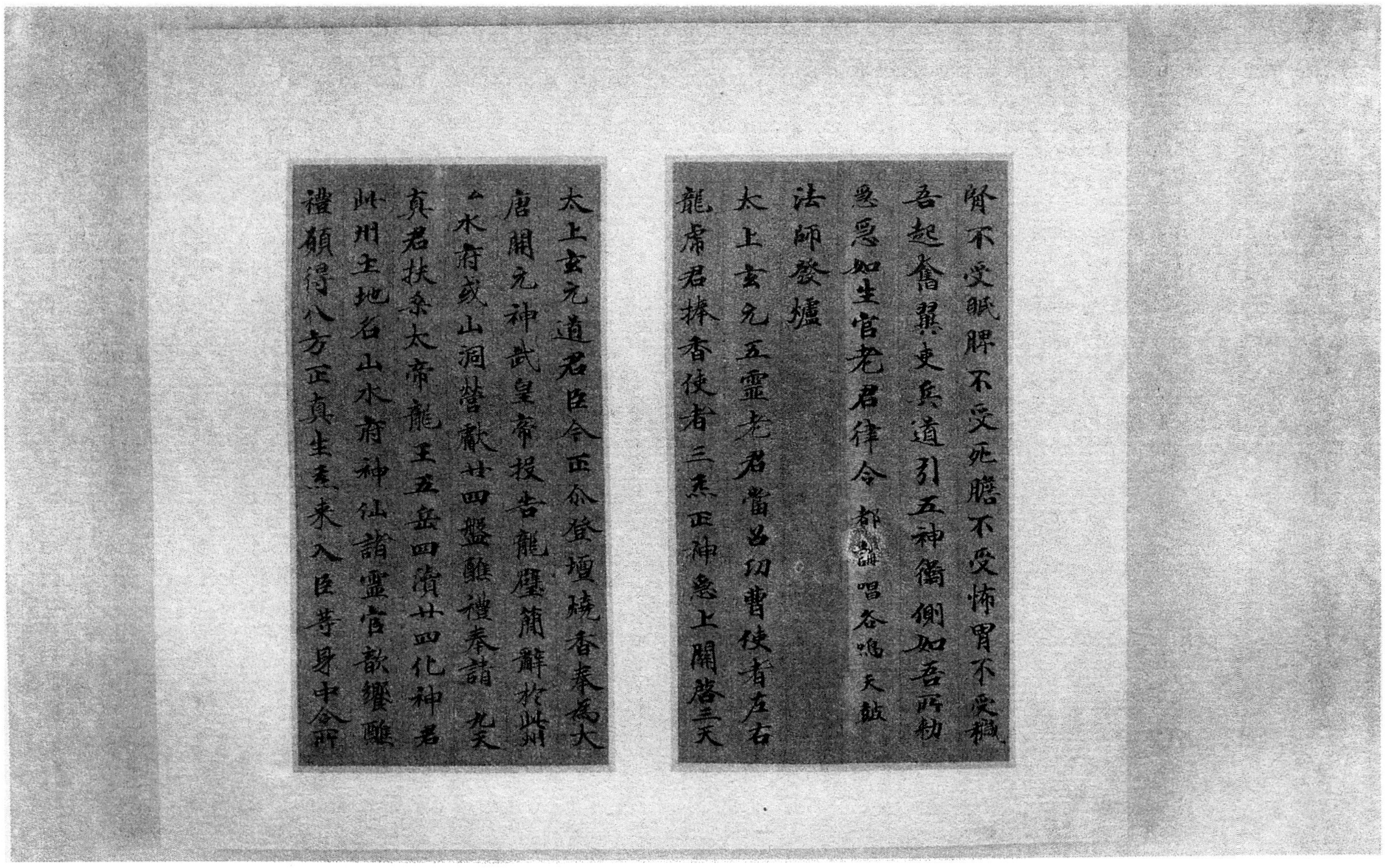

腎不受賊脾不受死膽不受怖胃不受穢
吾起奮翼吏兵道引五神衛側如吾所勑
急急如生官老君律令　都講唱各鳴天鼓
法師發爐
太上玄元五靈老君當召功曹使者左右
龍虎君捧香使者三炁正神急上關啓三天
太上玄元道君臣今正爾登壇燒香奉為大
唐開元神武皇帝投告龍璧簡辭於此州
山水府岳山洞讚歎廿四盤醮禮奉請　九天
真君扶桑太帝龍王五岳四瀆廿四化神君
此州土地名山水府神仙諸靈官歆饗醮
禮願得八方正真生炁來入臣等身中今所

BD14841 號 F　大唐開元立成投龍章醮威儀法則（擬）　（40–21）

啓達遥御正真玉皇帝机前　次氏

請神冒各稱名位

維大唐開元厶年太歲厶子厶月朔厶日

吉時係天師厶化厶炁　臣厶乙監官

一乙大唐開元神武　皇帝上

BD14841 號 F　大唐開元立成投龍章醮威儀法則（擬）　（40–22）

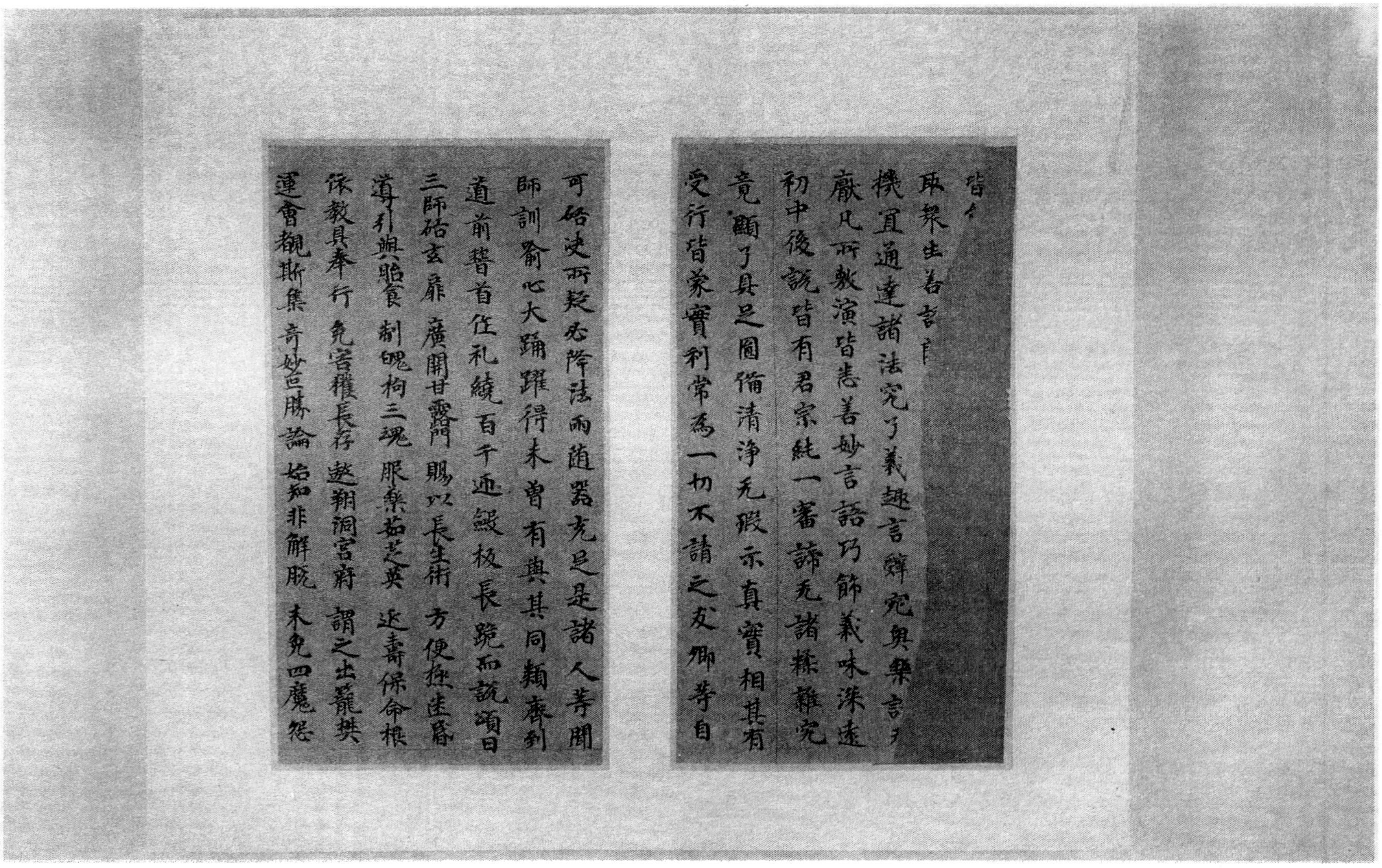

皆今

取衆生善言

撰宜通達諸法究了義趣言辭究竟衆言

辭凡所敷演皆悲善妙言語巧飾義味深遠

初中後說皆有君宗統一審諦无諸糅雜究

竟顯了具足圓備清淨无瑕示真實相其有

受行皆蒙實利常為一切不請之友卿等自

可倍決所疑必降法雨隨器充足是諸人等聞

師訓誨心大踊躍得未曾有與其同類齊列

道前稽首作礼繞百千匝斂板長跪而說頌曰

三師啓玄扉　廣開甘露門　賜以長生術　方便拯迷昏

導引與胎食　制魄拘三魂　服藥茹芝英　延壽保命根

係教具奉行　免害權長存　遨翔洞宮府　謂之出羅樊

運會覩斯集　奇妙首勝論　始知非解脫　未免四魔怨

BD14841 號 G　太玄真一本際經卷四　（40–23）

迴向求大悟　未了至道源　請師重誨示　運轉一乘轅
師爲述道君　慈念无倫疋　四行攝衆生　録引歸真一
无㝵之辯才　所說皆真實　言教皆妙旨　義趣深微密
隨類演法音　應機敷奥術　雷震警重昏　法燈照幽室
天魔滅試難　異道皆崇稽　无上大醫王　人天无與秩
我等今啓請　願許諸迷失　万劫愚倒人　一朝披朗日
太上道君欣然，微笑舉體怡豫，而放諸光遍照
十方无量國土。時十方界諸太上道君心心相
照，各自念言：棄賢世界太上道君放此光明，
如前聖法，必欲開演真一本際，示生死源，說
究竟果，開真道性，顯太玄宗。我等應當如昔
道法，往彼國土證信表明，咸令一切深心悟
解。應時而有寶師子座，光明微妙，不可稱數，
從十方來集道陵治，高下大小等此金床，更

BD14841號G　太玄真一本際經卷四　（40–24）

相映發，采飾如一，真多治舍亦不閑張，容諸
床座亦不迫迮，此國人天不相妨㝵。他土神
尊志來詣座，興此道君共相勞來，隨世開法。
及諸來衆依位各坐，寂然拱嘿，與空无異。於
是此土太上道君告子明等：善哉善哉！汝師

BD14841號G　太玄真一本際經卷四　（40–25）

[illegible]延年駐壽靈飛
羽化法妙功潒永出死生最為第一金籙者
天地破壞日月虧盈七耀差移五星失度刀
兵水火國主災危疫毒流行陰陽失序安國
寧人最為第一黃籙者開度億万曾祖先後
亡人處在三塗沉淪万劫超陵地獄離苦生

天救拔幽魂最為第一明真者正天分度調
陰陽群序五安開度飛爽人天獲度生死永免
應感諸天最為第一自然者解冤愆過致福
延齡朝奏諸天傳度經法普為男女一切衆生无
量因緣最為第一三元者學士脩身祈年羽
化開度七祖首罪三官削死上生延期保命

BD14841 號 H　太上洞玄靈寶業報因緣經卷五　（40–26）

為人及已最為第一塗炭者牢獄疾病考責
幽魂苦痛難堪万救无效投告首寫生厄愆
尤解其急厄最為第一洞神者命召天地役
御神靈轉死成生迴凶即吉真靈潛應玄道
感通度脫衆生最為第一神祝者駈除疫癘
掃蕩妖精翦却氣邪最為第一所以分為九者

隨順衆生立其品次勅勒神仙令知禁忌適為
人天功悉等也或三日七日百日竟夜燒香
散花礼誦讚歎明燈照夜洞徹諸天供養布
施開度天人功德巍巍最為无量
太上曰昔真定國王南和國王无量國王安
樂國王逍遥國王自在國王平等國王清正

BD14841 號 H　太上洞玄靈寶業報因緣經卷五　（40–27）

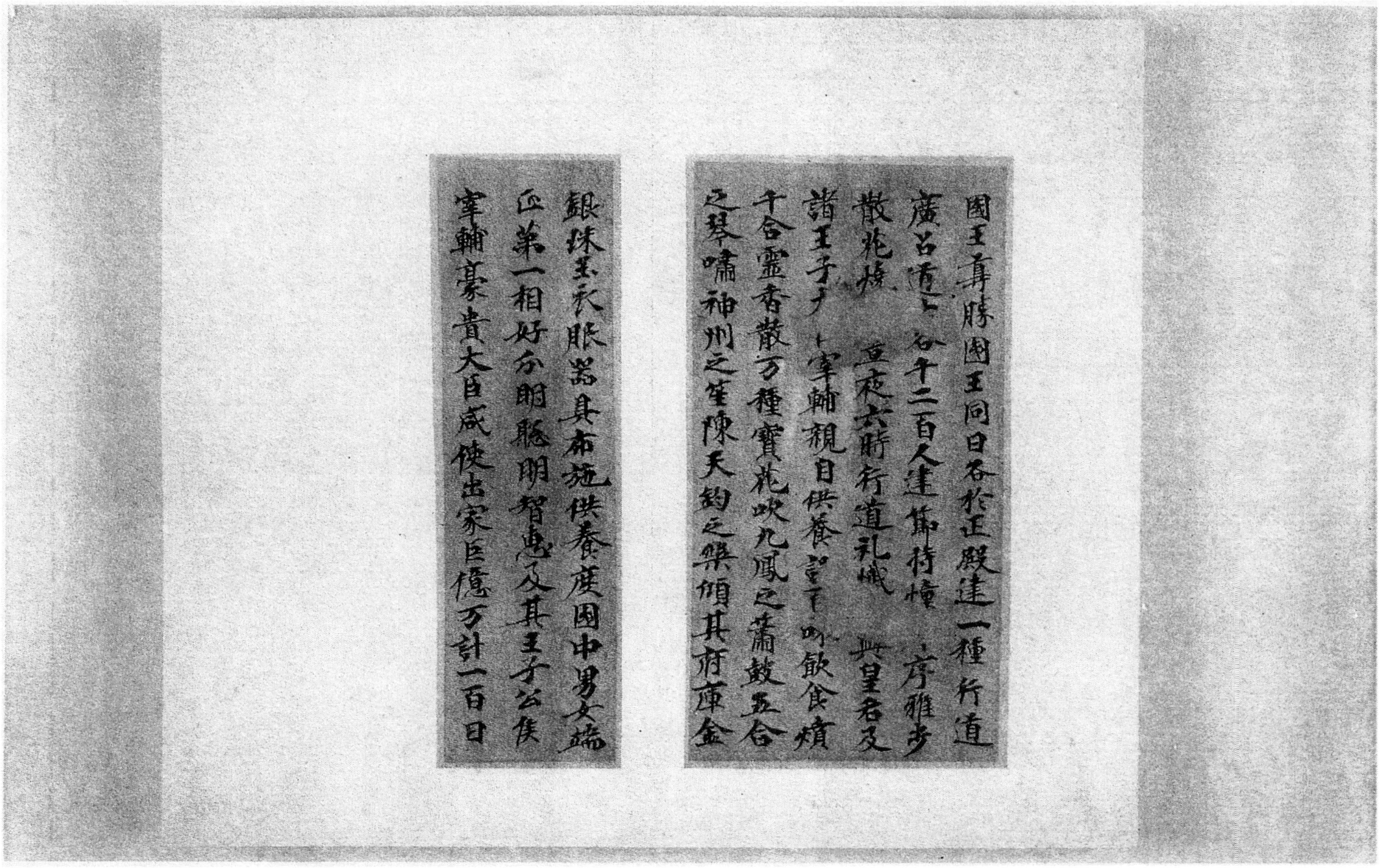

國王尊勝國王同日各於正殿建一種行道
廣召道士〻〻各千二百人建節持幡　序雅步
散花燒香晝夜六時行道礼懺　其皇后及
諸王子〻〻宰輔親自供養望下時歛食殯
千合靈香散万種寶花吹九鳳之簫鼓五合
之琴嘯神州之笙陳天鈞之樂傾其府庫金
銀珠玉衣服器具布施供養度國中男女端
正第一相好分明聰明智惠及其王子公侯
宰輔豪貴大臣咸使出家巨億万計一百日

BD14841號H　太上洞玄靈寶業報因緣經卷五　（40–28）

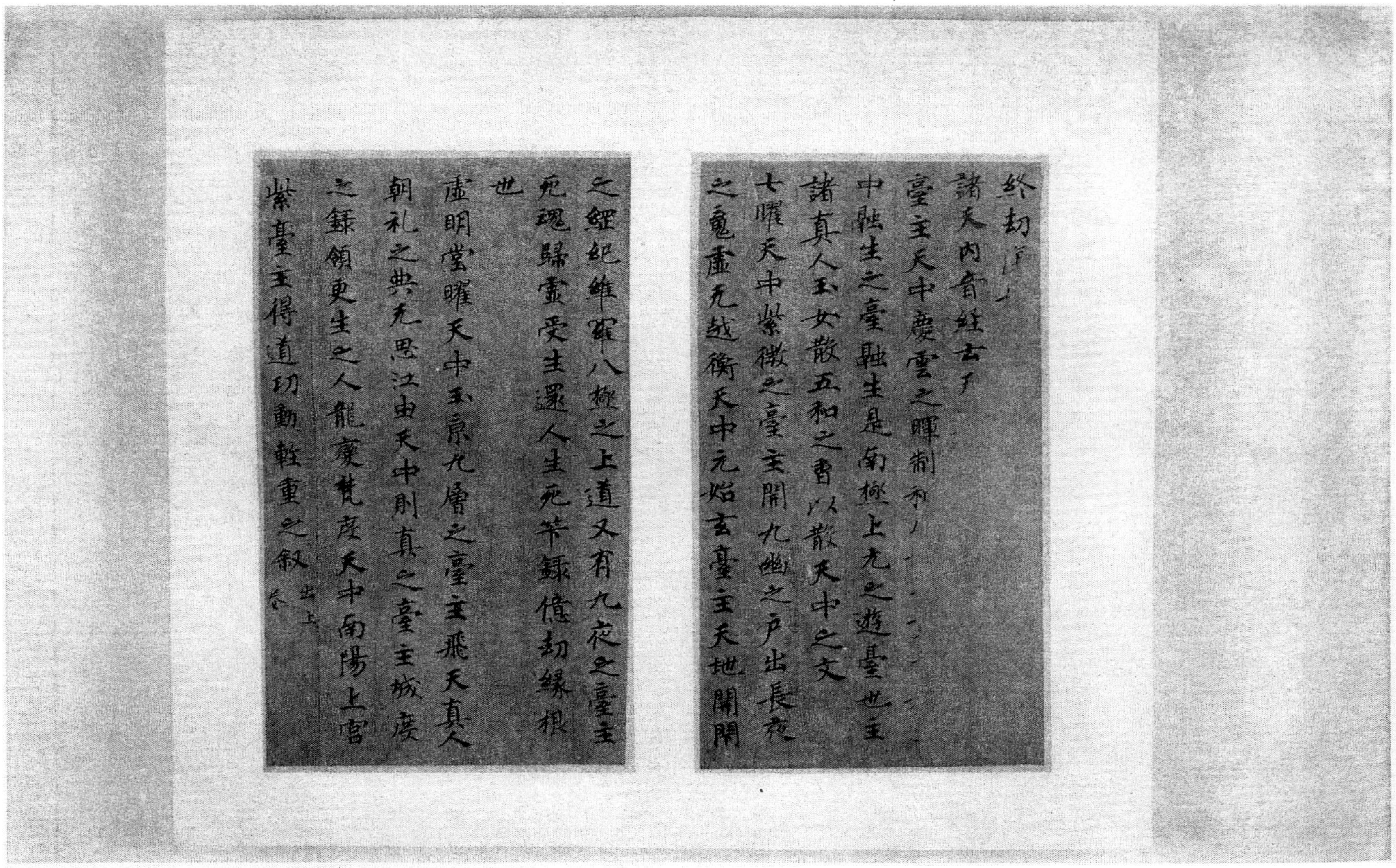

終劫〻〻
諸天內音經玄〻
臺主天中慶雲之暉制和〻〻〻〻〻〻〻
中融生之臺融生是南極上九之遊臺世主
諸真人玉女散五和之書以散天中之文
七曜天中紫微之臺主開九幽之戶出長夜
之魂虛無越衡天中元始玄臺主天地開關
之經紀維羅八極之上道又有九夜之臺主
死魂歸靈受生還人生死等錄億劫緣根
世
虛明堂曜天中玉京九層之臺主飛天真人
朝礼之典無思江由天中刖真之臺主城度
之錄領更生之人能褒梵度天中南陽上宮
紫臺主得道功動輕重之敘（出上卷）

BD14841號I　失題道教類書（擬）　（40–29）

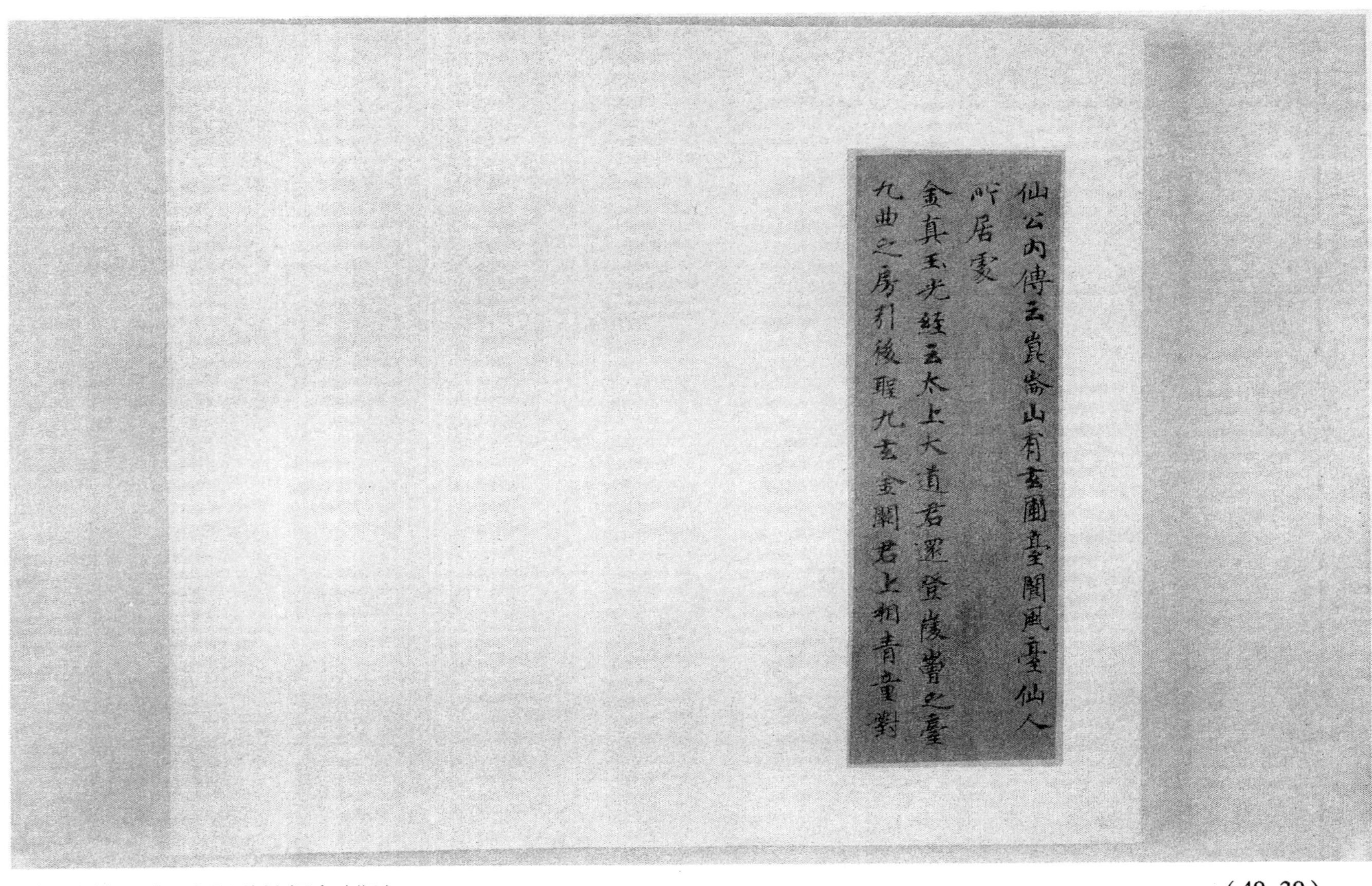
仙公内傳云崑崙山有玄圃臺閬風臺仙人
所居處
金真玉光經云太上大道君還登廣寒之臺
九曲之房引後聖九玄金闕君上相青童對

BD14841 號 I　失題道教類書（擬）　（40–30）

道陵善達深奧於无量劫久已成道安住无
為登太一位而以哀愍為度衆生示同世間
種種方便隨宜引導令入正解譬如船師遊
還大海導引衆人至珎寶處天師出世亦復
如是欲導衆生度生死海登解脫山具功德
寶善能斷汝疑網之心欲顯十方大道威德
推功於我令解汝疑善哉道陵了達根性審

識機宜令汝諮問甚得其理十方神尊哀念
汝等遠降威神來到此土助汝智分分別解
釋令汝等輩得淨慧力裂愚癡網脫生死
羅入真實際具足大乘諳道真境普為將來
開法眼目同會无為湛寂之處是時仙人旦
子明等无量之衆聞道君言稱讚道陵許其
所問歡喜无量不能自勝譬如有人失所愛

BD14841 號 J　太玄真一本際經卷四　（40–31）

之子忽然更活其等欣慶亦復如是即便同
聲說頌問曰
云何識真本　道性自然因　云何烟煴初　兩半生死身
云何入三界　根識深諸塵　云何造惡業　四趣永沈淪
云何初發意　迴向正道人　云何備觀行　白日造天津
云何名真一　新故以證新　云何太一界　昇玄獨可欣
唯垂廣分別　釋我疑網心　悟已超仙品　轉位備高真

道君於是嘿念思惟良久言曰子等復座諦
聽所說言道性者即真實空非空不空亦不
不空非法非非法非物非非物非人非非人
非因非非因非果非非果非始非非始非終
非非終非本非非本而為一切諸法根本无造
无作名曰无為自然而然不可使然不可不
然故曰自然悟此真性名曰悟道了了照見

BD14841號J　太玄真一本際經卷四　（40-32）

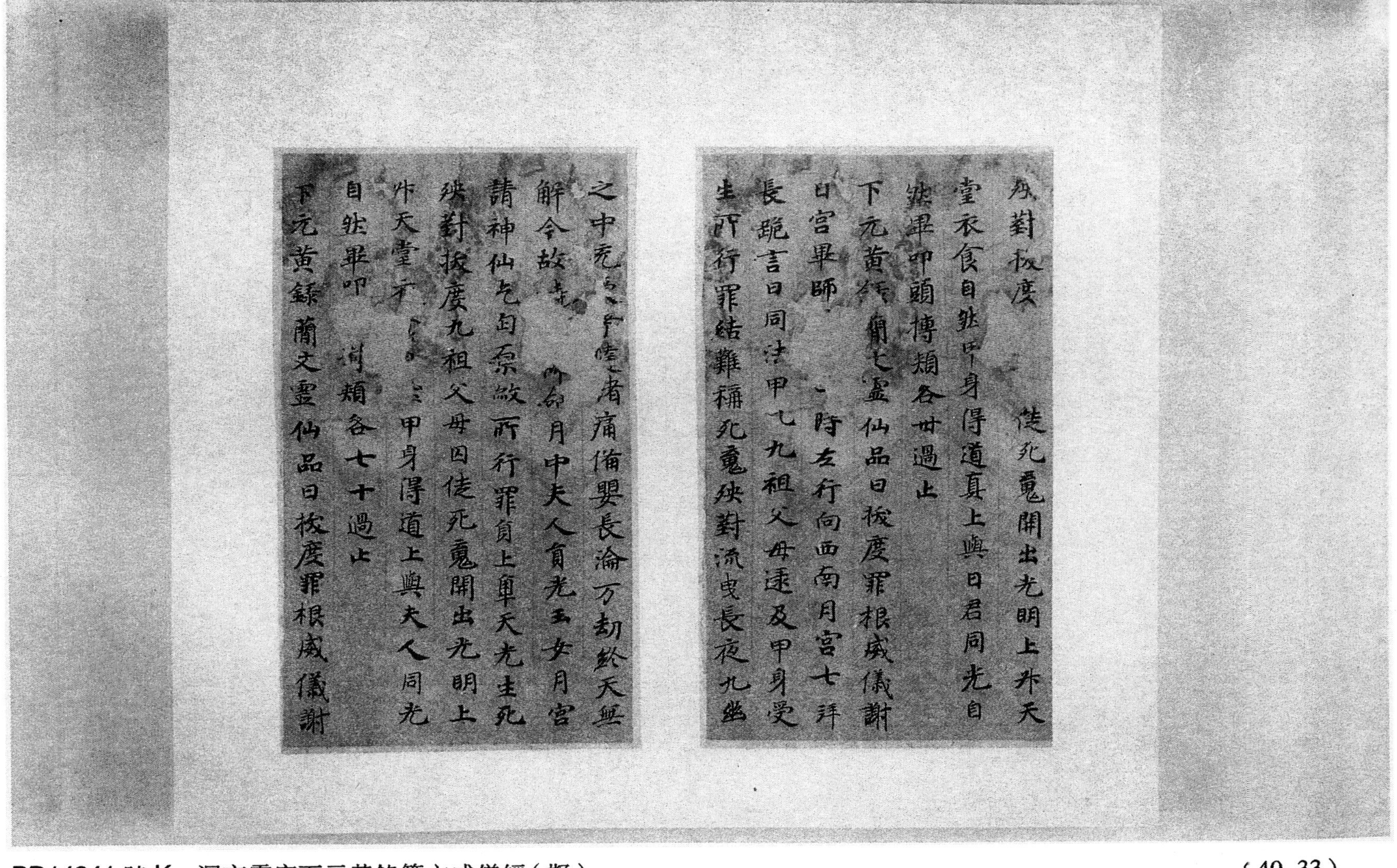

死對拔度　徒死魂開出光明上升天
堂衣食自然甲身得道真上與日君同光自
然畢叩頭搏頰各卅過止
下元黃籙簡文靈仙品曰拔度罪根威儀謝
日宮畢師　時左行向西南月宮七拜
長跪言曰同法甲七九祖父母逮及甲身受
生所行罪結難稱死魂殃對流曳長夜九幽
之中无[illegible]者痛備嬰長淪万劫於天無
解今故[illegible]　向西月中夫人奮光玉女月宮
請神仙乞匄原赦所行罪負上卑天光生死
殃對拔度九祖父母因徒死魂開出光明上
升天堂[illegible]甲身得道上與夫人同光
自然畢叩　搏頰各七十過止
下元黃籙簡文靈仙品曰拔度罪根威儀謝

BD14841號K　洞玄靈寶下元黃錄簡文威儀經（擬）　（40-33）

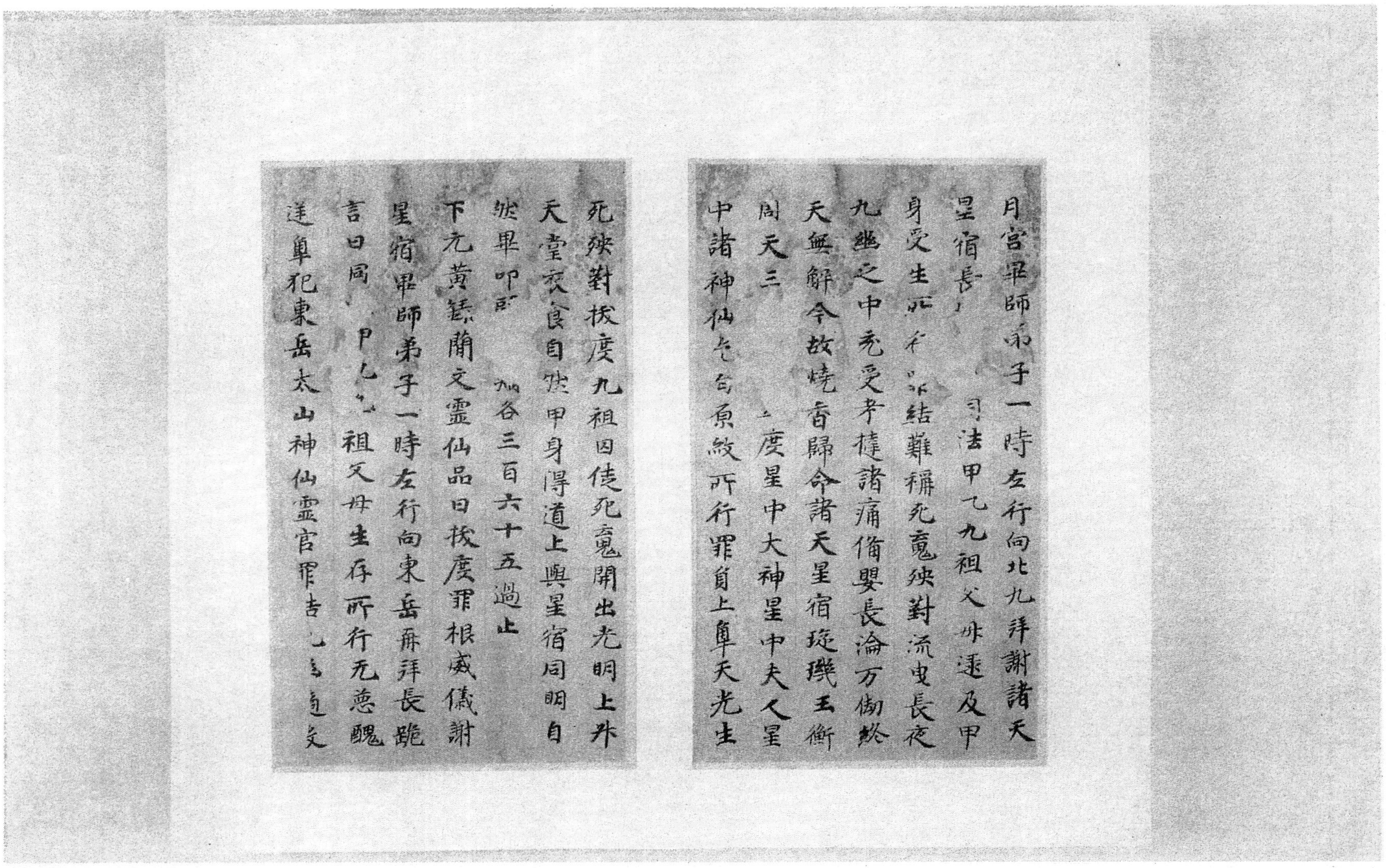

月宮畢師弟子一時左行向北九拜謝諸天
星宿長[illegible]　司法甲乙九祖父母逮及甲
身受生死[illegible]結難稱充魂狹對流曳長夜
九幽之中充受考撻諸痛備嬰長淪万劫於
天無解今故燒香歸命諸天星宿璇璣玉衡
周天三　度星中大神星中夫人星
中諸神仙乞台原赦所行罪負上尊天光生

死狹對拔度九祖因徒死魂開出光明上昇
天堂衣食自然甲身得道上與星宿同明自
然畢叩頭　加各三百六十五過止
下元黃籙簡文靈仙品曰拔度罪根威儀謝
星宿畢師弟子一時左行向東岳再拜長跪
言曰同　甲乙九祖父母生存所行无惡醜
逆尊犯東岳太山神仙靈宮罪吉[illegible]追文

BD14841 號 K　洞玄靈寶下元黃籙簡文威儀經（擬）　（40–34）

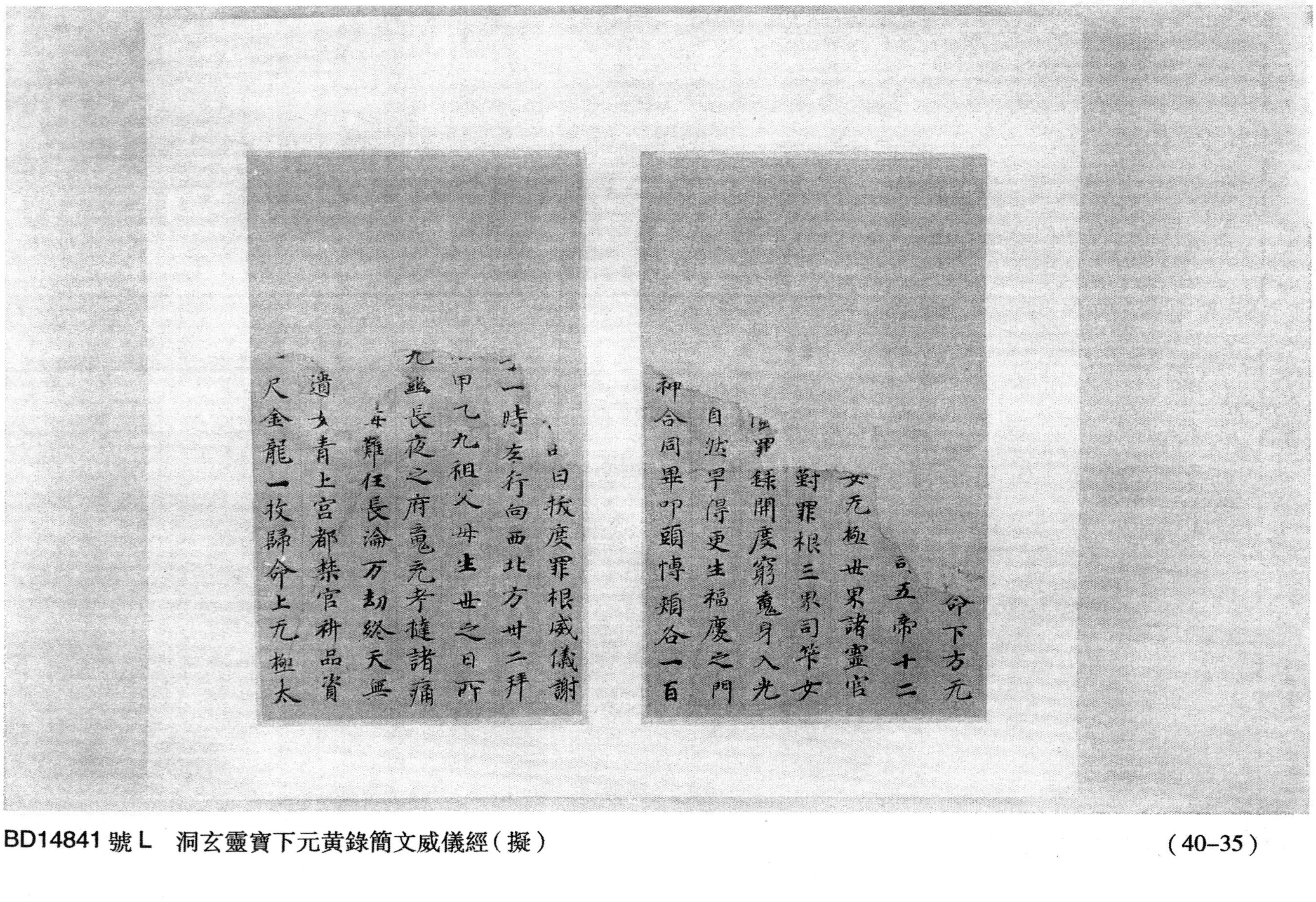

命下方元
言五帝十二
女无極世界諸靈官
對罪根三界司竿女
罪錄開度窮魂身入光
自然早得更生福慶之門
神合同畢叩頭博頰各一百

曰拔度罪根威儀謝
一時左行向西北方卅二拜
甲乙九祖父母生世之日所
九幽長夜之府魂充考撻諸痛
難任長淪万劫終天無
遣女青上宮都禁官科品資
尺金龍一枚歸命上元極太

BD14841 號 L　洞玄靈寶下元黃籙簡文威儀經（擬）　（40–35）

二天帝君玉京玄都紫微上
諸[illegible]仙諸靈官拔贖甲家九祖
父母惡緣[illegible]三界司等女青上宮都禁官
削除罪録開度窮魂身入光明上升天堂衣
食自然早得更生福慶之門甲得道真與神
八[illegible]叩[illegible]各三百廿過止
下元黃録[illegible]一品曰拔度罪根威儀謝

上方星師弟子一時左行向東北日宮三拜
長跪言曰同法甲乙九祖父母逮及甲身受
[illegible]稱死魂怏對流曳長夜
九幽之[illegible]考掠諸痛備嬰長淪万劫終
天無解令故燒香歸命日君夫人童子日中
諸神仙乞匃原赦所行罪負上卑天光生死

BD14841 號 L　洞玄靈寶下元黃録簡文威儀經（擬）　（40–36）

捋一切無稽之鬼世間魍魎男女之殃頭羅丁
勒南陽綦公石母大子雲中李子傲三天誅
死者之鬼千北億來入宅取人小口老媼男子
令天下人疾病死亡村村有之門門皆死鬼兵
毛聚集人隣陌桭人六畜鳥獸作其光佐令
人遣口舌形徒因獄田蠶不收單事凶凶
太上女青鬼律云自後皇天元年以來轉生

百巧不信大道五方逆致疫炁漸興虎狼万
狩受炁長大百虫地魅興日而甚日有千鬼
飛走亂行不可禁止大道不制天師不勅
放縱天下凶凶相逐唯致中民死者千億後
有道士男女生官見吾秘經知鬼姓名皆保
元吉河鬼不干高天万丈鬼百鬼中皇姓係
名天是六万鬼之主[illegible]

BD14841 號 M　道要靈祇神鬼品經　（40–37）

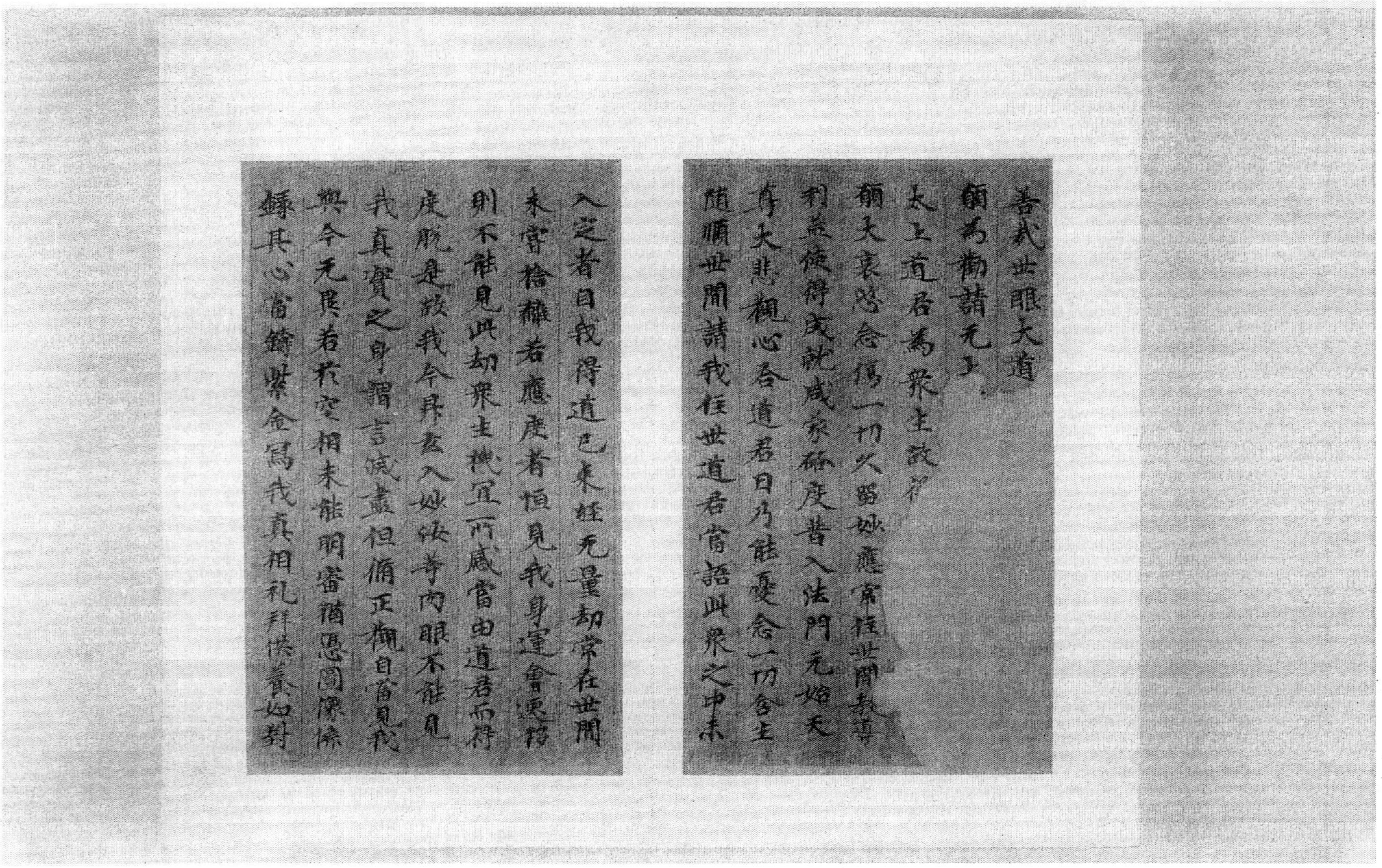

善哉世眼大道
願為勸請无上
太上道君為衆生故
願天哀愍念傷一切久留妙應常住世間教導
利益使得成就咸蒙稱度昔入法門无始天
尊大悲觀心各道君曰乃能憂念一切含生
隨順世間請我住世道君當語此衆之中未

入之者自我得道已來經无量劫常在世間
未嘗捨離若應度者恒見我身運會遷移
則不能見此劫衆生機宜所感當由道君而得
度脫是故我今昇玄入妙汝等肉眼不能見
我真實之身謂言滅盡但循正觀自當見我
與今无異若於空相未能明審猶憑圖像係
緣其心當鑄塑金寫我真相礼拜供養如對

BD14841 號 N　太玄真一本際經卷二　（40–38）

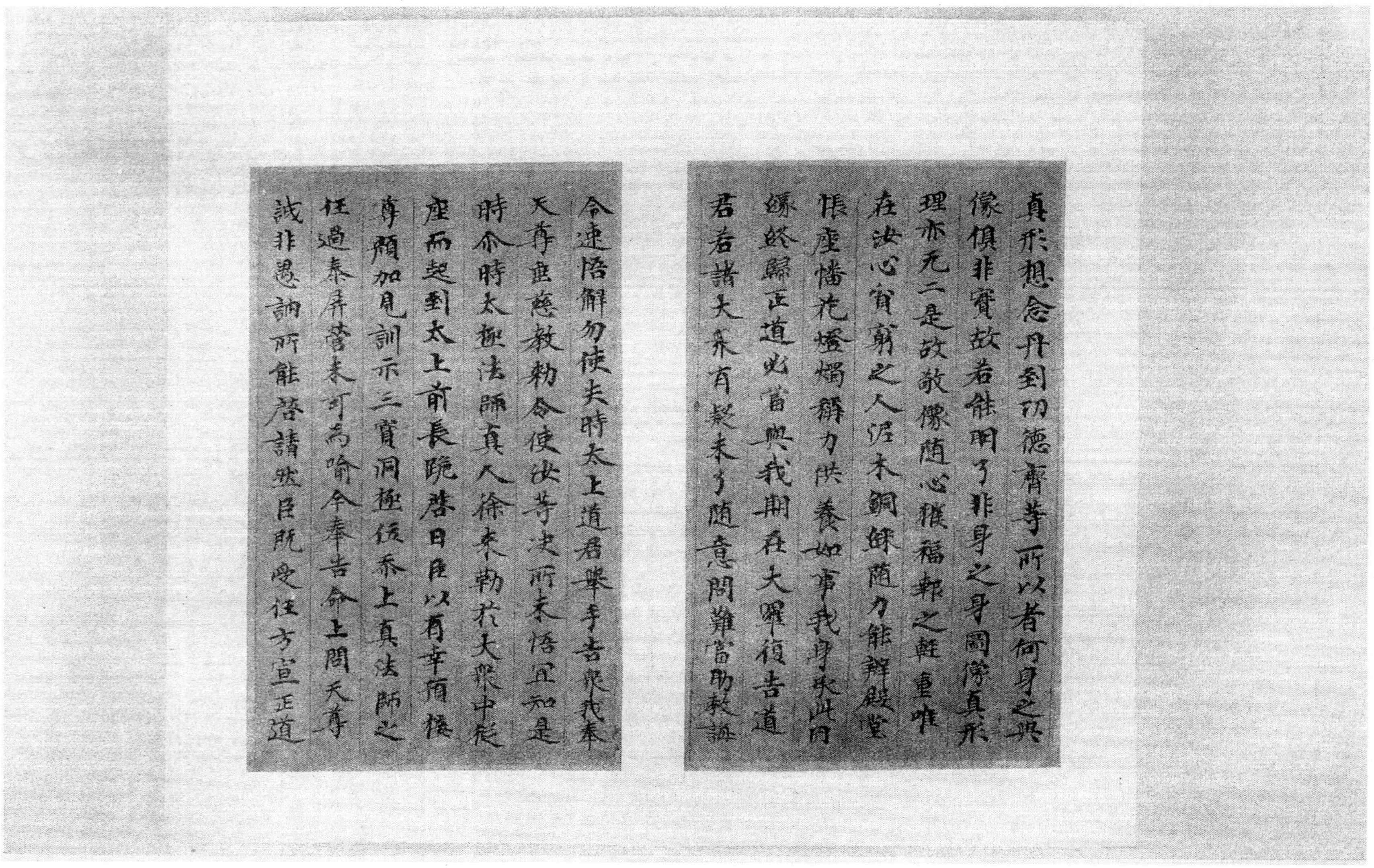

真形想念丹到功德齊等所以者何身之與
像俱非實故若能明了非身之身圖像真形
理亦无二是故敬像隨心獲福報之輕重唯
在汝心實窮之人泥木銅鐵隨力能辦殿堂
帳座幡花燈燭稱力供養如事我身此同
緣終歸正道必當與我期在大羅復告道
君若諸大乘有疑未了隨意問難當助教誨

令速悟解勿使失時太上道君舉手告衆我奉
天尊重慈教勅令使汝等決所未悟宜知是
時尒時太極法師真人徐來勒於大衆中從
座而起到太上前長跪啓曰臣以有幸預接
尊顔加見訓示三寶洞極位忝上真法師之
任過泰屏營未可為喻今奉告命上問天尊
誠非愚訥所能啓請然臣既受任方宣正道

BD14841 號 N　太玄真一本際經卷二　（40–39）

BD14841 號　封底　　（40–40）

善男子夫脩慈者實非妄想諦是真實若是
聲聞緣覺之慈是名虛妄諸佛菩薩真實不
虛云何知耶善男子菩薩摩訶薩脩行如是
大涅槃者觀土為金觀金為土地作水想水作
地想水作火想火作水想地作風想風作地
相隨意成就无有虛妄觀實眾生為非眾生
觀非眾生為實眾生悉隨意成无有虛妄善
男子當知菩薩四无量心是實思惟非不真實
復次善男子云何名為真實思惟謂能斷除
諸煩惱故善男子夫脩慈者能斷貪欲脩悲
心者能斷瞋恚脩喜心者能斷不樂脩捨心
者能斷貪恚及眾生相以是故名真實思惟
復次善男子菩薩摩訶薩四无量心能為一
切諸善根本善男子菩薩摩訶薩若不得見
貧窮眾生无緣生慈若不生慈則不能起慧
施之心以施因緣令諸眾生得安隱樂所謂

BD14842 號　大般涅槃經（北本　思溪本）卷一五　　（13–1）

心者能斷瞋恚循喜心者能斷不樂循捨心
者能斷貪恚及眾生相以是故名真實思惟
復次善男子菩薩摩訶薩四无量心能為一
切諸善根本善男子菩薩摩訶薩若不得見
貧窮眾生无緣生慈若不生慈則不能起惠
施之心以施因緣令諸眾生得安隱樂所謂
食飲車乘衣服華香牀臥舍宅燈明如是施
時心无繫縛不生貪著生必定心迴向阿耨
多羅三藐三菩提其心尒時无所依止妄想
永斷不為怖畏名稱利養不求人天所受快
樂不生憍慢不望反報不為誑他故行布施
不求富貴凡行施時不見受者持戒破戒
是田非田此是知識此非知識施時不見是
器非器不擇日時是處非處亦復不計飢饉
豐樂不見因果此是眾生此非眾生是福田
福雖復不見施者受者及以財物乃至不見
斷及果報而常行施无有斷絕善男子菩薩
若見持戒破戒乃至果報終不能施若不布
施則不具足檀波羅蜜若不具足檀波羅蜜
則不能成阿耨多羅三藐三菩提善男子譬
如有人身被毒箭其人眷屬欲令安隱為除
毒故即命良醫而為拔箭彼人方言且待莫
舉我今當觀如是毒箭從何方來誰之所射
為是剎利婆羅門毗舍首陀復更作念是何
木耶竹耶柳耶其鏃鐵者何冶所出剛耶柔

BD14842號　大般涅槃經（北本　思溪本）卷一五　（13–2）

則不能成阿耨多羅三藐三菩提善男子譬
如有人身被毒箭其人眷屬欲令安隱為除
毒故即命良醫而為拔箭彼人方言且待莫
舉我今當觀如是毒箭從何方來誰之所射
為是剎利婆羅門毗舍首陀復更作念是何
木耶竹耶柳耶其鏃鐵者何冶所出剛耶柔
耶其毛羽者是何鳥翼烏鵄鷲耶所有毒者
為從作生自然而有為是人毒惡蛇毒耶如是
癡人竟未能知尋便命終善男子菩薩亦
尒若行施時分別受者持戒破戒乃至果報
終不能施若不能施則不具足檀波羅蜜若
不具足檀波羅蜜則不能成阿耨多羅三藐
三菩提善男子菩薩摩訶薩行布施時於諸
眾生慈心平等猶如子想又行施時於諸眾
生起慈愍心譬如父母瞻視病子行施之時
其心歡喜猶如父母見子病愈既施之後其
心放捨猶如父母見子長大能自存活是善
薩摩訶薩於慈心中布施食時常作是願我
今所施悉與一切眾生共之以是因緣令諸
眾生得大智食懃精迴向无上大乘願諸眾
生得善智食不求聲聞緣覺之食願諸眾生
得法喜食不求愛食願諸眾生悉得般若波
羅蜜食皆令充滿攝取无导增上善根願諸
眾生悟解空相得无导身猶如虛空願諸眾
生常為受者憐愍一切為眾福田善男子菩

BD14842號　大般涅槃經（北本　思溪本）卷一五　（13–3）

生得善智食不求聲聞緣覺之食願諸衆生
得法喜食不求愛食願諸衆生悉得般若波
羅蜜食皆令充滿得无㝵增上善根願諸
衆生悟解空相得无㝵身猶如虛空願諸衆
生常為受者憐愍一切為衆福田善男子菩
薩摩訶薩修慈心時凡所施食應當堅發如
是等願復次善男子菩薩摩訶薩於慈心中
布施漿時當作是願我今所施悉与一切衆
生共之以是因緣令諸衆生趣大乘河飲八
味水速涉无上菩提之道離於聲聞緣覺枯
渴渴仰求於无上佛乘斷煩惱渴渴仰法味
離生死愛愛樂大乘大般涅槃具足法身得
諸三昧入於甚深智慧大海願諸衆生得甘
露味菩提出世離欲寂靜如是諸味願諸衆
生具足无量百千法味具足味已得見佛性
見佛性已能雨法雨雨法雨已佛性遍覆猶
如虛空復令其餘无量衆生得一法味所謂
大乘非諸聲聞辟支佛味願諸衆生得一甜
味无有六種差別之味願諸衆生唯求法味
无㝵佛法所行之味不求餘味善男子菩薩
摩訶薩於慈心中布施漿時應當堅發如是
等願復次善男子菩薩摩訶薩於慈心中施
車乘時應作是願我今所施悉与一切衆生共
之以是因緣普令衆生成於大乘得住大乘不
退於乘不動轉乘金剛座乘不求聲聞辟支

BD14842號　大般涅槃經（北本　思溪本）卷一五　（13–4）

等願復次善男子菩薩摩訶薩於慈心中施
車乘時應作是願我今所施悉与一切衆生共
之以是因緣普令衆生成於大乘得住大乘不
退於乘不動轉乘金剛座乘不求聲聞辟支
佛乘向於佛乘无能伏乘无羸之乘不退沒
乘无上乘十力乘大功德乘未曾有乘希有
乘難得乘无邊乘知一切乘善男子菩薩摩
訶薩於慈心中施車乘時常應如是堅發誓
願復次善男子菩薩摩訶薩於慈心中布施
衣時當作是願我今所施悉与一切衆生共之
以是因緣令諸衆生得慚愧衣法界覆身裂
諸見衣衣服離身一尺六寸得金色身所受諸
觸柔軟无㝵光色潤澤皮膚細軟常光无量
无色離色願諸衆生皆悉普得无色之身過
一切色得入无色大般涅槃善男子菩薩摩
薩布施衣時應當如是堅發誓願復次善
男子菩薩摩訶薩於修慈中布施華香塗香
末香時應作是願我今所施悉与一切衆生
共之以是因緣令諸衆生一切皆得佛華三
昧七寶妙鬘繫其手頂願諸衆生形如滿月
所見諸色微妙第一願諸衆生皆成一相百
福莊嚴願諸衆生隨意得見可意之色願諸
衆生常遇善友得无㝵香離諸臭穢願諸衆
生具諸善根无上珍寶願諸衆生相視和悅
无有憂苦衆善各備不相憂念願諸衆生戒

BD14842號　大般涅槃經（北本　思溪本）卷一五　（13–5）

[illegible]
眾生常遇善友得无㝵香離諸見穢願諸眾
生具諸善根无上珎寶願諸眾生相視和悅
无有憂苦眾善各備不相憂念願諸眾生戒
香具足願諸眾生持无㝵戒香氣馚馥充滿
十方願諸眾生得堅牢戒无悔之戒一切智
戒離諸破戒悉得无戒未曾有戒无師戒无
作戒无荒戒无汙染戒竟已戒究竟戒得平
等戒於香塗身及以斫刺等无憎愛願諸眾
生得无上戒大乘之戒非小乘戒願諸眾生
悉得具足尸波羅蜜戒猶如諸佛所成就戒
願諸眾生悉為布施持戒忍辱精進禪智之
所薰脩願諸眾生悉得成就大般涅槃微妙蓮
華其華香氣充滿十方願諸眾生純食大乘大
般涅槃无上香饌猶蜂採華但取香味願諸眾
生悉得成就无量功德所薰之身善男子菩
薩摩訶薩於慈心中施香華時常當堅發如
是誓願復次善男子菩薩摩訶薩於慈心中
施牀敷時應作是願我今所施悉与一切眾
生共之以是因緣令諸眾生得天中天所卧
之牀得大智慧坐四禪處卧於菩薩所卧之
牀不卧聲聞辟支佛牀離卧惡牀願諸眾生
得安樂卧離生死牀成大涅槃師子卧牀願
諸眾生坐此牀已復為其餘无量眾生示現
神通師子遊戲願諸眾生住此大乘大宮殿
中為諸眾生演說佛性願諸眾生坐无上牀

BD14842號　大般涅槃經（北本　思溪本）卷一五　（13-6）

牀不卧聲聞辟支佛牀離卧惡牀願諸眾生
得安樂卧離生死牀成大涅槃師子卧牀願
諸眾生坐此牀已復為其餘无量眾生示現
神通師子遊戲願諸眾生住此大乘大宮殿
中為諸眾生演說佛性願諸眾生坐无上牀
不為世法之所降伏願諸眾生得忍辱牀離
於生死飢饉凍餓願諸眾生得无畏牀永離
一切煩惱怨賊願諸眾生得清淨牀專求无
上正真之道願諸眾生得善住牀常為善
友之所擁護願諸眾生得右脅卧牀依因諸
佛所行之法善男子菩薩摩訶薩於慈心中
施牀敷時應當堅發如是誓願復次善男子
菩薩摩訶薩於慈心中施舍宅時常作是願
我今所施悉与一切眾生共之以是因緣令
諸眾生處大乘舍脩行善友所行之行脩大
悲行六波羅蜜行大正覺行一切菩薩所行
道行无邊廣大如虛空行願諸眾生皆得正
念遠離惡念願諸眾生悉得安住常樂我淨
永離四倒願諸眾生悉得受持出世文字願
諸眾生必為无上一切智器願諸眾生悉得
入於甘露屋宅願諸眾生初中後心常入大
乘涅槃屋宅願諸眾生於未來世常處菩薩
所居宮殿善男子菩薩摩訶薩於慈心中施
舍宅時常當堅發如是誓願復次善男子菩
薩摩訶薩於慈心中施燈明時當作是願我

BD14842號　大般涅槃經（北本　思溪本）卷一五　（13-7）

乘涅槃屋宅願諸衆生於未來世常處菩薩
所居宮殿善男子菩薩摩訶薩於慈心中施
舍宅時常當堅發如是誓願復次善男子菩
薩摩訶薩於慈心中施燈明時常作是願我
今所施悉与一切衆生共之以是因緣令諸衆
生光明无量安住佛法願諸衆生常得照明
願諸衆生得色微妙光澤第一願諸衆生其
目清淨无諸瞖網願諸衆生得大智炬善解
无我无衆生相无人无命願諸衆生皆得覩
見清淨佛性猶如虛空願諸衆生具眼清淨
徹見十方恒沙世界願諸衆生得佛光明普
照十方願諸衆生得无㝵眼皆悉得見清淨
佛性願諸衆生得大智明破一切闇及一闡
提願諸衆生得无量光普照无量諸佛世
界願諸衆生然大乘燈離二乘燈願諸衆生
所得光明滅无明闇過於千日並照之功願
諸衆生得火珠明悉滅三千大千世界所有
黑闇願諸衆生具足五眼悟諸法相成无師
覺願諸衆生无見无明願諸衆生悉得大乘
大般涅槃微妙光明示悟衆生真實佛性善
男子菩薩摩訶薩於慈心中施燈明時常應
懃發如是誓願善男子一切聲聞緣覺菩薩
諸佛如來所有善根慈為根本善男子菩薩
摩訶薩脩集慈心能生如是无量善根所謂
不淨出息入息无常生滅四念處七方便三

BD14842號　大般涅槃經（北本　思溪本）卷一五　（13–8）

男子菩薩摩訶薩於慈心中施燈明時常應
懃發如是誓願善男子一切聲聞緣覺菩薩
諸佛如來所有善根慈為根本善男子菩薩
摩訶薩脩集慈心能生如是无量善根所謂
不淨出息入息无常生滅四念處七方便三
觀處十二因緣无我等觀煖法頂法忍法世
第一法見道脩道正懃如意諸根諸力七菩
提分八聖道四禪四无量心八解脫八勝處
一切入空无相願无諍三昧知他心智及諸神
通智本際智聲聞智緣覺智菩薩智佛智善
男子如是等法慈為根本善男子以是義故
慈是真實非虛妄也若有人問誰是一切諸
善根本當言慈是以是義故實非虛妄善男
子能為善者名實思惟實思惟者即名為慈
慈即如來慈即大乘大乘即慈慈即如來善
男子慈即菩提道菩提道即如來如來即慈
善男子慈即大梵大梵即慈慈即如來善男
子慈者能為一切衆生而作父母父母即慈
慈即如來善男子慈者乃是不可思議諸佛
境界不可思議諸佛境界即是慈也當知慈
者即是如來善男子慈者即是衆生佛性如
是佛性久為煩惱之所覆弊故令衆生不得
覩見佛性即慈慈即如來善男子慈即大空
大空即慈慈即如來善男子慈即虛空虛空
即慈慈即如來善男子慈即是常常即是法
[illegible]

BD14842號　大般涅槃經（北本　思溪本）卷一五　（13–9）

是佛性久為煩惱之所覆弊故令衆生不得
覩見佛性即慈慈即如来善男子慈即大空
大空即慈慈即如来善男子慈即虛空虛空
即慈慈即如来善男子慈即是常常即是法
法即是僧僧即是慈慈即如来善男子慈即
是樂樂即是法法即是僧僧即是慈慈即如
来善男子慈即是淨淨即是法法即是僧僧
即是慈慈即如来善男子慈即是我我即是
法法即是僧僧即是慈慈即如来善男子慈
即甘露甘露即慈慈即佛性佛性即法法
即是僧僧即是慈慈即如来善男子慈者即
是一切菩薩无上之道道即是慈慈即如来善
男子慈者即是諸佛世尊无量境界无量境
界即是慈也當知是慈即是如来善男子慈
若无常无常即慈當知是慈即聲聞慈善男
子慈若是苦苦即是慈當知是慈是聲聞慈
善男子慈若不淨不淨即慈當知是慈是聲
聞慈善男子慈若无我无我即慈當知是慈
是聲聞慈善男子慈若妄想妄想即慈當知
是慈是聲聞慈善男子慈若不名檀波羅蜜
非檀之慈當知是慈是聲聞慈乃至般若波
羅蜜亦復如是善男子慈若不能利益衆生
如是之慈是聲聞慈善男子慈若不入一相
之道當知是慈是聲聞慈善男子慈若不能
覺了諸法當知是慈是聲聞慈善男子慈若不

BD14842號　大般涅槃經（北本　思溪本）卷一五　（13–10）

非檀之慈當知是慈是聲聞慈乃至般若波
羅蜜亦復如是善男子慈若不能利益衆生
如是之慈是聲聞慈善男子慈若不入一相
之道當知是慈是聲聞慈善男子慈若不能
覺了諸法當知是慈是聲聞慈善男子慈若不
能見知来性當知是慈是聲聞慈善男子慈若
見法悉是有相當知是慈是聲聞慈善男子慈若
有漏有漏慈者是聲聞慈善男子慈若有為有
為之慈是聲聞慈善男子慈若不能住於初
住非初住慈當知即是聲聞慈也善男子
慈若不能得佛十力四无所畏當知是慈是
聲聞慈善男子慈若能得四沙門果當知是
慈是聲聞慈善男子慈若有无非有非无如
是之慈非諸聲聞辟支佛等所能思議善男
子慈若不可思議法不可思議佛性不可思
議如来亦不可思議善男子菩薩摩訶薩住
於大乘大般涅槃循如是慈雖復安於睡眠
之中所不睡眠懃精進故雖常悟悟亦无悟
悟以无眠故於睡眠中諸天雖護亦无護者不
行惡故眠不惡夢无有不善離睡眠故命終
之後雖生梵天亦无所生得自在故善男子
夫循慈者能得成就如是无量无邊功德善
男子是大涅槃微妙經典亦能成就如是无
量无邊功德諸佛如来亦得成就如是无量
无邊功德迦葉菩薩白佛言世尊菩薩摩訶

BD14842號　大般涅槃經（北本　思溪本）卷一五　（13–11）

夫循慈者能得成就如是无量无邊功德善
男子是大涅槃微妙經典亦能成就如是无
量无邊功德諸佛如來亦得成就如是无量
无邊功德迦葉菩薩白佛言世尊菩薩摩訶
薩所有思惟悉是真實聲聞緣覺非真實者
一切衆生何故不以菩薩威力等受快樂若
諸衆生實不得樂當知菩薩所循慈心為无
利益佛言善男子菩薩之慈非不利益善男
子諸有衆生或必受苦或有不受若有衆生
必受苦者若菩薩之慈為无利益謂一闡提
若有受苦不必定者菩薩之慈則為利益令
彼衆生悉受快樂善男子譬如有人遥見師
子虎豹豺狼羅刹鬼等自然生怖夜行見杌
亦生怖畏善男子如是諸人自然怖畏衆生
如是見循慈者自然受樂善男子以是義故
菩薩循慈是實思惟非无利益善男子我說
是慈有无量門所謂神通善男子汝提婆達
教阿闍世欲害如來是時我入王舍大城次
第乞食阿闍世王即放護財狂醉之鳥欲令
害我及諸弟子其鳥尒時蹋煞无量百千衆
生衆生死已多有血氣是鳥嗅已狂醉倍常
見我翼從被服赤色謂呼是血而復見趣我
弟子中未離欲者四布馳走唯除阿難尒時
王舍大城之中一切人民同時舉聲啼哭嘷

BD14842號　大般涅槃經（北本　思溪本）卷一五　（13–12）

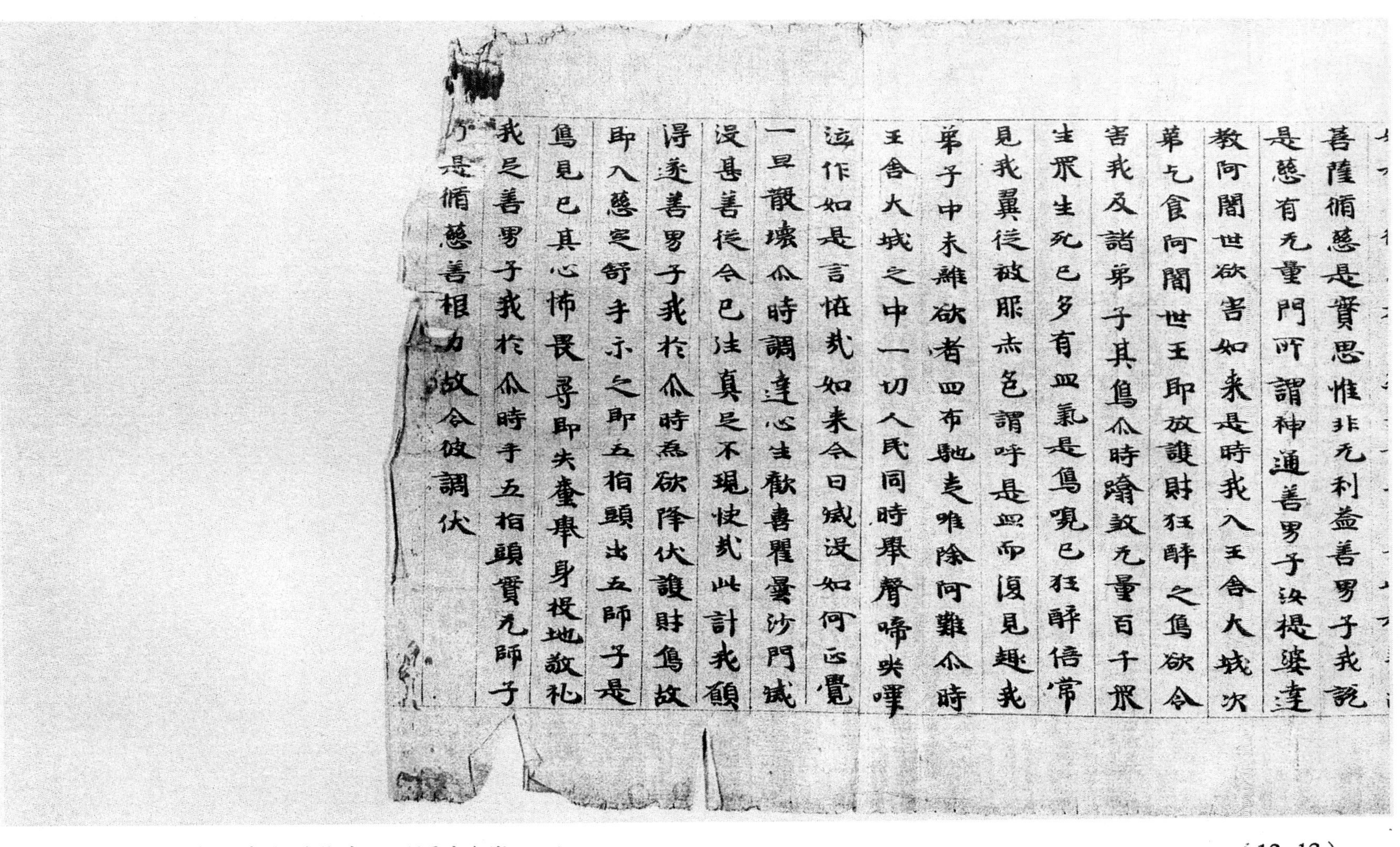
菩薩循慈是實思惟非无利益善男子我說
是慈有无量門所謂神通善男子汝提婆達
教阿闍世欲害如來是時我入王舍大城次
第乞食阿闍世王即放護財狂醉之鳥欲令
害我及諸弟子其鳥尒時蹋煞无量百千衆
生衆生死已多有血氣是鳥嗅已狂醉倍常
見我翼從被服赤色謂呼是血而復見趣我
弟子中未離欲者四布馳走唯除阿難尒時
王舍大城之中一切人民同時舉聲啼哭嘷
泣作如是言怪哉如來今日滅沒如何正覺
一旦散壞尒時調達心生歡喜瞿曇沙門滅
沒甚善從今已往真是不現快哉此計我願
得遂善男子我於尒時為欲降伏護財鳥故
即入慈定舒手示之即五指頭出五師子是
鳥見已其心怖畏尋即失糞舉身投地敬礼
我足善男子我於尒時手五指頭實无師子
乃是循慈善根力故令彼調伏

BD14842號　大般涅槃經（北本　思溪本）卷一五　（13–13）

BD14842 號背　雜寫　　(1–1)

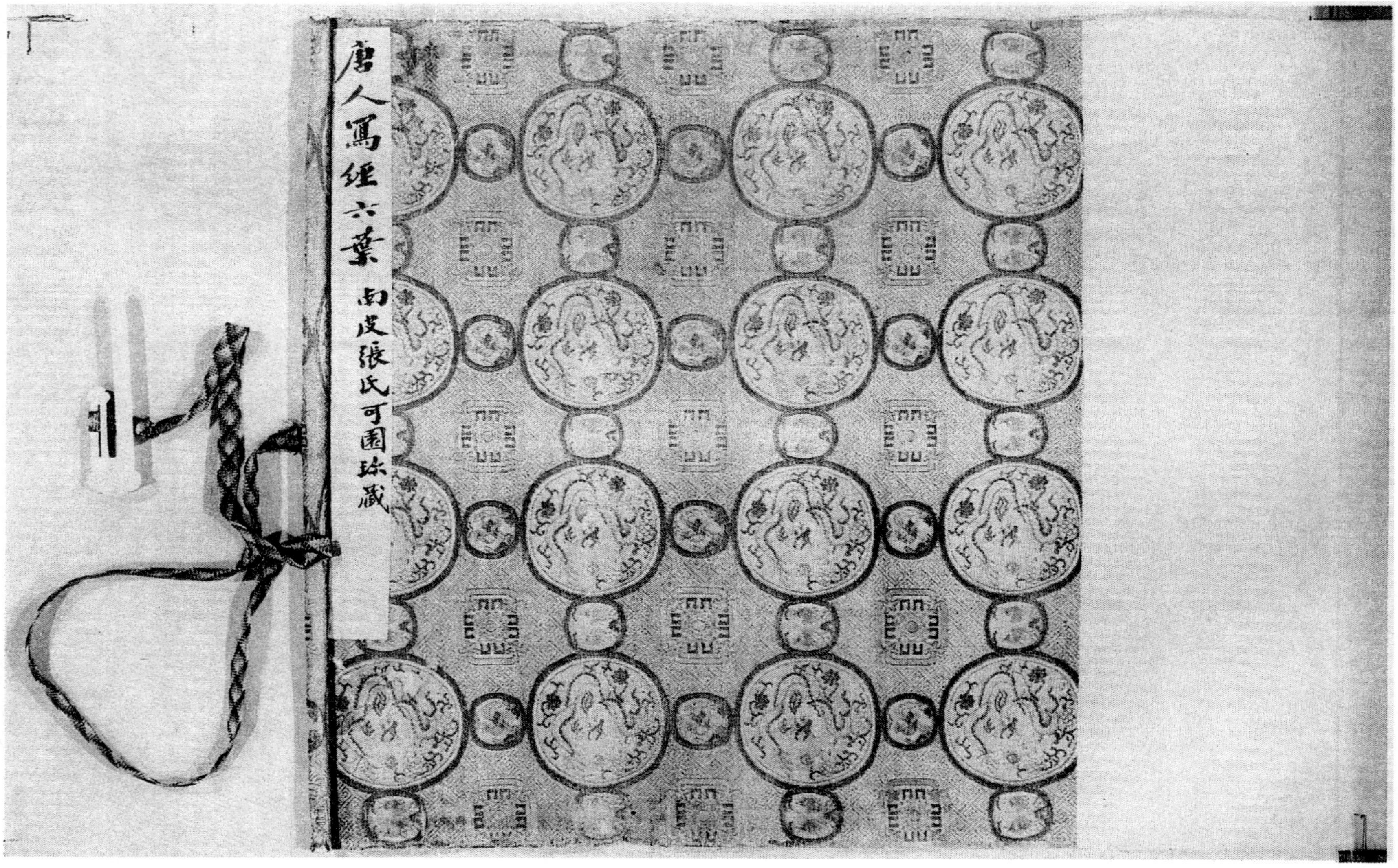

唐人寫經六葉

南皮張氏可園珍藏

BD14843 號背　護首　　(1–1)

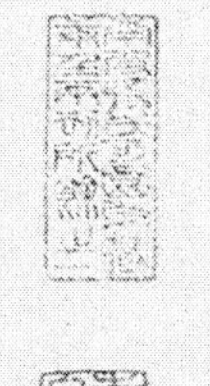

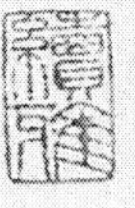

十六菩薩常樂說是妙法蓮華經一一菩薩
所化六百萬億那由他恒河沙等衆生世世
所生與菩薩俱從其聞法悉皆信解以此因
緣得值四萬億諸佛世尊于今不盡諸比丘
我今語汝彼佛弟子十六沙弥今皆得阿耨多
羅三藐三菩提於十方國土現在說法有無
量百千萬億菩薩聲聞以為眷屬其二沙
弥東方作佛一名阿閦在歡喜國二名須弥
頂東南方二佛一名師子音二名師子相南
方二佛一名虛空住二名常滅西南方二佛
一名帝相二名梵相西方二佛一名阿弥陁
二名度一切世間苦惱西北方二佛一名多
摩羅跋栴檀香神通二名須弥相北方二佛
一名雲自在二名雲自在王東北方佛名壞
一切世間怖畏第十六我釋迦牟尼佛於娑
婆國土成阿耨多羅三藐三菩提諸比丘我
等為沙弥時各各教化無量百千萬億恒河
沙等衆生從我聞法為阿耨多羅三藐三菩
提此諸衆生于今有住聲聞地者我常教化
阿耨多羅三藐三菩提是諸人等應以是法
漸入佛道所以者何如来智慧難信難解尒
時所化無量恒河沙等衆生者汝等諸比丘

BD14843號A　妙法蓮華經卷三　　（12–1）

一名雲自在二名雲自在王東北方佛名壞
一切世間怖畏第十六我釋迦牟尼佛於娑
婆國土成阿耨多羅三藐三菩提諸比丘我
等為沙弥時各各教化無量百千萬億恒河
沙等衆生從我聞法為阿耨多羅三藐三菩
提此諸衆生于今有住聲聞地者我常教化
阿耨多羅三藐三菩提是諸人等應以是法
漸入佛道所以者何如来智慧難信難解尒
時所化無量恒河沙等衆生者汝等諸比丘
及我滅度後未来世中聲聞弟子是也我滅
度後復有弟子不聞是經不知不覺菩薩所
行自於所得功德生滅度想當入涅槃我於
餘國作佛更有異名是人雖生滅度之想入
於涅槃而於彼土求佛智慧得聞是經唯以
佛乘而得滅度更無餘乘除諸如来方便說
法諸比丘若如来自知涅槃時到衆又清淨
信解堅固了達空法深入禪定便集諸菩薩
及聲聞衆為說是經世間無有二乘而得滅
度唯一佛乘得滅度耳比丘當知如来方便
深入衆生之性知其志樂小法深着五欲為
是等故說於涅槃是人若聞則便信受譬如
五百由旬險難惡道曠絕無人怖畏之處若
有多衆欲過此道至珎寶處有一導師聰慧
明達善知險道通塞之相將導衆人欲過此

BD14843號A　妙法蓮華經卷三　　（12–2）

又復更生生已復死更劈更燒雨金剛[illegible]雨
金剛雹又復雨石破壞碎散彼五逆人如是
獨无伴惡業行人惡業怨家將入地獄若復
得離閻魔羅人處處馳走此人瞋心樂行多
作果報今更无救无歸師子虎虵惡瞋之類
現住其前彼人怖畏處處馳走以惡業故而
不能走為彼所執極大瞋怒先食其頭既被
食頭唱喚悲苦死轉在地復有惡虵牙有惡
毒而復齧之而食其骨虎食其背火燒其
之閻魔羅人復遠射之如是受苦閻魔羅人
復為偈呵嘖之言

[illegible]王梵天王尸棄大梵光明大梵等與其眷
屬萬二千天子俱有八龍王難陀龍王跋難
陀龍王娑伽羅龍王和脩吉龍王德叉迦龍
王阿那婆達多龍王摩那斯龍王優鉢羅龍
王等各與若干百千眷屬俱有四緊那羅王
[illegible]羅王妙法緊那羅王大法緊那羅王

BD14843號 B1　正法念處經卷一四　（12–3）

BD14843號 B2　正法念處經卷一四

BD14843號 C　妙法蓮華經卷一

我都不知我於夜夢見不祥事[illegible]諸臣等
知如來入大涅槃我欲入城礼拜如來金剛
舍利法為通路呪師聞已即聽前入至城
內四衢道中見師子座舍利金罌復觀大眾
悲哀供養子與從眾一時礼拜悲泣流淚右
繞七匝哀慟供養尒時王就大眾請求佛
一分舍利還國供養大眾答言可曉王耶佛
已先許分布方法舍利皆已分訖無有
仁分仁可還宮阿闍世王不果所請愁憂不
樂即礼舍利悵恨而還
尒時毗離外道名王佛涅槃後經三七已尒
乃方知即將臣從往拘尸即見
無數四兵之眾防衛拘尸繞無量重尒時阿
勒伽羅王佛涅槃後經三七已尒乃方知即
將臣從疾往拘尸既至拘尸即見無數四兵
之眾防衛拘尸繞無量重尒時毗離隊不畏
王[illegible]入涅槃經三七已尒乃方知尒時遮羅
迦毗羅國王佛入涅槃經三七已尒乃方知尒
時[illegible]伽那王佛入涅槃經三七已尒乃方知
尒時波肩羅外道名王佛入涅槃經三七已
尒乃方知即將臣從疾往拘尸既至拘尸即
見無數四兵之眾防衛拘尸繞無量重復見
城門[illegible]有　呪師方止分難王問呪師佛涅槃

BD14843號 D　大般涅槃經後分卷下　（12–4）

而不可盡
尒時舍利弗語无盡意言善哉善哉善男子
仁已快說菩薩禪波羅蜜唯願仁者當說菩
薩般若波羅蜜如諸菩薩所得无盡般若波
羅蜜善男子般若波羅蜜云何行云何入无
盡意言唯舍利弗般若波羅蜜如聞脩行善
入思惟舍利弗言唯善男子云何如聞脩行无
盡意言聞者具八十行何等八十欲脩行
順心行畢竟心行常發起行親近善友行无
憍慢行不放逸行恭敬行隨順行教從善語
行數住師所行至心聽法行善思惟行不亂心
行勤心進行生實相行起藥想行除諸病行
念器行進覺行意喜行入覺行聞无厭行增
長捨行謂智行親近多聞行發歡喜行身輕
悅行心柔和行聞无疲惓行聞義行聞法行
聞威儀行聞他說行聞所未聞行聞諸通行不
求餘乘行聞諸波羅蜜行聞菩薩藏行聞
諸攝法行聞方便行聞四梵行聞念正智行
聞生方便行聞无生方便行觀不淨行思惟
慈行觀因緣行觀无常行觀苦行觀无我行
觀寂滅行觀空行觀无相行觀无願行觀无
作行作善行持真實行不失行好惡住憂防
護心行勤進无懈行善分別諸法行知諸煩
惱非伴侶行護諸善法自伴侶行降伏煩惱
非伴侶行觀近正法財行斷諸貧窮行智者

慈行觀因緣行觀无常行觀苦行觀无我行
觀寂滅行觀空行觀无相行觀无願行觀无
作行作善行持真實行不失行好惡住憂防
護心行勤進无懈行善分別諸法行知諸煩
惱非伴侶行護諸善法自伴侶行降伏煩惱
非伴侶行觀近正法財行斷諸貧窮行智者
所讚行欣樂利根行衆聖所勸行令非聖者
生歡喜行觀諸諦行觀陰過患行思量有為
多過患行思義行不作一切惡行自利利他
行隨順增進諸善業行進增上行得一切佛

如今日世尊　諸釋中之王　道場師子吼　說法无所畏
我等未來世　一切所尊敬　坐於道場時　說壽亦如是
深心者　清淨而質直　多聞能總持　隨義解佛語
等　於此无有疑
逸多若有聞佛壽命長遠解其言趣是
人所得功德无有限量能起如來无上之慧
何況廣聞是經若教人聞若自持若教人持
若自書若教人書若以華香瓔珞幢幡繒蓋
香油蘇燈供養經卷是人功德无量无邊能
一切種智阿逸多若善男子善女人聞我
說長遠深心信解則為見佛常在耆闍
崛山共大菩薩諸聲聞衆圍繞說法又見此
娑婆世界其地琉璃坦然平正閻浮檀金以

若自書若教人書卷以華香瓔珞幢幡繒蓋
香油蘇燈供養經卷是人功德无量无邊能
生一切種智阿逸多若善男子善女人聞我
說壽命長遠深心信解則為見佛常在耆闍
崛山共大菩薩諸聲聞衆圍繞說法又見此
娑婆世界其地琉璃坦然平正閻浮檀金以
界八道寶樹行列諸臺樓觀皆悉寶成其菩
薩衆咸處其中若有能如是觀者當知是為
深信解相又復如來滅後若聞是經而不毀
呰起隨喜心當知已為深信解相何況讀誦
受持之者斯人則為頂戴如來阿逸多是善
男子善女人不須為我復起塔寺及作僧坊
以四事供養衆僧所以者何是善男子善女
人受持讀誦是經典者為已起塔造立僧坊
供養衆僧則為以佛舍利起七寶塔高廣漸
小至于梵天懸諸幡蓋及衆寶鈴華香瓔珞
末香塗香燒香衆鼓伎樂簫笛箜篌種種儛
戲以妙音聲歌唄讚頌則為於无量千万億
劫作是供養已阿逸多若我滅後聞是經典
有能受持若自書若教人書則為起立僧坊
以赤栴檀作諸殿堂三十有二高八多羅樹
高廣嚴好百千比丘於其中止園林浴池

BD14843號F　妙法蓮華經卷五　（12–7）

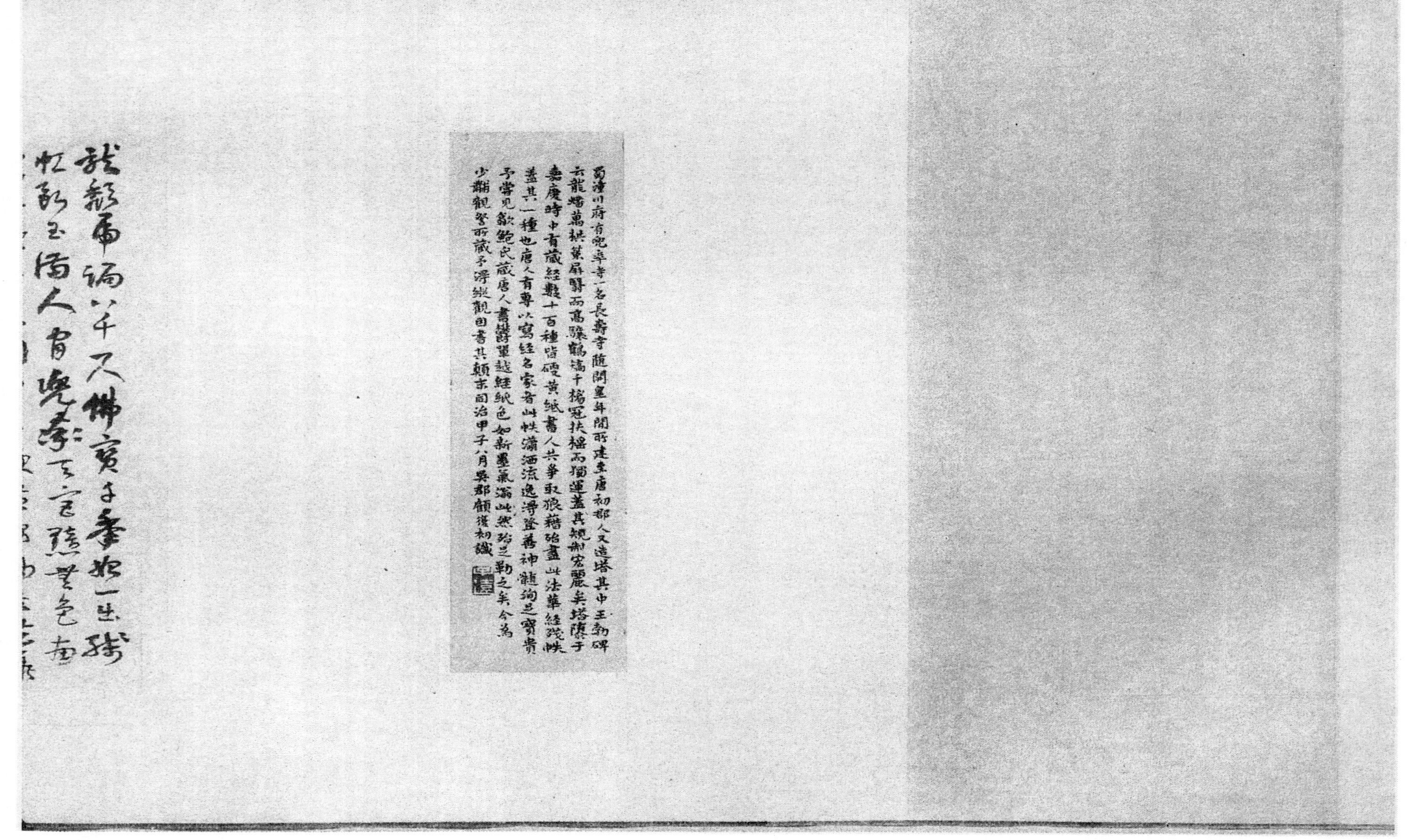

蜀潼川府有兜率寺一名長壽寺隨開皇年間所建唐初郡人又造塔其中王勃碑云龍蟠萬栱葉扉翳而高騫鶴矯千楹冠扶搖而獨運蓋其規制宏麗矣塔隳于嘉慶時中有藏經數十百種皆硬黃紙書人共爭取狼藉殆盡此法華經殘帙蓋其一種也唐人有專以寫經名家者此帙瀟洒流逸淨登善神髓洵足寶貴予嘗見歙鮑氏藏唐人書譜單越經紙色如新墨氣溢此然殆足勒之矣今為少翻觀察所藏予浮樂觀因書其顛末同治甲子八月吳郡顧復初識

BD14843號　現代題跋　（12–8）

BD14843 號　現代題跋　　（12–9）

BD14843 號　現代題跋　　（12–10）

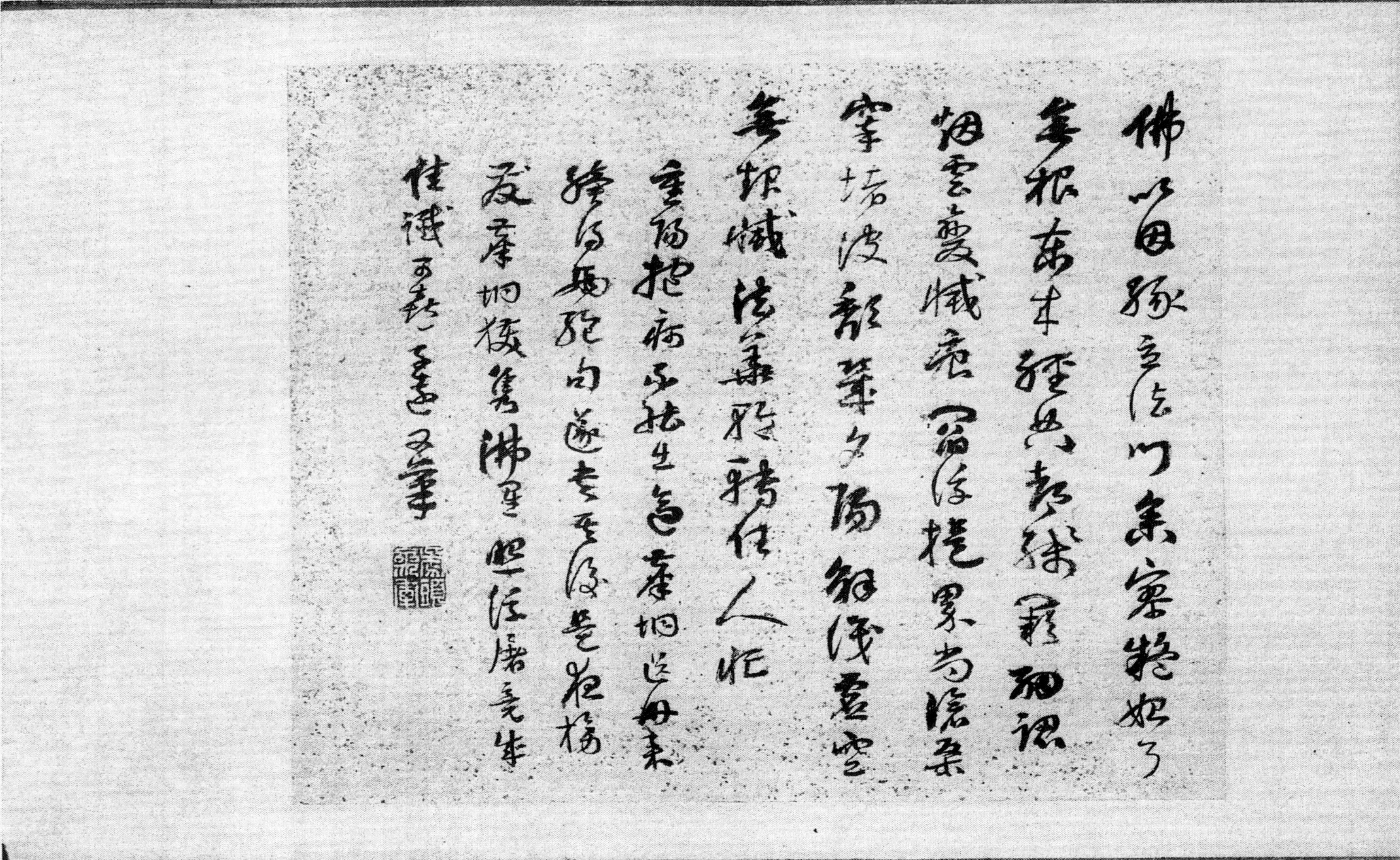

BD14843號　現代題跋　（12–11）

BD14843號　現代題跋　（12–12）

積佛品第十　　卷下
弗心念日時欲至此諸菩薩當於
何食時維摩詰知其意而語言佛說八解脫
仁者受行豈雜欲食而聞法乎若欲食者且
待須臾當令汝得未曾有食時維摩詰即入
三昧以神通力示諸天衆上方界分過卌二
恒河沙佛土有國名衆香佛号香積今現在
其國香氣比於十方諸佛世界人天之香最
為第一彼土无有聲聞辟支佛名唯有清淨
大菩薩衆佛為說法其界一切皆以香作樓
閣經行香地苑園皆香其食香氣周流十方
无量世界時彼佛與諸菩薩方共坐食有諸
天子皆号香嚴悉發阿耨多羅三藐三菩提
心供養彼佛及諸菩薩此諸大衆莫不目見
時維摩詰問衆菩薩諸仁者誰能致彼佛飯
以文殊師利威神力故咸皆嘿然維摩詰言仁

BD14844 號　維摩詰所說經卷下　　（21–1）

閣經行香地苑園皆香其食香氣周流十方
无量世界時彼佛與諸菩薩方共坐食有諸
天子皆号香嚴悉發阿耨多羅三藐三菩提
心供養彼佛及諸菩薩此諸大衆莫不目見
時維摩詰問衆菩薩諸仁者誰能致彼佛飯
以文殊師利威神力故咸皆嘿然維摩詰言仁
者此諸大衆无乃可恥文殊師利日如佛所言
勿輕未學於是維摩詰不起于座居衆會前
化作菩薩相好光明威德殊勝蔽於衆會而
告之日汝往上方界分度如卌二恒河沙佛
土有國名衆香佛号香積與諸菩薩方共
坐食汝往到彼如我辭日維摩詰稽首世尊足
下致敬无量問訊起居少病少惱氣力安不
願得世尊所食之餘當於娑婆世界施作佛
事令此樂小法者得弘大道亦使如來名聲
普聞時化菩薩即於會前昇于上方舉衆皆
見其去到衆香界礼彼佛足又聞其言維摩
詰稽首世尊足下致敬无量問訊起居少病
少惱氣力安不願得世尊所食之餘欲於娑
婆世界施作佛事使此樂小法者得弘大道
亦使如來名聲普聞彼諸大士見化菩薩歎
未曾有今此上人從何所來娑婆世界為在
何許云何名為樂小法者即以問佛佛告之
日下方度如卌二恒河沙佛土有世界名娑婆
佛号釋迦牟尼今現在於五濁惡世為樂小
法衆生敷演道教彼有菩薩名維摩詰住不
可思議解脫為諸菩薩說法故遣化來稱揚

BD14844 號　維摩詰所說經卷下　　（21–2）

曰下方度如卌二恒河沙佛土有世界名娑婆
佛号釋迦牟尼今現在於五濁惡世為樂小
法眾生敷演道教彼有菩薩名維摩詰住不
可思議解脫為諸菩薩說法故遣化來稱揚
我名并讚此土令彼菩薩增益功德彼菩薩
言其人何如乃作是化德力无畏神足若斯
佛言甚大一切十方皆遣化往施作佛事饒
益眾生於是香積如來以眾香鉢盛滿香飯
與化菩薩時彼九百萬菩薩俱發聲言我欲
詣娑婆世界供養釋迦牟尼佛并欲見維摩
詰等諸菩薩眾佛言可往攝汝身香无令彼
諸眾生起惑著心又當捨汝本形勿使彼國求
菩薩者而自鄙恥又汝於彼莫懷輕賤而作礙
想所以者何十方國土皆如虛空又諸佛為欲
化諸樂小法者不盡現其清淨土耳時化菩
薩既受鉢飯與彼九百萬菩薩俱承佛威神
及維摩詰力於彼世界忽然不現須臾之間至
維摩詰舍維摩詰即化作九百萬師子之座
嚴好如前諸菩薩皆坐其上化菩薩以滿鉢
香飯與維摩詰飯香普熏毗耶離城及三千
大千世界時毗耶離婆羅門居士等聞是香
氣身意快然歎未曾有於是長者主月蓋從八
萬四千人來入維摩詰舍見其室中菩薩甚
多諸師子座高廣嚴好皆大歡喜禮眾菩薩
及大弟子却住一面諸地神虛空神及欲色
界諸天聞此香氣亦皆來入維摩詰舍時維
摩詰語舍利弗等諸大聲聞仁者可食如來

BD14844號　維摩詰所說經卷下　（21–3）

萬四千人來入維摩詰舍見其室中菩薩甚
多諸師子座高廣嚴好皆大歡喜禮眾菩薩
及大弟子却住一面諸地神虛空神及欲色
界諸天聞此香氣亦皆來入維摩詰舍時維
摩詰語舍利弗等諸大聲聞仁者可食如來
甘露味飯大悲所熏无以限意食之使不消
也有異聲聞念是飯少而此大眾人人當食
化菩薩曰勿以聲聞小德小智稱量如來无
量福慧四海有竭此飯无盡使一切人食摶
若須彌乃至一劫猶不能盡所以者何无盡
戒定智慧解脫解脫知見功德具足者所食
之餘終不可盡於是鉢飯悉飽眾會猶故不
賜其諸菩薩聲聞天人食此飯者身安快樂
譬如一切樂莊嚴國諸菩薩也又諸毛孔皆出
妙香亦如眾香國土諸樹之香尒時維摩詰
問眾香菩薩香積如來以何說法彼菩薩曰
我土如來无文字說但以眾香令諸天人得入
律行菩薩各各坐香樹下聞斯妙香即獲一切
德藏三昧得是三昧者菩薩所有功德皆悉
具足彼諸菩薩問維摩詰今世尊釋迦牟尼
以何說法維摩詰言此土眾生剛強難化故
佛為說剛強之語以調伏之言是地獄是畜生
是餓鬼是諸難處是愚人生處是身邪行是
身邪行報是口邪行是口邪行報是意邪行
是意邪行報是殺生是殺生報是不與取是
不與取報是邪婬是邪婬報是妄語是妄語
報是兩舌是兩舌報是惡口是惡口報是无
義語是无義語報是貪嫉是貪嫉報是瞋

BD14844號　維摩詰所說經卷下　（21–4）

是意邪行報是煞生是竊報是不與取是
不與取報是邪婬是邪婬報是妄語是妄語
報是兩舌是兩舌報是惡口是惡口報是无
義語是无義語報是貪嫉是貪嫉報是瞋
惱是瞋惱報是邪見是邪見報是慳悋是慳悋報
是毀戒是毀戒報是瞋恚是瞋恚報是懈怠是
懈怠報是亂意是亂意報是愚癡是愚癡報
是結戒是持戒是犯戒是應作是不應作是
鄣礙是不鄣礙是得罪是離罪是淨是垢是
有漏是无漏是邪道是正道是有為是无為
是世間是涅槃以難化之人心如獲猴故以若
干種法制禦其心乃可調伏譬如象馬惼
悷不調加諸楚毒乃至徹骨然後調伏如
是剛強難化衆生故以一切苦切之言乃可
入律彼諸菩薩聞說是已皆曰未曾有也如
世尊釋迦牟尼佛隱其无量自在之力乃以
貧所樂法度脫衆生斯諸菩薩亦能勞謙
以无量大悲生是佛土維摩詰言此土菩薩於
諸衆生大悲堅固誠如所言然其一世饒益衆
生多於彼國百千劫行所以者何此娑婆世
界有十事善法諸餘淨土之所无有何等
為十以布施攝貧窮以淨戒攝毀禁以忍辱
攝瞋恚以精進攝懈怠以禪定攝亂意以智
慧攝愚癡說除諸法度八難者以大乘法度
樂小乘者以諸善根濟无德者常以四攝成
就衆生是為十彼菩薩曰菩薩成就幾法於
此世界行无瘡疣生于淨土維摩詰言菩薩

慧攝愚癡說除諸法度八難者以大乘法度
樂小乘者以諸善根濟无德者常以四攝成
就衆生是為十彼菩薩曰菩薩成就幾法於
此世界行无瘡疣生于淨土維摩詰言菩薩
成就八法於此世界行无瘡疣生于淨土何等
為八饒益衆生而不望報代一切衆生受諸苦
惱所作功德盡以施之等心衆生謙下无礙於
諸菩薩視之如佛所未聞經聞之不疑不與
聲聞而相違背不嫉彼供不高己利而
於其中調伏其心常省己過不訟彼短恒以
一心求諸功德是為八維摩詰文殊師利於大
衆中說是法時百千天人皆發阿耨多羅三
藐三菩提心十千菩薩得无生法忍

維摩詰經菩薩行品第十一

是時佛說法於菴羅樹園其地忽然廣博嚴
事一切衆會皆作金色阿難白佛言世尊以
何因緣有此瑞應是處忽然廣博嚴事一切
衆會皆作金色佛告阿難是維摩詰文殊師
利與諸大衆恭敬圍繞發意欲來故先為此
瑞應於是維摩詰語文殊師利可共見佛與
諸菩薩禮事供養文殊師利言善哉行矣今
正是時維摩詰即以神力持諸大衆并師子
座置於右掌往詣佛所到已著地稽首佛足
右繞七匝一心合掌在一面立其諸菩薩即皆
避座稽首佛足亦繞七匝於一面立諸大弟
子釋梵四天王等亦皆避座稽首佛足在
一面立於是世尊如法慰問諸菩薩已各令

座置於右掌往詣佛所到已著地稽首佛足
右繞七迊一心合掌在一面立其諸菩薩即皆
避座稽首佛足亦繞七迊於一面立諸大弟
子釋梵四天王等亦皆避座稽首佛足在
一面立於是世尊如法慰問諸菩薩已各令
復坐即皆受教衆坐已定佛語舍利弗汝見
菩薩大士自在神力之所為乎唯然已見汝
意云何世尊我覩其為不可思議非意所
圖非度所測尒時阿難白佛言世尊今所聞
香自昔未有是為何香佛告阿難是彼菩薩
毛孔之香於是舍利弗語阿難言我等毛孔
亦出是香阿難言此所從來曰是長者維摩
詰從衆香國取佛餘飯於舍食者一切毛孔
皆香若此阿難問維摩詰是香氣住當久如
維摩詰言至此飯消曰此飯久如當消曰此飯
勢力至于七日然後乃消又阿難若聲聞人
未入正位食此飯者得入正位然後乃消已入
正位食此飯者得心解脫然後乃消若未發
大乘意食此飯者至發意乃消已發意食此
飯者得无生忍然後乃消已得无生忍食此
飯者至一生補處然後乃消辟如有藥名曰
上味其有服者身諸毒滅然後乃消此飯如
是滅除一切諸煩惱毒然後乃消阿難白佛言
未曾有也世尊如此香飯能作佛事佛言如是
如是阿難或有佛土以佛光明而作佛事有以
諸菩薩而作佛事有以佛所化人而作佛事
有以菩提樹而作佛事有以佛衣服臥具而

BD14844 號　維摩詰所說經卷下　（21–7）

未曾有也世尊如此香飯能作佛事佛言如是
如是阿難或有佛土以佛光明而作佛事有以
諸菩薩而作佛事有以佛所化人而作佛事
有以菩提樹而作佛事有以佛衣服臥具而
作佛事有以飯食而作佛事有以園林臺觀
而作佛事有以卅二相八十隨形好而作佛事
有以佛身而作佛事有以虛空而作佛事衆
生應以此緣得入律行有以夢幻影響鏡中
像水中月熱時焰如是等喻而作佛事有以
音聲語言文字而作佛事或有清淨佛土寂
漠无言无說无示无識无作无為而作佛事
如是阿難諸佛威儀進止諸所施為无非佛事
阿難有此四魔八萬四千諸煩惱門而諸衆生
為之疲勞諸佛即以此法而作佛事是名入
一切諸佛法門菩薩入此門者若見一切淨妙
佛土不以為喜不貪不高若見一切不淨佛
土不以為憂不礙不沒但於諸佛生清淨心
歡喜恭敬未曾有也諸佛如來功德平等
為教化衆生故而現佛土不同阿難汝見諸
佛國土地有若干而虛空无若干也如是見
諸佛色身有若干耳其无礙慧无若干也阿
難諸佛色身威相種姓戒定智慧解脫解
脫知見力无所畏不共之法大慈大悲威儀所行
及其壽命說法教化成就衆生淨佛國土具
諸佛法悉皆同等是故名為三藐三佛陁
名為多陁阿伽度名為佛陁阿難若我廣說
此三句義汝以劫壽不能盡受正使三千大

BD14844 號　維摩詰所說經卷下　（21–8）

脫知見力无所畏不共之法大慈大悲威儀所行
及其壽命說法教化成就衆生淨佛國土具
諸佛法悉皆同等是故名為三藐三佛陁
名為多陁阿伽度名為佛陁阿難若我廣說
此三句義汝以劫壽不能盡受正使三千大
千世界滿中衆生皆如阿難多聞第一得
念揔持此諸人等以劫之壽亦不能受如是
阿難諸佛阿耨多羅三藐三菩提无有限
量智慧辯才不可思議阿難白佛言我從今
已往不敢自謂以為多聞佛告阿難勿起退意
所以者何我說汝於聲聞中為最多聞非謂
菩薩且止阿難其有智者不應限度諸菩薩
也一切海淵尚可測量菩薩禪定智慧揔持
辯才一切功德不可量也阿難汝等捨置菩
薩所行是維摩詰一時所現神通之力一切
聲聞辟支佛於百千劫盡力變化所不能作
尒時衆香世界菩薩來者合掌白佛言世尊
我等初見此土生下劣想今自悔責捨離是
心所以者何諸佛方便不可思議為度衆生
故隨其所應現佛國異唯然世尊願賜少法
還於彼土當念如來佛告諸菩薩有盡无盡
解脫法門汝等當學何謂為盡謂有為法何
謂无盡謂无為法如菩薩者不盡有為不住
无為何謂不盡有為謂不離大慈不捨大悲
深發一切智心而不忽忘教化衆生終不厭
惓於四攝法常念順行護持正法不惜軀命
種諸善根无有厭志常安住方便迴向求

BD14844 號　維摩詰所說經卷下　（21–9）

深發一切智心而不忽忘教化衆生終不厭
惓於四攝法常念順行護持正法不惜軀命
種諸善根无有厭志常安住方便迴向求
法不懈說法无悋勤供諸佛故入生死而无
所畏於諸榮辱心无憂喜不輕未學敬學如
佛墮煩惱者令發正念於遠離樂不以為貴
不著己樂慶於彼樂在諸禪定如地獄想於
生死中如園觀想見來求者為善師想捨諸
所有具一切智想見毀戒人起救護想諸波
羅蜜為父母想道品之法為眷屬想發行善
根无有齊限以諸淨國嚴飾之事成己佛
土行不限施具足相好除一切惡身口意淨故
生死无數劫意而有勇聞佛无量德志而不
惓以智慧劒破煩惱賊出陰界入荷負衆生
永使解脫以大精進摧伏魔軍常求无念實
相智慧行少欲知足而不捨世法不壞威儀而
能隨俗起神通慧引導衆生得念揔持所聞
不妄善別諸根斷衆生疑以樂說辯演法无
礙淨十善道受天人福脩四无量開梵天道
勸請說法隨喜讚善得佛音聲身口意善得
佛威儀深脩善法所行轉勝以大乘教成菩薩
僧心无放逸不失衆善行如此法是名菩薩不
盡有為何謂菩薩不住无為謂脩學空不以
空為證脩學无相无作不以无相无作為證
脩學无起不以无起為證觀於无常而不厭
善本觀世間苦而不惡生死觀於无我而誨
人不惓觀於寂滅而不永寂滅觀於遠離而身

BD14844 號　維摩詰所說經卷下　（21–10）

盡有為何謂菩薩不住无為謂脩學空不以
空為證脩學无相无作不以无相无作為證
脩學无起不以无起為證觀於无常而不猒
善本觀世間苦而不惡生死觀於无我而誨
人不惓觀於寂滅而不永寂滅觀於遠離而身
心脩善觀无所歸而歸趣善法觀於无生而以
生法荷負一切觀於无漏而不斷諸漏觀无所
行而以行法教化衆生觀於空无而不捨大悲
觀正法位而不隨小乘觀諸法虛妄无牢无人
无主无相本願未滿而不虛福德禪定智慧
脩如此法是名菩薩不住无為又具福德故不
住无為具智慧故不盡有為大慈悲故不住
无為滿本願故不盡有為集法藥故不住无
為隨授藥故不盡有為知衆生病故不住无
為滅衆生病故不盡有為諸正士菩薩已脩此
法不盡有為不住无為是名盡无盡解脫法
門汝等當學尒時彼諸菩薩聞說是法皆大
歡喜以衆妙華若干種色若干種香散遍三
千大千世界供養於佛及此經法并諸菩薩已
稽首佛足歎未曾有言釋迦牟尼佛乃能於此
善行方便言已忽然不現還到彼國

維摩詰經見阿閦佛品第十二

尒時世尊問維摩詰汝欲見如來為以何等
觀如來乎維摩詰言如自觀身實相觀佛亦
然我觀如來前際不來後際不去今則不住不
觀色不觀色如不觀色性不觀受想行識不
觀識如不觀識性非四大起同於虛空六入无積

尒時世尊問維摩詰汝欲見如來為以何等
觀如來乎維摩詰言如自觀身實相觀佛亦
然我觀如來前際不來後際不去今則不住不
觀色不觀色如不觀色性不觀受想行識不
觀識如不觀識性非四大起同於虛空六入无積
眼耳鼻舌身心已過不在三界三垢已離順三
脫門三明與无明等不一相不異相不自相不
他相非无相非取相不此岸不彼岸不中
流而化衆生觀於寂滅亦不永滅不此不彼
不以此不以彼不可以智知不可以識識无晦
无明无名无相无強无弱非淨非穢不在方
不離方非有為非无為无示无說不施不慳
不戒不犯不忍不恚不進不怠不定不亂
不智不愚不誠不欺不來不去不出不入
一切言語道斷非福田非不福田非應供養
非不應供養非取非捨非有相非无相同真
際等法性不可稱不可量過諸稱量非大非
小非見非聞非覺非知離諸結縛等諸同衆
生於諸法无分別一切无失无濁无惱无作
无起无生无滅无畏无憂无喜无猒无著无
已有无當有无今有不可以一切言說分別
顯示世尊如來身為若此如是觀以斯觀者
名為正觀若他觀者名為邪觀
尒時舍利弗問維摩詰汝於何沒而來生此
維摩詰言汝所得法有沒生乎舍利弗言无
沒生也若諸法无沒生相云何問言汝於何
沒而來生此於意云何譬如幻師幻作男女

維摩詰言汝所得法有没生乎舍利佛言无
没生也若諸法无没生相云何問言汝於何
没而來生此於意云何譬如幻師幻作男女
寧没生耶舍利弗言无没生也汝豈不聞佛
說諸法如幻相乎荅曰如是若一切法如幻
相者云何問言汝於何没而來生此舍利弗没
者爲虛誑法壞敗之相生者爲虛誑法相
續之相菩薩雖没不盡善本雖生不長諸
惡是時佛告舍利弗有國名妙喜佛号无動是
維摩詰於彼國没而來生此舍利弗言未曾
有也世尊是人乃能捨清淨佛土而來樂此
多怒害處維摩詰語舍利弗於意云何日
光出時與冥合乎荅曰不也日光出時則无
衆冥維摩詰言夫日何故行閻浮提荅曰欲
以明照爲之除冥維摩詰言菩薩如是雖生
淨佛土爲化衆生不與愚闇而共合也涅滅
衆生煩惱闇耳
是時大衆渴仰欲見妙喜世界不動如來及
其菩薩聲聞之衆佛知一切衆會所念告維
摩詰言善男子爲此衆會現妙喜國不動
如來及諸菩薩聲聞之衆衆皆欲見於是維摩
詰心念吾當不起于座接妙喜國鐵圍山川
溪谷江河大海泉源須弥諸山及日月星宿
天龍鬼神梵天等宮并諸菩薩聲聞之衆城
邑聚落男女大小乃至无動如來及菩提樹
諸妙蓮華能於十方作佛事者三道寶階
從閻浮提至忉利天以此寶階諸天來下悉爲

天龍鬼神梵天等宮并諸菩薩聲聞之衆城
邑聚落男女大小乃至无動如來及菩提樹
諸妙蓮華能於十方作佛事者三道寶階
從閻浮提至忉利天以此寶階諸天來下悉爲
礼敬无動如來聽受經法閻浮提人亦登其
階上昇忉利見彼諸天妙喜世界成就如是
无量功德上至阿迦貳吒天下至水際以右手
斷取如陶家輪入此世界猶持華鬘示一切衆
作是念已入於三昧現神通力以其右手斷
取妙喜世界置於此土彼得神通菩薩及聲
聞衆并餘天人俱發聲言唯然世尊誰取我
去願見救護无動佛言非我所爲是維摩詰
神力所作其餘未得神通力者不覺不知己
之所往妙喜世界雖入此土而不增減於是
世界亦不迫隘如本无異
尒時釋迦牟尼佛告諸大衆汝等且觀妙喜
世界无動如來其國嚴飾菩薩行淨弟子清
淨皆曰唯然已見佛言若菩薩欲得如是清
淨佛土當學无動如來所行之道現此妙喜
國時娑婆世界十四那由他人發阿耨多羅
三藐三菩提心皆願生於妙喜佛土釋
迦牟尼佛即記之曰當生彼國時妙喜世界
於此國土所應饒益其事訖已還復本處舉
衆皆見佛告舍利弗汝見此妙喜世界及无
動佛不唯然已見世尊願使一切衆生得清
淨土如无動佛獲神通力如維摩詰世尊我
等快得善利得見是人親近供養其諸衆生

衆皆見佛告舍利弗汝見此妙喜世界及无
動佛不唯然已見世尊願使一切衆生得清
淨土如无動佛獲神通力如維摩詰世尊我
等快得善利得見是人親近供養其諸衆生
若今現在若佛滅後聞此經者亦得善利况
得聞已信解受持讀誦解說如法脩行若有
手得是經典者便為已得法寶之藏若有
讀誦解釋其義如說脩行則為諸佛之所護
念其有供養如是人者當知則為供養於佛
其有書持此經卷者當知其室則有如来若
聞是經能隨喜者斯人則為取一切智若能
信解此經乃至一四句偈為他說者當知此人
即是受阿耨多羅三藐三菩提記

維摩詰經供養品第十三

尒時釋提桓因於大衆中白佛言世尊我雖從
佛及文殊師利聞百千經未曾聞此不可思議
自在神通決定實相經典如我解佛所說義
趣若有衆生聞是經法信解受持讀誦之者
必得是法不疑何况如說脩行斯人則為閉
衆惡趣開諸善門常為諸佛之所護念降伏
外學摧伏魔怨脩持菩提安處道場履践
如来所行之跡世尊若有受持讀誦如說脩行
者我當與諸眷屬供養給事所在聚落城
邑山林曠野有是經處我亦與諸眷屬聽受
法故共到其所其未信者當令生信其已信
者當為作護佛言善哉善哉天帝如汝所說
吾助尒喜此經廣說過去未来現在諸佛

邑山林曠野有是經處我亦與諸眷屬聽受
法故共到其所其未信者當令生信其已信
者當為作護佛言善哉善哉天帝如汝所說
吾助尒喜此經廣說過去未来現在諸佛
不可思議阿耨多羅三藐三菩提是故天帝
善男子善女人受持讀誦供養是經者則
為供養去来今佛天帝正使三千大世界如来
滿中譬如甘蔗竹葦稻麻叢林若有善男
子善女人或一劫或減一劫恭敬尊重讚
歎供養奉持諸所安至諸佛滅後以一一全身
舍利起七寶塔縱廣一四天下高至梵天表
刹莊嚴以一切華香瓔珞幢幡伎樂微妙第
一若一劫若減一劫而供養之於天帝意云
何其人植福寧為多不釋提桓因言多矣世
尊彼之福德若以百千億劫說不能盡佛告
天帝當知是善男子善女人聞是不可思議
解脫經典信解受持讀誦脩行福多於彼所
以者何諸佛菩提皆從是生菩提之相不可
限量以是因緣福不可量

佛告天帝過去无量阿僧祇劫時世有佛号
曰藥王如来應供正遍知明行足善逝世間
解无上士調御丈夫天人師佛世尊世界曰
大莊嚴劫曰莊嚴佛壽廿小劫其聲聞僧卅
六億那由他菩薩僧有十二億天帝是時有轉
輪聖王名曰寶蓋七寶具足主四天下王有千
子端正勇健能伏怨敵尒時寶蓋與其
眷屬供養藥王如来施諸所安至滿五劫過

垓億那由他菩薩僧有十二億天帝是時有轉
輪聖王名曰寶蓋七寶具足主四天下王有千
子端正勇健能伏怨敵尒時寶蓋與其
眷屬供養藥王如來施諸所安至滿五劫過
五劫已告其千子汝等亦當如我皆以深心供
養於佛於是千子受父王命供養藥王如來
復滿五劫一切施安其王一子名曰月蓋獨坐
思惟寧有供養殊過此者以佛神力空中有
天曰善男子法之供養勝諸供養即問何謂
法之供養天曰汝可往問藥王如來當廣為
汝說法之供養即時月蓋王子行詣藥王如
來稽首佛足却住一面白佛言世尊諸供養
中法供養勝云何為法供養佛言善男子法
供養者諸佛所說深經一切世間難信難受
微妙難見清淨无染非但分別思惟之所能
得菩薩法藏所攝陁羅尼印印之至不退轉
成就六度善分別義順菩提法衆經之上入
大慈悲離衆魔事及諸邪見順因緣法无
我无人无衆生无壽命空无相无作无起能令
衆生坐於道場而轉法輪諸天龍神乹闥婆
等所共歎譽能令衆生入佛法藏攝諸賢
聖一切智慧說衆菩薩所行之道依於諸法
實相之義明宣无常苦空无我寂滅能救一切
毁禁衆生諸魔外道及貪著者能使怖畏諸
佛賢聖所共稱歎背生死苦示涅槃樂十方
三世諸佛所說若聞如是等經信解受持讀
誦以方便力為諸衆生分別解說顯示分明守

BD14844號　維摩詰所說經卷下　(21–17)

毁禁衆生諸魔外道及貪著者能使怖畏諸
佛賢聖所共稱歎背生死苦示涅槃樂十方
三世諸佛所說若聞如是等經信解受持讀
誦以方便力為諸衆生分別解說顯示分明守
護法故是名法之供養又於諸法如說脩行
隨順十二因緣離諸邪見得无生忍決定无
我无有衆生而於因緣果報无違无諍離
諸我所依於義不依語依於智不依識依了
義經不依不了義經依於法不依人隨順法
相无所入无所歸无明畢竟滅故諸行亦畢
竟滅乃至生畢竟滅故老死亦畢竟滅作
如是觀十二因緣无有盡相不復起見是名
最上法之供養
佛告天帝王子月蓋從藥王佛聞如是法得
柔順忍即解寶衣嚴身之具以供養佛白佛
言世尊如來滅後我當行法供養守護正法
願以威神加哀建立令我得降魔怨脩菩薩
行佛知其深心所念而記之曰汝於末後守
護法城天帝時王子月蓋見法清淨聞佛受
記以信出家脩集善法精進不久得五神通
具菩薩道得陁羅尼无斷辯才於佛滅後以
其所得神通揔持辯才之力滿十小劫藥王
如來所轉法輪隨而分布月蓋比丘以守護法
勤行精進即於此身化百億人於阿耨多羅
三藐三菩提立不退轉十四那由他人深發聲
聞辟支佛心无量衆生得生天上天帝時王
寶蓋豈異人乎今現得佛号寶炎如來其

BD14844號　維摩詰所說經卷下　(21–18)

勤行精進即於此身化百億人於阿耨多羅
三藐三菩提立不退轉十四那由他人深發聲
聞辟支佛心无量衆生得生天上天帝時王
寶蓋豈異人乎今現得佛号寶炎如來其
王千子即賢劫中千佛是也從迦羅鳩孫大
為始得佛最後如來号曰樓至月蓋比丘則
我身是如是天帝當知此要以法供養於諸
供養為上為最第一无比是故天帝當以法
之供養供養於佛

維摩詰經囑累品第十四

於是佛告弥勒菩薩言弥勒今我今是无量
億阿僧祇劫所集阿耨多羅三藐三菩提法
付囑於汝如是輩經於佛滅後末世之中汝
等當以神力廣宣流布於閻浮提无令斷絶
所以者何未來世中當有善男子善女人及
天龍鬼神乾闥婆羅刹等發阿耨多羅三藐
三菩提心樂于大法若使不聞如是等經則
失善利如此輩人聞是等經必多信樂發希
有心當以頂受隨諸衆生所應得利而為廣
說弥勒當知菩薩有二相何謂為二一者好
於雜句文飾之事二者不畏深義如實能入
若好雜句文飾事者當知是為雜學菩薩
若於如是无染无著甚深經典无有恐畏能
入其中聞已心淨受持讀誦如說脩行當知是
為久脩道行弥勒復有二法名雜學者不能
決定於甚深法何等為二一者所未聞深經
聞之驚怖生疑不能隨順毀謗不信而作是
言我初不聞從何所來二者若有護持解脫

為久脩道行弥勒復有二法名雜學者不能
決定於甚深法何等為二一者所未聞深經
聞之驚怖生疑不能隨順毀謗不信而作是
言我初不聞從何所來二者若有護持解脫
如是深經者不能親近供養恭敬或時於中
說其過惡有此二法當知是新學菩薩為
自毀傷不能於深法中調伏其心弥勒復有
二法菩薩雖信解深法猶自毀傷而不能得无
生法忍何等為二一者輕慢新學菩薩而不教
誨二者雖解深法而取相分別是為二法弥
勒菩薩聞說是已白佛言世尊未曾有也如
佛所說我當遠離如斯之惡奉持如來无數
阿僧祇劫所集阿耨多羅三藐三菩提法若
未來世善男子善女人求大乘者當令手
得如是等經與其念力使受持讀誦為他廣
說世尊若後末世有能受持讀誦為他說者
當知是弥勒神力所建立佛言善哉善哉弥
勒如汝所說佛助尒喜於是一切菩薩合掌
白佛言我等亦於如來滅後十方國土廣宣
流布阿耨多羅三藐三菩提復當開導諸說法
者令得是經尒時四天王白佛言世尊在在處
處城邑聚落山林曠野有是經卷讀誦解說
者我當率諸官屬為聽法故往詣其所擁護
其人面百由旬令无伺求得其便者是時佛
告阿難受持是經廣宣流布阿難言唯我已
受持要者世尊當何名斯經佛告阿難是經
名為維摩詰所說亦名不可思議解脫法門
[illegible]是時佛說是經已[illegible]維摩詰文殊師

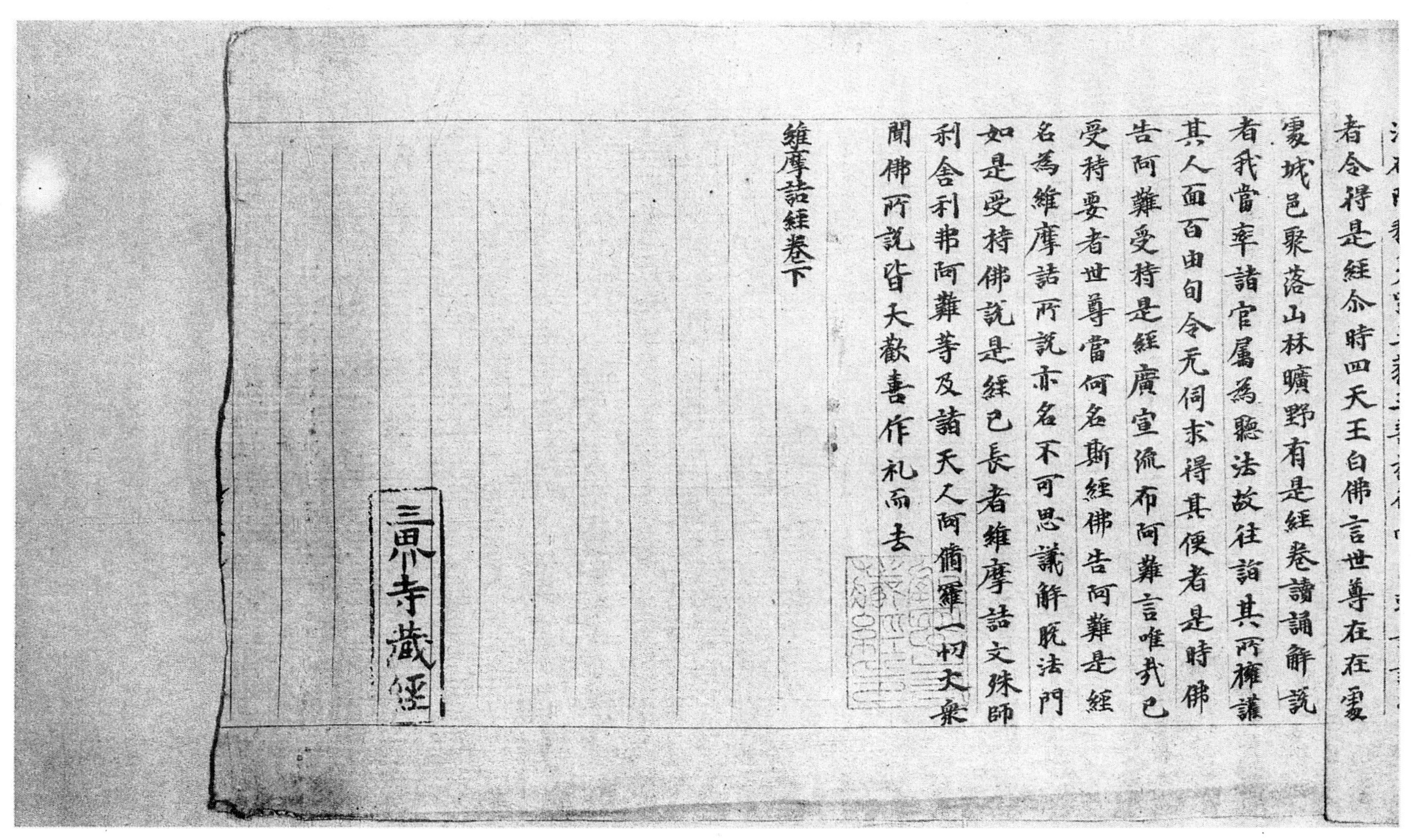
者令得是經尒時四天王白佛言世尊在在處
處城邑聚落山林曠野有是經卷讀誦解說
者我當率諸官屬為聽法故往詣其所擁護
其人面百由旬令无伺求得其便者是時佛
告阿難受持是經廣宣流布阿難言唯我已
受持要者世尊當何名斯經佛告阿難是經
名為維摩詰所說亦名不可思議解脫法門
如是受持佛說是經已長者維摩詰文殊師
利舍利弗阿難等及諸天人阿脩羅一切大衆
聞佛所說皆大歡喜作礼而去

維摩詰經卷下

BD14844 號　維摩詰所說經卷下　（21–21）

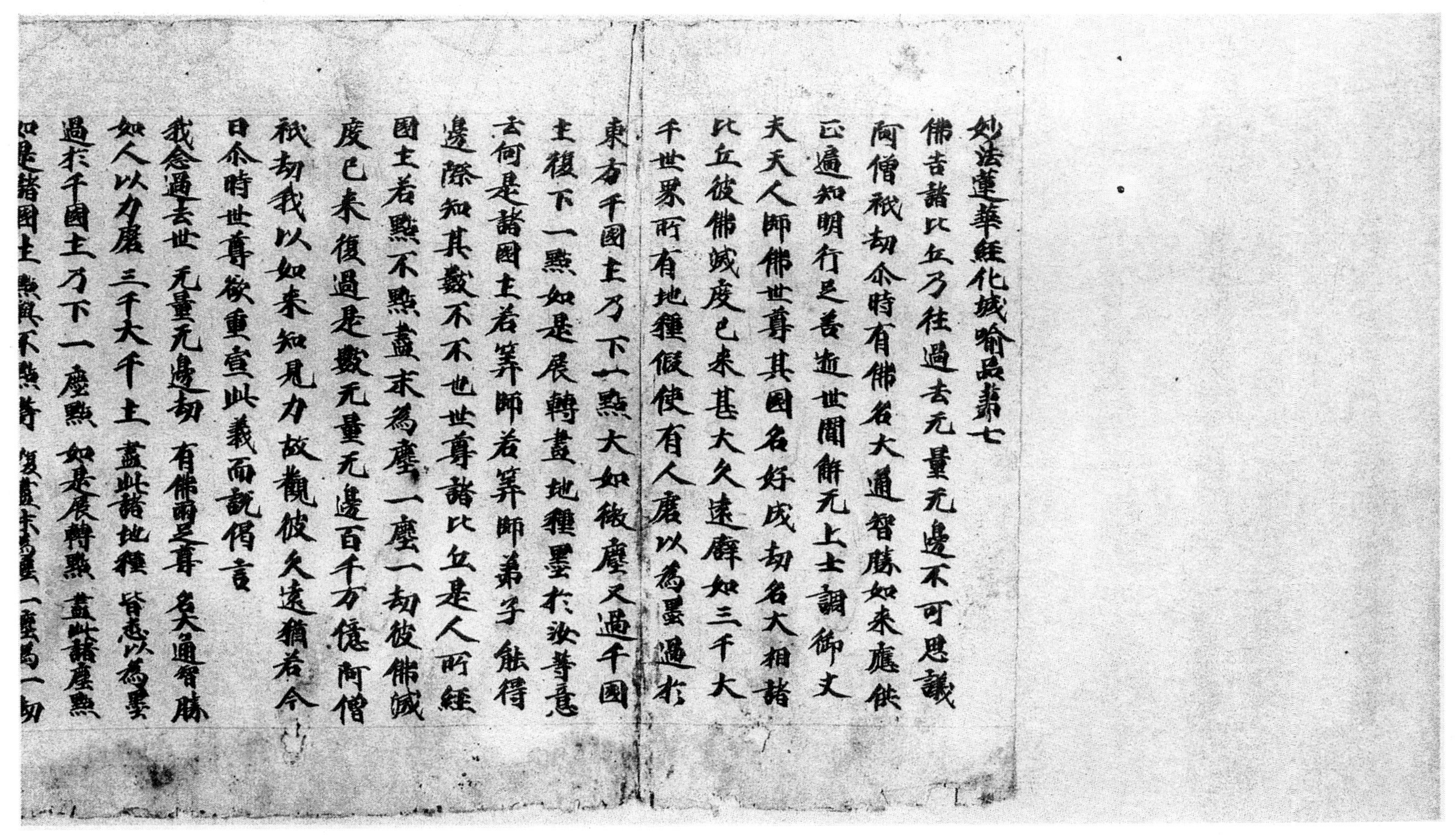
妙法蓮華經化城喻品第七

佛告諸比丘乃往過去无量无邊不可思議
阿僧祇劫尒時有佛名大通智勝如來應供
正遍知明行足善逝世間解无上士調御丈
夫天人師佛世尊其國名好成劫名大相諸
比丘彼佛滅度已來甚大久遠譬如三千大
千世界所有地種假使有人磨以為墨過於
東方千國土乃下一點大如微塵又過千國
土復下一點如是展轉盡地種墨於汝等意
云何是諸國土若筭師若筭師弟子能得
邊際知其數不不也世尊諸比丘是人所經
國土若點不點盡末為塵一塵一劫彼佛滅
度已來復過是數无量无邊百千万億阿僧
祇劫我以如來知見力故觀彼久遠猶若今
日尒時世尊欲重宣此義而說偈言

我念過去世　无量无邊劫　有佛兩足尊　名大通智勝
如人以力磨　三千大千土　盡此諸地種　皆悉以為墨
過於千國土　乃下一塵點　如是展轉點　盡此諸塵墨
如是諸國土　點與不點等　復盡末為塵　一塵為一劫

BD14845 號　妙法蓮華經卷三　（14–1）

祇劫我以如来知見力故觀彼久遠猶若今
日尒時世尊欲重宣此義而說偈言
我念過去世　无量无邊劫　有佛兩足尊　名大通智勝
如人以力磨　三千大千土　盡此諸地種　皆悉以為墨
過於千國土　乃下一塵點　如是展轉點　盡此諸塵墨
如是諸國土　點與不點等　復盡末為塵　一塵為一劫
此諸微塵數　其劫復過是　彼佛滅度來　如是无量劫
如来无㝵智　知彼佛滅度　及聲聞菩薩　如見今滅度
諸比丘當知　佛智淨微妙　无漏无所㝵　通達无量劫
佛告諸比丘大通智勝佛壽五百四十万億
那由他劫其佛本坐道場破魔軍已垂得阿
耨多羅三藐三菩提而諸佛法不現在前如
是一小劫乃至十小劫結加趺坐身心不動而
諸佛法猶不在前尒時忉利諸天先為彼
佛於菩提樹下敷師子座高一由旬佛於此
坐當得阿耨多羅三藐三菩提適坐此坐時
諸梵天王雨衆天華面百由旬香風時來吹
去萎華更雨新者如是不絕滿十小劫供養
於佛乃至滅度常雨此華四王諸天為供養
佛常擊天鼓其餘諸天作天伎樂滿十小劫
至于滅度亦復如是諸比丘大通智勝佛過
十小劫諸佛之法乃現在前成阿耨多羅三
藐三菩提其佛未出家時有十六子其第一
者名曰智積諸子各有種種珍異玩好之具
聞父得阿耨多羅三藐三菩提皆捨所珍
往詣佛所諸母涕泣而隨送之其祖轉輪聖
王與一百大臣及餘百千万億人民皆共圍

BD14845號　妙法蓮華經卷三　（14–2）

藐三菩提其佛未出家時有十六子其第一
者名曰智積諸子各有種種珍異玩好之具
聞父得阿耨多羅三藐三菩提皆捨所珍
往詣佛所諸母涕泣而隨送之其祖轉輪聖
王與一百大臣及餘百千万億人民皆共圍
繞隨至道場咸欲親近大通智勝如來供養
恭敬尊重讚歎到已頭面礼足繞佛畢已一
心合掌瞻仰世尊以偈頌曰
大威德世尊　為度衆生故　於无量億劫　尒乃得成佛
諸願已具足　善哉吉无上　世尊甚希有　一坐十小劫
身體及手足　靜然安不動　其心常惔怕　未曾有散亂
究竟永寂滅　安住无漏法　今者見世尊　安隱成佛道
我等得善利　稱慶大歡喜　衆生常苦惱　盲瞑无導師
不識苦盡道　不知求解脫　長夜增惡趣　減損諸天衆
從冥入於冥　永不聞佛名　今佛得最上　安隱无漏道
我等及天人　為得最大利　是故咸稽首　歸命无上尊
尒時十六王子偈讚佛已勸請世尊轉於法
輪咸作是言世尊說法多所安隱憐愍饒益
諸天人民重說偈言
世雄无等倫　百福自莊嚴　得无上智慧　願為世間說
度脫於我等　及諸衆生類　為分別顯示　令得是智慧
若我等得佛　衆生亦復然　世尊知衆生　深心之所念
亦知所行道　又知智慧力　欲樂及修福　宿命所行業
世尊悉知已　當轉无上輪
佛告諸比丘大通智勝佛得阿耨多羅三藐
三菩提時十方各五百万億諸佛世界六種震

BD14845號　妙法蓮華經卷三　（14–3）

度脫於我等 及諸衆生類 為分別顯示 令得是智慧
若我等得佛 衆生亦復然 世尊知衆生 深心之所念
亦知所行道 又知智慧力 欲樂及修福 宿命所行業
世尊悉知已 當轉无上輪
佛告諸比丘大通智勝佛得阿耨多羅三藐
三菩提時十方各五百万億諸佛世界六種震
動其國中間幽冥之處日月威光所不能
照而皆大明其中衆生各得相見咸作是言
此中云何忽生衆生又其國界諸天宮殿乃
至梵宮六種震動大光普照遍滿世界勝
諸天光尒時東方五百万億諸國土中梵天
宮殿光明照曜倍於常明諸梵天王各作是
念今者宮殿光明昔所未有以何因緣而有
此相是時諸梵天王即各相詣共議此事時彼
衆中有一大梵天王名救一切為諸梵衆而
說偈言
我等諸宮殿 光明昔未有 此是何因緣 宜各共求之
為大德天生 為佛出世間 而此大光明 遍照於十方
尒時五百万億國土諸梵天王與宮殿俱各
以衣祴盛諸天華共詣西方推尋是相見大
通智勝如來處于道場菩提樹下坐師子座
諸天龍王乹闥婆緊那羅摩睺羅伽人非人
等恭敬圍繞及見十六王子請佛轉法輪即
時諸天梵王頭面礼佛繞百千迊即以天華
而散佛上其所散華如須弥山并以供養佛
菩提樹其菩提樹高十由旬華供養已各
以宮殿奉上彼佛而作是言唯哀愍饒益

BD14845號　妙法蓮華經卷三　(14–4)

諸天龍王乹闥婆緊那羅摩睺羅伽人非人
等恭敬圍繞及見十六王子請佛轉法輪即
時諸天梵王頭面礼佛繞百千迊即以天華
而散佛上其所散華如須弥山并以供養佛
菩提樹其菩提樹高十由旬華供養已各
以宮殿奉上彼佛而作是言唯哀愍饒益
我等所獻宮殿願垂納處時諸梵天王即於
佛前一心同聲以偈頌曰
世尊甚希有 難可得值遇 具无量功德 能救護一切
天人之大師 哀愍於世間 十方諸衆生 普皆蒙饒益
我等所從來 五百万億國 捨諸禪定樂 為供養佛故
我等先世福 宮殿甚嚴飾 今以奉世尊 唯願哀納受
尒時諸梵天王偈讚佛已各作是言唯願世
尊轉於法輪度脫衆生開涅槃道時諸梵天
王一心同聲而說偈言
世雄兩足尊 唯願演說法 以大慈悲力 度苦惱衆生
尒時大通智勝如來默然許之又諸比丘東
南方五百万億國土諸大梵王各自宮殿光
明照曜昔所未有歡喜踊躍生希有心即
各相詣共議此事時彼衆中有一大梵天王
名曰大悲為諸梵衆而說偈言
是事何因緣 而現如此相 我等諸宮殿 光明昔未有
為大德天生 為佛出世間 未曾見此相 當共一心求
過千万億土 尋光共推之 多是佛出世 度脫苦衆生
尒時五百万億諸梵天王與宮殿俱各以衣祴
盛諸天華共詣西北方推尋是相見大通智
勝如來處于道場菩提樹下坐師子座諸

BD14845號　妙法蓮華經卷三　(14–5)

為大德天生　為佛出世間　未曾見此相　當共一心求
過千万億土　尋光共推之　多是佛出世　度脫苦衆生
尒時五百万億諸梵天王與宮殿俱各以衣祴
盛諸天華共詣西北方推尋是相見大通智
勝如來處于道場菩提樹下坐師子座諸
天龍王乾闥婆緊那羅摩睺羅伽人非人等
恭敬圍繞及見十六王子請佛轉法輪時諸
梵天王頭面礼佛繞百千匝即以天華而散
佛上所散之華如須弥山并以供養佛菩提
樹華供養已各以宮殿奉上彼佛而作是言
唯見哀愍饒益我等所獻宮殿願垂納受尒
時諸梵天王即於佛一心同聲以偈頌曰
聖主天中王　迦陵頻伽聲　哀愍衆生者　我等今敬礼
世尊甚希有　久遠乃一現　一百八十劫　空過无有佛
三惡道充滿　諸天衆減少　今佛出於世　為衆生作眼
世間所歸趣　救護於一切　為衆生之父　哀愍饒益者
我等宿福慶　今得值世尊
尒時諸梵天王偈讚佛已各作是言唯願世
尊哀愍一切轉於法輪度脫衆生時諸梵天
王一心同聲而說偈言
大聖轉法輪　顯示諸法相　度苦惱衆生　令得大歡喜
衆生聞此法　得道若生天　諸惡道減少　忍善者增益
尒時大通智勝如來默然許之又諸比丘南
方五百万億國土諸大梵王各見宮殿光
明照曜昔所未有歡喜踊躍生希有心即各
相詣共議此事以何因緣我等宮殿有此光

BD14845號　妙法蓮華經卷三　（14–6）

衆生聞此法　得道若生天　諸惡道減少　忍善者增益
尒時大通智勝如來默然許之又諸比丘南
方五百万億國土諸大梵王各見宮殿光
明照曜昔所未有歡喜踊躍生希有心即各
相詣共議此事以何因緣我等宮殿有此光
曜而彼衆中有一大梵天王名曰妙法為諸
梵衆而說偈言
我等諸宮殿　光明甚威曜　此非无因緣　是相宜求之
過於百千劫　未曾見是相　為大德天生　為佛出世間
尒時五百万億諸梵天王與宮殿俱各以衣
祴盛諸天華共詣北方推尋是相見大通智
勝如來處于道場菩提樹下坐師子座諸天
龍王乾闥婆緊那羅摩睺羅伽人非人等恭
敬圍繞及見十六王子請佛轉法輪時諸天梵
王頭面礼佛繞百千匝即以天華而散佛上
所散之華如須弥山并以供養佛菩提樹
華供養已各以宮殿奉上彼佛而作是言唯
見哀愍饒益我等所獻宮殿願垂納受尒時
諸梵天王即於佛前一心同聲以偈頌曰
世尊甚難見　破諸煩惱者　過百三十劫　今乃得一見
諸飢渴衆生　以法雨充滿　昔所未曾覩　无量智慧者
如優曇鉢華　今日乃值遇　我等諸宮殿　蒙光故嚴飾
世尊大慈悲　唯願哀納受
尒時諸梵天王偈讚佛已各作是言唯願世
尊轉於法輪令一切世間諸天魔梵沙門婆
羅門皆獲安隱而得度脫時諸梵天王一心
同聲以偈頌曰

BD14845號　妙法蓮華經卷三　（14–7）

尒時諸梵天王偈讚佛已各作是言唯願世
尊轉於法輪令一切世間諸天魔梵沙門婆
羅門皆獲安隱而得度脫時諸梵天王一心
同聲以偈頌曰
唯願天人尊　轉无上法輪　擊于大法鼓　而吹大法螺
普雨大法雨　度无量衆生　我等咸歸請　當演深遠音
尒時大通智勝如來默然許之西南方乃至
下方亦復如是尒時上方五百万億國土諸大
梵王皆悉自覩所止宮殿光明威曜昔所
未有歡喜踊躍生希有心即各相詣共議此
事以何因緣我等宮殿有斯光明時彼衆中
有一大梵天王名曰尸棄為諸梵衆而說偈言
今以何因緣　我等諸宮殿　威德光明曜　嚴飾未曾有
如是之妙相　昔所未聞見　為大德天生　為佛出世間
尒時五百万億諸梵天王與宮殿俱各以衣
祴盛諸天華共詣下方推尋是相見大通智
勝如來處于道場菩提樹下坐師子座諸天
龍王乾闥婆緊那羅摩睺羅伽人非人等恭
敬圍繞及見十六王子請佛轉法輪時諸梵
天王頭面礼佛繞百千匝即以天華而散佛
上所散之華如須弥山并以供養佛菩提樹
華供養已各以宮殿奉上彼佛而作是言
唯見哀愍饒益我等所獻宮殿願垂納處
時諸梵天王即於佛前一心同聲以偈頌曰
善哉見諸佛　救世之聖尊　能於三界獄　勉出諸衆生
普智天人尊　哀愍群萌類　能開甘露門　廣度於一切

BD14845號　妙法蓮華經卷三　（14–8）

華供養已各以宮殿奉上彼佛而作是言
唯見哀愍饒益我等所獻宮殿願垂納處
時諸梵天王即於佛前一心同聲以偈頌曰
善哉見諸佛　救世之聖尊　能於三界獄　勉出諸衆生
普智天人尊　哀愍群萌類　能開甘露門　廣度於一切
於昔无量劫　空過无有佛　世尊未出時　十方常闇冥
三惡道增長　阿脩羅亦盛　諸天衆轉减　死多墮惡道
不從佛聞法　常行不善事　色力及智慧　斯等皆减少
罪業因緣故　失樂及樂相　住於邪見法　不識善儀則
不蒙佛所化　常墮於惡道　佛為世間眼　久遠時乃出
哀愍諸衆生　故現於世間　超出成正覺　我等甚欣慶
及餘一切衆　喜歎未曾有　我等諸宮殿　蒙光故嚴飾
今以奉世尊　唯垂哀納受　願以此功德　普及於一切
我等與衆生　皆共成佛道
尒時五百万億諸梵天王偈讚佛已各白佛
言唯願世尊轉於法輪多所安隱多所度脫
時諸梵天王而說偈言
世尊轉法輪　擊甘露法鼓　度苦惱衆生　開示涅槃道
唯願受我請　以大微妙音　哀愍而敷演　无量劫習法
尒時大通智勝如來受十方諸梵天王及十
六王子請即時三轉十二行法輪若沙門婆
羅門若天魔梵及餘世間所不能轉謂是
苦是苦集是苦滅是苦滅道及廣說十二因
緣法无明緣行行緣識識緣名色名色緣六入
六入緣觸觸緣受受緣愛愛緣取取緣有有
緣生生緣老死憂悲苦惱無明滅則行滅行滅

BD14845號　妙法蓮華經卷三　（14–9）

苦是苦集是苦滅是苦滅道及廣說十二因
緣法无明緣行行緣識識緣名色名色緣六入
六入緣觸觸緣受受緣愛愛緣取取緣有有
緣生生緣老死憂悲苦惱無明滅則行滅行滅
則識滅識滅則名色滅名色滅則六入滅六
入滅則觸滅觸滅則受滅受滅則愛滅愛
滅則取滅取滅則有滅有滅則生滅生滅則
老死憂悲苦惱滅佛於天人大衆之中說是
法時六百万億那由他人以不受一切法故而
於諸漏心得解脫皆得深妙禪定三明六
通具八解脫第二第三第四說法時千万億
恒河沙那由他等衆生亦以不受一切法故
而於諸漏心得解脫從是已後諸聲聞衆生
无量无邊不可稱數尒時十六王子皆以童子
出家而爲沙門諸根通利智慧明了已曾供
養百千万億諸佛淨脩梵行求阿耨多羅
三藐三菩提俱白佛言世尊是諸无量千万億
大德聲聞皆已成就世尊亦當爲我等說阿
耨多羅三藐三菩提法我等聞已皆共脩
學世尊我等志願如來知見深心所念佛自證
知尒時轉輪聖王所將衆中八万億人見十
六王子出家亦求出家王即聽許尒時彼佛
受沙弥請過二万劫已乃於四衆之中說是
大乘經名妙法蓮華教菩薩法佛所護念
說是經已十六沙弥爲阿耨多羅三藐三菩
提故皆共受持諷誦通利說是經時十六菩

受沙弥請過二万劫已乃於四衆之中說是
大乘經名妙法蓮華教菩薩法佛所護念
說是經已十六沙弥爲阿耨多羅三藐三菩
提故皆共受持諷誦通利說是經時十六菩
薩沙弥皆悉信受聲聞衆中亦有信解其
餘衆生千万億種皆生疑惑佛說是經於八千
劫未曾休廢說是經已即入靜室住於禪定八
万四千劫是時十六菩薩沙弥知佛入室寂
然禪定各昇法座亦於八万四千劫爲四部
衆廣說分別妙法華經一一皆度六百万億
那由他恒河沙等衆生示教利喜令發阿耨
多羅三藐三菩提心大通智勝佛過八万四
千劫已從三昧起往詣法座安詳而坐普
告大衆是十六菩薩沙弥甚爲希有諸根通
利智慧明了已曾供養无量千万億數諸佛於
諸佛所常脩梵行受持佛智開示衆生令入
其中汝等皆當數數親近而供養之所以者
何若聲聞辟支佛及諸菩薩能信是十六菩
薩所說經法受持不毀者是人皆當得阿耨
多羅三藐三菩提如來之慧佛告諸比丘是
十六菩薩常樂說是妙法蓮華經一一菩薩
所化六百万億那由他恒河沙等衆生世世
所生與菩薩俱從其聞法悉皆信解以此因
緣値得四万億諸佛世尊于今不盡諸比丘
我今語汝彼佛弟子十六沙弥今皆得阿耨
多羅三藐三菩提於十方國土現在說法有

緣値得四万億諸佛世尊于今不盡諸比丘
我今語汝彼佛弟子十六沙弥今皆得阿耨
多羅三藐三菩提於十方國土現在說法有
无量百千万億菩薩聲聞以為眷屬其二沙
弥東方作佛一名阿閦在歡喜國二名須弥
頂東南方二佛一名師子音二名師子相南
方二佛一名虛空住二名常滅西南方二佛
一名帝相二名梵相西方二佛一名阿弥陁
二名度一切世間苦惱西北方二佛一名多摩
羅跋栴檀香神通二名須弥相北方二佛
一名雲自在二名雲自在王東北方佛名壞
一切世間怖畏第十六我釋迦牟尼佛於娑
婆國土成阿耨多羅三藐三菩提諸比丘我
等為沙弥時各各教化无量百千万億恒河
沙等衆生從我聞法為阿耨多羅三藐三
菩提此諸衆生于今有住聲聞地者我常
教化阿耨多羅三藐三菩提是諸人等應以
法是漸入佛道所以者何如來智慧難信難解
尒時所化无量恒河沙等衆生者汝等諸比
丘及我滅度後未來世中聲聞弟子是也我
滅度後復有弟子不聞是經不知不覺菩薩
所行自於所得功德生滅度想當入涅槃我於
餘國作佛更有異名是人雖生滅度之相入
於涅槃而於彼土求佛智慧得聞是經唯以
佛乘而得滅度更無餘乘除諸如來方便說
法諸比丘若如來自知涅槃時到衆又清淨
信解堅固了達空法深入禪定便集諸菩薩

BD14845號　妙法蓮華經卷三

（14–12）

餘國作佛更有異名是人雖生滅度之相入
於涅槃而於彼土求佛智慧得聞是經唯以
佛乘而得滅度更無餘乘除諸如來方便說
法諸比丘若如來自知涅槃時到衆又清淨
信解堅固了達空法深入禪定便集諸菩薩
及聲聞衆為說是經世間无有二乘而得滅
度唯一佛乘得滅度耳比丘當知如來方便
深入衆生之性知其志樂小法深著五欲為
是等故說於涅槃是人若聞則便信受譬如
五百由旬險難惡道曠絕无人怖畏之處若
有多衆欲過此道至珎寶處有一導師聰
慧明達善知險道通塞之相將導衆人欲
過難所將人衆中路懈退白導師言我等疲
極而復怖畏不能復進前路猶遠今欲退還導
師多諸方便而作是念此等可愍云何捨大
珎寶而欲退還作是念已以方便力於險道
中過三百由旬化作一城告衆人言汝等勿
怖莫得退還今此大城可於中止隨意所作
若入是城快得安隱若能前至寶所亦可得
去是時疲極之衆心大歡喜歎未曾有我等
今者免斯惡道快得安隱於是衆人前入化
城生已度想生安隱想尒時導師知此衆人
既得止息无復疲惓即滅化城語衆人言汝
等去來寶處在近向者大城我所化作為止
息耳諸比丘如來亦復如是今為汝等作大
導師知諸生死煩惱惡道險難長遠應去
應度若衆生但聞一佛乘者則不欲見佛不欲

BD14845號　妙法蓮華經卷三

（14–13）

懈而復怖畏不能復進前路猶遠今欲退還導
師多諸方便而作是念此等可愍云何捨大
珎寶而欲退還作是念已以方便力於險道
中過三百由旬化作一城告衆人言汝等勿
怖莫得退還今此大城可於中止隨意所作
若入是城快得安隱若能前至寶所亦可得
去是時疲極之衆心大歡喜歎未曾有我等
今者免斯惡道快得安隱於是衆人前入化
城生已度想生安隱想尒時導師知此衆人
既得止息无復疲惓即滅化城語衆人言汝
等去來寶處在近向者大城我所化作為止
息耳諸比丘如來亦復如是今為汝等作大
導師知諸生死煩惱惡道險難長遠應去
應度若衆生但聞一佛乘者則不欲見佛不欲
親近便作是念佛道長遠久受懃苦乃可得
成佛知是心怯弱下劣以方便力而於中道為
止息故說二涅槃若衆生住於二地如來尒
時即便為說汝等所作未辦汝所住地近
於佛慧當觀察籌量所得涅槃非真實
也但如來方便之力於一佛乘分別說三如彼導
師為止息故化作大城既知息已而告之言

BD14845號　妙法蓮華經卷三　（14–14）

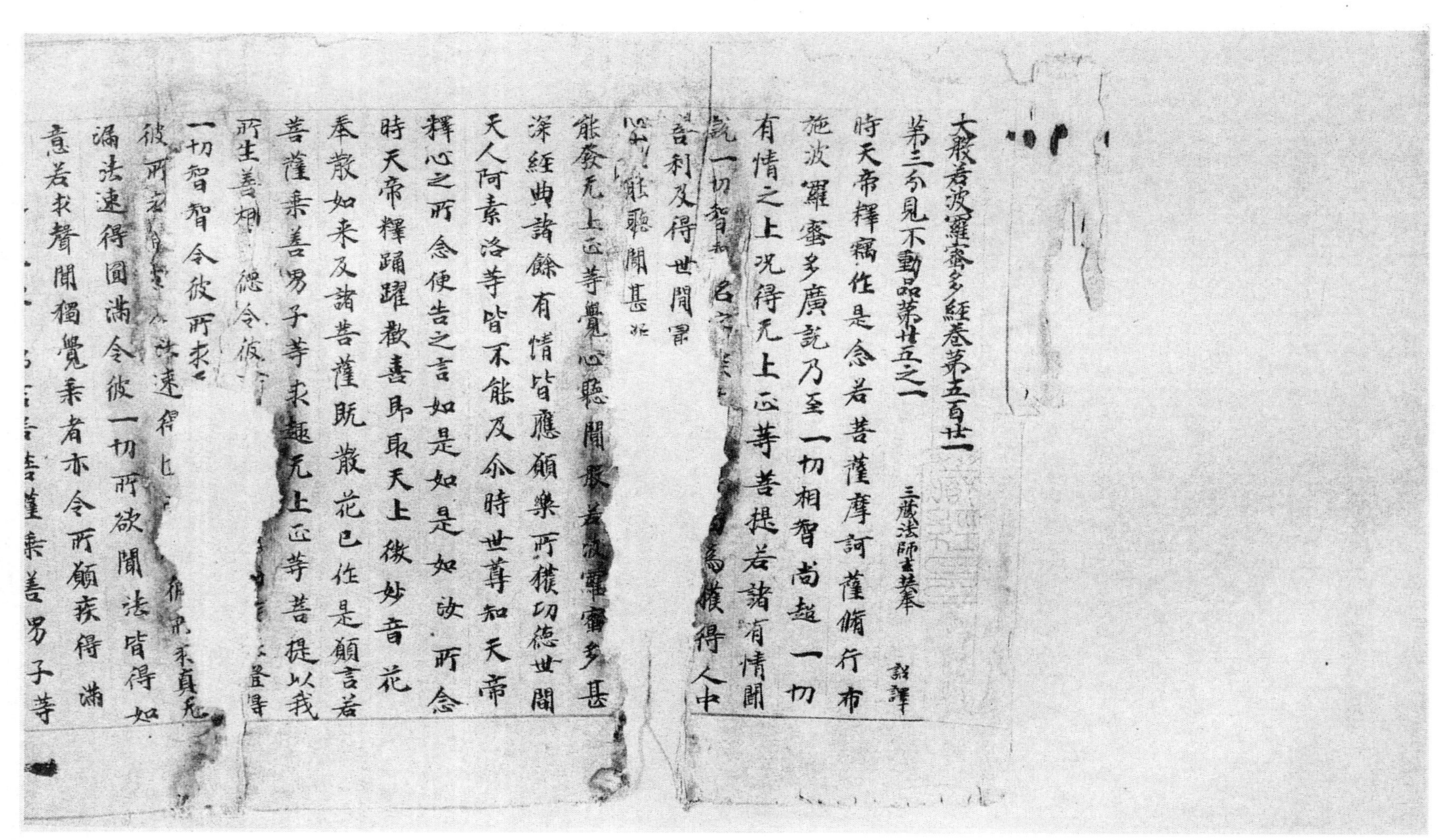
大般若波羅蜜多經卷第五百廿一
第三分見不動品第廿五之一　三藏法師玄奘奉　詔譯
時天帝釋竊作是念若菩薩摩訶薩脩行布
施波羅蜜多廣說乃至一切相智尚超一切
有情之上況得无上正等菩提若諸有情聞
說一切智智名[illegible]為獲得人中
善利及得世間最[illegible]
[illegible]能聽聞甚[illegible]
能發无上正等覺心聽聞般若波羅蜜多甚
深經典諸餘有情皆應願樂所獲功德世間
天人阿素洛等皆不能及尒時世尊知天帝
釋心之所念便告之言如是如是如汝所念
時天帝釋踊躍歡喜即取天上微妙音花
奉散如來及諸菩薩既散花已作是願言若
菩薩乘善男子等求趣无上正等菩提以我
所生善根[illegible]德令彼[illegible]
一切智智令彼所求[illegible]
彼所求[illegible]速得[illegible]佛法真无
漏法速得圓滿令彼一切所欲聞法皆得如
意若求聲聞獨覺乘者亦令所願疾得滿
[illegible]菩薩乘善男子等

BD14846號　大般若波羅蜜多經卷五二一　（23–1）

所生善根[illegible]令彼[illegible]
一切智智令彼所求[illegible]
彼所求[illegible]速得[illegible]作中求真无
滿法速得圓滿令彼一切所欲聞法皆得如
意若求聲聞獨覺乘者亦令所願疾得滿
足作是願已便白佛言若菩薩乘善男子等
已發无上正等覺心我終不生一念異意令其
退轉大菩提心我亦不生一念異意令諸菩
薩厭離无上正等菩提退墮聲聞獨覺等地
世尊若菩薩摩訶[illegible]上正等菩提深
心樂欲我願彼心倍[illegible]
菩提願彼菩薩摩訶薩衆見[illegible]
已為欲利樂世間天人阿素洛等發起種種
堅固大願我既自度生死大海亦當精勤度
未度者我既自解生死繫縛亦當精勤解
未解者我於種種生死怖既自安隱亦當精
勤安未安者我既自證究竟涅槃亦當精勤
令未證者皆同證得世尊若善男子善女人
等於初發心菩薩功德深心隨喜得幾許福
於久發心菩薩功德[illegible]心隨喜得幾許福
不退轉地菩薩功德深心隨喜得幾許福於
一生所繫菩薩功德深心隨喜得幾許福尒
時佛告天帝釋言憍尸迦四大洲界可知兩
數此善男子善女人等隨喜俱心所生福德
不可知量憍尸迦小千世界可知兩數此善
男子善女人等隨喜俱心所生福德不可知
量憍尸迦中千世界可知兩數此善男子善
女人等隨喜俱心所生福德不可知量憍尸
迦我此三千[illegible]

BD14846號　大般若波羅蜜多經卷五二一　（23–2）

[illegible]隨喜俱心所生福[illegible]
不可知量憍尸迦小千世界可知兩數此善
男子善女人等隨喜俱心所生福德不可知
量憍尸迦中千世界可知兩數此善男子善
女人等隨喜俱心所生福德不可知量憍尸
迦我此三千大千世[illegible]
善女人等隨喜俱心所生福德不[illegible]憍
尸迦假使三千大千世界合為一海有取一
毛拆為百分持一分端沾彼海水可知滴數
此善男子善女人等隨喜俱心所生福德不
可知量所以者何是善男子善女人等隨喜
俱心所生福德无邊際故時天帝釋復白佛
言若諸有情於諸菩薩殊勝功德不隨喜
者當知皆是魔所執持魔所魅著魔之明黨
魔天界沒來生此[illegible]摩訶
薩求趣无上正等菩提彼諸菩[illegible]行者
有發心於彼功德深生隨喜皆能破壞一切
魔軍宮殿眷屬世尊若諸有情深心敬愛佛
法僧寶隨所生處常欲見佛聞法遇僧於諸
菩薩摩訶薩衆功德善根應深隨喜既隨喜
已迴向无上正等菩提而不應生二不二想若
能如是疾證无上正等菩提饒益有情破
魔軍衆尒時佛告天帝[illegible]如是如是如汝
所說憍尸迦若諸有[illegible]德
善根深心隨喜迴向无上正等菩[illegible]是諸有
情速能圓滿諸菩薩行疾證无上正等菩提
若諸有情於菩薩摩訶薩功德善根深心隨
喜迴向无上正等菩提是諸有情具大威力
常能奉事一切如來應正等覺及善知識恒

BD14846號　大般若波羅蜜多經卷五二一　（23–3）

情速能圓滿諸菩薩行疾證无上正等菩提
若諸有情於菩薩摩訶薩功德善根深心隨
喜迴向无上正等菩提是諸有情具大威力
常能奉事一切如來應正等覺及善知識恒
聞般若波羅蜜多甚深經典善知義趣是諸
有情成就如是隨喜迴向功德善根隨所生
處常為一切世間天人阿素洛等供養恭敬
尊重讚歎不見惡色不聞惡聲不齅惡香不
嘗惡味不覺惡觸不思惡法常不遠離諸佛
世尊從一佛土趣一佛土親近諸佛種諸善
根成熟有情嚴淨佛土何以故憍尸迦是諸
有情能於无量眾初發心諸菩薩眾功德善
根深心隨喜迴向无上正等菩提能於无量
已住初地乃至十地諸菩薩眾功德善根深
心隨喜迴向无上正等菩提能於无量一生
所繫諸菩薩眾功德善根深心隨喜迴向无
上正等菩提由此是有情於增進
疾證无上正等菩提既得无上正等菩提能
盡未來如實饒益无量无數无邊有情令住
无餘般涅槃界以是故憍尸迦住菩薩乘善若
男子等於初發心諸菩薩眾功德善根於久
發心諸菩薩眾功德善根於不退轉地諸菩
薩眾功德善根於一生所繫諸菩薩眾功德
善根皆應隨喜迴向无上正等菩提於生隨
喜及迴向時不應執著即心離心隨喜迴向
不應執著即心脩行離心脩行若能如是无
所執著隨喜迴向脩諸菩薩摩訶薩行速證
无上正等菩提度諸天人阿素洛等令脫生
死得般涅槃

BD14846號　大般若波羅蜜多經卷五二一　（23–4）

善根皆應隨喜迴向无上正等菩提於生隨
喜及迴向時不應執著即心離心隨喜迴向
不應執著即心脩行離心脩行若能如是无
所執著隨喜迴向脩諸菩薩摩訶薩行速證
无上正等菩提度諸天人阿素洛等令脫生
死得般涅槃
尒時善現便白佛言如世尊說諸法如幻云
何菩薩摩訶薩以如幻心能得无上正等菩
提佛告善現於意云何汝見菩薩摩訶薩如
幻心不善現荅言不也世尊我不見幻亦不
見有如幻之心佛告善現於意云何若處无
幻无如幻心汝見有是心能得无上正等菩
提不善現荅言不也世尊我都不見有處
无幻无如幻心更有是心能得无上正等菩提
佛告善現於意云何若處離幻離如幻心汝
見有是法能得无上正等菩提不善現荅言
不也世尊我都不見有處離幻離如幻心更
有是法能得无上正等菩提世尊我都不見
即離心法說何等法是有是无以一切法畢
竟離故若一切法畢竟離者不可施設此法
是有此法是无若法不可施設有无則不可
說能得无上正等菩提非无所有法能得菩
提故所以者何以一切法皆无所有性不可
得无染无淨何以故以般若波羅蜜多乃
至布施波羅蜜多皆畢竟離故內空乃至无
性自性空亦畢竟離故真如乃至不思議界亦
畢竟離故苦集滅道聖諦亦畢竟離故四念
住乃至八聖道支亦畢竟離故四靜慮四无
量四无色定亦畢竟離故空无相无願解脫

BD14846號　大般若波羅蜜多經卷五二一　（23–5）

性自性空亦畢竟離故真如乃至不思議界亦
畢竟離故苦集滅道聖諦亦畢竟離故四念
住乃至八聖道支亦畢竟離故四靜慮四无
量四无色定亦畢竟離故空无相无願解脫
門亦畢竟離故八解脫乃至十遍處亦畢竟
離故極喜地乃至法雲地亦畢竟離故陁羅
尼門三摩地門亦畢竟離故五眼六神通亦
畢竟離故如來十力乃至十八佛不共法亦
畢竟離故大慈大悲大喜大捨亦畢竟離故
三十二大士相八十隨好亦畢竟離故无忘
失法恒住捨性亦畢竟離故一切智道相智
一切相智亦畢竟離故一切菩薩摩訶薩行
諸佛无上正等菩提亦畢竟離故一切智知
亦畢竟離故世尊若法畢竟離是法不應脩
亦不應遣亦復不應有所引發甚深般若波
羅蜜多畢竟離故於法不應有所引發世尊
甚深般若波羅蜜多既畢竟離云何可說諸
菩薩摩訶薩依深般若波羅蜜多證得无
上正等菩提世尊諸佛无上正等菩提亦畢竟
離云何離法能得離是故般若波羅蜜多
應不可說證得无上正等菩提佛告善現善
哉善哉如是如是如汝所說般若波羅蜜多
乃至布施波羅蜜多皆畢竟離廣說乃至一
切智智亦畢竟離善現當知以般若波羅蜜
多畢竟離廣說乃至一切智智亦畢竟離可
說菩薩摩訶薩證得畢竟離諸佛无上正等
菩提善現當知若般若波羅蜜多非畢竟離
應非般若波羅蜜多廣說乃至若一切智智

切智智亦畢竟離善現當知以般若波羅蜜
多畢竟離廣說乃至一切智智亦畢竟離可
說菩薩摩訶薩證得畢竟離諸佛无上正等
菩提善現當知若般若波羅蜜多非畢竟離
應非般若波羅蜜多廣說乃至若一切智智
非畢竟離應非一切智智善現當知以般若
波羅蜜多畢竟離故得名般若波羅蜜多
廣說乃至以一切智智畢竟離故得名一切智
智是故善現諸菩薩摩訶薩非不依止甚深
般若波羅蜜多證得无上正等菩提善現當
知雖非離法能得離法而得无上正等菩提
非不依止甚深般若波羅蜜多是故菩薩摩
訶薩衆欲得无上正等菩提應勤脩學甚深
般若波羅蜜多具壽善現便白佛言諸菩薩
摩訶薩所行義趣極為甚深佛告善現如是
如是諸菩薩摩訶薩所行義趣極為甚深善
現當知諸菩薩摩訶薩能為難事雖行如是
甚深義趣而於聲聞獨覺地法能不作證
尒時善現復白佛言如我解佛所說義者諸
菩薩摩訶薩所作不難不應說彼能為難事
所以者何諸菩薩摩訶薩所證義趣都不可
得能證般若波羅蜜多亦不可得證法證者
證處證時亦不可得世尊諸菩薩摩訶薩觀
一切法既不可得有何義趣可為所證有何
般若波羅蜜多可為能證復有何等而可施
設證法證者證處證時既尒云何可執由此
證得无上正等菩提无上正等菩提尚不可證
況證聲聞獨覺地法世尊若如是行是名菩
薩无所得行若菩薩摩訶[illegible]

般若波羅蜜多可為能證復有何等而可施
設證法證者證處證時既尒去何可執由此
證得无上正等菩提无上正等菩提尚不可證
况證聲聞獨覺地法世尊若如是行是名菩
薩无所得行若菩薩摩訶薩能行如是无所
得行於一切法得无礙障世尊若菩薩摩訶
薩聞如是語心不沉沒亦不憂悔不驚不怖
是行般若波羅蜜多世尊是菩薩摩訶薩如
是行時不見衆相不見我行不見不行不見
般若波羅蜜多是我所行不見无上正等菩
提是我所證亦復不見證處時等世尊是菩
薩摩訶薩行深般若波羅蜜多不作是念我
遠聲聞獨覺等地我近无上正等菩提譬如
虛空不作是念我去彼事若遠若近所以者
何虛空无動亦无差別无分別故諸菩薩摩
訶薩亦復如是行深般若波羅蜜多不作是
念我遠聲聞獨覺等地我近无上正等菩提
所以者何甚深般若波羅蜜多於一切法无
分別故譬如幻士不作是念幻質幻師去我
為近幻所似法去我為遠衆集徒衆亦近亦
遠所以者何所幻之士无分別故諸菩薩摩
訶薩亦復如是行深般若波羅蜜多不作是
念我遠聲聞獨覺等地我近无上正等菩提
所以者何甚深般若波羅蜜多於一切法无
分別故譬如影像不作是念我因彼現去我
為近所不因法去我為遠所以者何所現影
像无分別故諸菩薩摩訶薩亦復如是行深
般若波羅蜜多不作是念我遠聲聞獨覺等
地我近无上正等菩提所以者何甚深般

BD14846號　大般若波羅蜜多經卷五二一　（23–8）

分別故譬如影像不作是念我因彼現去我
為近所不因法去我為遠所以者何所現影
像无分別故諸菩薩摩訶薩亦復如是行深
般若波羅蜜多不作是念我遠聲聞獨覺等
地我近无上正等菩提所以者何甚深般若
波羅蜜多於一切法无分別故世尊行深般
若波羅蜜多諸菩薩摩訶薩无愛无憎所以
者何甚深般若波羅蜜多及一切法愛憎自
性不可得故如諸如來應正等覺於一切法
无愛无憎行深般若波羅蜜多諸菩薩摩
訶薩亦復如是於一切法无愛无憎所以者何
諸佛菩薩甚深般若波羅蜜多愛憎斷故
如諸如來應正等覺永斷一切妄想分別行深
般若波羅蜜多諸菩薩摩訶薩亦復如是伏
斷一切妄想分別所以者何諸佛菩薩甚深
般若波羅蜜多於一切法无分別故如諸如
來應正等覺不作是念我遠聲聞獨覺等
地我近无上正等菩提行深般若波羅蜜多
諸菩薩摩訶薩亦復如是不作是念我遠聲
聞獨覺等地我近无上正等菩提所以者何諸
佛菩薩甚深般若波羅蜜多於一切法无分
別故如諸如來應正等覺所變化者不作是
念我遠聲聞獨覺等地我近无上正等菩
提所以者何諸佛所化无分別故行深般若波
羅蜜多諸菩薩摩訶薩亦復如是不作是念
我遠聲聞獨覺等地我近无上正等菩提所
以者何甚深般若波羅蜜多於一切法无分別
故如諸佛等欲有所作化作化者令作彼事

BD14846號　大般若波羅蜜多經卷五二一　（23–9）

念我遠聲聞獨覺等地我近无上正等菩
提所以者何諸佛所化无分別故行深般若波
羅蜜多諸菩薩摩訶薩亦復如是不作是念
我遠聲聞獨覺等地我近无上正等菩提所
以者何甚深般若波羅蜜多於一切法无分別
故如諸佛等欲有所作化作化者令作彼事
然所化者不作是念我能造作如是事業所
以者何諸所化者於所作業无分別故行深
般若波羅蜜多諸菩薩摩訶薩亦復如是有
所為故而勤修學既修學已雖能成辦所作
事業而於所作无所分別所以者何甚深般
若波羅蜜多法亦於法无分別故如有巧匠
或彼弟子有所為故造諸機關或女或男或
象馬等此諸機關雖有所作而於彼事都无
分別所以者何機關法亦无分別故行深般
若波羅蜜多諸菩薩摩訶薩亦復如是有所
為故而成立之既成立已雖能成辦種種事
業而於其中都无分別所以者何甚深般若
波羅蜜多法尒於法无分別故尒時舍利子
問具壽善現言為但般若波羅蜜多於一切
法无所分別為靜慮等波羅蜜多於一切法
亦无分別善現荅言非但般若波羅蜜多於
一切法无所分別靜慮等五波羅蜜多於一
切法亦无分別時舍利子問善現言為但六
種波羅蜜多於一切法无所分別為色蘊乃
至識蘊於一切法亦无分別為眼處乃至意
處於一切法亦无分別為色處乃至法處於
一切法亦无分別為眼界乃至意界於一切法
亦无分別為色界乃至法界於一切法亦无

BD14846號 大般若波羅蜜多經卷五二一 （23–10）

切法亦无分別時舍利子問善現言為但六
種波羅蜜多於一切法无所分別為色蘊乃
至識蘊於一切法亦无分別為眼處乃至意
處於一切法亦无分別為色處乃至法處於
一切法亦无分別為眼界乃至意界於一切法
亦无分別為色界乃至法界於一切法亦无
分別為眼識界乃至意識界於一切法亦无
分別為眼觸乃至意觸於一切法亦无分別
為眼觸為緣所生諸受乃至意觸為緣所生
諸受於一切法亦无分別為地界乃至識界
於一切法亦无分別為因緣乃至增上緣於
一切法亦无分別為无明乃至老死於一切
法亦无分別為內空乃至无性自性空於一
切法亦无分別為真如乃至不思議界於一
切法亦无分別為苦集滅道聖諦於一切法
亦无分別為四念住乃至八聖道支於一切
法亦无分別為四靜慮四无量四无色定於
一切法亦无分別為空无相无願解脫門於
一切法亦无分別為八解脫乃至十遍處於
一切法亦无分別為淨觀地乃至如來地於
一切法亦无分別為極喜地乃至法雲地於
一切法亦无分別為陁羅尼門三摩地門於
一切法亦无分別為五眼六神通於一切法
亦无分別為如來十力乃至十八佛不共法
於一切法亦无分別為大慈大悲大喜大捨
於一切法亦无分別為三十二大士相八十
隨好於一切法亦无分別為无忘失法恒住
捨性於一切法亦无分別為一切智道相智

BD14846號 大般若波羅蜜多經卷五二一 （23–11）

於一切法亦无分別爲大慈大悲大喜大捨
於一切法亦无分別爲三十二大士相八十
隨好於一切法亦无分別爲无忘失法恒住
捨性於一切法亦无分別爲一切智道相智
一切相智於一切法亦无分別爲預流果乃
至獨覺菩提於一切法亦无分別爲一切菩
薩摩訶薩行諸佛无上正等菩提於一切法
亦无分別爲有爲界或无爲界於一切法亦
无分別善現荅言非但六種波羅蜜多於一
切法无所分別色乃至无爲界於一切法亦
无分別所以者何以一切法性相皆空无分
別故時舍利子問善現言若一切法皆无分
別云何而有流轉生死五趣差別云何復有
預流一來不還阿羅漢獨覺菩薩及諸如來
聖位差別善現對曰有情顛倒煩惱因緣發
起種種身語意業由斯感得欲爲根本業
異熟果依此施設地獄傍生餓鬼人天五趣差
別又所問言云何復有預流果等聖位差別
舍利子无分別故施設預流及預流果无分
別故施設一來及一來果无分別故施設不
還及不還果无分別故施設阿羅漢及阿羅
漢果无分別故施設獨覺及獨覺菩提无分
別故施設菩薩摩訶薩及菩薩摩訶薩行无
分別故施設如來應正等覺及佛无上正等
菩提舍利子過去如來應正等覺由无分別
分別斷故可施設有未來如來應正等覺由
无分別分別斷故可施設有現在十方諸佛
世界一切如來應正等覺亦无分別分別斷

菩提舍利子過去如來應正等覺由无分別
分別斷故可施設有未來如來應正等覺由
无分別分別斷故可施設有現在十方諸佛
世界一切如來應正等覺亦无分別分別斷
故可施設有舍利子由此因緣當知諸法皆
无分別由无分別真如法界廣說乃至不思
議界爲定量故舍利子諸菩薩摩訶薩應行
如是无所分別甚深般若波羅蜜多舍利子
若菩薩摩訶薩能行如是无所分別甚深般
若波羅蜜多便能證得无所分別清淨无上
正等菩提能盡未來利樂一切時舍利子問
善現言諸菩薩摩訶薩行深般若波羅蜜多
時爲行堅法爲行非堅法善現荅言諸菩薩
摩訶薩行深般若波羅蜜多時行非堅法不
行堅法何以故舍利子般若波羅蜜多乃至
布施波羅蜜多非堅法故內空乃至无性自
性空非堅法故真如乃至不思議界非堅法
故苦聖諦乃至道聖諦非堅法故四念住乃
至八聖道支非堅法故四靜慮四无量四无
色定非堅法故空无相无願解脫門非堅法
故八解脫乃至十遍處非堅法故極喜地乃
至法雲地非堅法故陁羅尼門三摩地門非
堅法故五眼六神通非堅法故如來十力乃
至十八佛不共法非堅法故大慈大悲大喜
大捨非堅法故三十二大士相八十隨好非
堅法故无忘失法恒住捨性非堅法故一切
智道相智一切相智非堅法故所以者何諸
菩薩摩訶薩行深般若波羅蜜多時於般

至十八佛不共法非堅法故大慈大悲大喜
大捨非堅法故三十二大士相八十隨好非
堅法故无忘失法恒住捨性非堅法故一切
智道相智一切相智非堅法故所以者何諸
菩薩摩訶薩行深般若波羅蜜多時於般
若波羅蜜多乃至一切相智尚不見有非堅法
可得况見有堅法可得時有无量欲界天子
色界天子咸作是念若善男子善女人等能
發无上正等覺心如深般若波羅蜜多所說
義行不證實際不墮聲聞及獨覺地由此因
緣是善男子善女人等甚為希有能為難
事應當敬礼尒時善現知諸天子心之所
念便告之言是善男子善女人等不證實際
不墮聲聞及獨覺地非甚希有亦未為難
若菩薩摩訶薩知一切法及諸有情皆不
可得而發无上正等覺心被精進甲擔度
无量无數有情令入无餘般涅槃界是菩
薩摩訶薩乃甚希有能為難事天子當知
若菩薩摩訶薩雖知有情都无所有而發无
上正等覺心被精進甲為欲調伏諸有情
衆如有為欲調伏虛空何以故諸天子虛
空離故當知一切有情亦離虛空空故
當知一切有情亦空虛空不堅實故當知
一切有情亦不堅實虛空无所有故當知一
切有情亦无所有由此因緣是菩薩摩訶薩
乃甚希有能為難事天子當知是菩薩摩
訶薩被大願鎧為欲調伏一切有情而諸有
情都无所有如有被鎧與虛空戰天子當知是

BD14846號　大般若波羅蜜多經卷五二一　(23-14)

切有情亦无所有由此因緣是菩薩摩訶薩
乃甚希有能為難事天子當知是菩薩摩
訶薩被大願鎧為欲調伏一切有情而諸有
情都无所有如有被鎧與虛空戰天子當知是
菩薩摩訶薩被大願鎧為欲饒益一切有情
而諸有情及大願鎧俱不可得何以故諸天
子有情離故此大願鎧當知亦離有情空故
此大願鎧當知亦空有情不堅實故此大願
鎧當知亦不堅實有情无所有故此大願鎧
當知亦无所有天子當知是菩薩摩訶薩調
伏饒益諸有情事亦不可得何以故諸天子
有情離故此調伏饒益事當知亦離有情空
故此調伏饒益事當知亦空有情不堅實故
此調伏饒益事當知亦不堅實有情无所有
故此調伏饒益事當知亦无所有天子當知
諸菩薩摩訶薩亦无所有何以故諸天子有
情離故諸菩薩摩訶薩當知亦離有情空故
諸菩薩摩訶薩當知亦空有情不堅實故諸
菩薩摩訶薩當知亦不堅實有情无所有故
諸菩薩摩訶薩當知亦无所有天子當知若
菩薩摩訶薩聞如是語心不沉没不驚不怖
亦不憂悔當知是菩薩摩訶薩行深般若波
羅蜜多何以故諸天子色蘊乃至識蘊離故
有情亦離眼處乃至意處離故有情亦離色
處乃至法處離故有情亦離眼界乃至意界
離故有情亦離色界乃至法界離故有情亦
離眼識界乃至意識界離故有情亦離眼
觸乃至意觸離故有情亦離眼觸為緣所生諸

BD14846號　大般若波羅蜜多經卷五二一　(23-15)

有情亦離眼處乃至意處離故有情亦離色
處乃至法處離故有情亦離眼界乃至意界
離故有情亦離色界乃至法界離故有情亦
離眼識界乃至意識界離故有情亦離眼
觸乃至意觸離故有情亦離眼觸為緣所生諸
受乃至意觸為緣所生諸受離故有情亦離
地界乃至識界離故有情亦離因緣乃至
增上緣離故有情亦離无明乃至老死離故有
情亦離布施波羅蜜多乃至般若波羅蜜多
離故有情亦離內空乃至无性自性空離故
有情亦離真如乃至不思議界離故有情亦
離苦聖諦乃至道聖諦離故有情亦離四念
住乃至八聖道支離故有情亦離四靜慮四
无量四无色定離故有情亦離空无相无願
解脫門離故有情亦離八解脫乃至十遍處
離故有情亦離淨觀地乃至如來地離故有
情亦離極喜地乃至法雲地離故有情亦離
陀羅尼門三摩地門離故有情亦離五眼六
神通離故有情亦離如來十力乃至十八佛
不共法離故有情亦離大慈大悲大喜大捨
離故有情亦離三十二大士相八十隨好離
故有情亦離无忘失法恒住捨性離故有情
亦離一切智道相智一切相智離故有情亦
離預流果乃至獨覺菩提離故有情亦離一
切菩薩摩訶薩行諸佛无上正等菩提離
故有情亦離一切智智離故有情亦離天子
當知色蘊離故六波羅蜜多亦離乃至識蘊
離故六波羅蜜多亦離廣說乃至色蘊離故一
切智智亦離乃至識蘊離故一切智智亦離

BD14846號　大般若波羅蜜多經卷五二一　（23–16）

故有情亦離一切智智離故有情亦離天子
當知色蘊離故六波羅蜜多亦離乃至識蘊
離故六波羅蜜多亦離廣說乃至色蘊離故一
切智智亦離乃至識蘊離故一切智智亦離
天子當知眼處離故六波羅蜜多亦離乃至
意處離故六波羅蜜多亦離廣說乃至眼處
離故一切智智亦離乃至意處離故一切智
智亦離天子當知色處離故六波羅蜜多亦
離乃至法處離故六波羅蜜多亦離廣說乃
至色處離故一切智智亦離乃至法處離故
一切智智亦離天子當知眼界離故六波羅
蜜多亦離乃至意界離故六波羅蜜多六
離廣說乃至眼界離故一切智智亦離乃至意
界離故一切智智亦離天子當知色界離故
六波羅蜜多亦離乃至法界離故六波羅蜜
多亦離廣說乃至色界離故一切智智亦離
乃至法界離故一切智智亦離天子當知眼
識界離故六波羅蜜多亦離乃至意識界
離故六波羅蜜多亦離廣說乃至眼識界離
故一切智智亦離乃至意識界離故一切智智
亦離天子當知眼觸離故六波羅蜜多亦離
乃至意觸離故六波羅蜜多亦離廣說乃至
眼觸離故一切智智亦離乃至意觸離故一
切智智亦離天子當智眼觸為緣所生諸受
離故六波羅蜜多亦離乃至意觸為緣所生
諸受離故六波羅蜜多亦離廣說乃至眼觸
為緣所生諸受離故一切智智亦離乃至意
觸為緣所生諸受離故一切智智亦離天子

BD14846號　大般若波羅蜜多經卷五二一　（23–17）

切智智亦離天子當智眼觸為緣所生諸受
離故六波羅蜜多亦離乃至意觸為緣所生
諸受離故六波羅蜜多亦離廣說乃至眼觸
為緣所生諸受離故一切智智亦離乃至意
觸為緣所生諸受離故一切智智亦離天子
當知地界離故六波羅蜜多亦離乃至識界
離故六波羅蜜多亦離廣說乃至地界離故
一切智智亦離乃至識界離故一切智智亦
離天子當知因緣離故六波羅蜜多亦離乃
至增上緣離故六波羅蜜多亦離廣說乃至
因緣離故一切智智亦離乃至增上緣離故
一切智智亦離天子當知无明離故六波羅
蜜多亦離乃至老死離故六波羅蜜多亦離
廣說乃至无明離故一切智智亦離乃至老
死離故一切智智亦離天子當知布施波羅
蜜多離故內空乃至无性自性空亦離乃至
般若波羅蜜多離故內空乃至无性自性空
亦離廣說乃至布施波羅蜜多離故一切智
智亦離乃至般若波羅蜜多離故一切智智
亦離天子當知內空離故六波羅蜜多亦離
乃至无性自性空離故六波羅蜜多亦離廣
說乃至內空離故一切智智亦離乃至无性
自性空離故一切智智亦離天子當知真如
離故六波羅蜜多亦離乃至不思議界離故
六波羅蜜多亦離廣說乃至真如離故一切
智智亦離乃至不思議界離故一切智智亦
離天子當知苦聖諦離故六波羅蜜多亦離
集滅道聖諦離故六波羅蜜多亦離廣說乃

六波羅蜜多亦離廣說乃至真如離故一切
智智亦離乃至不思議界離故一切智智亦
離天子當知苦聖諦離故六波羅蜜多亦離
集滅道聖諦離故六波羅蜜多亦離廣說乃
至苦聖諦離故一切智智亦離集滅道聖諦
離故一切智智亦離天子當知四念住離故
六波羅蜜多亦離乃至八聖道支離故六波
羅蜜多亦離廣說乃至四念住離故一切智
智亦離乃至八聖道支離故一切智智亦離
天子當知四靜慮離故六波羅蜜多亦離四
无量四无色定離故六波羅蜜多亦離廣說
乃至四靜慮離故一切智智亦離四无量四
无色定離故一切智智亦離天子當知空解
脫門離故六波羅蜜多亦離无相无願解脫
門離故六波羅蜜多亦離廣說乃至空解脫
門離故一切智智亦離无相无願解脫門離
故一切智智亦離天子當知八解脫離故六
波羅蜜多亦離乃至十遍處離故六波羅蜜
多亦離廣說乃至八解脫離故一切智智亦
離乃至十遍處離故一切智智亦離天子當
知淨觀地離故六波羅蜜多亦離乃至如來
地離故六波羅蜜多亦離廣說乃至淨觀地
離故一切智智亦離乃至如來地離故一切
智智亦離天子當知極喜地離故六波羅蜜
多亦離乃至法雲地離故六波羅蜜多亦離
廣說乃至極喜地離故一切智智亦離乃至
法雲地離故一切智智亦離天子當知陁羅
尼門離故六波羅蜜多亦離三摩地門離故
六波羅蜜[illegible]

智智亦離天子當知極喜地離故六波羅蜜
多亦離乃至法雲地離故六波羅蜜多亦離
廣說乃至極喜地離故一切智智亦離乃至
法雲地離故一切智智亦離天子當知陁羅
尼門離故六波羅蜜多亦離三摩地門離故
六波羅蜜多亦離廣說乃至陁羅尼門離故
一切智智亦離三摩地門離故一切智智亦
離天子當知五眼離故六波羅蜜多亦離六
神通離故六波羅蜜多亦離廣說乃至五眼
離故一切智智亦離六神通離故一切智智
亦離天子當知如來十力離故六波羅蜜多
亦離乃至十八佛不共法離故六波羅蜜多
亦離廣說乃至如來十力離故一切智智亦
離乃至十八佛不共法離故一切智智亦離
天子當知大慈離故六波羅蜜多亦離大悲
大喜大捨離故六波羅蜜多亦離廣說乃至
大慈離故一切智智亦離大悲大喜大捨
離故一切智智亦離天子當知三十二大士相
離故六波羅蜜多亦離八十隨好離故六波
羅蜜多亦離廣說乃至三十二大士相離故
一切智智亦離八十隨好離故一切智智亦
離天子當知无忘失法離故六波羅蜜多亦
離恒住捨性離故六波羅蜜多亦離廣說乃
至无忘失法離故一切智智亦離恒住捨性
離故一切智智亦離天子當知一切智離故
六波羅蜜多亦離道相智一切相智離故六
波羅蜜多亦離廣說乃至一切智離故一切
智智亦離道相智一切相智離故一切智智
亦離天子當知預流果離故六波羅蜜

六波羅蜜多亦離道相智一切相智離故六
波羅蜜多亦離廣說乃至一切智離故一切
智智亦離道相智一切相智離故一切智智
亦離天子當知預流果離故六波羅蜜多亦
離乃至獨覺菩提離故六波羅蜜多亦離廣
說乃至預流果離故一切智智亦離乃至獨
覺菩提離故一切智智亦離天子當知一切
菩薩摩訶薩行離故六波羅蜜多亦離諸佛
无上正等菩提離故六波羅蜜多亦離廣說
乃至一切菩薩摩訶薩行離故一切智智亦
離諸佛无上正等菩提離故一切智智亦離
天子當知一切智智離故六波羅蜜多亦離
廣說乃至一切智智離故諸佛无上正等菩
提亦離天子當智若菩薩摩訶薩聞說諸法
无不離時其心不驚不恐不怖不憂不悔不
沉不沒當知是菩薩摩訶薩行深般若波羅
蜜多尒時世尊告善現曰何因緣故諸菩薩
摩訶薩於深般若波羅蜜多心不沉沒具壽
善現白言世尊以一切法无所有故皆遠離
故皆寂靜故无生滅故无性相故
諸菩薩摩訶薩於深般若波羅蜜多心不沉
沒世尊由如是等種種因緣諸菩薩摩訶薩
於深般若波羅蜜多心不沉沒所以者何諸
菩薩摩訶薩於一切法若能沉沒若所沉沒
若沉沒處若沉沒時若沉沒者由此沉沒皆
不可得以一切法不可得故世尊若菩薩摩
訶薩聞說是事心不沉沒亦不驚怖不憂不
悔當知是菩薩摩訶薩行深般若波羅蜜

菩薩摩訶薩於一切法若能沉没若所沉没
若沉没處若沉没時若沉没者由此沉没皆
不可得以一切法不可得故世尊若菩薩摩
訶薩聞說是事心不沉没亦不驚怖不憂不
悔當知是菩薩摩訶薩行深般若波羅蜜
多所以者何是菩薩摩訶薩觀一切法皆不可
得不可施設是能沉没是所沉没是沉没處
是沉没時是沉没者由此沉没以是因緣諸
菩薩摩訶薩聞如是事心不沉没亦不驚怖
不憂不悔世尊若菩薩摩訶薩能如是行甚
深般若波羅蜜多諸天帝釋大梵天王世界
主等常恭敬礼拜供養尊重讚歎佛告
善現若菩薩摩訶薩能如是行甚深般若波
羅蜜多非但恒為諸天帝釋大梵天王世界主
等共所敬礼供養恭敬尊重讚歎是菩薩摩
訶薩亦為過此極光淨天若遍淨天若廣果
天若淨居天及餘天龍阿素洛等恒共敬礼
供養恭敬尊重讚歎是菩薩摩訶薩能如是
行甚深般若波羅蜜多亦為十方无量无數
无邊世界一切如來應正等覺及諸菩薩摩
訶薩衆常共護念善現當知是菩薩摩訶
薩能如是行甚深般若波羅蜜多則令布施乃
至般若波羅蜜多速得圓滿廣說乃至亦令
一切智智速得圓滿善現當知若菩薩摩訶
薩能如是行甚深般若波羅蜜多常為諸
佛及諸菩薩并諸天龍阿素洛等守護憶念
速能圓滿一切功德是菩薩摩訶薩當知行佛
所應行處亦正脩行佛所行行速證无上正等

BD14846號　大般若波羅蜜多經卷五二一　（23–22）

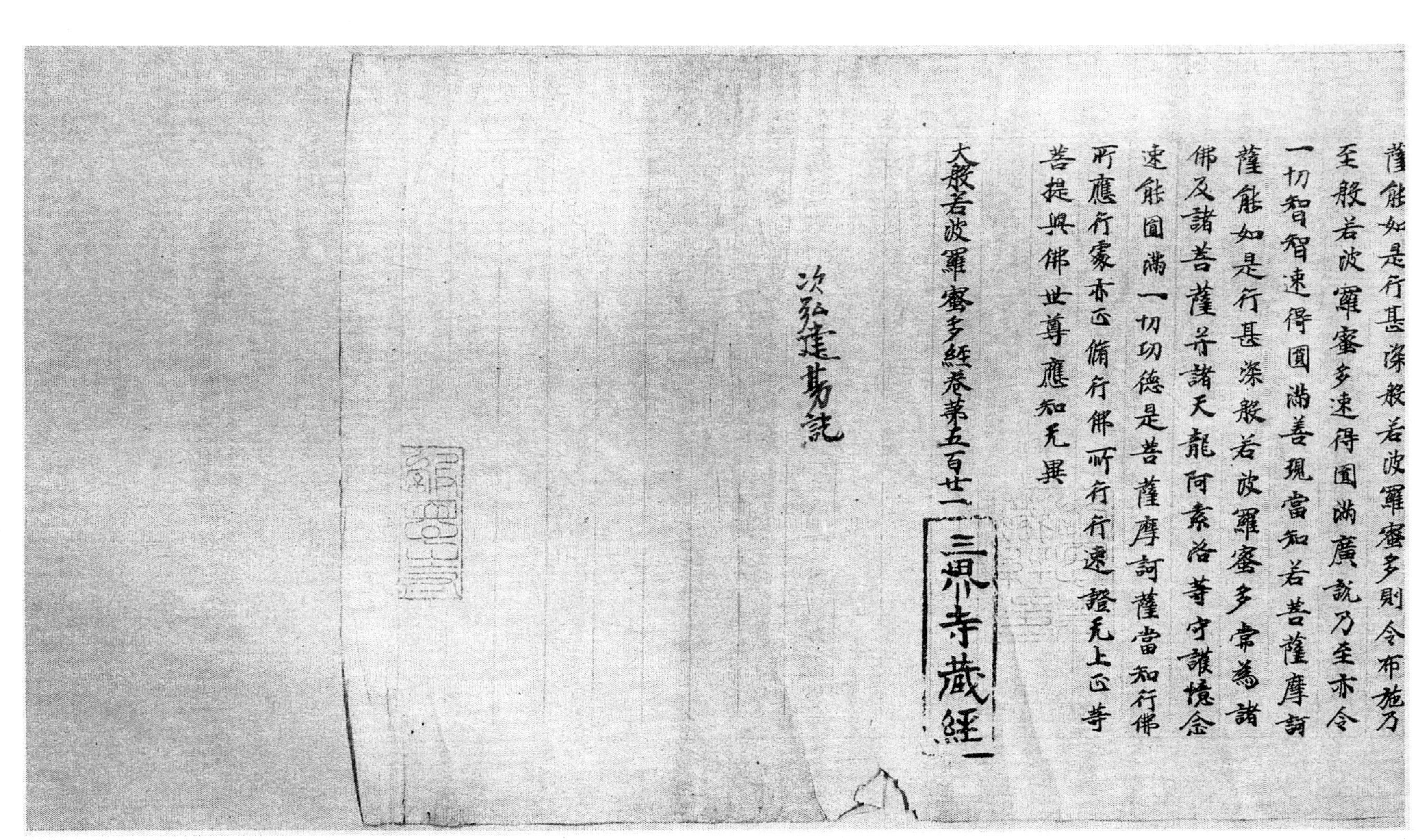
薩能如是行甚深般若波羅蜜多則令布施乃
至般若波羅蜜多速得圓滿廣說乃至亦令
一切智智速得圓滿善現當知若菩薩摩訶
薩能如是行甚深般若波羅蜜多常為諸
佛及諸菩薩并諸天龍阿素洛等守護憶念
速能圓滿一切功德是菩薩摩訶薩當知行佛
所應行處亦正脩行佛所行行速證无上正等
菩提與佛世尊應知无異

大般若波羅蜜多經卷第五百廿一

三界寺藏經

次弘建勘記

BD14846號　大般若波羅蜜多經卷五二一　（23–23）

何以故若一切智清淨若四念住清淨若一
切智智清淨无二无二分无別无斷故一切
智清淨故四正斷四神足五根五力七等覺
支八聖道支清淨四正斷乃至八聖道支清
淨故一切智智清淨何以故若一切智智淨
若四正斷乃至八聖道支清淨若一切智智
清淨无二无二分无別无斷故善現一切智
清淨故空解脫門清淨空解脫門清淨故一
切智智清淨何以故若一切智清淨若空解
脫門清淨若一切智智清淨无二无二分无別
无斷故一切智清淨故无相无願解脫門
清淨无相无願解脫門清淨故一切智智清
淨何以故若一切智清淨若无相无願解脫
門清淨若一切智智清淨无二无二分无別
无斷故善現一切智清淨故菩薩十地清淨
菩薩十地清淨故一切智智清淨何以故若
一切智清淨若菩薩十地清淨若一切智智
清淨无二无二分无別无斷故

BD14847 號　大般若波羅蜜多經卷二三九　（17–1）

清淨无相无願解脫門清淨故一切智智清
淨何以故若一切智智清淨若无相无願解脫
門清淨若一切智智清淨无二无二分无別
无斷故善現一切智清淨故菩薩十地清淨
菩薩十地清淨故一切智智清淨何以故若
一切智清淨若菩薩十地清淨若一切智智
清淨无二无二分无別无斷故
善現一切智清淨故五眼清淨五眼清淨故
一切智智清淨何以故若一切智清淨若五
眼清淨若一切智智清淨无二无二分无別
无斷故一切智清淨故六神通清淨六神通
清淨故一切智智清淨何以故若一切智清
淨若六神通清淨若一切智智清淨无二无
二分无別无斷故善現一切智清淨故佛十
力清淨佛十力清淨故一切智智清淨何以
故若一切智清淨若佛十力清淨若一切智
智清淨无二无二分无別无斷故一切智清
淨故四无所畏四无礙解大慈大悲大喜大
捨十八佛不共法清淨四无所畏乃至十八佛
不共法清淨故一切智智清淨何以故若
一切智清淨若四无所畏乃至十八佛不共
法清淨若一切智智清淨无二无二分无別
无斷故善現一切智清淨故无忘失法清淨
无忘失法清淨故一切智智清淨何以故若
一切智清淨若无忘失法清淨若一切智智
清淨无二无二分无別无斷故一切智清淨
故恒住捨性清淨恒住捨性清淨故一切智

BD14847 號　大般若波羅蜜多經卷二三九　（17–2）

无斷故善現一切智清淨故无忘失法清淨
无忘失法清淨故一切智智清淨何以故若
一切智清淨若无忘失法清淨若一切智智
清淨无二无二分无別无斷故一切智清淨
故恒住捨性清淨恒住捨性清淨故一切智
智清淨何以故若一切智清淨若恒住捨性
清淨若一切智智清淨无二无二分无別无
斷故善現一切智清淨故道相智清淨道
相智清淨故一切智智清淨何以故若一切
智清淨若道相智清淨若一切智智清淨无
二无二分无別无斷故一切智清淨故一切相
智清淨一切相智清淨故一切智智清淨何
以故若一切智清淨若一切相智清淨若一
切智清淨无二无二分无別无斷故　善現
一切智清淨故一切陁羅尼門清淨一切陁
羅尼門清淨故一切智智清淨何以故若一
切智清淨若一切陁羅尼門清淨若一切智
智清淨无二无二分无別无斷故一切智清
淨故一切三摩地門清淨一切三摩地門清
淨故一切智智清淨何以故若一切智清淨
若一切三摩地門清淨若一切智智清淨无
二无二分无別无斷故
善現一切智清淨故預流果清淨預流果清
淨故一切智智清淨何以故若一切智清淨
若預流果清淨若一切智智清淨无二无二
分无別无斷故一切智清淨故一來不還阿

BD14847號　大般若波羅蜜多經卷二三九　（17–3）

二无二分无別无斷故
善現一切智清淨故預流果清淨預流果清
淨故一切智智清淨何以故若一切智清淨
若預流果清淨若一切智智清淨无二无二
分无別无斷故一切智清淨故一來不還阿
羅漢果清淨一來不還阿羅漢果清淨故一
切智智清淨何以故若一切智清淨若一來
不還阿羅漢果清淨若一切智智清淨无二
无二分无別无斷故善現一切智清淨故獨
覺菩提清淨獨覺菩提清淨故一切智智清
淨何以故若一切智清淨若獨覺菩提清淨
若一切智智清淨无二无二分无別无斷故
善現一切智清淨故一切菩薩摩訶薩行清
淨一切菩薩摩訶薩行清淨故一切智智清
淨何以故若一切智清淨若一切菩薩摩訶
薩行清淨若一切智智清淨无二无二分无別
无斷故善現一切智清淨故諸佛无上正等
菩提清淨諸佛无上正等菩提清淨故一切
智智清淨何以故若一切智清淨若諸佛无
上正等菩提清淨若一切智智清淨无二无
二分无別无斷故
復次善現道相智清淨故色清淨色清淨故
一切智智清淨何以故若道相智清淨若色
清淨若一切智智清淨无二无二分无別无
斷故道相智清淨故受想行識清淨受想
行識清淨故一切智智清淨何以故若道相智

BD14847號　大般若波羅蜜多經卷二三九　（17–4）

復次善現道相智清淨故色清淨色清淨故
一切智智清淨何以故若道相智清淨若色
清淨若一切智智清淨无二无二分无別无
斷故道相智清淨故受想行識清淨受想
行識清淨故一切智智清淨何以故若道相智
清淨若受想行識清淨若一切智智清淨无
二无二分无別无斷故善現道相智清淨故
眼處清淨眼處清淨故一切智智清 何 以
故若道相智清淨若眼處清淨若一切智智
清淨无二无二分无別无斷故道相智清淨
故耳鼻舌身意處清淨耳鼻舌身意處清淨
故一切智智清淨何以故若道相智清淨若
耳鼻舌身意處清淨若一切智智清淨无二
无二分无別无斷故善現道相智清淨故色
處清淨色處清淨故一切智智清淨何以故
若道相智清淨若色處清淨若一切智智清
淨无二无二分无別无斷故道相智清淨故
聲香味觸法處清淨聲香味觸法處清淨
故一切智智清淨何以故若道相智清淨若聲香
味觸法處清淨若一切智智清淨无二无二
分无別无斷故善現道相智清淨故眼界清
淨眼界清淨故一切智智清淨何以故若道
相智清淨若眼界清淨若一切智智清淨无
二无二分无別无斷故道相智清淨故色界
眼識界及眼觸眼觸為緣所生諸受清淨色
界乃至眼觸為緣所生諸受清淨故一切智

BD14847 號　大般若波羅蜜多經卷二三九　（17–5）

淨眼界清淨故一切智智清淨何以故若道
相智清淨若眼界清淨若一切智智清淨无
二无二分无別无斷故道相智清淨故色界
眼識界及眼觸眼觸為緣所生諸受清淨色
界乃至眼觸為緣所生諸受清淨故一切智
智清淨何以故若道相智清淨若色界乃至
眼觸為緣所生諸受清淨若一切智智清淨
无二无二分无別无斷故善現道相智清淨
故耳界清淨耳界清淨故一切智智清淨何
以故若道相智清淨若耳界清淨若一切智
智清淨无二无二分无別无斷故道相智清
淨故聲界耳識界及耳觸耳觸為緣所生諸受
清淨聲界乃至耳觸為緣所生諸受清淨故
一切智智清淨何以故若道相智清淨若聲
界乃至耳觸為緣所生諸受清淨若一切智
智清淨无二无二分无別无斷故善現道相
智清淨故鼻界清淨鼻界清淨故一切智
智清淨何以故若道相智清淨若鼻界清
淨若一切智智清淨无二无工分无別无斷
故道相智清淨故香界鼻識界及鼻觸鼻觸
為緣所生諸受清淨香界乃至鼻觸為緣所
生諸受清淨故一切智智清淨何以故若道
相智清淨若香界乃至鼻觸為緣所生諸受
清淨若一切智智清淨无二无二分无別无
斷故善現道相智清淨故舌界清淨舌界清
淨故一切智智清淨何以故若道相智清淨

BD14847 號　大般若波羅蜜多經卷二三九　（17–6）

生諸受清淨故一切智智清淨何以故若道
相智清淨若香界乃至鼻觸爲緣所生諸受
清淨若一切智智清淨无二无二分无別无
斷故善現道相智清淨故舌界清淨舌界清
淨故一切智智清淨何以故若道相智清淨
若舌界清淨若一切智智清淨无二无二分
无別无斷故道相智清淨故味界舌識界及
舌觸舌觸爲緣所生諸受清淨味界乃至舌
觸爲緣所生諸受清淨故一切智智清淨何
以故若道相智清淨若味界乃至舌觸爲緣
所生諸受清淨若一切智智清淨无二无二
分无別无斷故善現道相智清淨故身界清
淨身界清淨故一切智智清淨何以故若道
相智清淨若身界清淨若一切智智清淨无
二无二分无別无斷故道相智清淨故觸界
身識界及身觸身觸爲緣所生諸受清淨觸
界乃至身觸爲緣所生諸受清淨故一切智
智清淨何以故若道相智清淨若觸界乃至
身觸爲緣所生諸受清淨若一切智智清淨
无二无二分无別无斷故善現道相智清淨
故意界清淨意界清淨故一切智智清淨何
以故若道相智清淨若意界清淨若一切智
智清淨无二无二分无別无斷故道相智清
淨故法界意識界及意觸意觸爲緣所生諸
受清淨法界乃至意觸爲緣所生諸受清淨
故一切智智清淨何以故若道相智清淨若

BD14847號　大般若波羅蜜多經卷二三九　（17–7）

以故若道相智清淨若意界清淨若一切智
智清淨无二无二分无別无斷故道相智清
淨故法界意識界及意觸意觸爲緣所生諸
受清淨法界乃至意觸爲緣所生諸受清淨
故一切智智清淨何以故若道相智清淨若
法界乃至意觸爲緣所生諸受清淨若一切
智智清淨无二无二分无別无斷故善現道
相智清淨故地界清淨地界清淨故一切智
智清淨何以故若道相智清淨若地界清淨
若一切智智清淨无二无二分无別无斷故
道相智清淨故水大風空識界清淨水火風
空識界清淨故一切智智清淨何以故若道
相智清淨若水大風空識界清淨若一切智
智清淨无二无二分无別无斷故善現道相
智清淨故无明清淨无明清淨故一切智智
清淨何以故若道相智清淨若无明清淨若
一切智智清淨无二无二分无別无斷故道
相智清淨故行識名色六處觸受愛取有生
老死愁歎苦憂惱清淨行乃至老死愁歎苦
憂惱清淨故一切智智清淨何以故若道相
智清淨若行乃至老死愁歎苦憂惱清淨若
一切智智清淨无二无二分无別无斷故
善現道相智清淨故布施波羅蜜多清淨布
施波羅蜜多清淨故一切智智清淨何以故
若道相智清淨若布施波羅蜜多清淨若一
切智智清淨无二无二分无別无斷故道相

BD14847號　大般若波羅蜜多經卷二三九　（17–8）

一切智智清淨无二无二分无別无斷故
善現道相智清淨故布施波羅蜜多清淨布
施波羅蜜多清淨故一切智智清淨何以故
若道相智清淨若布施波羅蜜多清淨若一
切智智清淨无二无二分无別无斷故道相
智清淨故淨戒安忍精進靜慮般若波羅蜜
多清淨淨戒乃至般若波羅蜜多清淨故一
切智智清淨何以故若道相智清淨若淨戒
乃至般若波羅蜜多清淨若一切智智清淨
无二无二分无別无斷故善現道相智清淨
故內空清淨內空清淨故一切智智清淨何
以故若道相智清淨若內空清淨若一切智
智清淨无二无二分无別无斷故道相智清
淨故外空內外空空空大空勝義空有為空
无為空畢竟空无際空散空无變異空本性
空自相空共相空一切法空不可得空无性
空自性空无性自性空清淨外空乃至无性
自性空清淨故一切智智清淨何以故若道
相智清淨若外空乃至无性自性空清淨若
一切智智清淨无二无二分无別无斷故善
現道相智清淨故真如清淨真如清淨故一
切智智清淨何以故若道相智清淨若真如
清淨若一切智智清淨无二无二分无別无斷
故道相智清淨故法界法性不虛妄性不
變異性平等性離生性法定法住實際虛空
界不思議界清淨法界乃至不思議界清淨
故一切智智清淨何以故若道相智清淨若

BD14847號　大般若波羅蜜多經卷二三九　（17–9）

清淨若一切智智清淨无二无二分无別无斷
故道相智清淨故法界法性不虛妄性不
變異性平等性離生性法定法住實際虛空
界不思議界清淨法界乃至不思議界清淨
故一切智智清淨何以故若道相智清淨若
法界乃至不思議界清淨若一切智智清淨
无二无二分无別无斷故善現道相智清淨
故苦聖諦清淨苦聖諦清淨故一切智智清
淨何以故若道相智清淨若苦聖諦清淨若
一切智智清淨无二无二分无別无斷故道
相智清淨故集滅道聖諦清淨集滅道聖諦
清淨故一切智智清淨何以故若道相智清
淨若集滅道聖諦清淨若一切智智清淨无
二无二分无別无斷故善現道相智清淨故
四靜慮清淨四靜慮清淨故一切智智清淨
何以故若道相智清淨若四靜慮清淨若一
切智智清淨无二无二分无別无斷故道相
智清淨故四无量四无色定清淨四无量四
无色定清淨故一切智智清淨何以故若道
相智清淨若四无量四无色定清淨若一切
智智清淨无二无二分无別无斷故善現道
相智清淨故八解脫清淨八解脫清淨故一
切智智清淨何以故若道相智清淨若八解
脫清淨若一切智智清淨无二无二分无別
无斷故道相智清淨故八勝處九次第定十
遍處清淨八勝處九次第定十遍處清淨故

BD14847號　大般若波羅蜜多經卷二三九　（17–10）

切智智清淨何以故若道相智清淨若八解
脫清淨若一切智智清淨无二无二分无別
无斷故道相智清淨故八勝處九次第定十
遍處清淨八勝處九次第定十遍處清淨故
一切智智清淨何以故若道相智清淨若八
勝處九次第定十遍處清淨若一切智智清
淨无二无二分无別无斷故善現道相智清
淨故四念住清淨四念住清淨故一切智智
清淨何以故若道相智清淨若四念住清淨
若一切智智清淨无二无二分无別无斷故
道相智清淨故四正斷四神足五根五力七
等覺支八聖道支清淨四正斷乃至八聖道
支清淨故一切智智清淨何以故若道相智
清淨若四正斷乃至八聖道支清淨若一切
智智清淨无二无二分无別无斷故善現道
相智清淨故空解脫門清淨空解脫門清淨
故一切智智清淨何以故若道相智清淨若
空解脫門清淨若一切智智清淨无二无二
分无別无斷故道相智清淨故无相无願解
脫門清淨无相无願解脫門清淨故一切智
智清淨何以故若道相智清淨若无相无願
解脫門清淨若一切智智清淨无二无二分
无別无斷故善現道相智清淨故菩薩十地
清淨菩薩十地清淨故一切智智清淨何以
故若道相智清淨若菩薩十地清淨若一切
智智清淨无二无二分无別无斷故

BD14847號　大般若波羅蜜多經卷二三九　（17–11）

解脫門清淨若一切智智清淨无二无二分
无別无斷故善現道相智清淨故菩薩十地
清淨菩薩十地清淨故一切智智清淨何以
故若道相智清淨若菩薩十地清淨若一切
智智清淨无二无二分无別无斷故
善現道相智清淨故五眼清淨五眼清淨故
一切智智清淨何以故若道相智清淨若五
眼清淨若一切智智清淨无二无二分无別
无斷故道相智清淨故六神通清淨六神通
清淨故一切智智清淨何以故若道相智清
淨若六神通清淨若一切智智清淨无二无
二分无別无斷故善現道相智清淨故佛十
力清淨佛十力清淨故一切智智清淨何以
故若道相智清淨若佛十力清淨若一切智
智清淨无二无二分无別无斷故道相智清
淨故四无所畏四无礙解大慈大悲大喜大
捨十八佛不共法清淨四无所畏乃至十八
佛不共法清淨故一切智智清淨何以故若
道相智清淨若四无所畏乃至十八佛不共
法清淨若一切智智清淨无二无二分无別
无斷故善現道相智清淨故无忘失法清淨
无忘失法清淨故一切智智清淨何以故若
道相智清淨若无忘失法清淨若一切智智
清淨无二无二分无別无斷故道相智清淨
故恒住捨性清淨恒住捨性清淨故一切智
智清淨何以故若道相智清淨若恒住捨性

BD14847號　大般若波羅蜜多經卷二三九　（17–12）

无忘失法清淨故一切智智清淨何以故若
道相智清淨若无忘失法清淨若一切智智
清淨无二无二分无別无斷故道相智清淨
故恒住捨性清淨恒住捨性清淨故一切智
智清淨何以故若道相智清淨若恒住捨性
清淨若一切智智清淨无二无二分无別无
斷故善現道相智清淨故一切智清淨一切
智清淨故一切智智清淨何以故若道相智
清淨若一切智清淨若一切智智清淨无
二无二分无別无斷故道相智清淨故一切相
智清淨一切相智清淨故一切智智清淨何
以故若道相智清淨若一切相智清淨若一
切智智清淨无二无二分无別无斷故善現
道相智清淨故一切陁羅尼門清淨一切陁
羅尼門清淨故一切智智清淨何以故若道
相智清淨若一切陁羅尼門清淨若一切智
智清淨无二无二分无別无斷故道相智清
淨故一切三摩地門清淨一切三摩地門清
淨故一切智智清淨何以故若道相智清淨
若一切三摩地門清淨若一切智智清淨无
二无二分无別无斷故
善現道相智清淨故預流果清淨預流果清
淨故一切智智清淨何以故若道相智清淨
若預流果清淨若一切智智清淨无二无二
分无別无斷故道相智清淨故一來不還阿
羅漢果清淨一來不還阿羅漢果清淨故一
切智智清淨何以故若道相智清淨若一來

BD14847號　大般若波羅蜜多經卷二三九　（17–13）

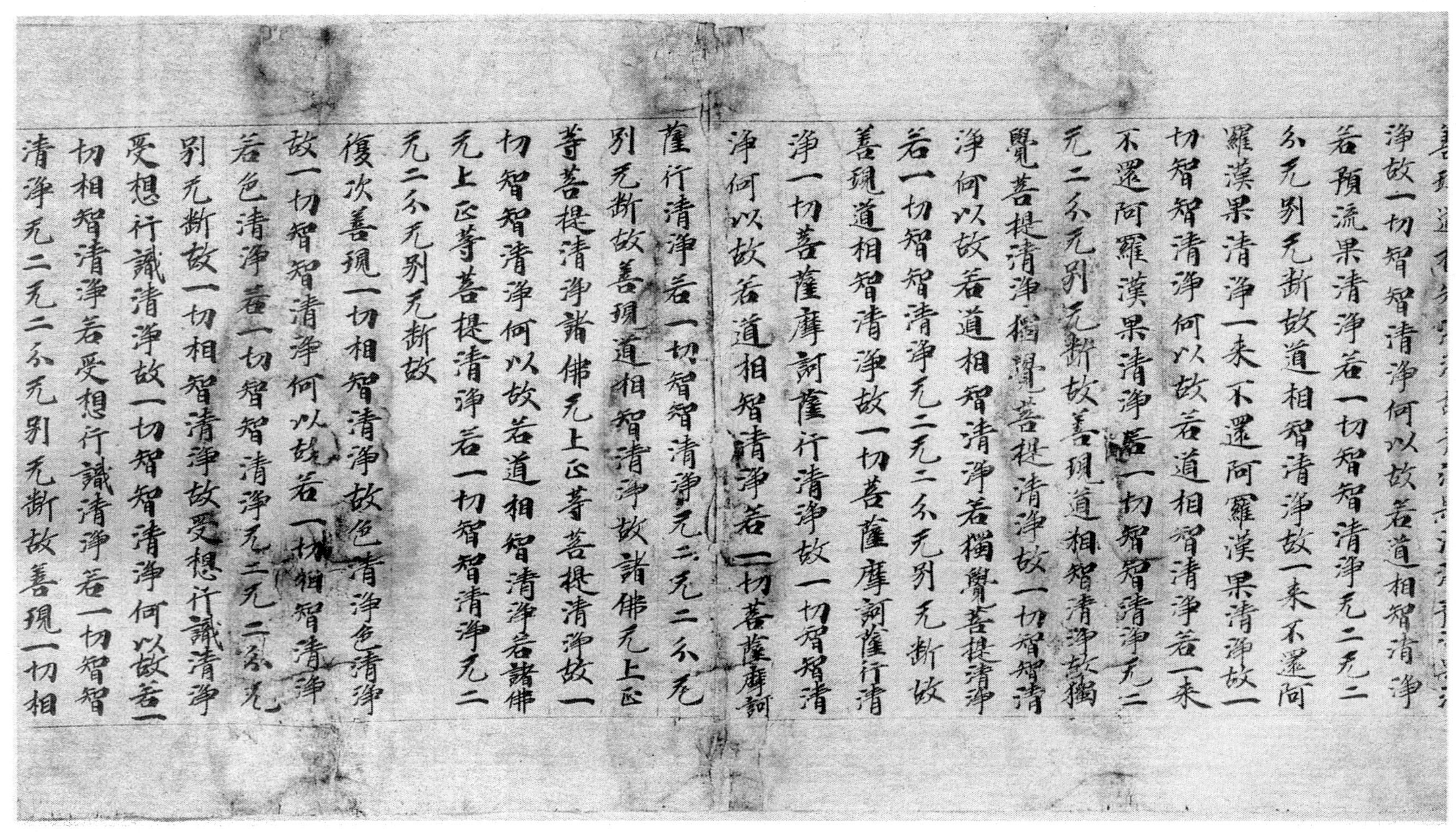

淨故一切智智清淨何以故若道相智清淨
若預流果清淨若一切智智清淨无二无二
分无別无斷故道相智清淨故一來不還阿
羅漢果清淨一來不還阿羅漢果清淨故一
切智智清淨何以故若道相智清淨若一來
不還阿羅漢果清淨若一切智智清淨无二
无二分无別无斷故善現道相智清淨故獨
覺菩提清淨獨覺菩提清淨故一切智智清
淨何以故若道相智清淨若獨覺菩提清淨
若一切智智清淨无二无二分无別无斷故
善現道相智清淨故一切菩薩摩訶薩行清
淨一切菩薩摩訶薩行清淨故一切智智清
淨何以故若道相智清淨若一切菩薩摩訶
薩行清淨若一切智智清淨无二无二分无
別无斷故善現道相智清淨故諸佛无上正
等菩提清淨諸佛无上正等菩提清淨故一
切智智清淨何以故若道相智清淨若諸佛
无上正等菩提清淨若一切智智清淨无二
无二分无別无斷故
復次善現一切相智清淨故色清淨色清淨
故一切智智清淨何以故若一切相智清淨
若色清淨若一切智智清淨无二无二分无
別无斷故一切相智清淨故受想行識清淨
受想行識清淨故一切智智清淨何以故若一
切相智清淨若受想行識清淨若一切智智
清淨无二无二分无別无斷故善現一切相

BD14847號　大般若波羅蜜多經卷二三九　（17–14）

若色清淨若一切智智清淨无二无二分无
別无斷故一切相智清淨故受想行識清淨
受想行識清淨故一切智智清淨何以故若一
切相智清淨若受想行識清淨若一切智智
清淨无二无二分无別无斷故善現一切相
智清淨故眼處清淨眼處清淨故一切智智
清淨何以故若一切相智清淨若眼處清淨
若一切智智清淨无二无二分无別无斷故
一切相智清淨故耳鼻舌身意處清淨耳鼻
舌身意處清淨故一切智智清淨何以故若
一切相智清淨若耳鼻舌身意處清淨若一
切智智清淨无二无二分无別无斷故善現
一切相智清淨故色處清淨色處清淨故一
切智智清淨何以故若一切相智清淨若色
處清淨若一切智智清淨无二无二分无別
无斷故一切相智清淨故聲香味觸法處清
淨聲香味觸法處清淨故一切智智清淨何
以故若一切相智清淨若聲香味觸法處清
淨若一切智智清淨无二无二分无別无斷
故善現一切相智清淨故眼界清淨眼界清
淨故一切智智清淨何以故若一切相智清
淨若眼界清淨若一切智智清淨无二
无別无斷故一切相智清淨故色界眼識界
及眼觸眼觸為緣所生諸受清淨色界乃至
眼觸為緣所生諸受清淨故一切智智清
何以故若一切相智清淨若色界乃至眼觸

淨若眼界清淨若一切智智清淨无二
无別无斷故一切相智清淨故色界眼識界
及眼觸眼觸為緣所生諸受清淨色界乃至
眼觸為緣所生諸受清淨故一切智智清
何以故若一切相智清淨若色界乃至眼觸
為緣所生諸受清淨若一切智智清淨无二
无二分无別无斷故善現一切相智清淨故
耳界清淨耳界清淨故一切智智清淨何以
故若一切相智清淨若耳界清淨若一
智清淨无二无二分无別无斷故一切相智清
淨故聲界耳識界及耳觸耳觸為緣所生諸
受清淨聲界乃至耳觸為緣所生諸受清淨
故一切智智清淨何以故若一切相智清淨
若聲界乃至耳觸為緣所生諸受清淨若一
切智智清淨无二无二分无別无斷故善現
一切相智清淨故鼻界清淨鼻界清淨故一
切智智清淨何以故若一切相智
界清淨若一切智智清淨
无斷故一切相智清淨故香界鼻識界及鼻
觸鼻觸為緣所生諸受清淨香界乃至鼻
觸為緣所生諸受清淨故一切智智清淨何以
故若一切相智清淨若香界乃至鼻觸為緣
所生諸受清淨若一切智智清淨无二无二
別无斷
界清　故一切智
一切相智清淨若舌界清淨若一
淨无二无二分无別无斷故一切相智清淨

若聲界乃至耳觸為緣所生諸受清淨若一
切智智清淨无二无二分无別无斷故善現
一切相智清以　鼻界清淨鼻界清淨故一
切智智清淨何以故若一切相智
界清淨若一切智智清淨
无斷故一切相智清淨故香界鼻識界及鼻
觸鼻觸為緣所生諸受清淨香界乃至鼻
觸為緣所生諸受清淨故一切智智清淨何以
故若一切相智清淨若香界乃至鼻觸為緣
所生諸受清淨若一切智智清淨无二无二
别无斷　相智　故舌界
界清　故一切智
一切相智清淨若舌界清淨若一切智智清
淨无二无二分无別无斷故一切相智清淨
故味界舌識界及舌觸舌觸為緣所生諸受
清淨味界乃至舌觸為緣所生諸受清淨故
一切智智清淨何以故若一切相智清淨若
味界乃至舌觸為緣所生諸受清淨若一切

BD14847號　大般若波羅蜜多經卷二三九　（17–17）

定故或斷善根　衆生佛性
定者終不先斷斷已復生本不應說一闡提
輩墮於地獄壽命一劫善男子是故如來說
一切法无有定相迦葉菩薩白佛言世尊如
來具足知諸根力定知善星當斷善根以何
因緣聽其出家佛言善男子我於往昔初出
家時吾弟難陀從弟阿難調婆達多子羅
睺羅如是等輩皆悉隨我出家脩道我若不
聽善星出家其人次當得紹王位其力自在
當壞佛法以是因緣我便聽其出家脩道善男
子善星比丘若不出家亦斷善根於无量世
都无利益今出家已雖斷善根能受持戒供
養恭敬耆舊長宿有德之人脩集初禪乃
至四禪是名善因如是善因能生善法善法既
生能脩集道既脩集道當得阿耨多羅三藐
三菩提是故我聽善星出家善男子若我不
聽善星比丘出家受戒則不得稱我為如來

BD14848號　大般涅槃經（北本　宮本）卷三四　（22–1）

養恭敬耆舊長宿有德之人脩集初禪乃
至四禪是名善因如是善因能生善法善法既
生能脩集道既脩集道當得阿耨多羅三藐
三菩提是故我聽善星出家善男子若我不
聽善星比丘出家受戒則不得稱我為如來
具足十力善男子佛觀眾生具足善法及不
善法是人雖具如是二法不久能斷一切善
根具不善根何以故如是眾生不親善友不
聽正法不善思惟不如法行以是因緣能斷
善根具不善根善男子如來復知是人現世
若未來世少壯老時當近善友聽受正法苦
集滅道尒時則能還生善根善男子譬如有
泉去村不遠其水甘美具八功德有人熱渴
欲往泉所邊有智者觀是渴人必定无疑當
至水所何以故无異路故如來世尊觀諸眾
生亦復如是是故如來名為具足知諸根力
尒時世尊取地少土置之爪上告迦葉言是
土多耶十方世界地土多乎迦葉菩薩白佛
言世尊爪上土者不比十方所有土也善男
子有人捨身還得人身捨三惡身得受人身
諸根完具生於中國具足正信能脩集道脩
集道已能脩正道脩正道已能得解脫得解
脫已能入涅槃如爪上土捨人身已得三惡身
捨三惡身得三惡身身根不具生於邊地信
耶倒見脩集耶道不得解脫常樂涅槃如
十方世界所有地土善男子護持禁戒精勤
不懈不犯四重不作五逆不用僧鬘物不作

BD14848號　大般涅槃經（北本　宮本）卷三四　（22–2）

脫已能入涅槃如爪上土捨人身已得三惡身
捨三惡身得三惡身身根不具生於邊地信
耶倒見脩集耶道不得解脫常樂涅槃如
十方世界所有地土善男子護持禁戒精勤
不懈不犯四重不作五逆不用僧鬘物不作
一闡提不斷善根信如是等涅槃經典如爪
上土毀戒懈怠犯四重禁作五逆罪用僧鬘
物作一闡提斷諸善根不信是經如十方界
所有地土善男子如來善知眾生如是上中
下根是故稱佛具知根力迦葉菩薩白佛言
世尊如來具足是知根力是故能知一切眾
生上中下根利鈍差別知現在世眾生諸根
亦知未來眾生諸根如是眾生於佛滅後作
如是說如來畢竟入涅槃或不畢竟入於
涅槃或說有我或說无我或有中陰或无中
陰或說有退或說无退或說如來身是有為
或言如來身是无為或有說言十二因緣是有
為法或說因緣是无為法或說心是有常或說
心是无常或有說言受五欲樂能鄣聖道或說
不鄣或說世第一法唯是欲界或說三界或
說布施唯是意業或有說言即是五陰或有
說言有三无為或有說言无三无為復有說
言或有造色復有說言或无造色或有說言
有无作色或有說言无无作色或有說言有
心數法或有說言无心數法或有說言有五
種有或有說言有六種有或有說言八戒齋
法優婆塞戒具足受得或有說言不具受

BD14848號　大般涅槃經（北本　宮本）卷三四　（22–3）

[illegible]
言或有造色復有說言或无造色或有說言
有无作色或有說言无无作色或有說言有
心數法或有說言无心數法或有說言有五
種有或有說言有六種有或有說言八戒齋
法優婆塞戒具足受得或有說言不具受
得或說比丘犯四重已比丘戒在或說不在或有
說言須陀洹人斯陀含人阿那含人阿羅漢
人皆得佛道或言不得或說佛性即衆生
有或說佛性離衆生有或有說言犯四重禁
作五逆罪一闡提等皆有佛性或說言无或
有說言有十方佛或有說言无十方佛如其
如来具足成就知根力者何故今日不決定
說佛告迦葉菩薩善男子如是之義非眼識
知乃至非意識知乃是智慧之所能知若有
知者我於是人終不作二是亦謂我不作二
說於无智者作不定說而是无智亦復謂我
作不定說善男子如来所有一切善行悉為
調伏諸衆生故辟如醫王所有醫方悉為療
治一切病苦善男子如来世尊為國土故為
時節故為他語故為人說故為衆根故於一
法中作二種說於一名法說无量名於一義中
說无量名於无量義說无量名云何一名
說无量名猶如涅槃亦名涅槃亦名无生亦
名无出亦名无作亦名无為亦名歸依亦名
窟宅亦名解脫亦名光明亦名燈明亦名彼
岸亦名无畏亦名无退亦名安處亦名寂靜

說无量名於无量義說无量名云何一名
說无量名猶如涅槃亦名涅槃亦名无生亦
名无出亦名无作亦名无為亦名歸依亦名
窟宅亦名解脫亦名光明亦名燈明亦名彼
岸亦名无畏亦名无退亦名安處亦名寂靜
亦名无相亦名无二亦名一行亦名清涼亦名
无闇亦名无㝵亦名无諍亦名无濁亦名廣
大亦名甘露亦名吉祥是名一名作无量名
云何一義說无量名猶如帝釋亦名帝釋亦
名憍尸迦亦名婆蹉婆亦名富蘭陀羅亦
名摩伽婆亦名因陀羅亦名千眼亦名舍脂
夫亦名金剛亦名寶頂亦名寶幢是名一
義說无量名云何於无量義說无量名如佛
如来亦名如来義異名異亦名阿羅呵義異
名異亦名三藐三佛陀義異名異亦名船師
亦名導師亦名正覺亦名明行足亦名大師
子王亦名沙門亦名婆羅門亦名寂靜亦名施
主亦名到彼岸亦名大醫王亦名大象王亦名
大龍王亦名施眼亦名大力士亦名大无畏
亦名寶聚亦名商主亦名得脫亦名大丈夫
亦名天人師亦名大分陀利亦名獨无等侶
亦名大福田亦名大智慧海亦名无相亦名
具足八智如是一切義異名異善男子是名
无量義中說无量名復有一義說无量名
所謂如陰亦名為陰亦名顛倒亦名為諦亦
名四念處亦名四食亦名四識住處亦名為
有亦名為道亦名為時亦名衆生亦名為

具足八智如是一切義異名異善男子是名
无量義中說无量名復有一義說无量名
所謂如陰亦名為陰亦名顛倒亦名為諦亦
名四念處亦名四食亦名四識住處亦名為
有亦名為道亦名為時亦名衆生亦名為
世亦名第一義亦名三脩謂身戒心亦名曰
果亦名煩惱亦名解脫亦名十二因緣亦名
聲聞辟支佛佛亦名地獄餓鬼畜生人天亦
名過去現在未來是名一義說无量名善男
子如來世尊為衆生故廣中說略略中說廣
第一義諦說為世諦說世諦法為第一義諦
云何名為廣中說略如告比丘我今宣說十
二因緣云何名為十二因緣所謂因果云何名
為略中說廣如告比丘我今宣說苦集滅
道苦者所謂无量諸苦集者所謂无量煩惱
滅者所謂无量解脫道者所謂无量方便云
何名為第一義諦說為世諦如告比丘吾今
此身有老病死云何名為說世諦為第一義
諦如告憍陳如汝得法故名阿若憍陳如是
故隨人隨意隨時故名如來知諸根力善男
子我若當於如是等義作定說者則不得稱
我為如來具知根力善男子有知之人當知
香象所負非驢所勝一切衆生所行无量是
故如來種種為說无量之法何以故衆生多有
諸煩惱故若使如來說於一行不名如來具
足成就知諸根力是故我於餘經中說五種

BD14848號　大般涅槃經（北本　宮本）卷三四　　（22–6）

我為如來具知根力善男子有知之人當知
香象所負非驢所勝一切衆生所行无量是
故如來種種為說无量之法何以故衆生多有
諸煩惱故若使如來說於一行不名如來具
足成就知諸根力是故我於餘經中說五種
衆生不應還為說五種法為不信者不讚正
信為毀禁者不讚持戒為慳貪者不讚布施
為懈怠者不讚多聞為愚癡者不讚智慧
何以故知者若為是五種人說是五事當知說
者不得具足知諸根力亦不得名憐愍衆生
何以故是五種人聞是事已生不信心惡心瞋
心以是因緣於无量世受苦果報是故不名憐
愍衆生具足知諸根力是故我先於餘經中
告舍利弗汝慎莫為利根之人廣說法
語鈍根之人略說法也舍利弗言世尊我但
為憐愍故說非是具足根力故說善男子廣
略說法是佛境界非諸聲聞緣覺所知善男
子如汝所言佛涅槃後諸弟子等各異說者
是人皆以顛倒因緣不得正見是故不能自
利利他善男子是諸衆生非唯一性一行一根
一種國土一善知識是故如來為彼種種宣說
法要以是因緣十方三世諸佛如來為衆生故
開示演說十二部經善男子如來說是十二部
經非為自利但為利他是故如來第五力者
名為解力是二力故如來深知是人現在能斷
善根是人後世能斷善根是人現在能得
解脫是人後世能得解脫是故如來名无上

BD14848號　大般涅槃經（北本　宮本）卷三四　　（22–7）

開示演說十二部經善男子如來說是十二部
經非為自利但為利他是故如來第五力者
名為解力是二力故如來深知是人現在能斷
善根是人後世能斷善根是人現在能得
解脫是人後世能得解脫是故如來名无上
士力善男子若言如來畢竟涅槃不畢竟
涅槃是人不解如來意故作如是說善男子
是香山中有諸仙人五万三千皆於過去迦
葉佛所脩諸功德未得正道親近諸佛聽受
正法如來欲為如是故告阿難言過三月已
吾當涅槃諸天聞已其聲展轉乃至香山
諸仙聞已即生悔心作如是言云何我等得
生人中不親近諸佛如來出世甚難如優
曇華我今當往至世尊所聽受正法善男子
尒時五万三千諸仙即來我所我時即為如應
說法諸大仙士色是无常何以故色之因緣是
无常故无常因生色云何常乃至識亦如是
尒時諸仙聞是法已即時獲得阿羅漢果
善男子拘尸那竭有諸力士十三万人无所
繫屬自恃憍恣色力命財狂醉亂心善男子
我為調伏諸力士故告目連言汝當調伏如是
力士時目揵連敬順我教於五年中種種教化
乃至不能令一力士受法調伏是故我復為
彼力士告阿難言過三月已吾當涅槃善男
子時諸力士聞是語已相集聚平治道路
過三月已我時便從毗舍離國至拘尸那城
中路遥見諸力士輩即自化身為沙門像往

BD14848號　大般涅槃經（北本　宮本）卷三四　（22–8）

乃至不能令一力士受法調伏是故我復為
彼力士告阿難言過三月已吾當涅槃善男
子時諸力士聞是語已相集聚平治道路
過三月已我時便從毗舍離國至拘尸那城
中路遥見諸力士輩即自化身為沙門像往
力士所作如是言諸童子作何事耶力士聞
已皆生瞋恨作如是言沙門汝今云何謂我
等輩為童子耶我時語言汝等大衆三十
万人盡其身力不能移此微小石云何不名
為童子乎諸力士言汝若謂我為童子者當
知汝即是大人也善男子我於尒時以足二指
撼出此石是諸力士見是事已即於己身生
輕劣想復作是言沙門汝今復能移徙此
石令出道不我言童子何因緣故嚴治此道
諸力士言沙門汝不知耶釋迦如來當由此
路至娑羅林入於涅槃以是因緣我等平治
我時讚言善哉善哉童子汝等已發如是善心
吾當為汝除去此石我時以手擧擲大石高
至阿迦尼吒時諸力士見石在空皆生驚怖尋
欲四散我復告言諸力士等汝今不應生怨
怖心各欲散去諸力士言沙門若能救護我者
我當安住尒時我復以手接石置之右掌力士
見已心生歡喜復作是言沙門是石常耶是
无常乎我於尒時以口吹之石即散壞猶如
微塵力士見已唱言沙門是石无常即生愧
心而自責言云何我等恃怙自在色力命財
而生憍慢我知其心即捨化身還復本形而

BD14848號　大般涅槃經（北本　宮本）卷三四　（22–9）

无常寧我於今時以口吹之石即散壞猶如
微塵力士見已唱言沙門是石无常即生愧
心而自考責云何我等恃怙自在色力命財
而生憍慢我知其心即捨化身還復本形而
為說法力士見已一切皆發菩提之心善男子
拘尸那竭有一工巧名曰純陁是人先於迦葉
佛所發大誓願釋迦如來入涅槃時我當
最後奉施飲食是故我於毗舍離國顧命比
丘憂波摩那善男子過三月已吾當於彼
拘尸那竭娑羅雙樹入般涅槃汝可往告
純陁令知善男子王舍城中有五通仙名須
跋陁年百二十常自稱是一切智人生大憍慢
已於過去无量佛所種諸善根我亦為欲
調伏彼故告阿難言過三月已吾當涅槃須
跋聞已當來我所生信敬心我當為彼說種
種法其人聞已當得盡漏善男子羅閱耆
王頻婆娑羅其王太子名曰善見業因緣故
生惡逆心欲害其父而不得便尒時惡人提婆
達多亦因過去業因緣故復於我所生不善
心欲害於我即脩五通不久獲得與善見太子
共為親厚為太子故現作種種神通之事從
非門出從門而入從門而出非門而入或時
示現象馬牛羊男女之身善見太子見已即
生愛心喜心敬信之心為是事故嚴設種種
供養之具而供養之又復白言大師聖人我
今欲見曼陁羅華時提婆達多即便往至三

BD14848號　大般涅槃經（北本　宮本）卷三四　（22–10）

非門出從門而入從門而出非門而入或時
示現象馬牛羊男女之身善見太子見已即
生愛心喜心敬信之心為是事故嚴設種種
供養之具而供養之又復白言大師聖人我
今欲見曼陁羅華時提婆達多即便往至三
十三天從彼天人而求索之其福盡故都无
與者既不得華作是思惟曼陁羅樹无我我
所我若自取當有何罪即前欲取便失神通
還見己身在王舍城心生慚愧不能復見善
見太子復作是念我今當往至如來所求索大
衆佛若聽者我當隨意教詔勑使舍利弗
等尒時提婆達多便來我所作如是言唯願
如來以此大衆付囑於我我當種種說法教
化令其調伏我言癡人舍利弗等聰明大智世
所信伏我猶不以大衆付囑況汝癡人食唾者乎
時提婆達多復於我所倍生惡心作如是言瞿
曇汝今雖復調伏大衆勢亦不久當見摩
滅作是語已大地即時六反震動提婆達多
尋時躃地於其身邊出大暴風吹諸塵土而
汙坌之提婆達多見惡相已復作是言若我
此身現世必入阿鼻地獄我要當報如是大怨
時提婆達多尋起往至善見太子所善見見
已即問聖人何故顏容憔悴有憂色耶提
婆達言我常如是汝不知乎善見答曰願說
其意何因緣尒提婆達言我今與汝極成親
愛外人罵汝以為非理我聞是事豈得不憂善
見太子復作是言國人云何罵辱於我提婆

BD14848號　大般涅槃經（北本　宮本）卷三四　（22–11）

婆達言我常如是汝不知乎善見答曰願說
其意何因緣尒提婆達言我今與汝極成親
愛外人罵汝以為非理我聞是事豈不憂善
見太子復作是言國人云何罵辱於我提婆
達言國人罵汝為未生怨善見復言何故名
我為未生怨誰作此名提婆達言汝未生時
一切相師皆作是言是兒生已當煞其父是
故外人皆悉号汝為未生怨一切內人護汝心
故謂為善見毗提夫人聞是語已既生汝身
於高樓上棄之於地壞汝一指以是因緣人
復号汝為婆羅留枝我聞是已心生愁憒
而復不能向汝說之提婆達多以如是等種
種惡事教令煞父若汝父死我亦能煞瞿曇
沙門善見太子問一大臣名曰雨行大王
何故為我立字作未生怨大臣即為說其
本末如提婆達多所說无異善見聞已即與
大臣收其父王閉之城外以四種兵而守衛之
毗提夫人聞是事已即至王所所守王人遮
不聽入尒時夫人生瞋恚心便呵罵之時諸守
人即告太子大王夫人欲得往見父王不審
聽不善見聞已復生瞋嫌即往母所前牽
母髮拔刀欲斫尒時耆婆白言大王有國以來
罪雖極重不及女人況所生母善見太子
聞是語已為耆婆故即便放捨遮斷父王衣
服臥具飲食湯藥過七日已王命便終善見
太子見父喪已方生悔心雨行大臣復以種種

BD14848號　大般涅槃經（北本　宮本）卷三四　（22-12）

罪雖極重不及女人況所生母善見太子
聞是語已為耆婆故即便放捨遮斷父王衣
服臥具飲食湯藥過七日已王命便終善見
太子見父喪已方生悔心雨行大臣復以種種
惡邪之法而說之大王一切業行都无有罪
何故今者而生悔心耆婆復言大王當知如
是業者罪兼二種一者煞害父王二者煞須
陁洹如是罪者除佛更无能除滅者善見王言
如來清淨无有穢濁我等罪人云何得
見善男子我知是事故告阿難過三月已吾
當涅槃善見聞已即來我所我為說法重
罪得薄獲无根信善男子我諸弟子聞是
說已不解我意故作是言如來定說畢竟涅槃
善男子菩薩二種一者實義二者假名假名
菩薩聞我三月當入涅槃皆生退心而作是
言如其如來无常不住我等何為為是事故
无量世中受大苦惱如來世尊成就具足无
量功德尚不能壞如是死魔況我等輩當能
壞耶善男子是故我為如是菩薩而作是言
如來常住无有變易善男子我諸弟子聞是
說已不解我意定言如來終不畢竟入於涅槃
善男子有諸衆生生於斷見作如是言一切衆
生身滅之後善惡之業无有受者我為是人
作如是言善惡果報實有受者云何知有善
男子過去之世拘尸那竭有王名曰善見作
童子時逕八万四千歲作太子時八万四千歲及
登王位亦八万四千歲於獨處坐作是思惟

BD14848號　大般涅槃經（北本　宮本）卷三四　（22-13）

作如是言善惡果報實有受者云何知有善
善男子過去之世拘尸那竭有王名曰善見作
童子時逕八万四千歲作太子時八万四千歲及
登王位亦八万四千歲於獨處坐作是思惟
衆生薄福壽命短促常有四怨而隨逐之
不自覺知猶故放逸是故我當出家脩道
斷絶四怨生老病死即勅有司於其城外作七
寶臺作已便告羣臣百官宮內妃后諸子眷
屬汝等當知我欲出家能見聽不尒時大
臣及其眷屬各作是言善哉大王今正是時
時善見王將一使人獨住臺上復經八万四千
年中脩集慈心是慈因緣於後八万四千世中
次第得作轉輪聖王三十世中作釋提桓因
无量世中作諸小王善男子尒時善見豈異
人乎莫作斯觀即我身是善男子我諸弟
子聞是說已不解我意唱言如來定說有我及
我所又我一時為諸衆生說言我者即是性
世所謂內外因緣十二因緣衆生五陰心界世
間功德業行自在天世即名為我我諸弟
子聞是說已不解我意唱言如來定說有
我善男子復於異時有一比丘來至我所作
如是言世尊云何名我誰是我耶何緣故
我我時即為比丘說言比丘无我我所眼者
即是本无今有已有還无其生之時无所從
來及其滅時亦无所至雖有業果无有作者
无有捨陰及受陰者如汝所問云何我者我即
斯也誰是我者即是業也何緣我者即是愛

BD14848號　大般涅槃經（北本　宮本）卷三四　（22–14）

即是本无今有已有還无其生之時无所從
來及其滅時亦无所至雖有業果无有作者
无有捨陰及受陰者如汝所問云何我者我即
斯也誰是我者即是業也何緣我者即是愛
也比丘譬如二手相拍聲出其中我亦如是
衆生業愛三因緣故名之為我比丘一切衆
生色不是我我中无色色中无我乃至識亦
如是比丘諸外道輩雖說有我終不離陰若
說離陰別有我者无有是處一切衆生行
如幻化熱時之炎比丘五陰皆是无常无樂
无我无淨善男子尒時多有无量比丘觀此
五陰无我我所得阿羅漢果善男子我諸弟
子聞是說已不解我意唱言如來定說无
我善男子我於經中復作是言三事和合
得受是身一父二母三者中陰是三和合得受
是身我時復說阿那含人現般涅槃或於中
陰入般涅槃或復說言中陰身根具足明了
皆因往業如淨醍醐善男子我時或說斷惡衆
生所受中陰如世間中麁澀氀褐純善衆生所
受中陰如波羅㮈所出白疊我諸弟子聞是
說已不解我意唱言如來說有中陰善男子
我復為彼逆罪衆生而作是言造五逆罪
捨身直入阿鼻地獄我復說言曇摩留支
比丘捨身直入阿鼻地獄於其中間无心宿處
我復為彼犢子梵志說言梵志若有中陰
則有六有我復說言无色衆生无有中陰善
男子我諸弟子聞是說已不解我意唱言佛

BD14848號　大般涅槃經（北本　宮本）卷三四　（22–15）

比丘捨身直入阿鼻地獄於其中間无心宿處
我須爲彼犢子梵志說言梵志若有中陰
則有六有我復說言无色衆生无有中陰善
男子我諸弟子聞是說已不解我意唱言佛
說定无中陰善男子我於經中復說有退何
以故因於无量懈怠懶惰諸比丘等不脩道
故說退五種一者樂於多事二者樂說世事
三者樂於睡眠四者樂近在家五者樂多遊
行以是因緣令比丘退說退因緣復有二種
一內二外阿羅漢人雖離內因不離外因以外
因緣故生煩惱生煩惱故則便退失復有比
丘名曰瞿坻六反退失退已慚愧復更進
脩第七即得得已恐失以刀自害我復或說
有時解脫或說六種阿羅漢等我諸弟子聞
是說已不解我意唱言如來定說有退善男
子經中復說譬如燋炭不還爲木亦如瓶壞
更无瓶用煩惱亦尒阿羅漢斷終不還生亦
說衆生生煩惱因凡有三種一者未斷煩惱
二者不斷煩惱因緣三者不善思惟而阿羅
漢无二因緣謂斷煩惱无不善思惟善男子我
諸弟子聞是說已不解我意唱言如來定說无
退善男子我於經中說如來身凡有二種一
者生身二者法身言生身者即是方便應
化之身如是身者可得言是生老病死長短黑
白是此是彼是學无學我諸弟子聞是說已
不解我意唱言如來定說佛身是有爲法法

者生身二者法身言生身者即是方便應
化之身如是身者可得言是生老病死長短黑
白是此是彼是學无學我諸弟子聞是說已
不解我意唱言如來定說佛身是有爲法法
身即是常樂我淨永離一切生老病死非白
非黑非長非短非此非彼非學无學若佛出
世及不出世常住不動无有變易善男子我
諸弟子聞是說已不解我意唱言如來定說
佛身是无爲法善男子我經中說云何名爲
十二因緣從无明生行從行生識從識生名色
從名色生六入從六入生觸從觸生受從受
生愛從愛生取從取生有從有生生從生則
有老死憂苦善男子我諸弟子聞是說已
不解我意唱言如來說十二因緣定是有爲
我又一時告喻比丘而作是言十二因緣有佛
无佛性相常住善男子有十二緣不從緣生
有從緣生非十二緣有從緣生亦十二緣有
非緣生非十二緣有十二緣非緣生者謂未
來世十二支也有從緣生非十二緣者謂阿
羅漢所有五陰有從緣生名十二緣者謂凡
夫人所有五陰十二因緣有非緣生非十二
緣者謂虛空涅槃善男子我諸弟子聞是說
已不解我意唱言如來說十二緣定是无爲
善男子我經中說一切衆生作善惡業捨身
之時四大於此即時散壞純善業者心即上
行純惡業者心即下行善男子我諸弟子

已不解我意唱言如來說十二緣定是无為
善男子我經中說一切眾生作善惡業捨身
之時四大於此即時散壞純善業者心即上
行純惡業者心即下行善男子我諸弟子
聞是說已不解我意唱言如來說心定常善男
子我於一時為頻婆娑羅王而作是言大王
當知色是无常何以故從无常因而得生故
是色若從无常因生智者云何說言是常
若色是常不應壞滅生諸苦惱今見是色散
滅破壞是故當知色是无常乃至識亦如是善
男子我諸弟子聞是說已不解我意唱言如
來說心定斷善男子我經中說有諸弟子受
諸香華金銀寶物妻子奴婢百不淨物獲得
正道得正道已亦不捨離我諸弟子聞是說已
不解我意定言如來說受五欲不妨聖道又
我一時復作是說在家之人得正道者无有是
處善男子我諸弟子聞是說已不解我意
唱言如來說受五欲定遮正道善男子我經
中說遠離煩惱未得解脫猶如欲界修集世
間第一法也善男子我諸弟子聞作是說不
解我意唱言如來說第一法唯是欲界又復
我說煖法頂法忍法世第一法在於初禪至第
四禪我諸弟子聞是說已不解我意唱言
如來說如是法在於色界又復我說諸外
道等先已得斷四禪煩惱修集煖法頂法忍
法世第一法觀四真諦得阿那含果我諸弟
子聞是說已不解我意唱言如來說第一法

四禪我諸弟子聞是說已不解我意唱言
如來說如是法在於色界又復我說諸外
道等先已得斷四禪煩惱修集煖法頂法忍
法世第一法觀四真諦得阿那含果我諸弟
子聞是說已不解我意唱言如來說第一法
在无色界善男子我經中說四種施中有三
種淨一者施主信因信果信施受者不信因
果與施二者受者信因果施施主不信因果
及施三者施主受者二俱有信四者施主受
者二俱不信是四種施初三種淨我諸弟子
聞是說已不解我意唱言如來說施唯意善
男子我於一時復作是說施者施時以五事
施何等為五一者施色二者施力三者施安
四者施命五者施辯以是因緣施主還得五
事果報我諸弟子聞是說已不解我意唱言
佛說施即五陰善男子我於一時宣說涅槃
即是遠離煩惱永盡滅无遺餘猶如燈滅
更无法生涅槃亦尒言虛空者即无所有譬
如世間无所有故名為虛空非智緣滅即无所
有如其有者應有因緣有因緣故應有盡
滅以其无故无有盡滅我諸弟子聞是說已
不解我意唱言佛說无三无為善男子我於
一時為目揵連而作是言目連夫涅槃者即是
章句即是足跡是畢竟處是无所畏即是大
師即是大果是畢竟智即是大忍无㝵三昧
是大法界是甘露味即是難見目連若說无
涅槃者云何有人生誹謗者墮於地獄善男

一時爲目揵連而作是言目連夫涅槃者即是
章句即是足跡是畢竟處是无所畏即是大
師即是大果是畢竟智即是大忍无导三昧
是大法界是甘露味即是難見目連若説无
涅槃者云何有人生誹謗者墮於地獄善男
子我諸弟子聞是説已不解我意唱言如来
説有涅槃復於一時我爲目連而作是説目
連眼不牢固至身亦余皆不牢固不牢固
故名爲虚空食下迴轉消化之處一切音聲
皆名虚空我諸弟子聞是説已不解我意唱
言如来决定説有虚空无爲復於一時爲目
連説目連有人未得須陁洹果住忍法時斷於
无量三悪道報當知不從智緣而滅我諸弟
子聞是説已不解我意唱言如来决定説有
非智緣滅善男子我又一時爲跋波比丘説
跋波若比丘觀色已若過去若未来若現在若
近若遠若麁若細如是等色非我我所若有
比丘如是觀已能色愛跋波又言云何名色
我言四大名色四陰名名我諸弟子聞是説已
不解我意唱言如来决定説言色是四大善
男子我復説言譬如因鏡則有像現色亦如
是因四大造所謂麁細澁滑青黄赤白長短
方圓邪角輕重寒熱飢渴烟雲塵霧是名
造色猶如響像我諸弟子聞是説已不解我意
唱言如来説有四大則有造色或有四大无有
造色善男子往昔一時善提王子作如是言若
比丘護持禁戒若發悪心當知是時失比丘

造色猶如響像我諸弟子聞是説已不解我意
唱言如来説有四大則有造色或有四大无有
造色善男子往昔一時善提王子作如是言若
比丘護持禁戒若發悪心當知是時失比丘
戒我時語言善提王子戒有七種從於身
口有无作色以是无作色因緣故其心雖在悪
无記中不名失戒猶名持戒以何因緣名无
作色非異色因不作異色因果善男子我
諸弟子聞是説已不解我意唱言佛説有
无作色善男子我於餘經作如是言戒者即
是遮制悪法若不作悪是名持戒我諸弟
子聞是説已不解我意唱言如来决定宣説
无无作色善男子我於經中作如是説聖人
色陰乃至識陰皆是无明因緣所出一切凡夫
亦復如是從无明生愛當知是愛即是无明
從愛生取當知是取即无明愛從取生有當
知是有即是无明愛取從有生受當知是受即
是行有從受因緣生於名色无明愛取有行
愛觸識六入等是故受者即十二枝善男子
我諸弟子聞是説已不解我意唱言如来説无
心數善男子我於經中作如是説從眼色明悪
欲等四則生眼識言悪欲者即是无明欲性求
時即名爲愛愛因緣取取名爲業業因緣
識識緣名色名色緣六入六入緣觸觸緣想
受愛信精進定慧如是等法因觸而生然非
是觸善男子我諸弟子聞是説已不解我意
[illegible]

識識緣名色名色緣六入六入緣觸觸緣想
受受信精進定慧如是等法因集而生然非
是集善男子我諸弟子聞是說已不解我意
唱言如來說有心數善男子我或時說唯有
一有或說二三四五六七八九至二十五有我
諸弟子聞是說已不解我意唱言如來說
有五有或言六有善男子我往一時住迦毗
羅衛尼拘陀林時釋摩男來至我所作如是
言云何名為優婆塞也我即為說若有善男
子善女人諸根完具受三歸依是則名為優
婆塞也釋摩男言世尊云何名為一分優婆
塞我言摩男若受三歸及受一戒是名一分優
婆塞也我諸弟子聞是說已不解我意唱言
如來說優婆塞戒不具受得善男子我於一
時住恒河邊尒時迦葙延來至我所作如是
言世尊我教衆生令受齋法或一日或一夜
或一時或一念如是之人成齋不耶我言比
丘是人得善不名得齋我諸弟子聞是說已
不解我意唱言如來說八戒齋具受乃得

大般涅槃經卷第三十四

BD14848 號　大般涅槃經（北本　宮本）卷三四　（22–22）

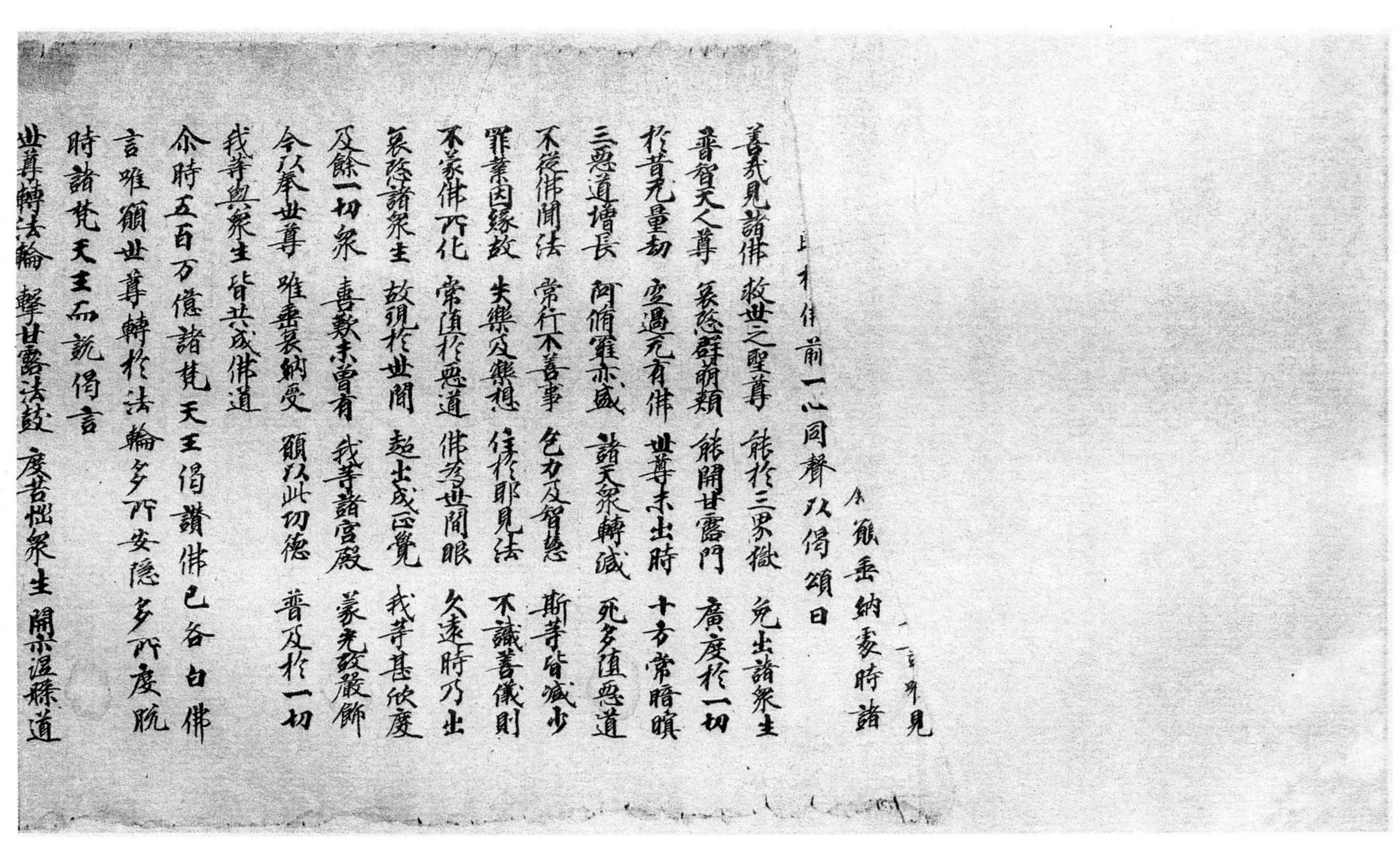
…界見
今願垂納受時諸
…佛前一心同聲以偈頌曰
善哉見諸佛　救世之聖尊　能於三界獄　勉出諸衆生
普智天人尊　哀愍群萌類　能開甘露門　廣度於一切
於昔无量劫　空過无有佛　世尊未出時　十方常暗暝
三惡道增長　阿脩羅亦盛　諸天衆轉減　死多墮惡道
不從佛聞法　常行不善事　色力及智慧　斯等皆減少
罪業因緣故　失樂及樂想　住於邪見法　不識善儀則
不蒙佛所化　常墮於惡道　佛為世間眼　久遠時乃出
哀愍諸衆生　故現於世間　超出成正覺　我等甚欣慶
及餘一切衆　喜歎未曾有　我等諸宮殿　蒙光故嚴飾
今以奉世尊　唯垂哀納受　願以此功德　普及於一切
我等與衆生　皆共成佛道
尒時五百万億諸梵天王偈讚佛已各白佛
言唯願世尊轉於法輪多所安隱多所度脫
時諸梵天王而說偈言
世尊轉法輪　擊甘露法鼓　度苦惱衆生　開示涅槃道

BD14849 號　妙法蓮華經卷三　（9–1）

我等與衆生皆共成佛道
尒時五百万億諸梵天王偈讚佛已各白佛
言唯願世尊轉於法輪多所安隱多所度脫
時諸梵天王而說偈言
世尊轉法輪　擊甘露法鼓　度苦惱衆生　開示涅槃道
唯願受我請　以大微妙音　哀愍而敷演　无量劫習法
尒時大通智勝如來受十方諸梵天王及十
六王子請即時三轉十二行法輪若沙門婆
羅門若天魔梵及餘世間所不能轉謂是
苦是苦集是苦滅是苦滅道及廣說十二因緣
法无明緣行行緣識識緣名色名色緣六入
六入緣觸觸緣受受緣愛愛緣取取緣有有
緣生生緣老死憂悲苦惱无明滅則行滅行滅
則識滅識滅則名色滅名色滅則六入滅六
入滅則觸滅觸滅則受滅受滅則愛滅愛滅
則取滅取滅則有滅有滅則生滅生滅則老
死憂悲苦惱滅佛於天人大衆之中說是法
時六百万億那由他人以不受一切法故而
於諸漏心得解脫皆得深妙禪定三明六
通具八解脫第二第三第四說法時千万億
恒河沙那由他等衆生亦以不受一切法故而
於諸漏心得解脫從是已後諸聲聞衆无
量无邊不可稱數尒時十六王子皆以童子
出家而爲沙彌諸根通利智慧明了已曾供
養百千万億諸佛淨脩梵行求阿耨多羅
三藐三菩提俱白佛言世尊是諸无量千万億

BD14849號　妙法蓮華經卷三　（9–2）

於諸漏心得解脫從是已後諸聲聞衆无
量无邊不可稱數尒時十六王子皆以童子
出家而爲沙彌諸根通利智慧明了已曾供
養百千万億諸佛淨脩梵行求阿耨多羅
三藐三菩提俱白佛言世尊是諸无量千万億
大德聲聞皆已成就世尊亦當爲我等說阿
耨多羅三藐三菩提法我等聞已皆共脩學
世尊我等志願如來知見深心所念佛自證
知尒時轉輪聖王所將衆中八万億人見十
六王子出家亦求出家王即聽許尒時彼佛
受沙彌請過二万劫已乃於四衆之中說是
大乘經名妙法蓮華教菩薩法佛所護念說
是經已十六沙彌爲阿耨多羅三藐三菩提故
皆共受持諷誦通利說是經時十六菩薩
沙彌皆悉信受聲聞衆中亦有信解其餘衆
生千万億種皆生疑惑佛說是經於八千劫
未曾休廢說此經已即入靜室住於禪定八
万四千劫是時十六菩薩沙彌知佛入室寂
然禪定各昇法座亦於八万四千劫爲四部
衆廣說分別妙法華經一一皆度六百万億
那由他恒河沙等衆生示教利喜令發阿耨
多羅三藐三菩提心大通智勝佛過八万四
千劫已從三昧起往詣法座安詳而坐普告
大衆是十六菩薩沙彌甚爲希有諸根通利
智慧明了已曾供養无量千万億數諸佛於
諸佛所常脩梵行受持佛智開示衆生令入

BD14849號　妙法蓮華經卷三　（9–3）

千劫已從三昧起往詣法座安詳而坐普告
大衆是十六菩薩沙弥甚為希有諸根通利
智慧明了已曾供養无量千万億數諸佛於
諸佛所常脩梵行受持佛智開示衆生令入
其中汝等皆當數數親近而供養之所以者
何若聲聞辟支佛及諸菩薩能信是十六菩
薩所說經法受持不毀者是人皆當得阿耨
多羅三藐三菩提如來之慧佛告諸比丘是
十六菩薩常樂說是妙法蓮華經一一菩薩
所化六百万億那由他恒河沙等衆生世世
所生與菩薩俱從其聞法悉皆信解以此因
緣得值四万億諸佛世尊于今不盡諸比丘
我今語汝彼佛弟子十六沙弥今皆得阿耨
多羅三藐三菩提於十方國土現在說法有
无量百千万億菩薩聲聞以為眷屬其二沙
弥東方作佛一名阿閦在歡喜國二名須弥
頂東南方二佛一名師子音二名師子相南
方二佛一名虛空住二名常滅西南方二佛
一名帝相二名梵相西方二佛一名阿弥陁
二名度一切世間苦惱西北方二佛一名多摩
羅跋栴檀香神通二名須弥相北方二佛一
名雲自在二名雲自在王東北方佛名壞一
切世間怖畏第十六我釋迦牟尼佛於娑婆
國土成阿耨多羅三藐三菩提諸比丘我等
為沙弥時各各教化无量百千万億恒河沙
等衆生從我聞法為阿耨多羅三藐三菩

切世間怖畏第十六我釋迦牟尼佛於娑婆
國土成阿耨多羅三藐三菩提諸比丘我等
為沙弥時各各教化无量百千万億恒河沙
等衆生從我聞法為阿耨多羅三藐三菩
提此諸衆生于今有住聲聞者我常教化
阿耨多羅三藐三菩提是諸人等應以是法
漸入佛道所以者何如來智慧難信難解尒
時所化无量恒河沙等衆生者汝等諸比丘
及我滅度後未來世中聲聞弟子是也我滅度
後復有弟子不聞是經不知不覺菩薩所行
自於所得功德生滅度想當入涅槃我於餘
國作佛更有異名是人雖生滅度之想入
於涅槃而於彼土求佛智慧得聞是經唯以
佛乘而得滅度更无餘乘除諸如來方便說
法諸比丘若如來自知涅槃時到衆又清淨
信解堅固了達空法深入禪定便集諸菩薩
及聲聞衆為說是經世間无有二乘而得滅
度唯一佛乘得滅度耳比丘當知如來方便
深入衆生之性知其志樂小法深著五欲為
是等故說於涅槃是人若聞則便信受譬
如五百由旬險難惡道曠絕无人怖畏之處
若有多衆欲過此道至珎寶處有一導師聰
慧明達善知險道通塞之相將導衆人欲過
此難所將人衆中路懈退白導師言我等疲極
而復怖畏不能復進前路猶遠今欲退還導
師多諸方便而作是念此等可愍云何捨大

慧明達善知險道通塞之相將導衆人欲過
此難所將人衆中路懈退白導師言我等疲極
而復怖畏不能復進前路猶遠今欲退還導
師多諸方便而作是念此等可愍云何捨大
珎寶而欲退還作是念已以方便力於險道
中過三百由旬化作一城告衆人言汝等勿
怖莫得退還今此大城可於中止隨意所
作若入是城快得安隱若能前至寶所亦可
得去是時疲極之衆心大歡喜歎未曾有我等
今者免斯惡道快得安隱於是衆人前入化
城生已度想生安隱想尒時導師知此人衆
既得止息无復疲惓即滅化城語衆人言
汝等去來寶處在近向者大城我所化作爲
止息耳諸比丘如來亦復如是今爲汝等作
大導師知諸生死煩惱惡道險難長遠應去
應度若衆生但聞一佛乘者則不欲見佛
不欲親近便作是念佛道長遠久受勤苦乃
可得成佛知是心怯弱下劣以方便力而於中
道爲止息故說二涅槃若衆生住於二地如
來尒時即便爲說汝等所作未辦汝所住地
近於佛慧當觀察籌量所得涅槃非真實
也但是如來方便之力於一佛乘分別說三如彼
導師爲止息故化作大城既知息已而告之
言寶處在近此城非實我化作耳尒時世尊
欲重宣此義而說偈言
大通智勝佛 十劫坐道場 佛法不現前 不得成佛道

也但是如來方便之力於一佛乘分別說三如彼
導師爲止息故化作大城既知息已而告之
言寶處在近此城非實我化作耳尒時世尊
欲重宣此義而說偈言
大通智勝佛 十劫坐道場 佛法不現前 不得成佛道
諸天神龍王 阿脩羅衆等 常雨於天華 以供養彼佛
諸天擊天鼓 并作衆伎樂 香風吹萎華 更雨新好者
過十小劫已 乃得成佛道 諸天及世人 心皆懷踊躍
彼佛十六子 皆與其眷屬 千万億圍繞 俱行至佛所
頭面礼佛足 而請轉法輪 聖師子法雨 充我及一切
世尊甚難值 久遠時一現 爲覺悟群生 震動於一切
東方諸世界 五百万億國 梵宮殿光曜 昔所未曾有
諸梵見此相 尋來至佛所 散華以供養 并奉上宮殿
請佛轉法輪 以偈而讚歎 佛知時未至 受請默然坐
三方及四維 上下亦復尒 散華奉宮殿 請佛轉法輪
世尊甚難值 願以大慈悲 廣開甘露門 轉无上法輪
无量慧世尊 受彼衆人請 爲宣種種法 四諦十二緣
无明至老死 皆從生緣有 如是衆過患 汝等應當知
宣暢是法時 六百万億姟 得盡諸苦際 皆成阿羅漢
第二說法時 千万恒沙衆 於諸法不受 亦得阿羅漢
從是後得道 其數无有量 万億劫筭數 不能得其邊
時十六王子 出家作沙弥 皆共請彼佛 演說大乘法
我等及營徒 皆當成佛道 願得如世尊 慧眼第一淨
佛知童子心 宿世之所行 以无量因緣 種種諸譬喻
說六波羅蜜 及諸神通事 分別真實法 菩薩所行道
說是法華經 如恒河沙偈 彼佛說經已 靜室入禪定

時十六王子　出家作沙弥　皆共請彼佛　演說大乘法
我等及營從　皆當成佛道　願得如世尊　慧眼第一淨
佛知童子心　宿世之所行　以無量因緣　種種諸譬喻
說六波羅蜜　及諸神通事　分別真實法　菩薩所行道
說是法華經　如恒河沙偈　彼佛說經已　靜室入禪定
一心一處坐　八万四千劫　是諸沙弥等　知佛禪未出
為無量億眾　說佛無上慧　各各坐法座　說是大乘經
於佛宴寂後　宣揚助法化　一一沙弥等　所度諸眾生
有六百万億　恒河沙等眾　彼佛滅度後　是諸聞法者
在在諸佛土　常與師俱生　是十六沙弥　具足行佛道
今現在十方　各得成正覺　尒時聞法者　各在諸佛所
其有住聲聞　漸教以佛道　我在十六數　曾亦為汝說
是故以方便　引汝趣佛慧　以是本因緣　今說法華經
令汝入佛道　慎勿懷驚懼　譬如險惡道　迥絕多毒獸
又復無水草　人所怖畏處　無數千万眾　欲過此險道
其路甚曠遠　經五百由旬　時有一導師　強識有智慧
明了心決定　在險濟眾難　眾人皆疲惓　而白導師言
我等今頓乏　於此欲退還　導師作是念　此輩甚可愍
如何欲退還　而失大珍寶　尋時思方便　當設神通力
化作大城郭　莊嚴諸舍宅　周帀有園林　渠流及浴池
重門高樓閣　男女皆充滿　即作是化已　慰眾言勿懼
汝等入此城　各可隨所樂　諸人既入城　心皆大歡喜
皆生安隱想　自謂已得度　導師知息已　集眾而告言
汝等當前進　此是化城耳　我見汝疲極　中路欲退還
故以方便力　權化作此城　汝今勤精進　當共至寶所
我亦復如是　為一切導師　見諸求道者　中路而懈廢

BD14849號　妙法蓮華經卷三　（9–8）

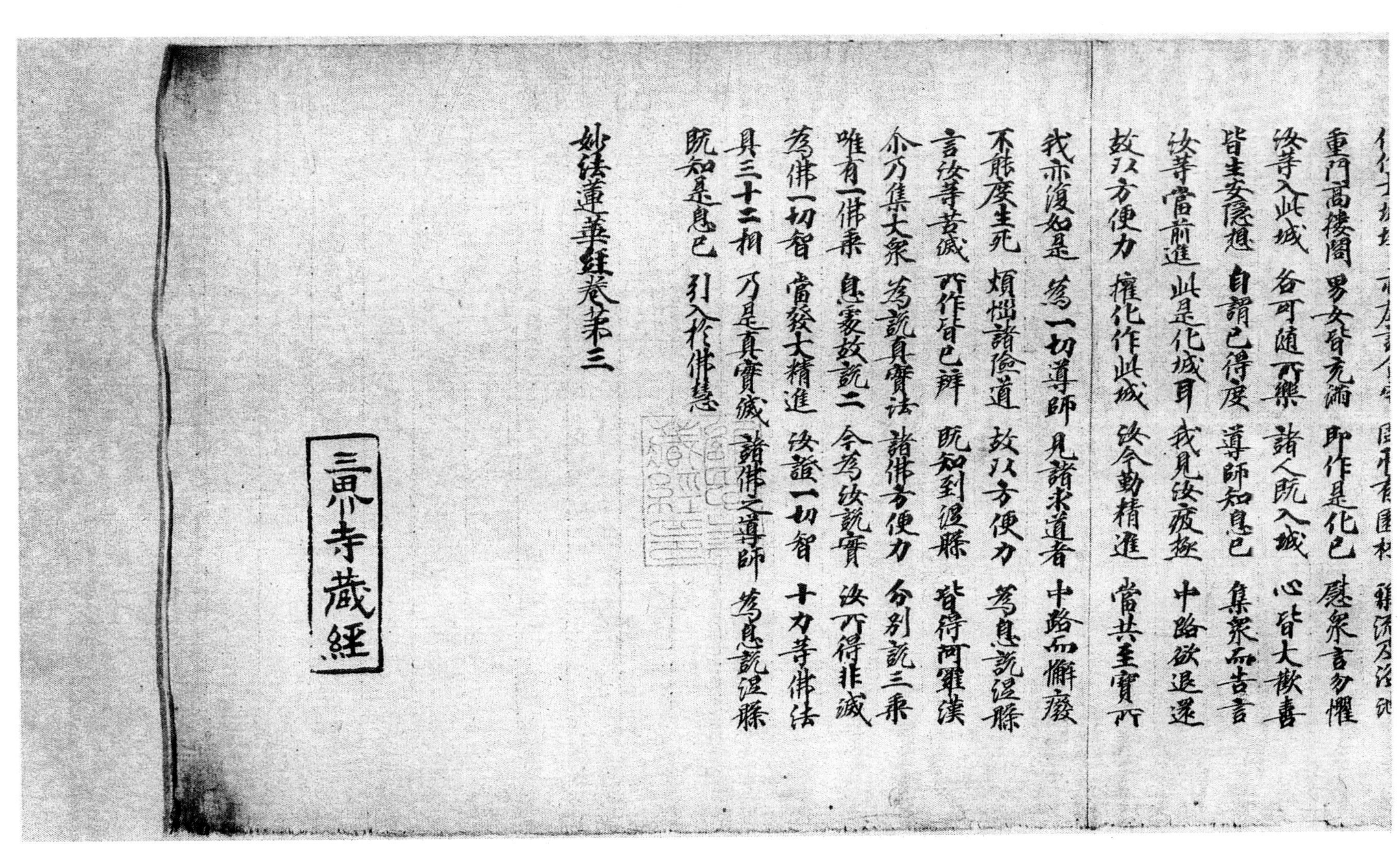

化作大城郭　莊嚴諸舍宅　周帀有園林　渠流及浴池
重門高樓閣　男女皆充滿　即作是化已　慰眾言勿懼
汝等入此城　各可隨所樂　諸人既入城　心皆大歡喜
皆生安隱想　自謂已得度　導師知息已　集眾而告言
汝等當前進　此是化城耳　我見汝疲極　中路欲退還
故以方便力　權化作此城　汝今勤精進　當共至寶所
我亦復如是　為一切導師　見諸求道者　中路而懈廢
不能度生死　煩惱諸險道　故以方便力　為息說涅槃
言汝等苦滅　所作皆已辦　既知到涅槃　皆得阿羅漢
尒乃集大眾　為說真實法　諸佛方便力　分別說三乘
唯有一佛乘　息處故說二　今為汝說實　汝所得非滅
為佛一切智　當發大精進　汝證一切智　十力等佛法
具三十二相　乃是真實滅　諸佛之導師　為息說涅槃
既知是息已　引入於佛慧

妙法蓮華經卷第三

BD14849號　妙法蓮華經卷三　（9–9）

……亦已定見也

若於仏像前或於塔前若

摩義塗地作四肘方曼荼羅復以花香幡蓋飲食燈明燭火

雜法供養若欲求願先須念誦加持香水散於八方上下結界

荼羅四角及其中央皆各置一香水之瓶行者……運念事之

一千八遍其香水瓶即便自轉隨意東西任以高下或以淨瓦鉢燒

香水并好香花置曼荼羅中依前瓶法而作念誦其鉢

若欲得知一切成就不成就事即燒香發願啓聖者願決定

成就左轉即不成就 又取好花念誦一百八遍遣童子洗浴之

衣以香末塗手捧花掩面復以白手更取別花念誦一遍擲之

問答善惡具說隨意舜唤起坐來去或於淨潔

以好花念誦一百八遍散置鏡上看即現鏡中花如前法更取好花散鏡面

善惡想自現鏡中或以朱沙或以香油塗大母指甲其香油以蘇摩那花浸胡麻油中是念誦一

現天神及僧菩薩佛等形若心有所疑三世中事一一請問皆知善不善即大

自現 若人卒得惡病以石榴枝白茅香等念誦鞭拂之即愈 或以茅等 息蘇

中念誦七遍擲著火中燒之令煙薰病人即除愈 或取童子所擲之線

念誦一遍作一結如是滿廿一結與病人小男女等頂上繫看四惡鬼魅等病皆

以好花念誦一百八遍散置鏡上看即現鏡中　如前法更取好花散鏡面
善惡想自現鏡中或以朱沙或以香油塗大母指甲 其香油以蘇摩那花浸胡麻油中是 念誦一
現天神及僧菩薩佛等形若心有所疑三世中事一一請問皆知善不善即大
自現　若人卒得惡病以石榴枝白茅香等念誦鞭拂之即愈　或以茅等　具蘇
中念誦七遍擲著火中燒之令煙薰病人即除愈　或取童子所搓之線
念誦一遍作一結如是滿廿一結與病人小男女等頂上繫著惡魔鬼魅等病皆
得除差　或以白芥子置蘇中取芥子少許念誦一遍一擲火中如是廿一
度病即除愈　又以瞿摩塗地作曼荼羅以灰畫地作彼形石榴等杖鞭之
彼鬼啼泣求自走去不敢更來　或以銅鐵竇木等作金剛杵置病人
邊念誦打亦即奔走　復有一法若有人被鬼所著復身在遠處不能自來
或行者不能自去應取杖念誦一百八遍遣人將去彼云安去汝住某甲遣似此
杖鞭汝若不去損汝无疑若不去鞭之即去有一法若路涉行念誦不闕无有賊盜
及虎狼惡魅鬼等怖畏難處持心念誦并作護身彼等諸難即皆自滅或
發菩提心或生怖畏或有言訟心求免離若被執縛即自解脫若欲渡江河
大海水中所有龍及黿鼉等畏念誦亦如前法即得无怖或被虵咬即遣彼人圍繞
念誦人數遍即愈　或患丁瘡癰癤痛取薰陸香淨土水相和念誦廿
一遍塗上即愈　或復國土水旱不調牛馬畜等疫病流行應以油麻大麥粳
米粟豆蘇蜜乳酪白汁木諸香等皆置一處燒香發願為一切衆生除去災難
即任手契護身想取前物念誦加持擲著火中燒之如是七日日別三時作法
時別一千八十遍即得滿願一切安樂一切三寶悉皆護助亦能成就一切大願
若欲降伏諸大鬼神見心伏取舍利七粒於白瑠璃瓶中或著取醍醐半升亦盛
著瓶中於白月十五日庭香臺前及窣堵波塔前泥一三肘方曼荼羅置瓶於
中取以好花供養面西著一香爐燒安悉香數數念誦其誦瓶中舍利當放光或生
出舍利時行者持香爐發願礼拜即出舍利盡飲取醍醐其舍利盛一瑠璃瓶
中以五色綵囊盛之頭戴即无量俱伍伴常逐行者諸鬼神等自然降伏作法時
一日一夜不食若求富饒以粳米油麻置蘇酪中手把少許發願念誦七遍擲
著火中燒之隨力七日乃至七七日即如其願　若求子於畫皮上書此陀
羅尼并畫童子以紫綵裹之念誦一千八十遍安臂中即有　若欲他敬念者
稱彼前人名字念誦本部一千八十遍即得敬念　若夫不樂婦取淨瓶盛滿
香水別置淨處以瞿摩夷塗作曼荼羅念誦一百八遍如是七瓶皆作此法於處以
香花為道場取瓶內香水浴夫即愛樂亦得有子婦不樂夫亦如前法　若欲降
伏捨覩嚕取一麴波羅香湯淨洗浴取黃丹和蘇塗著麴被羅使遍塗一小男

若大中燃之不七日乃至七七日即如其願　若求子於畫皮上書此陁
羅尼并畫童子以紫綵裹之念誦一千八十遍安臍中即有　若欲他敬念者
稱彼前人名字念誦本部一千八十遍即得敬念　若夫不樂婦取淨瓶盛滿
香水別置淨處以瞿摩夷塗作曼荼羅念誦一百八遍如是七瓶皆作此法於處以
香花為道場取瓶內香水浴夫即愛樂亦得有孕婦不樂夫亦如前法　若欲降
伏捨覩嚕取一劫波羅香湯淨洗浴取黃丹和蘇塗著劫波羅使遍塗一小曼
荼羅置中燃五盞蘇燈布於四角并中心稱前那摩念誦一稱一誦加持白
芥子曼荼羅上著一盞乳供養此劫波羅一夜一易云為我取彼質多未
彼即質多稱法欲母馱彼捨覩嚕即伏寶莫令盡盡即累劫障道
若欲求聰明取石菖蒲牛黃各半兩擣作末以蘇和於佛前作曼荼羅念
誦五千遍服之即得聰明若欲見一切鬼神取牛黃念誦令煙火出即塗目并
服之即見　復有一法於大海邊或河渚間砂坦之上以塔形像印沙坦上
為塔形像念誦一遍印成一塔如是數滿六十万遍即得觀見聖者觀自在菩薩
之像或見多羅菩薩金剛藏菩薩隨其心願皆得滿足或見授与仙神妙藥或
見授与菩提之記或現前來隨乞願皆得菩薩等位　復有一法右繞
菩提樹像行道念誦滿一百万遍即見佛菩薩羅為其說法意欲隨菩薩
即得隨從所求如願乃至現身成大呪仙即得詣十方淨土歷事諸佛得聞妙法
復有一法若乞食時常持此陀羅尼不為惡人惡獸等類之所侵害乞食易得
復有法若在塔前或仏像前或舍利塔前誦持此陀羅尼三十万遍復於白月一日
至十五日設大供養一日一夜不食正念誦時得見金剛藏菩薩即將是人往自宮
中　復有一法若有王難被繫閉枷鏁禁其身者誦此陀羅尼即得解脫
復有一法於轉法輪塔前或佛生處塔前或佛從忉利天下寶階塔前或舍利
塔前於如是等諸塔之前念誦右繞七七日即見阿鉢羅是多菩薩及訶利可底
菩薩隨其所願皆悉滿足若須仙藥即便授与復為說法亦菩薩道若有
誦此陀羅尼者乃至未坐道場一切菩薩為其勝友又此准泥大明陀羅尼諸
佛菩薩所說為利益一切衆生无邊菩提道場故若有薄福衆生无有少善
根者无有根器之者无有菩提分者是人若得聞此准泥大羅尼若讀一遍即得
菩提分根器牙生何況誦持常不懈廢由此善根速成佛種无量功德皆悉
成就无量衆生遠塵離垢決定成就阿耨菩提

佛說七俱胝佛母准泥大明陀羅尼念誦法門　依梵經本有万偈頌略說
誦觀行供養次第若有
苾芻苾芻尼鄔波索迦鄔波斯迦發菩提心行菩薩行求速離生死者
先須入三摩耶灌頂道場受持禁戒堅固不退於一切事業攝心不散亂
方可入此秘密法門凡念誦供養法於所在處皆須清淨澡浴著新淨衣

佛說七俱胝佛母准提大明陀羅尼念誦法門　依梵經本有方偈頌略說
苾芻苾芻尼鄔波索迦鄔波斯迦發菩提心行菩薩行求速離生死者　誦觀行供養次第若有
先須入三摩耶灌頂道場受持禁戒堅固不退於一切事業攝心不散亂
方可入此秘密法門凡念誦供養法於所在處皆須清淨澡浴著新淨衣
嚴飾道場隨力所辦其道場法先須選隱便勝地東西南北量取四肘作
方曼荼羅掘深一肘除去骨石塼瓦惡土髮毛灰炭糠棘虫蟻之類以好淨
土填滿築平取新瞿摩夷并好土以香湯相和塗地若在樓閣或居舩上依
法塗若在山中及淨屋不須掘依前塗飾即張天蓋四面懸幡若有尊七俱
胝佛母形像安置曼陀羅中面向西若無本尊有佛像舍利及大乘經典
供養皆得磨白檀香塗作曼荼羅猶如滿月或作八等蓮花即以新淨真
金銀銅器法貝玉石瓷木等盛器諸飲食及好香花燈明遏伽香水隨力所有
布置供養若秘密苾芻尼先持戒行初入道場復須懺悔更自誓發願受
戒若在家菩薩初入亦須自誓隨力發願受三歸五戒或常持八戒若常
三時念誦即於道場西面向東志心合掌五體著地敬禮十方諸佛菩薩
虔誠運想遍虛空界便右膝著地合掌至心懺悔自無始已來身口意
罪今對諸佛菩薩前弟子某甲發露懺悔乃至過去見在未來三世諸
佛菩薩福智圓種種功德我今隨喜即結跏或半跏安心定坐除一切惡想觀六
道衆生無始已來生死海中輪迴六趣願皆發菩提心行菩薩行速得出離
即以塗香摩手兩結手契時以衣覆手勿令人見先結三部三摩耶契次結
諸契　佛部三摩耶契第一　其契相福智手並仰檀戒忍辱若方便
願微屈柱進力押忍願上即禪智附進力側即成誦妙言曰　唵怛他去蘗覩
婆皤去　耶莎嚩訶　誦三遍以契頂上散之蓮花金剛部准此　蓮花部三摩耶契第二
二福智相合戒忍進方復願力各各散開微屈六波羅蜜開如蓮花檀般若
禪智頭相著亦微屈即成　誦妙言曰　唵鉢頭慕婆皤去耶莎訶
金剛部三摩耶契第三　福覆智仰禪般若檀智相交即成
唵嚩折囉婆皤去　耶莎嚩訶　准提金剛部三摩耶佛母根本身契第四　誦妙言
其契相先以二手小指二無名指叉入掌二中指直豎頭相著二頭指附二中指上
節側二大指各附二頭指側即成　妙言誦根本陀羅尼　誦七遍以契頂上
解散以下諸契結成禪輪印了並須准此頂上解散　辟除一切天魔惡鬼神等
契第五　其契先以右手中指無名指小指及大指握左手中指以下三
指次以左大指握左中指以下三指甲上為合掌以二頭指相著即成　妙言曰
唵俱上嚕撣那引　鈝惹　誦一遍以契右旋遶身一匝如此三度作即是

解散以下諸契結成揮觸印了並須准此頂上解散 辟除一切天魔惡神等
契第五 其契先以右手中指无名指小指及大指握左手中指以下三
指次以左大指握左中指以下三指甲上為合掌以二頭指相着即成 妙言曰
唵俱上 嚕悍耶引 舒慈 誦一遍以契右旋遶身一帀如是三度作即是
結地界橛契第六 其契相以左右二中指二無名指相叉入掌右押左頭指屈
如鉤右頭指直竪二大指二小指叁合頭着即成 妙言曰 唵准你涅枳羅耶莎
嚩訶 誦一遍以契大母指觸地一迴如是橛勢三度作即成
結墻界契第七 其契准前橛契以右手頭指屈如鉤左頭指直竪即成
妙言曰 唵准你涅鉢囉耶莎嚩訶 誦三遍以契右揮三帀即成
結網契第八 其契准墻契仰着右大指捻右頭指頭左大指捻左頭指頭
小指依舊相住即成 妙言曰 唵准你涅半惹羅莎嚩訶 誦三遍以契
隨日揮三度即成 結外火院大界契第九 其契以左手蓋掩右手背
垂直竪二大指相去二寸許即是 妙言曰 唵阿三麼嚩你紇哩吽泮吒莎嚩訶
誦三遍以契右旋三度即是 結車輅契第十 其契先以二手向內相叉
右押左仰開掌二頭指直申頭指相住以大指撥二中指頭來去即是
妙言曰 唵覩嚕覩嚕莎嚩訶 結此契心相阿迦尼吒天宮中毗盧
遮那如來十地菩薩圍繞集會中請准提仏母聖者乘七寶莊嚴車輅
上有白蓮花坐上如所畫像於心中想念如在目前即誦妙言三遍
結迎請契第十一 准前根本契以二大指來去招之三度即成 妙言曰
唵左隸祖隸准泥嚧醯曳醯薄伽嚩底莎嚩訶 結此契相聖者從
寶車上下來道場中向蓮花坐上即誦妙言三遍即是 結蓮花坐契第
十二 准前根本契並二大指向身開竪之即成 妙言曰 唵迦麼羅莎
嚩訶 結此契心道場中種種寶鈿師子座上開白蓮花安置聖者即
誦妙言三遍 結遏伽契第十三 准前根本契以二大指捻頭指根第
一節側下即成 妙言曰 唵左隸祖隸准泥遏鉗薄伽嚩底鉢羅底
提莎嚩呵 結洗浴契第十四 准前遏伽契以二大指各並捻二
中指下節即成 妙言曰 唵左莎嚩訶 結塗香契第十五 准前
根本契以二大指博著右頭指下側即成 妙言曰 唵隸莎嚩訶
結花鬘契第十六 准前根本契以二大指安著左頭指下側即成
妙言曰 唵祖莎嚩訶 結燒香契第十七 准前根本契屈左頭捻指
二大母指即成 妙言曰 唵隸莎訶 結供養飯食契第十八
准前根本契以右頭指捻二大指頭即成 妙言曰 唵准莎嚩訶 結燈
契第十九

根本契以二大指博著右頭指下側即成　妙言曰　唵豨莎嚩訶
結光鬘契第十六　准前根本契以二大指安著左頭指下側即成
妙言曰　唵祖莎嚩訶　結燒香契第十七　准前根本契屈左頭捻指
二大母指即成　妙言曰　唵隸莎訶　結供養飯食契第十八
准前根本契以左頭指捻二大指頭即成　妙言曰　唵准莎嚩訶　結燈
契第九　准前根本契以二頭指各捻二大指頭即成　妙言曰
唵泥莎嚩訶　已上塗香契等以契觸當色物上供養　結布字契
第廿　其契相以二中指二无名指向內相叉二大指二頭二小指並直竪頭
頭指相著即成結此手契成即想自身猶若釋迦牟尼如來三十二相八十
種好紫磨金色圓滿身光想已以手契觸頭上布唵字觸眼中布左
字二一依字次第乃至兩足皆以契觸布之唵想安頭上　其色白如月
放於无量光　除滅一切障　即同佛菩薩　摩是人頂上　左字安兩目
其色如日月　為照諸愚暗　能發深惠明　隸字安頭上　色如紺瑠璃
能顯諸色相　速具如來智　祖字想安心　其色如皓素　由心清淨故
速達菩提路　隸字安兩肩　色黃如金色　由觀是色相　能被精進鉀
准字想臍中　其色妙黃白　速令登道場　不退菩提故　泥字安兩髀
其色如淺黃　速證菩提道　得坐金剛座　薩嚩字安兩脛　其狀作赤色
常能想是字　速得轉法輪　訶字安兩足　其色由滿月　行者作是想
速得達圓寂　如是布字想念色　使成准提勝法门　之名本尊真實想
能滅諸罪得吉祥　猶如金剛堅固聚　是名准提勝上法　若常如是修行者
當知是人速志地　第二根本契第廿一　其契相以二手向外相叉
二頭指二大母指並直竪即成　妙言曰　那慕颯哆南去一　三藐三菩陀去一　俱胝
南二　怛姪他三　唵四　左隸五　祖隸六　准泥七　莎嚩訶　誦七遍以契於頂
上解散　結捧數珠契第廿二　其契相先取數珠安二手掌中即當
心合掌誦前根本陀羅尼三遍以珠頂戴然後把數珠契淨珠　把數珠契
第廿三　其契相以二手二无名指二大指各捻珠上二手相去一寸許餘指散
開散即成　誦淨數珠妙言曰　唵吠路遮那阿麼囉莎嚩訶　誦三遍淨
珠已以自心相七俱胝佛母口中七俱胝陀羅尼文字一一字放五色光入行者口裏
安自心月中右旋布置即誦本尊陀羅尼一遍以右手无名指捻一顆珠過
周而復始不緩不急不得高聲須分明稱字而自聞所觀本尊及身上
布字念誦記數於一念中並須一時觀見不有闕使心散亂如觀念疲勞
隨力念誦或一千二千乃至三千四千遍常取一珠為定如有緣事亦不得滅
數至一百八十已下皆須發願求解脫速出離生死作此三摩地瑜伽

安自心月中右旋布置即誦本尊陁羅尼一遍以右手无名指捻一顆珠過
周而復始不緩不急不得高聲湏分明稱字而自聞所觀本尊及身上
布字念誦記數於一念中並湏一時觀見不有閒使心散乱如觀念疲勞
隨力念誦或一千二千乃至三千四千遍常取一珠爲定如有緣事亦不得減
數至一百八十已下此名聲念誦若求解脫速出離生死作此三摩地瑜伽
觀行无記无數念名即想自心如一滿月湛然清淨內外分明以唵字安
月心中以左隸祖隸准提莎嚩訶字從前右旋次第周帀輪緣去音諦觀
字義与心相應不得差异　說三摩地觀念布字義　唵字門者是流
注不生不滅義復於一切法爲最勝義　左字門者於一切法是无行義
隸字門者於一切法是无相義　祖字門者於一切法是无起住義　隸字門
者於一切法无垢義　准字門者於一切法是无等覺義　泥字門者於一切
法是无取捨義　莎嚩字門者於一切法是无等无言說義　訶字門
者於一切法是无因寂淨无住涅槃義所說字義雖立文字皆是无文
字義既无文湏諦觀一一義相周而復始无記无數不得不斷絕斷絕者謂
流注不生不滅最勝義由不生不滅最勝是故无行爲无行義是故无
相爲无相義是故无起住爲无起住義是故无等覺爲无等覺義是
故无取捨爲无取捨義是故平等无言說爲平等无言說義是故无
因寂淨无住涅槃爲寂淨无住涅槃義是故不生不滅最勝无斷周
而復始此名三摩地念誦　說准泥求願觀相法　若求无分別者當觀
无分別无記念　若求无相色當觀文字无文字念　若求不二門者當觀
兩辟　若求四无量當觀四辟　若求六通者當觀六辟　若求八聖道
當觀八辟　若求十波羅蜜圓滿十地者當觀十辟　若求如來普遍
廣地者當觀十二辟　若求十八不共法者當觀十八辟即如畫像法觀也
若求三十二相當觀三十二辟　若求八万四千法門者當觀八十四辟
如上觀念當入一切如來三摩地門甚深广廣不思議地是正念處是正
真如是正解脫念誦觀行了欲出道場復湏依前次第更結燒香燈
明飲食等手契供養懺悔隨意發願即結前第一根本契誦根本陁
羅尼七遍頂上散之復結前車輅契以二大母指向外三度撥中指頭
誦妙言曰　唵覩嚕覩嚕莎嚩訶　誦三遍復結前迎請契以大母
指向外三度開即成送還本宮　妙言曰　唵左隸祖隸准泥蘗上下同車
車婆伽去　嚩底莎嚩二合餔嚩喃布娜唱邏二合哦麼那耶　莎嚩訶　誦三遍
復結前外大院大界契向三摩耶入入你　妙言左轉三遍即成　復更結

真言是已能服念誦儀行了欲出道場復須依前次第更結燒香燈
明飲食等手契供養懺悔隨意發願即結前第一根本契誦根本陁
羅尼七遍頂上散之復結前車輅契以二大母指向外三度撥中指頭
誦妙言曰　唵覩嚕覩嚕莎嚩訶　誦三遍復結前迎請契以大母
指向外三度開即成送還本宮　妙言曰　唵左隸祖隸准泥孽車上下同孽
車婆伽去嚩底莎嚩二合詣嚩喃布娜唱邏二合哦麼娜耶　莎嚩訶　誦三遍
復結前外大院大界契以向三摩祁入入你　妙言左轉三遍即成　復更結
三部三麼耶契各誦妙言一遍即了任出道場隨意經行讀誦大般若或
花嚴或无身邊門或法花楞伽涅槃大乘經典論等思惟說講或以七俱
胝仏像塔即用印香泥砂上紙上隨意印之多少如念誦有功德如經所說
境界二分明了知次第欲得作扇底迦等種種方法或為自身或為他人即
任依法而作念誦說扇底迦法　若欲求息災除一切鬼神及聰明長命
求解脫者於道場中面向北交脚竪膝而坐衣服飲食香花燈燭地等
並用白色從月一日至八日日三時念誦及護魔等法若念誦時先誦根本
陁羅尼三七遍已然後但從唵字誦之妙言曰　唵左隸祖隸准泥ㄙ其甲除
災難莎嚩訶　說布瑟置迦法　若欲求增長五通轉輪種種寶
藏布奢輪劍賢瓶如意寶安善那虞里迦鍾及錢金頗梨三叉等一切財寶
藥草求成就法者身著黃衣面向東結跏趺坐所供養香花飲食菓子燈燭
地等並用黃色從月八日至十五日日三時念誦護摩等事念誦如前　妙言曰
唵左隸准泥ㄙ甲某所求如意莎嚩訶　說伐施迦邏拏法　若欲呼召
一切天龍鬼神人非人等應作此法者身著赤衣面向西結賢坐香花飲食
菓子燈燭地並用赤色從十六日至廿三日日三時念誦護摩等法　妙言曰
唵左隸准泥為彼攝召某神成就我願莎嚩訶　說阿毗遮嚕迦法
欲降伏一切惡神鬼及人天者有多罪業郭重衆生調伏難者能令
發菩提心脩諸善業者應起慈悲心而作此法身著青衣面向南作存
居坐左脚押右脚用不香花食菓地皆用青黑色從廿三日至月盡日日
三時念誦護摩等法　妙言曰　吽左隸祖隸准泥吽發吒　作此法已即
如常念誦　七俱胝仏母准泥畫像法取不截白疊清淨者擇去人
髮畫師受八戒齋不用膠和色用新椀盛彩色而用畫之其像作黃白色
種種莊嚴其身著白衣衣上有花又身著輕羅綽袖天衣以綬帶
繫腰朝霞絡身其手腕以白螺為釧其臂上寶莊嚴一一手上著指
環都十八臂面有三目上二手作說法相右第二手施无畏第三手把劍第四手
把數珠第五手把微若布羅迦唐言子滿菓此間无西國有第六手把鉤第七手把鉞斧第八手

BD14850號　七俱胝佛母准提大明陀羅尼經　（9–8）

藥草求成就法者身著黄衣面向東結跏趺坐所供養香花飲食菓子燈燭
地等並用黄色從月八日至十五日日三時念誦護摩等事念誦如前　妙言曰
唵左隸准提烏甲某所求如意莎嚩訶　　說成施迦羅婆法　若欲呼召
一切天龍鬼神人非人等應作此法者身著赤衣面向西結賢坐香花飲食
菓子燈燭地並用赤色從十六日至廿三日日三時念誦護摩等法　妙言曰
唵左隸准提為彼攝召某神成就我願莎嚩訶　說阿毗遮嚕迦法
欲降伏一切惡神鬼及人天者有多罪業鄣重衆生調伏難者能令
發菩提心修諸善業者應起慈悲心而作此法身著青衣面向南作存
居坐左脚押右脚用不香花食菓地皆用青黑色從廿三日至月盡日日
三時念誦護摩等法　妙言曰　吽左隸祖隸准提吽發吒　作此法已即
如常念誦　七俱胝佛母准提畫像法取不截白疊清淨者擇去人
髮畫師受八戒齋不用膠和色用新椀盛彩色而用畫之其像作黄白色
種種莊嚴其身胥着白衣衣上有花又身著輕羅綽袖天衣以緩帶
繫胥朝霞絡身其手腕以白螺為釧其臂上寶莊嚴一一手上著指
環都十八臂面有三目上二手作說法相右第二手施無畏第三手把劒第四手
把數珠第五手把微若布羅迦（唐言子滿菓 此間元西國有）第六手把鈎第七手把鉞斧第八手
把跋折羅第九手把寶鬘左第二手把如意寶幢第三手把花第四手把澡
灌第五手把索第六手把輪第七手把螺第八手把賢瓶第九手把般若波
羅蜜經夾菩薩下作水池池中安蓮花難陀二龍王共扶蓮花莖於蓮花上安
准提菩薩其像周圍安光明焰其像作怜愍眼看行者在下坐手執香
爐面向上看菩薩上二淨居天像法如是

佛說七俱胝佛母准提大明陀羅尼經

爲入三世間何等爲離憂心无歡悔何等爲
无壞智何等爲陁羅尼何等爲知分別說佛
何等爲發普賢心何等爲普賢願行法何等
爲大悲何等爲發菩提心因緣何等爲於善
知識起恭敬心何等爲清淨何等爲波羅蜜
何等爲隨順覺知何等爲決定智何等爲力
何等爲平等何等爲佛法句何等爲說法何
等爲受持何等爲辯何等爲勝法何等爲无
著何等爲平等心何等爲出生智慧何等爲
變化何等爲持何等爲大正悕望何等爲深
入佛法何等爲依止何等爲發无畏心何等爲
除滅一切疑惑發无疑心何等爲不思議何
等爲巧方便微密語何等爲巧方便分別智何
等爲正受三昧何等爲一切處何等爲法門何
等爲通何等爲明何等爲解脫何等爲園林何
等爲宮殿何等爲樂何等爲莊嚴何等爲發不

BD14851號　大方廣佛華嚴經（晉譯五十卷本）卷三一　（21–1）

除滅一切疑惑發无疑心何等爲不思議何
等爲巧方便微密語何等爲巧方便分別智何
等爲正受三昧何等爲一切處何等爲法門何
等爲通何等爲明何等爲解脫何等爲園林何
等爲宮殿何等爲樂何等爲莊嚴何等爲發不
動心何等爲不捨深心何等爲智觀察何等
爲分別法何等爲无垢何等爲智印何等爲
智慧光明何等爲不可稱量住何等爲无懈
怠心何等爲須弥山王正直之心何等爲深
入智慧大海成无上菩提何等爲寶住何等
爲發金剛心莊嚴大乘何等爲發大事何等
爲究竟大事何等爲不壞信何等爲受記何
等爲善根迴向何等爲得智慧何等爲發无
量无邊廣心何等爲藏何等爲調順何等爲
自在何等爲衆生自在何等爲刹自在何等
爲法自在何等爲身自在何等爲願自在何
等爲境界自在何等爲智自在何等爲通自
在何等爲神力自在何等爲力自在何等爲
遊戲神通何等爲勝行何等爲力何等爲无
畏何等爲不共法何等爲業何等爲身何等
爲身業何等爲身何等爲口何等爲淨口業
何等爲淨口業得諸守護何等爲口業成辨
大事何等爲心何等爲發心何等爲心滿何
等爲根何等爲直心何等爲深心何等爲方
便何等爲樂脩何等爲解脫深入世界何等
爲入衆生性何等爲習氣何等爲熾燃何等

BD14851號　大方廣佛華嚴經（晉譯五十卷本）卷三一　（21–2）

大事何等為心何等為發心何等為心滿何
等為根何等為直心何等為深心何等為方
便何等為樂脩何等為解脫深入世界何等
為入衆生性何等為習氣何等為熾燃何等
為趣何等為具足法何等為退失佛法何等
為離生何等為決定法何等為出生佛道法
何等為得善男子名号何等為道何等為无
量道何等為道具何等為脩道何等為莊嚴
道何等為足何等為手何等為腹何等為藏
何等為心何等為莊嚴何等為器仗何等為
頭何等為眼何等為耳何等為鼻何等為舌
何等為身何等為意何等為行何等為住何
等為坐何等為卧何等為住何等為行何等
為觀察何等為周遍觀察何等為奮迅何等
為師子吼何等為淨施何等為淨戒何等為
淨忍何等為淨精進何等為淨禪何等為淨
慧何等為淨慈何等為淨悲何等為淨喜何
等為淨捨何等為義何等為法何等為功德
具何等為智具何等為明足何等為求法何等
為明了法何等為向法何等為魔何等為魔
業何等為捨離魔業何等為見佛何等為佛
業何等為慢業何等為智業何等為魔攝持
何等為佛攝持何等為法攝持何等為住兜
率天所行事業何等為兜率天示現命終何
等為示現降神母胎事何等為示現微細趣
何等為生何等為大莊嚴何等為遊行七步

BD14851號　大方廣佛華嚴經（晉譯五十卷本）卷三一　（21–3）

業何等為慢業何等為智業何等為魔攝持
何等為佛攝持何等為法攝持何等為住兜
率天所行事業何等為兜率天示現命終何
等為示現降神母胎事何等為示現微細趣
何等為生何等為大莊嚴何等為遊行七步
何等為示現童子地何等為示現采女眷屬
何為等示現捨家出家何等為示現苦行何
等為往詣道場何等為坐道場何等為坐道
場時顯奇特相何等為示現降魔何等為成
等正覺何等為轉法輪何等為因轉法輪得白
淨法佛子何等為如來應供等正覺示現大般
涅槃善哉佛子如向所問願具演說尒時普
賢菩薩摩訶薩告普慧等諸菩薩言佛子菩
薩摩訶薩有十種依果何等為十所謂菩提
心依果究竟不忘失故善知識依果隨順和
合故善根依果長養諸善根故諸波羅蜜依
果究竟脩行故一切法依果永出生死故諸
願依果長養菩提故諸行依果廣脩習故菩
薩依果一生補處故供養佛依果信心不壞
故一切如來依果正教離顛倒故佛子是為
菩薩摩訶薩十種依果若菩薩摩訶薩住此
依果則得如來无上智依果佛子菩薩摩訶
薩有十種奇特想何等為十所謂於一切善
根生自善根想於一切善根生菩提種子想
於一切衆生生菩提器想於一切願生自願
想於一切法生出生死想於一切行生自行

BD14851號　大方廣佛華嚴經（晉譯五十卷本）卷三一　（21–4）

薩有十種奇特想何等為十所謂於一切善
根生自善根想於一切善根生菩提種子想
於一切衆生生菩提器想於一切願生自願
想於一切法生出生死想於一切行生自行
想於一切法生佛法想於一切語言生語言
道想於一切佛生慈父想於一切如来生无
二想佛子是為菩薩摩訶薩十種奇特想若
菩薩摩訶薩安住此想則得无上巧妙方便
轉一切想佛子菩薩摩訶薩有十種行何等
為十所謂令一切衆生尊敬正法行善根淳
熟行善學一切戒行長養一切善根行一心
不亂脩三昧行分別一切諸智慧行脩習一
切所脩行莊嚴一切世界行恭敬供養善知
識行恭敬供養諸如来行佛子是為菩薩摩
訶薩十種行若菩薩摩訶薩安住此行則得
如来无上大智行
佛子菩薩摩訶薩有十種善知識何等為十
所謂能令安住菩提心善知識能令脩習善
根善知識能令究竟諸波羅蜜善知識能令
分別解說一切法善知識能令安住成就一
切衆生善知識令能具足辯才隨問能荅善
知識能令不著一切生死善知識能令於一
切劫行菩薩行心无猒倦善知識能令安住
普賢行善知識能令深入一切佛智善知識
佛子是為菩薩摩訶薩十種善知識佛子菩
薩摩訶薩有十種勤脩精進何等為十所謂

切劫行菩薩行心无猒倦善知識能令安住
普賢行善知識能令深入一切佛智善知識
佛子是為菩薩摩訶薩十種善知識佛子菩
薩摩訶薩有十種勤脩精進何等為十所謂
教化一切衆生勤脩精進入一切法勤脩精
進令一切世界清淨勤脩精進究竟一切菩
薩所學勤脩精進令一切衆生滅一切惡勤
脩精進除滅一切地獄餓鬼畜生閻羅王苦
勤脩精進降一切魔勤脩精進為一切衆生
作清淨眼勤脩精進恭敬供養一切諸佛勤
脩精進令一切如来皆悉歡憙勤脩精進佛
子是為菩薩摩訶薩十種勤脩精進若菩薩
摩訶薩住此精進則得如来无上精進波羅
蜜佛子菩薩摩訶薩有十種正悕望何等為
十所謂自住菩提心亦令衆生住菩提心正
悕望自離忿諍亦令一切衆生離於諍訟正
悕望自離愚癡安住佛法亦令衆生捨離愚
癡安住佛法正悕望自脩善根專求正法亦
令衆生脩習善根專求正法正悕望自究竟
諸波羅蜜得到彼岸亦令衆生究竟諸波羅
蜜得到彼岸正悕望自生如来種姓家亦令
衆生生如来種姓家正悕望自深入觀一切
法无盡性亦令衆生深入觀一切法无盡性
正悕望自不誹謗一切佛法亦令衆生不誹
謗一切佛法正悕望自滿一切智願亦令衆
生滿一切智願正悕望自深入一切如来无

衆生生如來種姓家正悕望自法入觀一切
法无盡性之令衆生深入觀一切法无盡性
正悕望自不誹謗一切佛法之令衆生不誹
謗一切佛法正悕望自滿一切智願之令衆
生滿一切智願正悕望自深入一切如來无
盡智藏之令衆生深入一切如來无盡智藏
正悕望佛子是爲菩薩摩訶薩十種正悕望
若菩薩摩訶薩安住此法則得如來无上平
等大智正悕望佛子菩薩摩訶薩有十種法
成就衆生何等爲十所謂布施成就衆生色
身端嚴成就衆生說法成就衆生同意成就
衆生无深著成就衆生嘆菩薩行成就衆生
亦現一切世界熾然成就衆生嘆如來功德
成就衆生亦現神力自在成就衆生種種巧
方便微密隨順世間行成就衆生佛子是爲
菩薩摩訶薩十種成就衆生若菩薩摩訶薩
安住此法則能成就一切衆生佛子菩薩摩
訶薩有十種戒何等爲十所謂不壞菩提心
戒離聲聞緣覺地戒饒益觀察一切衆生戒
令一切衆生住佛法戒一切菩薩學戒一
切无所有戒一切善根迴向菩提戒不著一切
如來身戒佛子菩薩摩訶薩有十種自知受
記法令彼菩薩自知受記何等爲十所謂一
向發菩提心菩薩受記不猒菩薩行菩薩受
記於一切劫脩諸苦行菩薩受記隨順一切
佛法菩薩受記於一切如來所說決定信向
菩薩受記具足脩習一切善根菩薩受記令

BD14851號　大方廣佛華嚴經（晉譯五十卷本）卷三一　（21–7）

記法令彼菩薩自知受記何等爲十所謂一
向發菩提心菩薩受記不猒菩薩行菩薩受
記於一切劫脩諸苦行菩薩受記隨順一切
佛法菩薩受記於一切如來所說決定信向
菩薩受記具足脩習一切善根菩薩受記令
一切衆生安住菩提菩薩受記於一切善知
識和合隨順菩薩受記於一切善知識生如
來想菩薩受記守護菩提本願菩薩受記佛
子是爲菩薩摩訶薩十種自知受記法令彼
菩薩自知受記佛子菩薩摩訶薩有十種入
何等爲十所謂入願入行入聚入波羅蜜入
具足入分別願入性入莊嚴剎入神力自在
入亦現出生佛子是爲菩薩摩訶薩十種入
之入三世一切菩薩所入佛子菩薩摩訶薩
有十種深入如來何等爲十所謂深入无量
无邊諸佛菩提深入无量无邊轉淨法輪深
入无量无邊諸方便法深入无量无邊微妙
音聲深入无量无邊調伏衆生深入无量无
邊神力自在深入无量无邊種種異身深入
无量无邊三昧深入无量无邊力无所畏深
入无量无邊亦現涅槃佛子是爲菩薩摩訶
薩十種深入如來此十種深入法三世諸佛
悉之共入佛子菩薩摩訶薩有十種入衆生
心行何等爲十所謂入過去一切衆生心行
入未來一切衆生心行入現在一切衆生心
行入一切衆生諸善根行入一切衆生不善

BD14851號　大方廣佛華嚴經（晉譯五十卷本）卷三一　（21–8）

薩十種深入如來此十種深入法三世諸佛
悉之共入佛子菩薩摩訶薩有十種入衆生
心行何等爲十所謂入過去一切衆生心行
入未來一切衆生心行入現在一切衆生心
行入一切衆生諸善根行入一切衆生不善
根行入一切衆生心心所行入一切衆生諸
根行入一切衆生種性行入一切衆生煩惱
使習氣行入一切衆生時非時調伏行佛子
是爲十種入衆生心行曰是十種入衆生心
行則能普入一切衆生心佛行子菩薩摩訶
薩有十種入世界何等爲十所謂入不淨世
界入清淨世界入小世界入中世界入微塵
世界入微細世界入伏世界入仰世界入有
佛世界入无佛世界佛子是爲菩薩摩訶薩
十種入世界曰此十種入世界則能普入一
切世界佛子菩薩摩訶薩有十種入劫何等
爲十所謂入過去劫入未來劫入現在劫入
可數劫入不可數劫入可數不可數劫入不
可數可數劫入一切劫非劫入非劫一切劫
入一切劫即是一念佛子是爲菩薩摩訶薩
十種入劫曰此十種入劫則能普入一切諸
劫佛子菩薩摩訶薩有十種說三世何等爲
十所謂過去世說過去世過去世說未來世
過去世說現在世未來世說過去世未來世
說現在世未來世說无盡現在世說未來世
現在世說過去世現在世說平等現在世說

十所謂過去世說過去世過去世說未來世
過去世說現在世未來世說過去世未來世
說現在世未來世說无盡現在世說未來世
現在世說過去世現在世說平等現在世說
三世即一念佛子是爲菩薩摩訶薩十種說
三世曰此十種說三世則能普說一切三世
佛子菩薩摩訶薩有十種入三世間何等爲
十所謂入世間入語言道入性入施設入想
入名字入語言入无盡入離欲入究竟佛子
是爲菩薩摩訶薩十種入三世間曰此十種
入三世間則能普入一切三世間佛子菩薩
摩訶薩有十種捨離憂惱心无猒悔何等爲
十所謂供養一切佛捨離憂惱心无猒悔親
近一切善知識捨離憂惱心无猒悔尊求一
切法捨離憂惱心无猒悔常聞正法捨離憂
惱心无猒悔常說正法捨離憂惱无心猒
悔教化調伏一切衆生捨離憂惱心无猒悔
令一切衆生安住佛道捨離憂惱心无猒悔
於一一世界中行不可說不可說菩薩行捨
離憂惱心无猒悔遊行一切世界教化衆生
捨離憂惱心无猒悔出生一切佛法捨離憂
惱心无猒悔佛子是爲菩薩摩訶薩十種捨
離憂惱心无猒悔若菩薩摩訶薩安住此法
則得如來无上智慧永離猒悔佛子菩薩摩
訶薩有十種不可壞智何等爲十所謂知衆
生智不可壞知諸根智不可壞知受生智不

惱心无猒悔佛子是爲菩薩摩訶薩十種捨
離憂惱心无猒悔若菩薩摩訶薩安住此法
則得如來无上智慧永離猒悔佛子菩薩摩
訶薩有十種不可壞智何等爲十所謂知衆
生智不可壞知諸根智不可壞知受生智不
可壞知世界智不可壞知法界智不可壞知
佛智不可壞知法智不可壞知三世智不可
壞知一切語言道智不可壞佛子是爲菩薩
摩訶薩十種不可壞智若菩薩摩訶薩安住
此智則得如來无上不可壞智佛子菩薩摩
訶薩有十種陁羅尼何等爲十所謂聞持陁
羅尼不忘一切法故持正法陁羅尼巧方便
分別一切法如實故不生一切法陁羅尼覺
一切法无自性故法明陁羅尼普照不可思
議諸佛法故三昧陁羅尼於現在一切佛所
聞法不亂故音聲圓滿陁羅尼究竟解了不
可思議語言法故三世陁羅尼分別說一切
三世佛不思議法故種種辯才陁羅尼分別
解說无量无邊諸佛法故出生无㝵耳陁羅
尼不可說佛所說諸法悉能聞故持一切佛
法陁羅尼安住如來十力无畏故佛子是爲
菩薩摩訶薩十種陁羅尼若菩薩摩訶薩欲
得此法應勤脩學佛子菩薩摩訶薩知分別
說十種佛何等爲十所謂正覺佛願佛業報
佛住持佛化佛法界佛心佛三昧佛性佛如
意佛佛子是爲菩薩摩訶薩知分別說十種

說十種佛何等爲十所謂正覺佛願佛業報
佛住持佛化佛法界佛心佛三昧佛性佛如
意佛佛子是爲菩薩摩訶薩知分別說十種
佛佛子菩薩摩訶薩有十種發普賢心何等
爲十所謂發大慈心救護一切衆生故發大
悲心代一切衆生受一切苦毒故發一切施
爲首心悉捨一切諸所有故發正念一切智
爲首心樂求一切佛法故發功德莊嚴心學
一切菩薩諸行故發金剛心一切受生不妄
失故發大海心一切白淨法悉流入故發須
弥山王心一切誹謗苦言悉堪忍故發安隱
心施一切衆生无畏故發究竟般若波羅蜜
到彼岸心巧分別一切法无所有故佛子是
爲菩薩摩訶薩十種發普賢心若菩薩摩訶
薩安住此心以少方便則具足普賢巧方便
智佛子菩薩摩訶薩有十種普賢願行法何
等爲十所謂盡未來劫行菩薩行普賢願行
法恭敬供養未來一切佛普賢願行法立一
切衆生於普賢菩薩願行普賢願行法積集
一切善根普賢願行法入一切波羅蜜普賢
願行法滿足一切菩薩願行普賢願行法莊
嚴一切世界普賢願行法往生一切佛所普
賢願行法善巧方便求一切法普賢願行法
於一切十方佛刹成无上菩提普賢願行法
佛子是爲菩薩摩訶薩十種普賢願行法若

願行法滿足一切菩薩願行普賢願行法莊
嚴一切世界普賢願行法注生一切佛所普
賢願行法善巧方便求一切法普賢願行法
於一切十方佛刹成无上菩提普賢願行法
佛子是爲菩薩摩訶薩十種普賢願行法若
有菩薩摩訶薩脩此願行疾得具足普賢願
行佛子菩薩摩訶薩有十種大悲常觀衆生
何等爲十所謂觀察衆生无所歸依而起大
悲觀察衆生隨逐耶道而起大悲觀察衆生
貧无善根而起大悲觀察衆生長寝生死而
起大悲觀察衆生行不善法而起大悲觀察
衆生欲縛所縛而起大悲觀察衆生在生死
海而起大悲觀察衆生久遠長病而起大悲
觀察衆生无欲善法而起大悲觀察衆生失
諸佛法而起大悲佛子是爲菩薩摩訶薩十
種大悲常觀衆生佛子菩薩摩訶薩有十種
發菩提心因緣何等爲十所謂教化成就一
切衆生發菩提心因緣除滅一切衆生苦發
菩提心因緣與一切衆生種種快樂發菩提
心因緣除滅一切衆生愚闇發菩提心因緣
與一切衆生佛智發菩提心因緣恭敬供養
一切諸佛發菩提心因緣隨如來教令佛歡
憙發菩提心因緣見佛色身相好發菩提心
因緣入一切佛智發菩提心因緣顯現佛力
无畏發菩提心因緣佛子是爲菩薩摩訶薩
有十種發菩提心因緣若菩薩摩訶薩發菩

BD14851號　大方廣佛華嚴經（晉譯五十卷本）卷三一　（21–13）

憙發菩提心因緣見佛色身相好發菩提心
因緣入一切佛智發菩提心因緣顯現佛力
无畏發菩提心因緣佛子是爲菩薩摩訶薩
有十種發菩提心因緣若菩薩摩訶薩發菩
提心應當恭敬供養親近善知識何以故欲
速覺一切智故彼菩薩摩訶薩恭敬供養親
近善知識起十種心何等爲十所謂於善知
識起給侍心不違心隨順心歡憙心不求利
心一向心同善根心同願心如來心同滿行
心佛子是爲菩薩摩訶薩於善知識起十種
心佛子若菩薩摩訶薩發如是十種心則得
十種清淨何等爲十所謂正直心清淨究竟
不失故色身清淨隨所應化无不見故音聲
圓滿清淨究竟一切語言法故辯才清淨巧
方便說不可思議諸佛法故智慧清淨除滅
一切愚癡闇故受生清淨具足菩薩自在力
故眷屬清淨成就過去同行衆生諸善根故
果報清淨除滅一切業鄣故諸願清淨同一
切菩薩故諸行清淨究竟普賢菩薩行故佛
子是爲菩薩摩訶薩十種清淨佛子菩薩摩
訶薩有十種波羅蜜何等爲十所謂檀波羅
蜜捨一切有故尸波羅蜜淨佛戒故羼提波
羅蜜具足佛忍故精進波羅蜜於一切時不
退轉故禪波羅蜜正念不亂故般若波羅蜜
觀一切法悉如如故智波羅蜜深入佛力故
願波羅蜜普賢菩薩願行滿故神力波羅蜜

BD14851號　大方廣佛華嚴經（晉譯五十卷本）卷三一　（21–14）

蜜捨一切有故尸波羅蜜淨佛戒故羼提波
羅蜜具足佛忍故精進波羅蜜於一切時不
退轉故禪波羅蜜正念不亂故般若波羅蜜
觀一切法悉知如故智波羅蜜深入佛力故
願波羅蜜普賢菩薩願行滿故神力波羅蜜
示現一切神通力故法波羅蜜攝取一切法
故佛子是爲菩薩摩訶薩十種波羅蜜若菩
薩摩訶薩安住此法則得如來无上究竟智
波羅蜜佛子菩薩摩訶薩有十種隨順覺知何
等爲十所謂隨順覺知一切世界隨順覺知
一切衆生不可思議隨順覺知一切諸法不
一不異隨順覺知一切法界隨順覺知一切
虛空界隨順覺知一切世界入過去世隨順
覺知一切世界入未來世隨順覺知一切世
界入現在世隨順覺知一切如來於一念中
具足願行隨順覺知三世諸佛悉同一行佛子
是爲菩薩摩訶薩十種隨順覺知若菩薩摩
訶薩安住此法則得一切法自在普照隨意
滿願於一念中覺无上道一切佛法悉現在
前佛子菩薩摩訶薩有十種決定智何等爲
十所謂決定了知一切諸法於一念中決定
了知一切諸法以无量智決定了知一切衆
生心心所行決定了知一切衆生皆悉同根
決定了知一切衆生煩惱習氣諸行決定了
知一切衆生諸心使行決定了知一切衆生
善不善行決定了知一切菩薩願行神力自

BD14851號　大方廣佛華嚴經（晉譯五十卷本）卷三一　（21–15）

了知一切諸法以无量智決定了知一切衆
生心心所行決定了知一切衆生皆悉同根
決定了知一切衆生煩惱習氣諸行決定了
知一切衆生諸心使行決定了知一切衆生
善不善行決定了知一切菩薩願行神力自
在變化住持決定了知一切如來成就十力
佛子是爲菩薩摩訶薩十種決定智若菩薩
摩訶薩安住此法則得一切諸法巧妙方便
佛子菩薩摩訶薩有十種力何等爲十所謂
深入一切法力解一切法猶如化力解一切
法猶如焰力令一切法入佛法力於一切法
无染著力專求一切善妙法力一向恭敬供
養一切善知識力令一切善根悉究竟得无
上智力深心信解一切佛法不誹謗力究竟
不退一切智心力佛子是爲菩薩摩訶薩十
種力若菩薩摩訶薩安住此力則具足如來
无上十力佛子菩薩摩訶薩有十種平等何
等爲十所謂一切衆生平等一切法平等一
切佛刹平等一切佛乘平等一切善根平等
一切菩薩平等一切願平等一切波羅蜜平
等一切行平等一切佛平等佛子是爲菩薩
摩訶薩十種平等若菩薩摩訶薩住此平等
則具足一切諸佛无上平等佛子菩薩摩訶
薩有十種方便佛法何等爲十所謂說一
切法言說方便佛法知一切法如焰一切法
如電一切法緣起一切法淨業一切法文字

BD14851號　大方廣佛華嚴經（晉譯五十卷本）卷三一　（21–16）

則具足一切諸佛无上平等佛子菩薩摩訶
薩有十種方便佛法句何等為十所謂說一
切法言說方便佛法句一切法如名一切法
如電一切法緣起一切法淨業一切法文字
一切法實際一切法无相一切法真實義
一切法法眾佛子是為菩薩摩訶薩十種方
便佛法句若菩薩摩訶薩安住此法則得无
上方便一切智佛子菩薩摩訶薩有十種說
法何等為十所謂說甚深法說勝妙法說種
種莊嚴法說一切智法說隨順波羅蜜法說
出生如來力法分別說三世法說不退菩薩
法說讚嘆一切佛功德法說一切菩薩行一
切佛平等一切如來境界法佛子是為菩薩
摩訶薩十種說法若菩薩摩訶薩住此說法
則得如來无上說法佛子菩薩摩訶薩有十
種受持何等為十所謂受持一切善根功德
受持一切佛所說法受持一切辟喻受持一
切方便法門受持一切出生陀羅尼門受持
一切除疑惑法受持一切菩薩具足法受持
一切如來所說平等三昧法門受持一切普
照法門受持一切諸佛自在神力佛子是為
菩薩摩訶薩十種受持若菩薩摩訶薩安住
此法則得如來无上智慧持法佛子菩薩摩
訶薩有十種辯何等為十所謂不虛妄取一
切法辯於一切法无所行辯於一切法无所
著辯於一切法悉空无辯於一切法无閡

BD14851號　大方廣佛華嚴經（晉譯五十卷本）卷三一　（21–17）

菩薩摩訶薩十種受持若菩薩摩訶薩安住
此法則得如來无上智慧持法佛子菩薩摩
訶薩有十種辯何等為十所謂不虛妄取一
切法辯於一切法无所行辯於一切法无所
著辯於一切法悉空无辯於一切法无閡鄣
辯於一切法佛所持辯於一切法不由他悟
辯於一切法巧方便說句味身辯於一切法
說眾生辯於一切眾生等心觀察令歡喜辯
佛子是為菩薩摩訶薩十種辯若菩薩摩訶
薩安住此辯則得如來无上巧方便辯佛子
菩薩摩訶薩有十種勝法何等為十所謂成
就一切眾生勝法普照一切諸法勝法脩習
一切善根一切行勝法大乘智慧勝法具足
无著淨戒勝法一切善根悉迴向菩提勝法
勤脩精進不退勝法降伏一切眾魔勝法發
菩提心自在遊行勝法隨時應化現成菩提
勝法佛子是為菩薩摩訶薩十種勝法若菩
薩摩訶薩安住此法則得如來无上大智勝
法佛子菩薩摩訶薩有十種无著何等為十
所謂於一切世界无著於一切眾生无著於
一切法无所著於一切所作无著於一切善
根无著於一切生處无著於一切願无著於
一切行无著於一切菩薩无著於一切佛无
著佛子是為菩薩摩訶薩十種无著若菩薩
摩訶薩安住此法則能速轉一切眾想得清
淨无上无所著智佛子菩薩摩訶薩有十種
平等心何等為十所謂長養一切功德平等

BD14851號　大方廣佛華嚴經（晉譯五十卷本）卷三一　（21–18）

着佛子是為菩薩摩訶薩十種无著若菩薩
摩訶薩安住此法則能速轉一切衆想得清
淨无上无所著智佛子菩薩摩訶薩有十種
平等心何等為十所謂長養一切功德平等
心一切語言法平等心於一切衆生平等心
於一切衆生業報平等心入一切法平等心
於一切淨穢佛刹平等心於一切衆生性若
好若醜平等心於一切行无所揀擇平等心
入一切如來力无所畏平等心入一切如來
智慧平等心佛子是為菩薩摩訶薩十種平
等心若菩薩摩訶薩安住此心則得如來无
上平等心佛子菩薩摩訶薩有十種出生智
慧何等為十所謂入一切衆生性出生智慧
入一切佛刹无一无異出生智慧入分別十
方一切世界網出生智慧入一切俯仰覆
世界等出生智慧巧方便入一切諸法无一
無異出生智慧入一切種種異身出生智慧
入一切世間顛倒惑網悉无所著出生智慧
入一切法究竟一乘出生智慧入一切法界
自在神力出生智慧入三世一切衆生諸佛
種性常不斷絕出生智慧佛子是為菩薩摩
訶薩十種出生智慧若菩薩摩訶薩安住此
法則得无盡法藏佛子菩薩摩訶薩有十種
變化何等為十所謂衆生變化身變化佛刹
變化供養變化音聲變化行願變化調伏成
就衆生變化菩提變化說法變化住持變化

BD14851號　大方廣佛華嚴經（晉譯五十卷本）卷三一　（21-19）

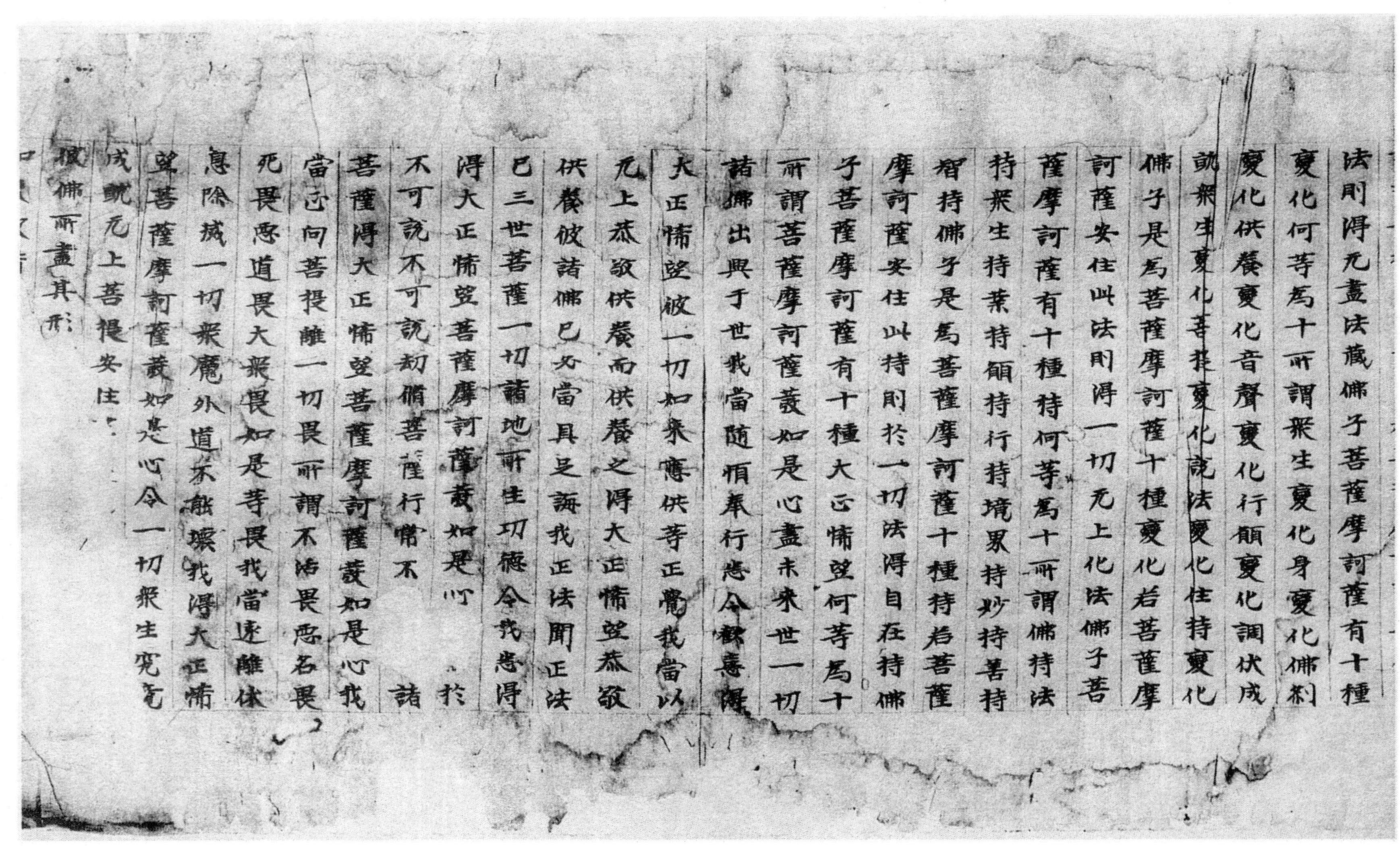
法則得无盡法藏佛子菩薩摩訶薩有十種
變化何等為十所謂衆生變化身變化佛刹
變化供養變化音聲變化行願變化調伏成
就衆生變化菩提變化說法變化住持變化
佛子是為菩薩摩訶薩十種變化若菩薩摩
訶薩安住此法則得一切无上化法佛子菩
薩摩訶薩有十種持何等為十所謂佛持法
持衆生持業持願持行持境界持妙持善持
智持佛子是為菩薩摩訶薩十種持若菩薩
摩訶薩安住此持則於一切法得自在持佛
子菩薩摩訶薩有十種大正悕望何等為十
所謂菩薩摩訶薩發如是心盡未來世一切
諸佛出興于世我當隨順奉行悉令歡喜得
大正悕望彼一切如來應供等正覺我當以
无上恭敬供養而供養之得大正悕望恭敬
供養彼諸佛已如當具足誨我正法聞正法
已三世菩薩一切諸地所生功德令我悉得
得大正悕望菩薩摩訶薩發如是心　於
不可說不可說劫脩菩薩行常不　諸
菩薩得大正悕望菩薩摩訶薩發如是心我
當正向菩提離一切畏所謂不活畏惡名畏
死畏惡道畏大衆畏如是等畏我當遠離休
息除滅一切衆魔外道不能壞我得大正悕
望菩薩摩訶薩發如是心令一切衆生究竟
成就无上菩提安住
根佛所盡其形

BD14851號　大方廣佛華嚴經（晉譯五十卷本）卷三一　（21-20）

子菩薩摩訶薩有十種大正悕望何等爲十
所謂菩薩摩訶薩發如是心盡未來世一切
諸佛出興于世我當隨順承行悉令歡喜得
大正悕望彼一切如來應供等正覺我當以
无上恭敬供養而供養之得大正悕望恭敬
供養彼諸佛已必當具足誨我正法聞正法
已三世菩薩一切諸地所生功德令我悉得
得大正悕望菩薩摩訶薩發如是心於
不可說不可說劫脩菩薩行常不　諸
菩薩得大正悕望菩薩摩訶薩發如是心我
當正向菩提離一切畏所謂不活畏惡名畏
死畏惡道畏大衆畏如是等畏我當遠離休
息陰械一切衆魔外道不能壞我得大正悕
望菩薩摩訶薩發如是心令一切衆生究竟
成就无上菩提安住々
彼佛所盡其形
如來彼寺

BD14851號　大方廣佛華嚴經（晉譯五十卷本）卷三一　（21–21）

大般涅槃經卷第卅六

上

BD14852號背　護首　（1–1）

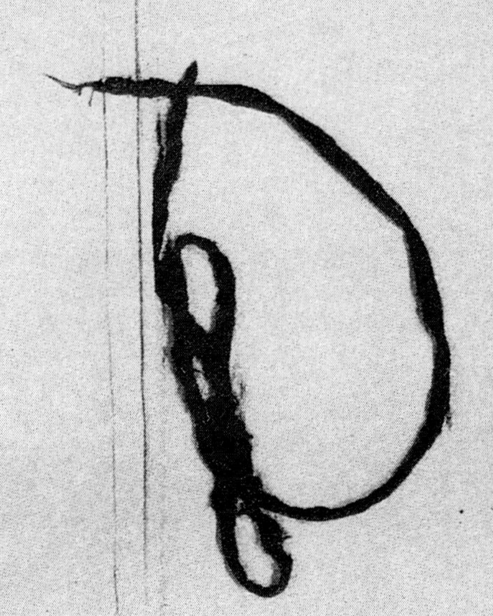

大般涅槃經卷第廿六
尒時世尊善光明遍照高貴德王菩薩摩訶薩
言善哉善哉善男子心亦不為貪結所繫亦非
不繫非是解脫非不解脫非有非无非現在非
過去非未來何以故善男子一切說法无自性
故善男子有諸外道作如是言因緣和合則有

BD14852號　大般涅槃經（北本）卷二六　（25–1）

大般涅槃經卷第廿六
尒時世尊善光明遍照高貴德王菩薩摩訶薩
言善哉善哉善男子心亦不為貪結所繫亦非
不繫非是解脫非不解脫非有非无非現在非
過去非未來何以故善男子一切說法无自性
故善男子有諸外道作如是言因緣和合則有
果生若衆緣中本无生性而能生者虛空无生
亦應生果虛空不生非是因故以衆緣中本有
果性是故合集而得生果所以者何如提婆達
欲造牖壁則取泥土不取綵色欲造畫像則集綵
色不取草木作衣取縷不取泥木作舍取泥不
取縷綖以人取故當知是中各能生果以生果
故當知因中必先有性若无性者一物之中應
當出生一切諸物若是可取可作可出當知是
中必先有果若无果者人則不取不作不出唯
有虛空无取无作故能出生一切万物以有因
故如尼拘陁子住尼拘陁樹乳有提湖縷中有
布泥中有瓶善男子一切凡夫无明所盲作
是定說色有善義心有貪性復言凡夫心有
貪性亦解脫性遇貪因緣心則生貪若遇解
脫心則解脫雖作此說是義不然有諸凡夫
復作是言一切因中悉无有果因有二種一
者微細二者麁大細即是常麁則无常從微
細因轉成麁因從此麁因轉復成果麁无常
故果亦无常善男子有諸凡夫復作是言心
亦无因貪亦无因以時節故則生貪心如是
等輩以不能知心因緣故輪迴六趣具受生

BD14852號　大般涅槃經（北本）卷二六　（25–2）

細因轉成麤因從此麤因轉復成果麤无常
故果亦无常善男子有諸凡夫復作是言心
亦无因貪亦无因以時節故則生貪心如是
等輩以不能知心因緣故輪迴六趣具受生
死善男子辟如枷犬繫之於柱終日遶柱不
能得離一切凡夫亦復如是被无明枷繫生
死柱遶廿五有不能得離善男子辟如有人
墮於清廁既得出已而復還入如人病差還
為病因如人涉路值空曠處既得過已而復
還來又如淨洗還塗泥土一切凡夫亦復如
是已得解脫无所有處唯未得脫非非想處
而復還來至三惡趣何以故一切凡夫唯觀
於果不觀因緣如犬逐塊不逐於人凡夫之
人亦復如是唯觀於果不觀因緣以不觀故
從非想退還三惡趣善男子諸佛菩薩終不
定說因中有果因中无果及有无果非有非
无果若言因中先定有果及定无果定有无
果定非有非无果當知是等皆魔伴黨繫屬
於魔即是愛人如是愛人不能永斷生死繫
縛不知心相及以貪相善男子諸佛菩薩顯
示中道何以故雖說諸法非有非无而不決
定所以者何因眼因色因明因心因念識則
得生是識決定不在眼中色中明中心中念
中亦非中間非有非无從緣生故名之為有
无自性故名之為无是故如來說言諸法非
有非无善男子諸佛菩薩終不定說心有淨
性及不淨性淨不淨心无住處故從緣生貪

中亦非中間非有非无從緣生故名之為有
无自性故名之為无是故如來說言諸法非
有非无善男子諸佛菩薩終不定說心有淨
性及不淨性淨不淨心无住處故從緣生貪
故說非无本无貪性故說非有善男子從因
緣故心則生貪從因緣故心則解脫
善男子因緣有二一者隨於生死二者隨大
涅槃善男子有因緣故心共貪生共貪俱滅
有共貪生不共貪滅有不共貪生共貪俱滅
不共貪生不共貪滅云何心共貪生共貪俱
滅善男子若有凡夫未斷貪心脩習貪心如
是之人心共貪生心共貪滅一切眾生不斷
貪心心共貪生心共貪滅如欲界眾生一切
皆有初地味禪若脩不脩常得成就遇因緣
故即便得之言因緣者謂火災也一切凡夫
亦復如是若脩不脩心共貪生心共貪滅何
以故不斷貪故云何心共貪生不共貪滅聲
聞弟子有因緣故生於貪心畏貪心故脩白
骨觀是名心共貪生不共貪滅復有心共貪
生不共貪滅如聲聞人未證四果有因緣故
生於貪心證四果時貪心得滅是名心共貪
生不共貪滅菩薩摩訶薩得不動地時心共
貪生不共貪滅云何不共貪生共貪俱滅若
菩薩摩訶薩斷貪心已為眾生故示現有貪
以示現故能令无量无邊眾生諮受善法具
足成就是名不共貪生共貪俱滅云何不共
貪生不共貪滅謂阿羅漢緣覺諸佛除不動

貪生不共貪滅云何不共貪生共貪俱滅若
菩薩摩訶薩斷貪心已為衆生故示現有貪
以示現故能令无量无邊衆生諮受善法具
足成就是名不共貪生共貪俱滅云何不共
貪生不共貪滅謂阿羅漢緣覺諸佛除不動
地其餘菩薩是名不共貪生不共貪滅以是
義故諸佛菩薩不决定說心性本淨性本不
淨善男子是心不與貪結和合亦復不与瞋
癡和合善男子譬如日月雖為烟塵雲霧及
羅睺羅之所覆蔽以是因緣令諸衆生不能
得見雖不可見日月之性終不与彼五翳和
合心亦如是以因緣故生於貪結衆生雖說
心與貪合而是心性實不與合若是貪心即
是貪性若是不貪即不貪性不貪之心不能
為貪貪結之心不能不貪善男子以是義故
貪欲之結不能汙心諸佛菩薩永破貪結是
故說言心得解脫一切衆生從因緣故生於
貪結從因緣故心得解脫善男子譬如雪山
懸峻之處人與獮猴俱不能行或復有處獮
猴能行人不能行或復有處人與獮猴二俱
能行善男子人與獮猴能行處者如諸獵師
純以黐膠置之案上用捕獮猴獮猴癡故往
手觸之觸以粘手欲脫手故以脚蹋之脚復
隨著欲脫脚故以口齧之口復粘著如是五
處悉无得脫於是獵師以杖貫之負還歸家
雪山嶮處喻佛菩薩所得正道獮猴者喻諸
凡夫獵師者喻魔波旬黐膠者喻貪欲結人

BD14852 號　大般涅槃經（北本）卷二六　（25–5）

處悉无得脫於是獵師以杖貫之負還歸家
雪山嶮處喻佛菩薩所得正道獮猴者喻諸
凡夫獵師者喻魔波旬黐膠者喻貪欲結人
與獮猴俱不行者喻諸凡夫魔王波旬俱不
能行獮猴能行人不能者喻諸外道有智慧
者諸惡魔等雖以五欲不能繫縛人與獮猴
俱能行者一切凡夫及魔波旬常處生死不
能脩行凡夫之人五欲所縛令魔波旬自在
將去如彼獵師黐捕獮猴擔負歸家善男子
譬如國王安住己界身心安樂若至他界則
得衆苦一切衆生亦復如是若能自住於己
境界則得安樂若至他界則遇惡魔受諸苦
惱自境界者謂四念處他境界者謂五欲也
云何名為繫屬於魔有諸衆生无常見常常
見无常苦見於樂樂見於苦不淨見淨淨見
不淨无我見我我見无我非實解脫橫見解
脫真實解脫見非解脫非乘見乘乘見非乘
如是之人名繫屬魔繫屬魔者心不清淨復
次善男子若見諸法真實是有揔别定相當
知是人若見色時便作色相乃至見識亦作
識相見男男相見女女相見日日相見月月
相見歲歲相見陰陰相見入入相見界界相
如是見者名繫屬魔繫屬魔者心不清淨復
次善男子若見我是色色中有我我中有色
色屬於我乃至見我是識識中有我我中有
識識屬於我如是見者繫屬於魔非我弟子
善男子我聲聞弟子遠離如來十二部經脩

BD14852 號　大般涅槃經（北本）卷二六　（25–6）

次善男子若見我是色色中有我我中有色
色屬於我乃至見我是識識中有我我中有
識識屬於我如是見者繫屬於魔非我弟子
善男子我聲聞弟子遠離如來十二部經脩
集種種外道典籍不脩出家寂滅之業純營
世俗在家之事何等名爲在家事耶受畜一
切不淨之物奴婢田宅象馬車乘駞驢雞犬
獼猴猪羊種種穀麦遠離師僧親附白衣違
反聖教向諸白衣作如是言佛聽比丘受畜
種種不淨之物是名脩集在家之事有諸弟
子不爲涅槃但爲利養親近聽受十二部經
招提僧物及僧鬘物衣著飲噉如自己有慳
惜他家及以稱譽親近國王及諸王子卜筮
吉凶推步盈虛圍碁六博樗蒲投壺親比丘
尼及諸處女畜二沙彌常遊屠獵沽酒之家
及旃陁羅所住之處種種販賣手自作食受
使隣國通致信命如是之人當知即是魔之
眷屬非我弟子以是因緣心共貪生心共貪
滅乃至癡心共生共滅亦復如是善男子以
是因緣心性不淨亦非不淨是故我說心得
解脫若有不受不畜一切不淨之物爲大涅
槃受持讀誦十二部經書寫解說當知是等
真我弟子不行惡魔波旬境界即是脩集卅
七品以脩集故不共貪生不共貪滅是名菩
薩脩大涅槃微妙經典具足成就第八功德
復次善男子云何菩薩摩訶薩脩大涅槃微
妙經典具足成就第九功德善男子菩薩摩

七品以脩集故不共貪生不共貪滅是名菩
薩脩大涅槃微妙經典具足成就第八功德
復次善男子云何菩薩摩訶薩脩大涅槃微
妙經典具足成就第九功德善男子菩薩摩
訶薩脩大涅槃微妙經典初發五事悉得成
就何等五一者信二者直心三者戒四者親
近善友五者多聞云何爲信菩薩摩訶薩信
於三寶施有果報信於二諦一乘之道更无
異趣爲諸衆生速得解脫諸佛菩薩分別爲
三信第一義諦信善方便是名爲信如是信
者若諸沙門若婆羅門若天魔梵一切衆生
所不能壞因是信故得聖人性脩行布施若
多若少悉得近於大般涅槃不墮生死戒聞
智慧亦復如是是名爲信雖有是信而亦不
見是爲菩薩脩大涅槃成就初事云何直心
菩薩摩訶薩於諸衆生作質直心一切衆生
若遇因緣則生諂曲菩薩不尒何以故善解
諸法悉因緣故菩薩摩訶薩雖見衆生諸惡
過咎終不說之何以故恐生煩惱若生煩惱
則墮惡趣如是菩薩若見衆生有少善事則
讚嘆之云何爲善所謂佛性讚佛性故令諸
衆生發阿耨多羅三藐三菩提心尒時光明
遍照高貴德王菩薩摩訶薩白佛言世尊如
佛所說菩薩摩訶薩讚嘆佛性令无量衆生
發阿耨多羅三藐三菩提心是義不然何以
故如來初開涅槃經時說有三種一者若有
病人得良醫藥及瞻病者病則易差如其不

佛所說菩薩摩訶薩讚嘆佛性令无量衆生
發阿耨多羅三藐三菩提心是義不然何以
故如来初開涅槃經時說有三種一者若有
病人得良醫藥及瞻病者病則易差如其不
得則不可愈二者若得不得悉不可差三者
若得不得悉皆可差一切衆生亦復如是若
遇善友諸佛菩薩聞說妙法則得發於阿耨
多羅三藐三菩提心如其不遇則不能發所
謂須陁洹斯陁含阿那含阿羅漢辟支佛二
者雖遇善友諸佛菩薩聞說妙法亦不能發
若其不遇亦不能發謂一闡提三者若遇不
遇一切悉能發阿耨多羅三藐三菩提心所
謂菩薩若言遇與不遇悉發阿耨多羅三藐
三菩提心者如来今者云何說言因讚佛性
令諸衆生發阿耨多羅三藐三菩提心世尊
若遇善友諸佛菩薩聞說妙法及以不遇悉
不能發阿耨多羅三藐三菩提心當知是義
亦復不然何以故如是之人當得阿耨多羅
三藐三菩提故一闡提輩以佛性故若聞不
聞悉亦當得阿耨多羅三藐三菩提故世尊
如佛所說何等名為一闡提耶謂斷善根如
是之義亦復不然何以故不斷佛性故如是
佛性理不可斷云何佛說斷諸善根如佛往
昔說十二部經善有二種一者常二者无常
常者不斷无常者斷无常可斷故墮地獄常
不可斷何故不遮佛性不斷非一闡提如来
何故作如是說言一闡提世尊若因佛性發

昔說十二部經善有二種一者常二者无常
常者不斷无常者斷无常可斷故墮地獄常
不可斷何故不遮佛性不斷非一闡提如来
何故作如是說言一闡提世尊若因佛性發
阿耨多羅三藐三菩提何以故如来廣為衆
生說十二部經世尊辟如四河從阿那婆踏多
池出若有天人諸佛世尊說言是河不入大
海當還本源无有是處菩提之心亦復如是
有佛性者若聞不聞若戒非戒若施不施若
脩不脩若智非智悉皆應得阿耨多羅三藐
三菩提世尊如憂陁延山日從中出至于正
南日若念言我不至西還東方者无有是處
佛性亦尒若不聞不戒不施不脩不智不得
阿耨多羅三藐三菩提者无有是處世尊諸
佛如来說因果性非有非无如是之義是亦
不然何以故如其乳中无酪性者則无有酪
尼拘陁子无五大者則不能生五丈之質若
佛性中无阿耨多羅三藐三菩提樹者云何
能生阿耨多羅三藐三菩提樹以是義故所
說因果非有非无如是之義云何相應尒時
世尊讚言善哉善哉善男子世有二人甚為
希有如憂曇華一者不行惡法二者有罪能
悔如是之人甚為希有復有二人一者作恩
二者念恩復有二人一者諮受新法二者慍故
不忘復有二人一者造新二者脩故復有
二人一樂聞法二樂說法復有二人一善問
難二能善荅善問難者汝身是也善能荅者

二者念恩復有二人一者諮受新法二者慍故
不忘復有二人一者造新二者脩故復有
二人一樂聞法二樂說法復有二人一善問
難二能善荅善問難者汝身是也善能荅者
謂如来也善男子因是善問即得轉于无上
法輪能枯十二因緣大樹能度无邊生死大
河能與魔王波旬共戰能摧波旬所立勝幢
善男子如我先說三種病人值遇良醫瞻病
好藥及以不遇病悉得差是義云何若得不
得謂定壽命所以者何是人已於无量世中
脩三種善謂上中下以脩如是三種善故得
定壽命如欝單曰人壽命千年有遇病者若
得良醫好藥瞻病及以不得悉皆得差何以
故得定命故善男子如我所說若有病人得
遇良醫好藥瞻病病得除差若不遇者則不
得差是義云何善男子如是之人壽命不定
命雖未盡有九因緣能夭其壽何等為九一
者知食非安而反食之二者多食三者宿食
未消而復更食四者大小便利不隨時節五
者病時不隨醫教六者不隨瞻病教勅七者
強耐不吐八者夜行以夜行故惡鬼打之九
者房室過差以是緣故我說病者若遇醫藥
病則可差若不遇者則不可愈善男子如我
先說若遇不遇俱不差者是義云何有人命
盡若遇不遇悉不可差何以故以命盡故以
是義故我說病人若遇醫藥及以不遇悉不
得差衆生亦尒發菩提心者若遇善友諸佛

先說若遇不遇俱不差者是義云何有人命
盡若遇不遇悉不可差何以故以命盡故以
是義故我說病人若遇醫藥及以不遇悉不
得差衆生亦尒發菩提心者若遇善友諸佛
菩薩諮受深法若不遇之皆悉當成何以故
以其能發菩提心故如欝單曰人得定壽命
如我所說從須陁洹至辟支佛若聞善友諸
佛菩薩所說深法則發阿耨多羅三藐三菩
提心若不值遇諸佛菩薩聞說深法則不能
發阿耨多羅三藐三菩提如不定命以九因
緣命則中夭如彼病人值遇醫藥病則得差
若不遇者病則不差是故我說遇佛菩薩聞
說深法則能發心若不值遇則不能發如我
先說若遇善友諸佛菩薩聞說深法若不值
遇俱不能發是義云何善男子一闡提輩若
遇善友諸佛菩薩聞說深法及以不遇俱不
得離一闡提心何以故斷善法故一闡提輩
亦得阿耨多羅三藐三菩提所以者何若能
發於菩提之心則不復名一闡提也善男子
以何緣故說一闡提得阿耨多羅三藐三菩
提一闡提輩實不得阿耨多羅三藐三菩提
如命盡者雖遇良醫好藥瞻病不能得差何
以故以命盡故善男子一闡名信提名不具
不具信故名一闡提佛性非信衆生非具以
不具故云何可斷一闡名善方便提名不具
脩善方便不具足故名一闡提佛性非是脩
善方便衆生非具以不具故云何可斷一闡

如命盡者雖遇良醫妙藥瞻病不能得差何
以故以命盡故善男子一闡名信提名不具
不具信故名一闡提佛性非信眾生非具以
不具故云何可斷一闡名善方便提名不具
脩善方便不具足故名一闡提佛性非是脩
善方便眾生非具以不具故云何可斷一闡
名進提名不具進不具故名一闡提佛性非
進眾生非具以不具故云何可斷一闡名念
提名不具念不具故名一闡提佛性非念眾
生非具以不具故云何可斷一闡名定提名
不具定不具故名一闡提佛性非定眾生非
具以不具故云何可斷一闡名慧提名不具
慧不具故名一闡提佛性非慧眾生非具以
不具故云何可斷一闡名无常善提名不具
以无常善不具足故名一闡提佛性是常非
善非不善何以故善法要從方便而得而是
佛性非方便得是故非善何故復名非不善
耶能得善果故善果即是阿耨多羅三藐三
菩提又善法者生已得故而是佛性非生已
得是故非善以斷生得諸善法故名一闡提
善男子如汝所言若一闡提有佛性者云何
不遮地獄之罪善男子一闡提中无有佛性
善男子譬如有王聞箜篌音其聲清妙心即
耽著喜樂愛念情无捨離即告大臣如是妙
音從何處出大臣荅王如是妙音從箜篌出
王復語言持是聲來尒時大臣即持箜篌置
於王前而作是言大王當知此即是聲王語
箜篌出聲出聲而是箜篌聲亦不出尒時大

BD14852號　大般涅槃經（北本）卷二六　（25–13）

耽著喜樂愛念情无捨離即告大臣如是妙
音從何處出大臣荅王如是妙音從箜篌出
王復語言持是聲來尒時大臣即持箜篌置
於王前而作是言大王當知此即是聲王語
箜篌出聲出聲而是箜篌聲亦不出尒時大
王即斷其絃聲亦不出取其皮木悉皆析裂
推求其聲了不能得尒時大王即瞋大臣云
何乃作如是妄語大臣白王夫取聲者法不
如是應以眾緣善巧方便聲乃出耳眾生佛
性亦復如是无有住處以善方便故得可見
以可見故得阿耨多羅三藐三菩提一闡提
輩不見佛性云何能遮三惡道罪善男子若
一闡提信有佛性當知是人不至三惡是亦
不名一闡提也以不自信有佛性故即墮三
惡墮三惡故名一闡提善男子如汝所說若
乳无酪性不應出酪尼拘陁子无五大性則
不應有五大之質愚癡之人作如是說智者
終不發如是言何以故以无性故善男子如
其乳中有酪性者不應復假眾緣力也善男
子如水乳雜臥至一月終不成酪若以一渧
頗求樹汁投之於中即便成酪若本有酪何
故待眾緣眾生佛性亦復如是假眾緣故則便
可見假眾緣故得成阿耨多羅三藐三菩提
若待眾緣然後成者即是无性以无性故能
得阿耨多羅三藐三菩提善男子以是義故
菩薩摩訶薩常讚人善不訟彼缺名質直心
復次善男子云何菩薩質直心耶菩薩摩訶

BD14852號　大般涅槃經（北本）卷二六　（25–14）

若待衆緣然後成者即是无性以无性故能
得阿耨多羅三藐三菩提善男子以是義故
菩薩摩訶薩常讚人善不訟彼缺名質直心
復次善男子云何菩薩質直心耶菩薩摩訶
薩常不犯惡設有過失即時懺悔於師同學
終不覆藏慚愧自責不敢復作於輕罪中生
極重想若人詰問荅言實犯復問是罪爲好
不好荅言不好復問是罪爲善不善荅言不
善復問是罪是善果耶不善果耶荅言是罪
實非善果又問是罪誰之所造将非諸佛法
僧汝作荅言非佛法僧我所作也乃是煩惱
之所構集以直心故信有佛性信佛性故則
不得名一闡提也以直心故名佛弟子若受
衆生衣服飲食卧具醫藥種各十万不足爲
多是名菩薩質直心也云何菩薩脩治於戒
菩薩摩訶薩受持禁戒不爲生天不爲怨怖
乃至不受狗戒雞戒牛戒雉戒不作破戒不
作缺戒不作瑕戒不作雜戒不作聲聞戒受
持菩薩摩訶薩戒尸波羅蜜戒得具足戒不
生憍慢是名菩薩脩大涅槃具第三事云何
菩薩親近善友菩薩摩訶薩常爲衆生說於
善道不說惡道說於惡道非善果報善男子
我身即是一切衆生真善知識是故能斷富
迦羅婆羅門所有邪見善男子若有衆生親
近我者雖有生於地獄因緣即得生天如須
那剎多等應隨地獄以見我故即得斷隨地
獄因緣生於色界雖有舍利弗目揵連等不

BD14852號　大般涅槃經（北本）卷二六　（25–15）

迦羅婆羅門所有邪見善男子若有衆生親
近我者雖有生於地獄因緣即得生天如須
那剎多等應隨地獄以見我故即得斷隨地
獄因緣生於色界雖有舍利弗目揵連等不
名衆生真善知識何以故生一闡提心因緣
故善男子我昔住於波羅㮈國時舍利弗教
二弟子一觀白骨一令數息經歷多年各不
得定以是因緣即生邪見言无涅槃无漏之
法設其有者我應得之何以故我能善持所
受戒故我於尒時見是比丘生此邪心喚舍
利弗而呵責之汝不善教云何乃爲是二弟
子顛倒說法汝二弟子其性各異一主浣衣
一者金師金師之子應教數息浣衣之人應
教骨觀以汝錯教令是二人生於惡邪我於
尒時爲是二人如應說法二人聞已得阿羅
漢果是故我爲一切衆生真善知識非舍利
弗目揵連等若使衆生有極重結得遇我者
我以方便即爲斷之如我弟難陁有極重欲
我以種種善巧方便而爲除斷鴦崛魔羅有
重瞋恚以見我故即瞋恚除阿闍世王有重
愚癡以見我故癡心即滅如婆熈伽長者於
无量劫脩集成就極重煩惱以見我故即便
斷滅設有弊惡斯下之人親近於我作弟子
者以是因緣一切人天恭敬愛念尸利毱多
邪見熾盛因見我故邪見即滅因見我故斷
地獄因作生天緣如氣噓旃陁羅也命欲終
時因見我故還得壽命如憍尸迦也狂心錯

BD14852號　大般涅槃經（北本）卷二六　（25–16）

者以是因緣一切人天恭敬愛念尸利毱多
耶見熾盛因見我故耶見即滅因見我故斷
地獄因作生天緣如氣噓旃陁羅也命欲終
時因見我故還得壽命如憍尸迦也狂心錯
乱因見我故還得本心如瘦瞿曇弥也屠家
之子常脩惡業以見我故即便捨離如闡提
比丘也因見我故寧捨身命不毀禁戒如草
繫比丘以是義故阿難比丘說半梵行名善
知識我言不尒具足梵行乃名善知識是故
菩薩脩大涅槃具足第四親善知識云何菩
薩具足多聞菩薩摩訶薩為大涅槃十二部
經書寫讀誦分別解說是名菩薩具足多聞
除十一部經唯毗佛略受持讀誦書寫解說
亦名菩薩具足多聞除十二部經若能受持
是大涅槃微妙經典書寫讀誦分別解說是
名菩薩具足多聞除是經典具足全體若能
受持一四句偈復除是偈若能受持如來常
住性无變易是名菩薩具足多聞復除是事
若知如來常不說法亦名菩薩具足多聞何
以故法无性故如來雖說一切諸法常无所
說是名菩薩脩大涅槃成就第五具足多聞
善男子若有善男子善女人為大涅槃具足
成就如是五事難作能作難忍能忍難施能
施云何菩薩難作能作若聞有人食一胡麻
得阿耨多羅三藐三菩提者信是語故乃至
无量阿僧祇劫常食一麻若聞入火得阿耨
多羅三藐三菩提者於无量劫在阿鼻獄入

成就如是五事難作能作難忍能忍難施能
施云何菩薩難作能作若聞有人食一胡麻
得阿耨多羅三藐三菩提者信是語故乃至
无量阿僧祇劫常食一麻若聞入火得阿耨
多羅三藐三菩提者於无量劫在阿鼻獄入
熾火聚是名菩薩難作能作云何菩薩難忍
能忍若聞受苦手杖刀石斫打因緣得大涅
槃即於无量阿僧祇劫身具受之不以為苦
是名菩薩難忍能忍云何菩薩難施能施若
聞能以國城妻子頭目髓腦惠施於人得阿
耨多羅三藐三菩提者即於无量阿僧祇劫
以其所有國城妻子頭目髓腦惠施於人是
名菩薩難施能施菩薩雖復難作能作終不
念言是我所作難忍難施亦復如是善男子
譬如父母唯有一子愛之甚重以好衣裳上
妙甘饍隨時將養令无所乏其子若於是父
母所生輕慢心惡口罵辱父母愛故不生瞋
恨亦不念言我與是兒衣服飲食菩薩摩訶
薩亦復如是視諸衆生猶如一子若子遇病
父母亦病為求醫藥懃而療之病既差已終
不生念我為是兒療治病苦菩薩亦尒見諸
衆生遇煩惱病生愛念心而為說法以聞法
故諸煩惱斷煩惱斷已終不念言我為衆生
斷諸煩惱若生此念終不得成阿耨多羅三
藐三菩提唯作是念无一衆生我為說法令
斷煩惱菩薩摩訶薩於諸衆生不瞋不喜何
以故善能脩集空三昧故菩薩若脩空三昧

斷諸煩惱若生此念終不得成阿耨多羅三
藐三菩提唯作是念无一衆生我爲說法令
斷煩惱菩薩摩訶薩於諸衆生不瞋不喜何
以故善能脩集空三昧故菩薩若脩空三昧
者當於誰所生瞋生喜善男子譬如山林猛
火所焚若人斫伐或爲水漂而是林木當於
誰所生瞋生喜菩薩摩訶薩亦復如是於諸
衆生无瞋无喜何以故脩空三昧故尒時光
明遍照高貴德王菩薩摩訶薩白佛言世尊
一切諸法性自空耶空故空若性自空者
不應脩空然後見空云何如來言以脩空而
見空耶若性自不空雖復脩空不能令空善
男子一切諸法性本自空何以故一切法性
不可得故善男子色性不可得云何色性色
者非地水火風不離地水火風非青黃赤白
不離青黃赤白非有非无云何當言色有自
性以性不可得故說爲空一切諸法亦復如
是以相似相續故凡夫見已說言諸法性不
空菩薩摩訶薩具足五事是故見法性本空
寂善男子若有沙門及婆羅門見一切法性
不空者當知是人非是沙門非婆羅門不得
脩集般若波羅蜜不得入於大般涅槃不得
現見諸佛菩薩是魔眷屬善男子一切諸法
性本自空亦因菩薩脩集空故見諸法空善
男子如一切法性无常故滅能滅之若非无
常滅不能滅有爲之法有生相故生能生

BD14852號　大般涅槃經（北本）卷二六　　（25–19）

現見諸佛菩薩是魔眷屬善男子一切諸法
性本自空亦因菩薩脩集空故見諸法空善
男子如一切法性无常故滅能滅之若非无
常滅不能滅有爲之法有生相故生能生
之有滅相故滅能滅之一切諸法有苦相故
苦能令苦善男子如鹽鹹性能鹹異物石蜜
性甘能甘異物苦酒性酢能酢異物薑本性
辛能辛異物呵梨勒苦能苦異物菴羅菓醶
能醶異物毒性能害令異物害甘露之性令人
不死若合異物亦能不死菩薩脩空亦復
如是以脩空故見一切法性皆空寂光明遍
照高貴德王菩薩復作是言世尊若鹽能令
非鹹作鹹脩空三昧若如是者當知是定非
善非妙其性顛倒若空三昧唯見空者空是
无法爲何所見善男子是空三昧見不空法
能令空寂然非顛倒如鹽非鹹作鹹是空三
昧亦復如是不空作空善男子貪是有性非
是空性貪若是空衆生不應以是因緣墮於
地獄若墮地獄云何貪性當是空耶善男子
色性是有何等是性所謂顛倒以顛倒故衆
生生貪若是色性非顛倒者云何能令衆生
生貪以生貪故當知色性非不是有以是義
故脩空三昧非顛倒也善男子一切凡夫若
見女人即生女相菩薩不尒雖見女人不生
女相以不生相貪則不生貪不生故非顛倒
也以世間人見有女故菩薩隨說言有女人
若見男時說言是女是則顛倒是故我爲闍

BD14852號　大般涅槃經（北本）卷二六　　（25–20）

見女人即生女相菩薩不尒雖見女人不生
女相以不生相貪則不生貪不生故非顛倒
也以世間人見有女故菩薩隨說言有女人
若見男時說言是女是則顛倒是故我為闍
提說言汝婆羅門若以晝為夜是即顛倒以
夜為晝是亦顛倒晝為晝相夜為夜相云何
顛倒善男子一切菩薩住九地者見法有性
以是見故不見佛性若見佛性則不復見一
切法性以脩如是空三昧故不見法性以不
見故則見佛性諸佛菩薩有二種說一者有
性二者无性為衆生故說有法性為諸賢聖
說无法性為不空者見法空故脩空三昧令
得見空无法性者亦脩空故空以是義故脩
空見空善男子汝言見空空是无法為何所
見者善男子如是如是菩薩摩訶薩實无所
見无所見者即无所有无所有者即一切法
菩薩摩訶薩脩大涅槃於一切法悉无所見
若有見者不見佛性不能脩集般若波羅蜜
不得入於大般涅槃是故菩薩見一切法性
无所有善男子菩薩不但因見三昧而見空
也般若波羅蜜亦空禪波羅蜜亦空毗梨耶
波羅蜜亦空羼提波羅蜜亦空尸波羅蜜亦
空檀波羅蜜亦空色亦空眼亦空識亦空如
来亦空大般涅槃亦空是故菩薩見一切法
悉皆是空是故我在迦毗羅城告阿難言汝
莫愁惱悲泣啼哭阿難即言如来世尊我今
眷屬悉皆死亡云何當得不悲啼耶如来與

BD14852號　大般涅槃經（北本）卷二六　（25–21）

波羅蜜亦空羼提波羅蜜亦空尸波羅蜜亦
空檀波羅蜜亦空色亦空眼亦空識亦空如
来亦空大般涅槃亦空是故菩薩見一切法
悉皆是空是故我在迦毗羅城告阿難言汝
莫愁惱悲泣啼哭阿難即言如来世尊我今
眷屬悉皆死亡云何當得不悲啼耶如来與
我俱生此城俱同釋種親戚眷屬云何如来
獨不愁惱光顏更顯善男子我復告言阿難
汝見迦毗真實而有我見空寂悉无所有汝
見釋種悉是親戚我脩空故悉无所見以是
因緣汝生愁苦我身容顏益更光顯諸佛菩
薩脩集如是空三昧故不生愁惱是名菩薩
脩大涅槃微妙經典成就具足苐九功德善男
子云何菩薩脩大涅槃微妙經典具足最後
苐十功德善男子菩薩脩集卅七品入大涅
槃常樂我淨為諸衆生分別解說大涅槃
經顯示佛性若須陀洹斯陀含阿那含阿羅
漢辟支佛菩薩信是語者悉得入於大般涅
槃若不信者輪迴生死尒時光明遍照高貴
德王菩薩白佛言世尊何等衆生於是經中
不生恭敬善男子我涅槃後有聲聞弟子愚
癡破戒喜生鬪諍捨十二部經讀誦種種外
道典籍文頌手筆受畜一切不淨之物言是
佛聽如是之人以好旃檀貿易凡木以金易
鍮銀易白鑞絹易氀毼以甘露味易於惡毒
云何旃檀貿易凡木如我弟子為供養故向
諸白衣演說經法白衣情逸不喜聽聞白衣

BD14852號　大般涅槃經（北本）卷二六　（25–22）

道典籍文言手筆受畜一切不淨之物言是
佛聽如是之人以好旃檀貿易凡木以金易
鍮銀易白鑞絹易氀毼以甘露味易於惡毒
云何旃檀貿易凡木如我弟子為供養故向
諸白衣演說經法白衣情逸不喜聽聞白衣
處高比丘在下兼以種種餚饍飲食而供給
之猶不肯聽是名旃檀貿易凡木云何以金
貿易鍮石鍮石喻色聲香味觸金喻於戒我
諸弟子以色因緣破所受戒是名以金貿易
鍮石云何以銀易於白鑞銀喻十善鑞喻十
惡我諸弟子放捨十善行十惡法是名以銀
貿易白鑞云何以絹貿易氀毼氀毼喻於无
慚无愧絹喻慚愧我諸弟子放捨慚愧習无
慚愧是名以絹貿易氀毼云何甘露貿易毒
藥毒藥喻於種種利養甘露喻於諸无漏法
我諸弟子為利養故向諸白衣呰自譽讚言
得无漏是名甘露貿易毒藥以如是等惡比
丘故是大涅槃微妙經典廣行流布於閻浮
提當是時也有諸弟子受持讀誦書寫是經
演說流布當為如是諸惡比丘之所殺害時
惡比丘共相聚集立嚴峻制若有受持大涅
槃經書寫讀誦分別說者一切不得共住共
坐談論語言何以故涅槃經者非佛所說邪
見所造邪見之人即是六師六師經典非佛
經典所以者何一切諸佛悉說諸法无常无
樂无我无淨若言諸法常樂我淨云何當是
佛所說經諸佛菩薩聽諸比丘畜種種物六
師所說不聽弟子畜一切物如是之義云何

BD14852 號　大般涅槃經（北本）卷二六　（25-23）

槃經書寫讀誦分別說者一切不得共住共
坐談論語言何以故涅槃經者非佛所說邪
見所造邪見之人即是六師六師經典非佛
經典所以者何一切諸佛悉說諸法无常无
樂无我无淨若言諸法常樂我淨云何當是
佛所說經諸佛菩薩聽諸比丘畜種種物六
師所說不聽弟子畜一切物如是之義云何
當是佛之所說諸佛菩薩不制弟子斷牛五
味及以食宍六師不聽食五種鹽五種牛味
及以脂血若斷是者云何當是佛之正典諸
佛菩薩說於三乘而是經中純說一乘謂大
涅槃如是之言云何當是佛之正典諸佛畢
竟入於涅槃是經言佛常樂我淨不入涅槃
是經不在十二部數即是魔說非是佛說善
男子如是之人雖我弟子不能信順是涅槃
經善男子當尒之時若有眾生信此經典乃
至半句當知是人真我弟子因如是信即見佛
性入於涅槃尒時光明遍照高貴德王菩薩
白佛言世尊善哉善哉如來今日善能開
示大涅槃經世尊我因是事即得悟解大涅
槃經一句半句以解一句至半句故見少佛
性如佛所說我亦當得入大涅槃是名菩薩
脩大涅槃微妙經典具足成就第十功德

大般涅槃經卷第廿六

菩薩戒弟子王智行受持

BD14852 號　大般涅槃經（北本）卷二六　（25-24）

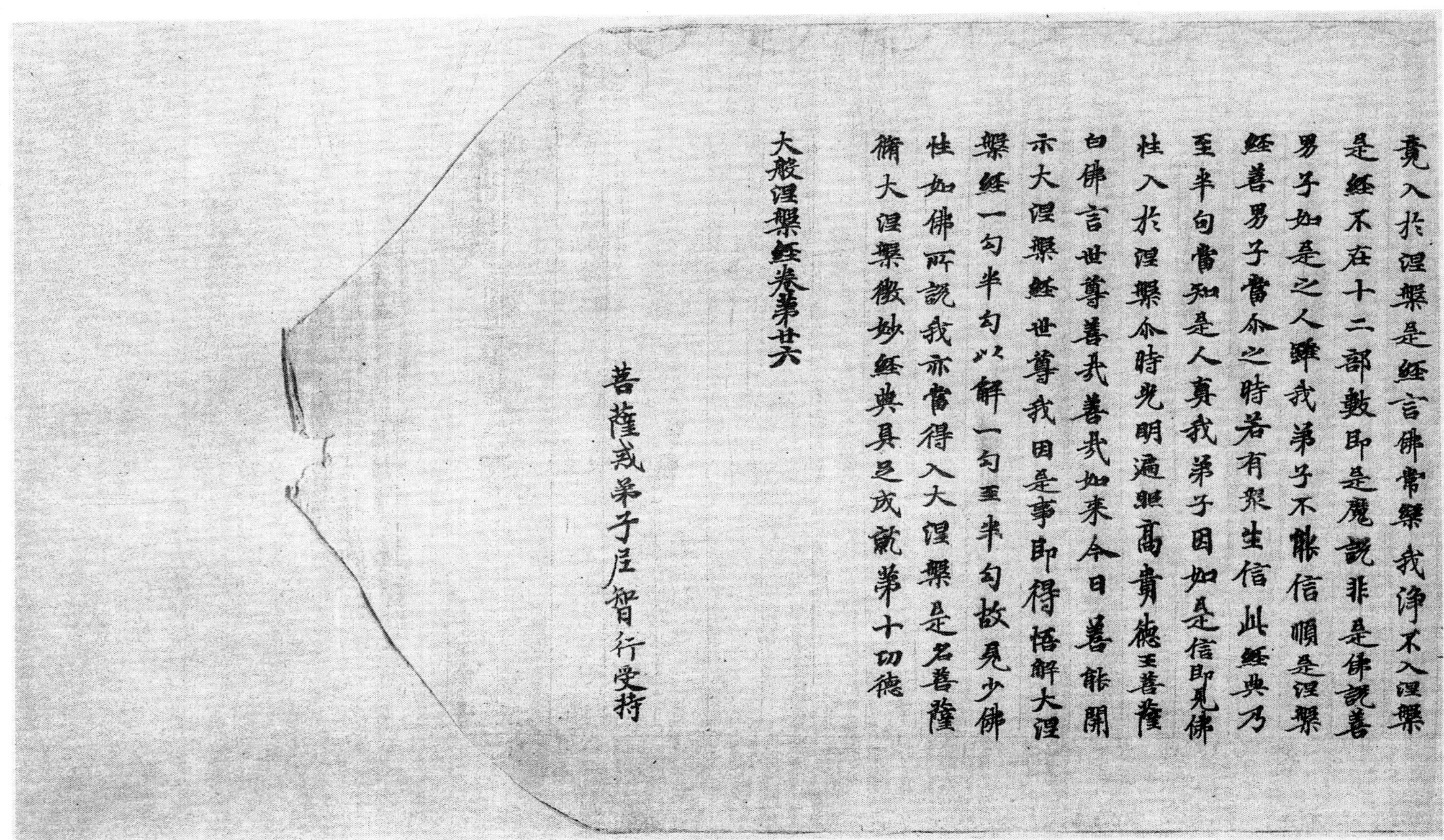

覺入於涅槃是經言佛常樂我淨不入涅槃
是經不在十二部數即是魔說非是佛說善
男子如是之人雖我弟子不能信順是涅槃
經善男子當尒之時若有衆生信此經典乃
至半句當知是人真我弟子因如是信即見佛
性入於涅槃尒時光明遍照高貴德王菩薩
白佛言世尊善哉善哉如來今日善能開
示大涅槃經世尊我因是事即得悟解大涅
槃經一句半句以解一句至半句故見少佛
性如佛所說我亦當得入大涅槃是名菩薩
脩大涅槃微妙經典具足成就第十功德

大般涅槃經卷第廿六

菩薩戒弟子尼智行受持

BD14852號　大般涅槃經（北本）卷二六　（25–25）

以此譬喻　說一佛乘　汝等若能　信受是語
一切皆當　成得佛道　是乘微妙　清淨第一
於諸世間　為無有上　佛所悅可　一切衆生
所應稱讚　供養礼拜　無量億千　諸力解脫
禪定智慧　及佛餘法　得如是乘　令諸子等
日夜劫數　常得遊戲　與諸菩薩　及聲聞衆
乘此寶乘　直至道場　以是因緣　十方諦求
更無餘乘　除佛方便　告舍利弗　汝諸人等
皆是吾子　我則是父　汝等累劫　衆苦所燒
我皆濟拔　令出三界　我雖先說　汝等滅度
但盡生死　而實不滅　今所應作　唯佛智慧
若有菩薩　於是衆中　能一心聽　諸佛實法
諸佛世尊　雖以方便　所化衆生　皆是菩薩
若人小智　深著愛欲　為此等故　說於苦諦
衆生心喜　得未曾有　佛說苦諦　真實無異

BD14853號　妙法蓮華經卷二　（3–1）

但盡生死　而實不滅　今所應作　唯佛智慧
若有菩薩　於是衆中　能一心聽　諸佛實法
諸佛世尊　雖以方便　所化衆生　皆是菩薩
若人小智　深著愛欲　為此等故　說於苦諦
衆生心喜　得未曾有　佛說苦諦　真實無異
若有衆生　不知苦本　深著苦因　不能暫捨
為是等故　方便說道　諸苦所因　貪欲為本
若滅貪欲　無所依止　滅盡諸苦　名第三諦
為滅諦故　脩行於道　離諸苦縛　名得解脫
是人於何　而得解脫　但離虛妄　名為解脫
其實未得　一切解脫　佛說是人　未實滅度
斯人未得　無上道故　我意不欲　令至滅度
我為法王　於法自在　安隱衆生　故現於世
汝舍利弗　我此法印　為欲利益　世間故說
在所遊方　勿妄宣傳　若有聞者　隨喜頂受
當知是人　阿惟越致　若有信受　此經法者
是人已曾　見過去佛　恭敬供養　亦聞是法
若人有能　信汝所說　則為見我　亦見於汝
及比丘僧　并諸菩薩　斯法華經　為深智說
淺識聞之　迷惑不解　一切聲聞　及辟支佛
於此經中　力所不及　汝舍利弗　尚於此經
以信得入　況餘聲聞　其餘聲聞　信佛語故
隨順此經　非己智分　又舍利弗　憍慢懈怠
計我見知　莫說此經　凡夫淺識　深著五欲

BD14853號　妙法蓮華經卷二　（3–2）

若人有能　信汝所說　則為見我　亦見於汝
及比丘僧　并諸菩薩　斯法華經　為深智說
淺識聞之　迷惑不解　一切聲聞　及辟支佛
於此經中　力所不及　汝舍利弗　尚於此經
以信得入　況餘聲聞　其餘聲聞　信佛語故
隨順此經　非己智分　又舍利弗　憍慢懈怠
計我見知　莫說此經　凡夫淺識　深著五欲
聞不能解　亦勿為說　若人不信　毀謗此經
則斷一切　世間佛種　或復顰蹙　而懷疑惑
汝當聽說　此人罪報　若佛在世　若滅度後
其有誹謗　如斯經典　見有讀誦　書持經者
輕賤憎嫉　而懷結恨　此人罪報　汝今復聽
其人命終　入阿鼻獄　具足一劫　劫盡更生
如是展轉　至無數劫　從地獄出　當墮畜生
若狗野干　其形頊瘦　黧黮疥癩　人所觸嬈
又復為人　之所惡賤　常困飢渴　骨肉枯竭
生受楚毒　死被瓦石　斷佛種故　受斯罪報

BD14853號　妙法蓮華經卷二　（3–3）

金剛能
知一切諸法譬如金剛分
如是壞散一切諸邪見山譬如金剛
切衆寶猶不能及菩提之心亦復如是
急散聞緣覺諸功德寶所不能及譬如破金
剛猶能除滅諸貧因菩薩菩提之心亦復如是
雖復小缺威儀趣法猶能除滅諸貧窮苦譬
如小金剛悉能破壞一切諸物菩提之心亦
復如是緣小境界能破一切無相癡惑譬如
金剛非常人所得菩提之心亦復如是非小
心衆生之所能得譬如金剛無相術者所不
能識菩提之心亦復如是無相衆生所不
能識譬如金剛無能消滅菩提之心亦復如
是一切諸法不能消盡譬如金剛器杖一切
衆生乃至摩訶那伽不能執持除那羅延力
菩提之心亦復如是聲聞緣覺不能受持除
諸菩薩摩訶薩譬如金剛器杖無能鑒徹非
除器杖之所能為菩提之心亦復如是觀察

BD14854號　大方廣佛華嚴經（晉譯六十卷本　異卷）卷五九　（11–1）

能識譬如金剛無能消滅菩提之心亦復如
是一切諸法不能消盡譬如金剛器杖一切
衆生乃至摩訶那伽不能執持除那羅延力
菩提之心亦復如是聲聞緣覺不能受持除
諸菩薩摩訶薩譬如金剛器杖無能鑒徹非
除器杖之所能為菩提之心亦復如是觀察
三世教化衆生阿僧祇劫受無量苦散聞緣
覺所不能及譬如金剛餘不能持除金剛地
菩提之心亦復如是出生菩薩行願功德散
聞緣覺所不能持除薩婆若正直心者譬如
金剛器中盛水不可燒盡菩提之心亦復如
是安膝住妙迴向善根入生死趣諸不善法
不能消盡譬如金剛能持大地不令墜沒菩
提之心亦復如是持諸菩薩一切願行不
令墜落沒於三界譬如金剛於百千劫處於
水中而不爛壞亦無變異菩提之心亦復如
是於無量劫處生死中諸煩惱業不能斷滅
亦無損減譬如金剛一切大火不能燒熱菩
提之心亦復如是一切生死貪恚癡火不能
燒熱譬如金剛道場之坐能持菩薩降伏諸
魔成等正覺餘不能持菩提之心亦復如是
能持一切菩薩願行諸波羅蜜諸忍諸地迴
向受記修菩提道供養諸佛聞法受行一切
諸心所不能持善男子菩提之心成就如是
無量功德若有衆生發菩提心則具如是無
量功德是故善男子汝得善利發阿耨多羅
三藐三菩提心修菩薩行具足如是無量功
德善男子汝先所問云何菩薩學菩薩行修

BD14854號　大方廣佛華嚴經（晉譯六十卷本　異卷）卷五九　（11–2）

諸心所不能持善男子菩提之心成就如是
无量功德若有衆生發菩提心則具如是无
量功德是故善男子汝得善利發阿耨多羅
三藐三菩提心脩菩薩行具足如是无量功
德善男子汝先所問云何菩薩學菩薩行脩
菩薩道者汝今入是明淨莊嚴藏大樓觀
者則能了知學菩薩行脩菩薩道具足成就
无量功德尒時善財童子敬遶弥勒菩薩合
掌自言唯願大聖開樓觀門令我得入尒時
弥勒菩薩即彈右指門自然開善財即入〻
已還閉尒時善財觀察樓觀廣大无量猶若
虛空衆寶爲地有阿僧祇窓牖却敵欄楯七
寶合成阿僧祇幡幢蓋莊嚴阿僧祇寶瓔珞
垂帶阿僧祇大師子幢半月寶像諸寶繒綵
又阿僧祇天冠寶衣而以莊嚴阿僧祇寶網
羅覆其上阿僧祇金鈴自在演出妙徽音聲
又雨无量寶華鬘雲諸妙香雲而阿僧祇細
末金屑放阿僧祇勝妙光明普照一切有阿
僧祇異類衆鳥出和雅音而阿僧祇優鉢羅
鉢曇摩分陀利華出阿僧祇摩尼寶光普焰
一切於樓觀內具有百千諸妙樓觀不相鄣
导莊嚴勝妙如上說尒時善財觀見樓觀不
可思議衆妙莊嚴心大歡喜踊躍无量其心
柔濡離諸忘想除滅一切愚癡闇鄣正念思
惟專求妙趣以无量身恭敬作禮〻已弥勒
菩薩威神力故諸樓觀中自見其身又見无量
自在神力不可思議事或見弥勒隨本種性

BD14854號　大方廣佛華嚴經（晉譯六十卷本　異卷）卷五九　（11–3）

柔濡離諸忘想除滅一切愚癡闇鄣正念思
惟專求妙趣以无量身恭敬作禮〻已弥勒
菩薩威神力故諸樓觀中自見其身又見无量
自在神力不可思議事或見弥勒隨本種性
壽命智識眷屬善根諸劫世界一切佛所及
諸眷屬因諸大願初發阿耨多羅三藐三菩
提心或見初得慈心三昧因以爲名或見弥
勒行菩薩行滿足一切諸波羅蜜諸忍諸地
淨佛世界見諸如來聞法受持守護正法爲
大法師得无生忍知其方處某如來所劫數
多少而得受記或見弥勒爲轉輪王十善化世
或爲四天王饒益一切衆生或爲帝釋訶責
五欲或爲夜摩天王讚不放逸或爲兜率天
王讚嘆一切菩薩功德或爲化樂天王讚自
在法或爲摩王說无常法或爲他化自在天
王讚嘆菩薩莊嚴化身或爲梵王讚嘆四无
量心或爲阿脩羅王調伏眷屬入大智海
了達諸法悉如幻化或爲閻羅王放大光明普
照地獄滅一切苦或以飲食施諸餓鬼
或爲畜生受種〻身而爲說法除其癡闇或
爲四天王眷屬說法乃至爲諸梵王天眷屬
說法或爲諸龍眷屬說法乃至爲人非人等
眷屬說法或爲聲聞緣覺及諸菩薩大衆說
法或爲發心菩薩乃至十地菩薩說法或見
讚嘆初發心菩薩乃至十地菩薩功德或見
滿足一切波羅蜜入於平等諸法忍門廣三
昧門樂深法門脩禪三昧出生通明充滿一
切行菩薩行隨順世間成就大願或見與同

BD14854號　大方廣佛華嚴經（晉譯六十卷本　異卷）卷五九　（11–4）

法身發心菩薩乃至十地菩薩諸法身
讚嘆初發心菩薩乃至十地菩薩功德或見
滿足一切波羅蜜入於平等諸法忍門廣三
昧門樂深法門修禪三昧出生通明無滿一
切行菩薩行隨順世間或說大能或見與同
行菩薩俱饒益眾生或見與一生菩薩諸佛
現前受記者俱或見彌勒於百千劫修行誦
念書寫經卷無有懈息或觀法門思惟實義
或入諸禪四無量心解脫三昧一切入等或
見出生菩薩通明或見正受變化三昧一一毛
孔出化身雲所謂天身雲諸龍夜叉乃至摩
睺羅伽身雲四天王身雲乃至王身雲轉輪
聖王王子大臣長者居士聲聞緣覺如來身
雲復見一一毛孔中出一切眾生等化身雲
或出菩薩法門所謂讚嘆菩提心功德門禮波
羅蜜門乃至能波羅蜜門四攝諸禪無量
三昧通明總持辯諸諦止觀解脫緣起念
處正勤神足根力覺道聲聞緣覺二乘所行
菩薩大乘諸地諸忍菩薩所行現如是等一切
法門或於樓觀見諸如來大眾圍遶又知諸佛
家族不同種性不同其身壽量劫刹教授無
量法門正法住世命別了知皆悉不同命時
善財諸樓觀中見一切樓觀高廣嚴飾勝妙
於前包容三千大千世界百億閻浮提百億
兜率天菩薩命終降神受胎出生遊行七步
觀察十方大師子吼帝釋梵王恭敬奉侍現
童子身處宮殿中出遊園觀以菩薩誰若心
出家苦行現受乳糜往詣道場降伏眾魔觀

BD14854號　大方廣佛華嚴經（晉譯六十卷本　異卷）卷五九　（11-5）

於前包容三千大千世界百億閻浮提百億
兜率天菩薩命終降神受胎出生遊行七步
觀察十方大師子吼帝釋梵王恭敬奉侍現
童子身處宮殿中出遊園觀以菩薩誰若心
出家苦行現受乳糜往詣道場降伏眾魔觀
菩提樹轉正法輪界天宮殿方土劫數眷屬壽
量行菩薩行滿足大能演說正法教化眾生
現命舍利皆悉不同命時善財自見己身在
諸佛所見如是等諸奇特事又聞樓觀諸金鈴中
出不思議微妙音聲所謂初發菩提心聲菩
薩所行諸度能聲恭敬供養不可思議諸佛
音聲淨佛刹聲佛法雲聲諸莊嚴具皆出如是
微妙音聲又聞某菩薩在某世界於某劫中
某知識化迴向善根出生大能於某佛所大眾
之中發菩提心聲又聞菩薩修習諸行劫數多
少於某刹中成正覺聲如是名号壽量長短滿
足大能化眾生聲於諸菩薩聲聞緣覺大眾
之中現般涅槃法住世聲又聞菩薩於某世
界悉能廣行禮波羅蜜淨持禁戒修行忍辱
發行精進入諸禪定習應智慧為求法故捨
諸珍寶國城妻子頭目手足守護正法為大
法師施清淨法設大法會建大法幢擊法鼓
吹法蠡雨法雨與立塔廟種種莊嚴安樂眾生
護佛法藏又聞某佛在某世界於某劫中成等
正覺眷屬多少壽命長短滿足大能教化眾生聞
如是等不可思議微妙音聲身心柔濡歡喜
無量即得無量陁羅尼門辯才門忍門精進
門大能門通明門智慧門解脫門波羅蜜門
三昧門命時善財於寶鏡中見諸如來及其

BD14854號　大方廣佛華嚴經（晉譯六十卷本　異卷）卷五九　（11-6）

正覺眷屬多少壽命長短滿足大願教化衆生聞
如是等不可思議微妙音教身心柔濡歡喜
无量即得无量陁羅尼門解脫門忍門精進
門大願門通明門智慧門解脫門波羅蜜門
三昧門尒時善財於寶境中見諸如來及其
眷屬諸大菩薩聲聞緣覺淨世界不淨世界
雜世或世界有佛或世界无佛或上中下世
界或有世界如因陁羅網或有情覆仰伏世
界又復觀見平正世界悉分別知五道別異
又見无量阿僧祇諸大菩薩經行禪定觀察
諸法義大悲心普覆衆生造種〻論難衆義
趣或書經爲或問或荅或見出生三種迴向
及諸大願皆悉觀見如是等事又見諸寶柱
中普放无量青黃赤白淨剎色波回反羅寶
閻浮檀金諸光明網又見珠瓔珞中出一切德
香水流雜寶中出无量光明又見優鉢羅鉢曇
摩分陁利中生諸妙花大如車輪華中悉見男
女大小釋梵四王諸龍夜叉乃至人非人等及
諸鳥馬聲聞菩薩一切衆生種〻形類皆悉恭
敬合掌禮佛又寶樹中悉現種〻妙色之身示
謂如來身菩薩身天龍八部等身釋梵天身
轉輪王身四部衆身各〻執持衆供養具尊
尊重讚嘆恭敬禮拜又見半月像中放阿僧祇
日月光明又見弥勒於過去世循菩薩行布
施頭目髓腦手足支節一切身分國城妻子
種〻諸物隨其所須盡給施之又見弥勒讚
嘆諸佛恭敬供養或爲醫王療治衆病失正
路者示以正道或爲大船師導至寶洲或爲

BD14854號　大方廣佛華嚴經（晉譯六十卷本　異卷）卷五九　　（11–7）

日月光明又見弥勒於過去世循菩薩行布
施頭目髓腦手足支節一切身分國城妻子
種〻諸物隨其所須盡給施之又見弥勒讚
嘆諸佛恭敬供養或爲醫王療治衆病失正
路者示以正道或爲大船師導至寶洲或爲
馬王荷負衆生令離惡難或爲論師造諸經
論或爲轉輪王十善化世或見孝順父母近
善知識不違其教或現聲聞緣覺菩薩如來
形色教化衆生或爲法師讚嘆佛法禪思誦
念興諸福業造立塔廟諸妙形像以香華繒
恭敬供養或教衆生三歸五戒八齋十善出
家學道聞法受持正念思惟住菩提心又見弥
勒於无量劫行六波羅蜜化衆生事又見弥勒
无量劫中諸善知識尒時弥勒菩薩告善財
言善來童子汝見樓觀諸大菩薩不可思議自
在力不唯然已見譬如有人夢中觀見山林
河池大海須弥諸天宮殿四天下中一切像類
見如是已歡喜无量尒時善財不復如是以
大菩薩威神力故遠離虛妄見三界法皆悉
如夢菩薩智慧无等法門入諸菩薩莊嚴法
門究竟菩薩不可思議諸妙方便顯現菩薩
神力自在譬如有人當命終時見中陰相所
謂行惡業者見於地獄畜生餓鬼受諸楚毒
或見閻羅王持諸兵杖囚執將去或見刀山
或見劍樹或見刹葉割截衆生或見鑊湯煮
治衆生或聞種〻悲苦音聲若習善者當命
終時悉見一切諸天宮殿或見天女種〻莊嚴
遊戲快樂見如是等諸妙勝事而不覺自死
此生彼但見不可思議行業境界善財童子

BD14854號　大方廣佛華嚴經（晉譯六十卷本　異卷）卷五九　　（11–8）

或見劔樹或見刀葉割截眾生或見鑊湯煮
治眾生或聞種種慈悲音聲若習善者當命
終時悉見一切諸天宮殿或見天女種種莊嚴
遊戲快樂見如是等諸妙勝事而不覺自死
此生彼但見不可思議行業境界善財童子
亦復如是於樓觀內見諸菩薩不可思議勝
業境界譬如有人為鬼所持見種種形類
若有問難悉能應答善財童子亦復如是以
大菩薩威神力故悉能分別正念思惟一切
諸法譬如有人入於龍宮七日半月一歲百
歲謂為須臾善財童子亦復如是入弥勒菩
薩神力宮殿於百千劫謂如須臾譬如梵宮
名莊嚴藏於中悉見三千世界異類形像善
財童子亦復如是於樓觀中悉見一切未曾
有事譬如比丘得一切入定行立臥坐隨彼
境界悉現在前善財童子亦復如是於樓觀
中隨彼境界悉分別知譬如人見乾闥城莊
无所鄣㝵善財童子亦復如是於樓觀中見一
切法无所鄣㝵譬如有人眾天宮殿見人住
處无亦鄣㝵譬如大海於中悉見三千世界一
切品類譬如幻師悉能顯現一切形色善財
童子亦復如是於樓觀中弥勒菩薩威神力
故悉見一切未曾有事无所鄣㝵尓時弥勒
菩薩攝威神力即時彈指告善財言善男子
汝從定起從定起已而告之日汝觀見此菩
薩神力自在大願功德依果菩薩莊嚴猶習
奇特諸深妙行出生死道一切法門无量莊
嚴諸佛大願不可思議菩薩三昧如是等事

BD14854號　大方廣佛華嚴經（晉譯六十卷本　異卷）卷五九　（11–9）

故悉見一切未曾有事无所鄣㝵尓時弥勒
菩薩攝威神力即時彈指告善財言善男子
汝從定起從定起已而告之日汝觀見此菩
薩神力自在大願功德依果菩薩莊嚴猶習
奇特諸深妙行出生死道一切法門无量莊
嚴諸佛大願不可思議菩薩三昧如是等事
汝悉見不善財答言唯然已見善知識威
神力故尓時善財白言大聖此何法門答言
入三世智正念思惟莊嚴藏法門善男子一生
菩薩得如是等不可可說說法門大聖此
諸奇特妙莊嚴法從何所來答言菩薩神力
之所出生而亦不在神力之中不來不去无
積聚處譬如龍雨不從身心但以發意欲而
則雨然彼境界不可思議善男子此諸奇特
妙莊嚴法亦復如是无所從來但以菩薩神
力出生善男子譬如幻師現種種事无來去
處但以幻力現種種事此諸奇特妙莊嚴法
亦復如是无來无去无住无着不生不滅但
學菩薩智慧力故現如是事尓時善財白言
大聖從何所來答言佛子菩薩无來无行住
趣无所着趣不生不死趣不住不至趣不離
不起趣不捨不着趣无業无報无起趣无
依趣不常不斷趣善男子菩薩但為教化救
護眾生從大慈悲來滅眾生苦故從菩薩淨
戒道來隨其所樂自在生故從菩薩大願道
來本發意故菩薩神通道來滅眾生苦住佛所
故從菩薩无增損趣來不失身
菩薩慧方便來隨順一切眾
巨應像故善男

BD14854號　大方廣佛華嚴經（晉譯六十卷本　異卷）卷五九　（11–10）

入三世智正念思惟莊嚴藏解脫法門善男子當
菩薩得如是等不可說不可說法門大醒此
諸奇特妙莊嚴法從何所來答言菩薩神力
之所出生而亦不在神力之中不來不去無
積聚處譬如龍雨不從身心但以發意欲雨
剎而然彼境界不可思議善男子此諸奇特
妙莊嚴法亦復如是無所從來但以菩薩神
力出生善男子譬如幻師現種種事無來去
處但以幻力現種種事此諸奇特妙莊嚴法
亦復如是無來無去無住無著不生不滅但
學菩薩智慧力故現如是事尒時善財白言
大醒從何所來答言佛子菩薩無來無行住
趣無所著趣不生不死趣不住不至趣不離
不起趣不捨不著趣無業無報無趣無起無
依趣不常不斷趣善男子菩薩但為教化救
護眾生從大慈悲來滅眾生苦故從菩薩淨
戒道來隨其所樂自在生故從菩薩大願道
來本發意故菩薩神通道來滅眾生苦住佛所
故從菩薩無增減趣來不失身
之菩薩慧方便來隨順一切眾
〻[illegible]應像故善男

BD14854號 大方廣佛華嚴經（晉譯六十卷本 異卷）卷五九 （11–11）

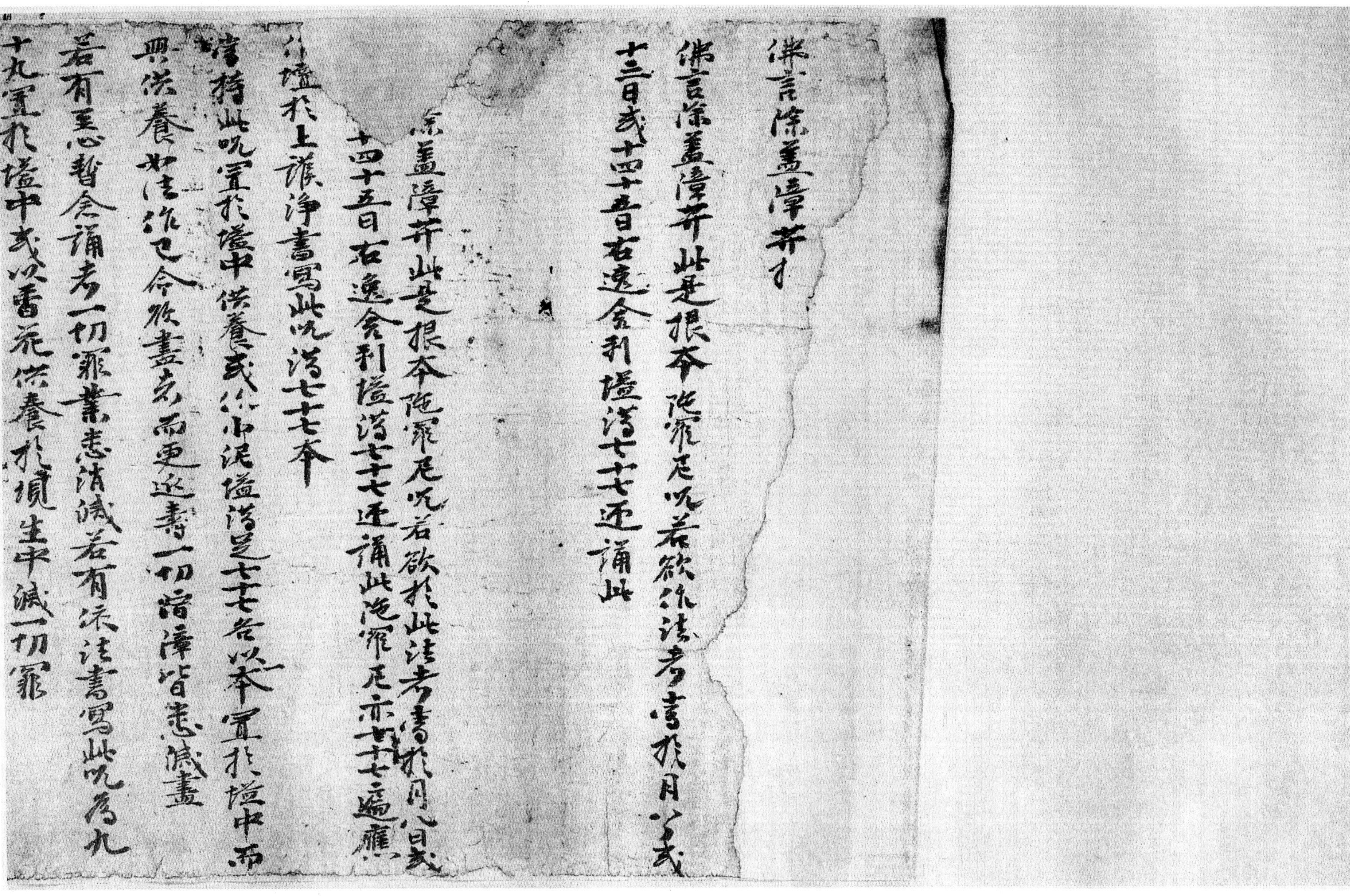

佛言除蓋障菩薩
佛言除蓋障菩薩此是根本陀羅尼呪若欲作法者當於月八日或
十三日或十四十五日右遶舍利塔滿七十七匝誦此
除蓋障菩薩此是根本陀羅尼呪若欲於此法者書於月八日或
十四十五日右遶舍利塔滿七十七匝誦此陀羅尼亦滿七十七遍應
作塔於上以淨書寫此呪滿七十七本
當持此呪置於塔中供養或作小泥塔滿足七十七各以一本置於塔中而
興供養如法作已令彼壽命而更延壽一切諸障皆悉滅盡
若有至心暫念誦者一切罪業悉消滅若有依法書寫此呪爲九
十九置於塔中或以香花供養於現生中滅一切罪

BD14855號　無垢淨光大陀羅尼經鈔（擬）

（3–1）

書持此呪置於塔中供養，或作小泥塔滿足七十七，各以本呪置於塔中而
興供養，如法作已，令彼盡命而更延壽，一切諸障皆悉滅盡
若有至心暫念誦者，一切罪業悉消滅。若有依法書寫此呪，為九
十九置於塔中，或以香花供養，於現生中滅一切罪
若有清淨日別一遍誦念此呪滿百年，是人命終生極樂界。若
一切時常念誦，乃至菩提
若復有人為亡者稱其名字，至心誦呪滿七十七遍，應時即得生
天受樂
今時除蓋障菩薩摩訶薩持一寶蓋，種種眾寶間錯莊嚴，以佛
莊嚴而莊嚴之，愛樂法故，供養如來，右遶三匝，頂禮佛足，而白佛
言：世尊，此大陀羅尼壇場法即甚難值遇，世尊就此一切眾生
妙法庫藏鎮閻浮提
若有善男子善女人於此佛塔或右遶，或禮拜，（或一香一花）或供養者，當得授記
若有眾生或禮一拜，或一合掌，或一華，或以燒香而供養者，則為
供養九万九千諸佛塔
若有飛鳥蚊虻等至塔影中，當得授記於阿耨多羅三藐
三菩提而不退轉。若遙見此塔，或聞鈴聲，或聞其聲，彼人所有
五無間業一切罪障皆悉消滅
若有誦滿三百八遍，得諸禪定

BD14855號　無垢淨光大陀羅尼經鈔（擬）　（3–2）

供養九万九千諸佛塔

若有飛鳥蚊䖟頸等至塔影中者得授記於阿耨多羅三藐

三菩提而不退轉若遙見此塔或聞鈴聲或聞其聲彼人所有

五無間業一切罪障皆悉消滅

若有誦滿二百八遍得諸禪定

若有誦滿三百八遍得淨一切障三昧

若有誦滿四百八遍得四天王常親近

若有誦滿五百八遍轉得無量善根

若有誦滿六百八遍便得此咒根本天仙

若有誦滿七百八遍得大威德具足光明

若有誦滿八百八遍得心清淨

若有誦滿九百八遍得五根清淨

BD14855號　無垢淨光大陀羅尼經鈔（擬）　（3–3）

BD14855號背　僧衆學經歷（擬）　（3–1）

BD14855 號背　僧衆學經歷（擬）　（3–2）

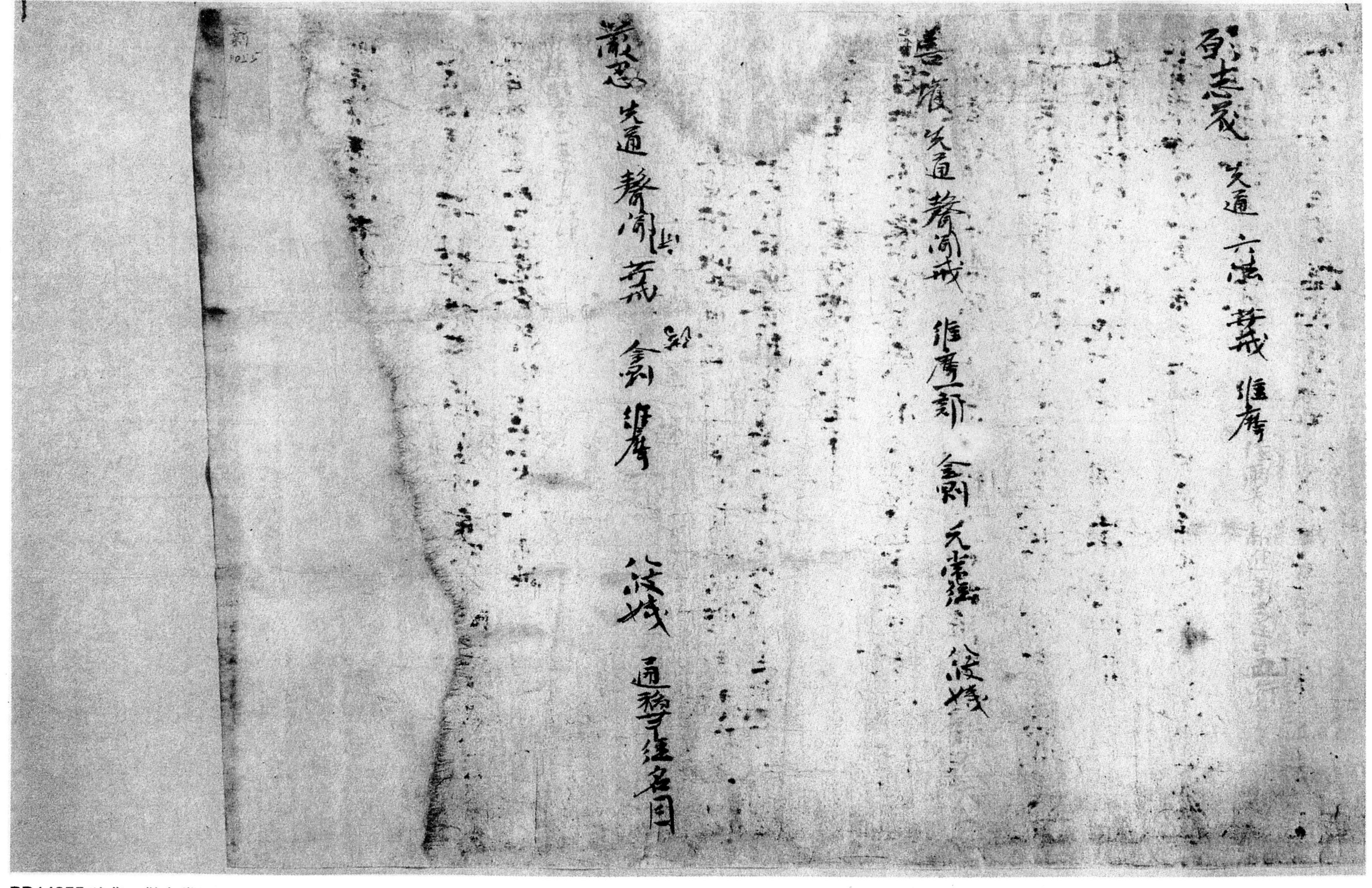

BD14855號背　僧衆學經歷（擬）　（3–3）

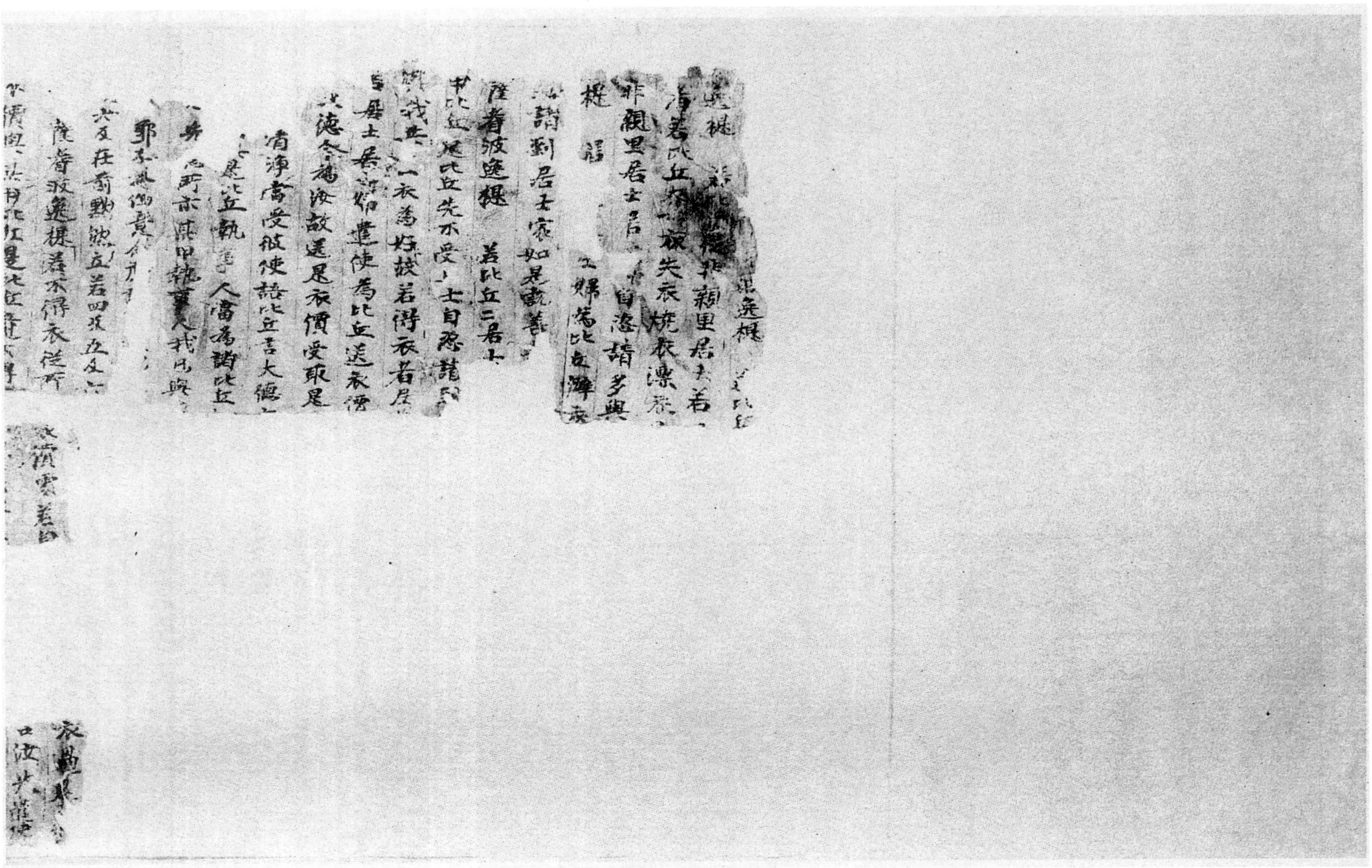

BD14856號　四分律比丘戒本　　（10–1）

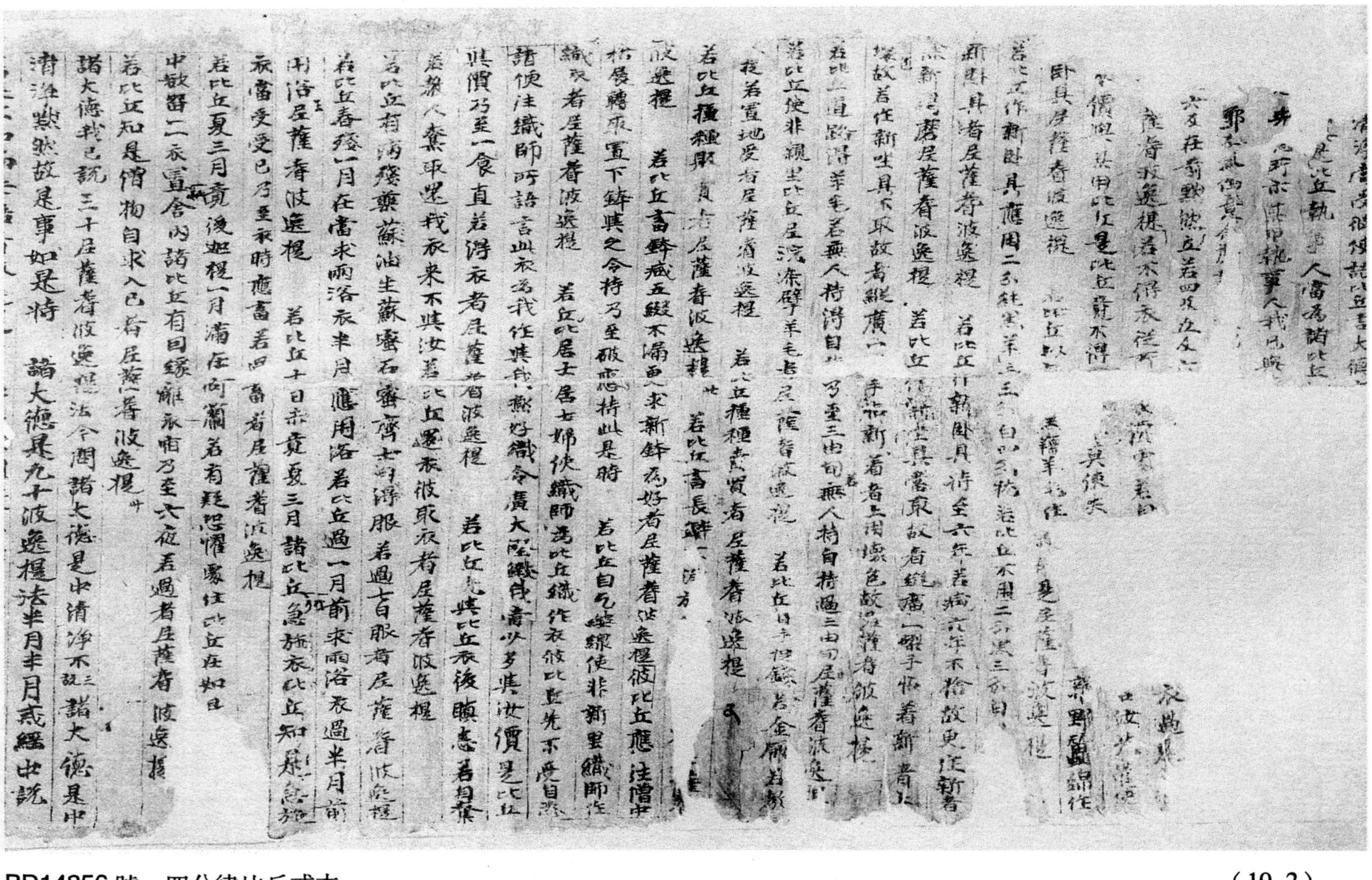

BD14856號　四分律比丘戒本　　（10–2）

□比丘夏三月竟後迦提一月滿在阿蘭若有疑恐懼處住比丘在如是
中欲留一一衣置舍內諸比丘有因緣離衣宿乃至六夜若過者尼薩耆波逸提
若比丘知是僧物自求入己者尼薩耆波逸提卅
諸大德我已說三十尼薩耆波逸提法今問諸大德是中清淨不 如是三說 諸大德是中
清淨默然故是事如是持 諸大德是九十波逸提法半月半月戒經中說
若比丘知而妄語者波逸提 若比丘種類毀呰語者波逸提 若比丘兩舌語
者波逸提 若比丘與婦人同室宿者波逸提 若比丘與未受大戒人共宿
過二宿至三宿波逸提 若比丘與未受戒人共誦者波逸提 若比丘知他有
麤惡罪向未受大戒人說除僧羯磨波逸提 若比丘向未受大戒人說過人
法言我見是我知是實者波逸提 若比丘與女人說法過五六語除有知男
子波逸提 若比丘自掘地若教人掘者波逸提十 若比丘壞鬼神村者波
逸提 若比丘妄作異語惱他者波逸提 若比丘嫌罵者波逸提 若比丘取
僧繩床木床若臥具坐褥露地敷若教人敷捨去不自舉不教人舉波逸提
若比丘於僧房中敷僧臥具若自敷若教人敷若坐若臥去時不自舉不教人舉波
逸提 若比丘知先比丘住處後來強於中間敷臥具止宿念言彼若嫌迮者自當
避我去作如是因緣非餘非威儀波逸提 若比丘瞋他比丘不喜僧房中若自牽
出教他牽出波逸提 若比丘若房若重閣上脫腳繩床木床若坐若臥波逸提
若比丘知水有虫若澆泥若草若教人澆者波逸提 若比丘作大房舍戶扉窗牖及餘
莊飾具指授覆苫齊二三節若過者波逸提廿 若比丘僧不差教授比丘尼者波
逸提 若比丘為僧差教授比丘尼乃至日暮者波逸提 若比丘語諸比丘作如是
語諸比丘為飲食故教授比丘尼者波逸提 若比丘與非親里比丘尼衣除貿易波逸提
若比丘與非親里比丘尼作衣者波逸提 若比丘與比丘尼在屏覆處坐者波逸提
若比丘與比丘尼期同一道行從一村乃至一村除異時波逸提異時者與估客行
若疑畏怖時是謂異時 若比丘與比丘尼共期同乘一船上水下水除直渡者波逸
提 若比丘知比丘尼讚歎教化因緣得食食除檀越先意者波逸提
若比丘與婦女共期同一道行乃至一村間波逸提卅 若施一食處無病比丘應一食
若過受者波逸提 若比丘展轉食除餘時波逸提餘時者病時施衣時是謂
餘時 若比丘別眾食除餘時波逸提餘時者病時作衣時施衣時道行時乘
船時大眾集時沙門施食時此是時 若比丘至白衣家請比丘與餅麨飯若比丘欲
須者當二三鉢受還至僧伽藍中應分與餘比丘食若比丘無病過兩三鉢受持
還僧伽藍中不分與餘比丘食者波逸提 若比丘足食竟或時受請不作餘食

BD14856號　四分律比丘戒本　（10–3）

若過受者波逸提 若比丘展轉食除餘時波逸提餘時者病時施衣時是謂
餘時 若比丘別眾食除餘時波逸提餘時者病時作衣時施衣時道行時乘
船時大眾集時沙門施食時此是時 若比丘至白衣家請比丘與餅麨飯若比丘欲
須者當二三鉢受還至僧伽藍中應分與餘比丘食若比丘無病過兩三鉢受持
還僧伽藍中不分與餘比丘食者波逸提 若比丘足食竟或時受請不作餘食
法而食者波逸提 若比丘知他比丘足食已若受請不作餘食法殷勤請與食長
老取是食以是因緣非餘欲使他犯波逸提 若比丘非時受食食者波逸提
若比丘殘宿食而食者波逸提 若比丘不受食若藥著口中除水及楊枝波逸提
若得好美飲食乳酪魚及肉若比丘如此美飲食無病自為己索者波逸提卌
若比丘外道男外道女自手與食者波逸提 若比丘先受請已前食後食詣餘家不
囑授餘比丘除餘時波逸提餘時者病時作衣時施衣時是謂時（若比丘食家中有寶屏處坐 若比丘獨與女人露地坐者..）
若比丘在食家中有寶強安坐者波逸提
坐者波逸提 若比丘語餘比丘如是語大德共至聚落當與汝食彼
比丘竟不教與是比丘食語言汝去我與汝一處若坐若語不樂我獨坐
獨語樂以此因緣非餘方便遣去波逸提 若請比丘四月與藥無病比
丘應受若過受除常請更請分請盡形受請波逸提 若比丘往觀軍
陣除時因緣波逸提 若比丘有因緣聽至軍中二宿三宿過者波逸提
若比丘二宿三宿軍中住或時觀軍陣鬪戰若觀遊軍象馬力勢者波
逸提五十 若比丘飲酒者波逸提 若比丘水中嬉戲者波逸提
若比丘以指相擊攊者波逸提 若比丘不受諫者波逸提 若比丘恐
怖他比丘者波逸提 若比丘半月洗浴無病比丘應受不得過除餘時波
逸提餘時者熱時病時作時風時雨時道行時此是餘時 若比丘無
病自為炙身故在露地然火若教人然除時因緣波逸提 若比丘藏他比丘
衣鉢坐具針筒若自藏教人藏下至戲笑者波逸提 若比丘與比丘比丘
尼式叉摩那沙彌沙彌尼衣後不語主還取著者波逸提 若比丘得新
衣應作三種壞色一一色中隨意壞若青若黑若木蘭若比丘不以三種
壞色若青若黑若木蘭著餘新衣者波逸提六十 若比丘故殺畜生命者波
逸提 若比丘知水有虫飲用者波逸提 若比丘故惱他比丘令須臾
間不樂者波逸提 若比丘知他比丘犯麤罪覆藏者波逸提
年滿廿應受大戒若比丘知年不滿廿受大戒此人不得戒彼比丘可呵責
故波逸提 若比丘知諍事如法懺悔已後更發起者波逸提

BD14856號　四分律比丘戒本　（10–4）

衣應作三種壞色一一色中隨意壞若青若黑若木蘭若比丘不以三種
壞色若青若黑若木蘭著餘新衣者波逸提六十　若比丘故殺畜生命者波
逸提　若比丘知水有虫飲用者波逸提　若比丘故惱他比丘令須臾
間不樂者波逸提　若比丘知他比丘犯麁罪覆藏者波逸提
年滿廿應受大戒若比丘知年不滿廿受大戒此人不得戒彼比丘可呵
故波逸提　若比丘知諍事如法懺悔已後更發起者波逸提
若比丘知賊伴結要同道行乃至一村間者波逸提　若比丘作如是語我
知佛所說法行婬欲非障道法彼比丘諫此比丘言大德莫作是語莫謗世
尊謗世尊者不善世尊莫作是語世尊無數方便說犯婬欲者障道
法彼比丘諫此比丘時堅持不捨彼比丘乃至三諫捨此事故若再三
諫捨者善不捨者波逸提　若比丘知是如是語人未作法如是邪見
不捨供給所須共同羯磨止宿言語者波逸提是比丘知沙彌作如是言
我從佛法若行婬欲非障道法彼比丘諫此沙彌如是言汝莫誹謗世尊
謗世尊不善世尊不作是語沙彌世尊無數方便說婬欲是障道法彼
比丘諫沙彌時堅持不捨彼比丘應乃至再三呵諫令捨此事故乃至三諫
而捨者善不捨者彼比丘應語彼沙彌言汝自今已去不得言佛是我
世尊不得隨逐餘比丘如諸沙彌得與比丘二三宿汝今無是事汝出去滅
去不應住此若比丘知如是衆中被擯沙彌而誘將畜養共止宿者波逸提七十
若比丘餘比丘如法諫時如是語我今不學此戒當難問餘智慧持律比
丘者波逸提若為知為學故應難問　若比丘說戒時作如是語大德何用
說是雜碎戒為說是戒時令人惱愧懷疑輕呵戒故波逸提
若比丘說戒時作如是語我今始知此法戒經所載半月半月說戒經中來餘比
丘知是比丘若二若三說戒中坐何况波比丘無知無解若犯罪應如法治更重
增無知罪語言長老汝無利不善得汝說戒時不用心念不一心兩耳聽法
彼無知故波逸提　若比丘共同羯磨已後如是言諸比丘隨親厚以衆僧
物者波逸提　若比丘衆僧斷事未竟不與欲而起去者波逸提
若比丘與欲已後悔者波逸提　若比丘共鬪諍已聽此語向彼說者波
逸提　若比丘瞋恚故不喜打比丘者波逸提　若比丘瞋恚不喜以手搏
比丘者波逸提　若比丘瞋恚故以無根僧伽婆尸沙謗者波逸提
若比丘剎利水澆頭王種王未出藏寶而入若過宮門閾者波逸提八十
若比丘若寶及寶莊飾自捉教人捉除僧伽藍中及寄宿處故比丘

BD14856號　四分律比丘戒本　（10–5）

物者波逸提　若比丘衆僧斷事未竟不與欲而起去者波逸提
若比丘與欲已後悔者波逸提　若比丘共鬪諍已聽此語向彼說者波
逸提　若比丘瞋恚故不喜打比丘者波逸提　若比丘瞋恚不喜以手搏
比丘者波逸提　若比丘瞋恚故以無根僧伽婆尸沙謗者波逸提
若比丘剎利水澆頭王種王未出藏寶而入若過宮門閾者波逸提八十
若比丘若寶及寶莊飾自捉教人捉除僧伽藍中及寄宿處波逸提
若比丘在僧伽藍中若寄宿處捉寶若以寶莊飾自捉教人捉當作是
意若有主識者當取作如是因緣非餘　若比丘非時入聚落不囑授比丘
者波逸提　若比丘作繩床木床足應高如來八指除入梐孔上截竟若
過者波逸提　若比丘作兜羅綿貯繩床木床小繩床者波逸提
若比丘作骨牙角針筒刳刮者波逸提　若比丘作尼師壇當應量作是
中量者長佛二磔手廣一磔手半更增廣長各半磔手過裁竟波逸提
若比丘作覆瘡衣當應量作是中量者長佛四磔手廣二磔手裁竟過
者波逸提　若比丘作雨浴衣當應量作是中量者長佛六磔手廣二磔手
半過者裁竟波逸提　若比丘與如來等量作衣或過量作者波逸提
是中如來衣量者長佛十磔手廣六磔手是謂如來衣量九十
諸大德我已說九十波逸提法今問諸大德是中清淨不三說　諸大德是清淨
默然故是事如是持　諸大德是四波羅提提舍尼法半月半月戒經中說
若比丘入村中從非親里比丘尼若無病自手取食食者是比丘應向
餘比丘悔過言大德我犯可呵法所不應為我今向大德悔過是法名
悔過法　若比丘至白衣家內食是中有比丘尼指示與某甲羹與
某甲飯比丘應語彼比丘尼如是言大姊且止須比丘食竟若無一比丘
語彼比丘尼如是言大姊且止須諸比丘食竟者是比丘應向餘比丘悔過
言大德我犯可呵法所不應為我今向大德悔過是法名悔過法
若先作學家羯磨若比丘於如是學家先不請無病自手受食食者
是比丘應向餘比丘悔過言大德我犯可呵法所不應為我今向大德悔過
是法名悔過法　若比丘在阿蘭若迥遠有疑恐怖處若比丘在如是
阿蘭若處住先不語檀越若僧伽藍外不受食在僧伽藍內無病
自手受食食者應向餘比丘悔過言大德我犯可呵法所不應為我今向
大德悔過是法名悔過法　諸大德我已說四波羅提提舍尼法今問
諸大德是中清淨不三說　諸大德是中清淨默然故是事如是持

BD14856號　四分律比丘戒本　（10–6）

是法名悔過法　若比丘在阿蘭若迥遠有疑恐怖處若比丘在如是
阿蘭若處住先不語檀越若僧伽藍外不受食在僧伽藍內無病
自手受食食者應向餘比丘悔過言大德我犯可呵法所不應為我今向
大德悔過是法名悔過法　諸大德我已說四波羅提提舍尼法今問
諸大德是中清淨不　三　諸大德是中清淨默然故是事如是持
諸大德此眾學戒法半月半月戒經中說　應齊整著涅槃僧應當學
當齊整著三衣應當學　不得反抄衣行入白衣舍應當學　不得反抄衣入白衣舍住應當學
不得衣纏頸入白衣舍應當學　不得衣纏頸入白衣舍坐應當學　不得覆頭入白衣舍應當學
不得覆頭入白衣舍坐應當學　不得跳行入白衣舍應當學　不得跳行入白衣舍坐應當學
不得白衣舍內蹲坐應當學　不得叉腰行入白衣舍應當學　不得叉腰入白衣舍坐應當學
不得搖身行入白衣舍應當學　不得搖身行入白衣舍坐應當學　不得掉臂行入白衣舍應當學
不得掉臂行入白衣舍坐應當學　好覆身入白衣舍應當學　好覆身入白衣舍坐應當學
不得左右顧視行入白衣舍應當學　廿　不得左右顧視行入白衣舍坐應當學　靜默入白衣舍應當學
靜默入白衣舍坐應當學　不得戲笑行入白衣舍應當學　不得戲笑行白衣舍坐應當學
用意受食應當學　平鉢受食應當學　平鉢受羹應當學
羹飯等食應當學　以次食應當學　卅　不得挑鉢中而食應當學
若比丘無病不得自為己索羹飯應當學　不得以飯覆羹更望得應當學　不得視比坐鉢中應當學
當繫鉢想食應當學　不得大摶飯食應當學　不得大張口待飯食應當學
不得含飯語應當學　不得摶飯遙擲口中應當學　不得遺落飯食應當學
不得頰食食應當學　不得嚼飯作聲應當學　不得大噏飯食應當學
不得舌舐食應當學　不得振手食應當學　不得手把散飯食應當學
不得食手捉飲器應當學　不得洗鉢水棄白衣舍內應當學　不得生草菜上大小便涕唾除病應
當學　不得淨水中大小便涕唾除病應當學　不得立大小便應當學　不得與反抄衣不恭敬人說法除
病應當學　不得為衣纏頸者說法除病應當學　不得為覆頭者說法除病應當學　不得裹
頭者說法除病應當學　不得為叉腰者說法除病應當學　不得為著革屣者說法除病應當學
不得為著木屐者說法除病應當學　不得為騎乘者說法除病應當學　不得在佛塔中止宿
除病為守護故應當學　六十　不得藏財物置佛塔中除為堅牢應當學　不得著木屐入佛塔中應當學
不得手捉革屣入佛塔中應當學　不得著革屣繞佛塔行應當學　不得著富羅入佛塔中應當學
不得手捉富羅入佛塔中應當學　不得塔下坐食留草及食污地應當學　不得擔死屍塔下過應
當學　不得塔下埋死屍應當學　不得在塔下燒死屍應當學　七十　不得向塔燒死屍應當學

BD14856 號　四分律比丘戒本　（10–7）

頭者說法除病應當學　不得為叉腰者說法除病應當學　不得為著革屣者說法除病應當學
不得為著木屐者說法除病應當學　不得為騎乘者說法除病應當學　不得在佛塔中止宿
除病為守護故應當學　六十　不得藏財物置佛塔中除為堅牢應當學　不得著木屐入佛塔中應當學
不得手捉革屣入佛塔中應當學　不得著革屣繞佛塔行應當學　不得著富羅入佛塔中應當學
不得手捉富羅入佛塔中應當學　不得塔下坐食留草及食污地應當學　不得擔死屍塔下過應
當學　不得塔下埋死屍應當學　不得在塔下燒死屍應當學　七十　不得向塔燒死屍應當學
不得佛塔四邊燒死屍使臭氣來入應當學　不得持死人衣及牀塔下過除浣染香薰應當學
不得佛塔下大小便應當學　不得向佛塔大小便應當學　不得繞佛塔四邊大小便使臭氣來入應當
學　不得持佛像至大小便處應當學　不得在佛塔下嚼楊枝應當學　不得向佛塔
四邊嚼楊枝應當學　八十　不得在佛塔下涕唾應當學　不得向佛塔涕唾應當學
不得佛塔四邊涕唾應當學　不得向塔舒腳坐應當學　不得安佛塔下房已在上房
住應當學　人坐己立不得為說法除病應當學　人臥己坐不得為說法除病應當學
人坐在己在非座不得為說法除病應當學　人在高座己在下座不得為說法除病應
當學　人在前行己在後不得為說法除病應當學　人在高經行處己在下經行處
不應為說法除病應當學　人在道己在非道不應為說法除病應當學　不得攜手
在道行應當學　不得上樹過人頭除時因緣應當學　不得絡囊盛鉢貫杖頭著肩上而
行應當學　人持刀不應為說法除病應當學　人持杖不恭敬不應為說法除病應
當學　人持劍不應為說法除病應當學　人持鉾不應為說法除病應當學
人持鎧不應為說法除病應當學　百　諸大德我已說眾學戒法今問諸大德是中清
淨不　三　諸大德是中清淨默然故是事如是持　諸大德是七滅諍法半月半月戒
經中說　若比丘有諍事起即應除滅　應與現前毗尼當與現前毗尼　應與憶念
毗尼當與憶念毗尼　應與不癡毗尼當與不癡毗尼　應與自言治當與自言治
應與多人覓罪當與多人覓罪　應與覓罪相當與覓罪相　應與如草覆地當
與如草覆地　諸大德我已說七滅諍法今問諸大德是中清淨不　三　諸大德是中
清淨默然故是事如是持　諸大德我已說戒經序已說四波羅夷法已說十三
僧伽婆尸沙法已說二不定法已說三十尼薩耆波逸提法已說九十波逸提法已說四波
羅提提舍尼法已說眾學戒法已說七滅諍法此是佛所說半月半月經戒中說若
更有餘佛法是中皆共和合應當學　忍辱第一道　佛說無為最　出家惱他人
不名為沙門　此是毗婆尸如來無所著等正覺說是戒經　譬如明眼人　能避險惡道
世有聰明人　能遠離諸惡　此是尸棄如來無所著等正覺說是戒經

BD14856 號　四分律比丘戒本　（10–8）

僧伽婆尸沙法已說二不定法已說三十尼薩耆波逸提已說九十波逸提法已說四波
羅提提舍尼法已說衆學戒法已說七滅諍法此是佛所說半月半月經戒中說若
更有餘佛法是中皆共和合應當學　忍辱第一道　佛說無為最　出家惱他人
不名為沙門此是毗婆尸如来無所着等正覺說是戒經　譬如明眼人　能避嶮惡道
世有聡明人　能遠離諸惡　此是尸棄如来無所着等正覺說是戒經
不謗亦不嫉　當奉行於戒　飲食知止足　常樂在空閑　心定樂精進　是名諸佛教
此是毗葉羅如来無所着等正覺說是戒經
譬如蜂採花　不壞色與香　但取其味去　比丘入聚落　不違戾他事　不觀作不作
但自觀身行　若正若不正　此是拘樓孫如来無所着等正覺說是戒經
心莫作放逸　聖法當勤學　如是無憂愁　心定入涅槃　此是拘那含如来無所着等
正覺說是戒經　一切惡莫作　當奉行諸善　自淨其志意　是則諸佛教
此是迦葉如来無所着等正覺說是戒經　善護於口言　自淨其志意
身莫作諸惡　此三業道淨　能得如是行　是大仙人道　此是釋迦牟尼如来無
所着等正覺於十二年中為無事僧說是戒經後是已後廣分別說諸比
丘自為樂法樂沙門者有慚有愧樂學戒者當於中學
明人能護戒　能得三種樂　名譽及利養　死得生天上　當觀如是處　有智勤護戒
戒淨有智慧　便得第一道　如過去諸佛　及以未来者　現在諸世尊　能勝一切憂
皆共尊敬戒　此是諸佛法　若有自為身　欲求於佛道　當尊重正法　此是諸佛教
七佛為世尊　滅除諸結使　說是七戒經　諸縛得解脫　已入於涅槃　諸戲永滅盡
尊行大仙說　聖賢稱譽戒　弟子之所行　入寂滅涅槃　世尊涅槃時　興起於大悲
集諸比丘衆　與如是教誡　莫謂我涅槃　淨行者無護　我今說戒經　亦善說毗尼
我雖般涅槃　當視如世尊　此經久住世　佛法得熾盛　以是熾盛故　得入於涅槃
若不持此戒　如所應布薩　喻如日沒時　世界皆闇冥　當護持是戒　如犛牛愛尾
和合一處坐　如佛之所說　我以說戒經　衆僧布薩竟　我今說戒經　所說諸功德
施一切衆生　皆共成佛道

戒本一卷

BD14856 號　四分律比丘戒本　（10–9）

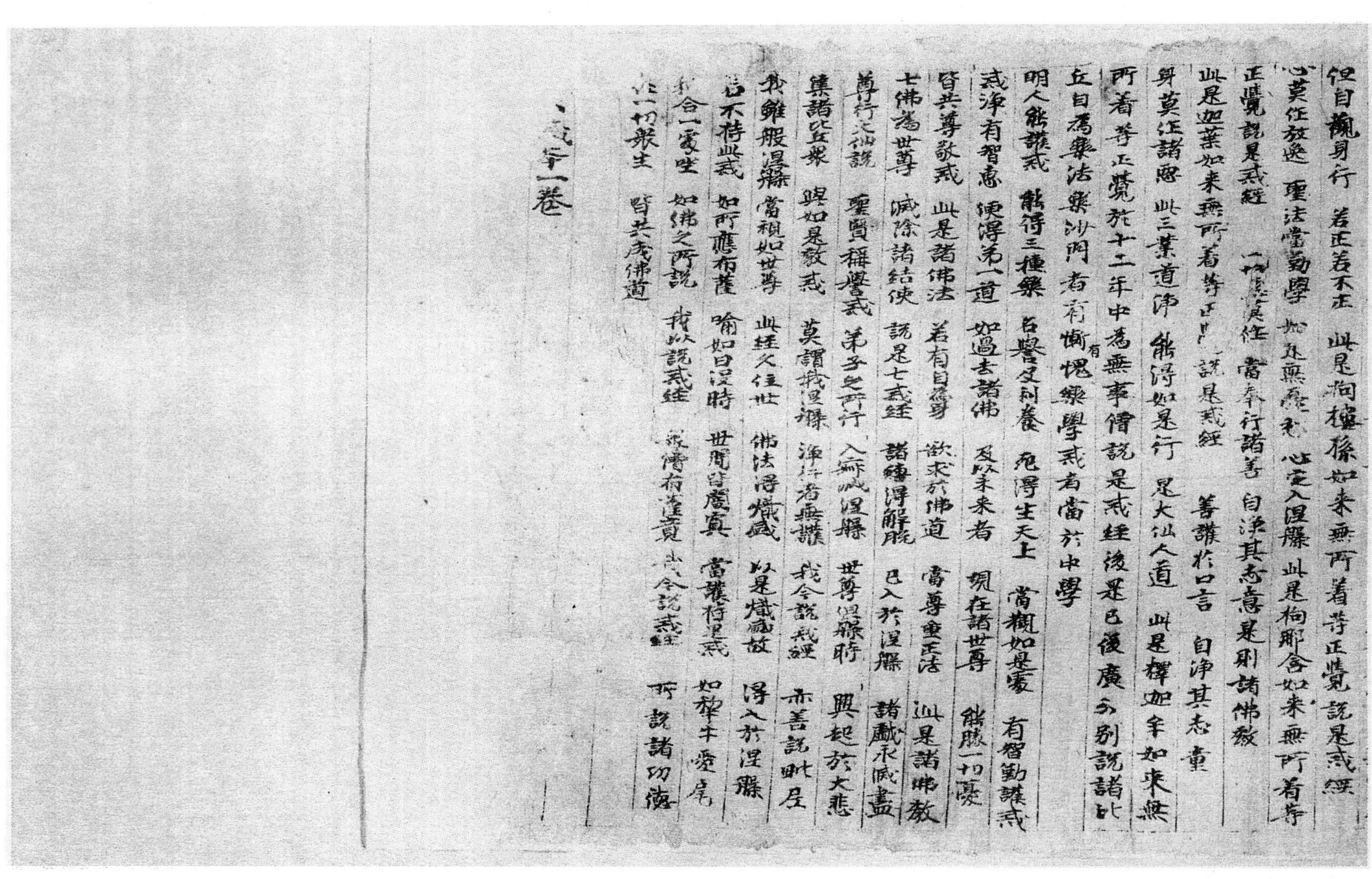
但自觀身行　若正若不正　此是拘樓孫如来無所着等正覺說是戒經
心莫作放逸　聖法當勤學　如是無憂愁　心定入涅槃　此是拘那含如来無所着等
正覺說是戒經　一切惡莫作　當奉行諸善　自淨其志意　是則諸佛教
此是迦葉如来無所着等正覺說是戒經　善護於口言　自淨其志意
身莫作諸惡　此三業道淨　能得如是行　是大仙人道　此是釋迦牟尼如来無
所着等正覺於十二年中為無事僧說是戒經後是已後廣分別說諸比
丘自為樂法樂沙門者有慚有愧樂學戒者當於中學
明人能護戒　能得三種樂　名譽及利養　死得生天上　當觀如是處　有智勤護戒
戒淨有智慧　便得第一道　如過去諸佛　及以未来者　現在諸世尊　能勝一切憂
皆共尊敬戒　此是諸佛法　若有自為身　欲求於佛道　當尊重正法　此是諸佛教
七佛為世尊　滅除諸結使　說是七戒經　諸縛得解脫　已入於涅槃　諸戲永滅盡
尊行大仙說　聖賢稱譽戒　弟子之所行　入寂滅涅槃　世尊涅槃時　興起於大悲
集諸比丘衆　與如是教誡　莫謂我涅槃　淨行者無護　我今說戒經　亦善說毗尼
我雖般涅槃　當視如世尊　此經久住世　佛法得熾盛　以是熾盛故　得入於涅槃
若不持此戒　如所應布薩　喻如日沒時　世界皆闇冥　當護持是戒　如犛牛愛尾
和合一處坐　如佛之所說　我以說戒經　衆僧布薩竟　我今說戒經　所說諸功德
施一切衆生　皆共成佛道

戒本一卷

BD14856 號　四分律比丘戒本　（10–10）

尊不可以三十二相得見如來何以故如來
說三十二相即是非相是名三十二相須菩
提若有善男子善女人以恒河沙等身命布
施若復有人於此經中乃至受持四句偈等
為他人說其福甚多
尒時須菩提聞說是經深解義趣涕淚悲泣
而白佛言希有世尊佛說如是甚深經典我
從昔來所得慧眼未曾得聞如是之經世尊
若復有人得聞是經信心清淨則生實相當
知是人成就第一希有功德世尊是實相者
則是非相是故如來說名實相世尊我今得
聞如是經典信解受持不足為難若當來世
後五百歲其有衆生得聞是經信解受持是
人則為第一希有何以故此人无我相人相
衆生相壽者相所以者何我相即是非相人

BD14857 號　金剛般若波羅蜜經　（5–1）

則是非相是故如來說名實相世尊我今得
聞如是經典信解受持不足為難若當來世
後五百歲其有衆生得聞是經信解受持是
人則為第一希有何以故此人无我相人相
衆生相壽者相所以者何我相即是非相人
相衆生相壽者相即是非相何以故離一切
諸相則名諸佛佛告須菩提如是如是若復
有人得聞是經不驚不怖不畏當知是人甚
為希有何以故須菩提如來說第一波羅蜜
非第一波羅蜜是名第一波羅蜜
須菩提忍辱波羅蜜如來說非忍辱波羅蜜
何以故須菩提如我昔為歌利王割截身體
我於尒時无我相无人相无衆生相无壽者
相何以故我於往昔節節支解時若有我相
人相衆生相壽者相應生瞋恨須菩提又念
過去於五百世作忍辱仙人於尒所世无我相
无人相无衆生相无壽者相是故須菩提
菩薩應離一切相發阿耨多羅三藐三菩提
心不應住色生心不應住聲香味觸法生心
應生无所住心若心有住則為非住是故佛
說菩薩心不應住色布施須菩提菩薩為利
益一切衆生應如是布施如來說一切諸相
即是非相又說一切衆生則非衆生須菩提
如來是真語者實語者如語者不誑語者不
異語者須菩提如來所得法此法无實无虛

BD14857 號　金剛般若波羅蜜經　（5–2）

說菩薩心不應住色布施須菩提菩薩爲利
益一切衆生應如是布施如來說一切諸相
即是非相又說一切衆生則非衆生須菩提
如來是真語者實語者如語者不誑語者不
異語者須菩提如來所得法此法无實无虛
須菩提若菩薩心住於法而行布施如人入
闇則无所見若菩薩心不住法而行布施如
人有目日光明照見種種色須菩提當來之
世若有善男子善女人能於此經受持讀誦
則爲如來以佛智慧悉知是人悉見是人皆
成就无量无邊功德
提若有善男子善女人初日分以恒河
身布施中日分復以恒河沙等身布施
亦以恒河沙等身布施如是无量百
劫以身布施若復有人聞此經典信
福勝彼何況書寫受持讀誦爲人
提以要言之是經有不可思議不
邊功德如來爲發大乘者說爲發
上乘　說若有人能受持讀誦廣爲人說
如來悉　人悉見是人皆得成就不可量
不可稱无有邊不可思議功德如是人等則
爲荷擔如來阿耨多羅三藐三菩提何以故
須菩提若樂小法者著我見人見衆生見壽
者見則於此經不能聽受讀誦爲人解說須
菩提在在處處若有此經一切世間天人阿
脩羅所應供養當知此處則爲是塔皆應恭

BD14857號　金剛般若波羅蜜經　（5-3）

須菩提若樂小法者著我見人見衆生見壽
者見則於此經不能聽受讀誦爲人解說須
菩提在在處處若有此經一切世間天人阿
脩羅所應供養當知此處則爲是塔皆應恭
敬作礼圍繞以諸華香而散其處
復次須菩提善男子善女人受持讀誦此經
若爲人輕賤是人先世罪業應墮惡道以今
世人輕賤故先世罪業則爲消滅當得阿耨
多羅三藐三菩提須菩提我念過去无量阿
僧祇劫於然燈佛前得值八百四千万億那
由他諸佛悉皆供養承事无空過者若復有
人於後末世能受持讀誦此經所得功德於
我所供養諸佛功德百分不及一千万億分
乃至筭數譬喻所不能及須菩提若善男子
善女人於後末世有受持讀誦此經所得功
德我若具說者或有人聞心則狂乱狐疑不
信須菩提當知是經義不可思議果報亦不
可思議
尒時須菩提白佛言世尊善男子善女人發
阿耨多羅三藐三菩提心云何應住云何降
伏其心佛告須菩提善男子善女人發阿耨
多羅三藐三菩提者當生如是心我應滅度
一切衆生滅度一切衆生已而无有一衆生
實滅度者何以故若菩薩有我相人相衆生
相壽者相則非菩薩所以者何須菩提實无

BD14857號　金剛般若波羅蜜經　（5-4）

乃至筭數譬喻所不能及須菩提若善男子
善女人於後末世有受持讀誦此經所得功
德我若具說者或有人聞心則狂亂狐疑不
信須菩提當知是經義不可思議果報亦不
可思議
尒時須菩提白佛言世尊善男子善女人發
阿耨多羅三藐三菩提心云何應住云何降
伏其心佛告須菩提善男子善女人發阿耨
多羅三藐三菩提者當生如是心我應滅度
一切衆生滅度一切衆生已而无有一衆生
實滅度者何以故若菩薩有我相人相衆生
相壽者相則非菩薩所以者何須菩提實无
有法發阿耨多羅三藐三菩提者須菩提於
意云何如來於然燈佛所有法得阿耨多羅
三藐三菩提不不也世尊如我解佛所說義
佛於然燈佛所无有法得阿耨多羅三藐三
菩提佛言如是如是須菩提實无有法如來
得阿耨多羅三藐三菩提須菩提若有法如

BD14857 號　金剛般若波羅蜜經　（5–5）

BD14858 號背　護首　（1–1）

大般若波羅蜜多經卷第七十七

初分天帝品第二十二之一　三藏法師玄奘奉　詔譯

尒時於此三千大千世界所有四大天王各與

无量百千俱胝那庾多四大天衆俱來會

坐於此三千大千世界所有天帝各與无量

BD14858號　大般若波羅蜜多經卷七七　（3–1）

大般若波羅蜜多經卷第七十七

初分天帝品第二十二之一　三藏法師玄奘奉　詔譯

尒時於此三千大千世界所有四大天王各與无量百千俱胝那庾多四大天衆俱來會坐於此三千大千世界所有天帝各與无量百千俱胝那庾多三十三天衆俱來會坐於此三千大千世界所有善時分天王各與无量百千俱胝那庾多時分天衆俱來會坐於此三千大千世界所有妙喜足天王各與无量百千俱胝那庾多喜足天衆俱來會坐於此三千大千世界所有妙變化天王各與无量百千俱胝那庾多樂變化天衆俱來會坐於此三千大千世界所有自在天王各與无量百千俱胝那庾多他化自在天衆俱來會坐於此三千大千世界所有大梵天王各與无量百千俱胝那庾多初靜慮天衆俱來會坐於此三千大千世界所有極光淨天各與无量百千俱胝那庾多第二靜慮天四會坐於此三千大千世界所有遍淨天。无量百千俱胝那庾多第三靜慮天衆俱會坐於此三千大千世界所有廣无量百千俱胝那庾多第四靜慮會坐於此三千大千世界所有各與无量百千俱胝那庾多淨居坐是諸天衆各以勝業感妙身常所現光百分不及一千分不及

BD14858號　大般若波羅蜜多經卷七七　（3–2）

量百千俱胝那庾多時分天衆俱來會坐於
此三千大千世界所有妙善足天王各與无
量百千俱胝那庾多善足天衆俱來會坐於
此三千大千世界所有妙變化天王各與无
量百千俱胝那庾多樂變化天衆俱來會坐
於此三千大千世界所有自在天王各與无
量百千俱胝那庾多他化自在天衆俱來會
坐於此三千大千世界所有大梵天王各與
无量百千俱胝那庾多初靜慮天衆俱來會
坐於此三千大千世界所有極光淨天各與无
量百千俱胝那庾多第二靜慮天
會坐於此三千大千世界所有遍淨天
无量百千俱胝那庾多第三靜慮天衆
會坐於此三千大千世界所有廣
无量百千俱胝那庾多第四靜
會坐於此三千大千世界所有色
與无量百千俱胝那庾多淨居
坐是諸天衆各以勝業感妙身
常所現光百分不及一千分不及

BD14858號　大般若波羅蜜多經卷七七　（3–3）

所見如來所制一切禁戒各有
異意異意故聽食三種淨宍異想故斷十種
宍異想故一切悉斷及自死者迦葉我從今
日制諸弟子不得復食一切宍也迦葉其食
宍者若行若住若坐若卧一切衆生聞其宍
氣悉生恐怖辟如有人近師子已衆人見之
聞師子臭亦生恐怖善男子如人噉蒜臭穢
可惡餘人見之聞臭捨去設遠見者猶不欲
視況當近之諸食宍者亦復如是一切衆生
聞其宍氣悉皆恐怖生畏死想水陸空行有
命之類悉捨之走咸言此人是我等怨是故
菩薩不習食宍爲度衆生示現食宍雖現食
之其實不食善男子如是菩薩清淨之食猶
尚不食況當食宍善男子我涅槃後无量百

BD14859號　大般涅槃經（北本）卷四　（8–1）

聞其宍氣悉皆恐怖生畏死想水陸空行有
命之類悉捨之走咸言此人是我等怨是故
菩薩不習食宍為度衆生示現食宍雖現食
之其實不食善男子如是菩薩清淨之食猶
尚不食况當食宍善男子我涅槃後无量百
歲四道聖人悉復涅槃正法滅後像法之中
當有比丘似像持律少讀誦經貪嗜飲食長
養其身身所被服麁陋醜惡形容憔悴无有
威德放畜牛羊擔負薪草頭鬚髮爪悉皆長
利雖服袈裟猶如獵師細視徐行如猫伺鼠
常唱是言我得羅漢多諸病苦眠臥糞穢外
現賢善內懷貪嫉如受瘂法婆羅門等實非
沙門現沙門像邪見熾盛誹謗正法如是等
人破壞如來所制戒律正行威儀說解脫果
離不淨法及壞甚深秘密之教各自隨意反
說經律而作是言如來皆聽我等食宍自生
此論言是佛說互共諍訟各自稱是沙門釋
子善男子尒時復有諸沙門等貯聚生穀受
取魚宍手自作食執持油瓶寶蓋革屣親近
國王大臣長者占相星宿勤脩醫道畜養奴
婢金銀琉璃車𤦲馬瑙頗梨真珠珊瑚虎魄
璧玉珂貝種種菓蓏學諸伎藝畫師泥作造
書教學種植根栽蠱道呪幻和合諸藥作唱
伎樂香華治身樗蒱圍碁學諸工巧若有比
丘能離如是諸惡事者當說是人真我弟子
尒時迦葉復白佛言世尊諸比丘比丘尼優
婆塞優婆夷因他而活若乞食時得雜宍食

BD14859號　大般涅槃經（北本）卷四　（8–2）

書教學種植根栽蠱道呪幻和合諸藥作唱
伎樂香華治身樗蒱圍碁學諸工巧若有比
丘能離如是諸惡事者當說是人真我弟子
尒時迦葉復白佛言世尊諸比丘比丘尼優
婆塞優婆夷因他而活若乞食時得雜宍食
云何得食應清淨法佛言迦葉當以水洗令
与宍別然後乃食若其食器為宍所汙但使
无味聽用无罪若見食中多有宍者則不應
受一切現宍悉不應食食者得罪我今唱是
斷宍之制若廣說者則不可盡涅槃時到是
故略說是則名為能隨問荅迦葉云何善解
因緣義如有四部之衆來問我言世尊如是
之義如來初出何故不為波斯匿王說是法
門深妙之義或時說深或時說淺或名為犯
或名不犯云何名墮云何名律云何名波羅
提木叉義佛言波羅提木叉者名為知足成
就威儀无所受畜亦名淨命墮者名四惡趣
又復墮者墮於地獄乃至阿鼻論其遲速過
於暴雨聞者驚怖堅持禁戒不犯威儀脩習
知足不受一切不淨之物又復墮者長養地
獄畜生餓鬼以是諸義故名曰墮波羅提木
叉者離身口意不善邪業律者入戒威儀深
經善義遮受一切不淨之物及不淨因緣亦
遮四重十三僧殘二不定法三十捨墮九十
一墮四悔過法衆多學法七滅諍等或有人

BD14859號　大般涅槃經（北本）卷四　（8–3）

獄畜生餓鬼以是諸義故名曰墮波羅提木
又者離身口意不善耶業律者入戒威儀深
經善義遮受一切不淨之物及不淨因緣亦
遮四重十三僧殘二不定法三十捨墮九十
一墮四悔過法眾多學法七滅諍等或有人
盡破一切戒云何一切謂四重法乃至七滅
諍法或復有人誹謗正法甚深經典及一闡
提具足成就盡一切相無有因緣如是等人
自言我是聰明利智輕重之罪悉皆覆藏覆
藏諸惡如龜藏六如是眾罪長夜不悔以不
悔故日夜增長是諸比丘所犯眾罪終不發
露是使所犯遂復滋漫是故如來知是事已
漸次而制不得一時尒時有善男子善女人
白佛言世尊如來久知如是之事何不先制
將無世尊欲令眾生入阿鼻獄譬如多人欲
至他方迷失正道隨逐耶道是諸人等不知
迷故皆謂是道復不見人可問是非眾生如
是迷於佛法不見正真如來應為先說正道
勅諸比丘此是犯戒此是持戒當如是制何
以故如來正覺是真實者知見正道唯有如
來天中之天能說十善增上功德及其義味
是故啟請應先制戒佛言善男子若言如來
能為眾生宣說十善增上功德是則如來視
諸眾生如羅睺羅云何難言將無世尊欲令
眾生入於地獄我見一人有墮阿鼻地獄因

BD14859號　大般涅槃經（北本）卷四　（8–4）

來天中之天能說十善增上功德及其義味
是故啟請應先制戒佛言善男子若言如來
能為眾生宣說十善增上功德是則如來視
諸眾生如羅睺羅云何難言將無世尊欲令
眾生入於地獄我見一人有墮阿鼻地獄因
緣尚為是人住世一劫若減一劫我於眾生
有大慈悲何緣當誑如子想者令入地獄善
男子如王國內有納衣者見衣有孔然後方
補如來亦尒見諸眾生有入阿鼻地獄因緣
即以戒善而為補之善男子譬如轉輪聖王
先為眾生說十善法其後漸漸有行惡者王
即隨事漸漸而斷斷諸惡已然後自行聖王
之法善男子我亦如是雖有所說不得先制
要因比丘漸行非法然後方乃隨事制之樂
法眾生隨教修行如是等眾乃能得見如來
法身如轉輪王所有輪寶不可思議如來亦
尒不可思議法僧二寶亦不可議能說法者
及聞法者皆不可議是名善解因緣義也菩
薩如是分別開示四種相義是名大乘大涅
槃中因緣義也復次自正者所謂得是大般
涅槃正他者我為比丘說言如來常存不變
隨問答者迦葉因汝所問故得廣為菩薩摩
訶薩比丘比丘尼優婆塞優婆夷說是甚深
微妙義理因緣義者聲聞緣覺不解如是甚
深之義不聞伊字三點而成解脫涅槃摩訶
般若成祕密藏我今於此闡揚分別為諸聲

BD14859號　大般涅槃經（北本）卷四　（8–5）

随問荅者迦葉因汝所問故得廣為菩薩摩
訶薩比丘比丘尼優婆塞優婆夷說是甚深
微妙義理因緣義者聲聞緣覺不解如是甚
深之義不聞伊字三點而成解脫涅槃摩訶
般若成祕密藏我今於此闡揚分別為諸聲
聞開發慧眼假使有人作如是言是四事云
何為一非虛妄耶即應反質是虛空无所有
不動无导如是四事有何等異是豈得名為
異不不也世尊如是諸句即是一義所謂
自正正他能隨問荅解因緣義亦復如
即大涅槃等无有異佛告迦葉若有善男
善女人作如是言如來无常云何當知是
无常耶如佛所言滅諸煩惱名為涅槃猶如
火滅悉无所有滅諸煩惱亦復如是故名涅
槃云何如來為常住法不變易耶如佛言曰
離諸有者乃名涅槃是涅槃中无有諸有云
何如來為常住法不變易耶如衣壞盡不名
為物涅槃亦尒滅諸煩惱不名為物云何如
來為常住法不變易耶如佛言曰離欲寂滅
名曰涅槃如人斬首則无有首離欲寂滅亦
復如是空无所有故名涅槃云何如來為常
住法不變易耶如佛言曰
辟如熱鐵　搥打星流　散已尋滅　莫知所在
得正解脫　亦復如是　已度婬欲　諸有淤泥
得无動處　不知所至
云何如來為常住法不變易耶迦葉若有人

BD14859號　大般涅槃經（北本）卷四　（8–6）

復如是空无所有故名涅槃云何如來為常
住法不變易耶如佛言曰
辟如熱鐵　搥打星流　散已尋滅　莫知所在
得正解脫　亦復如是　已度婬欲　諸有淤泥
得无動處　不知所至
云何如來為常住法不變易耶迦葉若有人
作如是難者名為邪難迦葉汝亦不應作是
憶想謂如來性是滅盡也迦葉滅煩惱者不
名為物何以故永畢竟故是故名常是句寂
靜為无有上滅盡諸相无有遺餘是句鮮白
常住无退是故涅槃名為常住如來亦尒常
住无變言星流者謂煩惱也散已尋滅莫知
所在者謂諸如來煩惱滅已不在五趣是故
如來是常住法无有變易復次迦葉諸佛所
師所謂法也是故如來恭敬供養以法常故
諸佛亦常迦葉菩薩復白佛言若煩惱火滅
如來亦滅是則如來无常住處如彼迸鐵赤
色滅已莫知所至如來煩惱亦復如是滅无
所至又如彼鐵熱與赤色滅已无有如來亦
尒滅已无常滅煩惱火便入涅槃當知如來
即是无常善男子所言鐵者名諸凡夫凡
之人雖滅煩惱滅已復生故名无常如來不
尒滅已不生是故為常迦葉復言如鐵色滅
已還置火中赤色復生如來若尒應還生結
若結還生即是无常佛言迦葉汝今不應作
如是言如來无常何以故如來是常善男子

BD14859號　大般涅槃經（北本）卷四　（8–7）

師所謂法也是故如來恭敬供養以法常故
諸佛亦常迦葉菩薩復白佛言若煩惱火滅
如來亦滅是則如來无常住處如彼迸鐵赤
色滅已莫知所至如來煩惱亦復如是滅无
所至又如彼鐵熱与赤色滅已无有如來亦
尒滅已无常滅煩惱火便入涅槃當知如來
即是无常善男子所言鐵者名諸凡夫凡夫
之人雖滅煩惱滅已復生故名无常如來不
尒滅已不生是故爲常迦葉復言如鐵色滅
已還置火中赤色復生如來若尒應還生結
若結還生即是无常佛言迦葉汝今不應作
如是言如來无常何以故如來是常善男子
□彼燃木滅已有灰煩惱滅已便有涅槃壞
自破瓶等喻之復如是如是等物各有
曰壞衣斬首破瓶迦葉如鐵冷已可
來不尒斷煩惱已畢竟清涼煩惱
復生迦葉當知无量衆生猶如彼
以智慧熾火燒彼衆生諸煩惱結
諦知如來所說諸
王晝在後宮或時

BD14859號　大般涅槃經（北本）卷四　（8–8）

詰言汝所
也若諸法无没生相
来生此於意云何譬
生耶舍利弗言无没
法如幻相乎荅曰如
云何問言汝於何没而来
爲虚誑法壞敗之相生者爲
相菩薩雖没不盡善本雖生不
是時佛告舍利弗有國名妙喜佛号无動是
維摩詰於彼國没而来生此舍利弗言未曾
有也世尊是人乃能捨清淨土而来樂此多
怒害處維摩詰語舍利弗於意云何日光
時與冥合乎荅曰不也日光出時則衆冥
維摩詰言夫日何故行閻浮提荅曰欲以明

BD14860號　維摩詰所說經卷下　（8–1）

是時佛告舍利弗有國名妙喜佛号无動是
維摩詰於彼國沒而来生此舍利弗言未曾
有也世尊是人乃能捨清淨土而来樂此多
怨害處維摩詰語舍利弗於意云何日光
時與冥合乎荅曰不也日光出時即无衆冥
維摩詰言夫日何故行閻浮提荅曰欲以明
照為之除冥維摩詰言菩薩如是雖生不淨
佛土為化衆生不與愚闇而共合也但滅衆
生煩惱闇耳
是時大衆渴仰欲見妙喜世界不動如来
其菩薩聲聞之衆佛知一切衆會所念告維
摩詰言善男子為此衆會現妙喜國不動如
来及諸菩薩聲聞之衆衆皆欲見於是維摩
詰心念吾當不起于坐接妙喜國鐵圍山川
溪谷江河大海泉源須弥諸山及日月星宿
天龍鬼神梵天等宮并諸菩薩聲聞之衆城
邑聚落男女大小乃至无動如来及菩提樹
諸妙蓮華能於十方作佛事者三道寶階從
閻浮提至忉利天以此寶階諸天来下悉為
礼敬无動如来聽受經法閻浮提人亦登其
階上昇忉利見彼諸天妙喜世界成就如是
无量功德上至阿迦膩吒天下至水際以右
手斷取如陶家輪入此世界猶持華鬘示一
切衆作是念已入於三昧現神通力以其右
手斷取妙喜世界置於此土彼得神通菩薩
及聲聞衆并餘天人俱發聲言唯然世尊誰
取我去願見救護无動佛言非我所為是維

手斷取如陶家輪入此世界猶持華鬘示一
切衆作是念已入於三昧現神通力以其右
手斷取妙喜世界置於此土彼得神通菩薩
及聲聞衆并餘天人俱發聲言唯然世尊誰
取我去願見救護无動佛言非我所為是維
摩詰神力所作其餘未得神通者不覺不知
己之所往妙喜世界雖入此土而不增減於
是世界亦不迫隘如本无異
尒時釋迦牟尼佛告諸大衆汝等且觀妙喜
世界无動如来其國嚴飾菩薩行淨弟子清
白皆曰唯然已見佛言若菩薩欲得如是清
淨佛土當學无動如来所行之道現此妙喜
國時娑婆世界十四那由他人發阿耨多羅
三藐三菩提心皆願生於妙喜佛土釋迦牟
尼佛即記之曰當生彼國時妙喜世界於此
國土所應饒益其事訖已還復本處舉衆皆
見佛告舍利弗汝見此妙喜世界及无動佛
不唯然已見世尊願使一切衆生得清淨土
如无動佛獲神通力如維摩詰世尊我等快
得善利得見是人親近供養其諸衆生若今
現在若佛滅後聞此經者亦得善利況復聞
已信解受持讀誦解說如法脩行若有手得
是經典者便為已得法寶之藏若有讀誦解
釋其義如說脩行則為諸佛之所護念其有
供養如是人者當知則為供養於佛其有書
持此經卷者當知其室則有如来若聞是經

是經典者便為已得法寶之藏若有讀誦解
釋其義如說脩行則為諸佛之所護念其有
供養如是人者當知則為供養於佛其有書
持此經卷者當知其室則有如來若聞是經
能隨喜者斯人則為取一切智若能信解此
經乃至一四句偈為他說者當知此人即是
受阿耨多羅三藐三菩提記

維摩詰經法供養品第十三

尒時釋提桓因於大眾中白佛言世尊我雖
從佛及文殊師利聞百千經未曾聞此不可
思議自在神通決定實相經典如我解佛所
說義趣若有眾生聞是經法信解受持讀誦
之者必得是法不疑何況如說脩行斯人則
為閉眾惡趣開諸善門常為諸佛之所護念
降伏外學摧滅魔怨脩治佛道安處道場履
踐如來所行之跡世尊若有受持讀誦如說
脩行者我當與諸眷屬供養給事所在聚落
城邑山林曠野有是經處我亦與諸眷屬聽
受法故共到其所其未信者當令生信其已
信者當為作護佛言善哉善哉天帝如汝所
說吾助尒喜此經廣說過去未來現在諸佛
不可思議阿耨多羅三藐三菩提是故天帝
若善男子善女人受持讀誦供養是經者則
為供養去來今佛天帝正使三千大千世界
如來滿中譬如甘蔗竹葦稻麻叢林若有善
男子善女人或一劫或減一劫恭敬尊重讚

BD14860 號　維摩詰所說經卷下　（8–4）

不可思議阿耨多羅三藐三菩提是故天帝
若善男子善女人受持讀誦供養是經者則
為供養去來今佛天帝正使三千大千世界
如來滿中譬如甘蔗竹葦稻麻叢林若有善
男子善女人或一劫或減一劫恭敬尊重讚
歎供養奉諸所安至諸佛滅後以一一全身
舍利起七寶塔縱廣一四天下高至梵天表
剎莊嚴以一切華香瓔珞幢幡伎樂微妙第
一若一劫若減一劫而供養之於天帝意云
何其人植福寧為多不釋提桓因言多矣世
尊彼之福德若以百千億劫說不能盡佛告
天帝當知是善男子善女人聞是不可思議
解脫經典信解受持讀誦脩行福多於彼所
以者何諸佛菩提皆從是生菩提之相不可
限量以是因緣福不可量
佛告天帝過去无量阿僧祇劫時世有佛号
曰藥王如來應供正遍知明行足善逝世間
解无上士調御丈夫天人師佛世尊世界名
大莊嚴劫曰莊嚴佛壽二十小劫其聲聞僧
三十六億那由他菩薩僧有十二億天帝是時
有轉輪聖王名曰寶蓋七寶具足主四天下王
有千子端正勇健能伏怨敵尒時寶蓋與其
眷屬供養藥王如來施諸所安至滿五劫過
五劫已告其千子汝等亦當如我以深心供
養於佛於是千子受父王命供養藥王如來
復滿五劫一切施安其王一子名曰月蓋獨
坐思惟寧有供養殊過此者以佛神力空中

BD14860 號　維摩詰所說經卷下　（8–5）

千子端正勇健能伏怨敵尒時寶蓋與其
眷屬供養藥王如来施諸所安至滿五劫過
五劫已告其千子汝等亦當如我以深心供
養於佛於是千子受父王命供養藥王如来
復滿五劫一切施安其王一子名曰月蓋獨
坐思惟寧有供養殊過此者以佛神力空中
有天曰善男子法之供養勝諸供養即問何
謂法之供養天曰汝可往問藥王如来當廣
為汝說法之供養即時月蓋王子行詣藥王
如来稽首佛足却住一面白佛言世尊諸供
養中法供養勝云何為法供養佛言善男子
法供養者諸佛所說深經一切世間難信難
受微妙難見清淨无染非但分別思惟之所
能得菩薩法藏所攝陁羅尼印印之至不退
轉成就六度善分別義順菩提法衆經之上
入大慈悲離衆魔事及諸耶見順因緣法无
我无衆生无壽命空无相无作无起能令衆
生坐於道場而轉法輪諸天龍神乾闥婆等
所共嘆譽能令衆生入佛法藏攝諸賢聖一
切智慧說衆菩薩所行之道依於諸法實相
之義明宣无常苦空无我寂滅能救一切毀
禁衆生諸魔外道及貪著者能使怖畏諸佛
賢聖所共稱嘆背生死苦示涅槃樂十方三
世諸佛所說若聞如是等經信解受持讀誦
以方便力為諸衆生分別解說顯示分明守
護法故是名法之供養
又於諸法如說脩行随順十二因緣離諸耶

BD14860號　維摩詰所說經卷下　（8–6）

禁衆生諸魔外道及貪著者能使怖畏諸佛
賢聖所共稱嘆背生死苦示涅槃樂十方三
世諸佛所說若聞如是等經信解受持讀誦
以方便力為諸衆生分別解說顯示分明守
護法故是名法之供養
又於諸法如說脩行随順十二因緣離諸耶
見得无生忍決定无我无有衆生而於因緣
果報无違无諍離諸我所依於義不依語依
於智不依識依了義經不依不了義經依於
法不依人随順法相无所入无所歸无明畢
竟滅故諸行亦畢竟滅乃至生畢竟滅故老
死亦畢竟滅作如是觀十二因緣无有盡相
不復起見是名最上法之供養
天帝王子月蓋從藥王佛聞如是法得柔順
忍即解寶衣嚴身之具以供養佛白佛言世
尊如来滅後我當行法供養持護正法願以
威神加哀建立令我得降魔怨脩菩薩行佛
知其深心所念而記之曰汝於末後守護法
城天帝時王子月蓋見法清淨聞佛受記以
信出家脩集善法精進不久得五神通逮菩
薩道得陁羅尼无斷辯才於佛滅後以其所
得神通揔持辯才之力滿十小劫藥王如来
所轉法輪随而分布月蓋比丘以護持法懃
行精進即於此身化百万億人於阿耨多羅
三藐三菩提立不退轉十四那由他人深發
聲聞辟支佛心无量衆生得生天上天帝時
王寶蓋豈異人乎今現得佛号寶燭如来其

BD14860號　維摩詰所說經卷下　（8–7）

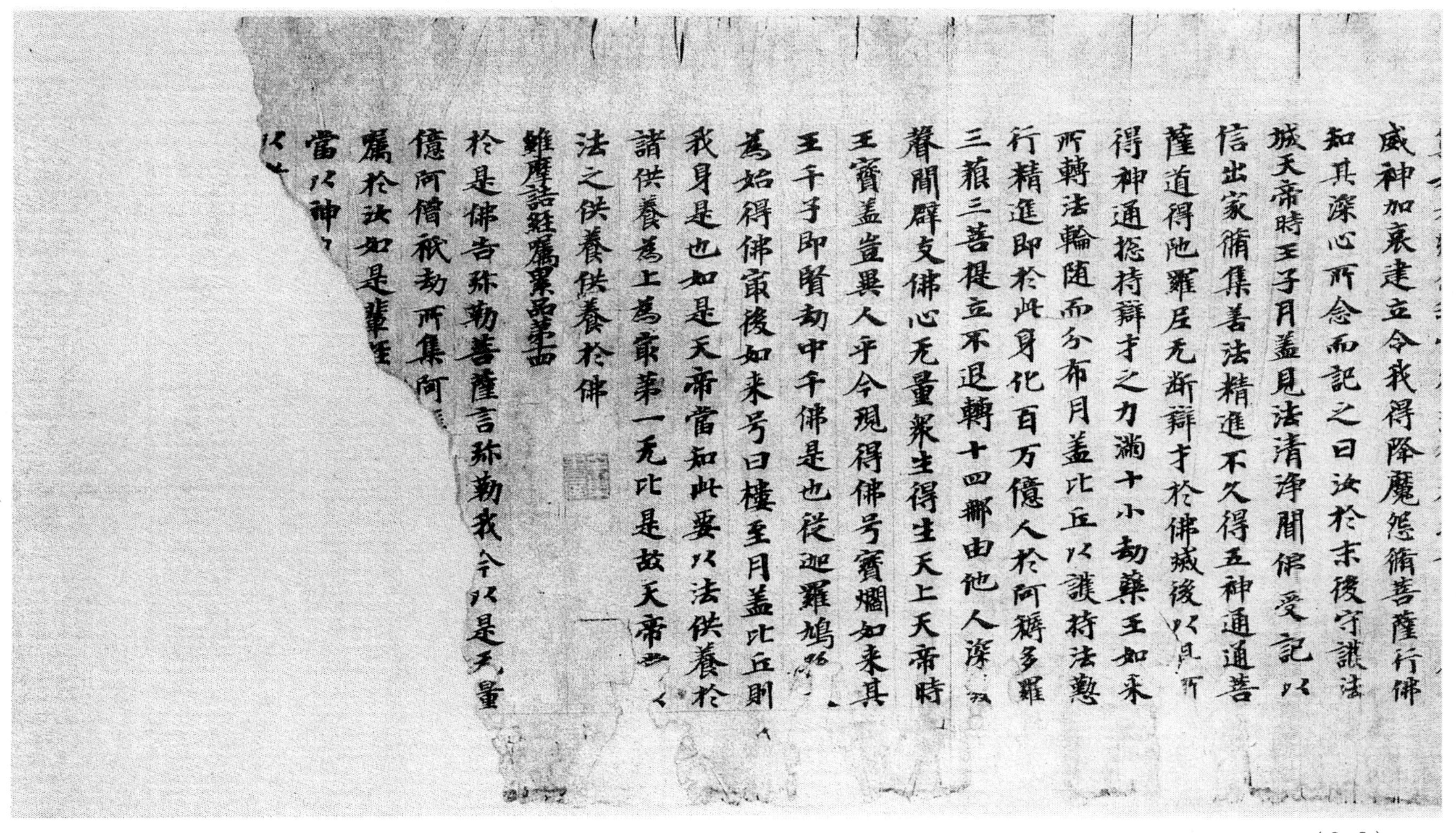

BD14860 號　維摩詰所說經卷下　（8–8）

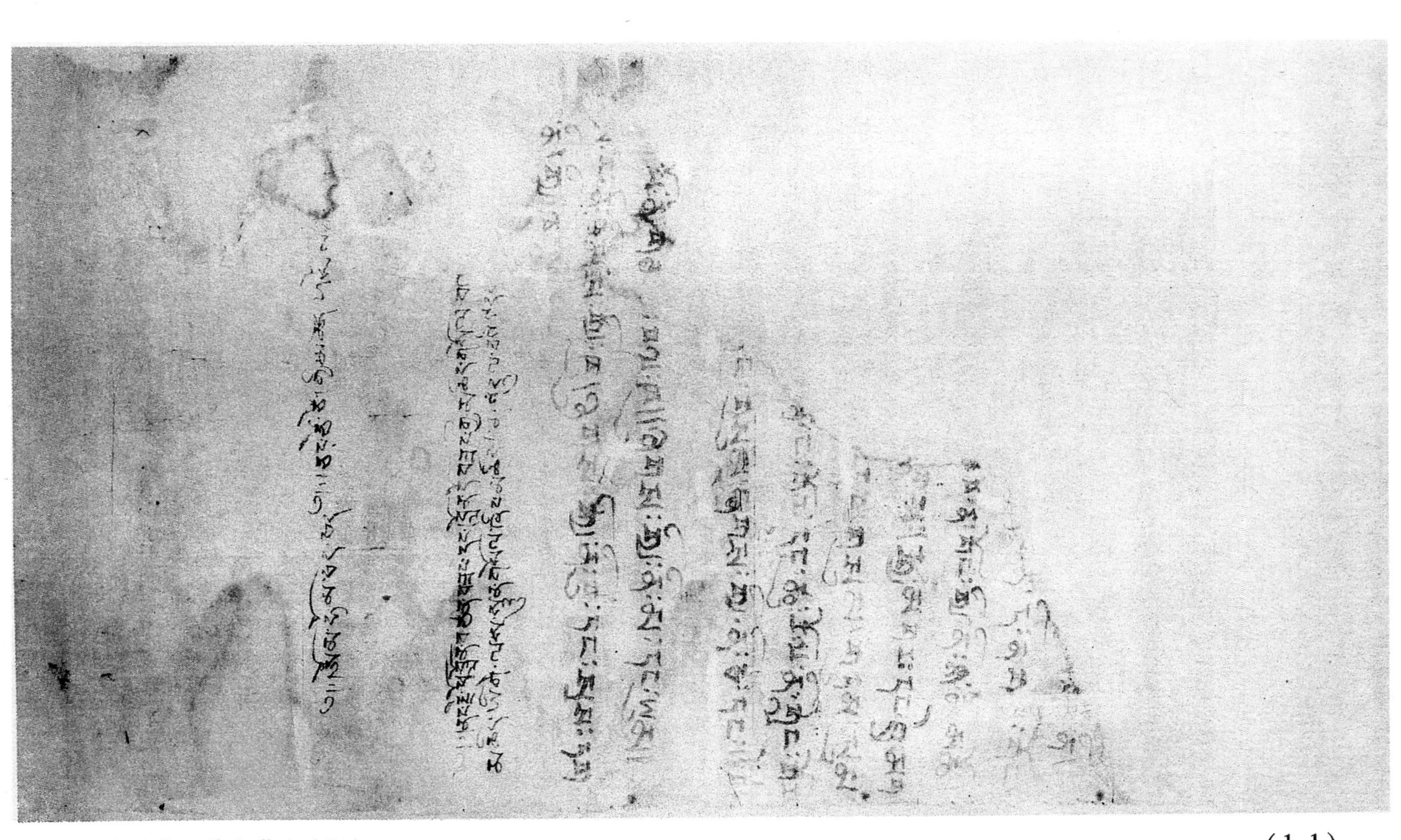

BD14860 號背　待考藏文（擬）　（1–1）

…婦女身得度者
以童男童女身得
爲說法應以天龍
緊那羅摩睺羅
皆現之而爲說法應
現執金剛神而爲說
成就如是功德以種
生是故汝等應當一
觀世音菩薩摩訶薩於怖
無畏是故此娑婆世界皆號之爲施無畏者
無盡意菩薩白佛言世尊我今當供養觀世
音菩薩即解頸衆寶珠瓔珞價直百千兩金
而以與之作是言仁者受此法施珎寶瓔珞
時觀世音菩薩不肯受之無盡意復白觀世
音菩薩言仁者愍我等故受此瓔珞尒時佛
告觀世音菩薩當愍此無盡意菩薩及四衆
天龍夜叉乾闥婆阿修羅迦樓羅緊那羅摩
睺羅伽人非人等故受是瓔珞即時觀世音
菩薩愍諸四衆及於天龍人非人等受其瓔
珞分作二分一分奉釋迦牟尼佛一分奉多
寶佛塔無盡意觀世音菩薩有如是自在神

BD14861號　妙法蓮華經卷七　（3–1）

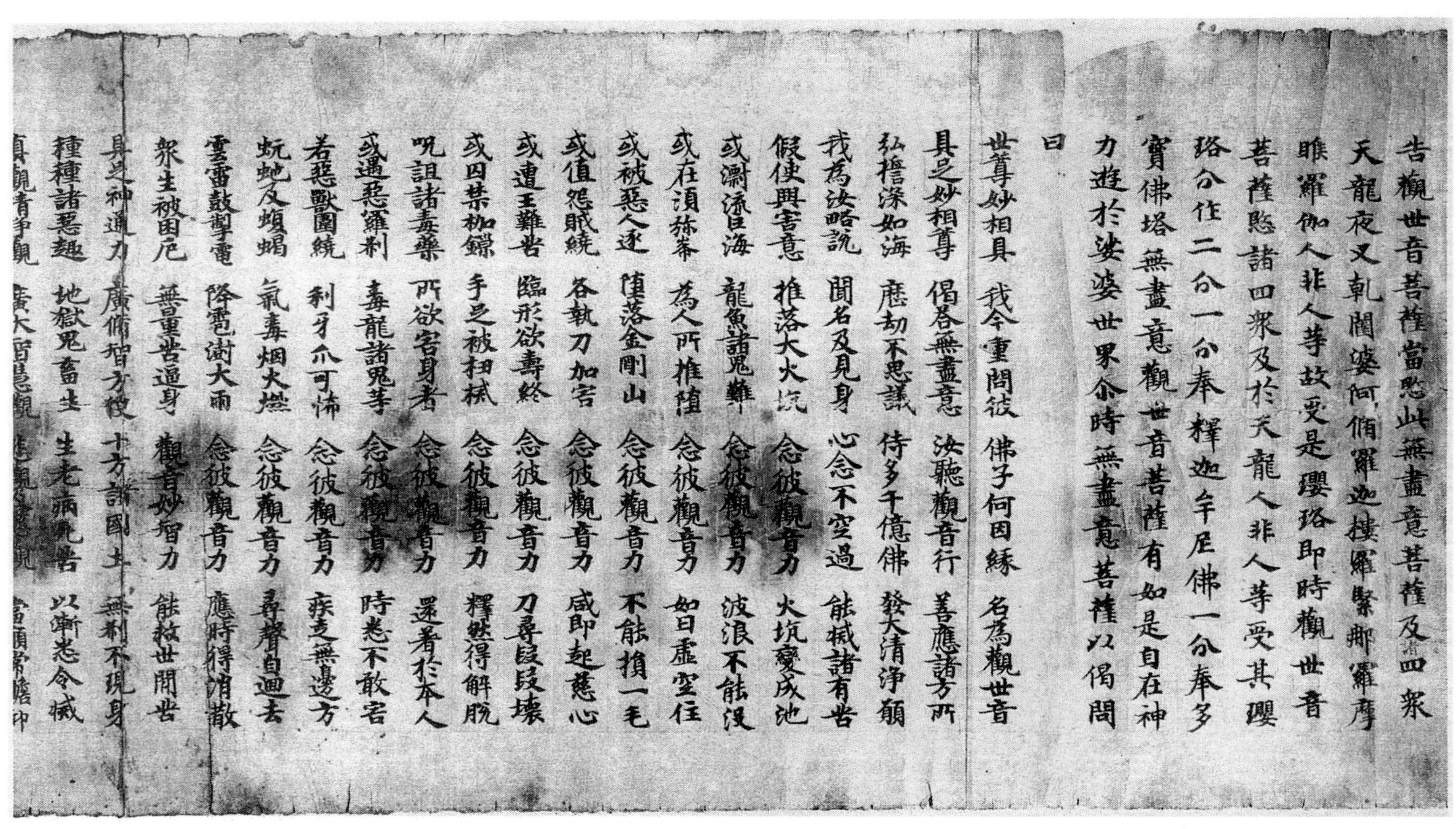

告觀世音菩薩當愍此無盡意菩薩及四衆
天龍夜叉乾闥婆阿修羅迦樓羅緊那羅摩
睺羅伽人非人等故受是瓔珞即時觀世音
菩薩愍諸四衆及於天龍人非人等受其瓔
珞分作二分一分奉釋迦牟尼佛一分奉多
寶佛塔無盡意觀世音菩薩有如是自在神
力遊於娑婆世界尒時無盡意菩薩以偈問
曰
世尊妙相具　我今重問彼　佛子何因緣　名爲觀世音
具足妙相尊　偈荅無盡意　汝聽觀音行　善應諸方所
弘誓深如海　歷劫不思議　侍多千億佛　發大清淨願
我爲汝略說　聞名及見身　心念不空過　能滅諸有苦
假使興害意　推落大火坑　念彼觀音力　火坑變成池
或漂流巨海　龍魚諸鬼難　念彼觀音力　波浪不能沒
或在須彌峯　爲人所推墮　念彼觀音力　如日虛空住
或被惡人逐　墮落金剛山　念彼觀音力　不能損一毛
或值怨賊繞　各執刀加害　念彼觀音力　咸即起慈心
或遭王難苦　臨刑欲壽終　念彼觀音力　刀尋段段壞
或囚禁枷鎖　手足被杻械　念彼觀音力　釋然得解脫
呪詛諸毒藥　所欲害身者　念彼觀音力　還著於本人
或遇惡羅刹　毒龍諸鬼等　念彼觀音力　時悉不敢害
若惡獸圍繞　利牙爪可怖　念彼觀音力　疾走無邊方
蚖蛇及蝮蝎　氣毒煙火燃　念彼觀音力　尋聲自迴去
雲雷鼓掣電　降雹澍大雨　念彼觀音力　應時得消散
衆生被困厄　無量苦逼身　觀音妙智力　能救世間苦
具足神通力　廣修智方便　十方諸國土　無刹不現身
種種諸惡趣　地獄鬼畜生　生老病死苦　以漸悉令滅
真觀清淨觀　廣大智慧觀　悲觀及慈觀　常願常瞻仰

BD14861號　妙法蓮華經卷七　（3–2）

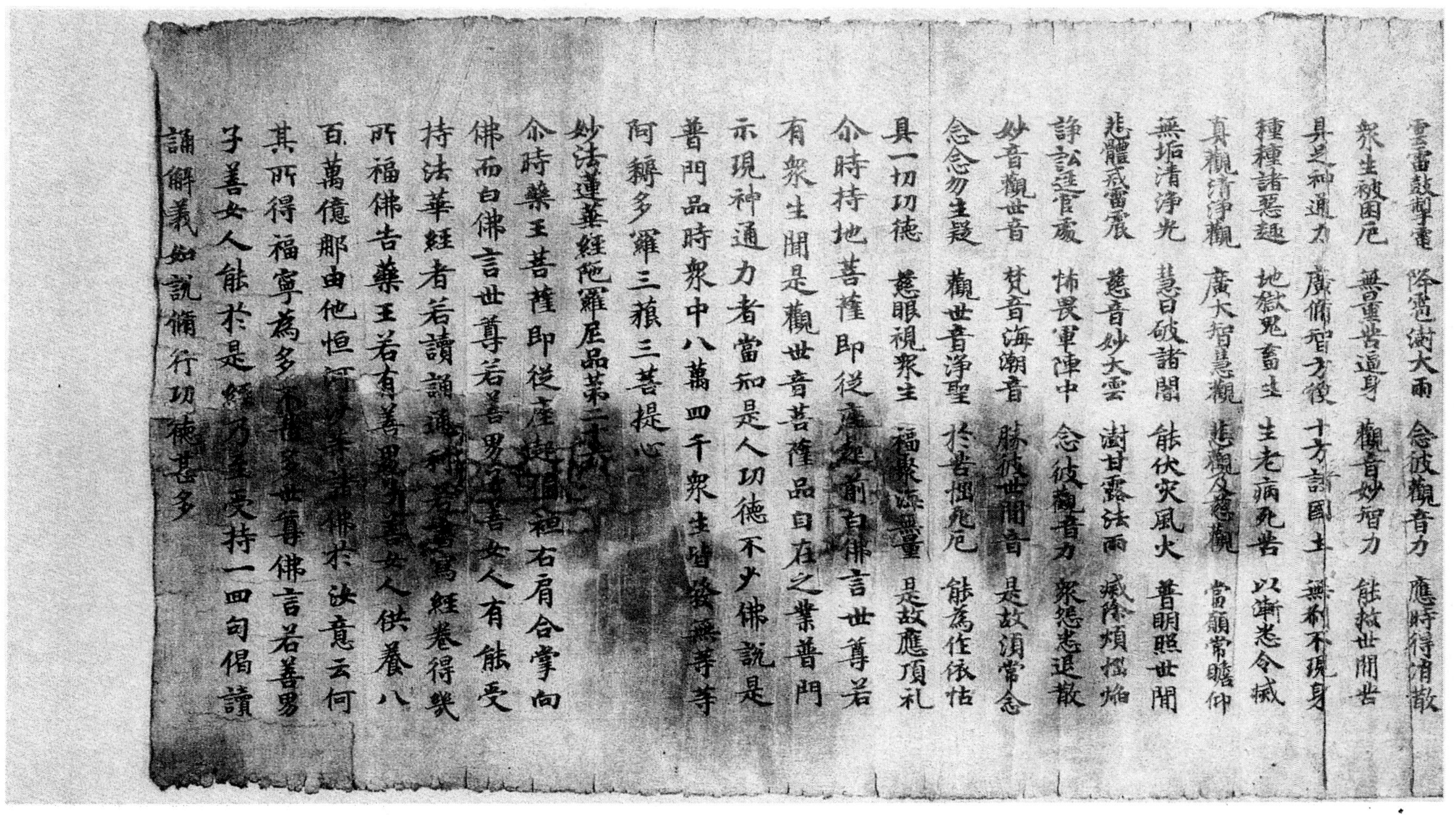

BD14861 號　妙法蓮華經卷七　（3–3）

BD14861 號背　金剛般若波羅蜜經　（1–1）

三法佛性是[illegible]一切[illegible]
佛告文殊師利有因緣故如來於此說有餘
義又有因緣諸佛如來而說是法時王舍城
有一女人名曰善賢還父母家因至我所歸
依於我及法衆僧而作是言一切女人畀不
自由一切男子自在无閡我於尒時知是女
心即為宣說如是偈頌文殊師利善哉善哉
汝今為一切衆生問於如來如是密語
文殊師利復說偈言
一切諸衆生　皆依飲食存　一切有大力　其心无嫉妬
一切因飲食　而得諸病苦　一切脩淨行　而得受安樂
如是世尊今受純陁飲食供養得无如來有
恐怖耶尒時世尊復為文殊而說偈言
非一切衆生　盡依飲食存　非一切大力　心皆无嫉妬
非一[illegible]人[illegible]　[illegible]淨行　悉得受安樂
非[illegible]可

BD14862號　大般涅槃經（北本）卷一〇　（1-1）

[illegible]成佛　今故為汝說
佛告諸比丘尒時王者
今提婆達多是由提婆達多
具足六波羅蜜慈悲喜捨三十二
好紫磨金色十力四无所畏四攝法十八不
共神通道力成等正覺廣度衆生皆因提婆
達多善知識故告諸四衆提婆達多却後過
无量劫當得成佛号曰天王如來應供正遍
知明行足善逝世間解无上士調御丈夫天
人師佛世尊世界名天道時天王佛住世二
十中劫廣為衆生說於妙法恒河沙衆生得
阿羅漢果无量衆生發緣覺心恒河沙衆生
發无上道心得无生忍至不退轉時天王佛
般涅槃後正法住世二十中劫全身舍利起
七寶塔高六十由旬縱廣四十由旬諸天人
民悉以雜華末香燒香塗香衣服瓔珞幢幡
寶蓋伎樂歌頌礼拜供養七寶妙塔无量衆
生得阿羅漢无量衆生悟辟支佛不可思議
衆生發菩提心至不退轉佛告諸比丘未來
[illegible]若有善[illegible]女人聞妙法華經提婆

BD14863號　妙法蓮華經卷四　（3-1）

發无上道心得无生忍至不退轉時天王佛
般涅槃後正法住世二十中劫全身舍利起
七寶塔高六十由旬縱廣四十由旬諸天人
民悉以雜華末香燒香塗香衣服瓔珞幢幡
寶蓋伎樂歌頌礼拜供養七寶妙塔无量衆
生得阿羅漢无量衆生悟辟支佛不可思議
衆生發菩提心至不退轉佛告諸比丘未來
世中若有善男子善女人聞妙法華經提婆
達多品淨心信敬不生疑惑者不墮地獄餓
鬼畜生生十方佛前所生之處常聞此經若
生人天中受勝妙樂若在佛前蓮華化生於
時下方多寶世尊所從菩薩名曰智積白多
寶佛當還本土釋迦牟尼佛告智積曰善男
子且待須臾此有菩薩名文殊師利可與相
見論說妙法可還本土尒時文殊師利坐千
葉蓮華大如車輪俱來菩薩亦坐寶華從於
大海娑竭龍宮自然踊出住虛空中詣靈鷲
山從蓮華下至於佛所頭面敬礼二世尊足
脩敬已畢往智積所共相慰問却坐一面智
積菩薩問文殊師利仁往龍宮所化衆生其
數幾何文殊師利言其數无量不可稱計非
口所宣非心所測且待須臾自當有證所言
未竟无數菩薩坐寶蓮華從海踊出詣靈鷲
山住在虛空此諸菩薩皆是文殊師利之所
化度具菩薩行皆共論說六波羅蜜本聲聞
人在虛空中說聲聞行今皆脩行大乘空義
文殊師利謂智積曰於海教化其事如是尒
時智積菩薩以偈讚曰
大智德勇健　化度无量衆　今此諸大會　及我皆已見
演暢實相義　開闡一乘法　廣度諸群生　令速成菩提

BD14863號　妙法蓮華經卷四　（3–2）

大海娑竭龍宮自然踊出住虛空中詣靈鷲
山從蓮華下至於佛所頭面敬礼二世尊足
脩敬已畢往智積所共相慰問却坐一面智
積菩薩問文殊師利仁往龍宮所化衆生其
數幾何文殊師利言其數无量不可稱計非
口所宣非心所測且待須臾自當有證所言
未竟无數菩薩坐寶蓮華從海踊出詣靈鷲
山住在虛空此諸菩薩皆是文殊師利之所
化度具菩薩行皆共論說六波羅蜜本聲聞
人在虛空中說聲聞行今皆脩行大乘空義
文殊師利謂智積曰於海教化其事如是尒
時智積菩薩以偈讚曰
大智德勇健　化度无量衆　今此諸大會　及我皆已見
演暢實相義　開闡一乘法　廣度諸群生　令速成菩提
文殊師利言我於海中唯常宣說妙法華經
智積問文殊師利言此經甚深微妙諸經中
寶世所希有頗有衆生勤加精進脩行此經
速得佛不文殊師利言有娑竭羅龍王女年
始八歲智慧利根善知衆生諸根行業得陁
羅尼諸佛所說甚深秘藏悉能受持深入禪
定了達諸法於刹那頃發菩提心得不退轉
辯才无礙慈念衆生猶如赤子功德具足心
念口演微妙廣大慈悲仁讓志意和雅能至

BD14863號　妙法蓮華經卷四　（3–3）

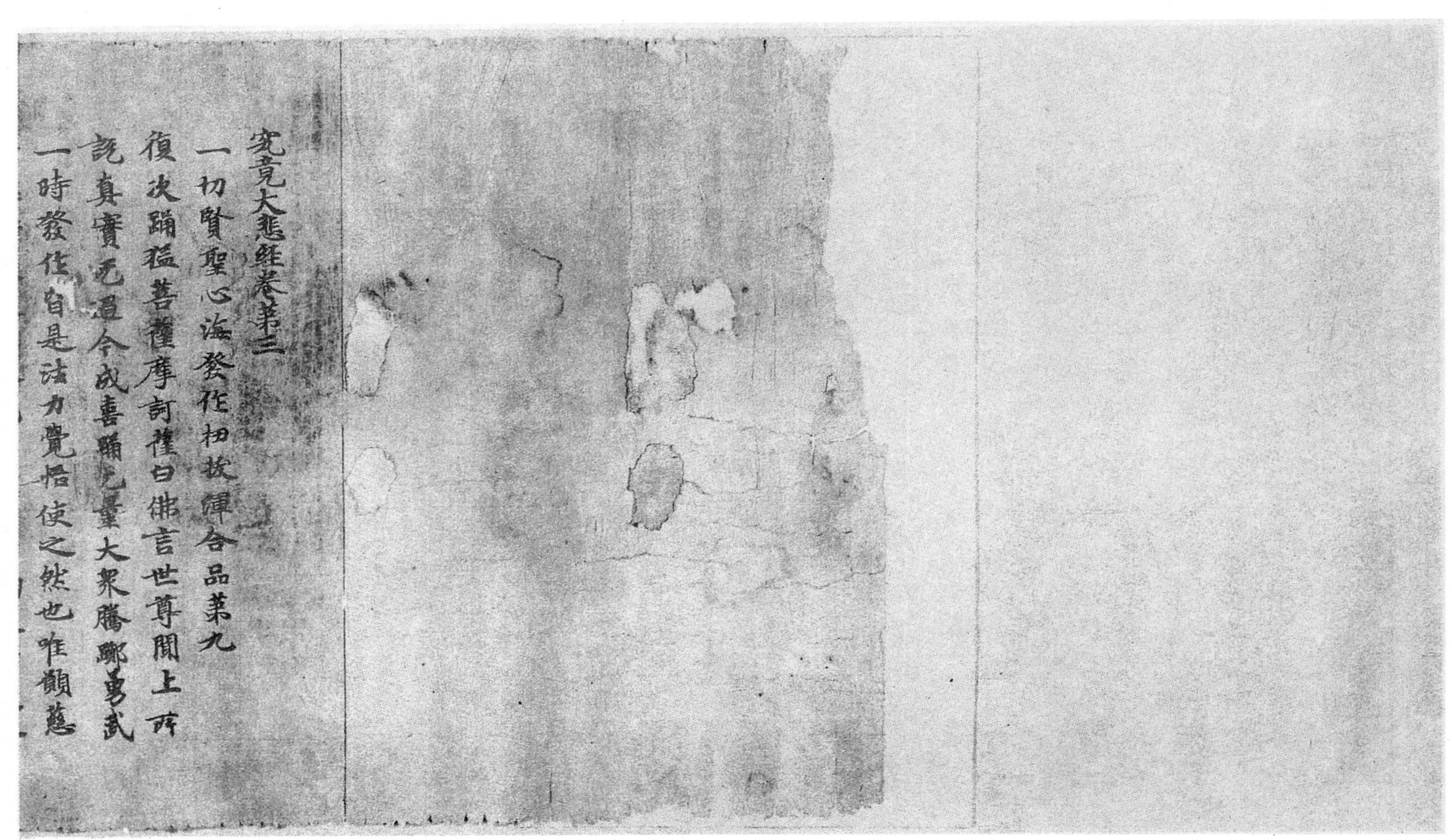

究竟大悲經卷第三

一切賢聖心海發任扣拔渾合品第九

復次蹋猛菩薩摩訶薩白佛言世尊聞上所
說真實无遏今成喜踊无量大衆騰躑勇武
一時發作自是法力覺悟使之然也唯願慈

BD14864號　究竟大悲經卷三　（7-1）

究竟大悲經卷第三

一切賢聖心海發任扣拔渾合品第九

復次蹋猛菩薩摩訶薩白佛言世尊聞上所
說真實无遏今成喜踊无量大衆騰躑勇武
一時發作自是法力覺悟使之然也唯願慈
尊聽許大衆各各說證得摧扣擲振神通之
用佛告蹋猛菩薩摩訶薩曰成如所言恣聽
汝說辟如永行天中蓮華臺内化生天子其
華開敷天子出現自識神通㠓能出遊飛行
以不自試成就得大自在遊騰虛空通應十
方而无滯导今汝自說證得大力任從說之
蹋猛菩薩摩訶薩白佛言世尊唯願慈尊聽
許弟子自說所得法神力之所由也佛告蹋
猛菩薩摩訶薩曰恣聽汝說蹋猛菩薩摩訶
薩白佛言世尊審慈聽許今當以偈數曰

哼嘌无㝵智　巍蕩自在力
握攬天地根　挐叱龍王聽
業業巖大千　𢱢納扣山海
頓遊丘墟平　賾重得自在

蹋猛菩薩摩訶薩白佛言世尊從心性本際
海藏涌動沸乱出生无量諸佛无量菩薩无
量賢聖无量仙賢隱士无量經藏无量經教
无量法音无量智慧无量神通无量轉變无
量乃使无量辨才无量宮殿无量華蓋莊嚴
之具是故上盡頂天下盡水際於中一切聖

BD14864號　究竟大悲經卷三　（7-2）

量賢聖无量仙賢隱士无量經藏无量經教
无量法音无量智慧无量神通无量轉變无
量乃便无量辯才无量宮殿无量華蓋莊嚴
之具是故上盡頂天下盡水際於中一切聖
衆皆從心性本際而便有之說而不足以偈
歎曰
无导自在佛性王　安坐轉變蓮華臺
无量佛凡於中現　畢竟窮滅无去来
藤蘿碣磬心性王　霙磊霈諓决定吼
是非碎爛作嶽塵　浞融大窮一如口
神性智王无量力　驅使諸根慣九流
羺羅違慣情縱結　㨴搭庚粉寘太幽
扣擾五陰諸見脉　貪善棄惡作微塵
三毒羅刹真佛智　一切身相寶法珎
真性發作諸根窮　无导振吼音聲泯
一切得失即體融　三寶於是現世間
超趂趯趍動不走　遍緣諸境不動窮
往来任縱法使然　性照含通遍不虛
无鄣无导神性王　无邊離類智慧炬
體解歸真等法性　四辯應機共人語
心王自在嗜咆瞋　忿怒作悵伏諸魔
碎諸分别是非心　香臭俱融共同波
无导法力力中力　和合四大作一體
轉用陰陽為天地　一一身相无源底
衆生轉動混汼流　靈源一氣理霎ㄨ

BD14864號　究竟大悲經卷三　（7-3）

无鄣无导神性王　无邊離類智慧炬
體解歸真等法性　四辯應機共人語
心王自在嗜咆瞋　忿怒作悵伏諸魔
碎諸分别是非心　香臭俱融共同波
无导法力力中力　和合四大作一體
轉用陰陽為天地　一一身相无源底
衆生轉動混汼流　靈源一氣理霎ㄨ
推尋蹤緒无頭尾　含怉異類周不周
四龍足力負天地　究轉動身嶽法界
山陵𡋯爛七日現　作悵初首試一僻
大力神王吼　要先除嶰嵳
是非作微塵　安得更有𡑈
𠚪土作神力　降注劍霜雹
當頭即挺穴　夜叉尋後剎
十六一種人　分布齊塵塵
治掃六魔賊　往往无當敵
而此无量偈　權應出一身
方便心海瀁　法界是一人
佛告蹦𤠣菩薩摩訶薩曰快說偈數汝等
大衆寧神冲窮吾今重頌
心性本際真金山　阿梨耶龍引出雲
霮䨴垂布遍十方　降注洗浣五陰村
阿梨耶龍雲中遊　伊離瀨淪霮霴色
遙長促短遍十方　皆是无导大心力
阿梨耶龍无导力　遊於四大五陰空

BD14864號　究竟大悲經卷三　（7-4）

阿梨耶龍雲中遊　伊離涮淪霤霦色
逶長促短遍十方　皆是无导大心力
阿梨耶龍无导力　遊於四大五陰空
往来无諍知九流　任縱自韻神无切
梨耶奮迅振六合　雷電皷擊光輝耀
不動真際而遍遍　黑闇根中開明照
梨耶神通性无导　山河石壁於中過
无量質导不能遮　何皆能事入鼎鑼
踊猛菩薩摩訶薩白佛言世尊大聖垂慈開
教悉國不審此說為從心出為從心性而出
為无從而出唯願慈尊分明顯示令速教之
徒知根所由佛告踊猛菩薩摩訶薩曰上盡
頂天下盡水際於中一切衆生種種形質无
量善惡皆從心性而出何以故但心性无出无
出之出是名真出是以得知上盡諸佛下盡
識海從性心而有性心有故一切皆心用心用
无邊際即用名為心心用用心无用无心
復次真識菩薩摩訶薩白佛言世尊大聖所
說一切皆心心一切心无別心无別心故一
切皆心用若如是者云何有清涼心云何有
熱惱心云何得不清涼不熱惱等一心性熱
則常熱涼則常涼不涼不熱常應不涼不熱
何以故心性之理常无別故佛告真識菩薩摩
訶薩曰一切皆心心一切神遊法界无郭导心一切
一切一心法界遊宅愛无所愛无所不无所

則常熱涼則常涼不涼不熱常應不涼不熱
何以故心性之理常无別故佛告真識菩薩摩
訶薩曰一切皆心心一切神遊法界无郭导心一切
一切一心法界遊宅愛无所愛无所不无所
形聲影嚮皆无別真識菩薩摩訶薩白佛言世
尊不解為是心用性性用心唯願大慈尊披
折令衆得開解佛告真識菩薩摩訶薩曰心用
性緣慮是真淨性用心不可毀壞照真金是
故心不用性无穢淨性不用心不混融无混
融无始復无終无始復无終心用性性用心
說是法時无量大衆乘寶智駕性性能圓
本淨心緣切

一切諸法即相解脫品第十

復次天真菩薩摩訶薩白佛言世尊一切衆聖
莫不皆說慎情之法何故今日世尊所說之
法皆是違情違情則皆是患源故知情者以
貪為𧯡若无有貪无所依恃有依恃故一切
果報由情貪而有何以故若不貪善无以息
惡若不息惡无以歸真以此類之云何今日
如来說言派非喪是福禍同流同流歸真歸
真太極太極之理本无是非是非既喪一切
混融混融之中則无凡无佛何用教為
佛告天真菩薩摩訶薩曰貪者以情為體情
者以貪為本由有情起即有違慎違既興隨
虛妄流是故慎情稱善違情稱惡若情既息

故心不用性无穢淨性不用心不混融无混
融无始復无終无始復无終心用性性用心
說是法時无量大衆乘寶智駕性性龍圖
本淨心緣切
一切諸法即相解脱品第十
復次天真菩薩摩訶薩白佛言世尊一切衆聖
莫不皆說慎情之法何故今日世尊所說之
法皆是違情違情則〔若〕是患源故知情者以
貪為豺若无有貪无所依恃有依恃故一切
果報由情貪而有何以故若不貪善无以息
惡若不息惡无以歸真以此類之云何今日
如來說言派非喪是福禍同流同流歸真歸
真太極太極之理本无是非是非既喪一切
混融混融之中則无凡无佛何用敎為
佛告天真菩薩摩訶薩曰貪者以情為體情
者以貪為本由有情起即有違順違既興隨
虛妄流是故順情稱善違情稱惡若情既息
貪亦隨亡情貪既无善惡自謝是以得知貪
善棄惡是繼縛業本非解脱是故據此情貪
之中立具与奪顯四種解脱何者為四一者

BD14864 號　究竟大悲經卷三　（7–7）

須弥山王隨意即能欲知三千大千世界所
有衆生心之所念亦悉能知欲以三千大千
世界所有衆生内於己身一毛孔中隨意即
能亦令衆生无迫迮想若欲化作无量衆生
悉令充滿三千大千世界中者亦能隨意欲
分一身以為多身復合多身以為一身雖作
如是心无所著猶如蓮華善男子菩薩摩訶
薩得入如是三昧王已即得住於大自在之
地菩薩得住是自在地得自在力隨欲生處
即得往生善男子譬如聖王領四天下隨意
所行无能鄣閡菩薩摩訶薩亦復如是一切
生處若欲生者隨意往生善男子菩薩摩訶
薩若見地獄一切衆生有可得令住善根者
菩薩即往而生其中菩薩雖生非本業果菩
薩摩訶薩住自在地力因緣故而生其中善
男子菩薩摩訶薩雖在地獄不受熾燃碎身

BD14865 號　大般涅槃經（北本）卷一四　（3–1）

生處若欲生者隨意往生善男子菩薩摩訶
薩若見地獄一切衆生有可得令住善根者
菩薩即往而生其中菩薩雖生非本業果菩
薩摩訶薩住自在地力因緣故而生其中善
男子菩薩摩訶薩雖在地獄不受熾燃碎身
等苦善男子菩薩摩訶薩所可成就如是功
德无量无邊百千万億尚不可說何況諸佛
所有功德而當可說
尒時衆中有一菩薩名住无垢藏王有大威
德成就神通得大揔持三昧具足得无所畏
即從坐起偏袒右肩右膝著地長跪合掌白
佛言世尊如佛所說諸佛菩薩所可成就功
德智慧无量无邊百千万億實不可說我意
猶謂故不如是大乘經典何以故因是大乘
方等經力故能出生諸佛世尊阿耨多羅三
藐三菩提時佛讚言善哉善哉善男子如是
如是如汝所說是諸大乘方等經典雖復成
就无量功德欲比是經不得為喻百倍千倍
百千万億乃至筭數譬喻所不能及善男子
譬如從牛出乳從乳出酪從酪出生蘇從生
蘇出熟蘇從熟蘇出醍醐醍醐最上若有服
者衆病皆除所有諸藥悉入其中善男子佛
亦如是從佛出於十二部經從十二部經出
脩多羅從脩多羅出方等經從方等經出般
若波羅蜜從般若波羅蜜出大涅槃猶如醍
醐言醍醐者喻於佛性佛性者即是如來善
男子以是義故說言如來所有功德无量无
邊不可稱計

BD14865號　大般涅槃經（北本）卷一四　（3-2）

藐三菩提時佛讚言善哉善哉善男子如是
如是如汝所說是諸大乘方等經典雖復成
就无量功德欲比是經不得為喻百倍千倍
百千万億乃至筭數譬喻所不能及善男子
譬如從牛出乳從乳出酪從酪出生蘇從生
蘇出熟蘇從熟蘇出醍醐醍醐最上若有服
者衆病皆除所有諸藥悉入其中善男子佛
亦如是從佛出於十二部經從十二部經出
脩多羅從脩多羅出方等經從方等經出般
若波羅蜜從般若波羅蜜出大涅槃猶如醍
醐言醍醐者喻於佛性佛性者即是如來善
男子以是義故說言如來所有功德无量无
邊不可稱計
迦葉菩薩白佛言世尊如佛所讚大涅槃經
猶如醍醐最上㝡妙若有能服衆病悉除一
切諸藥悉入其中我聞是已竊復思念若有
不能聽受是經當知是人為大愚癡无有善
心世尊我於今者實能堪忍剝皮為紙刺血
為墨以髓為水析骨為筆書寫如是大涅槃
經書已讀誦令其通利然後為人廣說其義
世尊若有衆生貪著財物
槃經動

BD14865號　大般涅槃經（北本）卷一四　（3-3）

十五
尊者[illegible]說如是答
舌釋提桓因言憍
順釋提桓因言希
為空為无相无
羅三藐三菩提
行空時檀波羅
曰乃至般若波
蜜不
羅蜜不可得何況行般若波羅蜜者四念處
不可得何況脩四念處者乃至八聖道分不
可得何況脩八聖道分者禪解脫三昧定不
可得何況脩禪解脫三昧定者佛十力不可
得何況脩佛十力者四无所畏不可得何況
能生四无所畏者四无礙智不可得何況生
四无礙者者十[illegible]悲不可得[illegible]況行大慈
大悲者十八不共法不可得何況生十八不
共法者何耨多羅三藐三菩提不可得何況

BD14866號　摩訶般若波羅蜜經（四十卷本）卷二九　（3–1）

可得何況脩八聖道分者禪解脫三昧定不
可得何況脩禪解脫三昧定者佛十力不可
得何況脩佛十力者四无所畏不可得何況
能生四无所畏者四无礙智不可得何況生
四无礙者者十[illegible]悲不可得[illegible]況行大慈
大悲者十八不共法不可得何況生十八不
共法者何耨多羅三藐三菩提不可得何況
得何耨多羅三藐三菩提者一切智不可得
何況得一切智者如來不可得何況當得作
如來者无生法不可得何況得无生法作證
者三十[illegible]相[illegible]可得何況得[illegible]十二相者八
十隨形好不可得何況得八十隨形好者何以
故憍尸迦須菩提比丘一切法離行一切法
无所得行一切法空行一切法无相行一切
法无作行憍尸迦是為須菩提比丘所行欲
比菩薩摩訶薩般若波羅蜜行者百分不及
一千分[illegible]万億分乃至筭數譬喻所不能及
何以故除佛行是菩薩摩訶薩行般若波羅
蜜於聲聞辟支佛諸行中最尊最妙最上以
是故菩薩摩訶薩欲得於一切衆生中最上
當行是般若波羅蜜行何以故憍尸迦諸菩
薩摩訶薩行般若波羅蜜時過聲聞辟支佛
地入菩薩位能具足佛法得一切種智斷一
切煩惱習作佛是會中諸三十三天以天文陁
羅華散佛及僧是時八百比丘從座起以華
散佛偏袒右肩合掌右膝著地白佛言世尊
我等當行是无上行聲聞辟支佛所不能行
尒時佛知諸比丘心行便微咲如諸佛法種

BD14866號　摩訶般若波羅蜜經（四十卷本）卷二九　（3–2）

地入菩薩位能具足佛法得一
切煩惱習作佛是會中諸三十三天以天文陁
羅華散佛及僧是時八百比丘從座起以華
散佛偏袒右肩合掌右膝著地白佛言世尊
我等當行是无上行聲聞辟支佛所不能行
尒時佛知諸比丘心行便微咲如諸佛法種
種色光青黃赤白紅縹從口中出遍照三千
大千國土遶佛三迊還從頂入尒時阿難偏
袒右肩右膝著地白佛言世尊何因緣微咲
諸佛不以无因緣而咲佛告阿難是八百比
丘於如宿劫中當得阿耨多羅三藐三菩提
佛名散華皆同一字比丘僧世界壽命皆等
各各過十万歲出家作佛是時諸世界常雨
五色天華以是故阿難菩薩摩訶薩欲行深
上行應當行般若波羅蜜佛告阿難若有善
男子善女人能行是深般若波羅蜜當知是
菩薩人中死此間生若兜率天上死來生此
間若人中若兜率天上廣聞是深般若波羅
蜜阿難我見是諸菩薩摩訶薩能行是深般
若波羅蜜阿難若有善男子善女人聞是深
般若波羅蜜受持讀誦親近正憶念轉復次
般若波羅蜜教行菩薩道者當知是菩薩面

BD14866 號　摩訶般若波羅蜜經（四十卷本）卷二九　（3–3）

柘
慈尊
菩薩
菩薩　三十二相身　具足諸光明　棒持授於母
輦　皆周寶莊嚴　母子昇其中　諸天共持輿
千種妙音樂　引導而還宮　慈氏入都城　天花如雨落
慈尊誕降日　懷妊諸婇女　並得身安隱　皆生智慧男
善淨慈尊父　覩子奇妙容　具三十二相　心生大歡喜
父依占察法　知子有二相　處俗作輪王　出家成正覺
菩薩既成立　慈愍諸群生　衆苦險難中　淪迴常不息
金色光明朗　聲如大梵音　目等青蓮葉　支體悉圓滿
身長八十肘　二十肘肩量　面廣肩量半　滿月相端嚴
菩薩明衆藝　善教受學者　請業童蒙等　八萬四千人
時彼餉佉王　建立七寶幢　幢高七十尋　廣有尋十六
寶幢造成已　王發大捨心　施與婆羅門　等設无遮會
其時諸梵志　數有一千人　得此妙寶幢　毀折須臾頃
菩薩覩斯已　念世俗皆然　生死皆羇籠　悉求於出離
祈誠寂滅道　棄俗而出家　生老病死中　救之令得出
慈尊興願曰　八萬四千人　俱生厭離心　並隨脩梵行
於初發心夜　捨俗而出家　還於此夜中　而昇菩覺地
時有菩提樹　号名曰龍花　高四踰繕那　蓊鬱而榮茂
枝條覆四面　蔭六拘盧舍　慈氏大慈尊　於下成正覺
於人中尊勝　具八梵音聲　說法安衆生　令離諸有出

BD14867 號　彌勒下生成佛經（義淨本）　（4–1）

菩薩觀斯已　念世俗皆然　生死苦羇籠　思求於出離
祈誠將滅道　棄俗而出家　生老病死中　救之令得出
慈尊與願曰　八萬四千人　俱生猒離心　並隨脩梵行
於初發心夜　捨俗而出家　還於此夜中　而昇等覺地
時有菩提樹　号名曰龍花　高四踰繕那　蓊欝而榮茂
枝條覆四面　蔭六拘盧舍　慈氏大悲尊　於下成正覺
於人中尊勝　具八梵音聲　說法度眾生　令離諸煩惱
苦及苦生處　一切皆除滅　能脩八正道　登彼涅槃岸
為諸清信者　說此四真諦　得聞此妙法　至誠而奉持
於妙花園中　諸眾如雲集　滿百由旬內　眷屬皆充滿
彼輪王餉佉　聞深妙法已　盡捨諸珎寶　祈心慕出家
不戀上宮闈　至求於出離　八萬四千眾　咸隨而出家
復八萬四千　婆羅門童子　聞王捨塵俗　亦來求出家
主藏臣長者　其名曰善財　并與千眷屬　亦來求出家
寶女毗舍佉　及餘諸從者　八萬四千眾　亦來求出家
復過百千數　善男善女等　聞佛宣妙法　亦來求出家
无上天人尊　大慈悲聖主　普觀眾心已　而演出要法
告眾汝應知　慈悲釋迦主　教汝脩正道　來生我法中
或以香花鬘　幢幡蓋嚴飾　供養牟尼主　來生我法中
或賫金沉水　香泥用塗拭　供養牟尼塔　來生我法中
或歸佛法僧　恭敬常親近　常脩諸善行　來生我法中
或於佛法中　受持諸學處　善護无缺犯　來生我法中
或於四方僧　施衣服飲食　并奉妙醫藥　來生我法中
或於四齋辰　及在神通月　受持八支戒　來生我法中
或以三種通　神境記教授　化導聲聞眾　咸令煩惑除
初會為說法　廣度諸聲聞　九十六億人　令出煩惱障
第二會說法　廣度諸聲聞　九十四億人　令渡无明海
第三會說法　廣度諸聲聞　九十二億人　令心善調伏
三轉法輪已　人天普純淨　將諸弟子眾　乞食入城中
既入妙幢城　衢巷皆嚴飾　為供養佛故　天雨曼陀花

BD14867號　彌勒下生成佛經（義淨本）　（4–2）

初會為說法　廣度諸聲聞　九十六億人　令出煩惱障
第二會說法　廣度諸聲聞　九十四億人　令渡无明海
第三會說法　廣度諸聲聞　九十二億人　令心善調伏
三轉法輪已　人天普純淨　將諸弟子眾　乞食入城中
既入妙幢城　衢巷皆嚴飾　為供養佛故　天雨曼陀花
四王及梵王　并餘諸天眾　香花鬘供養　輔翼大悲尊
大威德諸天　散以妙衣服　繽紛遍城邑　瞻仰大醫王
以妙寶香花　散灑諸衢術　履踐於其上　猶若覩羅綿
音樂及幢幡　夾路而行列　人天帝釋眾　稱讚大慈尊
南謨天上尊　南謨士中勝　善哉薄伽梵　能哀愍世間
有大威德天　當作魔王眾　歸心合掌礼　讚仰於道師
梵王諸天眾　眷屬而圍繞　各以梵音聲　闡揚微妙法
於此世界中　多是阿羅漢　銷除有漏業　永離煩惱苦
人天龍神等　乾闥阿脩羅　羅剎及藥叉　皆歡喜供養
彼時諸大眾　斷障除疑惑　超越生死流　善脩清淨行
彼時諸大眾　離著棄珎財　无我我所心　善脩清淨行
彼時諸大眾　毀破貪愛網　圓滿靜慮心　善脩清淨行
慈氏天人尊　哀愍有情類　期於六萬歲　說法度眾生
化滿百千億　令渡煩惱海　有緣皆拯濟　方入涅槃城
慈氏大悲尊　入般涅槃後　正法住於世　亦滿六萬年
若於我法中　深心能信受　當來下生日　必奉大悲尊
若有聰慧者　聞說如是事　誰不起忻樂　願逢慈氏尊
若求解脫人　希遇龍花會　常供養三寶　當勤莫放逸
尒時世尊為舍利子及諸大眾記當來慈氏事
已復告舍利子若有善男子善女人聞此法已
受持讀誦為他演說如說脩行香花供養書
寫經卷是諸人等當來之世必得值遇慈氏
下生於三會中咸蒙救度尒時世尊說此頌
已舍利子及諸大眾歡喜信受頂戴奉行

BD14867號　彌勒下生成佛經（義淨本）　（4–3）

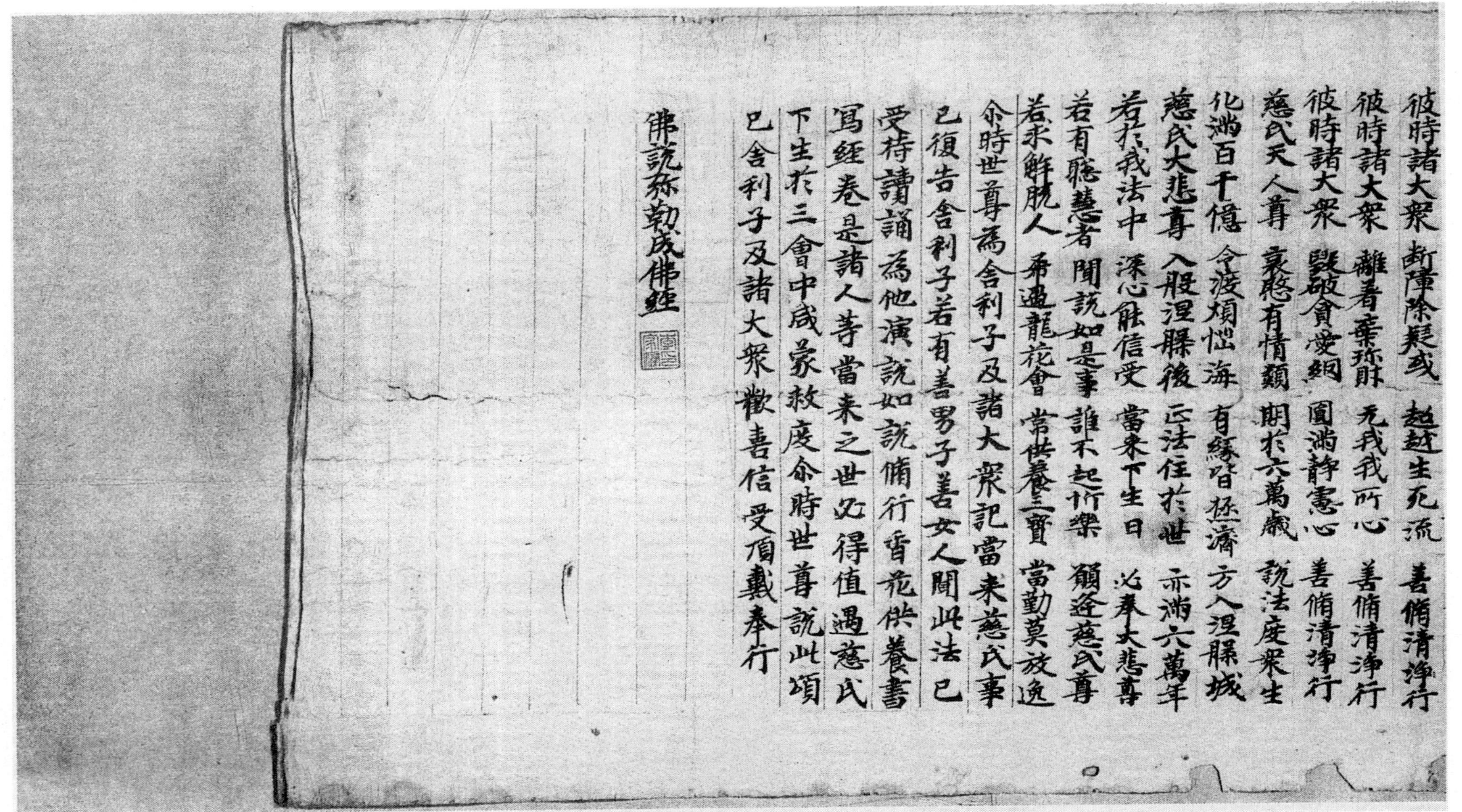
彼時諸大衆 斷障除疑惑 超越生死流 善脩清淨行
彼時諸大衆 離着棄珎財 无我我所心 善脩清淨行
彼時諸大衆 毀破貪愛網 圓滿靜慮心 善脩清淨行
慈氏天人尊 哀愍有情類 朗於六萬歲 說法度衆生
化滿百千億 令渡煩惱海 有緣皆拯濟 方入涅槃城
慈氏大悲尊 入般涅槃後 正法住於世 亦滿六萬年
若於我法中 深心能信受 當來下生日 必奉大悲尊
若有聰慧者 聞說如是事 誰不起忻樂 願逢慈氏尊
若求解脫人 希遇龍花會 常供養三寶 當勤莫放逸
尒時世尊為舍利子及諸大衆記當來慈氏事
已復告舍利子若有善男子善女人聞此法已
受持讀誦為他演說如說脩行香花供養書
寫經卷是諸人等當來之世必得值遇慈氏
下生於三會中咸蒙救度尒時世尊說此頌
已舍利子及諸大衆歡喜信受頂戴奉行

佛說弥勒成佛經

BD14867 號　彌勒下生成佛經（義淨本）　　（4–4）

緣者觸大等不持心起於三寶師僧父母所起不尊
重心及生瞋恚而不忍受滅燈火不持心此等皆是
惡作罪且隨■要言之若更有餘者隨所憶罪此等皆應說■而悔或有責心者云何
責心凡出家者於不謹慎心中違律教時即須自
責心云此事是我所不應作我從今已去更不如是
若常能如此自勉剋責時自然不虧諸戒須如佛教意
在於此又凡出家受十戒及大戒已去二事皆白親教
師或軌範師唯除五事不須言白云何爲五謂大小便
利飲淨水嚼齒木同一界內齋四十九尋內礼佛遶塔
餘皆須白若不白師者一一皆得惡作罪凡至寢處灑拖
日應對不同犯清淨苾芻■隨其大小而爲敬儀蹲
踞合掌憶其罪名作如是說具壽存念我苾芻某甲
有故妄語等隨其犯者稱之犯衆多根本波逸底迦罪及
衆多方便惡作罪或不嚼齒木等隨有稱之犯衆多根本
惡作罪及衆多方便惡作罪此等諸罪各有不敬聖
教波逸底迦罪及此方便惡作罪并不■向人發露
各有覆藏罪此所犯罪我今於具壽前從清淨來並
皆發露不作覆藏由發露已便得安樂三說已彼應問
言汝見罪不答言我見又問將來諸戒能善護不答
言能護所對苾芻應云■向箄迦梵語此義翻爲方便由作此事是解脫之方便也其說
罪者答言娑度此云善哉若犯僧伽伐尸沙罪者但且對發
露後別行法若犯窣吐羅罪及捨墮罪准法除之每
食罪發願法　准如律教若苾芻食之時皆須誦
持欹拏他伽謂施頌也隨於靜處或坐或立或可經
行先■誦小經一紙半紙次誦伽他云　飲食已訖
當願衆生人德行■充盈成十種力■所爲施者必獲其義利

等諸
〻不淨見多者觀自身不淨
細揭繫心一處難故內外觀漸習
內壞色相但觀外問曰若无內色相
誰當觀外荅曰是爲得解道非實道行者念
未來死火燒虫噉埋著土中皆磨滅若現在
觀亦分別是身乃至微塵皆无是名內无色
相外觀色問曰二勝處見內外色六勝處但
見外色一背捨見內外色二背捨但見外色
何以故但內有壞色相外色不能壞若曰行
者眼見是身有死相耶是未來死相以現今
身外四大不見滅相故難可觀无故不說外
色壞復次離色界時是時亦不見外色淨背
捨身作證者不淨中淨觀如八勝處說前八一
切處觀清淨地水火風及青黃赤白觀青色
如青蓮華如金精山如優摩伽華如真青染
衣觀黃赤白各隨色亦如是揔名淨

何以故但內有壞色相外色不能壞若曰行
者眼見是身有死相耶是未來死相以現今
身外四大不見滅相故難可觀无故不說外
色壞復次離色界時是時亦不見外色淨背
捨身作證者不淨中淨觀如八勝處說前八一
切處觀清淨地水火風及青黃赤白觀青色
如青蓮華如金精山如優摩伽華如真青染
衣觀黃赤白各隨色亦如是揔名淨
背捨問曰若揔是淨背捨不應說一切處若
曰背捨是初行者勝處是中一切處是久行
不淨觀有二種一者不淨二者淨不淨觀中
二背捨四勝處淨觀一背捨四勝處八一切
處問曰行者以不淨爲淨名爲顛倒淨背捨
觀云何不顛倒荅曰女色不淨妄見爲淨是
名顛倒淨背捨觀一切實青色廣大故不
顛倒復次爲調心故淨觀以久習不淨觀心
猒以是故習淨觀非顛倒亦是中不著故復
次行者先觀身不淨隨身法所有內外不淨
繫心觀中是時生猒婬恚癡薄即自警悟我
爲无目此身如是云何生著攝心實觀无令
復錯心既調柔想身皮宍血髓不淨除却唯
有白骨繫心骨人若外馳散攝之令還深攝
心故見白骨流光如珂如貝能照內外諸物

著　録　凡　例

本目錄採用條目式著錄法。諸條目意義如下：

1.1　著錄編號。用漢語拼音首字“BD”表示，意為“北京圖書館藏敦煌遺書”，簡稱“北敦號”。文獻寫在背面者，標註為“背”。一件遺書上抄有多個文獻者，用數字1、2、3等標示小號。一號中包括幾件遺書，且遺書形態各自獨立者，用字母A、B、C等區別。

1.2　著錄分類號。本條記目錄暫不分類，該項空缺。

1.3　著錄文獻的名稱、卷本、卷次。

1.4　著錄千字文編號。

1.5　著錄縮微膠卷號。

2.1　著錄遺書的總體數據。包括長度、寬度、紙數、正面抄寫總行數與每行字數、背面抄寫總行數與每行字數。如該遺書首尾有殘破，則對殘破部分單獨度量，用加號加在總長度上。凡屬這種情況，長度用括弧標註。

2.2　著錄每紙數據。包括每紙長度及抄寫行數或界欄數。

2.3　著錄遺書的外觀。包括：（1）裝幀形式。（2）首尾存況。（3）護首、軸、軸頭、天竿、縹帶，經名是書寫還是貼簽，有無經名號，扉頁、扉畫。（4）卷面殘破情況及其位置。（5）尾部情況。（6）有無附加物（蟲繭、油污、線繩及其他）。（7）有無裱補及其年代。（8）界欄。（9）修整。（10）其他需要交待的問題。

2.4　著錄一件遺書抄寫多個文獻的情況。

3.1　著錄文獻首部文字與對照本核對的結果。

3.2　著錄文獻尾部文字與對照本核對的結果。

3.3　著錄錄文。

3.4　著錄對文獻的說明。

4.1　著錄文獻首題。

4.2　著錄文獻尾題。

5　著錄本文獻與對照本的不同之處。

6.1　著錄本遺書首部可與另一遺書綴接的編號。

6.2　著錄本遺書尾部可與另一遺書綴接的編號。

7.1　著錄題記、題名、勘記等。

7.2　著錄印章。

7.3　著錄雜寫。

7.4　著錄護首及扉頁的內容。

8　著錄年代。

9.1　著錄字體。如有武周新字、合體字、避諱字等，予以說明。

9.2　著錄卷面二次加工的情況。包括句讀、點標、科分、間隔號、行間加行、行間加字、硃筆、墨塗、倒乙、刪除、兌廢等。

10　著錄敦煌遺書發現後，近現代人所加內容，裝裱、題記、印章等。

11　備註。著錄揭裱互見、圖版本出處及其他需要說明的問題。

上述諸條，有則著錄，無則空缺。

為避文繁，上述著錄中出現的各種參考、對照文獻，暫且不列版本說明。全目結束時，將統一編制本條記目錄出現的各種參考書目。

本條記目錄為農曆年份標註其公曆紀年時，未進行歲頭年末之換算，請讀者使用時注意自行換算。

條 記 目 錄

BD14801—14869

1.1 BD14801 號
1.3 同光二年（924）都司金剛鋭牒（擬）
1.4 新 1001
2.1 37.5×29.6 厘米；2 紙；正面 23 行，行字不等；背面 32 行，行 29 字。
2.2 01：14.0，09； 02：23.5，14。
2.3 卷軸裝。首尾均殘。首紙中部破裂，全卷無天頭地腳，下有殘損。正面有古代裱補。
2.4 本遺書包括 2 個文獻：（一）《同光二年都司金剛鋭牒》（擬），23 行，抄寫在正面，今編為 BD14801 號。（二）《論第八識》（擬），32 行，抄寫在背面，今編為 BD14801 號背。
3.3 錄文：

（首殘）
壹阡貳碩叁㪷柒勝（升）半麥粟黄麻油麵豆綾花物等見在庫/
叁佰捌碩貳勝（升）麥/
叁佰叁拾陸碩貳㪷/
陸勝（升）壹抄粟，陸拾碩/
玖㪷玖勝（升）貳抄黄麻/
肆㪷捌升貳抄半勝（升）油/
壹拾伍碩捌㪷麵/
貳佰柒拾伍碩捌/
㪷壹抄豆 伍/
拾尺大綾/
衣物：故黄羅帔子壹條 市錦/
肆尺 白練玖尺 緋羅繡壹/
丈伍尺 紅羅裙壹腰 青/
繡裙壹腰/
右通前件都師金剛鋭承前當廻殘及今掌新附/
厨田磑顆（課）散施諸色破除等一一詣實如前/
伏請 處分/
牒件狀如前謹牒/
同光貳年歲次丁亥十二月廿七日都師（司）金剛鋭牒/
徒衆
徒衆
徒衆
徒衆
（錄文完）

8 924 年。歸義軍時期寫本。
9.1 楷書。
9.2 有倒乙。
10 卷首上方有陽文硃印，1.2×1.6 厘米，印文為“寶梁/閣/”。卷尾下方有陽文硃印，1.4×3.1 厘米，印文為“曾在不因/人熱之室/”。

1.1 BD14801 號背
1.3 論第八識（擬）
1.4 新 1001
2.4 本遺書由 2 個文獻組成，本文獻為第 2 個，32 行，抄寫在背面。餘參見 BD14801 號之第 2 項。
3.4 說明：
本文獻首 1 行上中殘，尾 1 行上殘。內容為論述第八識，屬於法相唯識理論。或為疏釋，詳情待考。
7.1 背面 2 紙接縫上部有“堅信”2 字。
8 9~10 世紀。歸義軍時期寫本。
9.1 楷書。
9.2 有科分。有行間校加字。

1.1 BD14802 號
1.3 佛性觀修善法
1.4 新 1002
2.1 （14+826）×28.5 厘米；20 紙；共 409 行，行 20 餘字。
2.2 01：14+24，16； 02：43.0，18； 03：43.0，18；
04：43.0，18； 05：43.0，21； 06：43.0，22；
07：43.0，22； 08：43.0，22； 09：43.0，22；
10：43.0，20； 11：43.0，22； 12：43.0，22；

13：43.0，21；　14：43.0，22；　15：43.0，23；
16：43.0，22；　17：43.0，22；　18：43.0，22；
19：43.0，21；　20：28.0，13。
2.3 卷軸裝。首殘尾殘。卷面有水漬及破裂，首紙有殘洞，上下邊有殘缺。背有古代裱補。有烏絲欄。已修整。
3.1 首6行上殘→《藏外佛教文獻》，04/0336A20。
3.2 尾缺→《藏外佛教文獻》，04/0362A13。
8 8世紀。唐寫本。
9.1 楷書。有武周新字“埊（地）”，使用不周遍。
9.2 有倒乙、刪除及重文號。有硃、墨筆行間校加字及校改。有硃筆斷句及點祛。
10 背貼紙簽上寫有“失名經論，/一捲，/九五八”。
13 參見《藏外佛教文獻》第九輯《佛性觀修善法》。

1.1 BD14803號
1.3 藥師瑠璃光如來本願功德經
1.4 新1003
2.1 324.5×25.4厘米；8紙；共173行，行17字。
2.2 01：13.2，07；　02：46.8，25；　03：46.8，25；
04：47.0，25；　05：47.0，25；　06：46.7，25；
07：47.0，25；　08：30.0，16。
2.3 卷軸裝。首尾均斷。打紙，砑光上蠟。有烏絲欄。背有現代裱補。
3.1 首殘→大正0450，14/0405A01。
3.2 尾殘→大正0450，14/0407A16。
8 7～8世紀。唐寫本。
9.1 楷書。

1.1 BD14804號1
1.3 救諸衆生苦難經
1.4 新1004
2.1 86.5×30.5厘米；2紙；共48行，行20餘字。
2.2 01：43.5，23；　02：43.0，25。
2.3 卷軸裝。首尾均全。卷面有殘洞，首紙上下邊有破裂。有烏絲欄。
2.4 本遺書包括2個文獻：（一）《救諸衆生苦難經》，13行，今編為BD14804號1。（二）《齋法清淨經》，33行，今編為BD14804號2。
3.1 首全→大正2915，85/1461C06。
3.2 尾全→大正2915，85/1461C24。
4.1 救諸衆生苦難經一卷（首）。
8 960年。歸義軍時期寫本。
9.1 楷書。
9.2 有刪除號及校改。
13 與BD14804號2字跡相同，為同一人書寫。

1.1 BD14804號2
1.3 齋法清淨經
1.4 新1004
2.4 本遺書由2個文獻組成，本文獻為第2個，33行。餘參見BD14804號1之第2項。
3.1 首全→大正2900，85/1431C3。
3.2 尾全→85/1432A24。
4.1 佛說齋法清淨經一卷（首）。
4.2 佛說齋法清淨經一卷（尾）。
5 與《大正藏》本對照，有缺文。參見大正85/1432A22～23。
7.1 卷尾有題記：“顯德柒年（960）庚申歲次正月三日信士弟子姚賢者信心讀誦此經一卷”。
8 960年。歸義軍時期寫本。
9.1 楷書。
13 與BD14804號1字跡相同，為同一人書寫。

1.1 BD14805號
1.3 加句靈驗佛頂尊勝陀羅尼
1.4 新1005
2.1 86.4×28.6厘米；2紙；共30行，行19字。
2.2 01：20.4，護首；　02：66.0，30。
2.3 卷軸裝。首尾均全。有護首及竹質天竿，並有殘縹帶。接縫處中下開裂，第2紙有殘洞。扉頁有蟲繭。
3.1 首全→大正0974c，19/0387C22。
3.2 尾全→大正0974c，19/0388A24。
4.1 靈驗加句佛頂尊勝陀羅尼，/特進試鴻臚卿開府儀同三司蕭國公贈司空大興善寺三藏沙/門大廣智不空奉詔譯/（首）。
5 與《大正藏》本的對照，首體不同。無靈驗記，咒文略有參差。可供校勘。
7.1 卷尾有題記：“龍紀初祀，太歲作噩，季夏六月，蓂生七葉，奉/命而為錄之。”
7.3 題記後有雜寫“龍記初祀太歲”1行，字跡與原卷不同。
8 889年。歸義軍時期寫本。
9.1 楷書。
10 首題下有陽文硃印，1.9×1.9厘米，印文為“國立北/平圖書/館收藏/”。

1.1 BD14806號1
1.3 辛酉年（961）三月廿二日於倉欠物人名抄錄數目
1.4 新1006
2.1 55.3×26厘米；3紙；正面29行，行字不等；背面3行，行字不等。
2.2 01：18.8，10；　02：14.5，08；　03：22.0，11。
2.3 卷軸裝。首尾均全。上下邊之文字已被剪斷。第2紙背有字3行。通卷上下剪切。
2.4 本遺書包括4個文獻：（一）《辛酉年三月廿二日於倉欠物人名抄錄數目》，9行，抄寫在正面，今編為BD14806號1。

（二）《渠人轉帖》（擬），9 行，抄寫在正面，今編為 BD14806 號 2。（三）《庚午年至壬申年歸義軍破除歷》（擬），12 行，抄寫在正面，今編為 BD14806 號 3。（四）《戊寅年二月十九日義進押衙身故祭□人名目》（擬），3 行，抄寫在背面，今編為 BD14806 號背。

3.4　說明：

本文獻為《辛酉年（961 年或 901 年）三月廿二日於倉欠物人名抄錄數目》。題目中的“倉”應為都司倉。所記錄為神沙鄉賀成潤、龍勒鄉何定德、某鄉薛什德、莫高鄉龍再昇、□戶薛安定、平康鄉李什子、玉關鄉薛癡子、三界寺僧法成、洪池龍意山所便麥粟數目，一一說明至秋應還數目。不少記錄下有畫押及口承人、見人。因上下邊被剪斷，故全文無法完全復原。

8　　9～10 世紀。歸義軍時期寫本。

9.1　楷書。

1.1　BD14806 號 2

1.3　渠人轉帖（擬）

1.4　新 1006

2.4　本遺書由 4 個文獻組成，本文獻為第 2 個，9 行，抄寫在正面，上邊被剪斷。餘參見 BD14806 號 1 之第 2 項。

3.3　錄文：

（首全）

［渠人］轉帖，史再忍、李賢定、孔幸子、押衙孔不勿、押氏（？）孔懷俊、／

□願德、孔保住、傅願通、傅僧子、押衙傅保通、游富德、張佛德、／

□□□保德、康勝住、康員留、裴全兒、康期泊、張員子、張法律、押／

張保岳、王再德、王萬昌、王粉堆、王留千、押衙王員會、張定德、押衙／

□□子、張定德、王義員、王子升、令狐僧子、令狐章友、押衙張灰灰。已上渠／

人，今緣底都鄉西支破，二人落◇一個，各人柴草一束，鍬钁一事。帖／

至，限今月九日卯時於破上取齊，如有後到，罰酒一角。全／

不來，宜有重責。其帖速遞，示名送過，不得停／

滯。如滯者／

（以後文字被後紙疊壓）

3.4　說明：

不少人名旁有墨點。故本轉帖應為當時的實用文書。

8　　9～10 世紀。歸義軍時期寫本。

9.1　行楷。

1.1　BD14806 號 3

1.3　庚午年（970？）至壬申年（972？）歸義軍破除歷（擬）

1.4　新 1006

2.4　本遺書由 4 個文獻組成，本文獻為第 3 個，12 行，抄寫在正面。餘參見 BD14806 號 1 之第 2 項。

3.4　說明：

本文獻為歸義軍時期某倉庫的破歷。文中記錄了三年出庫的油、麥等色物。其中後兩年為“辛未年”、“壬申年”，故第一年應為“庚午年”。疑為 970 年至 972 年。首行屬加行，其“未年”應為“辛未年”。

8　　9～10 世紀。歸義軍時期寫本。

9.1　行楷。

1.1　BD14806 號背

1.3　戊寅年（978？）二月十九日義進押衙身故祭奠人名目（擬）

1.4　新 1006

2.4　本遺書由 4 個文獻組成，本文獻為第 4 個，3 行，抄寫在背面。餘參見 BD14806 號 1 之第 2 項。

3.3　錄文：

（首殘）

戊寅年二月十九日義進押衙身故，祭奠人梁朗、渠子北高、／

進宅、子昇押衙、安都頭、粉堆、再德、萬昌、僧子、丑奴、／

安宅、◇男、義深、安會押衙、富千、唐平水、董□…□／

（錄文完）

7.3　有雜寫“所”字。

8　　9～10 世紀。歸義軍時期寫本。

9.1　行楷。

1.1　BD14807 號

1.3　父母恩重經

1.4　新 1007

2.1　（5.5＋103.5）×25.5 厘米；3 紙；共 60 行，行 18 字。

2.2　01：5.5＋41，27；　02：50.0，28；　03：12.5，05。

2.3　卷軸裝。首尾均全。經黄打紙，研光上蠟。卷首中部殘缺，卷面油污，卷面多有破裂，尾 2 紙接縫處下部開裂。背有古代裱補。有烏絲欄。已修整。

3.1　首 3 行中殘→大正 2887，85/1403B21～24。

3.2　尾全→大正 2887，85/1404A23。

4.1　佛說父母□…□（首）。

4.2　佛說父母恩經（尾）。

7.1　尾題後有題記 3 行：“一為先亡父母神生淨土，二為合家報願平/安，/隨日轉念《父母恩重經》、《無量大慈教經》、《無常經》。”字跡與正文不同，似為歸義軍時期所寫。

7.3　尾題下有“一為國”3 字，與題記字跡相同，應為未寫完之作廢題記。卷首背面有 2 處經名雜寫“佛說父母恩”、“佛說父母恩經”。

7.4　護首有經名“佛說父母□…□”，上有經名號。

8　7～8 世紀。唐寫本。
9.1　楷書。

1.1　BD14808 號
1.3　十地經論卷六
1.4　新 1008
2.1　85.5×26.5 厘米；2 紙；正面 50 行，行 17 字；背面 34 行，行約 28 字。
2.2　01：32.5，19；　02：53.0，31。
2.3　卷軸裝。首殘尾脫。通卷下邊有等距離殘缺，上邊有破裂。通卷油污。有烏絲欄。已修整。
2.4　本遺書包括 3 個文獻：（一）《十地經論》卷六，50 行，抄寫在正面，今編為 BD14808 號。（二）《十法行十地三十二相名數鈔》（擬），25 行，抄寫在背面，今編為 BD14808 號背 1。（三）《論真俗二諦》（擬），9 行，抄寫在背面，今編為 BD14808 號背 2。
2.5　本遺書正面《十地經論》卷六為南北朝晚期寫經，抄寫時間最早，其後殘破廢棄。約 9 世紀左右，有人在其背面空白處作佛教劄記。現存劄記兩條，分別寫在兩紙上，字跡相似，應為同一人所寫；但墨色有不同，內容有差異，可知兩條劄記的書寫時間不同。故此將本文獻分作三個主題文獻著錄。
3.1　首殘→大正 1522，26/0160A27。
3.2　尾殘→大正 1522，26/0160C23。
8　6 世紀。南北朝寫本。
9.1　楷書。

1.1　BD14808 號背 1
1.3　十法行十地三十二相名數鈔（擬）
1.4　新 1008
2.4　本遺書由 3 個文獻組成，本文獻為第 2 個，25 行，抄寫在背面。餘參見 BD14808 號之第 2 項。
3.4　說明：
　　本文獻抄寫、解釋十法行（參見《辯中邊論》卷三）小乘十地、如來三十二相等三個佛教名數。
8　8～9 世紀。吐蕃統治時期寫本。
9.1　行草。

1.1　BD14808 號背 2
1.3　論真俗二諦（擬）
1.4　新 1008
2.4　本遺書由 3 個文獻組成，本文獻為第 2 個，9 行，抄寫在背面。餘參見 BD14808 號之第 2 項。
3.4　說明：
　　本文獻論述真俗二諦。抄寫在第 2 紙上，墨色與《佛教名數雜鈔》（擬）不同，不是同一次所寫，故單獨作為一個主題文獻。
8　8～9 世紀。吐蕃統治時期寫本。
9.1　行草。

1.1　BD14809 號
1.3　瑜伽師地論手記卷一四
1.4　新 1009
2.1　（423.7+2）×28.7 厘米；10 紙；共 344 行，行約 33 字。
2.2　01：43.9，35；　02：43.7，35；　03：43.9，35；
　　04：43.7，35；　05：43.7，35；　06：43.8，35；
　　07：43.8，36；　08：43.8，36；　09：43.7，36；
　　10：29.7+2，26。
2.3　卷軸裝。首脫尾殘。背有古代裱補。有烏絲欄。
3.1　首殘→《藏外佛教文獻》，03/0365A08。
3.2　尾 2 行上殘→《藏外佛教文獻》，03/0403A08。
6.1　首→BD14810 號。
8　9～10 世紀。歸義軍時期寫本。
9.1　行書。
9.2　有硃筆斷句、科分及塗抹。有硃、墨筆行間校加字及校改。有行間加行。
13　第 7 紙背面有 1 行補註文字："言染污者，謂第七識；言樂意者，謂第六識。"

1.1　BD14810 號
1.3　瑜伽師地論手記卷一四
1.4　新 1010
2.1　183.5×30.5 厘米；4 紙；正面 141 行，行 33 字；背面 11 行，行約 33 字。
2.2　01：46.0，33；　02：45.9，33；　03：45.9，33；
　　04：45.7，42。
2.3　卷軸裝。首全尾脫。有烏絲欄。
3.1　首全→《藏外佛教文獻》，03/0349A01。
3.2　尾殘→《藏外佛教文獻》，03/0365A08。
3.4　說明：
　　本文獻首題作"瑜伽論卷第四手記"，但文中所引《瑜伽師地論》原文均為卷十四，故知實為《瑜伽論卷第十四手記》。
4.1　瑜伽論卷第［十］四手記（首）。
6.2　尾→BD14809 號。
8　9～10 世紀。歸義軍時期寫本。
9.1　行書。
9.2　有硃筆斷句、科分及塗抹。有硃、墨筆行間校加字及校改。有行間加行。
13　背面有兩處補註文字。一處為 1 行，作："釋三世義中，各言前際無知等者，等取前文中、後際等十九種無知、十過五六等。"一處為 10 行，"謂諸外道……令生信如論"云云，文長不錄。

1.1　BD14811 號 A
1.3　妙法蓮華經卷三

1.4　新 1011
2.1　86.2×21 厘米；8 紙；共 47 行，行 17 字。
2.2　01：10.7，06；　02：11.0，06；　03：11.0，06；
04：11.0，06；　05：11.0，06；　06：11.0，06；
07：11.0，06；　08：09.5，05。
2.3　卷軸裝。首尾均斷。割截為 8 紙。有烏絲欄。
2.5　本遺書包括敦煌遺書殘卷八種，現代分別依照原卷大小割截為若干紙，裝為册頁。今將該八種殘卷分别編為 BD14811 號 A、BD14811 號 B、BD14811 號 C、BD14811 號 D、BD14811 號 E、BD14811 號 F、BD14811 號 G、BD14811 號 H。
3.1　首殘→大正 0262，09/0023A23。
3.2　尾殘→大正 0262，09/0023C26。
8　7～8 世紀。唐寫本。
9.1　楷書。
10　該册頁藍布封皮，白紙書簽。書簽上有羅振玉題簽"唐人寫經殘卷八種"。前後用夾板護持，裝入精製木盒。

1.1　BD14811 號 B
1.3　孔雀王咒經
1.4　新 1011
2.1　(4+91.1)×21 厘米；8 紙；共 52 行，行 17 字。
2.2　01：13.3，07；　02：12.5，07；　03：12.5，07；
04：13.0，07；　05：13.0，07；　06：12.5，07；
07：12.5，07；　08：05.8，03。
2.3　卷軸裝。首殘尾斷。割截為 8 紙。前 3 紙中間有等距離火燒殘洞。有烏絲欄。
3.1　首 2 行中殘→大正 0988，19/0482A12～14。
3.2　尾殘→大正 0988，19/0482B23。
8　7～8 世紀。唐寫本。
9.1　楷書。

1.1　BD14811 號 C
1.3　大般涅槃經（北本）卷七
1.4　新 1011
2.1　50×21 厘米；4 紙；共 28 行，行 17 字。
2.2　01：12.5，07；　02：12.5，07；　03：12.5，07；
04：12.5，07。
2.3　卷軸裝。首尾均斷。割截為 4 紙。有烏絲欄。
3.1　首殘→大正 0374，12/0405B15。
3.2　尾殘→大正 0374，12/0405C13。
8　6 世紀。南北朝寫本。
9.1　楷書。

1.1　BD14811 號 D
1.3　合部金光明經卷二
1.4　新 1011
2.1　(66.8+9)×21.5 厘米；6 紙；共 44 行，行 17 字。
2.2　01：13.7，08；　02：13.7，08；　03：13.7，08；
04：14.0，08；　05：13.7，08；　06：07.0，04。
2.3　卷軸裝。首斷尾殘。割截為 6 紙。有烏絲欄。
3.1　首殘→大正 0664，16/0370A18。
3.2　尾 5 行中上殘→大正 0664，16/0370B29～C05。
8　7～8 世紀。唐寫本。
9.1　楷書。

1.1　BD14811 號 E
1.3　七階佛名經
1.4　新 1011
2.1　(6.5+59+3)×21.5 厘米；6 紙；共 41 行，行 18～19 字。
2.2　01：6.5+6.5，08；　02：13.0，08；　03：13.0，08；
04：13.5，08；　05：13.0，08；　06：03.0，01。
2.3　卷軸裝。首尾均殘。割截為 6 紙。有烏絲欄。
3.4　説明：
本文獻首 4 行中下殘，尾行中殘。本文獻未為我國歷代大藏經所收，敦煌遺書中存有多號，為敦煌地區古代僧人日常所用禮懺文本。形態歧雜多樣，有待進一步整理。
8　8 世紀。唐寫本。
9.1　楷書。

1.1　BD14811 號 F
1.3　維摩詰所説經卷上
1.4　新 1011
2.1　49.8×24 厘米；4 紙；共 41 行，行 30 餘字。
2.2　01：13.3，11；　02：13.0，11；　03：13.0，11；
04：10.5，08。
2.3　卷軸裝。首尾均斷。割截為 4 紙。首紙中間有殘洞。
3.1　首殘→大正 0475，14/0537C23。
3.2　尾殘→大正 0475，14/0538C16。
8　8～9 世紀。吐蕃統治時期寫本。
9.1　楷書。

1.1　BD14811 號 G
1.3　陀羅尼集經卷二
1.4　新 1011
2.1　28×21.5 厘米；2 紙；共 16 行，行 15～17 字。
2.2　01：14.0，08；　02：14.0，08。
2.3　卷軸裝。首尾均斷。割截為 2 紙。有烏絲欄。
3.1　首殘→大正 0901，18/0799C15。
3.2　尾殘→大正 0901，18/0800A02。
8　7～8 世紀。唐寫本。
9.1　楷書。

1.1　BD14811 號 H

1.3　妙法蓮華經卷一
1.4　新1011
2.1　(3+9.5)×21.5厘米；1紙；共7行，行17字。
2.3　卷軸裝。首尾均殘。有烏絲欄。
3.1　首2行中上殘→大正0262，09/0006B05。
3.2　尾殘→大正0262，09/0006B12。
8　7~8世紀。唐寫本。
9.1　楷書。

1.1　BD14812號
1.3　大般若波羅蜜多經卷一八九
1.4　新1012
2.1　47.6×25.2厘米；1紙；共28行，行17字。
2.3　卷軸裝。首脫尾斷。下邊有破裂。有烏絲欄。現代通卷用薄宣紙托裱。
3.1　首殘→大正0220，05/1016B18。
3.2　尾殘→大正0220，05/1016C16。
8　8~9世紀。吐蕃統治時期寫本。
9.1　楷書。
10　卷尾下部有陰文硃印，0.7×0.7厘米，印文為“馬敘倫”。卷背貼有2個紙簽，上寫“獻1673”、“34168，唐寫經殘字一頁”。

1.1　BD14813號
1.3　天請問經
1.4　新1013
2.1　86.1×27.3厘米；2紙；共49行，行18~19字。
2.2　01：42，25；　02：44.1，24。
2.3　卷軸裝。首尾均全。有烏絲欄。現代通卷托裱為鏡片。
3.1　首全→大正0592，15/0124B12。
3.2　尾全→大正0592，15/0125A07。
4.1　天請問經，三藏法師玄奘奉詔譯(首)。
4.2　天請問經一卷(尾)。
7.1　卷尾有4行題記：“願已次寫經功德，廻施一切有情，離苦得樂，煩惱山崩，無明海竭。若/欲遠行，早達鄉井；若有鸞簸，日進前程；懷胎難日，母子平安；/一切貧窮，速得珍財；盲聾音(暗)啞，心眼早開。生生世世，見佛聞法；/早悟真宗，成等正覺。辛未年六月一日埕匠馬報達在伊州作客寫記之耳”。
8　10世紀。歸義軍時期寫本。
9.1　楷書。
10　卷前端下有陰文硃印，1.45×1.45厘米，印文為“馬叙倫印”。卷尾與拖尾連接處有圓形陽文硃印，直徑2.3厘米，印文為“馬”。拖尾有跋文兩條：

“此卷與《佛說如來相好經》為一人所書，出自敦煌石室。日本人得之，以貽余友張君孟劬。往月，/余有事上海，因走孟劬談藝。孟劬謂：‘蓄此待君久矣！’即持以贈。尋此卷末，署辛未在伊/州作客寫記，蓋書者胡人。唐太宗貞觀四年(630)，以胡人來歸，置西伊州。六年(632)，去‘西’字。天寶元/年(742)，改為伊吾郡。乾元元牟(758)，復為伊州。唐代紀年，凡四值辛未：第一，高宗咸亨二年(671)；第/二，玄宗開元十九年(731)；第三，德宗貞元七年(791)；第四，宣宗大中五年(851)。審書體，於六朝人為/近，則尚是唐初書也。惜‘馬’字上二字不明，依約是‘祖遠’二字，當為書人本貫地名。昔在/京師，觀羅掞東所藏唐開成二年(837)，道士索洞玄寫《真一本際經》，歎為得未曾有。此/卷雖寥寥數十行，然具紀元、書人名氏，並作書之地，則校索書又何如耶！十一年(1922)八月十三日，石屋書於‘嚼梅咀雪’之龕。/”

下有硃印兩枚：(1)陽文，0.9×0.9厘米，印文為“夷初”；(2)陰文，0.85×0.85厘米，印文為“石屋”。

“‘祖遠’乃‘埕匠’二字，‘埕’即‘塑’字異書。向釋非是。二十六年(1937)。敘倫。/”

下有硃印1枚，陰文，1.05×1.05厘米，印文為“馬印敘倫”。

參見浙敦020號。

1.1　BD14814號
1.3　大般若波羅蜜多經卷五二九
1.4　新1014
2.1　(13+72.7)×25厘米；2紙；共52行，行17字。
2.2　01：13+28.5，25；　02：44.2，27。
2.3　卷軸裝。首殘尾斷。有烏絲欄。已修整。
3.1　首8行中下殘→大正0220，07/0714A13~20。
3.2　尾殘→大正0220，07/0714C07。
7.1　卷背有勘記“五百廿九”。
8　8~9世紀。吐蕃統治時期寫本。
9.1　楷書。
10　卷尾背貼紙簽上寫有“寫經39378”。

1.1　BD14815號
1.3　大般若波羅蜜多經卷四三三
1.4　新1015
2.1　(129.3+16)×25.6厘米；3紙；共74行，行17字。
2.2　01：49.3，28；　02：49.0，28；　03：31+16，28。
2.3　卷軸裝。首脫尾殘。首紙有殘洞，上邊有破裂。1、2紙粘接處下部及卷尾上部因遭水浸皺褶，字跡不清。有烏絲欄。已修整。
3.1　首殘→大正0220，07/0180B22。
3.2　尾9行中上殘→大正0220，07/0181B10~20。
8　8~9世紀。吐蕃統治時期寫本。
9.1　楷書。
10　背貼紙簽上寫有“寫經39379”。

1.1　BD14816號
1.3　妙法蓮華經卷七

1.4　新 1016
2.1　(30.5 +204.6 +2) ×24.5 厘米；6 紙；共 140 行，行 17 字。
2.2　01：46.0，27；　02：47.5，28；　03：47.3，28；
04：47.3，28；　05：47.0，28；　06：02.0，01。
2.3　卷軸裝。首尾均殘。經黄打紙，砑光上蠟。卷面多鳥糞。通卷横向折疊 3 道，並斷為 3 截。有烏絲欄。
3.1　首 17 行中上殘→大正 0262，09/0059B19 ~ C08。
3.2　尾行中殘→大正 0262，09/0061B04 ~ 05。
8　7 ~ 8 世紀。唐寫本。
9.1　楷書。
10　卷首背下端貼有紙簽："寫經 39380 號"。

1.1　BD14817 號
1.3　維摩詰所説經卷中
1.4　新 1017
2.1　48 ×25.5 厘米；1 紙；共 28 行，行 17 字。
2.3　卷軸裝。首尾均脱。經黄打紙，砑光上蠟。上下邊殘損，中間有殘洞。有烏絲欄。已修整。
3.1　首殘→大正 0475，14/0551B24。
3.2　尾殘→大正 0475，14/0551C26。
8　7 ~ 8 世紀。唐寫本。
9.1　楷書。
10　卷首背下端粘有紙簽："寫經 39381 號"。

1.1　BD14818 號
1.3　般若波羅蜜多心經
1.4　新 1018
2.1　(3 +45) ×20 厘米；1 紙；共 19 行，行 17 字。
2.3　卷軸裝。首殘尾全。經黄打紙。卷面殘破，污穢變色，上下邊被剪缺。有烏絲欄。已修整。
3.1　首 2 行上下殘→大正 0251，08/0848C04 ~ 07。
3.2　尾全→大正 0251，08/0848C24。
4.1　□□□若波羅蜜多□經（首）。
4.2　蜜多心經（尾）。
7.1　尾題後有題記"比丘僧宗一奉為師僧父母法界衆生敬寫"。
8　7 ~ 8 世紀。唐寫本。
9.1　楷書。
10　背貼紙簽上寫有"寫經 39382"。

1.1　BD14819 號
1.3　金剛般若波羅蜜經
1.4　新 1019
2.1　49 ×25.4 厘米；1 紙；共 28 行，行 17 字。
2.3　卷軸裝。首尾均脱。尾有殘洞。上下有蟲繭。有烏絲欄。
3.1　首殘→大正 0235，08/0752B03。
3.2　尾全→大正 0235，08/0752C02。
8　8 世紀。唐寫本。
9.1　楷書。
10　背貼紙簽上寫有"寫經 39383"。

1.1　BD14820 號
1.3　大般若波羅蜜多經卷五三〇
1.4　新 1020
2.1　(21.7 +23) ×25.5 厘米；1 紙；共 27 行，行 17 字。
2.3　卷軸裝。首脱尾斷。下部有殘缺。卷尾有污損；有烏絲欄。
3.1　首殘→大正 0220，07/0719B08。
3.2　尾殘→大正 0220，07/0719C05。
7.1　背有勘記"五百卅"（本文獻卷次）"界"（本遺書所屬敦煌三界寺簡稱）。
8　8 ~ 9 世紀。吐蕃統治時期寫本。
9.1　楷書。
10　背貼紙簽上寫有"寫經 39384"。

1.1　BD14821 號
1.3　妙法蓮華經卷七
1.4　新 1021
2.1　25 ×25.8 厘米；1 紙；共 15 行，行 17 字。
2.3　卷軸裝。首斷尾脱。經黄打紙。卷首中部破裂。有烏絲欄。
3.1　首殘→大正 0262，09/0055B28。
3.2　尾殘→大正 0262，09/0055C15。
8　7 ~ 8 世紀。唐寫本。
9.1　楷書。
10　背貼紙簽上寫有"寫經 39385"。

1.1　BD14822 號
1.3　阿彌陀經
1.4　新 1022
2.1　54.3 ×26 厘米；2 紙；共 23 行，行 17 字。
2.2　01：12.1，護首；　02：42.2，23；
2.3　卷軸裝。首全尾脱。有護首，殘留半截竹質天竿。卷面污穢，多水漬，接縫處下開裂。有烏絲欄。
3.1　首全→大正 0366，12/0346B25。
3.2　尾殘→大正 0366，12/0347A06。
4.1　佛説阿彌陀經（首）。
7.4　護首有經名"佛説阿彌陀經"，上有經名號。
8　7 ~ 8 世紀。唐寫本。
9.1　楷書。
10　背貼紙簽上寫有"寫經 39386"。

1.1　BD14823 號
1.3　金剛般若波羅蜜經
1.4　新 1023
2.1　(7 +205.1) ×25.1 厘米；6 紙；共 122 行，行 17 字。

2.2 01：29.7，19； 02：43.1，26； 03：37.2，23；
04：40.0，24； 05：43.3，26； 06：18.8，04。
2.3 卷軸裝。首殘尾全。卷首破損嚴重，第5、6紙接縫處下開裂。有燕尾。有烏絲欄。已修整。
3.1 首5行上下殘→大正0235，08/0751A11～16。
3.2 尾全→大正0235，08/0752C03。
4.2 金剛般若波羅蜜經（尾）。
5 與《大正藏》本對照，本號經文無冥司偈，參見《大正藏》，8/751C16～19。
8 7～8世紀。唐寫本。
9.1 楷書。
10 背貼紙簽上寫有“寫經39387”。

1.1 BD14824號
1.3 灌頂章句拔除過罪生死得度經
1.4 新1024
2.1 423.3×25.8厘米；10紙；共248行，行17字。
2.2 01：41.7，25； 02：47.2，28； 03：47.0，28；
04：47.1，28； 05：46.9，28； 06：47.0，28；
07：46.8，28； 08：47.0，28； 09：46.8，27；
10：05.8，拖尾。
2.3 卷軸裝。首斷尾全。打紙，砑光上蠟。卷面多有破裂殘損，第9紙有殘洞。有燕尾。有烏絲欄。已修整。
3.1 首殘→大正1331，21/0533B06。
3.2 尾全→大正1331，21/0536B05。
4.2 藥師經卷（尾）。
8 7～8世紀。唐寫本。
9.1 楷書。
9.2 有行間校加字。
10 首紙背面寫有“藥師經”。第9紙背面寫有“藥師經”。

1.1 BD14825號AA
1.3 四分律疏（擬）
1.4 新1025
2.1 （1.3+83.5+6）×26.6厘米；7紙；共29行，行27字。
2.2 01：12.8，05； 02：12.6，06； 03：13.2，06；
04：13.2，06； 05：13.0，06； 06：13.5，06；
07：12.5，06。
2.3 卷軸裝。首尾均殘。現代割截為7紙，裝為册頁裝。
2.5 本遺書包括敦煌遺書殘卷32種，現代分別按照原卷大小割截為若干紙，裝為册頁裝，共計4册。其中第一册5種，第二册8種，第三册14種，第四册5種。今將第一册5種殘卷分別編為BD14825號AA、BD14825號AB、BD14825號AC、BD14825號AD、BD14825號AE。
3.4 說明：

本文獻首殘，尾3行上中殘。為對《四分律》卷六“三十捨墮法之一”相關文字的疏釋。未為歷代大藏經所收。

8 6世紀。南北朝寫本。
9.1 隸楷。
9.2 有倒乙及重文號。
10 每册均有青紙封皮，粉紅水斑紙題簽。外有雲頭護套，上有粉紅水斑紙題簽，作“鳴沙石室殘卷集腋，六朝寫經四册”。下有陰文硃印，1.3×1.3厘米，印文為“雪堂長物”。“腋”下有後人墨筆“全◇”2字。

第一册題簽作“鳴沙石室六朝寫經叢殘甲，貞松堂藏”，下有陽文硃印，0.7×0.7厘米，印文為“羅振玉印”。封面貼有紙簽，上寫“古三，新249/1”。

卷首下部有陽文硃印，2.7×4.7厘米，印文為“侯官何遂敘父藏□□金石書畫之記”。

卷中夾有紙簽，上寫“第卅一種，北魏人寫經，/何遂審定”。後有陰文硃印，0.8×0.8厘米，印文為“敍圃書畫”。

1.1 BD14825號AB
1.3 賢愚經卷九
1.4 新1025
2.1 （51+7）×21厘米；5紙；共29行，行17字。
2.2 01：12.5，08； 02：12.2，08； 03：12.4，08；
04：12.4，08； 05：1.5+7，05。
2.3 卷軸裝。首斷尾殘。首紙上方殘損，尾端殘破。有烏絲欄。現代割截為5紙，裝為册頁裝。第1、2紙剪貼互為顛倒。
3.1 首殘→大正0202，04/0414A24。
3.2 尾4行上下殘→大正0202，04/0414B22～26。
8 6世紀。南北朝寫本。
9.1 隸楷。

1.1 BD14825號AC
1.3 賢愚經卷九
1.4 新1025
2.1 48×21厘米；5紙；共30行，行17字。
2.2 01：11.2，07； 02：11.1，07； 03：11.3，07；
04：11.2，07； 05：03.2，02。
2.3 卷軸裝。首尾均斷。有烏絲欄。現代割截為5紙，裝為册頁裝。
3.1 首殘→大正0202，04/0413C12。
3.2 尾殘→大正0202，04/0414A15。
8 6世紀。南北朝寫本。
9.1 隸楷。
9.2 有行間校加字及倒乙。

1.1 BD14825號AD
1.3 大般涅槃經（北本）卷一五
1.4 新1025
2.1 （1+72.9+4.8）×21厘米；8紙；共52行，行17字。
2.2 01：10.2，07； 02：10.8，07； 03：10.7，07；

04：10.7，07；　05：10.5，07；　06：10.5，07；
07：10.5，07；　08：04.8，03。
2.3　卷軸裝。首尾均殘。首、尾紙皆有殘缺。有烏絲欄。現代割截為8紙，裝為册頁裝。
3.1　首行上殘→大正0374，12/0452B04。
3.2　尾3行中下殘→大正0374，12/0452C26～28。
8　5～6世紀。南北朝寫本。
9.1　隸書。
9.2　有2處硃筆點標。有行間校加字。有雌黄塗改。

1.1　BD14825號AE
1.3　大般涅槃經（北本）卷一四
1.4　新1025
2.1　(7.5+39.4+3.1)×21厘米；5紙；共32行，行17字。
2.2　01：7.5+3，07；　02：11.2，07；　03：11.1，07；
04：11.1，07；　05：3+3.1，04。
2.3　卷軸裝。首尾均殘。首紙中部有殘洞，第2紙有接縫，尾紙殘損。有烏絲欄。現代割截為5紙，裝為册頁裝。
3.1　首3行上中殘→大正0374，12/0447C18～20。
3.2　尾2行中下殘→大正0374，12/0448A21。
8　6世紀。南北朝寫本。
9.1　隸楷。
9.2　有重文號。

1.1　BD14825號BA
1.3　大方等大集經卷四
1.4　新1025
2.1　(3.3+26.6)×21厘米；3紙；共19行，行17字。
2.2　01：3.3+7.5，07；　02：11.1，07；　03：08.0，05。
2.3　卷軸裝。首殘尾斷。首紙殘損，第3紙有接縫。有烏絲欄。現代割截為3紙，裝為册頁裝。
2.5　本遺書包括敦煌遺書殘卷32種，現代分別按照原卷大小割截為若干紙，裝為册頁裝，共計4册。其中第一册5種，第二册8種，第三册14種，第四册5種。今將第二册8種殘卷分别編為BD14825號BA、BD14825號BB、BD14825號BC、BD14825號BD、BD14825號BE、BD14825號BF、BD14825號BG、BD14825號BH。
3.1　首2行上殘→大正0397，13/0023C04～05。
3.2　尾殘→大正0397，13/0023C23。
5　與《大正藏》本對照，"際者"卷中為"節者"。
8　5～6世紀。南北朝寫本。
9.1　隸書。
9.2　有重文號。
10　第二册題簽作"鳴沙石室六朝寫經叢殘乙，貞松堂藏"，下有陽文硃印，0.7×0.7厘米，印文為"羅振玉印"。封面貼有紙簽，上寫"古三，新249/2"。
　　卷首下部有陽文硃印，5×1.7厘米，印文為"敍圃寶笈"。

1.1　BD14825號BB
1.3　大般涅槃經（北本）卷一六
1.4　新1025
2.1　(3.1+57.7)×21厘米；6紙；共32行，行17字。
2.2　01：10.6，06；　02：11.4，06；　03：11.3，06；
04：11.5，06；　05：11.5，06；　06：04.5，02。
2.3　卷軸裝。首殘尾斷。首紙殘損，第2紙下方殘損。有烏絲欄。現代割截為6紙，裝為册頁裝。
3.1　首2行上下殘→大正0374，12/0458A08～09。
3.2　尾殘→大正0374，12/0458B14。
8　6世紀。南北朝寫本。
9.1　隸楷。
10　首紙中部有陽文硃印，2.7×4.7厘米，印文為"侯官何遂敍父藏□□金石書畫之印"。

1.1　BD14825號BC
1.3　大般涅槃經（北本　宮本）卷二
1.4　新1025
2.1　(7.6+43)×21厘米；5紙；共26行，行17字。
2.2　01：11.6，06；　02：11.5，06；　03：11.5，06；
04：11.5，06；　05：04.5，02。
2.3　卷軸裝。首殘尾斷。首紙殘缺。有烏絲欄。現代割截為5紙，裝為册頁裝。
3.1　首4行上殘→大正0374，12/0374A10～13。
3.2　尾殘→大正0374，12/0374B07。
5　據《大正藏》本校勘記，此卷經文與宮内省圖書寮本同。
6.1　首→BD14825號BD。
8　7～8世紀。唐寫本。
9.1　楷書。

1.1　BD14825號BD
1.3　大般涅槃經（北本　宮本）卷二
1.4　新1025
2.1　(51+7)×21厘米；5紙；共29行，行17字。
2.2　01：11.9，06；　02：11.8，06；　03：11.6，06；
04：11.6，06；　05：4.1+7，05。
2.3　卷軸裝。首斷尾殘。尾紙殘缺並有接縫。有烏絲欄。現代割截為5紙，裝為册頁裝。
3.1　首殘→大正0374，12/0373C12。
3.2　尾4行下殘→大正0374，12/0374A10～13。
5　據《大正藏》本校勘記，本卷經文與《思溪藏》、《普寧藏》、《嘉興藏》本相同。
6.2　尾→BD14825號BC。
8　7～8世紀。唐寫本。
9.1　隸楷。

1.1　BD14825號BE

1.3　放光般若經卷一七
1.4　新 1025
2.1　(53.2+4)×21.2 厘米；5 紙；共 28 行，行 17 字。
2.2　01：12.1，06；　02：12.3，06；　03：12.1，06；
04：12.3，06；　05：08.4，04。
2.3　卷軸裝。首斷尾殘。尾紙殘缺，有接縫。有烏絲欄。現代割截為 5 紙，裝為册頁裝。
3.1　首殘→大正 0221，08/0122C25。
3.2　尾 2 行上下殘→大正 0221，08/0123A24～25。
5　與《大正藏》本對照，卷中文字略有不同。
8　6 世紀。南北朝寫本。
9.1　隸楷。

1.1　BD14825 號 BF
1.3　大般涅槃經（北本）卷三二
1.4　新 1025
2.1　(10+49.1+5)×21.1 厘米；6 紙；共 39 行，行 17 字。
2.2　01：10+1.5，07；　02：11.8，07；　03：11.8，07；
04：11.8，07；　05：12.0，07；　06：1.7+5，04。
2.3　卷軸裝。首尾均殘。首尾紙均殘缺，第 4 紙有接縫。有烏絲欄。現代割截為 6 紙，裝為册頁裝。
3.1　首 6 行下殘→大正 0374，12/0555C06～12。
3.2　尾 3 行上中殘→大正 0374，12/0556A14～17。
5　與《大正藏》本 12/555 校勘對照，此卷與宋本同。
8　6 世紀。南北朝寫本。
9.1　楷書。
9.2　有硃筆斷句。

1.1　BD14825 號 BG
1.3　小品般若波羅蜜經卷二
1.4　新 1025
2.1　(29.4+3.5)×21 厘米；3 紙；共 20 行，行 17 字。
2.2　01：11.5，07；　02：11.5，07；　03：6.4+3.5，06。
2.3　卷軸裝。首斷尾殘。尾紙有殘損。有烏絲欄。現代割截為 3 紙，裝為册頁裝。有錯簡，正確次序應為 2→1→3。
3.1　首 2 行下殘→大正 0227，08/0542C14～16。
3.2　尾 2 行上下殘→大正 0227，08/0543A03～05。
8　5～6 世紀。南北朝寫本。
9.1　隸書。

1.1　BD14825 號 BH
1.3　大方等大集經（聖本）卷三
1.4　新 1025
2.1　(20.6+3.9)×21 厘米；3 紙；共 16 行，行 17 字。
2.2　01：11.1，07；　02：9.5+1.5，07；　03：02.4，02。
2.3　卷軸裝。首斷尾殘。有烏絲欄。現代割截為 3 紙，裝為册頁裝。
3.1　首殘→大正 0397，13/0022A19。
3.2　尾 3 行下殘→大正 0397，13/0022B15～17。
5　與《大正藏》本對照分卷不同。據《大正藏》校記，本件分卷與正倉院聖語藏本同。
6.1　首→BD14825 號 CF。
8　5～6 世紀。南北朝寫本。
9.1　隸楷。

1.1　BD14825 號 CA
1.3　大般涅槃經（北本）卷二一
1.4　新 1025
2.1　(1.5+42.7+1.5)×21 厘米；4 紙；共 26 行，行 17 字。
2.2　01：12.0，07；　02：12.4，07；　03：12.3，07；
04：09.0，05。
2.3　卷軸裝。首尾均殘。有烏絲欄。現代割截為 4 紙，裝為册頁裝。
2.5　本遺書包括敦煌遺書殘卷 32 種，現代分別按照原卷大小割截為若干紙，裝為册頁裝，共計 4 册。其中第一册 5 種，第二册 8 種，第三册 14 種，第四册 5 種。今將第三册 14 種殘卷分別編為 BD14825 號 CA、BD14825 號 CB、BD14825 號 CC、BD14825 號 CD、BD14825 號 CE、BD14825 號 CF、BD14825 號 CG、BD14825 號 CH、BD14825 號 CI、BD14825 號 CJ、BD14825 號 CK、BD14825 號 CL、BD14825 號 CM、BD14825 號 CN。
3.1　首行下殘→大正 0374，12/0492A02～03。
3.2　尾行上殘→大正 0374，12/0492A28～29。
8　6 世紀。南北朝寫本。
9.1　楷書。
10　第三册題簽作“鳴沙石室六朝寫經叢殘丙，貞松堂藏”，下有陽文硃印，0.7×0.7 厘米，印文為“羅振玉印”。封面貼有紙簽，上寫“古三，新 249/3”。
卷首下部有陽文硃印，5×1.7 厘米，印文為“敍圃寶笈”。
卷首下部有陽文硃印，2.7×4.7 厘米，印文為“侯官何遂敍父藏□□金石書畫之記”。

1.1　BD14825 號 CB
1.3　大般涅槃經（北本）卷二四
1.4　新 1025
2.1　(1+77.8+5.3)×21 厘米；8 紙；共 51 行，行 17 字。
2.2　01：11.0，07；　02：11.5，07；　03：11.5，07；
04：11.0，07；　05：10.7，06；　06：11.5，07；
07：11.6，07；　08：05.3，03。
2.3　卷軸裝。首尾均殘。第 3、7 紙有接縫，第 4、5 紙殘破，可以綴接，尾紙有殘缺。有烏絲欄。現代割截為 8 紙，裝為册頁裝。
3.1　首 1 行上下殘→大正 0374，12/0507C16～17。
3.2　尾 3 行上殘→大正 0374，12/0508B06～09。
8　6 世紀。南北朝寫本。

9.1 楷書。

1.1 BD14825 號 CC
1.3 大方廣佛華嚴經（晉譯）卷四九
1.4 新 1025
2.1 （40.3 +2.6）×21 厘米；4 紙；共 25 行，行 17 字。
2.2 01：11.6，07； 02：11.0，07； 03：12.2，07；
04：5.5 +2.6，04。
2.3 卷軸裝。首斷尾殘。卷首右上角殘缺，第 2 紙有接縫。有烏絲欄。現代割截為 4 紙，裝為册頁裝。
3.1 首殘→大正 0278，09/0710A18。
3.2 尾 1 行上殘→大正 0278，09/0710B15。
8 5 ~6 世紀。南北朝寫本。
9.1 隸書。

1.1 BD14825 號 CD
1.3 大方廣佛華嚴經（晉譯）卷二三
1.4 新 1025
2.1 （2 +37.2 +3）×21 厘米；4 紙；共 24 行，行 17 字。
2.2 01：2 +8，06； 02：11.8，07； 03：12.0，07；
04：5.4 +3，04。
2.3 卷軸裝。首尾均殘。第 1、2 紙有小殘洞。有烏絲欄。現代割截為 4 紙，裝為册頁裝。
3.1 首 1 行中下殘→大正 0278，09/0543C29。
3.2 尾 1 行下殘→大正 0278，09/0544B04。
8 5 ~6 世紀。南北朝寫本。
9.1 隸書。

1.1 BD14825 號 CE
1.3 大般涅槃經（北本）卷二六
1.4 新 1025
2.1 10.4 ×21 厘米；1 紙；共 6 行，行 17 字。
2.3 卷軸裝。首斷尾殘。有烏絲欄。
3.1 首殘→大正 0374，12/0519B13。
3.2 尾殘→大正 0374，12/0519B19。
8 5 ~6 世紀。南北朝寫本。
9.1 隸楷。

1.1 BD14825 號 CF
1.3 大方等大集經卷三
1.4 新 1025
2.1 （5.5 +4.5）×21 厘米；1 紙；共 7 行，行 17 字。
2.3 卷軸裝。首殘尾斷。前半部殘缺。
3.1 首 4 行上下殘→大正 0397，13/0022A12 ~16。
3.2 尾殘→大正 0397，13/0022A19。
6.2 尾→新 1025. 乙 8。
8 6 世紀。南北朝寫本。
9.1 隸書。

1.1 BD14825 號 CG
1.3 大智度論（宮本）卷八
1.4 新 1025
2.1 （7.5 +13.3）×21 厘米；2 紙；共 11 行，行 17 字。
2.2 01：7.5 +3.5，06； 02：09.8，05。
2.3 卷軸裝。首尾均殘。有烏絲欄。現代割截為 2 紙，裝為册頁裝。
3.1 首 4 行下殘→大正 1509，25/0121A10 ~12。
3.2 尾殘→大正 1509，25/0121A20。
5 據《大正藏》本校勘記，此卷經文與《思溪藏》、《普寧藏》、《嘉興藏》圖書寮本及石山寺本同。
8 6 世紀。南北朝寫本。
9.1 隸書。

1.1 BD14825 號 CH
1.3 大方等大集經卷四
1.4 新 1025
2.1 （17.5 +3）×21 厘米；2 紙；共 12 行，行 14 字。
2.2 01：12.0，07； 02：08.5，05。
2.3 卷軸裝。首尾均殘。有烏絲欄。現代割截為 2 紙，裝為册頁裝。
3.1 首殘→大正 0397，13/0025A19。
3.2 尾 2 行上殘→大正 0397，13/0025A29 ~ B01。
8 5 ~6 世紀。南北朝寫本。
9.1 隸書。

1.1 BD14825 號 CI
1.3 大方廣佛華嚴經（晉譯）卷二〇
1.4 新 1025
2.1 （3 +7.5 +4.5）×21 厘米；2 紙；共 9 行，行 17 字。
2.2 01：12.0，07； 02：03.0，02。
2.3 卷軸裝。首尾均殘。有烏絲欄。現代割截為 2 紙，裝為册頁裝。
3.1 首 2 行上下殘→大正 0278，09/0529A16 ~17。
3.2 尾 3 行上下殘→大正 0278，09/0529A23 ~25。
6.1 首→BD14825 號 CN。
8 6 世紀。南北朝寫本。
9.1 隸書。

1.1 BD14825 號 CJ
1.3 大智度論卷九
1.4 新 1025
2.1 （1.6 +17 +2.5）×21 厘米；2 紙；共 11 行，行 17 字。
2.2 01：1.6 +11，07； 02：6 +2.5，04。
2.3 卷軸裝。首尾均殘。有烏絲欄。現代割截為 2 紙，裝為册

頁裝。
3.1 首1行上殘→大正1509，25/0120C20。
3.2 尾1行下殘→大正1509，25/0121A02。
5 與《大正藏》本25/120校勘對照，本卷與石山寺本相同。
8 5~6世紀。南北朝寫本。
9.1 隸書。

1.1 BD14825號CK
1.3 摩訶般若波羅蜜經卷二
1.4 新1025
2.1 (3.5+20.4)×21厘米；2紙；共14行，行17字。
2.2 01：12.0，07； 02：11.9，07。
2.3 卷軸裝。首斷尾殘。全卷上部均殘缺。現代割截為2紙，裝為册頁裝。
3.1 首殘→大正0223，08/0227B03。
3.2 尾12行上下殘→大正0223，08/0227B05~18。
8 5~6世紀。南北朝寫本。
9.1 隸書。

1.1 BD14825號CL
1.3 無量壽經義記（擬）
1.4 新1025
2.1 (1.3+1.5+5)×22.8厘米；1紙；共5行，行25字。
2.3 卷軸裝。首尾均殘。小殘片。
3.3 錄文：

(前殘)

□…□遇佛光明，皆蒙利益也。“三垢消滅”者，此明光能／

除衆生三業重罪，身無煞、盜、婬，口不妄語、不兩舌、不惡駡、不綺語，／

意無貪、嗔、癡。除此十惡，身心柔濡也。／

第六子段從“無量壽佛光明顯赫”訖書□…□／

十方國諸佛菩薩咸共讚頌□…□／

(後殘)

3.4 說明：

本文獻首1行上殘，尾2行中下殘。內容為對《無量壽經》的疏釋，故擬此名。未為歷代大藏經所收。

8 5~6世紀。南北朝寫本。
9.1 隸楷。

1.1 BD14825號CM
1.3 摩訶般若波羅蜜經卷一四
1.4 新1025
2.1 (3.4+6+2)×21厘米；1紙；共6行，行17字。
2.3 卷軸裝。首尾均殘。有烏絲欄。
3.1 首2行上中殘→大正0223，08/0321A28~29。
3.2 尾1行下殘→大正0223，08/0321B05。
5 與《大正藏》本對照，本號第3行少“讀誦”二字。
8 6世紀。南北朝寫本。
9.1 楷書。

1.1 BD14825號CN
1.3 大方廣佛華嚴經（晉譯）卷二〇
1.4 新1025
2.1 (4+5.5+9)×21厘米；2紙；共10行，行17字。
2.2 01：11.0，06； 02：07.5，04。
2.3 卷軸裝。首尾均殘。有烏絲欄。現代割截為2紙，裝為册頁裝。
3.1 首2行上下殘→大正0278，09/0529A07~08。
3.2 尾4行上下殘→大正0278，09/0529A14~17。
6.2 尾→BD14825號CI。
8 6世紀。南北朝寫本。
9.1 楷書。

1.1 BD14825號DA
1.3 曇無德律部雜羯磨
1.4 新1025
2.1 (3.7+61.6)×21厘米；6紙；共36行，行21字。
2.2 01：12.2，06； 02：12.2，07； 03：12.3，07；
04：12.4，07； 05：12.2，07； 06：04.0，02。
2.3 卷軸裝。首尾均殘。第1、3、4紙有雙行小字。有烏絲欄。現代割截為6紙，裝為册頁裝。
2.5 本遺書包括敦煌遺書殘卷32種，現代分別按照原卷大小割截為若干紙，裝為册頁裝，共計4册。其中第一册5種，第二册8種，第三册14種，第四册5種。今將第四册5種殘卷分別編為BD14825號DA、BD14825號DB、BD14825號DC、BD14825號DD、BD14825號DE。
3.1 首行上殘→大正1432，22/1048A07。
3.2 尾殘→大正1432，22/1048B24。
5 與《大正藏》本對照，本件抄文有遺漏處。
8 6世紀。南北朝寫本。
9.1 隸楷。
10 第四册題簽作“鳴沙石室六朝寫經叢殘丁，貞松堂藏”，下有陽文硃印，0.7×0.7厘米，印文為“羅振玉印”。封面貼有紙簽，上寫“古三，新249/4”。

卷首下部有陽文硃印，5×1.7厘米，印文為“敍圃寶笈”。卷尾下部有陽文硃印，2.7×4.7厘米，印文為“侯官何遂敘父藏□□金石書畫之記”。

文中夾有紙簽，上寫“第二十六種，北魏人寫經。/何遂審定。”後有陰文硃印，0.8×0.8厘米，印文為“敍圃書畫”。

1.1 BD14825號DB
1.3 大般涅槃經（北本）卷二六
1.4 新1025

2.1 （3＋154.1＋20.7）×21 厘米；15 紙；共 101 行，行 17 字。
2.2 01：12.0，07； 02：12.1，07； 03：12.1，07；
04：12.1，07； 05：12.3，07； 06：12.4，07；
07：12.4，07； 08：12.4，07； 09：12.4，07；
10：12.2，07； 11：12.2，07； 12：12.2，07；
13：13.2，07； 14：12.2，07； 15：06.5，03。
2.3 卷軸裝。首尾均殘。第 3、4 紙色淺，與全卷其他紙色不同。有烏絲欄。現代割截為 15 紙，裝為册頁裝。5、6 兩紙有錯簡，應 4→6→5→7。
3.1 首 2 行中殘→大正 0374，12/0519A19～20。
3.2 尾 11 行上中殘→大正 0374，12/0520A24～B06。
8 6 世紀。南北朝寫本。
9.1 楷書。
9.2 有行間校加字。

1.1 BD14825 號 DC
1.3 妙法蓮華經卷七
1.4 新 1025
2.1 （11.4＋82.9＋3）×20.8 厘米；9 紙；共 60 行，行 17 字。
2.2 01：11.4，07； 02：11.4，07； 03：11.4，07；
04：11.4，07； 05：11.5，07； 06：11.8，07；
07：11.1，07； 08：11.3，07； 09：06.0，04。
2.3 卷軸裝。首尾均殘。第 6 紙有接縫下殘缺；第 7 紙下部殘缺。有烏絲欄。現代割截為 9 紙，裝為册頁裝。
3.1 首 7 行上殘→大正 0262，09/0059C06～12。
3.2 尾 2 行上殘→大正 0262，09/0060B22～25。
8 5～6 世紀。南北朝寫本。
9.1 隸書。

1.1 BD14825 號 DD
1.3 賢愚經卷一一
1.4 新 1025
2.1 （1.4＋43.5＋10.2）×21 厘米；6 紙；共 36 行，行 17 字。
2.2 01：10.9，07； 02：10.7，07； 03：10.0，07；
04：11.0，07； 05：10.8，07； 06：01.7，01。
2.3 卷軸裝。首尾均殘。第 2 紙有接縫；第 5 紙下部殘損。現代割截為 6 紙，裝為册頁裝。
3.1 首行上殘→大正 0202，04/0426C27。
3.2 尾 7 行上下殘→大正 0202，04/0427A29～B06。
8 5～6 世紀。南北朝寫本。
9.1 隸楷。
9.2 有重文號及删除號。

1.1 BD14825 號 DE
1.3 大智度論卷八
1.4 新 1025
2.1 （1.4＋65＋6）×21 厘米；6 紙；共 39 行，行 17 字。
2.2 01：12.4，06； 02：12.4，07； 03：12.8，07；
04：12.5，07； 05：12.6，07； 06：3.7＋6，05。
2.3 卷軸裝。首尾均殘。第 4 紙有雙行小字，尾紙殘損。有烏絲欄。現代割截為 6 紙，裝為册頁裝。
3.1 首殘→大正 1509，25/0117C24。
3.2 尾 4 行上殘→大正 1509，25/0118B07～11。
5 與《大正藏》本對照，卷中第 5 紙文字有增添。
8 5～6 世紀。南北朝寫本。
9.1 隸楷 。

1.1 BD14826 號
1.3 藏文（無量壽宗要經乙本）
1.4 新 1026
2.1 141×32 厘米；3 紙；每紙 2 欄，共 6 欄；欄 20 行，共 113 行，行約 42 字母。
2.2 01：47.0，2 欄； 02：47.0，2 欄； 03：47.0，2 欄。
2.3 卷軸裝。首尾均全。有界欄。卷首末邊有粘接痕。
4.1 Rgya－gar－skad－du’Apar＝mita’ayur nama mahayana sutra。（梵文：無量壽宗要經）（首）。Bod_ skad_ du tshe dpag_ du _ myed_ pa zhes_ bya_ ba theg_ pa_ chen_ povi mdo。（藏文：無量壽宗要經）（首）。
4.2 Tshe dpag_ du_ myed_ pa zhes_ bya_ ba theg_ pa_ chen_ povi mdo。（藏文：無量壽宗要經）（尾）。
7.1 有抄寫者題記："Legs－rmas.（梁梅）。phab－c＝－dang－zhus.（潘吉初校）；phab－dzang－yang－zhus.（潘藏二校）；dpal－mchog－Sum－zhus.（貝确三校）。"
8 8～9 世紀。吐蕃統治時期寫本。
9.1 草書。
9.2 有行間校加字。

1.1 BD14827 號
1.3 妙法蓮華經卷三
1.4 新 1027
2.1 565×25 厘米；13 紙；共 340 行，行 17 字。
2.2 01：08.5，11； 02：46.5，28； 03：46.0，28；
04：46.5，28； 05：46.5，28； 06：46.5，28；
07：46.5，28； 08：46.5，28； 09：46.5，28；
10：46.5，28； 11：46.5，28； 12：46.5，28；
13：45.5，21。
2.3 卷軸裝。首斷尾全。經黄打紙。有護首及竹質天竿。卷面多水漬，卷後部有破裂。背有現代裱補。有烏絲欄。
3.1 首殘→大正 0262，09/0022A18。
3.2 尾全→大正 0262，09/0027B09。
4.2 妙法蓮華經卷第三（尾）。
7.4 護首有經名"大般若經卷第四百卅，卅三（本文獻所屬袟次），恩（本文獻所屬敦煌報恩寺簡稱）"，上有經名號。

8　7～8 世紀。唐寫本。

9.1　楷書。

10　卷首背有墨書："敦煌千佛洞唐代/《妙法蓮花經》，長一丈七尺五寸。/六。/"

13　本文獻首殘。護首為後配，並非本遺書原護首。

1.1　BD14828 號

1.3　放光般若經（異卷）卷一五

1.4　新 1028

2.1　727.5×27 厘米；15 紙；共 411 行，行 17 字。

2.2　01：48.5，26；　02：48.5，28；　03：48.5，28；
04：48.5，28；　05：48.5，28；　06：48.5，28；
07：48.5，28；　08：48.5，28；　09：48.5，28；
10：48.5，28；　11：48.5，28；　12：48.5，28；
13：48.5，28；　14：48.5，28；　15：48.5，21。

2.3　卷軸裝。首尾均全。未入潢。有烏絲欄。

3.1　首全→大正 0221，08/0070A07。

3.2　尾全→大正 0221，08/0074C20。

4.1　摩訶般若波羅蜜放光經真知識品之二，十五（首）。

4.2　放光經卷第十五（尾）。

5　與二十卷本的《大正藏》本對照，品卷開合不同。經文相當於《大正藏》本《放光般若經》卷第十"真知識品"第四十六，"覺魔品"第四十七，卷第十一"不和合品"第四十八。與三十卷本的宋、元、明本亦不同。應為異本。

7.1　尾題後有現代偽造題記："貞觀二十有一年唐文英寫。"

7.3　第 10 紙上邊寫有雜寫"知□"。首紙上邊有雜寫"受"、"過"二字。

8　8 世紀。唐寫本。

9.1　楷書。有武周新字，"正"、"人"、"天"、"證"、"地"、"國"、"月"、"聖"、等，使用周遍。

9.2　有刮改。

1.1　BD14829 號

1.3　大般若波羅蜜多經卷一六一

1.4　新 1029

2.1　514.5×26 厘米；11 紙；共 296 行，行 17 字。

2.2　01：44.0，26；　02：48.0，28；　03：47.5，28；
04：47.5，28；　05：48.0，28；　06：47.5，28；
07：47.5，28；　08：：47.5，28；　09：47.5，28；
10：47.5，28；　11：42.0，08。

2.3　卷軸裝。首斷尾全。卷面多水漬，第 9 紙下邊有破裂。有燕尾。有烏絲欄。

3.1　首殘→大正 0220，05/0867B29。

3.2　尾全→大正 0220，05/0871A05。

4.2　大般若波羅蜜多經卷第一百六十一（尾）。

7.1　尾題後有題名"薛潄"。

8　8～9 世紀。吐蕃統治時期寫本。

9.1　楷書。

10　卷首背寫有："《大般若波羅蜜多經》，一丈五尺。/安西萬佛峽藏經。/"

13　本遺書是否敦煌藏經洞出土，尚需考訂。

1.1　BD14830 號

1.3　大般若波羅蜜多經卷二七八

1.4　新 1030

2.1　45.5×26 厘米；1 紙；共 26 行，行 17 字。

2.3　卷軸裝。首全尾脫。上下邊有破裂殘損。有烏絲欄。

3.1　首全→大正 0220，06/0409A01。

3.2　尾殘→大正 0220，06/0409B02。

4.1　大般若波羅蜜多經卷第二百七十八，/初分難信解品第卌四之九十七，三藏法師玄奘奉詔譯/（首）。

8　8～9 世紀。吐蕃統治時期寫本。

9.1　楷書。

10　卷首背有："唐代/庫車千佛洞藏經乙節。/"

13　本遺書是否敦煌藏經洞出土，尚需考訂。

1.1　BD14831 號

1.3　藏文（無量壽宗要經乙本）

1.4　新 1031

2.1　184×31.5 厘米；4 紙；每紙 2 欄，共 8 欄；欄 19 行，共 125 行，行約 45 字母。

2.2　01：46.0，2 欄；　02：46.0，2 欄；　03：46.0，2 欄；
04：46.0，2 欄。

2.3　卷軸裝。首尾均全。卷首下角稍有殘破，上邊有裂縫。第 7 欄抄寫 11 行，第 8 欄為素紙。有界欄。

4.1　Rgya－gar－skad－du' Apar＝mita' ayur nama mahayana sutra。（梵文：無量壽宗要經）（首）。Bod_ skad_ du tshe dpag_ du _ myed_ pa zhes_ bya_ ba theg_ pa_ chen_ povi mdo。（藏文：無量壽宗要經）（首）。

4.2　Tshe dpag_ du_ myed_ pa zhes_ bya_ ba theg_ pa_ chen_ povi mdo。（藏文：無量壽宗要經）（尾）。

7.1　有硃筆抄寫者題記："Brtan－legs－bris.（旦拉抄）。dge－slong－dam－tsheng－g＝－zhuso.（格隆旦仓初校）；h＝n－dar－yang－zhus.（恒達二校）；Leng－cevu－sum－zhus.（朗覚三校）。"

8　8～9 世紀。吐蕃統治時期寫本。

9.1　草書。

9.2　有硃筆行間校加字及着重號。

10　紙首背毛筆寫："《長壽佛經》，添壽意。又名《無量壽經》。敦煌千佛洞藏的西藏文唐經乙卷，長五尺五寸。"

1.1　BD14832 號

1.3　藥師瑠璃光如來本願功德經

1.4　新 1032

2.1　160×24 厘米；5 紙；共 95 行，行 17 字。
2.2　01：19.6，12；　02：45.0，28；　03：45.5，28；
　　04：45.2，27；　05：04.7，拖尾。
2.3　卷軸裝。首斷尾全。經黄打紙。接縫處多有開裂，第 1、2 接縫處脱開，尾紙有破裂。有燕尾。背有古代裱補。有烏絲欄。
3.1　首殘→大正 0450，14/0407B09。
3.2　尾全→大正 0450，14/0408B25。
4.2　藥師經（尾）。
8　7～8 世紀。唐寫本。
9.1　楷書。

1.1　BD14833 號
1.3　大般若波羅蜜多經卷二三
1.4　新 1033
2.1　878×26.5 厘米；18 紙；共 470 行，行 17 字。
2.2　01：48.0，26；　02：48.0，28；　03：48.0，28；
　　04：48.0，28；　05：48.0，28；　06：48.0，21；
　　07：48.0，28；　08：48.0，28；　09：48.0，28；
　　10：48.0，28；　11：48.0，28；　12：48.0，28；
　　13：48.0，28；　14：48.0，28；　15：48.0，28；
　　16：48.0，28；　17：48.0，28；　18：22.0，03。
2.3　卷軸裝。首尾均全。首紙有破裂。有烏絲欄。背有現代裱補。
3.1　首全→大正 0220，05/0126B02。
3.2　尾全→大正 0220，05/0131B15。
4.1　大般若波羅蜜多經卷第廿三，/初分教誡教授品第七之十三，三藏法師玄奘奉詔譯/（首）。
4.2　大般若波羅蜜多經卷第廿三（尾）。
7.3　卷首下方有“索老”2 字。
8　8～9 世紀。吐蕃統治時期寫本。
9.1　楷書。
9.2　有行間校加字、倒乙及校改。第 6 紙上邊有 5 個“兑”字，該紙屬兑廢。
10　卷首背寫有“《大般若經》”
　　卷首下方和卷背兩紙接縫處有陽文硃印，2×2 厘米，印文為“丁寶銓印”。

1.1　BD14834 號
1.3　金光明最勝王經卷三
1.4　新 1034
2.1　114.5×27.5 厘米；3 紙；共 69 行，行 17 字。
2.2　01：21.5，13；　02：46.5，28；　03：46.5，28。
2.3　卷軸裝。首斷尾脱。卷面宿墨淋漓，接縫處多有開裂。有烏絲欄。背有現代裱補。
3.1　首殘→大正 0665，16/0415C29。
3.2　尾殘→大正 0665，16/0416C14。
8　8 世紀。唐寫本。
9.1　楷書。
10　卷首背裱補紙上部寫有“金光明經”。卷首、尾背各有 1 枚陽文硃印，1.5×1.4 厘米，印文為“丁寶銓印”。

1.1　BD14835 號
1.3　大佛頂如來密因修證了義諸菩薩萬行首楞嚴經卷一
1.4　新 1035
2.1　297×27.5 厘米；7 紙；共 179 行，行 17 字。
2.2　01：18.0，11；　02：46.5，28；　03：46.5，28；
　　04：46.5，28；　05：46.5，28；　06：46.5，28；
　　07：46.5，28。
2.3　卷軸裝。首斷尾脱。卷面有黴爛，前半卷多有殘破及殘洞，接縫處多有開裂。有烏絲欄。
3.1　首殘→大正 0945，19/0106B24。
3.2　尾殘→大正 0945，19/0108B26。
8　9～10 世紀。歸義軍時期寫本。
9.1　楷書。

1.1　BD14836 號 1
1.3　大寶積經卷一〇六
1.4　新 1036
2.1　（7.2＋66.2）×30.2 厘米；2 紙；8 葉 16 個半葉；正面半葉 6 行，共 48 行，行 29 字。背面半葉 6 行，共 35 行，行約 23 字。
2.2　01：7.2＋29.6，6＋6＋6＋6；　02：36.6，6＋6＋6＋6。
2.3　經折裝。首尾均斷。第一葉下部被剪掉一塊，經文殘缺，卷尾下邊有等距離殘缺。有書口欄。有烏絲欄。
2.4　本遺書包括 4 個文獻：（一）《大寶積經》卷一〇六，28 行，抄寫在正面，今編為 BD14836 號 1。（二）《大寶積經》卷一一二，20 行，抄寫在正面，今編為 BD14836 號 2。（三）《大寶積經》卷九〇，26 行，抄寫在背面，今編為 BD14836 號背 1。（四）《大寶積經》卷一一一，9 行，抄寫在背面，今編為 BD14836 號背 2。
2.5　本遺書實為《大寶積經鈔》。正面、反面各抄寫《大寶積經》兩段經文，共計四段，分屬四卷。估計因錯抄而廢棄，故卷首第一葉被剪殘，背面卷尾有雜寫。為便於分析經文，今將四段經文分別著錄為四個文獻。
3.1　首 5 行下殘→大正 0310，11/0593C28～0594A16。
3.2　尾全→大正 0310，11/0594C01。
4.2　佛說阿闍世王經一卷（尾）。
5　與《大正藏》本對照，此卷内容相當於卷第 106“阿闍世王子會第三十七”。
8　9～10 世紀。歸義軍時期寫本。
9.1　楷書。
10　卷尾左上有“二頁缺角”4 字。
　　卷背面首尾均有陽文硃印，2.05×2 厘米，印文為“圞（?）鵬齋藏”。

1.1　BD14836 號 2
1.3　大寶積經卷一一二
1.4　新 1036
2.4　本遺書由 4 個文獻組成，本文獻為第 2 個，20 行，抄寫在正面。餘參見 BD14836 號 1 之第 2 項。
3.1　首全→大正 0310，11/0631C14。
3.2　尾殘→大正 0310，11/0632A21。
4.1　大實積經普明菩薩會第卌三，一百一十二，是舊實積經一卷失譯令（今）勘編入梵本（首）。
5　首題下"是舊《實積經》一卷，失譯。令（今）勘編入梵本"，《大正藏》本作"失譯附秦錄勘同編入"，《聖語藏》本作"是舊《實積經》一卷，失譯。今勘梵本編入"。
8　9～10 世紀。歸義軍時期寫本。
9.1　楷書。

1.1　BD14836 號背 1
1.3　大寶積經卷九〇
1.4　新 1036
2.4　本遺書由 4 個文獻組成，本文獻為第 3 個，26 行，抄寫在背面。餘參見 BD14836 號 1 之第 2 項。
3.1　首殘→大正 0310，11/0515C25。
3.2　尾殘→大正 0310，11/0516B04。
8　9～10 世紀。歸義軍時期寫本。
9.1　楷書。

1.1　BD14836 號背 2
1.3　大寶積經卷一一一
1.4　新 1036
2.4　本遺書由 4 個文獻組成，本文獻為第 4 個，9 行，抄寫在背面。餘參見 BD14836 號 1 之第 2 項。
3.1　首殘→大正 0310，11/0630A16。
3.2　尾殘→大正 0310，11/0630B02。
7.3　卷背面前後計有雜寫，其中有"大實積經出光明會"及"大"等文字。
8　9～10 世紀。歸義軍時期寫本。
9.1　楷書。有武周新字"圀"。

1.1　BD14837 號
1.3　金光明最勝王經卷四
1.4　新 1037
2.1　527.3×26 厘米；12 紙；共 310 行，行 17 字。
2.2　01：48.0，28；　02：47.5，28；　03：47.5，28；
04：47.5，28；　05：47.5，28；　06：47.5，28；
07：47.5，28；　08：47.5，28；　09：47.5，28；
10：47.5，28；　11：47.5，28；　12：04.3，02。
2.3　卷軸裝。首脫尾殘。卷面有殘破，上下邊有開裂、破損。有烏絲欄。背有現代裱補。現代托裱為手卷。
3.1　首殘→大正 0665，16/0418B21。
3.2　尾殘→大正 0665，16/0422B17。
8　8～9 世紀。吐蕃統治時期寫本。
9.1　楷書。
10　現代接出護首及拖尾，後配楠木軸。

1.1　BD14838 號
1.3　大方廣佛華嚴經（晉譯五十卷本）卷四五
1.4　新 1038
2.1　(2.5＋691.5)×25 厘米；16 紙；共 437 行，行 17 字。
2.2　01：2.5＋33.2，23；　02：44.2，28；　03：44.3，28；
04：44.3，28；　05：44.3，28；　06：44.3，28；
07：44.4，28；　08：44.4，28；　09：44.4，28；
10：44.4，28；　11：44.3，28；　12：44.3，28；
13：44.3，28；　14：44.3，28；　15：44.4，28；
16：37.6，22。
2.3　卷軸裝。首殘尾全。首尾有殘缺破損。有烏絲欄。背有現代裱補。已修整。
3.1　首 2 行下殘→大正 0278，09/0736B20～22。
3.2　尾全→大正 0278，09/0742B28。
4.2　華嚴經第卌五（尾）。
5　與《大正藏》本對照，分卷不同，據《大正藏》校記，終卷與宮内省圖書寮本同。經文相當於《大正藏》卷九《大方廣佛華嚴經》卷第五十三，入法界品第三十四之後部分起至《大方廣佛華嚴經》卷第五十四入法界品第三十四之十一的後部分。
7.1　尾題後有"用紙廿張"。
8　5～6 世紀。南北朝寫本。
9.1　楷書。
9.2　有行間校加字及重文號。下邊有加字。
10　首紙背寫"齊經，十六張"。尾紙背寫有"乙，十六張"。

1.1　BD14839 號
1.3　摩訶般若波羅蜜經（異本）卷七
1.4　新 1039
2.1　(3.5＋580.5)×26.5 厘米；13 紙；共 341 行，行 17 字。
2.2　01：14.0，13；　02：46.5，28；　03：46.5，28；
04：46.5，28；　05：46.5，28；　06：46.5，28；
07：46.5，28；　08：47.0，28；　09：46.0，27；
10：47.5，28；　11：48.0，28；　12：48.0，28；
13：46.5，21。
2.3　卷軸裝。首斷尾全。打紙，研光上蠟。前 2 紙中間有等距離鼠嚙殘洞，尾 2 紙接縫處下部開裂。有燕尾。有烏絲欄。
3.1　首 2 行中殘→大正 0223，08/0247C13。
3.2　尾全→大正 0223，08/0251C23。
4.2　摩訶般若波羅蜜經卷第七（尾）。
5　與《大正藏》本對照，卷品開合、品名均不同。經文相當於《大正藏》本《摩訶般若波羅蜜經》卷第五莊嚴品第十七，

問乘品第十八之前部分。與歷代大藏經分卷均不相同。《聖語藏》本卷七為問乘品第十八之末，與本號略微相近。
7.1 尾題後有題記“菩薩戒弟子令狐智達，大品”。
8 7~8 世紀。唐寫本。
9.1 楷書。
10 卷端背寫有“令狐智達，十貳張”。
13 卷首有品名“摩訶般若波□…□解品”第十六。

1.1 BD14840 號 AA
1.3 光讚般若波羅蜜經（兌廢稿）卷四
1.4 新 1040
2.1 10.8×30 厘米；1 紙 1 葉 2 個半葉；半葉 8 行，共 8 行，行 29 字。
2.3 經折裝。首脫尾斷。卷面塗有 3 道淡墨痕，上邊寫“錯”字。有硃絲欄。
3.1 首殘→大正 0222，08/0171C02。
3.2 尾殘→大正 0222，08/0171C17。
5 與《大正藏》本對照，本卷第 7 行首字“羅”下，漏抄經文 27 字“舍利弗謂須菩提，云何菩薩摩訶薩行波若波羅蜜，而有漚惒拘舍羅”，且本卷經文凡是“信解”處，《大正藏》均作“信脫”。
7.1 上邊寫有勘記“錯”字。
8 7~8 世紀。唐寫本。
9.1 楷書。有武周新字“䇞”。
10 BD14840 號諸殘片貼在白紙上，裝訂為冊。封面有題名“晉唐花羽，丁亥（1947）二月，八覺居士”。

1.1 BD14840 號 AB
1.3 解百生怨家陀羅尼經（兌廢稿）
1.4 新 1040
2.1 11.8×29.5 厘米；1 紙；共 5 行，行字不等。
2.3 卷軸裝。首全尾斷。有烏絲欄。
3.4 說明：
本文獻首全尾殘。篇幅甚短，但三分具足。形態與密教經典相同。經文謂持誦普光菩薩名號及念此陀羅尼可不為怨家相害。歷代經錄未見著錄，歷代大藏經不收。敦煌遺書中存有多號。參見《敦煌學大辭典》第 704 頁。
4.1 佛說解百生怨家陁羅尼經（首）。
8 9~10 世紀。歸義軍時期寫本。
9.1 楷書。

1.1 BD14840 號 AC
1.3 觀世音經
1.4 新 1040
2.1 22×24.9 厘米；1 紙；共 13 行，行 17 字。
2.3 卷軸裝。首全尾斷。有烏絲欄。
3.1 首全→大正 0262，09/0056C02。
3.2 尾殘→大正 0262，09/0056C16。
4.1 妙法蓮花經觀世音菩薩普門品第廿五（首）。
8 9~10 世紀。歸義軍時期寫本。
9.1 楷書。

1.1 BD14840 號 B
1.3 妙法蓮華經卷三
1.4 新 1040
2.1 （3.7+47.5）×26 厘米；2 紙；共 32 行，行 16 字。
2.2 01：09.2，05；　02：42.0，27。
2.3 卷軸裝。首殘尾斷。有殘洞，上下邊有殘缺破損，卷面有油污。有烏絲欄。
3.1 首 2 行上下殘→大正 0262，09/0019C09~11。
3.2 尾殘→大正 0262，09/0020A22。
8 7~8 世紀。唐寫本。
9.1 楷書。

1.1 BD14840 號 CA
1.3 小品般若波羅蜜經卷九
1.4 新 1040
2.1 （9+27+5.5）×26.1 厘米；2 紙；共 23 行，行 17 字。
2.2 01：26.0，14；　02：15.5，09。
2.3 卷軸裝。首尾均殘。打紙。有烏絲欄。
3.1 首 4 行上中殘→大正 0227，08/0579B21~24。
3.2 尾 3 行上中殘→大正 0227，08/0579C11~14。
8 7~8 世紀。唐寫本。
9.1 楷書。

1.1 BD14840 號 CB
1.3 十月末東歸書啓（擬）
1.4 新 1040
2.1 9.5×20.7 厘米；1 紙；共 6 行，行 18 字。
2.3 卷軸裝。首斷尾殘。通卷上殘。下邊撕裂，卷面有污穢。
3.3 錄文：
（前殘）
□…□孃，何日再得家內◇（相?）見。◇…◇頭家內口數繁/
□…□月數時深，有甚資物。◇根（?）疋帛賣盡，兼阿耶/
□…□說昨欲買覓腳乘駱駝，緣諸處難求，價高/
□…□來，專心方買，覓路東歸。與男女阿孃、姻親枝眷/
□…□無虛誑，墳榆送骨來也。知悉，知悉。比至十月末，便是進/
□…□萬里之言，努力□…□
（後殘）
3.4 說明：
本書啟內容為通知有關親屬，十月末將束裝東歸，送回客

死外地親人的遺骨。
8　9～10世紀。歸義軍時期寫本。
9.1　楷書。
9.2　有重文號。

1.1　BD14840號D
1.3　妙法蓮華經（兌廢稿）卷二
1.4　新1040
2.1　（41.5+7）×24.1厘米；1紙；共16行，行17字。
2.3　卷軸裝。首全尾缺。有護首，有蘆葦天竿，有護首經名，有麻繩縹帶。尾有餘空。卷尾有麻繩。有烏絲欄。
3.1　首全→大正0262，09/0010B24。
3.2　尾3行上殘→大正0262，09/0010C11～14。
4.1　妙法蓮花經譬喻品第三，卷二（首）。
7.3　首題前有雜寫“妙”字。
7.4　護首有經名“妙法蓮花經卷第二，音”，上有經名號。
8　9～10世紀。歸義軍時期寫本。
9.1　楷書。

1.1　BD14840號EA
1.3　大方等大集經卷一一
1.4　新1040
2.1　11.8×11.7厘米；1紙；共6行，行字不等。
2.3　卷軸裝。首尾均殘。通卷上殘，小殘片。有烏絲欄。
3.1　首殘→大正0397，13/0073B08。
3.2　尾殘→大正0397，13/0073B15。
8　6世紀。南北朝寫本。
9.1　隸楷。
10　有題跋：“此隋經也。/余藏大業/元年（605）書/《金光明經》/卷，書法與/此殘經相/同。都四十/八字，不全者十。八覺居士。/”

1.1　BD14840號EB
1.3　妙法蓮華經卷七
1.4　新1040
2.1　7.6×10.5厘米；1紙；共5行，行字不等。
2.3　卷軸裝。首尾均殘。通卷下殘，小殘片。有烏絲欄。
3.1　首殘→大正0262，09/0057A01。
3.2　尾殘→大正0262，09/0057A06。
8　7～8世紀。唐寫本。
9.1　楷書。
10　有題跋2條：

“此殘片/唐經佳/品。有魯/公《多寶/塔》之雄/偉，亦不/多見之/品。片楮/亦至寶也。/”

“筆勢雄/厚，結體/整肅，是/廟堂之/器也。/忍槎識/。”

1.1　BD14840號EC
1.3　金剛般若波羅蜜經
1.4　新1040
2.1　12.2×17.5厘米；1紙；共7行，行字不等。
2.3　卷軸裝。首尾均殘。通卷下殘，小殘片。有烏絲欄。
3.1　首殘→大正0235，08/0750C08。
3.2　尾殘→大正0235，08/0750C13。
8　6世紀。南北朝寫本。
9.1　楷書。
10　有題跋2條：

“沈着、雄偉，非大家曷/克有此。丁亥春，陳玄庵記。/”（硃筆）

“大業四年（608）隋人書/《金剛經》殘片，墨/色沈厚，筆勢/儁逸。暑日讀此，/可以止汗。/甲申（1944）六月讀於/寶梁閣燈下。/忍槎。/”

1.1　BD14840號F
1.3　妙法蓮華經卷七
1.4　新1040
2.1　（52+7）×25.2厘米；2紙；共33行，行17字。
2.2　01：22.0，12；　02：30+7，21。
2.3　卷軸裝。首尾均殘。打紙。尾紙有殘洞及殘缺。有烏絲欄。
3.1　首殘→大正0262，09/0056C16。
3.2　尾3行上殘→大正0262，09/0057A18～21。
8　7～8世紀。唐寫本。
9.1　楷書。

1.1　BD14840號G
1.3　妙法蓮華經卷三
1.4　新1040
2.1　（31.5+11+5）×26.1厘米；1紙；共26行，行17字。
2.3　卷軸裝。首尾均殘。卷首下部殘缺嚴重，上部殘缺一塊。有烏絲欄。
3.1　首17行殘→大正0262，09/0019A14～B05。
3.2　尾3行下殘→大正0262，09/0019B13～15。
4.1　妙法蓮華藥草喻品第五（首）。
8　7～8世紀。唐寫本。
9.1　楷書。
10　卷上部殘缺處有硃筆題跋：“紙色墨韻，耐人/翫味，不勝發思古/之幽情。玄庵記。/”

1.1　BD14840號H
1.3　灌頂章句拔除過罪生死得度經
1.4　新1040
2.1　（5.7+33.5）×25.3厘米；1紙；共22行，行17字。
2.3　卷軸裝。首殘尾脫。卷面有殘破，中部有殘洞。有烏絲欄。
3.1　首3行中下殘→大正1331，21/0532B15～17。
3.2　尾殘→大正1331，21/0532C08。

8　7～8世紀。唐寫本。
9.1　楷書。
10　首尾有題跋2條：
"佛氏經卷多出自經/生之手，別有韻味也。/八覺居士阿忍。/"
"六朝入唐，尚有雄深奇譎之韻，/願徹無穢等，皆非唐人書意。/八覺居士識。/"
卷上方有陽文硃印，1.2×1.6厘米，印文為"寶梁閣"。

1.1　BD14840號I
1.3　妙法蓮華經卷七
1.4　新1040
2.1　(9.3+35)×24.2厘米；1紙；共23行，行17字。
2.3　卷軸裝。首殘尾斷。卷面有殘破及殘缺，上部殘缺一塊。背有古代裱補。有烏絲欄。
3.1　首3行上下殘→大正0262，09/0057A04～06。
3.2　尾殘→大正0262，09/0057A29。
8　7～8世紀。唐寫本。
9.1　楷書。
9.2　有行間加行。
10　上部殘缺處有硃筆題跋："墨氣深渾，字體/肅穆，對之浮氣盡/消。丁亥（1947），玄庵記。/"

1.1　BD14840號J
1.3　四分律比丘戒本
1.4　新1040
2.1　43.3×30厘米；1紙；共25行，行25字。
2.3　卷軸裝。首脫尾殘。上下邊有殘破。有撕裂。
3.1　首殘→大正1429，22/1015C10。
3.2　尾殘→大正1429，22/1016B02。
8　9～10世紀。歸義軍時期寫本。
9.1　楷書。
9.2　有行間校加字。

1.1　BD14840號KA
1.3　大般涅槃經（北本）卷二〇
1.4　新1040
2.1　23.2×22.6厘米；1紙；共15行，行字不等。
2.3　卷軸裝。首尾均殘。卷面殘損，通卷下殘。有烏絲欄。
3.1　首殘→大正0374，12/0480C27。
3.2　尾殘→大正0374，12/0481A13。
8　5～6世紀。南北朝寫本。
9.1　隸書。

1.1　BD14840號KB
1.3　十方佛名經（擬）
1.4　新1040
2.1　11.8×11.4厘米；1紙；共5行，行字不等。
2.3　卷軸裝。首尾均殘。通卷下殘，小殘片。有烏絲欄。
3.4　說明：
本文獻首尾均殘。為一小殘片。存文為《現在十方千五百佛名經》中的西北方三佛："開化菩薩佛。見無恐懼佛。一乘度佛。"但其後兩行作"上方佛名"、"金寶光明佛"，又與《現在十方千五百佛名經》不同。詳情待考。
8　5～6世紀。南北朝寫本。
9.1　楷書。
10　有題跋2條："神品，陳玄庵敞篆。/"（硃筆）
"西魏《佛名經》殘/片。此經三十三年（1944）得於津市，亦德/化李文和公之遺/也。行款甚別致。/另一行，書大統年/號，西魏時之墨/蹟也。六朝書法在/清末為怪體。自包/安吳、康南海之說興，學者咸棄館閣體，/而習六朝書矣。然只能於石刻中求之，而墨/蹟實難寓目。此殘片當效海內孤本之張/玄志，尤足珍也。不因熱者誌。/"

1.1　BD14840號LA
1.3　觀佛三昧海經卷一
1.4　新1040
2.1　6.8×16厘米；1紙；共3行，行字不等。
2.3　卷軸裝。首尾均殘。通卷下殘，小殘片。有烏絲欄。
3.1　首殘→大正0643，15/0648B24。
3.2　尾殘→大正0643，15/0648B27。
8　5～6世紀。南北朝寫本。
9.1　隸書。
10　周匝有題跋3條：
"得覩此殘經字，勝臨萬千石刻。陳玄庵/敬記。/"（硃筆）
"右晉人寫《佛說觀佛三昧海經》卷一殘，/得於德化李氏。丙子（1936）三月，魏忍槎記。/"
"唐人寫經，非止唐代一朝之物。兩晉六朝/均有之，統名曰唐人寫經耳。自唐室/以書法應制，至於清末，以書干祿，館閣/成體。學書者只限於唐四家，而四家之/石刻，已一翻再翻，木版土版，學者求一原/搨，已不可得。又安能見到古人真蹟？且/只知有四家，其他偉蹟亦非知所也。清末/五大臣出洋，德化李文和盛鐸於英、法博/物院中見此/奇蹟，始知出/自敦煌石室，/乃達之清室，/儘取之，以公/世人。取此殘/片，書法類《爨寶子》，墨色沈厚，筆氣雄/健，當是晉人遺蹟。千七百前之真蹟，片紙/隻字已為世寶，此有全者念二，殘字八，合三十字。/甲申（1944）五月，八覺居士識。/"

1.1　BD14840號LB
1.3　菩薩瓔珞本業經卷上
1.4　新1040
2.1　8.5×14厘米；1紙；共5行，行字不等。
2.3　卷軸裝。首尾均殘。通卷上殘，小殘片。
3.1　首殘→大正1485，24/1016B17。

3.2　尾殘→大正1485，24/1016B21。
8　6世紀。南北朝寫本。
9.1　楷書。
9.2　有行間校加字。
10　有題跋："樸厚乃魏/書之本色。/弦外之音，/別有韻味。/忍槎識。/"

1.1　BD14840號MA
1.3　摩訶般若波羅蜜經卷二一
1.4　新1040
2.1　11×24厘米；1紙；共7行，行字不等。
2.3　卷軸裝。首尾均殘。卷面有小殘洞。
3.1　首殘→大正0223，08/0368C21。
3.2　尾殘→大正0223，08/0368C27。
6.2　尾→BD14840號MB。
8　6世紀。南北朝寫本。
9.1　隸楷。
10　有題跋2條：
"隋大業寫經殘片，/二十五年（1936）所得德化/李氏麐麈館/中物也。賨/梁閣藏。/"
"黑色而有藍彩，古之佳墨。又經過千/餘年，自然之徵象也。/三十三年（1944）五月，八覺居士識。/"

1.1　BD14840號MB
1.3　摩訶般若波羅蜜經卷二一
1.4　新1040
2.1　10×15厘米；1紙；共7行，行字不等。
2.3　卷軸裝。首尾均殘。通卷下殘。小殘片。
3.1　首殘→大正0223，08/0368C26。
3.2　尾殘→大正0223，08/0369A04。
6.1　首→BD14840號MA。
8　6世紀。南北朝寫本。
9.1　隸楷。
10　有題跋2條：
"此幅與前幅隋經乃同體之物而裂缺者。'轉輪聖'、'如'、'不得波'等字，均可相聯屬。而/余不諳裝池，又無天孫之技，不能/補綴如一耳。/忍槎記。/"
"上經書法，結體轉折，類東魏敬/使君碑，或出諸一人之手。古人/以書畫為末藝，均不署名，衹可/情性間審度之耳。/六月上旬，忍槎又記。/"

1.1　BD14840號N
1.3　大方廣佛華嚴經（晉譯）卷三一
1.4　新1040
2.1　6.3+27×26.3厘米；1紙；共21行，行17字。
2.3　卷軸裝。首殘尾脫。中部地腳殘破。有烏絲欄。
3.1　首4行上下殘→大正0278，09/0596B14~19。
3.2　尾殘→大正0278，09/0596C07。
5　據《大正藏》校記，本件與《大正藏》文字不同處，與宋、宮本相同。
8　6世紀。南北朝寫本。
9.1　隸楷。
9.2　有重文號。
10　寫有硃筆題跋："此六朝人寫經。謹嚴中時露逸氣，/橫筆作隸體，在有意無意間。/真妙品也。丁亥（1947）春月陳玄庵記。/"

1.1　BD14840號O
1.3　金剛般若波羅蜜經
1.4　新1040
2.1　45.5×17厘米；2紙；共37行。
2.2　01：25，15；　　02：20.5，12。
2.3　卷軸裝。首尾均殘。打紙，研光上蠟。卷面油污，有殘洞，通卷下殘。有烏絲欄。
3.1　首殘→大正0235，08/0749B05。
3.2　尾殘→大正0235，08/0749C03。
8　7~8世紀。唐寫本。
9.1　楷書。
10　有硃筆題跋："石室秘/寶，有柳/誠然。石/刻寫經，/頗與此/殘片相/似。雖大/小稍異，/其用筆/結體、清/雋勁拔之/氣，如出/一手。唐/人寫經/中斷不/能再有/摹柳/書如此/神似者。/是誠柳/書，真至/寶也。/丁亥（1947）春，/玄庵記。/"

1.1　BD14840號P
1.3　大般若波羅蜜多經卷六四
1.4　新1040
2.1　（31.5+5.5）×24.5厘米；2紙；共9行，行17字。
2.2　01：21.0，護首；　　02：16.0，09。
2.3　卷軸裝。首全尾殘。有護首，有竹質天竿，天竿上有縹帶殘根；護首有紺青紙經名簽，上有金粉書寫經名；護首有殘洞。背有古代裱補，上面有字，朝内粘貼，難以辨認。有烏絲欄。
3.1　首全→大正0220，05/0359B02。
3.2　尾3行上下殘→大正0220，05/0359B10~13。
4.1　大般若波羅蜜多經卷第六十四，/初分無所得品第十八之四，三藏法師玄奘奉詔譯（首）。
7.4　護首有經名"大般若波羅蜜經卷第□…□"。上有經名號。
8　8~9世紀。吐蕃統治時期寫本。
9.1　楷書。

1.1　BD14840號Q
1.3　金剛般若波羅蜜經
1.4　新1040
2.1　（1.5+25.5+7）×24厘米；2紙；共21行，行17字。
2.2　01：27.0，17；　　02：07.0，04。

2.3　卷軸裝。首尾均殘。卷面多水漬，尾紙下部有殘缺。首紙係後補。有烏絲欄。
3.1　首1行上中殘→大正0235，08/0748C29。
3.2　尾4行下殘→大正0235，08/0749A18～21。
8　7～8世紀。唐寫本。
9.1　楷書。

1.1　BD14840號RA
1.3　金光明經卷四
1.4　新1040
2.1　（3.5+3.5+4）×26厘米；1紙；共7行，行17字。
2.3　卷軸裝。首尾均殘。卷面殘破。有烏絲欄。
3.1　首2行上中殘→大正0663，16/0354C02。
3.2　尾3行上下殘→大正0663，16/0354C08。
8　7～8世紀。唐寫本。
9.1　楷書。
9.2　有倒乙。
10　有題跋3條：

"隋大業元年（605）書，/《金光明》經卷/殘片，絕佳，上上品。/宇内之奇珍也。/三十三年（1944），八覺居士。/"

"開皇誤書大業。忍槎。/"

"絕佳之品，隋經上格。聊聊書行，不足百字，/珍擬黄庭，價過和璧。忍槎。/"

1.1　BD14840號RB
1.3　菩薩地持經卷五
1.4　新1040
2.1　9.5×17.5厘米；1紙；共5行。
2.3　卷軸裝。首尾均殘。通卷上殘。小殘片。有烏絲欄。
3.1　首殘→大正1581，30/0913B25。
3.2　尾殘→大正1581，30/0913C01。
8　7～8世紀。唐寫本。
9.1　楷書。
10　右上方有陰文硃印，0.8×2.1厘米，印文為"丁廬"。

有題跋2條：

"此隋大業八年（612）兵燹，/僧衆作辦等（?）道場，寫/《方便處戒品》第五卷，及梁州戒本、/獨羯磨文二本。此其殘珍。有字三十四，缺殘者七字。/"下有陽文硃印，1.1×1.1厘米，印文為"忍辱神仙"。

"甲申（1944）中秋前二日，見隋/經二卷，唐經一卷。節/省用費以置之。古人典/卻春衫買古書，好/者固如斯也。/八覺居士記。"下有陽文硃印，0.6×1厘米，印文為"魏"。右下方有圓形硃印，直徑1厘米，印文為"忍槎"。

1.1　BD14840號SA
1.3　摩訶般若波羅蜜經卷九
1.4　新1040
2.1　8.7×14厘米；1紙；共5行。
2.3　卷軸裝。首尾均殘。通卷上殘。小殘片。
3.1　首殘→大正0223，08/0286A17。
3.2　尾殘→大正0223，08/0286A22。
8　5～6世紀。南北朝寫本。
9.1　楷書。
10　有題跋："北魏《大品經》之殘落者，書法/如元演墓誌。/賓梁閣主魏忍槎識。/"

1.1　BD14840號SB
1.3　像法決疑經
1.4　新1040
2.1　8×10厘米；1紙；共5行。
2.3　卷軸裝。首尾均殘。通卷上殘。小殘片。
3.1　首殘→大正2870，85/1336B16。
3.2　尾殘→大正2870，85/1336B20。
8　6世紀。南北朝寫本。
9.1　楷書。
10　寫有題跋："此北魏書之/秀逸者，司/馬顯姿差/似之。/賓梁閣/讀記。/"

1.1　BD14840號T
1.3　大般若波羅蜜多經卷四六四
1.4　新1040
2.1　23.8×27.2厘米；1紙；共17行，行字不等。
2.3　卷軸裝。首尾均殘。無天頭地腳，中部多處殘洞。
3.1　首殘→大正0220，07/0346C28。
3.2　尾殘→大正0220，07/0347A26。
8　8～9世紀。吐蕃統治時期寫本。
9.1　楷書。

1.1　BD14840號U
1.3　素紙
1.4　新1040
2.1　17.7×26厘米；2紙。
2.2　01：08.2，00；　02：09.5，00。
2.3　卷軸裝。首尾均殘。劃有烏絲欄。
8　8世紀。唐紙。

1.1　BD14841號A
1.3　太上洞玄靈寶智慧上品大戒
1.4　新1041
2.1　108.2×20.8厘米；9紙；共62行，行17字。
2.2　01：12.2，07；　02：12.2，07；　03：12.3，07；
04：12.3，07；　05：12.2，07；　06：12.1，07；
07：12.1，07；　08：12.1，07；　09：10.7，06。
2.3　卷軸裝。首斷尾殘。卷首紙張粘貼處脫落，卷末尾題被截

去。有烏絲欄。現代裝裱為册頁。
3.1　首殘→《中華道藏》，03/0262B14。
3.2　尾殘→《中華道藏》，03/0263B23。
5　與《中華道藏》本相比，文字略有參差，可供校勘。
8　7~8 世紀。唐寫本。
9.1　楷書。
10　現代裝為册頁，藍布封皮。有題簽“唐寫本殘道經十三種。雪堂所藏鳴沙石室碎金/附六朝/寫本，壬戌閏月抱殘翁題記。/一/種。/”題簽下有陽文硃印，1.1×0.9 厘米，印文為“◇室”。裝入木盒。

1.1　BD14841 號 B
1.3　太玄真一本際經卷三
1.4　新 1041
2.1　(3+84.7)×20.8 厘米；8 紙；共 53 行，行 17 字。
2.2　01：3+8，07；　02：11.5，07；　03：11.6，07；
04：11.9，07；　05：11.5，07；　06：11.5，07；
07：11.7，07；　08：07.0，04。
2.3　卷軸裝。首殘尾斷。卷首微殘，卷尾紙張粘貼處脱落。首題被截去。第 4 紙有接縫。有烏絲欄。
3.1　首 2 行上下殘→《中華道藏》，05/0227A3~4。
3.2　尾殘→《中華道藏》，05/0227C23。
6.2　尾→斯 03387 號。
8　7~8 世紀。唐寫本。
9.1　楷書。
9.2　有硃筆行間校加字。

1.1　BD14841 號 C
1.3　太玄真一本際經卷七
1.4　新 1041
2.1　(7+635+2.8)×21 厘米；7 紙；共 40 行，行 17 字。
2.2　01：11.0，06；　02：10.7，06；　03：11.0，06；
04：10.8，06；　05：10.8，06；　06：10.8，06；
07：08.2，04。
2.3　卷軸裝。首尾均殘。第 2、7 紙有接縫。有烏絲欄。
3.1　首 4 行上中殘→《中華道藏》，05/0247A01~02。
3.2　尾 1 行上殘→《中華道藏》，05/0247C03~04。
6.2　尾→伯 3285 號。
8　7~8 世紀。唐寫本。
9.1　楷書。

1.1　BD14841 號 D
1.3　太上洞玄靈寶業報因緣經卷五
1.4　新 1041
2.1　(7.5+42.8)×21.6 厘米；4 紙；共 28 行，行 17 字。
2.2　01：12.5，07；　02：12.6，07；　03：12.6，07；
04：12.6，07。
2.3　卷軸裝。首殘尾斷。黄麻紙。卷首殘缺。有烏絲欄。
3.1　首 4 行上下殘→《中華道藏》，05/0180B16~20。
3.2　尾殘→《中華道藏》，05/0181A06。
6.1　首→斯 10477 號。
8　7~8 世紀。唐寫本。
9.1　楷書。

1.1　BD14841 號 E
1.3　太玄真一本際經卷二
1.4　新 1041
2.1　45.8×21.6 厘米；4 紙；共 28 行，行 17 字。
2.2　01：11.4，07；　02：11.1，07；　03：11.4，07；
04：11.9，07。
2.3　卷軸裝。首尾均斷。黄麻紙。有烏絲欄。
3.1　首殘→《中華道藏》，05/0222B23。
3.2　尾殘→《中華道藏》，05/0223A10。
3.4　説明：
《太玄真一本際妙經》中有完全相同的經文，參見《中華道藏》，05/0209A19~C09
《元始洞真決疑經》中亦有完全相同的經文，參見《中華道藏》，05/0271A13~C03。
故文獻屬於哪一部經典，尚需進一步研究。
8　7~8 世紀。唐寫本。
9.1　楷書。

1.1　BD14841 號 F
1.3　大唐開元立成投龍章醮威儀法則（擬）
1.4　新 1041
2.1　(50.9+1.5)×21.5 厘米；5 紙；共 29 行，行 17 字。
2.2　01：10.8，06；　02：10.8，06；　03：11.5，06；
04：10.8，06；　05：7+1.5，05。
2.3　卷軸裝。首斷尾殘。第 3 紙有接縫。有烏絲欄。
3.4　説明：
本文獻首殘，尾 1 行上下殘。前 17 行文字見於伯 2354 號第 38 至末行，後 12 行不見於伯 2354 號。其中稱：“奉為大唐開元神武皇帝投告龍壁簡辭”云云，可知係唐開元間道教實用儀軌。定名參見王卡《敦煌道教文獻研究》。
8　7~8 世紀。唐寫本。
9.1　楷書。

1.1　BD14841 號 G
1.3　太玄真一本際經卷四
1.4　新 1041
2.1　(4+46.9)×21.8 厘米；5 紙；共 33 行，行 17 字。
2.2　01：10.5，07；　02：10.7，07；　03：10.8，07；
04：10.8，07；　05：08.1，05。
2.3　卷軸裝。首殘尾斷。首紙有接縫。有烏絲欄。
3.1　首 3 行中下殘→《中華道藏》，05/02233B10~13。

3.2　尾殘→《中華道藏》，05/0234A08。
6.1　首→斯 04330 號。
6.2　尾→BD14841 號 J。
8　7～8 世紀。唐寫本。
9.1　楷書。

1.1　BD14841 號 H
1.3　太上洞玄靈寶業報因緣經卷五
1.4　新 1041
2.1　（1.4＋59.2）×21 厘米；6 紙；共 33 行，行 17 字。
2.2　01：1.4＋10，06；　02：11.0，06；　03：10.8，06；
04：10.8，06；　05：10.7，06；　06：05.9，03。
2.3　卷軸裝。首殘尾斷。首紙有接縫，第 5 紙有 2 個殘洞。有烏絲欄。
3.1　首 1 行上中殘→《中華道藏》，05/0178B03～04。
3.2　尾殘→《中華道藏》，05/0178C23。
8　7～8 世紀。唐寫本。
9.1　楷書。

1.1　BD14841 號 I
1.3　失題道教類書（擬）
1.4　新 1041
2.1　（5＋26.2）×21.8 厘米；3 紙；共 18 行，行 17 字。
2.2　01：5＋6.5，07；　02：12.5，07；　03：07.2，04。
2.3　卷軸裝。首殘尾斷。有烏絲欄。
3.4　說明：

本文獻首 3 行中下殘，尾殘。內引《諸天內音經》上卷、《仙公內傳》、《金真玉光經》三種經書。從經文內容看，此件應為"寶臺"品。與伯 2725 號、伯 3652 號、斯 01113 號、伯 2469 號、伯 3299 號、伯 2459 號 1 七件遺書紙質筆跡及編輯體例相同，原為同一經書抄本。但均無卷題，文字內容亦不連續，卷次順序難以排定。七件合計存經文 367 行，可考出品目約為二十四條。此抄本體例最接近《道典論》。參見王卡《敦煌道教文獻研究》。

6.1　首→伯 2725 號。
8　7～8 世紀。唐寫本。
9.1　楷書。

1.1　BD14841 號 J
1.3　太玄真一本際經卷四
1.4　新 1041
2.1　45.4×21.4 厘米；4 紙；共 28 行，行 17 字。
2.2　01：11.5，07；　02：11.3，07；　03：11.4，07；
04：11.2，07。
2.3　卷軸裝。首尾均斷。有烏絲欄。
3.1　首殘→《中華道藏》，05/0234A08。
3.2　尾殘→《中華道藏》，05/0234B20。
6.1　首→BD14841 號 G。
8　7～8 世紀。唐寫本。
9.1　楷書。

1.1　BD14841 號 K
1.3　洞玄靈寶下元黃籙簡文威儀經（擬）
1.4　新 1041
2.1　（1.9＋45.6）×21 厘米；4 紙；共 28 行，行 17 字。
2.2　01：1.9＋10，07；　02：11.8，07；　03：11.8，07；
04：12.0，07。
2.3　卷軸裝。首殘尾斷。卷首殘爛，卷面有殘洞。有烏絲欄。
3.1　首 1 行上殘→《中華道藏》，03/0279B14。
3.2　尾殘→《中華道藏》，03/0280A03。
6.1　首→BD14841 號 L。
8　7～8 世紀。唐寫本。
9.1　楷書。
13　參見王卡《敦煌道教文獻研究》。

1.1　BD14841 號 L
1.3　洞玄靈寶下元黃籙簡文威儀經（擬）
1.4　新 1041
2.1　46.4×21 厘米；4 紙；共 23 行，行 17 字。
2.2　01：12.3，07；　02：11.8，07；　03：11.9，07；
04：10.4，06。
2.3　卷軸裝。首殘尾斷。卷首殘爛，有殘洞，卷前部上半殘缺。有烏絲欄。
3.1　首 14 行上殘→《中華道藏》，03/0279A03。
3.2　尾殘→《中華道藏》，03/0279B14。
6.2　尾→BD14841 號 K。
8　7～8 世紀。唐寫本。
9.1　楷書。
13　參見王卡《敦煌道教文獻研究》。

1.1　BD14841 號 M
1.3　道要靈祇神鬼品經
1.4　新 1041
2.1　（22.3＋1.4）×21 厘米；2 紙；共 14 行，行 17 字。
2.2　01：12.3，07；　02：10＋1.4，07。
2.3　卷軸裝。首斷尾殘。有烏絲欄。
3.1　首殘→《中華道藏》，28/0375A04。
3.2　尾 1 行中下殘→《中華道藏》，28/0375A20～21。
6.1　首→斯 01728 號。
6.2　尾→北大 199 號。
8　7～8 世紀。唐寫本。
9.1　楷書。
13　參見王卡《敦煌道教文獻研究》。

1.1　BD14841 號 N

1.3　太玄真一本際經卷二
1.4　新1041
2.1　(5.4+44.4)×21厘米；4紙；共28行，行17字。
2.2　01：12.4，07；　02：12.2，07；　03：12.5，07；
04：12.7，07。
2.3　卷軸裝。首殘尾斷。卷首殘缺。有烏絲欄。
3.1　首3行中下殘→《中華道藏》，05/0221A11~14。
3.2　尾殘→《中華道藏》，05/0221B22。
3.4　說明：
《太玄真一本際妙經》、《元始洞真決疑經》中有完全相同的經文。
6.2　尾→伯2397號。
8　7~8世紀。唐寫本。
9.1　楷書。

1.1　BD14842號
1.3　大般涅槃經（北本　思溪本）卷一五
1.4　新1042
2.1　453×27厘米；10紙；共247行，行17字。
2.2　01：13.2，07；　02：52.9，29；　03：52.9，29；
04：53.0，29；　05：53.0，29；　06：53.0，29；
07：53.0，29；　08：53.1，29；　09：53.2，29；
10：15.8，08。
2.3　卷軸裝。首斷尾殘。卷上方有殘洞，卷面有破裂。有烏絲欄。
3.1　首殘→大正0374，12/0454B18。
3.2　尾殘→大正0374，12/0457B19。
5　與《大正藏》本對照分卷不同。相當於《大正藏》本卷十五後半部及卷十六首。據《大正藏》校記，與《思溪藏》本同。
7.3　卷尾背有雜寫“臣”。
8　7~8世紀。唐寫本。
9.1　楷書。
10　外配木盒上貼有紙簽“購6672”。

1.1　BD14843號A
1.3　妙法蓮華經卷三
1.4　新1043
2.1　59.5×22厘米；7紙；共37行，行17字。
2.2　01：15.8，10；　02：08.3，05；　03：08.4，05；
04：07.9，05。　05：07.8，05；　06：07.9，05；
07：03.4，02。
2.3　卷軸裝。首尾均殘。有蟲蛀殘洞。紙張變成褐色。有烏絲欄。通卷現代托裱。
2.5　BD14843號共包括A、B1、B2、C、D、E、F等7個殘片，其中B1、B2原為同卷，其餘殘片相互沒有關係，乃後人將其托裱在同一個手卷中。
3.1　首殘→大正0262，09/0025B19。
3.2　尾殘→大正0262，09/0025C29。
8　7~8世紀。唐寫本。
9.1　楷書。
10　現代接出織錦護首，有骨別子。護首有題簽“唐人寫經六葉，南皮張氏可園珍藏”。

卷首隔水有3枚陽文硃印：(1) 1.4×3.9厘米，印文為“南皮張氏可園收藏/庚壬兩劫所餘之一/”；(2) 1.4×2.5厘米，印文為“續雅”；(3) 1.5×1.5厘米，印文為“聖可手印”。

卷尾有3枚硃印：(1) 陽文，1.4×3.9厘米，印文為“南皮張氏可園收藏/庚壬兩劫所餘之一/”；(2) 1.3×1.3厘米，印文為“可園賓藏”；(3) 三圓相切的硃印，直徑1厘米，印文為“第一品”。

尾有題跋4則。

其一：

“蜀潼川府有兜率寺，一名長壽寺，隋開皇年間所建，至唐初郡人又造塔其中，王勃碑/云：‘龍蟠萬栱，策屏翳而高驤；鶴矯千楣，冠扶搖而獨運。’蓋其規制宏麗矣。塔墮於/嘉慶時，中有藏經數十百種，皆硬黃紙書。人共爭取，狼藉殆盡。此《法華經》殘帙，/蓋其一種也。唐人有專以寫經名家者，此帙瀟灑流逸，得登善神髓，洵足寶貴。/予嘗見歙鮑氏藏唐人書《鬱單越經》，紙色如新，墨氣瀚然，此殆足勒之矣。今為/少黼觀察所藏，予得縱觀，因書其顛末。同治甲子（1864）八月吳郡顧復初識。/”

跋後有陽文硃印，0.7×1.2釐米，印文為“子遠”。

其二：

“龍頹虎踞八千尺，佛寶千年始一出。殘/帙斷玉滿人間，兜率天宮黯無色。/

畫山峰巔唐浮圖，中有硬黃萬軸書。《法華》/一卷特超絕，無乃登善傳薪徒。

繽紛飛墮/曼陀羅，可惜真光餘片羽。識文豈有張伯璧，/劫灰且認故僧土。

細氎藏胸密蒙陳，三車/火宅仗威神。莫教詩書發古冢，人言劉蛻/有遺文。

安般息禪復初題時同治甲子（1864）秋日。”

其下有陽文硃印，1×1.3厘米，印文為“復初”。

其三：

“語言文字亦成戒，千載猶◇人販賞。/觳皮雞毛復何力，地水火風不能壞。/

石穴自勝梁間藏，舍利◇向阿育王。/人天瀟灑紙墨香，大光明藏開秋/堂。其一。

窣堵波心泥佛腹，明日騰天誰/能挾。可憐古法秘心傳，都畀閒人誇/眼福。

香風萬花真妙吟，阿那不類◇◇◇。/可有玉環刺血本，三郎豈惜千黃金。其二。

十/年前走江都縣，五色曾窺貞觀線，以指畫肚/藝未工，闍黎棄去無繇見昔在揚州，蒙問樵先生示我貞觀五年線繡/五色佛像，蓋六舟和尚得之小銅佛腹中。有金經寫本，/字畫不工，棄去。

我生執筆殊謙謙，題得功德殊膏霑。明日黃昏/千佛出，佛

星當照浮屠尖。其三。

聽雷子囑為/少黼觀察題冊，興到作三詩，◇大◇◇◇。甯順成鑒書。/”

其下有2枚硃印：(1) 陰文，1.2×1.2厘米，印文為“成鑒”；(2) 陽文，1.1×1.1厘米，印文為“眉泉”。

其四：

“佛以因緣立法門，餘寥終始了/無根。東來經典都殘籍，細認/煙雲變懺痕。

閻浮提界尚滄桑，/窣堵波頹幾夕陽。解識虛空/無報懺，法華輪轉任人忙。/

重陽抱疴不能出，適蔡垌送冊來，/續得兩絕句，遂書其後，是夜榜/發，蔡垌獲雋，佛星照浮屠竟成/佳讖。可喜。子遠又筆。/”

跋末有陰文硃印，1.7×2.4厘米，印文為“虎頭齋章”。

1.1 BD14843號B1
1.3 正法念處經卷一四
1.4 新1043
2.1 16.8×20.8厘米；2紙；共11行，行17字。
2.2 01：02.6，02；　　02：14.2，09。
2.3 卷軸裝。首尾均斷。有烏絲欄。通卷現代托裱。
2.4 本遺書包括2個文獻：(一)《正法念處經》卷一四，2行，今編為BD148434號B1。(二)《正法念處經》卷一四，9行，今編為BD14804號B2。
2.5 本遺書兩個文獻原屬同卷，但不能直接綴接。裝裱時前後錯簡。
3.1 首殘→大正0721，17/0082A17。
3.2 尾殘→大正0721，17/0082A19。
8 7～8世紀。唐寫本。
9.1 楷書。

1.1 BD14843號B2
1.3 正法念處經卷一四
1.4 新1043
2.4 本遺書由2個文獻組成，本文獻為第2個，9行。餘參見BD14843號B1之第2項。
3.1 首殘→大正721，17/81C8。
3.2 尾殘→17/81C17。
8 7～8世紀。唐寫本。
9.1 楷書。

1.1 BD14843號C
1.3 妙法蓮華經卷一
1.4 新1043
2.1 (1.7+5+3)×31.5厘米；1紙；共6行，行17字。
2.3 卷軸裝。首尾均斷。上部多有蟲蛀殘洞。有烏絲欄。通卷現代托裱。
3.1 首行上殘→大正0262，09/0002A18～19。
3.2 尾2行上殘→大正0262，09/0002A23～25。
8 7～8世紀。唐寫本。
9.1 楷書。

1.1 BD14843號D
1.3 大般涅槃經後分卷下
1.4 新1043
2.1 (1.5+34.2+2.2)×24.3厘米；1紙；共23行，行17字。
2.3 卷軸裝。首尾均殘。多有蟲蛀殘洞。有烏絲欄。通卷現代托裱。
3.1 首行中下殘→大正0377，12/0911C06～07。
3.2 尾行中殘→大正0377，12/0911C28～29。
8 7～8世紀。唐寫本。
9.1 楷書。
10 卷首有陽文硃印，2×2厘米，印文為“南屏之印”。卷尾有陽文硃印，2.1×2.1厘米，印文為“江東詩伯”。

1.1 BD14843號E
1.3 大方等大集經卷二八
1.4 新1043
2.1 48.3×24厘米；1紙；共29行，行17字。
2.3 卷軸裝。首尾均脫。有蟲蛀殘洞。有烏絲欄。通卷現代托裱。
3.1 首殘→大正0397，13/0195C02。
3.2 尾殘→大正0397，13/0196A03。
8 7～8世紀。唐寫本。
9.1 楷書。

1.1 BD14843號F
1.3 妙法蓮華經卷五
1.4 新1043
2.1 47×25厘米；1紙；共29行，行17字。
2.3 卷軸裝。首尾均脫。有烏絲欄。通卷現代托裱。
3.1 首殘→大正0262，09/0045B04。
3.2 尾殘→大正0262，09/0045C08。
8 7～8世紀。唐寫本。
9.1 楷書。
10 卷尾有3枚有陽文硃印：(1) 1.4×3.9厘米，印文為“南皮張氏可園收藏庚壬兩劫所餘之一”；(2) 1.3×1.3厘米，印文為“可園寶藏”；(3) 1×2.6厘米，印文為“第一品”。

1.1 BD14844號
1.3 維摩詰所說經卷下
1.4 新1044
2.1 768.2×26.7厘米；17紙；共454行，行17字。

2.2　01：46.8，27；　02：46.5，28；　03：46.5，28；
04：46.5，28；　05：46.5，28；　06：46.6，28；
07：46.6，28；　08：46.5，28；　09：46.5，28；
10：46.5，28；　11：46.7，28；　12：46.5，28；
13：46.5，28；　14：46.0，28；　15：42.9，26；
16：44.6，27；　17：36.5，10。

2.3　卷軸裝。首殘尾全。卷首上部殘缺。上下邊有殘裂。卷面有水漬。有烏絲欄。

3.1　首 3 行上殘→大正 0475，14/0552A03～07。

3.2　尾全→大正 0475，14/0557B26。

4.1　□…□佛品第十，卷下（首）。

4.2　維摩詰經卷下（尾）。

5　與《大正藏》對照，卷尾多"作禮而去"4 字。

7.2　卷尾有 3 枚陽文印章：（1）硃印，4×5.2 厘米，印文為"報恩寺藏經印"；（2）墨印，2.4×8 厘米，印文為"三界寺藏經"。（3）卷首亦有報恩寺藏經印，殘存"藏經印"3 字。

8　8～9 世紀。吐蕃統治時期寫本。

9.1　楷書。

9.2　有行間校加字及刮改。

1.1　BD14845 號

1.3　妙法蓮華經卷三

1.4　新 1045

2.1　492×26 厘米；11 紙；共 286 行，行 17 字。

2.2　01：12.5，07；　02：48.0，28；　03：48.0，28；
04：48.0，28；　05：48.0，28；　06：48.0，28；
07：48.0，28；　08：48.0，27；　09：48.0，28；
10：48.0，28；　11：47.5，28。

2.3　卷軸裝。首斷尾脫。第 9、10 紙接縫處上部開裂，卷面有水漬，卷尾有等距離殘爛。有烏絲欄。

3.1　首殘→大正 0262，09/0022A18。

3.2　尾殘→大正 0262，09/0026A24。

8　9～10 世紀。歸義軍時期寫本。

9.1　楷書。

1.1　BD14846 號

1.3　大般若波羅蜜多經卷五二一

1.4　新 1046

2.1　（3＋860.5）×26 厘米；20 紙；共 519 行，行 17 字。

2.2　01：03.0，護首；　02：44.0，27；　03：45.0，28；
04：45.0，28；　05：45.0，28；　06：45.0，28；
07：45.5，28；　08：45.0，28；　09：45.5，28；
10：45.5，28；　11：45.5，28；　12：45.5，28；
13：45.5，28；　14：45.5，28；　15：45.5，28；
16：45.5，28；　17：45.5，28；　18：45.5，28；
19：45.5，28；　20：45.5，16。

2.3　卷軸裝。首尾均全。有護首，已殘。卷面有等距離黴爛與殘洞。有烏絲欄。背有現代裱補。

3.1　首全→大正 0220，07/0666A02。

3.2　尾全→大正 0220，07/0672A04。

4.1　大般若波羅蜜多經卷第五百廿一，/第三分見不動品第廿五之一，三藏法師玄奘奉詔譯/（首）。

4.2　大般若波羅蜜多經卷第五百廿一（尾）。

7.1　尾題後有勘記"次弘建勘訖"。

7.2　尾題下有 2 枚陽文印章：（1）硃印，4×5.2 厘米，印文為"報恩寺藏經印"；（2）墨印，2.4×8 厘米，印文為"三界寺藏經"。

卷首尾騎縫處有上述"報恩寺藏經印"，尾有半方，印文為"報恩寺"，首有半方，印文為"藏經印"，印可綴合完整。

8　8～9 世紀。吐蕃統治時期寫本。

9.1　楷書。

1.1　BD14847 號

1.3　大般若波羅蜜多經卷二三九

1.4　新 1047

2.1　593.4×26.2 厘米；13 紙；共 340 行，行 17 字。

2.2　01：49.0，28；　02：48.8，28；　03：48.6，28；
04：48.8，28；　05：48.7，28；　06：48.7，28；
07：48.7，28；　08：48.6，28；　09：49.0，28；
10：48.8，28；　11：48.8，28；　12：48.7，28；
13：08.2，04。

2.3　卷軸裝。首脫尾殘。卷面有等距離黴爛。背有古代裱補。有烏絲欄。已修整。

3.1　首殘→大正 0220，06/0205C10。

3.2　尾殘→大正 0220，06/0209C02。

8　8～9 世紀。吐蕃統治時期寫本。

9.1　楷書。

1.1　BD14848 號

1.3　大般涅槃經（北本　宮本）卷三四

1.4　新 1048

2.1　（2.4＋824）×26.5 厘米；18 紙；共 476 行，行 17 字。

2.2　01：2.4＋34，21；　02：47.8，28；　03：47.8，28；
04：48.2，28；　05：47.8，28；　06：48.1，28；
07：48.1，28；　08：48.3，28；　09：48.1，28；
10：48.0，28；　11：48.3，28；　12：48.1，28；
13：48.4，28；　14：48.3，28；　15：48.5，28；
16：48.1，28；　17：48.3，28；　18：19.8，07。

2.3　卷軸裝。首殘尾全。前 2 紙下邊殘缺。有烏絲欄。背有現代裱補。

3.1　首行下殘→大正 0374，12/0562C25～26。

3.2　尾全→大正 0374，12/0568B21。

4.2　大般涅槃經卷第三十四（尾）。

5　與《大正藏》本相比，分卷不同。與宮內省圖書寮本同。

8　8世紀。唐寫本。
9.1　楷書。
9.2　有行間校加字及刮改。

1.1　BD14849號
1.3　妙法蓮華經卷三
1.4　新1049
2.1　(5.5+316.5)×27厘米；7紙；共176行，行17字。
2.2　01：5.5+33，22；　02：50.5，29；　03：50.5，29；
04：50.5，29；　05：50.5，29；　06：50.5，29；
07：31.0，09。
2.3　卷軸裝。首殘尾全。有烏絲欄。
3.1　首3行中上殘→大正262 9/24B28～C1。
3.2　尾全→9/27B9。
4.2　妙法蓮花經卷第三（尾）。
7.2　卷尾下方有2枚陽文印章：(1) 硃印，4×5.2厘米，印文為"報恩寺藏經印"；(2) 墨印，2.4×8厘米，印文為"三界寺藏經"。
8　8世紀。唐寫本。
9.1　楷書。

1.1　BD14850號
1.3　七俱胝佛母准提大明陀羅尼經
1.4　新1050
2.1　(18.5+276.1)×28.8厘米；9紙；共213行，行字不等。
2.2　01：14.0，11；　02：4.5+30，26；　03：40.0，29；
04：40.3，29；　05：40.5，29；　06：5：40.2，29；
07：40.2，29；　08：40.3，29；　09：04.6，02。
2.3　卷軸裝。首殘尾全。前3紙上下有殘缺，卷面多有殘洞，接縫處多處開裂。有折疊欄。已修整。
3.1　首15行上下紙→大正1075，20/0173B09～C10。
3.2　尾全→大正1075，20/0178C06。
4.2　佛說七俱胝佛母准泥大明陀羅尼經（尾）。
8　9～10世紀。歸義軍時期寫本。
9.1　楷書。

1.1　BD14851號
1.3　大方廣佛華嚴經（晉譯五十卷本）卷三一
1.4　新1051
2.1　(1.5+738.5+7)×27.5厘米；16紙；共427行，行17字。
2.2　01：13.2，07；　02：50.7，29；　03：50.7，29；
04：50.7，29；　05：50.7，29；　06：50.7，29；
07：50.7，29；　08：50.7，29；　09：50.7，29；
10：50.7，29；　11：50.7，29；　12：50.7，29；
13：50.7，29；　14：50.7，29；　15：50.7，29；
16：17+7，14。
2.3　卷軸裝。首尾均殘。上下邊多有殘缺，尾紙中間有殘洞。有烏絲欄。已修整。
3.1　首殘→大正0278，09/0631C29。
3.2　尾3行下殘→大正0278，09/0637A19～21。
5　與《大正藏》本對照分卷不同，相當於第三十六卷後部分與第三十七卷前部分。
8　6世紀。南北朝寫本。
9.1　楷書。

1.1　BD14852號
1.3　大般涅槃經（北本）卷二六
1.4　新1052
2.1　916.8×26厘米；20紙；共522行，行17字。
2.2　01：24.0，護首；　02：44.9，27；　03：47.0，28；
04：47.0，28；　05：47.0，28；　06：47.1，28；
07：47.0，28；　08：47.1，28；　09：47.0，28；
10：47.2，28；　11：47.2，28；　12：47.1，28；
13：47.1，28；　14：47.1，28；　15：47.2，28；
16：47.2，28；　17：47.2，28；　18：47.2，28；
19：47.2，28；　20：47.0，19。
2.3　卷軸裝。首尾均全。打紙，砑光上蠟。有護首，有竹質天竿及深藍色縹帶，長48厘米。有燕尾。卷面保存尚好，有水漬。有烏絲欄。
3.1　首全→大正0374，12/0516A07。
3.2　尾全→大正0374，12/0522A27。
4.1　大般涅槃經卷第廿六（首）。
4.2　大般涅槃經卷第廿六（尾）。
5　與《大正藏》本對照，分卷不同。此卷經文相當於卷第二十五後部與卷第二十六全部。
7.1　卷尾有題記"菩薩戒弟子尼智行受持"。
7.4　護首有經名"大般涅槃經卷第廿六，上"。上有經名號。
8　7～8世紀。唐寫本。
9.1　楷書。
9.2　有刮改。
10　護首背下有陰文硃印，1.3×1.3厘米，印文模糊難辨。首題下有陰文硃印，1.3×2.1厘米，印文為"□（鄉?）白至□（火?）"。護首上有毛筆寫蘇州碼子"40"。

1.1　BD14853號
1.3　妙法蓮華經卷二
1.4　新1053
2.1　84×27.3厘米；2紙；共44行，行16字。
2.2　01：42.0，22；　02：42.0，22。
2.3　卷軸裝。首尾均斷。首紙上下邊殘缺。有烏絲欄。已修整。
3.1　首殘→大正0262，09/0015A05。
3.2　尾殘→大正0262，09/0015C06。
8　7～8世紀。唐寫本。

9.1　楷書。

1.1　BD14854 號
1.3　大方廣佛華嚴經（晉譯六十卷本異卷）卷五九
1.4　新 1054
2.1　（8 + 353.9 + 4.4）×27.1 厘米；9 紙；共 223 行，行 17 字。
2.2　01：28.7，17；　02：47.6，29；　03：47.6，29；
　　04：47.6，29；　05：47.6，29；　06：47.6，29；
　　07：47.6，29；　08：47.6，29；　09：04.4，03。
2.3　卷軸裝。首尾均殘。第 1、8 紙下邊殘缺，第 8 紙中間有殘洞。有烏絲欄。已修整。
3.1　首 4 行下殘→大正 0278，09/0779C22 ~ 27。
3.2　尾 3 行上下殘→大正 0278，09/0782C09 ~ 11。
5　與《大正藏》本對照分卷不同，相當於卷五九後半到卷六〇前半，與日本宮内寮本、聖語藏本分卷亦均不同。應屬異卷。
8　5 ~ 6 世紀。南北朝寫本。
9.1　楷書。
9.2　有重文號。
10　第 7、8 紙騎縫處有陰文硃印，1.5 ×1.5 厘米，印文為“半巢書屋”。

1.1　BD14855 號
1.3　無垢淨光大陀羅尼經鈔（擬）
1.4　新 1055
2.1　（5 + 84）×31.8 厘米；2 紙；正面 32 行，行 25 ~ 28 字；背面 9 行，行字不等。
2.2　01：5 +39，17；　02：45.0，15。
2.3　卷軸裝。首殘尾缺。第 3、4 行間及卷尾有餘空。已修整。
2.4　本遺書包括 2 個文獻：（一）《無垢淨光大陀羅尼經》鈔，32 行，抄寫在正面，今編為 BD14855 號。（二）《僧衆學經歷》（擬），9 行，抄寫在背面，今編為 BD14855 號背。
3.4　說明：
　　本遺書為《無垢淨光大陀羅尼經》鈔，詳情如下：
　　第 1 行：經文雜寫：“佛言除蓋障菩薩。”
　　第 2 至 3 行，大正 1024，19/718B17 ~ 19；
　　第 4 至 6 行，大正 1024，19/718B17 ~ 21；
　　第 7 至 8 行，大正 1024，19/718B23 ~ 26，有缺文；
　　第 9 至 10 行，大正 1024，19/720A7 ~ 11，有缺文；
　　第 11 至 14 行，大正 1024，19/718C11 ~ 16，有缺文；
　　第 15 至 18 行，大正 1024，19/719C19 ~ 23；
　　第 19 行，大正 1024，19/718C20 ~ 21，有缺文；
　　第 20 至 24 行，大正 1024，19/719A24 ~ B2，有缺文；
　　第 25 至 32 行，大正 1024，19/720A21 ~ 29。
7.3　前 3 行為廢棄的經文雜寫。
8　9 ~ 10 世紀。歸義軍時期寫本。
9.1　楷書。

1.1　BD14855 號背
1.3　僧衆學經歷（擬）
1.4　新 1055
2.4　本遺書由 2 個文獻組成，本文獻為第 2 個，9 行，抄寫在背面。餘參見 BD14855 號之第 2 項。
3.4　說明：
　　本文獻首尾均殘。現存墨筆 9 行，並有硃筆旁註。內容為妙緣、勝護、性空、堅修、如利藏、願志花、善護、嚴忍等八位僧人學習佛典的記錄。記錄中要求這些僧人先通某幾部典籍，並用硃筆記錄每天讀經情況。
　　本文獻對研究敦煌寺院僧教育有重要價值。
8　9 ~ 10 世紀。歸義軍時期寫本。
9.1　楷書。
9.2　有硃筆補注。

1.1　BD14856 號
1.3　四分律比丘戒本
1.4　新 1056
2.1　（29 + 290）×29 厘米；8 紙；共 214 行，行 27 字。
2.2　01：06.5，05；　02：46.0，31；　03：45.7，31；
　　04：45.7，31；　05：45.7，31；　06：45.7，31；
　　07：45.7，31；　08：38.0，23。
2.3　卷軸裝。首殘尾全。卷面有水漬，前 4 紙上下有殘缺破損。有烏絲欄。已修整。
3.1　首 20 行上下殘→大正 1429，22/1017B02 ~ C16。
3.2　尾全→大正 1429，22/1023A11。
4.2　□□戒本一卷（尾）。
8　9 ~ 10 世紀。歸義軍時期寫本。
9.1　楷書。
9.2　有行間校加字及塗抹。
12　從本遺書背面揭下古代裱補紙兩塊，分別編為 BD16392 號、BD16393 號。

1.1　BD14857 號
1.3　金剛般若波羅蜜經
1.4　新 1057
2.1　148.8 ×26 厘米；3 紙；共 83 行，行 17 字。
2.2　01：49.4，27；　02：49.4，28；　03：50.0，28。
2.3　卷軸裝。首尾均脫。經黄打紙。卷面多水漬，首紙中間有殘洞，第 2 紙上邊有殘缺。有烏絲欄。已修整。
3.1　首殘→大正 0235，08/0750A21。
3.2　尾殘→大正 0235，08/0751A21。
8　7 ~ 8 世紀。唐寫本。
9.1　楷書。

1.1　BD14858 號
1.3　大般若波羅蜜多經卷七七

1.4　新 1058
2.1　（49.8 +17）×25 厘米；2 紙；共 26 行，行 17 字。
2.2　01：21.8，護首；　　02：28 +17，26。
2.3　卷軸裝。首全尾殘。經黃紙。有護首，有竹質天竿，有土黃色縹帶，長 33.5 厘米。護首有紺青紙經名簽，上有金粉書寫經名。卷面有殘破。有烏絲欄。已修整。
3.1　首全→大正 0220，05/0431C02。
3.2　尾 9 行下殘→大正 0220，05/0431C19 ~29。
4.1　大般若波羅蜜多經卷第七十七，/初分天帝品第二十二之一，三藏法師玄奘奉詔譯/（首）。
7.4　有護首經名"大般若波羅蜜多經卷第七十七"，金粉已褪色。下方有墨書"八"字。
8　7 ~8 世紀。唐寫本。
9.1　楷書。
12　從本遺書背面揭下古代裱補紙 3 塊，其中一塊有文字，兩塊為素紙，分別編為 BD16394 號、BD16395 號。

1.1　BD14859 號
1.3　大般涅槃經（北本）卷四
1.4　新 1059
2.1　（3 +241.5 +13.4）×25.5 厘米；6 紙；共 147 行，行 17 字。
2.2　01：17.1，10；　　02：52.8，30；　　03：52.8，30；
　　04：52.8，30；　　05：52.8，30；　　06：29.6，17。
2.3　卷軸裝。首尾均殘。前 2 紙下方有等距離殘洞，上下邊有殘缺。有烏絲欄。已修整。
3.1　首 2 行上殘→大正 0374，12/0386A29。
3.2　尾 8 行上殘→大正 0374，12/0387C27 ~0388A06。
8　6 世紀。南北朝寫本。
9.1　楷書。

1.1　BD14860 號
1.3　維摩詰所說經卷下
1.4　新 1060
2.1　（14.5 +239 +8）×26 厘米；6 紙；正面 151 行，行 17 字；背面 12 行，行字不等。
2.2　01：40.0，23；　　02：49.8，29；　　03：49.7，28；
　　04：49.5，29；　　05：50.5，30；　　06：22.0，12。
2.3　卷軸裝。首尾均殘。卷面有水漬及等距離黴爛。背有古代裱補。有烏絲欄。已修整。
2.4　本遺書包括 2 個文獻：（一）《維摩詰所說經》卷下，151 行，抄寫在正面，今編為 BD14860 號。（二）《待考藏文》（擬），12 行，抄寫在背面，今編為 BD14860 號背。
3.1　首 8 行下殘→大正 0475，14/0555A26 ~B05。
3.2　尾 4 行下殘→大正 0475，14/0557A07 ~10。
8　6 世紀。南北朝寫本。
9.1　楷書。
10　首紙右上端、尾紙中部及卷背有 3 枚陰文硃印，1.5 ×1.5 厘米，印文為"半巢書屋"。

1.1　BD14860 號背
1.3　待考藏文（擬）
1.4　新 1060
2.4　本遺書由 2 個文獻組成，本文獻為第 2 個，12 行，抄寫在背面。餘參見 BD14860 號之第 2 項。
3.4　說明：
　　本文獻抄寫藏文 12 行，亦有殘缺。內容待考。
8　8 ~9 世紀。吐蕃統治時期寫本。
9.1　楷書。

1.1　BD14861 號
1.3　妙法蓮華經卷七
1.4　新 1061
2.1　（14.5 +89）×25.5 厘米；3 紙；正面 63 行，行 17 字；背面 1 行，行 5 字。
2.2　01：14.5 +24.5，24；　02：39.5，24；　03：25.0，15。
2.3　卷軸裝。首殘尾斷。經黃打紙，研光上蠟。卷首殘破，卷面油污、變色、變脆。背有古代裱補。有烏絲欄。已修整。
2.4　本遺書包括 2 個文獻：（一）《妙法蓮華經》卷七，63 行，抄寫在正面，今編為 BD14861 號。（二）《金剛般若波羅蜜經》，1 行，抄寫在背面裱補紙上，今編為 BD14861 號背。
3.1　首 9 行中下殘→大正 0262，09/0057B13 ~23。
3.2　尾殘→大正 0262，09/0058B17。
7.1　卷首背有勘記"十九"。
8　7 ~8 世紀。唐寫本。
9.1　楷書。

1.1　BD14861 號背
1.3　金剛般若波羅蜜經
1.4　新 1061
2.4　本遺書由 2 個文獻組成，本文獻為第 2 個，1 行，抄寫在背面裱補紙上。餘參見 BD14861 號之第 2 項。
3.1　首殘→大正 0235，08/0749A21。
3.2　尾殘→大正 0235，08/0749A22。
8　7 ~8 世紀。唐寫本。
9.1　楷書。
13　大正 0235，08/0750A21 亦有同樣經文。

1.1　BD14862 號
1.3　大般涅槃經（北本）卷一〇
1.4　新 1062
2.1　（1 +20.5 +3.7）×26.5 厘米；2 紙；共 16 行，行 17 字。
2.2　01：09.5，06；　　02：16.7，10。
2.3　卷軸裝。首尾均殘。卷面略有殘損。有上下邊欄。

3.1　首行下殘→大正 0374，12/0427B23～24。
3.2　尾2行上殘→大正 0374，12/0427C11～13。
8　5～6 世紀。南北朝寫本。
9.1　楷書。
10　第2紙下方有陰文硃印，1.5×1.5 厘米，印文為“半巢書屋”。用“國立編譯館稿”包紙。

1.1　BD14863 號
1.3　妙法蓮華經卷四
1.4　新 1063
2.1　(8+70.2)×26.3 厘米；2紙；共52行，行17字。
2.2　01：31.2，21；　02：47.0，31。
2.3　卷軸裝。首殘尾脫。打紙，砑光上蠟。首紙下邊殘缺。有烏絲欄。已修整。
3.1　首6行上下殘→大正 0262，09/0034C22～29。
3.2　尾殘→大正 0262，09/0035B21。
8　7～8 世紀。唐寫本。
9.1　楷書。

1.1　BD14864 號
1.3　究竟大悲經卷三
1.4　新 1064
2.1　213.5×26.3 厘米；5紙；共110行，行17字。
2.2　01：16.5，護首；　02：47.5，26；　03：50.0，28；　04：50.0，28；　05：49.5，28。
2.3　卷軸裝。首全尾脫。經黄打紙。有護首，已殘。前2紙有破損及殘洞，第3、4紙接縫處中下部開裂。有烏絲欄。已修整。
3.1　首全，第18行→大正 2880，85/1372B06。
3.2　尾殘→大正 2880，85/1373B17。
3.4　説明：
《大正藏》本首缺，故第2～17行無對照項。本文獻可補《大正藏》缺漏。
4.1　究竟大悲經卷第三（首）。
8　7～8 世紀。唐寫本。
9.1　楷書。

1.1　BD14865 號
1.3　大般涅槃經（北本）卷一四
1.4　新 1065
2.1　(0.9+73.1+3.3)×25.8 厘米；3紙；共48行，行17字。
2.2　01：00.9，00；　02：46.5，29；　03：26.6+3.3，19。
2.3　卷軸裝。首尾均殘。打紙，砑光上蠟。有烏絲欄。已修整。
3.1　首殘→大正 0374，12/0448C04。
3.2　尾2行上下殘→大正 0374，12/0449A22～23。
8　7～8 世紀。唐寫本。
9.1　楷書。

10　第2紙中下方有陰文硃印，1.5×1.5 厘米，印文為“半巢書屋”。

1.1　BD14866 號
1.3　摩訶般若波羅蜜經（四十卷本）卷二九
1.4　新 1066
2.1　(18+73.4)×26.4 厘米；2紙；共54行，行17字。
2.2　01：45.7，26；　02：45.7，28。
2.3　卷軸裝。首全尾脫。經黄打紙。卷右上殘缺，卷面有等距離殘洞。有烏絲欄。已修整。
3.1　首9行上殘→大正 0223，08/0362A11～18。
3.2　尾殘→大正 0223，08/0362C08。
4.1　□…□八十五，廿九（首）。
5　與《大正藏》本對照，卷品開合不同。相當於《大正藏》本卷二十。應屬四十卷本，但與同屬四十卷本的《聖語藏》本此處分卷亦不相同。
8　7～8 世紀。唐寫本。
9.1　楷書。

1.1　BD14867 號
1.3　彌勒下生成佛經（義淨本）
1.4　新 1067
2.1　(6.2+111.9)×25.3 厘米；2紙；共69行，行17字。
2.2　01：6.2+30.3，24；　02：81.6，45。
2.3　卷軸裝。首殘尾全。首紙多有殘洞及破損，接縫處有開裂，尾紙地脚有殘損。有烏絲欄。已修整。
3.1　首3行上殘→大正 0455，14/0427A02～06。
3.2　尾全→大正 0455，14/0428B17。
4.2　佛說彌勒成佛經（尾）。
8　7～8 世紀。唐寫本。
9.1　楷書。
10　尾題下有陽文硃印，1.25×1.25，厘米，印文為“李家滂印”。

1.1　BD14868 號
1.3　說罪要行法
1.4　新 1068
2.1　43×26.5 厘米；1紙；共26行，行19～20字。
2.3　卷軸裝。首尾均脫。有硃絲欄。
3.1　首殘→大正 1903，45/0904A23。
3.2　尾殘→大正 1903，45/0904B29。
8　9～10 世紀。歸義軍時期寫本。
9.1　楷書。
9.2　有行間加行、行間校加字、塗抹及倒乙。

1.1　BD14869 號
1.3　大智度論卷二一

1.4　新 1069
2.1　（7.2 +49）×25.9 厘米；2 紙；共 32 行，行 17 字。
2.2　01：7.2 +19.2，15；　　02：29.8，17。
2.3　卷軸裝。首尾均殘。卷面殘破。有烏絲欄。已修整。
3.1　首 4 行上下殘→大正 1509，25/0215A17 ~20。
3.2　尾殘→大正 1509，25/0215B22。
5　與《大正藏》對照，文字略有不同。據《大正藏》校記，本件所抄文字，與石山寺本、宮內省圖書寮本大致相同。
8　6 世紀。南北朝寫本。
9.1　楷書。
12　在本遺書中夾裹一塊殘片，今單獨編為 BD16396 號。

新舊編號對照表

新字頭號與北敦號對照表

新字頭號	北敦號	新字頭號	北敦號	新字頭號	北敦號
新 1001	BD14801 號	新 1018	BD14818 號	新 1025	BD14825 號 CL
新 1001	BD14801 號背	新 1019	BD14819 號	新 1025	BD14825 號 CM
新 1002	BD14802 號	新 1020	BD14820 號	新 1025	BD14825 號 CN
新 1003	BD14803 號	新 1021	BD14821 號	新 1025	BD14825 號 DA
新 1004	BD14804 號 1	新 1022	BD14822 號	新 1025	BD14825 號 DB
新 1004	BD14804 號 2	新 1023	BD14823 號	新 1025	BD14825 號 DC
新 1005	BD14805 號	新 1024	BD14824 號	新 1025	BD14825 號 DD
新 1006	BD14806 號 1	新 1025	BD14825 號 AA	新 1025	BD14825 號 DE
新 1006	BD14806 號 2	新 1025	BD14825 號 AB	新 1026	BD14826 號
新 1006	BD14806 號 3	新 1025	BD14825 號 AC	新 1027	BD14827 號
新 1006	BD14806 號背	新 1025	BD14825 號 AD	新 1028	BD14828 號
新 1007	BD14807 號	新 1025	BD14825 號 AE	新 1029	BD14829 號
新 1008	BD14808 號	新 1025	BD14825 號 BA	新 1030	BD14830 號
新 1008	BD14808 號背 1	新 1025	BD14825 號 BB	新 1031	BD14831 號
新 1008	BD14808 號背 2	新 1025	BD14825 號 BC	新 1032	BD14832 號
新 1009	BD14809 號	新 1025	BD14825 號 BD	新 1033	BD14833 號
新 1010	BD14810 號	新 1025	BD14825 號 BE	新 1034	BD14834 號
新 1011	BD14811 號 A	新 1025	BD14825 號 BF	新 1035	BD14835 號
新 1011	BD14811 號 B	新 1025	BD14825 號 BG	新 1036	BD14836 號 1
新 1011	BD14811 號 C	新 1025	BD14825 號 BH	新 1036	BD14836 號 2
新 1011	BD14811 號 D	新 1025	BD14825 號 CA	新 1036	BD14836 號背 1
新 1011	BD14811 號 E	新 1025	BD14825 號 CB	新 1036	BD14836 號背 2
新 1011	BD14811 號 F	新 1025	BD14825 號 CC	新 1037	BD14837 號
新 1011	BD14811 號 G	新 1025	BD14825 號 CD	新 1038	BD14838 號
新 1011	BD14811 號 H	新 1025	BD14825 號 CE	新 1039	BD14839 號
新 1012	BD14812 號	新 1025	BD14825 號 CF	新 1040	BD14840 號 AA
新 1013	BD14813 號	新 1025	BD14825 號 CG	新 1040	BD14840 號 AB
新 1014	BD14814 號	新 1025	BD14825 號 CH	新 1040	BD14840 號 AC
新 1015	BD14815 號	新 1025	BD14825 號 CI	新 1040	BD14840 號 B
新 1016	BD14816 號	新 1025	BD14825 號 CJ	新 1040	BD14840 號 CA
新 1017	BD14817 號	新 1025	BD14825 號 CK	新 1040	BD14840 號 CB

新編號	舊編號
新 1040	BD14840 號 D
新 1040	BD14840 號 EA
新 1040	BD14840 號 EB
新 1040	BD14840 號 EC
新 1040	BD14840 號 F
新 1040	BD14840 號 G
新 1040	BD14840 號 H
新 1040	BD14840 號 I
新 1040	BD14840 號 J
新 1040	BD14840 號 KA
新 1040	BD14840 號 KB
新 1040	BD14840 號 LA
新 1040	BD14840 號 LB
新 1040	BD14840 號 MA
新 1040	BD14840 號 MB
新 1040	BD14840 號 N
新 1040	BD14840 號 O
新 1040	BD14840 號 P
新 1040	BD14840 號 Q
新 1040	BD14840 號 RA
新 1040	BD14840 號 RB
新 1040	BD14840 號 SA
新 1040	BD14840 號 SB
新 1040	BD14840 號 T
新 1040	BD14840 號 U
新 1041	BD14841 號 A
新 1041	BD14841 號 B
新 1041	BD14841 號 C
新 1041	BD14841 號 D
新 1041	BD14841 號 E
新 1041	BD14841 號 F
新 1041	BD14841 號 G
新 1041	BD14841 號 H
新 1041	BD14841 號 I
新 1041	BD14841 號 J
新 1041	BD14841 號 K
新 1041	BD14841 號 L
新 1041	BD14841 號 M
新 1041	BD14841 號 N
新 1042	BD14842 號
新 1043	BD14843 號 A
新 1043	BD14843 號 B1
新 1043	BD14843 號 B2
新 1043	BD14843 號 C
新 1043	BD14843 號 D
新 1043	BD14843 號 E
新 1043	BD14843 號 F
新 1044	BD14844 號
新 1045	BD14845 號
新 1046	BD14846 號
新 1047	BD14847 號
新 1048	BD14848 號
新 1049	BD14849 號
新 1050	BD14850 號
新 1051	BD14851 號
新 1052	BD14852 號
新 1053	BD14853 號
新 1054	BD14854 號
新 1055	BD14855 號
新 1055	BD14855 號背
新 1056	BD14856 號
新 1057	BD14857 號
新 1058	BD14858 號
新 1059	BD14859 號
新 1060	BD14860 號
新 1060	BD14860 號背
新 1061	BD14861 號
新 1061	BD14861 號背
新 1062	BD14862 號
新 1063	BD14863 號
新 1064	BD14864 號
新 1065	BD14865 號
新 1066	BD14866 號
新 1067	BD14867 號
新 1068	BD14868 號
新 1069	BD14869 號